新版 自白の研究

取調べる者と取調べられる者の心的構図

浜田寿美男

北大路書房

自白の研究

［新版］

新版のための序

泥沼の世界を泳いで

私が心理学の研究者として刑事裁判に関わり、自白や目撃の問題を考えはじめたのは、いまから二五年ほど前、一九七〇年代の終わりころのことである。当時、刑事裁判は心理学にとって遠い世界であった。それ以前にも、心理学の実務家・研究者たちが被疑者・被告人の知能検査や性格検査で精神鑑定の補助的役割を果たしたり、あるいは夜間の目撃について知覚心理学的な検証・鑑定を行ったり、特定の限られた論点で関与することはあったが、自白や目撃供述など刑事裁判で中心となる問題に心理学者が関わる例はほとんどなかった。それらの供述証拠の証拠能力や証明力の判断は、ほんらい裁判所の自由心証の領分に属することであって、心理学鑑定など、法の外部からの関与にはなじまないとされていたからである。その状況は、実はいまも変わっていない。しかしそうした法の世界での「常識」を横において、問題を白紙から見たとき、自白や目撃供述は、取調べという具体的な関係のなかにおかれた具体的な人間が相互に交わす言葉の現象であり、その意味においてすぐれて心理学的な問題領域に属することは否定すべくもない。法廷に出た供述証拠が裁判においてどのように扱われるかはともかくとして、この供述という現象が心理学研究の埒外にあっていいはずはない。

幸い、二〇〇〇年になって「法と心理学会」という名の学会が、心理学研究者、法学研究者、法実務家たちの手で立ち上げられ、ようやく心理学が法の世界との関わりを深めつつある。それは、アカデミズムでの心理学研究の直接の延長上に生まれてきたものではない。じっさい、いまこの領域で活躍している心理学研究者の大半は、認知心理学、発達心理学、社会心理学など、それぞれに専門分野を別にもっている。そのうえで、たまたま人的つながりを通して具体的な事件に出会い、それが刑事裁判との付き合いの出発点になっている。

私の場合もその例にもれず、出発点は一つの具体的な事件との出会いにあったし、その後も繰り返し事件に出会ってきた。それらはみな、無実であるにもかかわらず被疑者・被告人として裁判に巻き込まれてしまったという、いわゆる冤罪主張の事件である。そこにはほとんど自白があり、また目撃供述がある。もしそれらがほんとうに冤罪であるのならば、無実の人が嘘で自白をしたことになるし、真の目撃者であるはずの人がどこかで間違って、それらしき目撃供述に迷い込んだことになる。いったいそんなことがありうるのか。もしあるとすれば、どうしてそのようなことが起こってしまうのか。これは、心理学を研究しているものにとって、きわめて興味深く、チャレンジングな問題であると同時に、知った以上は道義的にも避けて通ることができない問題である。それに、たまたまの因縁にせよ、いったんこの世界に足を踏み入れてみれば、それは文字通りに泥沼の世界。一歩踏み入れた足を抜くことがまた容易ではない。

私自身、長くこの泥沼の世界を泳いできた。そんななかで一九九二年に上梓した『自白の研究』は、最初の出発から十数年、自ら鑑定に関わった事件を含めて、すでに冤罪であると裁判で認められた多くの事件の記録を収集して、「無実の人がなぜ嘘で自白をしてしまうか」の謎を解こうとしたものであった。そして実際、その謎をなにがしか解きえたのではないかと思ってきたし、法実務関係の方たちをはじめ、心理学の研究者、刑事訴訟法の研究者の方たちからも好意的に迎えられたように思う。しかし、それから十数年をへて、諸般の事情で本書が一般書店の書棚に並ばなくなった。現在の法の状況が本書を越え、本書がすでに無用のものとなったのであれば、まさに本望と言いたいところだが、残念ながらそうではない。この本のなかで解明したはずの謎は、裁判実務のなかで、あいかわらず謎のまま横行している。

人は拷問などの直接的な暴力がなくとも簡単に自白してしまう。そうした弱い存在である。その人間の弱さを見つめることこそが、刑事捜査、刑事裁判で真摯に求められなければならない。私はそう論じてきたつもりである。しかし刑事裁判の世界でこのことが十分に理解されているとは、およそ言えない。私たちはまだまだ泥沼の世界から足を洗える状況にはないのである。

本書は具体的な事件を数多く扱ったため、当初の意図を超えて大きな本になった。今回新版を出すにあたって、読者の便宜をはかるため、無実の人がなぜ嘘の自白に陥ってしまうのかについて、その心的構図を、以下、簡単にまとめておく。本書全体を読み通すための、およその略図を描いたものと思っていただければよい（なお、これは所一彦・星野周弘・田村雅幸・山上皓編『日本の犯罪学8』東大出版会に収録された本書要約に加筆修正したものである）。

自白への転落過程――嘘の自白に落ちる心理

被疑者が取調べのなかで虚偽自白に追い込まれていくその心的状況は、一般の人にほとんど理解されていない。日常生活を安穏と暮しているものにとって、身柄を押さえられたなかで取調べを受ける被疑者たちの状況がどのようなものであるかを、自分の身に引き寄せて想像することが簡単ではないからであろう。また人が虚偽自白に落ちていく心理状況について、その当の被疑者の視点に立たなければ気づきにくい認識の盲点もある。そのことを踏まえて具体的な事例をつぶさに見てみると、実のところ、虚偽自白は例外的な異常心理の所産などではなく、誰もが案外容易に陥っていく自然な心理なのだと気づく。ところが実際には、一般の人々においてのみならず刑事裁判の実務家たちにおいても、虚偽自白の恐さが十分に理解されているようには思えない。たとえば、取調べる側の立場で実務経験を積んできたある元検察官は、「無実の被疑者が拷問なしに虚偽自白に陥るなどということはほとんどありえない」との意見を、現在弁護士の立場で公言している（池本美郎『刑事弁護のらせん階段』第一法規、一九九四年）。その意見が何らかの政治的な立場に立ってのものでなく、弁護士の立場で真摯に展開されたものであるだけに、それを読んだときのショックは大きい。少なくとも法の世界のなかでは多くの人々がこれまで虚偽自白の危険性をさかんに説いてきたはずだが、その警鐘はまだまだ十分にゆきとどいているとは言えない。

自白の心理メカニズムを究明するにあたって、その心理過程に二つのフェイズを区別しておく必要がある。一つは、否認している段階から、いよいよ思いがきわまって「私がやりました」と言い、自白に落ちるまでのフェイズである。これを否認から自白への転落過程と呼んでおく（本文中では転回過程となっている）。もう一つは、自白へと転落したあと、犯行の筋書を語っていくフェイズである。これを自白の展開過程と呼ぶ。この両過程にはそれぞれ異なる心理メカニズムが働く。ここでまず前者の転落過程から考えてみる。

［1］真犯人を自白させる取調べ圧力が無実の人をも自白させる

被疑者が真の犯人であれ、あるいは無実の人であれ、これを否認から自白に追い込むについては、そこに一定の圧力状況がなければならない。実際に犯行を犯したものが自分の罪を悔いて、誰にも言われることなく自首し、自白するケースならば、まったくの無圧力下の自白と言えるかもしれないが、私たちにとって問題になるのはその種の自白でなく、一定の取調べ圧力の下で起きる自白である。

このことを確認したうえで、最初に指摘しておかねばならないのは、「真犯人を自白させる取調べ圧力が、無実の人をも自白させることがある」という単純な事実である。無実の人を自白させる圧力は、真犯人を自白させる圧力よりよほど強くなければならないはずだとの通念があるが、実際のところその通念に確たる根拠があるわけでない。我が国の刑事捜査では自白の聴取が非常に重視される。また事件が重罪事件であればあるほど、その傾向は強まる。そこで被疑者から自白をとろうと最大限の努力が傾注されれば、その圧力は真犯人を自白させる力にもなれば、無実の人間を自白させる力にもなるのである。このことの危険性をまずは認識しておく必要がある。

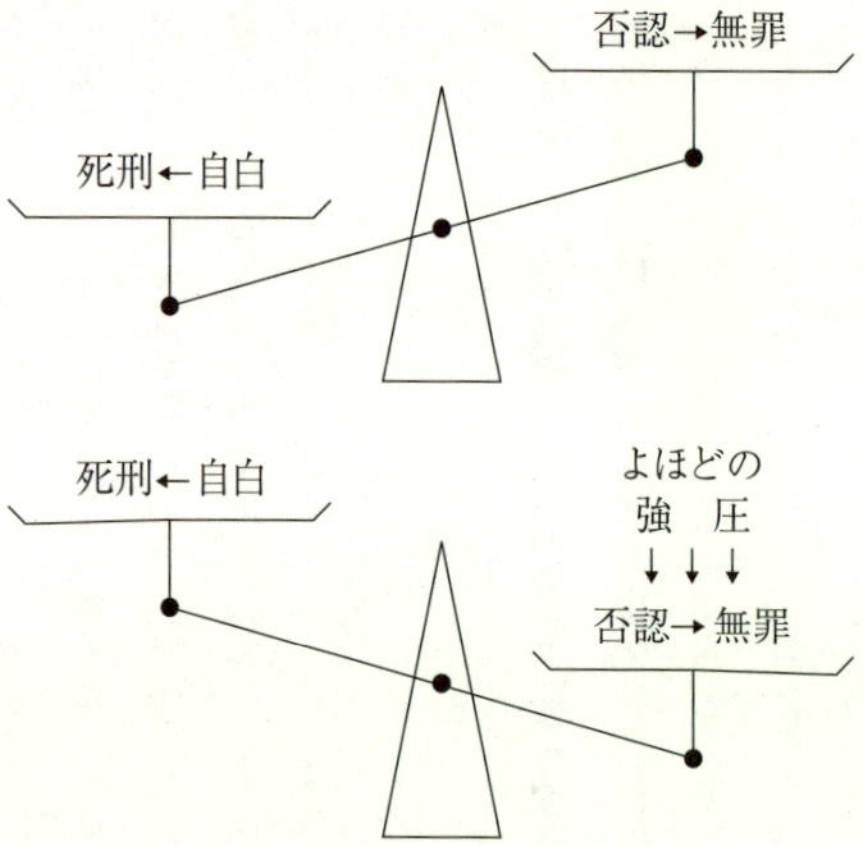

取調べの下では、自白しようとする心理力動と否認しようとする心理力動という二つの力動が働く。単純化して言えば、この両力動のバランスによって、被疑者が自白するか否認するかが決まる。このことを図で表すとすれば上のようになる。ここでは、かりに自白をして有罪と認められれば

死刑になるような重大犯罪を仮定している。このとき否認して無罪を主張する被疑者に対して取調べの圧力がかけられるのだが、自白をすれば死刑になるかもしれないという左側の天秤皿の重みは、当然にして非常に重い。したがって右側の皿に相当の圧力がかけられなければ、この左側の皿が持ち上がって自白に至ることはない、そう考えられている。この場合、被疑者が真犯人ならばともかく、無実の人が嘘で自白をして、死刑になりかねない事態をみずから招くことはあるまいというのが、世間の常識である。しかしここにはいくつかの誤解あるいは認識の盲点がある。

［2］ 取調べの圧力は想像以上に大きい

第一に、たとえば死刑が想定されるような重大事件の場合、嘘で自白して自分を死に追いやるようなことがあるとすれば、それは被疑者がよほど知的、精神的に弱い人間であるか、あるいは肉体的拷問など、よほどの強圧がなければならないと考えられやすい。しかし、実のところ、拷問などの強圧はなくとも被疑者が受ける取調べの圧力はそれだけで大変に厳しいもので、このことが過小に評価されやすい。

被疑者を日常の場のなかにおいて、無実の可能性をつねに念頭におきながら、中立的な立場で事情をきくというのならば、取調べの圧力もさほど大きくなることはない。しかし我が国の刑事捜査の現実では、取調官は被疑者の身柄を押さえて、勾留、勾留延長を含めて二十三日間、あるいは別件逮捕を繰り返せばさらに長期にわたる取調べも可能である。しかも多くの場合、推定無罪は名ばかりで、取調官は被疑者を犯人とみなして断固たる態度で調べるというのが常態になっている。こうした事態のもとで、取調べの圧力は被疑者にとって相当に厳しく感じられるものと考えねばならない。

詳しくは本文を読んでいただきたいが、要点だけ列挙すれば、

① 身柄を押さえられて日常生活から遮断され、心理的に安定を失う。
② 代用監獄におかれて、食事、排泄、睡眠の基本的生活まで他者に支配され、自分の自由にならない。
③ 被疑者を犯人として自白を迫る取調官によって、ときに極悪非道な人間として罵倒され、精神的屈辱を受け

続ける。

④ 事件に関連のない事柄についてもあれこれと取り沙汰され、罪責感を募らせられる。

⑤ 無実であれば、自分はやっていないと弁解したい思いが募り、黙秘する気持ちにはなれないが、その弁解をいくら繰り返しても簡単には聞き入れてもらえず、やがて無力感におしひしがれる。

⑥ こうした辛さも、いついつまで我慢すれば解放されるとわかっていれば耐えることができるが、その時間的な展望が見えなければ、それに耐えることはできない。

⑦ 取調官がどれほど理不尽でも敵対しきることは難しく、自分の将来の処遇が相手に握られてしまっていると感じて、迎合的な気分になり、またときおり見せられる取調官の温情にほだされる。

これらの諸要因が複合したとき被疑者が受ける圧力は、肉体的拷問に等しいレベルに達することがしばしばある。さきの天秤ばかりの比喩で言えば、否認を続けるとき、この右側の皿に乗る取調べの圧力が、通常私たちが日常において想像するよりはるかに強いものになりうることを、まずは知っておきたい。

[3] いまの苦痛と遠いさきの悲劇

天秤ばかりの右の皿に乗る圧力が想像するよりずいぶんと強い一方で、左側の皿に乗る重みは、無実者の場合、実際の犯人よりかえって軽くなる事情がある。一般には無実の人が嘘で自白するというのはよほどのことだから、この皿の重みは非常に重くて、簡単には持ち上がるまいと思われやすいのだが、その点、実はごく単純な事実が見逃されている。

一つは、自白することの不利益(へたをすれば死刑)と否認を続けることの不利益(苦しい取調べにさらされ続ける)とのバランスを、さきの天秤ばかりの比喩で考えることに潜む錯覚である。天秤ばかりでは、当然のことながら左右の皿に同時に重りが乗って、それが比べられる。ところが実際はどうであろうか。右側の皿に乗っているのは、取調べの圧力にさらされて、この現在においてたったいま現実に味わっている苦痛である。しかし他方、左の皿に乗っているのは、自白すれば自分が有罪を認められ、重い刑罰を与えられるかもしれないという、あくまで遠い将来の可能性である。この二つは本来同時には比べられない。もし自白をすれば即決で直ちに十三階段を上って首をくくられるというのであれば、それこそよほど酷い拷問でもなければ、虚偽で自白することはないかもしれないが、そうでもないかぎりこの両者を天秤にかけて対等に比べることはできない。

人は時間のなかで、いつもいまを生きている。それゆえ現在の快楽を求め、あるいは現在の苦痛を回避するために、その結果として将来の重大な苦痛を予想しても、あえてそれから目をつむってしまい、あとでしまったと思うことがしばしばある。取調べを受ける被疑者たちも、いまのこの苦痛を逃れるためには、死刑につながりかねないことが理屈でわかっていても、ここはもう自白する以外にないと思ってしまう、そういう瞬間がある。じっさいここで自白しても、将来裁判所でちゃんと弁明すればわかってもらえるはずだという気持ちになる被疑者は少なくない。将来予想される刑罰はあくまで可能性のレベルの話であって、けっして必然性のレベルの話ではないのである。

さらに、いま味わっている苦痛があまりにひどくなれば、人はさきの結果を考えるゆとりを失って、ひたすらいまのこの苦痛を避けることのみ考える。平静で心が安定しているときなら、現在と未来の利益―不利益を勘案して理性的な判断を下せるかもしれないが、被疑者の心的状況は、多くの場合そうした平静からほど遠い。してみると、天秤ばかりで左側の皿に乗る重みは、現実の死刑の重みよりよほど軽いものにならざるをえない。

［4］ 無実の人は刑罰に現実感をもてない

もう一つ、虚偽自白をめぐって、ごく単純な、しかし見逃しやすい盲点がある。それは「予想される刑罰」についての現実感の問題である。

真犯人ならば、自分のなかに犯行体験の記憶がしっかりと刻まれている。そのなかでいつ自分に捜査の手が及ぶか恐れつつどうにか逃れていたものが、とうとう捕まってしまった。そうして取調べを受けたとき、ここで自白をすれば、あのときのあの自分の犯行の結果が刑罰として自分にかかってくるのだということを、文字通り実感をもって感じることになる。ところが無実の人ならばどうであろうか。ごく身近で犯罪のあったことを知っていても、やったのは自分ではない。たとえ多少は警察に疑われたとしても、まさか自分が逮捕されるなどとは思わない。ところがその自分が現実に逮捕され、厳しい取調べを受けている。そのこと自体が無実の被疑者には、考えられない非現実的な話である。そのなかで苦しくなって、追及されるままに罪を認めてしまったとしても、そのことが実際の刑罰につながるとの現実感はもてない。なにしろ自分はやっていないのである。やっていない人間が、たとえ言葉の上で自白したとして、どうしてそれでもって刑罰にかけられることになるだろうか。そんなことはおよそ信じられないというのが、彼らの偽らざる心境である。

さらに言えば、頑強に否認しているとき取調官からは、「証拠があるのに本人が認めなければ、反省していないということで裁判では極刑を言い渡されるぞ」と脅されることがある。そこでは否認の結果として、かえって極刑を受けるかもしれないという逆立ちした発想を植えつけられる。そうなると犯行体験のないものにとって、犯行に結びついた刑罰の現実感がますます奪われていく。

冤罪の被害者たちの書いた獄中の手記などを読んでみると、取調べのときの苦痛を繰り返し繰り返し語っていながら、自白の結果予想される刑罰への恐怖については一言も触れていないということがある。ある人は手記のなかでこう書いている。「(そのころ) 自分の身に何が起きているのか理解できませんでした。事の重大さにようやく気づいたのは起訴されて裁判が始まってからでした。拘置所から裁判所への鉄格子のついたバスの窓から見える街並や、楽しそうに集う人達の姿を見る時、いつも奇妙な感じにおそわれました。僕の身には信じられないような恐ろしい出来事が起きているのに、世界はまったくそれ以前と変わっていない、それが何とも不思議に思えたものでした」(本文四一四頁)。こうした非現実感を思えば、無実の人にとって、自白の結果予想される刑罰が、ほとんど絵に描いたような、実感の欠けたものでしかないことに気づく。

天秤ばかりの図に戻って考えてみよう。その右の皿に乗った重みは、日常を平隠に送っているものの想像をはるかに越える厳しさでもって被疑者をおそう。しかもそれが否認を続けるかぎりいつまでも続くように思わされる。他方、左の皿に乗った刑罰の重みは、たかだか可能性のレベルの話でしかなく、実際にやっていない被疑者の思いのなかには、たとえここで自白しても後に訂正できるとの楽観も潜む。さらに論理的に予想されるはずの刑罰が、彼には現実感をもって迫ってこないのであるから、この皿の重みはさらに低減する。そうしてみると、この天秤ばかりがガタンと右に傾いて、虚偽の自白が浮かび上がるのも十二分にありうることだと言わねばなるまい。

裁判ではしばしば「死刑になるかもしれない重大犯罪であることを認識しながら自白していることが窺われ、特段の事情なき限り措信しうる」といった認定がなされる。しかしこの種の認定が無実の被疑者の虚偽自白の心情からどれほどはずれたものであるかについて、もはや贅言を重ねる必要はないだろう。

犯行自白の展開過程――「犯人になる」心理

こうした心的構図のなかで、無実の人が自白に落ちて、問題の犯行を自分がやったと認めたとして、もちろんその段階で取調べが終わるわけではない。被疑者が否認から自白へと転落したあと、取調官は次に「では、どのように犯行をやったのか」その筋書を語ることを求め、被疑者はそれに応じて自白していかなければならない。この犯行筋書の展開過程についても、常識的な考えのなかには誤解がつきまとう。

一つは、犯人でもないものが詳細な犯行自白ができるはずはない、これだけの犯行ストーリーを語っているからには真犯人以外に考えられないとする見方である。実際、多くの事件では被疑者の自白調書は実に膨大な量に及ぶ。それゆえ無実の人間に嘘でこれだけの犯行ストーリーが語れるはずがないではないかと思う人が多い。もう一つの謬見は、この考えと裏腹に、だからこそ虚偽の自白は取調官の側で完全に創作して被疑者に強引に飲み込ませたのではないかとする、いわゆる完全なデッチ上げ論である。しかし、もしこの考え通りであるとすれば、取調官は被疑者が無実と知っていて、そのうえで犯行筋書を勝手に作り、意識的に陥れるということになるが、警察・検察がいかに権力の手先と言っても、そこまで意識的に悪人になることもまた難しい。とすれば、このいずれの見方も現実からは遠いものと言わなければならない。

現実はむしろこうである。取調官は被疑者を真犯人と思い込んで、強く執拗に迫る。そのあげく、被疑者がどうにも耐えられなくなって「私がやりました」と言う。そうして被疑者が認めた以上、自分から犯行を語れるはずだと取調官は思う。ところが苦しくなって自白に落ちた被疑者は、無実であるかぎり、実際に犯人がどのようにやったかはわからない。しかしそこで「わかりません」と言ったのでは、取調官からはまた否認に戻ったと思われて、それまでの苦しみに再びさらされることになる。現にそのようにしていったん否認に引き返す被疑者もいる。しかし、結局はまた苦しくなって自白に落ちる以外にない。そうして追い込まれ、もはや引き返せないところまできたとき、被疑者はそこから自分が犯人になったつもりで犯行筋書を考えていく。そのほかに手がない。実際、多くの被疑者は事件の周辺の人物であるので、事件そのものはマスコミのニュースや近所のうわさを通しておおよそ知っているし、さらに取調べのなかで証拠を突きつけられて、捜査側の想定をあれこれと聞かされているので、自白に転落した時点では、おおよそどのような犯行であるかがわかっている。つまり無実の人であっても、「犯人を演じる」ことができるところまできているのである。もちろん真犯人でない以上、いくら想像力をめぐらせてもわからないところがある。それに想像していったん語った筋書に証拠と矛盾するところも出てくる。しかしそのときには取調官がそれを指摘するであろうし、そのつど訂正していくことで、最終的にはおおよそ捜査側の把握した証拠と合致する筋書ができあがっていく。こんなふうに無実の人が「犯人を演じる」というのは、いかにも倒錯した心理であるが、過去の冤罪事件の虚偽自白の多くは、まさにこれが事実であることを示している。

本書が一つの典型例としてあげたのが仁保事件である。この事件で被疑者は自白へと転落したあと、取調官から犯行現場である被害者Y宅への侵入経路を問われている。このとき、取調官の側は被疑者がやっと落ちたと思っており、その被疑者が真犯人である以上は自分から答えられるはずだとして、できるかぎりヒントを与えないで自白を求めた。それは当然の手続きであるのだが、被疑者のほうはこれが答えられず、困りはてた様子が次のように録音テープに収められている。「Yの家のかんじんなとこの話になってくるんですが……、事実をいうたら、私にはその家そのものがわからん、ほいで裏から入って持って行った言うたら、またどういうふうになるじゃろか、違いはすまあか……、まあ自分でいろいろこう考えて見たんだが。よし、おりゃ犯人になったろ、犯人になったろ、犯人だ、犯人になったんや、おれがやったんや思うて、ものすごい自分で犯人になりすましてこう、とってみたんですけど……」（本文五一〇頁）。

この「犯人になったろ」という心理は常軌を逸しているようにみえるかもしれない。しかし常軌を逸しているのは被疑者ではなく、まさに彼が置かれた状況のほうである。常軌を逸した状況のなかで、被疑者はごく正常な心理として「犯人になる」ことを選ぶのである。これこそまさに虚偽自白が「悲しい嘘」であるゆえんである。

負けに負けて

こうして見れば、無実の人が嘘の自白に落ちる心理は、けっして異常なものでもなければ、複雑・難解なものでもない。それは正常な意識として私たちの日常感覚から大きくずれてはいない。問題はむしろ、無実の人をしてその正常な意識下で「犯人を演じる」以外にないと思い込ませてしまう、この状況のがわの異常さにある。その点に気づきさえすれば、虚偽自白を防ぐ手立てを立てることは難しくない。つまり、勾留許可を厳しくし、取調べの強制性をできるかぎり排し、取調べ受忍義務を排して黙秘権を実質化し、接見交通権を拡大し、あるいは弁護人の立会いを求める。あわせて取調べの様子をすべて録音・録画して、あとでチェックできるようにする。そうして自白の任意性に対しては厳しい基準をもうけ、これを厳格に適用する。こうしたことがまずは求められなければならない。しかし、残念ながら状況はあいかわらず厳しい。代用監獄によって被疑者を完全に支配したところで自白を迫るという体制が、内外の批判を受けながらいまなお存続しつづけているし、また不可視の取調室で聴取された自白が捜査官の手によって調書化されて、これが法廷に提出され、証拠として採用されるという現状が、いまなお改革の見通しのないまま続いている。目下進行中の司法制度改革においても、この点の問題意識はきわめて希薄である。

こうした刑事手続きの現状が続くかぎり、虚偽自白がなくなることはない。それにしても裁判所はなぜこのような現状を見抜けないのか。それはやはり「無実の人なら多少のことで嘘の自白に陥ることはない」という安易な思い込みが一般の人々にも、また裁判官にも深く根を下ろしているからであろう。本書の企図はこの思い込みを何とか打ち破ることにあった。しかし本書を刊行して後、裁判所に自白の虚偽性を訴えて受け入れられたのは、私自身が関与した事件で言えば、甲山事件と瀬戸内海フェリー甲板長殺し事件くらいのもの。長く関わってきた狭山事件、袴田事件、野田事件、帝銀事件、比較的最近関わりはじめた名張毒ぶどう酒事件、東住吉事件と、自白がネックになってきた事件では、なお負けに負けている。しかしあきらめるわけにはいかない。(この「新版のための序」を書いたのちの四月五日、名古屋高裁は名張毒ぶどう酒事件についてその再審請求を認め、再審を開始するとの決定をした。確定死刑囚に対するものとして久々の快挙である。)

この『自白の研究』が現実感を失って、もはや読むに値しないという時代がやってくるのだろうか。そのときまで、とにかくこの泥沼の世界に付き合いつづけるほかなさそうである。

二〇〇五年三月一二日　浜田　寿美男

新版のための補註

本書旧版は一九九二年に刊行された。それから今日までの一三年間に、被疑者・被告人の自白をめぐる刑事捜査、刑事裁判の状況はまったく変わっていないと言わざるをえないのだが、ただ取り上げたいくつかの事件については、その後にそれぞれの展開を経ている。主要なものは次の三件である。

▼狭山事件は一九七七年に最高裁の上告棄却決定により無期懲役が確定して後、再審請求を行っていたが、旧版刊行当時は第二次再審請求が東京高裁にかかっていた。その後、一九九四年に請求人のIさんは仮出獄で三一年七ヵ月ぶりに娑婆に戻った。しかし第二次再審請求は一九九九年に東京高裁が棄却、意義申し立ては二〇〇二年に、さらに最高裁への特別抗告も二〇〇五年に棄却されて、現在第三次再審請求を準備中である。

▼甲山事件は一九八五年に第二審が第一審の無罪判決を破棄し差し戻すという判決を下したのに対して、旧版刊行当時、弁護側が最高裁に上告していたが、その上告は棄却され、その後神戸地裁で差し戻し審が行われて一九九八年に無罪判決、さらに二度目の控訴審で大阪高裁が検察の控訴を棄却して一九九九年に無罪が確定した。事件発生から二五年、裁判だけでも二一年という超長期の裁判となった。

▼野田事件は一九八七年に第一審で懲役一二年の判決（無期懲役としたうえで心神耗弱の理由により減刑したもの）が下され、東京高裁が一九八九年に弁護側控訴を棄却、旧版刊行時には上告中だったが、最高裁は一九九三年にこれを棄却し、刑が確定した。Aさんは医療刑務所に入獄し、一九九四年に満期出所した。Aさんは一五年の獄中生活を送ったことになる。現在Aさんは大阪に居を移して、作業所に通所しながら、周囲の人たちの支援を受けて再審請求を準備している。

また旧版刊行時再審請求中であった横浜事件は、二〇〇五年になって第三次再審請求が認められて、再審開始が決定した。

新版にあたり、巻末に『自白の研究を読む』（守屋克彦・村井敏邦・大出良知の各氏と浜田による座談会）を収録した。

自白の研究［新版］◉目次

第一部　問題の構図

第三部 刑事取調べの心的構図

第四部　自白への転回過程──「私がやりました」と言うまで

序

この世には数多の犯罪がある。たとえば、誰もが予期しないところで、突如、こんな事件が起こる。

三〇日午前四時ごろ、人吉市の祈禱師Sさん（七六）の三男M君（一九）が夜警の途中自宅に立ち寄ると屋内から奇妙な呻き声が聞こえるので内部から閂をしてある戸を押し開けて入ったところ、奥の寝室でSさんは頸部その他を切られてすでに絶命、母親Tさん（五二）、その横に妹のI子さん（一四）、M子さん（一二）の三人がこれまた頭部などに重傷を負わされ血だるまになって呻いているのを発見、驚いて人吉署に届け出た。同署では年末警戒中であり、非常線をはって犯人を捜査するとともに、被害者三人を同市大工町川口病院で手当を加えたが、Tさんは朝八時一五分ごろ絶命し、妹二人は危篤である。（一九四八年一二月三一日熊本日日新聞より）

一九四八年と言えば敗戦からわずか三年余りのまだ混乱期。とはいえ、熊本と鹿児島との県境を流れる球磨川上流沿いにある人吉市は、静かな落ち着いた町であった。そこで起こった惨劇が、当時は「祈禱師一家殺傷事件」と呼ばれ、その後「免田事件」として今日まで多くの人々の脳裏に刻まれた大事件に発展していく。

このように長く人の口の端にのぼり、記憶に刻まれる事件は、何千何万の事件のほんの一部にすぎない。殺人事件だけを取り上げてみても、未遂を含めて、わが国で年間一五〇〇件前後発生するという。積算すれば戦後だけでも数万件に及ぶ殺人事件が起こった勘定になる。のどかな農村でも、うらぶれた漁村でも、喧騒の市街でも、種々様々の事件が生じ、人々の心を騒がせてきたのである。

ただ、日常を市井に生きる人々にとって犯罪事件は、多くのばあい、新聞、雑誌、テレビ、ラジオなどマスコミを通して伝わってくる他人事でしかない。もちろん現実に起こった事件である以上、単なるフィクションとは異なる迫真力をもっている。また、ときに身近で凶悪な事件が起こって、身の毛のよだつ思いに襲われることもあるかもしれない。しかし、どれほど極悪非道な犯罪事件でも、直接自分自身や身内がそこに巻き込まれでもしないかぎり、やがては日常の流れのなかに埋もれて、忘れ去られていく。たいていの人にとっては、犯罪事件も、その後に続く容疑者の逮捕、取調べ、起訴、裁判……も、自分たちの日常から遠く離れた世界の話にすぎない。

しかし「犯罪の世界」なるものが、一般の人々の生活世界を離れた、まったく別のところに存在しているわけではない。現実世界のあつれき、人と人とのしがらみ、愛憎あい混じり、利害のからみあう確執……さまざまな人間模様のなかから犯罪は生まれてくる。まさに人々の日常のただなかに、犯罪の可能性はひそんでいるのである。そしてその可能性はわずか一パーセント、あるいはその十分の一、百分の一であったとしても、それがひとたび現実に転化したときには、人の日常は百パーセントそのなかに巻き込まれてしまう。被害者になるにせよ、加害者になるにせよ、それまでの平穏な日常はたちまちのうちに崩壊する。軽微な事件ならやがて元の日常世界に復することもできようが、重罪事件では日常への復帰は容易でない。殺人事件ともなると、殺された被害者の不幸はもとより、加害者もよほど運に恵まれないかぎり検挙されて、重刑を科せられ、場合によっては死刑に処せられる。また本人だけでなく、身内の者たちも無関係ではいられない。被害者の遺族にとってその死は単なる病死や事故死のように、時とともに諦めのなかに消えていくというわけにはいかない。それは悲痛を越えて憤激となり、消えることのない怨恨となる。他方、加害者の身内も、この日本的風土のなかでは「人殺し」の親として、子として、あるいは夫婦、兄弟として、冷たい世間の目にさらされ、それまでの日常世界から大きく疎外されていく。犯罪事件に関わる不幸は、こうして直接当事者を越えて、周囲の多くの人々を巻き込んでいく。

冤罪——この理不尽なるもの

そして、ここにもう一つ、犯罪事件にかかわって理不尽きわまりない不幸がある。それが冤罪である。さきの祈禱師一家殺傷事件から二週間たった一九四九年一月一三日夜、知人のところへ山仕事の手伝いにきていたM（二三歳）は突然、数人の男たちの訪問を受ける。その日は知人と猪狩りに行って二頭を仕留めて帰った日だったという。

小屋に帰りついてまもなく雪が降りだし、風も出てきた。電灯もない山のなかなので早目に夕食をすまし、……私とT君は寝床を敷いてもぐりこんだ。猪狩りの疲れもあって、二人は雑談や鼻歌まじりで時をすごしていた。……ちょうど九時ごろだったと思うが、土間の入口で物音がした。おやというふうに二人が顔を見合わせて耳をすましたが、それきり物音がやんだので猪かなあなどと思いながら、うとうとしていた。ところが入口のほうで物音と人声がして、黒い影が戸を押しあけて侵入してきた。「Mはいるか」という声とともに、暗い屋内が懐中電灯で照らし出された。(1)

人生、一寸先は闇というが、Mにとってこの男たちの訪問が文字通りの暗転の瞬間であった。事件の容疑者として山からひきずり下ろされ、警察に連行されて、過酷な拷問の果てに、一家四人殺傷の大罪人に仕立て上げられて、以来三四年、一九八三年七月一五日再審で無罪判決を得るまで、彼は獄につながれ、死刑執行の恐怖にさらされ続けることになるのである。

身におぼえのない罪で突然逮捕される。そして理を通して責を問うべき法の場で、理を越えた取調べによって自白を搾り取られ、起訴されて、理の通らぬ裁判によって有罪を宣せられる。この不幸は文字通り「理不尽」そのものと言うべきである。

犯罪事件に直接かかわった加害者、被害者にとっては、その事件がどれほど耐え難い厄災であろうとも、それはまさに現実である。しかし、事件に直接かかわりをもたない人物が、ゆえなく被疑者、被告人として事件の渦中に投げ込まれた場合はどうであろうか。彼は事件を、マスコミ報道や人からのうわさによって間接的にしか知らない。自分自身の体験世界とはまったく別のところで生じた、文字通り身におぼえのない事件のなかで、彼はむりやりその主役を押しつけられる。彼にとって、それは明らかに虚構でありながら、その虚構が彼の生活をすっかりおおってしまうのである。自らの体験として犯罪行為を行った者、つまりその事件の真犯人ならば、その後の逮捕、取調べ、起訴、裁判、服役の過程が、それまでの日常生活からどれほど断絶したものであったとしても、それらをすべて自分自身の行為の結果として受け入れることができる。しかし、冤罪の被疑者、被告人にとって、逮捕にはじまるすべての過程が、自分の生活史のなかに突然侵入した悪夢以外のものではない。しかもこの悪夢は、どれほど馬鹿げた作り話であってもまさに現実なのである。自分の体験世界のなかではあくまで他人事でしかない事件が、まるで自分のことであるかのように思いなされ、その責を問われ、おとしめられ辱められる。

そのような悪夢はありえてはならない。いや、そのような非現実的なことが、小説ならぬ現実世界でありうるはずがない。多くの人がそう思ってきた。ところが、そうした人々の思い込みとは裏腹に、この悪夢はこれまで何度も無実の人々を襲ってきた。冒頭に引いた免田事件を皮切りに財田川事件、松山事件、島田事件と、四つの殺人事件で三〇年ものあいだ獄につながれてきた死刑囚たちが、再審によってあいついで死刑台から生還したという出来事は、私たちの記憶にまだ新しい。事件そのものとはまったく無関係だった人たち、事件に巻き込まれさえしなければそれぞれに平穏な生活を送ったであろう人たちが、ゆえなく捕らえられ、精神的、肉体的な拷問にさらされ、虚偽の自白に追い込まれて、死刑を宣告され、何十年ものあいだ世間から閉ざされてきた。その間、自身は日々を死刑執行に怯えながら過ごし、身内のものたちは死刑囚の家族としてゆえなき苦渋をなめる。こんな馬鹿げた、そして恐ろしいことが現実にある。Mは、再審無罪を勝ち取って釈放された後、手記にこうしるしている。

獄中生活三四年はまさに死線をさまよう戦いであった。この死の淵からはい出すためにいかほど法の壁に真実をぶつけたであろう。しかし、そのたびに空しくしりぞけられ、ようやくにして容認されたとき、身は老い、人生の大半は過ぎ去っていた。(2)

犯罪事件は、たしかに悲惨である。一家四人がナタ様の凶器で殺傷されたというこの事件も、まことに残忍至極と言わざるをえない。しかし、ゆえなくこの事件に引きずり込まれ、三十余年の歳月を死刑に怯えながら過ごしてきた冤罪者の獄中生活は、それ以上に凄惨ではなかったか。

いまなお数多ある冤罪

冤罪はけっして許されない。しかしこれまで日本の裁判は、右の四事件をはじめ、重大な冤罪事件をいくつも繰り返してきた。それは、いったいなぜなのか。

「人が人を裁く以上、過ちは避けられない」という論がある。たしかにそれは一面の真理ではある。またそれは、「過ちはあるものだから、過ちとわかったときにはただちにこれを正すべきである」という再審の理念にも通じる。しかし、過ちはあるものだから気づいたときに正すという以前に、そもそもこの過ちがなぜ生じたのかを、私たちは知らなければならない。「過ちはあるものだ」と開き直って言う前に、はたしてそれは避けえないものであったかどうか、その点を検討しなければ、いつまでたっても同じ過ちが繰り返されることになる。実際のところ、これまでに明らかになった冤罪の一つ一つをいま振り返ってみて、やむをえなかったと言わざるをえないものは少ない。虚心に見て、むしろ明々白々たる誤りという以外にないもののほうが多いのである。

それでは、なぜそのような明白な過ちを人は繰り返すのか。マスコミで大きく取り上げられた有名な冤罪事件の多くが戦後十数年のものであったところから、冤罪は一九四九年に施行された新刑事訴訟法が定着する以前、捜査活動が、まだ戦前の旧体制の名残を残していたために生じたものであって、科学捜査と民主的な新刑訴法の定着した今日ではすでに克服されているかのように言う人がいる。しかし残念ながら、現実は明らかにこの人々の期待を裏切るものである。たとえば、一九六〇年以降に起こった重罪事件で、今日までに冤罪が証明されたもの、あるいは冤罪が争われている事件のうちめぼしいものを、手当り次第に上げてみよう。

名張毒ぶどう酒事件（一九六〇年）、江津事件（一九六二年）、狭山事件（一九六三年）、波崎事件（一九六三年）、

表1　報告された冤罪件数

単位は件数

昭和年代＼種別	誤起訴事件	逆転無罪事件	有罪確定事件	その他	合計
二〇年代	一三	二〇	八	一	四二
三〇年代	二八	一五	一一	〇	五四
四〇年代	六〇	五〇	三五	二	一四七
五〇年代	三八	二一	四九	一六	一二四
その他不明	四	三	三	二	一二

六甲山事件（一九六五年）、千葉大チフス事件（一九六六年）、袴田事件（一九六六年）、布川事件（一九六七年）、日産サニー事件（一九六七年）、半田風天会事件（一九六七年）、鹿児島夫婦殺し事件（一九六九年）、豊橋事件（一九七〇年）、大森勧銀事件（一九七一年）、土田・日石・ピース缶爆弾事件（一九六九〜七一年）、警視総監公舎爆破未遂事件（一九七一年）、三崎事件（一九七一年）、山中事件（一九七二年）、富士高放火事件（一九七三年）、甲山事件（一九七四年）、松戸ＯＬ殺人事件（一九七四年）、四日市事件（一九七五年）、北海道庁爆破事件（一九七六年）、野田事件（一九七九年）、自民党本部放火事件（一九八四年）……。

八〇年代のものが上がっていないのは、長期裁判の結果として冤罪の様相がまだはっきり見えてこないためにほかならない。右の事件のなかでも、山中事件は一九九〇年にようやく差戻審で無罪判決が出たばかりだし、松戸ＯＬ殺人事件も一九九一年に第二審で無罪確定したところである。

マスコミ等で大きく取り上げられた事件だけでも、上げてみればいくらでも出てくる。まことに驚くべき数である。これでもなお、戦後混乱期の所産と言う人はおるまい。こうした大事件の背後には、さらに中小の冤罪事件がいくつも転がっているはずである。

ここで、データとしてはやや古くなったが、一〇年ほど前に日本弁護士連合会が行ったアンケート調査を紹介しよう[(3)]。これは全国の弁護士に対して、これまでに担当した事件から冤罪と思われるケースの報告を求めたものである。内訳は、誤起訴（つまり一審無罪）事件、逆転無罪事件、有罪確定事件でなお冤罪であるとの確信のある事件、その他、とある。**表1**はその件数の集計であるが、これを見ても冤罪事件の数が減少しているとは言えないことがわかる。冤罪事件はけっして戦後十数年に限られたものではないのである（**表1**では昭和五〇年代の数値が少し低いが、これは調査時期が昭和五六年だったためである）。このアンケート調査は任意の報告であるから、全国の冤罪事件の実数はこれよりずっと多いと考えられる。

この表で注目すべきことは、すでに有罪が確定した事件のなかにも弁護士が誤判だと信じているものが数多くあるという点である。そのすべてが弁護士の確信どおり冤罪であるとは言えないにしても、さきの免田、財田川、松山、島田などの再審無罪の予備軍が少なからず蓄積されていることは確かである。因みに右に列挙した一九六〇年以降の事件のうち、名張（死刑）、江津（無期）、狭山（無期）、波崎（死刑）、日産サニー（無期）、袴田（死刑）、布川（無期）の各事件は目下再審請求中である。

冤罪事件は、かつての杜撰で強引な捜査や裁判の名残などではなく、現在なお日本の警察・検察の捜査、裁判所の審理過程に深く根ざした問題だと言わねばならない。

虚偽の自白

けっして少なくない数の冤罪が今日なお起こり続けているというこの事実の確認から私たちは出発しなければならない。日本の警察・検察がいかに高い検挙率・有罪率を誇っていても、そのなかにただ一つでも無実の者の検挙や有罪判決が含まれているならば、私たちはこれを黙過するわけにはいかない。いや、むしろ警察・検察、そして裁判所がその無謬性を誇れば誇るほど、逆にその背後で冤罪者の叫びが封じられていないかを恐れねばならない。

法廷で被告人が否認した事件について、その主張通りに無罪が認められるものはわが国のばあい、わずか〇・二パーセントであるという（因みに、イギリスでは一五パーセント、アメリカ連邦裁判所では二五パーセント）[4]。言いかえれば、被告人の無罪の主張の九九・八パーセントが裁判所において否定されていることになる。これは恐ろしい数字である。もちろん事件の中身の検討抜きに、統計的な数字だけで事を云々することはできない。しかし、この九九・八パーセントのなかに真の無実の主張がなかったと、はたして言えるかどうか。過去の数々の冤罪事件を知るものにとって、このことを恐れないわけにはいかない。

これまでの冤罪事件の多くは、捜査段階で自白に追い込まれ、公判段階に入ってから否認に転じたものの、これが裁判所には認められず、むしろ捜査段階での自白の任意性、信用性が認定されて有罪判決が下される、そういうパターンをたどってきた。いったん自白したものは後にこれを撤回しても、なかなか信用してもらえない。冤罪を晴らすうえで最大のネックは「自白」にあると言われる所以である。

刑事訴訟法では、「任意になされたものではない疑いのある自白は、これを証拠とすることができない」、また「自白が自己に不利益な唯一の証拠である場合には有罪とされない」と明記して、自白を有罪証拠とするについて一定の制約を課している。しかし、こうした法的制約が実務においてどこまで実効力をもちえているのか。少なくとも私の目にははなはだ心許なく見える。

たとえば、任意性の問題にしても、取調べがほとんど密室のなかで行われ、外部からその有り様を正確に判断するすべがない現状では、裁判官が任意性の有無を検討すること自体がきわめて困難である。とすると「任意性の疑われる自白を証拠から排除する」との明文も、結局のところ空文になりかねない。

また、自白が唯一の証拠である場合には有罪判決を出せないとの制約も、往々にして空文句に終わる。というのも、取調官は手持ちの事件情報や証拠と照合させつつ被疑者から供述を聴取していくのであるから、虚偽にせよ自白が搾り出されたとき、その自白は事件の諸証拠とそれなりに一致、符合するような様相を呈する。したがって、無実の人間が被告の座につかされたときでさえ、自白にからめて何らかの補強証拠らしきものが提示されることになる。実際のところ、検察が事件を起訴に持ち込んで法廷に証拠を提出するとき、少なくとも「自白が唯一の証拠」であるような外形をとることはない。裁判所が、これを見破って「自白しか証拠がないじゃないか」と蹴とばすことがどこまでできるか。この点も容易ならぬ問題である。

もともと自白は、こうした法的制約を課さねばならないほど、危険な証拠であった。たしかに犯罪には、自白なくしては明らかにならない部分が存在する。動機に関する部分などはその典型である。またまったく証拠らしい証拠を残さない犯罪もある。したがって自白が有力な証拠の一つであることは、誰もが認めざるをえない。そのかぎりではやはり「自白は証拠の王」である。しかし、絶対的権威をかさにきて暴威をふるう王がいるように、王はまさに危険性の象徴でもある。もじって言えば、「自白は証拠の魔王」であるという側面をあわせもっているのである。ところが人は、被疑者がどういう状況で自白したのかを知らないまま、結果として聴取した自白を与えられたとき、それを簡単に信用する。「人間は一般に、自分に有利な嘘はついても不利な嘘をつくものではない。それゆえ、あえて自分に不利な事実を自白したとすれば、それはなにより信用に値する」——こう考えるのが、人々（ただし逮捕や勾留の体験のない人々）の通念である。裁判官や検察官も、多くはその例にもれない。ことに、これが死刑にも相当する重罪事件であればなおさらである。自己の犯行であることを認めれば死刑にもなりかねないような事件で、誰が嘘の自白をするだろう、そう考える人が多い。しかし現実はどうであろうか。

　さきにあげた再審無罪の四事件では、いずれも無実の人間が自白して、現に死刑を宣告された。これに限らず有名な冤罪事件のほとんどに自白があって、終始否認を貫徹した例のほうがむしろ例外である。日弁連のアンケート結果でも、**表2**に見るように誤起訴事件、逆転無罪事件、冤罪が疑われる有罪確定事件のいずれにおいても、自白率は六割を越えている[5]。それに死刑を宣告されたような重大冤罪事件では、まずほとんどに自白がある。重罪事件ほど虚偽自白の発生率は高い。おそらく大きな事件では捜査官の熱の入れようも違ってくるのであろう。

　被疑者・被告人が無実であるとき、彼を犯罪事実と結びつける確たる証拠はあるはずもなく、したがって検察官の立てる犯行筋書は、曖昧な物証や状況証拠を自白によって縫合したものにすぎない（ときに捜査官の証拠偽造、偽証を疑わせるケースすらある）。

　それゆえ、この「自白」の糸を抜いてしまえば、すべての証拠がバラバラにほどけて雲散霧消する。冤罪の立証構成はいかに巧みであっても、結局はそうしたものでしかない。ところが裁判所がそうした虚偽の構成を見抜くことができずに、脆弱な虚構の上で無実の者を死刑台の目前に

表2　報告された冤罪における自白

種別	全件数	自白のあるもの	自白が撤回されたもの	撤回の時機		
				警察	検察	公判
誤起訴事件	一四三	九〇（六三）	七〇（七八）	二（三）	二（三）	六七（九六）
逆転無罪事件	一一〇	六八（六二）	五二（七六）	三（六）	五（一〇）	四七（九〇）
有罪確定事件	一〇六	六九（六五）	五三（七七）	五（九）	八（一五）	四八（九一）

注　数字は件数、（ ）内は「自白のあるもの」については全件数に対する割合を、「自白が撤回されたもの」については自白件数に対する割合を、「撤回の時機」については撤回件数に対する割合を％で表わしたもの。

さらすという事態が現実に存在してきた。いや再審無罪の四事件のように、厳しい再審の門をくぐって無罪を勝ちえた人たちはまだしも、ひょっとして誤った判決のもとで死刑台に消えていった無辜のものがいなかったともかぎらない。

心理学の課題として

被疑者・被告人の自白には、憲法、刑事訴訟法の明文で一定の制限が設けられている。それゆえ、この法の上の規定を忠実に守りさえすれば、虚偽の自白に惑わされて誤判に陥ることはないとの立論もありうる。しかし、法による制限条項の下でなお、現実に虚偽自白に眩惑された重大な誤判事件があることを見るとき、私たちはやはり、この法的制限の有効性を確かめるためにも、一歩踏み込んで、自白の心理過程を虚心に見つめ直さなければならないのではなかろうか。

私は、もとより法律の専門家ではない。それゆえ法の上での自白の意味や評価について云々できる立場にはない。しかし自白問題は、単に訴訟上の証拠評価の問題にとどまるものではなく、同時に自白という心理過程をどう捉えるかという事実問題でもある。とすれば、私たち心理学の研究者にしてもこれを黙過することはできない。実際、いくつかの冤罪事件に深く付き合ってきた経験からして、私は、自白について世の通念に重大な誤解があることに気づいていたし、法曹界の多くの人々もまたこの誤解を免れていないとの印象を拭えないのである。

ただ残念ながら、これまで虚偽自白について組織的に心理学的研究がなされたことはない。そもそも大学に籍をもつ、いわゆるアカデミック・サイコロジストたちは、自分たちの実験室や相談室から出て、裁判などの現実問題に関与しようとの関心は乏しく、またその機会も少ない。まれにその機会を得て精神鑑定や心理鑑定を行う研究者のなかには、現実の取調べ過程を深く洞察することなく、生半可な実験室的法則や精神分析的知識をそのまま当てはめて、かえって裁判官の判断を誤らせることすらある。

問題は、単に既成の心理学的知識を犯罪捜査や裁判過程に応用することではない。むしろ現実を虚心に見つめ、その現実を捉えるための心理学的方法をあらたに組み立てるのでなければならない。現実にそのまま当てはめてすむような便利な法則や知識が心理学のなかに蓄えられているわけではないのである。

その意味では、まさに反面教師とでも言うべき、一通の古めかしい精神鑑定がある。「弘前大学教授夫人殺人事件」という呼び名で知られる事件で被告になったNを、当時フロイト学者として有名であった弘前大学学長丸井清泰が精神鑑定したものである。この事件には自白はない。したがってこの鑑定は、私たちが問題にする自白心理にかかわるものではないのだが、学者・研究者がこうした犯罪事件に対していかに非科学的、非現実的な発言をなしうるものかという点で、文字通り古典的な例とも言えるものなので、あえてここに紹介しておこう。

事件は、一九四九年の夏の夜、蚊帳のなかで母親と一緒に寝ていた美貌の教授夫人が、忍び込んだ若い男に首筋を鋭利な刃物で切られて殺されたというものである。被疑者として逮捕されたNは、終始否認を貫いて、第一審は証拠不十分で無罪、しかし第二審では「懲役一五年」の逆転有罪判決、そして最高裁でも上告を棄却されて確定した。ところがNが刑を終えて出所して七年後、真犯人が名乗り出たのである。これによって再審開始の決定を得て、事件から実に二八年後に「無罪」確定を勝ち取った。これが新刑事訴訟法下での再審第一号となった。

この事件の捜査段階で検察側の要請を受けて登場したのが丸井清泰である。彼は鑑定書のなかでこう書いている。

> 被疑者は表面柔和に見えながら、内心即ち無意識界には残忍性、「サディズム」的傾向を抱蔵して居り、両極性、相反性なる性格特徴を顕著に示す人物であることが明らかである。……中略……被疑者は内面的には女に対し常人以上に興味を持って居たものと察すべく、この傾向を抑圧する結果として、表面的には謹厳な人と見えただけのことであり、被疑者の精神の深層すなわち無意識界には婦人に対する強い興味が欝積していたものと見るべきである。

一読しただけでも、この鑑定がいったいいかなる資料、根拠に基づいたものか、いぶかしく思われるであろう。たとえば、「内心即ち無意識界には残忍性、サディズム的傾向」があるというが、いったい何に基づいてそんなことが言えるのか、いっこうに明らかでない。鑑定書を見るかぎり、丸井はわずかな問診と、警察が聴取した被疑者周辺の人々の供述調書を参照したにすぎない。その周辺の人たちの供述では、Nはどちらかというと「女性的」で「柔和」であるとか、「謹厳で人格者、紳士的な人」とされており、残忍な犯罪者のイメージからはほど遠い。丸井はこれをまるで正反対に解釈して、その根拠をフロイトの無意識論に求める。しかし「柔和」で「紳士的」な表面の裏に、彼はどのようにして「残忍性」を読み取ることができたのか。

実のところ、丸井鑑定の背後には、被疑者Nこそこの残忍で異常な性犯罪の犯人であるという、結論が先にあった。表面上柔和な人物が性的動機による残忍な殺人事件を起こしたという結論を前提すれば、なるほど無意識裡に残忍性が潜んでいたのだといっておかしくない。しかし、これでは論理が逆さまである。実際、丸井鑑定書のなかで次のように断定している。

精神医学者、精神分析学者として鑑定人はすべての事実を各方面より又あらゆる角度から考察し、被疑者は少なくとも心理学的に見て本件の真犯人であるとの確信に到達するに至った。

この断定は、「精神医学者、精神分析学者として」という権威をかざすのみで、根拠らしい根拠をなに一つ示していない。強固な思い込みと強引な論理で、被疑者＝悪者＝犯人と言い立てたこの鑑定が、その後、精神鑑定の非科学性の見本のように言われることになるのもやむをえないところであろう。のちにこの事件が再審無罪になったとき、判決はこの鑑定について、次のような手厳しい批判を投げかけた。

個々の資料に対する検討が不徹底で、全般的に独自の推理、偏見、独断が目立ち、鑑定結果に真犯人とまで断定するに至っては、鑑定の科学的領域を逸脱したものというべく、かかる鑑定に証拠価値を認める合理的理由は乏しい。

その後も、ここまでひどいものは珍しいものの、捜査側の一方的主張を鵜呑みにして、まさに「ためにする」論理を展開する鑑定書はあとを断たない。事実に即して見るというもっとも基本的な科学の態度さえ欠いた学者、研究者が少なくないのである。

従来、わが国においては心理学者や精神医学者が冤罪に加担することはあっても、その解決に向けて積極的に関与することはほとんどなかった。その意味で、私たちの出発点はほとんどゼロの地点からはじまる。いや丸井鑑定などの前例を見れば、ゼロどころかマイナスの地点からはじめざるをえないとさえ言わなければならないのかもしれない。

虚偽自白論の構想

自白の任意性判断にきわめて厳しい英米法の下では、虚偽自白が問題となることがずいぶん少なくなったと聞く。それだけ、取調べ圧力にさらされたときの人間の弱さについて認識が深く、自白証拠の危険性への自覚が強いということなのだろう。その点、残念ながらわが国はまだその域からほど遠く、警察や司法の体制はいまなお虚偽自白が問題になる不幸な土壌を根強く残している。

なるほど、弁護士をはじめ一部の裁判官ら実務家たち、あるいは刑事訴訟法学者たちのなかには、昨今、この点への深刻な反省をふまえて、組織的な研究をしなければならないとの機運が興りつつある。また個別の冤罪事例について、なぜ虚偽自白がなされたかを深くつきつめた労作が積み上げられてもきている。しかし、それはまだ大勢をなすにいたっていない。

死刑囚の再審無罪という大変な事態を四度も立て続けに経験しながら、その原因究明が訴訟担当者内部で正面から組織的に取り組まれたとの話は、いっこうに聞こえてこない(6)。それどころか、捜査や裁判の当事者たちのなかには、冤罪や虚偽自白は、民主的で公正であるはずの捜査・裁判体制からたまたま漏れ出た例外的な事態であるかのように理解するむきが強い。被疑者の取調べについて警視庁のある幹部は「無罪事件などで厳しい批判を受ける取調べは、全体から見れば例外であって大多数の捜査官は、穏当な方法で、情理を尽くして適正に取調べを行っている(7)」などという。しかし物事にはかならず根がある。これを単に例外的事態とするのは、結局、問題に目をつむるに等しい。まして、数の上でもおよそ「例外」とは言えぬほどの事例が繰り返されているのである。冤罪の不幸の根絶を願う私たちにとって、それゆえ、虚偽自白に関する組織的研究の構築は急務である。とはいえ、ほとんどゼロの地点からはじめて、一足飛びに組織的研究を目指すわけにもいくまい。そこで私たちがめざすべきは、虚偽自白論にむけての、心理学からの一つの枠組作りの試みである。それはまだ厳密な意味での学のレベルに達したものでは、およそないかもしれない。しかしとりあえず、最初から厳密化をめざすより、多少曖昧でも全体的な構想を描くことからはじめるのが大事ではないか――そういう思いからの出発である。

さて出発に先だって、おおよそのプランを示しておこう。

虚偽自白論の問題は、虚偽自白をやってしまった被疑者・被告人だけの問題ではない。虚偽自白には、これにかかわって三者の当事者がいる。まず直接の当事者として〈取調官〉の関与なくしては虚偽自白はありえない。そして、もう一人の直接当事者として〈被疑者・被告人〉。さらに、この直接当事者二者の相互作用の所産として記録された自白を、訴訟過程で証拠判断する〈裁判官、検事、弁護人〉である。虚偽自白論の問題構図は、この三者でもって構成される。これを素朴な問いのかたちで表すとすれば、次のようになる。

1　なにゆえ無実の人に嘘の自白をさせるような状況ができてしまうのか。

2　なにゆえ無実の人が嘘の自白をしてしまうのか。

3　なにゆえ人は、無実の人の嘘の自白が見抜けないのか。

一般には、「無実の人が嘘で自白するなどということは、通常ありえない。それゆえそれがあったということになれば、よほど異常なことがあったにちがいない」といわれる。それはそのとおりである。しかし、ではこの「よほど異常なこと」とは何なのか。そこでまず問われるのが1の問いである。

多くの人びとは「拷問を含む過酷な取調べ」にその「異常」を見ようとする。冤罪は警察のデッチ上げであり、諸悪の根源は警察にあるというわけである。なるほど、冤罪の責任の大半が警察にあることは間違いない。それなのに警察は、その点をいっこうに反省するところがない。それは許せない。だから冤罪を闘う人たちが、大きい声で「デッチ上げだ」と叫びだしたい気持ちはよくわかる。しかし、警察を悪者にして、冤罪の原因をすべて彼らに帰してしまうわけにはいかない。素直に見るかぎりでは、捜査に当った取調官が最初から意図的に、無実の者を無実と知ってデッチ上げているようには見えない。おそらく彼らも、事件を真の意味で解決したいと思っているはずである。にもかかわらず、結果的に虚偽自白を搾り取って、冤罪を生み出し、しかもそのことに気づかない。いや気づこうとしない。デッチ上げの実態というのは、案外そんなところにある。

とすれば、私たちの検討すべきテーマの第一は、この取調べる側の心理構造ということになる。悪の起源が悪意にあるというなら、問題は簡単である。しかし多くの場合そうではない。善意から、あるいは正義感からすら、度しがたい悪が生み出される。そこに虚偽自白論のメスがまず入れられねばならない。

とはいえ、直接、虚偽自白を語り出すのは被疑者・被告人である。取調べる側の心理構造が解かれたうえで、この自白する当人の心理構造が明らかにされねばならない。これが2の問いにあたる。

典型的には、無実の被疑者が逮捕・勾留下でいつ外の世界に出られるともわからぬ不安にさらされながら、厳しい取調べを受けて虚偽自白に追い込まれる。その心理構造は、これまでの長い冤罪史の上に数多くの事例が蓄積されてきたわりには、解き明かされていない。そればかりか、そこにはまだまだ多くの誤解がつきまとっている。この誤解を解き、虚偽自白の本体に迫るのが、第二のステップである。

最後に、この二つのステップから、その成果をもとにさらに自白の真偽分析の問題に向かうことが望まれる。これが3の問いにかかわる。

取調べる側の心理構造と取調べられる側の心理構造の相互作用の結果として、自白はある。そして、その自白には真犯人の真の自白か、無実の人の偽の自白かの、真偽の徴表がかならず刻まれているはずである。なにしろ真犯人が自白する心理過程と無実の人が自白する心理過程とは、まったく異なる。その相違が自白のなかに何らの痕もとどめないなどということはありえない。ところが裁判の段階になって、裁判官が自白の信用性を判断するとき、その自白の真偽の徴表に気づかぬまま、実に杜撰で恣意的な判断を下すことがある。この段階でせめて正確に虚偽自白を見抜くことができれば、無実の人があたら長い年月、冤罪者の重荷を背負い続けなくともすむはずである。

その意味で、自白にかかわる供述分析の心理学を確立させることが、虚偽自白論の第三のステップとして、期待されてしかるべきであろう。

虚偽自白論はこれだけの広がりを持ってはじめて円環を閉じる。しかし、これを一気になすのはとうてい不可能である。そこで当面、第三ステップは別の機会にゆずることにして、本書でまず第一、第二のステップにかかわる論の大枠を組み立てるところから、とりかかることにしたい。従来、法の世界で論じられてきたことを、心理学の領域に敷き移して新たな論を展開するというのであるから、この試論が多少とも雑駁なものになることは避けられないだろうが、そのなかから虚偽自白に関する新たな見方が広がり、冤罪の不幸を断つ何らかの方途が見えてくれば、と願う。

第一部　問題の構図

死刑囚への再審無罪事件がマスコミで大きく取り上げられて以来、死刑になるやもしれない重大事件で無実の人間が偽って自白することがあるということ自体は、多くの人々の認識するところとなった。しかし、その虚偽自白がなぜ、またどのようにして生じるかというメカニズムについて、はたしてどこまで理解されているだろうか。

無実の人間が虚偽の自白をした以上は、よほど特別な事情が働いているに違いない、たいていの人はそう思う。死刑事件の判決にも、次のような判示がしばしば見られる。

「死刑になるかもしれない重大犯罪であることを認識しながら自白していることが窺われ特段の事情なき限り措信しうる」(1)

問題はここに言う「特段の事情」である。たとえば、耐え難い肉体的拷問にさらされてどうしようもなく自白したと言われれば、誰もがそれはやむをえないとうなずく。あるいは、さしたる強制もないのに自白したというときでも、その被疑者が知恵遅れだとか精神障害だとか言われれば、それならば仕方がないと言う。そうした「特段の事情」を指摘されれば、それでたいていの人は納得する。

しかし、ほんとうのところは、そのような「特段の事情」を列挙しただけで虚偽自白の心理を理解したことにはならない。だいいち、そのように傍目に明らかな「特段の事情」の見当らない虚偽自白が数多く存在する。それに取調べる側の強圧的暴力や、取調べられる側の抵抗力の極度の弱さが指摘できるばあいでも、虚偽自白のすべてをそこに還元してすませるほど、事は単純でない。まして、その「特段の事情」のもとで進行する自白の心理過程は個々に多様で、その複雑さは一筋縄でいかない。

ともあれ、この第一部では、従来から説かれてきた三つの虚偽自白論をとりあげ、その問題点を指摘したうえで（第一章）、虚偽自白を論ずるための前提的条件について検討し、まず問題の構図を明らかにすることにしたい（第二章）。

第一章　三つの虚偽自白論

生身の人間は弱いものである。肉体的拷問にもめげずに真実を守る鉄の心を持つ人は多くない。また自白のもつ重大な意味に気づかず、取調官の追及に安易に迎合する人だっている。しかし、この肉体的拷問や意志薄弱といった要因をいくら積み上げたとて、虚偽自白の具体的な様相は見えてこない。それらの要因が具体的にどのように絡み合って虚偽自白になっていったのか、そのメカニズムが解明されないかぎり、虚偽自白を理解したということにはなるまい。拷問とか意志薄弱とかの例外的要因をあげただけでとどまれば、虚偽自白はそうした例外的な特殊事情による例外的結果というふうにしか理解されず、逆に、この例外的な事情があったと証明されないかぎり、自白はすべて任意で信用性があると判定されることにもなりかねない。

しかし、実際はどうなのか。私は、これまでいくつかの冤罪事件とつきあうなかで、虚偽自白はおよそ例外的な事態などではなく、むしろ一般に思われているよりずっと人間に普遍的な現象ではないかと思うようになってきた。

そこでまずこの点の誤解を正すために、これまで虚偽自白について一般に言われてきた拷問説、精神力脆弱説の問題点を整理し、くわえて最近ときに弁護側から主張されることのある拘禁心理説について検討する。それによって虚偽自白という現象のおおよその見取り図を描くのが、本章の課題である。

第一節　拷問説

歴史的にみると、肉体を苦しめて自白を引き出すという方法は、洋の東西を問わず広く行われてきたものであった。その意味で拷問は、例外的に残虐な人間がたまたまやってしまった非人間的行為というより、むしろ皮肉を込めてあらゆる人間がやりうる人間的行為と言った方が正確かもしれない。一八世紀イタリアで拷問廃止を主張したベッカリーアはその『犯罪と刑罰』のなかでこう言う。

拷問の結果みずからを有罪だと自白した無実の者が犯人として処罰された無数の例を一々引用して、私の理論のうらづけをすることは必要ないことだ。どんな国民も、どんな時代も、どんな都市も、みな実例をもっているから。(2)

わが国においても肉体的拷問は、かつて法制度に組み込まれた捜査の合法的手段の一つであった。明治維新以降も訊杖、石抱（算盤責）、海老責、釣責などの拷問が徳川の時代から制度的に引き継がれてきた。明治政府の法律顧問として一八七三（明治六）年にわが国にやってきたボワソナアドは、拷問の場面を目撃して憤激し、時の司法卿に拷問廃止を訴える書簡を書いている。

「裁判所」に隣接する法学校で講義をするため、私はどうしても毎日二回、監獄の前を通行しなければなりません。この日頃、拷問を受ける者の呻き声に私の足と目は引き寄せられ、政府の発した布告の文言から、遂に廃止されたとばかり信じていた拷問が、悲しむべきことに実在することを、目撃したのであります。

かような嘆かわしい光景は、今や連日白昼堂々隠れもなく、法学校の近傍、司法省の真向かいにおいて、あ

たかもそれが法と正義とに最も反する行為ではないかの如くに、繰り返されているのであります。(3)

ボワソナアドは言う。文明社会において人はみなその生命と人格を最大限に尊重されなければならない。刑事被告人とて自らを防御し、弁護する権利を持つ。自由になされたのではない自白は証拠としてなにより危険である。それに拷問による自白を証拠として認める制度を許すことは、そもそも国としての尊厳にかかわることではないか。――こうした主旨の彼の強固な主張をきっかけとして、一八七九（明治一二）年の太政官布告によってわが国でも拷問が法制度上廃止されることになった。しかし、これ以降、拷問がなくなったのかというとけっしてそうではない。第二次世界大戦において敗戦するまで、拷問はほとんど公然と行われていたとさえ言っていい状況であった。とりわけ政治犯に対する拷問は熾烈であった。

戦後四年目にして成立した新刑事訴訟法においては、拷問はもとより脅迫や強制などもまた禁止され、そうした不法な手段による自白は証拠とできないむね明記されることになる。しかし、それでもなお拷問が刑事取調べの場から根絶されたとの保証はない。現に、これまで冤罪を訴えてきた人たちの多くが拷問のあった事実を指摘しているし、日弁連のアンケート調査でも虚偽自白の二二七件のうち二三件、一〇パーセントが拷問を自白の事由としている(4)（表3）。また、直接的に肉体を痛めつける拷問までいかずとも、人の身柄を拘束したなかで自白を強制し、また脅迫して自白を迫ったものは八九件、三九パーセントに及んでい

表3　自白の事由

事由	自白件数二二七件のうち件数（割合%）
拷問	二三（一〇）
強制・脅迫	八九（三九）
誤導・欺罔	一三三（五九）
被告人側の事情	七四（三三）
捜査官以外の者による誘導・欺罔	一二（五）
別件逮捕	二一（九）
長期勾留	三三（一五）
代用監獄	三九（一七）
分散留置	三（一）
その他	一八（八）

る。これが弁護士からのアンケートであることを割り引いて考えても、法で禁じられた自白強要がなお少なからず存在していることは間違いない。

1　強力な自白強制手段

肉体的な拷問は、自白をとる手段としてきわめて強力である。たとえば、こんな例がある。

第二次大戦中の一九四二年から四四年にかけて出版界の人々を中心に四十数名が治安維持法によって検挙され、根も葉もないところから、拷問によって膨大な自白調書が積み上げられた。日本共産党再建を画策したとの容疑による一大フレームアップ、いわゆる横浜事件である。この事件で検挙された被疑者への拷問は激烈をきわめ、性的な凌辱にまで及んだ。連座したある女性は、その時の拷問の様子を次のように描いている。

> 検挙後二カ月間は係長松下警部が専任、私の調べに当り、夜間、長時間にわたって腰部を裸にして床に座らせ、両手をツナで後ろ手に縛り上げ、私の声が戸外にもれぬように、窓と入口を鍵をかけて閉め切って、口にサルグツワをはめた上で、靴のかかとでモモとヒザ、頭を蹴り散らし、そのため内出血がひどく、むらさき色に腫れ上がり、ムチのミミズ腫れの跡は全身を傷つけました。そのあげく、火箸とコウモリ傘の尖端でチクチクと突きさし、歩行出来なくなる迄に残忍な拷問を繰り返しました。又、陰部を露出せしめ、コン棒で突くなどの凌辱の限りを尽しました。(5)

また、男たちには水責、逆さ吊、海老責など、およそ言語に絶する凄惨な拷問が行われたという。小林多喜二のように拷問そのものによって殺されたものはいなかったが、獄中で二人、出獄直後に四人が死亡した。この苛酷な拷問を耐えて真実を守りぬける人間がどれだけいるだろうか。

この事件に連座し、戦後、冤罪事件の運動に深くかかわった青地晨は、そのときのことを振り返ってこう書いている。

拷問の恐怖と苦痛に耐えかねて、私はウソの自白をしてしまった。これは人間として恥ずかしいことだ。ことにやりきれないのは、拷問に屈服した自分への不信感が今もぬぐいきれないことである。人間としての弱さや脆さはもちろんのこと、官憲に迎合した自分の卑しさがやりきれないのである。しかしあえて弁明すれば、人間という生きものは、拷問に耐え抜けるほど肉体的にも精神的にも強靭な存在でないのではないか。非凡な人物か、思想によって武装された鉄の意志の人間でもないかぎり、長期の拷問に耐えぬくことはできないと私は信じている。そして正直を言うと、ふたたび同じような拷問をうけたとき、こんどは耐えぬけるという自信を私はもっていない。(6)

これほどまでに苛酷な拷問が行われたことについては、戦時下の時代背景が強く働いていたことも確かである。しかし、これを単に時代が異常だったからといってすませるわけにはいかない。戦後の冤罪事件でもなお、私たちは被告たちの訴えのなかに、取調べ過程で陰惨な拷問が行われた事実を見いだす。

戦後の冤罪から一例を引こう。

一九五一年一月二四日の夜、山口県熊毛郡麻郷村八海に住む老夫婦（いずれも六四歳）が何者かの手によって惨殺され、金を盗まれた。夫は薪割用の長斧で頭を叩き割られており、妻は首を絞められたうえ、自殺を偽装するために鴨居に吊り下げられていた。現場を見た捜査主任は一人の犯行ではありえないと即断して、数人の共犯の線で捜査を開始した。そして事件の翌々日、二二歳の青年Yを逮捕。彼は最初否認していたが、その日のうちに事件のあらましを自白、自分一人で強盗殺人をやったと供述した。ところが数人の共犯だと思い込んでいた警察は、この単独犯行の自白を認めず、共犯者がいたはずだと追及。Yは翌日、翌々日にかけて五人の知り合いを共犯者として自白することになる。この五名は逮捕され、そのうち一人は釈放、残り四名とYとの五人共犯の筋書きで起訴されることになる。この事件は「八海事件」と呼ばれる。

共犯として起訴された四人はいずれも拷問によって自白した。そのなかで首謀者と見なされたA（二四歳）は逮捕直後から厳しい取調べにさらされる。一審、二審と死刑の判決を受けたAは、上告審に向けて正木ひろし弁護士に弁護を依頼した。その手紙の中で、かれは次のように拷問の様子を訴えている。

私は二十九日夕刻逮捕されました。調べ室に入れられると「前手錠」したのを取ってくれましたので、ほっとして四方を見わたしていると、警察官が六、七名何事かささやいていましたが、いきなり私の両手を後方にまわし、あっと言うまに、うしろ手錠をかけられたのです。私は日ごろにらまれていて、何かあったらと思っていた矢先で、以前、警察を困らしたようなこともしているし、前科者だから、尋常にして調べたのでは自白はしないと思ったのでしょう。何も言わずに四方より六、七名の警察官に蹴るなぐるの暴行を加えられたのです。私は「何をくそ」とじっと耐えていましたが、身体の自由はまったくきかず、あまりの暴行に叫び声を発し、「私は何も悪いことはしていない、人殺しなど夢にでもしたことはない。このようなひどい目には何の恨みがあってするのか、理由はない。」と、大きな声で言ってやりますと、「何を言うか、前科者のお前が親玉ではないか。」と、ますます暴力の手はひどくなっていくばかりです。鼻血は再度出ました。すると「鼻血ぐらい何だ。死にはせん。お前が自白するまではやる。」といって、こんどは線香の火を鼻の中、耳、首すじにやられるのには、私はまいってしまいました。夜じゅうぶっ通しで、まったく半殺しです。

警察官は「他の者はみな、自白している。逃れない罪だ。痛い目に合うよりは自白したらどうだ、タバコも吸いたいだろう、腹もへっただろう。」と、すかしたりしますが、身に覚えのないことゆえ、歯をくいしばって耐えていましたが、板の間にすわっているため、寒さがこの身を攻撃し、暴力の追及はますます激しくなってゆくばかり、夜のあけるころには、身も意志もくずれ、口をかえす元気などは全然なく、ただ「ハイ、やりました。」との一言、死よりもつらい言葉でした。(7)

このようにして逮捕の翌朝にはもう自白してしまったAは、そののち検事と判事に腫れ上がった手足を見せ、手錠の傷痕を見せて拷問を訴えたがとりあってもらえず、あげくに刑事たちには「検事、判事の前でよくも嘘をついたものだ」といって殴られたという。

同じく共犯者に仕立て上げられたI（二三歳）も上告趣意書で拷問の様子を次のように訴えている。

又、或る時は被害者Hさんを鴨居に吊り下げたと言ふ血のついたロープを持って来て私に見せ、お前でも首を締めたらどんなかと言って私の首を締めあげ、気が遠くなったら水を飲ませると言ったやり方であります。わたしはこれ以上やられたら本当にどんな事になるか恐怖を感じると同時に昨晩から一睡もせず苛酷な取調べに耐える事が出来ず先でどんな事になるか等、其の時は全く考えず唯暴行から一時も早く逃れたい寝せてもらいたい一心から心にもない事を同意し言ってしまったのであります。(8)

この事件は、二回の差し戻しを含む七回もの裁判を経て、一九六八年、起訴から一七年九ヵ月ののち、ようやく四人の無罪が確定し、Yの単独犯行と認められた。A被告はこの間三回もの死刑判決を聞いた。この冤罪を招いた最大の原因は、明らかに拷問による虚偽自白であり、そしてこの拷問を裁けなかった裁判官の「拷問恐怖症」(9)であった。裁判官たちは捜査の過程で拷問が行われたことを認めるのにきわめて臆病なのである。

このように虚偽自白が肉体的拷問によって搾り出される様子は、まったくおぞましいばかりである。こうした事例をいくつもいくつも見せつけられるとき、私たちは、この拷問が虚偽の自白をもたらすもっとも強力な要因であることを認めざるをえない。実際、横浜事件や八海事件で訴えられたような拷問を受けて、これに耐えられる鋼鉄の意志の人が、いったいどれほどいるであろうか。

2　単純ではない自白動機——問題点（1）

このように肉体的拷問が虚偽自白を引き出す最強の手段であることは間違いない。そのためであろう、人は虚偽自白の原因としてまずこの拷問説にとびつく。それはある意味で当然である。しかし、拷問説に安易によりかかるのは危険である。というのも、そこにはまぬがれがたい問題点がいくつかつきまとっているからである。

一つは、拷問説では、取調べを受けた被疑者が虚偽自白に陥っていく心理過程を単純化してしまいがちだという点である。

一般に、自分に不利なことを認めて自白するばあい、それが真実の自白であったとしても、そこにはやはり、かなりの圧力が働かなければならない。ちょっとした悪さをした子どもにそれを認めさせることさえ、それなりの圧力が必要である。まして重大な犯罪事件の自白となれば、さらに強い圧力が働かなければなるまい。真実の自白でさえそうだとすれば、虚偽自白にはさらに強い圧力が必要であろう。その点で拷問はきわめて強力で、被疑者の口から虚偽自白を搾り出す典型的な要因であることは間違いない。横浜事件や八海事件の拷問例などを見ると、もうこれだけで虚偽自白の理由は十分であるようにみえる。

ただ、この激烈、熾烈な拷問例にあまり目を奪われてはいけない。ここで問題なのは、多くの事件においては、拷問や、あるいは強制、脅迫と呼ばれるものを含めても、その種の粗野な強圧のみが虚偽自白を引き出す条件にはなっていないということである。たとえ肉体的拷問が虚偽自白の一因をなしているばあいでさえ、その心理は必ずしも単に「肉体的な苦痛を逃れるため」ばかりではない。そこにはいろいろ複雑な思いが錯綜している。

参考のために、日弁連アンケートの結果を再び引用しておこう。(10) **表4**は、種々の自白動機を一括整理したもので、拷問による自白のケースに限定した結果ではないのだが、各項目に表された心理状態と照らし合わせてみると、拷問などの直接的結果と考えられる八番目の「心理的、肉体的強制に耐えることができなかった」という心理は、虚偽自白の心理のほんの一部にすぎないことが分かる。またこの項目と同時に他の項目を併記した回答がかなりあると考えられる。純粋に拷問だけが虚偽自白の原因になるということの方がむしろ例外であろう。

拷問が虚偽自白の重要な要因であることは間違いないが、これをあまり強調すると、他の複合的な圧力状況や、そのときの複雑多様な心理状態がかえって見えにくくなってしまう。それに法廷で拷問の事実を立証できれば、自白の虚偽性の主張は、なるほど説得力をもつであろうが、そうした拷問事実を証拠立てられないケースについて、拷問説は何一つ明らかにできない。実際拷問があっても、取調べの場の密室性のためにそれを証明するのは至難である（八海事件のように極端な拷問事実の訴えのあったケースでさえ、確たる証拠がないとの理由で、拷問事実は否定された)。

そればかりか、拷問説は逆に、拷問の事実のないことが直ちに自白の真実性を示すかのごとき錯覚を人々に抱かせる危険性すらある。最近では、粗野な肉体的暴力によって口を割らせるという取調べスタイルは、むしろ目立たなくなっている。それは新憲法、新刑事訴訟法の成果であったと言えなくはない。しかし、その一方でもっと巧妙で、当事者以外のものには見えにくい心理的圧力が取調べに利用されるようになってきた。その意味でも拷問説の当てはまる射程は狭くなっている。

表4　自白時の心理状態

被疑者の心理状態	自白件数 二二七件のうち件数（割合%）
その事実を否認しても、周囲の状況から、認めてもらえないとあきらめたため	九五（四二）
肉親や家庭、仕事のことが心配で早期釈放を願うため	七二（三二）
捜査官を信じて、自己の供述が大したことではないと誤信したため	五四（二四）
捜査官と取引をして、別件の嫌疑の追及をまぬがれるため	六（三）
他人に迷惑をかけたくないため	一三（六）
裁判所では真実が認めてもらえると考えたため	六二（二七）
捜査官の情にほだされ、迎合しようと考えたため	一四（六）
心理的、肉体的強制に耐えることができなかったため	六九（三〇）
供述調書の証拠法上の効力に無知なため	二三（一〇）
その他	四〇（一八）

もちろん拷問は許しがたい。それゆえ、その事実の疑われるときには、当然、断固として糾弾しなければならない。ただ虚偽自白論としてみたとき、これだけを正面に立てて主張するわけにはいかないと思うのである。

ただ、そのうえで私たちは本書で、この拷問事例をしばしば援用することになるはずである。それは拷問説を主張したいがためでも、また拷問捜査そのもののひどさを強調するためでもない。むしろ、そこに冤罪における取調べの構造がもっとも端的に現れ、この構造が、外見上拷問の見られない取調べにも通底していると考えるからである。実際、そうした視点から拷問事例を捉えかえしたとき、そこにはいくつもの重要な問題が浮かび上がってくる（これについては第三章、第四章で述べる）。

3　悪意のデッチ上げなのか――問題点（2）

拷問による虚偽自白という考え方には、もう一つ大きな誤解がつきまとっている。たとえば、ある事件で取調官が拷問をはじめ、種々のあくどい手段を用いて被疑者から虚偽の自白をとったことが明らかになったとする。つまり拷問説が典型的に当てはまるケースである。このケースを目の前にしたとき、たいていの人はこれを取調官の意図的なデッチ上げではないかと考える。冤罪事件が社会問題化して、警察の捜査に批判が集中するばあい、「デッチ上げは許せない」という言い方がよくなされる。もちろん、無実の人間が犯人に仕立て上げられるのだから「デッチ上げ」と言えばその通りである。しかし問題は、このデッチ上げが取調官にとって、どこまで意図的であったのかという点である。

たしかに、デュマの『モンテ・クリスト伯』のように、明らかに意図して無実の人間を陥れる例が今日でも現実にある。とくに戦後の共産党がらみの事件や最近の過激派事件など、思想的弾圧の色彩の濃い事件には、文字通りの意味で警察がデッチ上げたと言わざるをえないものがある。それはそれで、もちろん、考察の対象にせねばならない重要な事例ではある。しかしそうしたデッチ上げ事件では、一般に自白が問題になることは少ない。

虚偽自白が問題になるような例に限って言えば、警察が無実の人間をそれと知ってデッチ上げ、自白まで搾り取るというのは、むしろ例外的な部類に属する。一般の刑事事件で無実の人間を逮捕し、取調べ、自白していくその過程のなかには、必ずしも意図的なデッチ上げとは言えない側面が多分に入り込んでいる。

逮捕した時点で、取調官にとって目の前の被疑者はあくまで犯罪の嫌疑の濃い人間である。いや、犯人そのものですらある。今日なお自白が「証拠の王」でありつづける日本の風土の中では、取調官はその被疑者の口を割らせて、「真犯人」であることを証明すべく努める。熱心な取調官は、よほど明白な無実の証拠でも出てこないかぎり、被疑者の否認は言い逃れの嘘だと決めつけやすく、自白を得てはじめて納得し、それで自分たちの努力が報われたかのように思う。つまり、少なくとも取調官の主観的な思いの中では、自分たちが「犯人」と信じている被疑者の口を割らせたのであって、「無実」と分かっている人間に嘘を呑み込ませたのではないのである。

このように言ったからといって、私は虚偽自白をもたらすような取調べ状況を許容しようというのではない。ただ、虚偽自白のすべてをまるで意図的な、悪意に満ちたデッチ上げであるかのごとくに考えたのでは、明らかに実相から離れてしまう。「巧妙な心理的圧迫」、あるいは「肉体的拷問」でさえ、取調官の主観においては、「犯人」の口を割らせようとする「熱意」の発露であったりする。そこには、凶悪な犯罪を犯した人間なのだから少々厳しい取調べは当然であるとの心理が働き、罪の確認よりもさきに懲罰の思いがほとばしる。裁判において有罪が確定するまで、被疑者・被告人は無罪の推定を受けるとの原則があるが、取調官のなかでは、それはしばしば無視されるのである。

八海事件で被疑者Aを取調べた警察官たちが「前科者のお前が親玉ではないか」と追及し、「のがれない罪だ。痛い目に合うよりは自白したらどうだ」と責めるとき、彼らのなかにはAを主犯とするある種の「確信」がある。だからこそ、そこまで拷問的な責めができる。しかし、一方でこれが明確な証拠のある確信であれば、むしろ逆にそこまで性急に自白を求める必要はない。いいかえれば、彼らにはゆとりをもって被疑者を追及できるだけの「証拠」がなかったからこそ拷問によるしかなかったとも言える。拷問をも辞さぬ断固たる「確信」をもちつつ「証拠」を求める、この自己矛盾そのものというべき「証拠なき確信」のゆえにこそ、取調官は躍起になって被疑者を責める。

人間というのは奇妙なものである。論理的にこれといって示せる根拠はなくとも「確信」をもつことが可能なのである。それは人を疑うことを仕事にしている刑事たちに限ったことではない。八海事件では刑事たちが「証拠なき確信」によって被疑者たちを拷問にかけて自白を搾り取ったのち、これを受けた第一審裁判所は、法廷での被告たちの否認にもかかわらず、取調べ時の自白を頭から信じて、無実の被告たちに死刑、無期懲役の重刑を宣告した。

そのときの裁判長藤崎晙は、のちに公刊した書物の中で、次のようなエピソードを語っている。そこには裁判長の奇妙な「確信」がはっきり露呈している。

それは第一審公判が最終段階にさしかかったころのことである。すでにAをはじめ五人全員の有罪を確信していた裁判長は、主犯のAはともかく、従犯のI、M、Hは素直に罪を認めれば有期刑にとどめてよいと考えていたという。そこでこの三人に向けて、あらためて罪状の有無を問いただした。その場面を藤崎裁判長自身が次のように語っている。問いは彼自身のものである。

> 問　人間には誰でも迷いがある、出来た事実は否認したとて消えるものではない。悔い改めることが出来たら立派な人間だ。罪を犯したかどうかは被告人たち自身がよく知っている。一つの犯罪にも自ら罪の軽重はあると思う。自分に利益な部分を供述しない限り裁判官には解らない。罪の軽からんことを願っても、述べてくれなければそれが出来ない。Iどうか、M、Hどうか。
>
> 答　――
>
> 此の間、法廷は水を打ったように静寂にかえった。傍聴人はせき一つしない。被告人たちは二分以上も黙し考えていた、MやHの面にはアリアリと焦慮が感じられた、Aの顔はゆがんで見えた、それはIやMやHが今にも真実を陳述しそうであったからである。
>
> 被告人等の全法廷を通じ、この一瞬ほど感激にみちた場面はなかった。ところがIはついに、やってはおりませんと答えた。続いたMもHもやってはおりませんと答えた。もし此のときの法廷が一人びとり分離されていたとしたら、虞らくAを除く三人は涙と共に真実を訴えたことと思う。(11)

これは、小説家が想像をまじえて描いた法廷場面ではない。裁判長自らが、自分の訴訟指揮した裁判の場面を回想して語っているのである。しかしそれにしても、この裁判長はいったいどのようにして沈黙した被告たちの顔のなかに「アリアリと焦慮」を読みとり、「今にも真実を陳述しそう」な雰囲気を感じとったのであろうか。そして「やってはおりません」という被告たちの言葉を聞いてなお、一人ひとり別にきいたならば「涙と共に真実を訴えたことと思う」などというのは、いかなる根拠に基づいてのことであろうか。

真に犯行を犯したことが明らかなY以外、Aたちがこの八海事件に関与したとの証拠は取調べ時の自白以外に何一つない。にもかかわらず藤崎裁判長はここまでの「確信」を持ちえた。彼ら裁判官たちには、ひょっとして無実の者を死刑にしてしまうかもしれないという懼れの気持ちがなかったのだろうか。

裁判官たちにしてこうであってみれば、警察官たちのなかに、被疑者への有罪の確信、しかも「証拠なき確信」が潜み、これが彼らの取調べ行動をつきうごかし、拷問という手段さえ辞さない姿勢を生み出すことは、十分に考えられることである。

問題は、多くのばあい、悪意による悪行ではない。とすれば、私たちは、悪者の警察が拷問というひどい手段を使って、善良なる無実の者に自白させ、冤罪をデッチ上げるのだといった、単純な善―悪図式をとるわけにはいかない。そうした図式から脱して、事の真相をもう少し立ち入って見ていかねばならない。

4　自白の二つの相――問題点（3）

虚偽自白を取調官のまったく意図的なデッチ上げだと非難して、警察・検察を悪者にするのは容易である。しかし虚偽自白の問題は、そのように敵―味方、良い者―悪い者という二元図式で片付けられるほど単純ではない。そもそも、やってもいない犯行をただ「やった」と言わせるだけであるなら、完全に意図的なデッチ上げで事がすむかもしれない。しかし「やった」というだけで自白は終わらない。そのうえに「どうやったか」という犯行の中身まで語らなければ、それを自白とはいえない。この後者の側面においては、被疑者・被告人がなにがしかでも自分の口から語り出さなければならない。

これまで私たちは「自白」という言葉でその過程全体を一括してきたが、ここのところで自白の過程に二つの相を区別しなければならないことに気づく。つまり、それまで「やらない」と否認していた段階から「やった」と認める段階への転回過程の相と、その転回の後、「どうやったか」を具体的に語っていく自白の内容展開過程の相である。

真犯人の自白のばあいは、「やった」と認めさえすれば、あとは自分の記憶に基づいて犯行の様子を語るだけでよいから、この二つの相をわざわざ区別する必要はないかもしれない。少なくとも両相は段差なく連続している。しかし無実の人間が嘘の自白をするばあい、そうはいかない。取調官に「おまえがやっただろう」と追い詰められて耐え切れず、とうとう「やった」と言ってしまったとしても、実際に犯行を犯していない以上、犯行の有り様を即座に語り出すというわけにはいかない。つまり単に「やった」と言うことと、「どうやったか」という中身を語ることのあいだには大きな隔たりがある。

自白の転回過程と内容展開過程は心理的にまったく異なるもので、これを区別することは以下の論を進めるためにも必須である。いま問題にしている拷問説について言えば、前者の「やった」というまでの転回過程は、拷問そのものの過程だけでかなり理解できるようにみえる。しかし、「どうやったか」の内容展開過程についてはどうであろうか。

たとえば、拷問でもってすれば無実の人間に「自分がやった」と言わせることまでは比較的簡単にみえる。しかし、そのうえで「どうやったか」を拷問でどのように自白させることができるのか。これは素朴だが重大な疑問である。

真犯人ならば拷問に負けて自白し、記憶に刻まれた犯行の中身をそのまま言葉にして語り出すことが可能である。しかし無実の人間は、犯行にかかわる体験を持たないわけであるから、たとえ拷問に耐え切れず「やった」とまでは言えても、そのあと犯行を具体的に供述できるわけがない。なのに犯行の具体的な態様から犯行動機にわたるまで詳細に語っているとすれば、それはやはりその被疑者が真犯人だからではないのか、そんなふうに考える人は少なくない。この考えを延長すれば、「拷問という取調べ方法は違法で不適切だったかもしれないが、そこで得られた自白自体は真実だ」といった論理さえ出てくる。この考えは一般の人々だけでなく、検事や裁判官のなかにもしばしば見られる。

素朴な拷問説がこれに対して答えるとすれば、否認から自白へと転じる転回の過程と同様、具体的な犯行内容の供述も、拷問によって強制的に呑み込まされたものとする以外にない。つまり、取調官が諸証拠から組み立てた筋書を、被疑者に無理やり押しつけたというわけである。しかし、そのように取調官が犯行筋書まで考えて、被疑者に教えたのだとすれば、もはやこれは被疑者を無実と知ったうえでまったくの悪意でもってデッチ上げたという以外にない。これが一般刑事事件においていかに例外的であるかは前に述べた通りである。警察・検察にしても、そのように自白を勝手に押しつけたのでは、のちの公判維持に自信は持てまい。良かれ悪しかれ、訴追する取調官は被疑者・被告人を真犯人と思い込み、その彼らに真犯人として自白することを求めるのである。そう考えなければ、取調官の心理自体が理解できない。

では、無実の人間はいったいどのようにして犯行内容を具体的に語り出すのか。「やった」ということは拷問によって引き出されたとして、「どうやったか」までは拷問そのものから引き出せない。ここのところで、私たちは拷問説の限界に気づく。自白の内容展開過程を考察するためには、たとえ肉体的拷問によって自白がとられたケースであっても、その取調べの具体的な場面で取調官がどう思ってどう尋問し、被疑者がこれをどう受けとめどう対応したのかという、取調官―被疑者双方の心的過程の機微に立ち入って見ていかねばならない。

虚偽自白の原因を拷問に求める考えは、一見非常に分かりやすい。しかし、これでは理解できない虚偽自白が数多くある。また、たとえ拷問説が典型的に当てはまるケースであっても、そのもとでとられた虚偽自白の中身を拷問説では説明することができないのである。

第二節　精神力脆弱説

拷問説が虚偽自白の原因を、肉体的拷問を典型とする強圧的状況に求めるのに対して、一見法の範囲を越えた拷問や強制なしに（つまり任意性の疑いなしに）虚偽自白がなされたとき、それは被疑者がたよりなくて、精神力がよほど脆弱だったからではないかと説明される。拷問説が原因をもっぱら取調官の側に求めるのに対して、この考えは原因を被疑者の側に求める。

この精神力脆弱説は、被疑者の個人的特性を考慮している点で拷問説の穴を補完する。同じ拷問があっても、被疑者によっては、それで簡単に自白してしまう者もあれば、容易には自白しないもの、強く迫られれば迫られるほど頑として抵抗する者など、種々様々である。その意味で、被疑者の個人的特性（いわゆる知能や性格）が虚偽自白の重要な要因であることは間違いない。

1 「精神薄弱」と呼ばれる人たち

被疑者が知的、精神的に弱ければ、そのことが虚偽自白の一要因になりうる。現に、これまでの冤罪事件を振り返ってみると、いわゆる「精神薄弱者」が巻き込まれて自白した例が意外に多いことに気づく。

古いところでは一九四六年（昭和二一年）四月、八丈島で起こった六六歳の老女への強姦・殺人事件がある。警察は最初、被害者宅に出入りしていた三人の容疑者を逮捕して取調べたが犯行推定日時のアリバイが成立して釈放（実は、この犯行推定日時が誤っていたことが後に明らかにされ、これが冤罪を引き起こすきっかけとなったことが判明する）。その後目ぼしい容疑者もなく時は過ぎ、事件から三カ月後、警察はKという男が被害者宅に出入りしていたとの通報を得て、これを逮捕し、同時にこのKとよく一緒にうろついていたYを事情聴取した。YはKの幼な友達で、「精神薄弱者」であった。Yを事情聴取した警察官は、彼がKの共犯者ではないかと直感して、「正直に言えば何でもないのだ、言わなければ警察に引っ張っていく」と詰問したところ、Yは「Kと一緒に行って、やった」と自白したという。Yは直ちに警察に連行され、自白調書を取られた。そしてこの自白に基づいて、Kが拷問され、彼もまた自白するに至るのである。Kへの拷問については、警察署の近隣の人の証言もあり、また当の警察官自身が認めざるをえなかったほどのものでありながら、裁判所は二人の自白をもとに第一審も第二審も有罪、Kには八年、Yには三年の懲役を宣告した。しかし最高裁では、Kの自白には警察官の想定にそうように作為された痕が歴然としていて信用できず、またYの自白は「警察官の意志に迎合したものとみられる疑いがある」との判断を示して、一転、無罪を宣告した。

この事件では、Kへの拷問とならんで、Yの「精神薄弱」が虚偽自白の要因とされた。Yの精神鑑定を行った菊池甚一は鑑定書にこう書いている。

Yは精神薄弱であるため、刑事係をおそれること著しく、「他者の」意志の影響をうけて自白するに至ったのではないか。このことはありうることであって、自白が強制拷問によらないで表現されてもその信憑性は薄弱だと言わねばならない[12]。

また、書物を通してこの八丈島事件を紹介した弁護士上田誠吉と後藤昌次郎も、次のように書いている。

低能者は被暗示性が強い。もし取調官が脅迫と誘導によって亢進している低能者の被暗示性を操るならば、彼はおそらくどんな犯罪でも自分が犯したという虚偽の自白をするであろう[13]。

正直言って、ここに言うように「精神薄弱であるため……「他者の」意志の影響を受けて……」とか、「低能者は被暗示性が強い」とかいうふうに、知的障害を被暗示性に直結させ、まるで虚偽自白の原因が被告人にあるかのように断定することについては、私自身多分に抵抗があるのだが、それはともあれ世の中にはいろんな人がいる。そのなかに取調べの圧力に比較的簡単に屈服してしまう者がいても不思議はない。

八丈島事件と並んで、一九四八年（昭和二三年）に静岡県幸浦で起こった一家四人殺人事件（通称幸浦事件）でも、軽度の「精神薄弱」と鑑定された被疑者Kの自白にはじまり、他三人の無実の人間が連座した[14]。また一九五四年（昭和二九年）静岡県島田市で起こった幼女わいせつ殺人事件（通称島田事件）では、同じく「精神薄弱」と判定されたAが疑われ、逮捕されて自白に追い込まれている[15]。さらに静岡県三島市で一九五五年（昭和三〇年）に起こった丸正運送店女主人殺し事件（丸正事件）でも、幼年期にかかった脳炎の後遺症で知的障害を持つSが自白に陥れられ、共犯として連座したRは終始否認したにもかかわらず、Sの自白が信用されて、終身刑が宣告された（確定後、二人は再審を請求したが入れられぬまま、Rは保釈後死去した）[16]。

誤解なきよう断っておきたいが、これらの事件に巻き込まれた人たちはいずれも軽度の「精神薄弱」とされているけれども、その虚偽自白は単に彼らの弱さにのみ起因するものではなく、同時にその弱さにつけこんでかなりの拷問や強制が行われていることにも注目しておかなければならない。

最近では、一九七九年九月に千葉県野田市で起こった幼女わいせつ殺人事件で、死体発見現場の近くに住む在宅の「精神薄弱」のAが逮捕され、自白させられ、第一審、第二審と懲役一二年の有罪判決を受けて、現在上告中の事件がある（通称野田事件）。この事件の被告Aは右の三事件の被告人たちよりかなり重い知恵遅れであるが、彼のばあいもその虚偽自白はただ彼の弱さにのみよるものではない。肉体的拷問こそなかったにせよ、思い込みに駆られた取調官の執拗にして強引な取調べが、虚偽自白の大きな要因であったことを見逃すことはできない。[17]

2　精神力の脆弱とは何か——問題点（1）

取調べの圧力に耐える力が弱いために虚偽自白に陥りやすい人たちがいることは、これらの事例からも明らかである。しかし、ここからもう一歩突っ込んで、この「取調べの圧力に耐える力」がいったい何であるかを具体的に見ていかなければ、結局のところ虚偽自白を「精神薄弱者だから」という曖昧なラベルづけで説明してしまうことになる。

自白問題にかぎらず一般に、人間の現象を「精神薄弱者」とか「精神病者」といったラベルで判断、解釈することは危険である。

たとえば私自身が供述分析した甲山事件（兵庫県西宮市の精神薄弱児施設甲山学園の浄化槽で二園児が相次いで溺死した事件。警察は殺人事件として捜査、四年後学園の保母を起訴した）では、数人の精神薄弱児たちが被害園児を連れ出す保母を見たと供述。これがこの保母を有罪とする最大の証拠となった。ところがその供述には変遷・変動・矛盾が数かぎりなくあり、しかも最初てんでんばらばらだった供述が四年後に一つのストーリーに収束していくという、まことに奇怪な経緯をたどった。通常の証人の供述ならば、そうした経緯を見ただけで信用性に欠けると断定されるであろうところ、検察官は供述の変遷・変動・矛盾も彼らが「精神薄弱児だからやむをえない」と言い、また他方で「精神薄弱児だから虚偽を構成して供述する能力はない」、したがって彼らの供述は真実でしかありえないと主張した。[18]

「精神薄弱児だから」といって、通常証人では許されない不合理を許し、通常証人にはありえぬ特別な心性を想定する。それはラベルの論理を用いた御都合主義でしかなく、きわめて危険な証拠判断だと言わねばならない（本書九七―一〇一ページ参照）。どのような障害をもった人の言動であれ、ほんとうは、むしろ私たちと共通の心性の流れのうえで理解すべき事柄が圧倒的に多いのである。

虚偽自白の具体的な心理メカニズムを究明しようというばあいも事情は同じである。つまり、自白した当人が精神薄弱者であったというだけで話が終わりはしない。あるいは「精神薄弱」というラベルの代わりに、「暗示性が高い」とか「精神力に欠ける」、「意志薄弱」、「判断力欠如」等々と言っても、そうした心的特性の指摘はきわめて抽象的にすぎず、そのラベルだけからは、具体的に虚偽自白へと追い込まれていく被疑者の心理状態は、なんら明らかにならない。

島田事件の被告Aは、再審無罪を得てなお、その無罪判決のなかで、虚偽自白を彼自身の「精神薄弱による被暗示性の高さ」のせいだとされた。そこには、このラベルの論理に毒されたきわめて不明朗な事情がうかがわれる。

彼は、事件の一九五四年三月一〇日から二カ月半後、放浪中のところを不審尋問されて別件で逮捕。いったん釈放されて三日後に別件再逮捕、その翌々日にわいせつ殺人の本件を自白。それによって起訴され、公判廷では否認したが第一審（一九五八年）は死刑の判決、そして第二審（一九六〇年）、最高裁（同年）と上訴を棄却されて死刑が確定。その後四次にわたる再審申し立てのすえに、一九八六年ようやく再審開始の決定を得た。そして無罪判決を勝ち取ったのが一九八九年一月。獄中生活なんと三五年をへて、やっと自由の身に戻ったのである。

最終の再審無罪判決は、Aの自白が死体の客観的状況と合致しない点を根拠に、自白の信用性を否定した。ところが、その任意性については次のように言う。

被告人が、軽度の精神薄弱で、感情的に不安定であり、心因反応を起こし易いと診断されていて、被暗示性が正常人より強いといわれていることからすると、資質面に問題のあった被告人としては、真実を述べているのに認めてもらえず、自己のアリバイに窮した結果、ことの重大性をよく理解しないまま、安易に警察官に迎合して自白するに至ったとも想像される。いずれにしても、このように短い期間に自白するに至ったことからすると、自白の動機が取調べ方法に無理があったかどうかというよりは、むしろ、被告人の資質面に由来する事情が深く関わりあっていたことを推認させる。[19]

結局、虚偽自白はAの迎合性、被暗示性によるものであって、取調べ側に落ち度はないというわけである。なるほど、被告人の資質が無関係ではあるまい。しかし、自白の虚偽をそこに還元して、取調べの具体的状況の問題を看過してよいという理由はない。そもそも、取調官が被疑者を犯人と決めつけて何らかの圧力をかけるということがなければ、どうして被疑者が迎合するということがあろうか。またもし、さしたる圧力をかけることなく被疑者が自ら迎合的に、あるいは被暗示的に、唯々諾々といいなりに自白していったのなら、取調官としてこれに気づかないなどということがあろうか。そしてそれに気づいたかぎりは、取調官みずからがその自白の信用性に疑問を投げかけてしかるべきところではないのか。

被疑者の心的資質を考慮することは大事なことである。しかし、それは問題をそこに還元するということではない。被疑者の弱さだけで虚偽の自白が出るなどということは、原理的にありえない。そこには、その弱さに見合った具体的な取調べ状況がかならずある。

たとえば、ある被疑者が「意志薄弱」と判定されたとして、ではその人はあらゆることに同程度に意志薄弱であろうか。人はだれしも、他者から突かれて弱いところ、どう突かれても大丈夫なところ、いろいろあるものである。被疑者が虚偽自白へと落ちていくのはその人が全般的に意志・判断力が薄弱だからというより、それぞれに個別的な事情が絡んでくるものである。富士高校放火事件のように、取調官の厳しい取調べにも屈服せず頑張っていた被疑者が、同性愛者であることを捜査官につかまれて、吐かなければ相手のことをばらすと言われて、それまでの抵抗が崩れてしまった例もあれば[20]、甲山事件の被疑者のように、父親だけは信じてくれていると思っていたのに、その父さえ疑っていると捜査官に告げられて落ちてしまった例など[21]……、個別にみていけば、虚偽自白はひとつひとつ、そこに陥っていく経緯があるのであって、単純にその人が弱かったのだというだけではすまされない。

私は、もちろん、精神薄弱などの障害によって暗示や誘導を受けやすい人がいるという事実を否定しようというのではない。ただ、そうした一律のラベルや静態的な要因の指摘だけで問題がかたづくかのように思ってもらうと困ると言いたいのである。

虚偽自白を精神力の問題に還元しようとする見方は、いわゆる精神薄弱者にかぎらず、一般の健常者にまで及ぶ。拷問があっても強制・脅迫があっても、自己の真実は守るべきだという精神論のまかり通りかねない世の中では、強圧的状況に屈して虚偽自白をした者さえ、周囲の人たちから、やはり精神力に欠けていたのではないかと思われやすい。また本人自身、そのことに触れられることを避けたいという心情に強く駆られる。拷問などの強圧的状況があからさまにならないケースでは、捕まってちょっと取調べられたくらいでどうして吐いてしまったのか、そんなに簡単に自白した以上はやはり犯人ではないかといった暴論が、暴論との自覚のないまま人の口の端にのぼる。

しかし現実には、誘導や欺罔に乗せられて自白するばあいでも、判断力が乏しくて、誤りと知らずにうっかり自白してしまったとか、罠に気づかずだまされてしまったというだけでなく、誤りと分かって乗っかり、罠と分かって取引的に自白してしまうことも多い。そこでは、単純に「精神力の脆弱」というかたちでひとくくりにできない個人的事情もあり、捜査官と被疑者の具体的なやりとりやかけ引きも働いている。

このように虚偽自白を被疑者の弱さに還元したところで、実際、なにひとつ分かったことにはならない。また被疑者の個人的特性を強調することによって、拷問説とは逆に、取調べの圧力状況が具体的にどう働いたかを見逃す危険性も大きい。いかに意志薄弱、判断力薄弱であれ、圧力がまったくないところで虚偽自白が生じるはずはないのである。

虚偽自白は、当然ながら、状況と個人の両方の関数として生み出される。拷問説のように前者のみを取り出しても、この考えのように後者のみを取り出しても、問題の全体は見えてこない。まさにこの両者の絡み合う過程こそが問題なのである。

3　取調官の暗示・誘導だけで自白の内容展開過程を説明できるか――問題点（2）

さて、「自分がやった」と自白したのち、ついで「どのようにやったか」、その犯行の具体的内容を展開して自白するという段階についてはどうだろうか。意志薄弱で、判断力が乏しく、迎合的で、被暗示性が高い……そういう特性をあげることで、いったいどこまで自白の具体的な筋書展開を説明できるものであろうか。

この精神力脆弱説の考えでは、結局、被疑者が自分の無実を十分に主張できないまま、取調官の言いなりに自白したということにしかならない。言い換えれば、犯行の筋書も取調官のほうで全部考えて、これを被疑者に押しつけ、被疑者はそれに抵抗することなく、そのまま呑み込んだというわけである。とすれば精神力脆弱説でも、拷問説と同様、虚偽自白の自白内容はもっぱら取調官の創作によることになる。

丸正事件で共犯者と目されたSが自白に転じたのち行った自白展開を、青地晨はこう評している。

すっかり係官の〝よい子〟となったSは、係官にひたすら協力し迎合する。彼は係官に操られたロボットとなり、係官の意のままに、その供述はねじまげられてゆくのである。……中略……Sの自白は、係官の小手先ひとつで、まるでアメ細工のように自由自在に変えられているのである。(22)

虚偽自白が、その時その時の取調官の想定した筋書の変化に応じて、目まぐるしく変わる様を見れば、この青地の表現もあながち間違っているとは言えない。しかし、そのとき取調官は自分で犯行ストーリーを考え出して、それをSにそのまま呑み込ませようとしたのだろうか。もしそうならば、取調官はSらの無実を知ったうえで、本当に悪意でもってデッチ上げようとしたという以外にない。しかしこれは、拷問説のところでも述べたように、取調官の心性として通常は考えにくいことである。だいいち、被疑者が無実であることをはっきり知っていれば、その被疑者を自白させること自身が、取調官にとって苦しい。それに、たとえ自分の意のままに平然と自白させることのできる取調官がいたとしても、無実と知ったまま起訴し、公判を維持する自信をもてるであろうか。

何にせよ、取調官は被疑者がひょっとして無実かもしれないとかすかに思うことがあるにしても、そうした不安を打ち消し、容疑への確信をかきたてることではじめて迫力をもって被疑者に自白を迫ることができる。少なくとも取調官の主観的な意識のなかでは、犯人である被疑者を自白に落とし、謝罪を求めるのであって、無実と知った被疑者に嘘の自白をわざと呑み込ませるのではない。

このことは、具体的な事件での自白の過程をつぶさに追ってみれば分かることである。野田事件からその一例を見よう。(23)

この事件の被疑者となったAは、逮捕から四日目に自白する。ところが、「自分がやった」ふうに供述しながら、犯行の筋書をうまく供述できない。筋書に必要な犯行要素を、取調官の追及にそって断片的に認めるだけで、いっこう犯行筋書らしくならない。そんな状態からはじまって、必要な犯行要素がほぼ出揃って概略的な筋書ができたのが自白開始から五日目。ところが、その筋書はあまりに概略的なうえにいくつもの矛盾をかかえていた。これを正し、肉づけして、どうにか最終自白に持ち込むのにさらに七日を要した。自白転回後、完成まで計一三日かかったわけである。これだけの期間をかけて、取調官は犯行筋書を一方的に考え、被疑者Aに徐々に教え込んでいったということになるのだろうか。

野田事件のAの自白が興味深いのは、取調べの一部とはいえ、その過程を録音したテープが存在することである。取調べを要約し文字化した供述調書ではわからない尋問―応答の具体的なやりとりが、テープにはっきり収録されている。そしてそこには、取調官が言い出したのではなくA本人が言い出したもので、かと言って真犯人のものでもありえないことが明らかな供述がいくつも出てくる。

たとえば、殺された女児の頭頂部に陥没骨折があった点について聞かれて、Aは「げんこつで殴った」と供述している。六歳の女児とはいえ、げんこつで頭に陥没骨折ができるなどというのは荒唐無稽というべきだろう。それに、いったん言い出したこの供述に数日間固執したのち、彼は検察官の指摘でこれを「大きい石」に修正する。この修正は暗示によるものと言っていい。しかし少なくとも最初の「げんこつ」は彼の自発的な供述であった。あるいはまた、女児の口の中に押し込まれていたハンカチやパンティに油が染みついていた点を聞かれて、彼は女児に約一〇〇ｃｃに及ぶ油を「飲ませた」と言い出す。これまた現実にはありえない話であり、現に女児の胃内から油は一滴も検出されていない。とすれば、これは取調官が考え出したものではありえず、また真犯人が現実にやったことでもありえない。

こうした種類の供述がいくらも出てくるのを見るとき、これが真犯人の真の自白ではないことを知ると同時に、その虚偽の自白が取調官の考えた筋書の単なる押しつけや暗示によるものでもなく、被疑者自身の何らかの主体的な想像によるものだと認めざるをえなくなる。

してみると、被疑者が何らかのハンディで抵抗力に欠け、被暗示性が高いにしても、そこにもっぱら取調官の側の誘導のみを考えるわけにはいかない。この点にこそ、じつは、虚偽自白の最大の謎があるのである。

断るまでもなく、私は取調官の肩をもとうとしているのではない。ただ、虚偽自白の原因を取調官の悪意に満ちたデッチ上げに求めたのでは、ここでもその実態から大きくかけ離れてしまうことを懸念しているだけである。考えてみれば、これが悪意のデッチ上げである方がずっと与しやすいとさえ思う。しかし、反対に、それが客観的には間違ったものであれ、主観的には捜査への熱意に発するものであるとすれば、これを悪意のデッチ上げと非難したのでは、結局すれ違いに終わるしかない。

虚偽自白を本当の意味で解明し、撲滅するためには、まずその実相に近づくことが第一である。その意味で単純な敵―味方図式に乗っかって「デッチ上げ」をぶちあげただけでは、いかにすっきりした見かけを持とうと、事の真相を射たことにはならない。私たちはここでも、取調官の一方的な作用ではなく、取調官―被疑者の相互作用の過程を見なければならなくなる。

第三節　拘禁心理説

肉体的拷問に代表される取調べ圧力によって強引に自白が搾り出されるという拷問説、被疑者本人の弱さのために取調官の意のままに自白が誘い出されてしまうという精神力脆弱説、この二つについて、その不十分さを指摘してきたが、もちろんいずれも虚偽自白のある側面を突いてはいる。すなわち、虚偽自白を、取調官が作り出す場の力と、それを受けとめる被疑者の抵抗力の力関係によるものと考えれば、拷問説は取調べの場の力が異常に強いばあい、精神力脆弱説は被疑者の抵抗力が例外的に弱いばあいの説明を与えるものだと言ってよい。これを図示してみれば次のようになる。

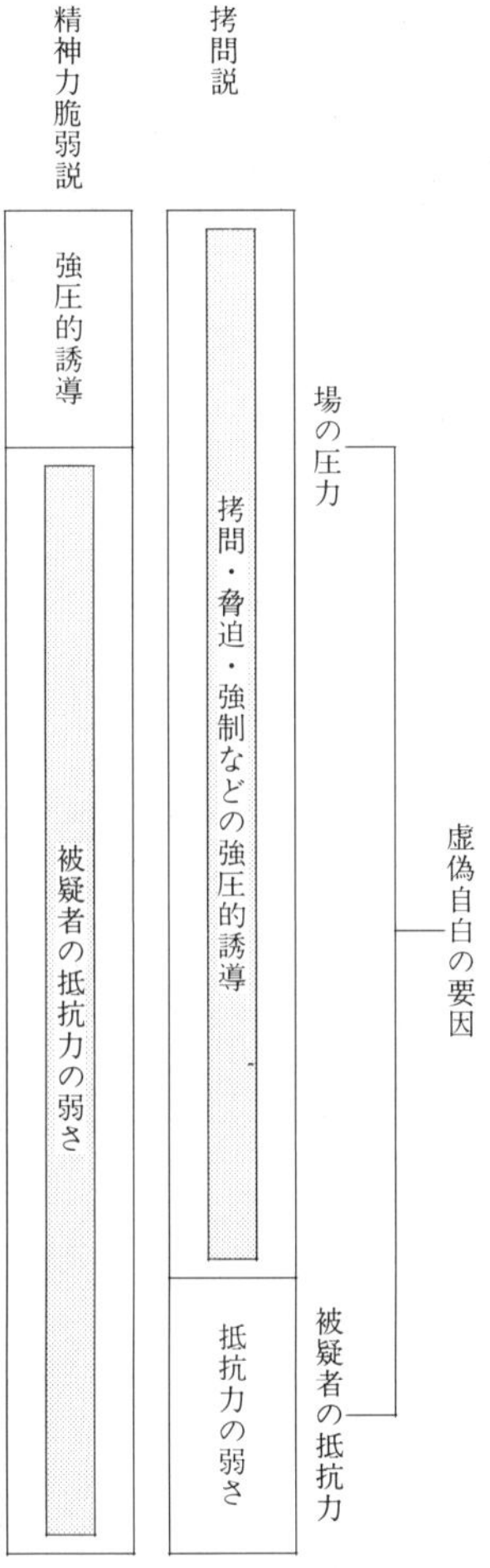

肉体的拷問があったことがはっきり証明され「強圧的誘導」が目に見える事例や、逆に重い知恵遅れなどの障害を持つ人たちのばあいのように「抵抗力の弱さ」を誰もが認めざるをえない事例については、それぞれ、すでに指摘した問題点を抱えながらも、この二つの説で一定程度の説明はできる。しかし、現実にはそうした典型的事例は多くない。むしろ、少なくとも当事者以外の第三者の目には取調べの圧力が法外に強いとは見えず、被疑者の抵抗力にもさして問題があるとは思えない事例の方が多い。これを右の図と同様に図示すると、

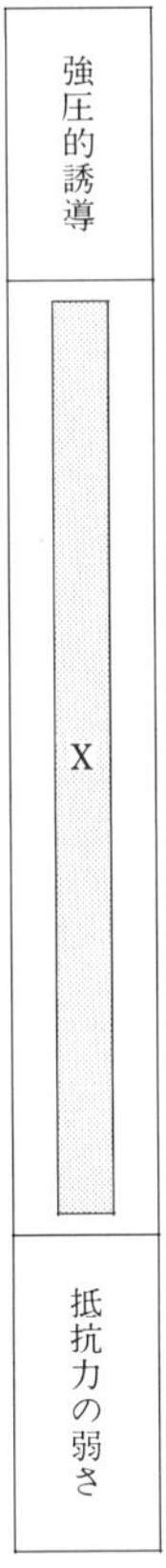

というように二要因のあいだに不明部分Xが残ることになる。戦後の刑事訴訟法改正以降は、見かけ上明らかな拷問が減少し、「拷問の技術革新」と呼ばれるごとく、傷痕を残さない精神的拷問が増えている。そうした状況にあって、このX部分をどう説明するかが、今日の虚偽自白論の最大の課題であると言ってよい。

1　自分の記憶が信じられない

このX部分を説明するものとして比較的最近出された考え方に拘禁心理説がある。長期にわたる勾留状況が被疑者に影響を与えて、「拘禁心理」として知られる精神的異常状態を来し、被暗示性が高まって虚偽自白がなされるという考えである。たとえば、土田・日石事件では、大学卒の知的にも決して劣ったとは言えない人たちが、肉体的拷問を受けることなく自白したが、これが結果的には明白な虚偽であると判明した。この事件を担当した庭山正一郎弁護士は、この虚偽自白を拘禁心理によるものとして説明している(24)。

土田・日石事件は、一九七〇年代はじめに起きた二つの爆弾事件に対して計一一名もの青年たちが逮捕、起訴された事件である。一九七一(昭和四六)年一〇月一八日、東京西新橋の日本石油本社ビル地下の郵便局内で小包二個が爆発し、局員一名が負傷した。小包は当時の警察庁長官後藤田正晴、新東京国際空港公団総裁今井敬文に宛てられていた。これが日石事件である。またそれから二カ月たった一二月一八日、土田国保警察庁警務部長邸に郵送された小包を夫人が開けたところ爆発、夫人は即死、四男が負傷した。これが土田邸事件である。いずれも警察庁幹部をねらった爆弾事件であったため、警視庁は威信をかけて捜査に乗り出した。そうして、以前赤軍派に属したことのあるMに狙いを絞って、これを逮捕するとともに、その周辺の人々を逮捕、勾留して、責め落とすことになる。そのなかにはかつて大学闘争に加わったことのある者たちもいたが、まったく政治闘争などとは無縁な友人たちも多数含まれていた。それは単なる個人的な人脈を引きずり出しただけのもので、およそ謀議を凝らして爆弾闘争を共同で担うような関係ではなかった。その意味で、戦後の列車転覆事件で当時の共産党員たちがフレームアップされた松川・三鷹・青梅事件の七〇年版とでも言える性質のものであった。そしてこれら三事件においてと同様、土田、日石事件でも、長期勾留の末、被疑者一一名中、女性二名を除いて九名の男たち全員が虚偽自白に追いやられていったのである。

法の上では本来、警察署の留置場に被疑者の身柄がおかれるのは三日間に限られ、その後は警察から司法官の手に引致され、拘置所に身柄が移されるのが原則になっている。ところが、監獄法には「警察官署に付属する留置場は之を監獄に代用することを得」との例外条項があって、これを盾に現実には拘置所に移されるべき身柄を留置場に止めおいて取調べを続けるというのが慣例化されている（これを代用監獄と呼ぶ）。つまり取調官の支配が直接及ぶところに留置されたまま取調べが長期にわたって続けられ、場合によっては起訴後もなお留置場におかれたまま取調べが行われることがある。

土田・日石事件では、主犯と目されたMは七回にわたって逮捕・勾留を繰り返され、計二七三日間留置場に拘禁されたし、またその他の被告のなかには起訴後も含めて三三〇日ものあいだ、つまり一年近くも留置場に勾留されて、その間ずっと取調べの圧力にさらされ続けた者もいる。こうしてこの留置場での長期勾留のなかで多数の被疑者から膨大な量の自白が聴取され、検察官はこれを軸に被告たちの有罪を主張したのである。ところが公判のなかで被告の一人について明確なアリバイがあることが判明したこともあって、長期勾留のなか強引な取調べのもとでなされた自白調書について、その大半の任意性が疑われ、証拠として採用されなかった。そうして、第一審では一九八三年統一公判で闘った九名全員に無罪の判決が下されたのである（後に検察はこのうち六名について控訴したが、棄却され無罪が確定した）。

この事件で死刑を求刑されたMは、無罪釈放後、虚偽自白に陥る瞬間のことを次のように述べている。

取調べの最中は頭が混乱していても「俺は関係ない」という点はある程度まであったのですね。だけどもいろいろな諸状況が錯綜してくると、自分でそれ以前の記憶の構造がまるきりわからなくなってしまうということです。記憶が作られてしまうということですね。彼等に「誰それがこう言った」とか「お前はこうだ」と言われ続ける。そうすると自分でも合理的に納得できる記憶というのがあるわけですが、その記憶に結びつく過程の記憶が作られていくということが一つあるわけです、そういうことが重なっていくと、どこまでが自分の記憶でもって、どこまでが新たに作られたというか、結果的には作られていくわけですから、そういう記憶がどこまでなのか判然としなくなっちゃうわけです。それで自分自身が信用できなくなっちゃうのですね。ただ、何かわからない。ただ、ストーリーだけは合理的に組み上げられていって、そのストーリーであっても不思議でないというような気になっていってしまう[25]。

同じくこの事件に連座したH（求刑は無期懲役）も、こう述べている。

長期間、長時間調べを受けると、捜査官から言われたことが本当にあったことなのか、想像したことが頭に浮かんでいるのか判断能力が破壊されてきます。こういう時に思い込まされて認めさせられてしまう[26]。

二人とも自分の記憶が信じられなくなったというのである。いや、この二人だけではない。E（求刑一一年）もまた、留置場での一一日間、過酷な取調べを受け、自白させられて拘置所に移管後、自白にいたる過程を克明に記した手記のなかで同様のことを述べている。

こうした自白の心理に対して、拘禁心理説はこう説く。逮捕されて、長期の勾留のなかで取調べを受けるという状況は、被疑者にとってきわめて大きな心理的ストレスである。たとえ、そこで肉体的拷問を受けずとも、勾留のもたらす心理的効果は大きく、そうしたストレスを受けつづけると特異な神経症的症状を示し、ふだんの被疑者には考えられないような行動が見られるようになる。判断力は低下し、被暗示性も高まり、冷静であればやるはずのない虚偽自白をやってしまう、と。

欧米諸国においては、捜査官の下での勾留が強く制限されていて、長くてせいぜい二、三日。それに対して、わが国では一件につき最大二三日、別件を繰り返せばさらに何日でも勾留することが可能であるし、本件のように起訴後なお代用監獄のなかで取調べられることさえある。こうした恐るべき長期勾留のなかでは、被疑者が平常心を保持できようはずがない。そうした異常な心理状態のなかで自白を搾り取るという方法は、拷問と同様許すべからざることである。刑訴法にも「不当に長期にわたる勾留下での自白」には任意性がないと明記されてはいるが、きわめて姑息な手段を用いた長期勾留が事実上合法と見なされかねないわが国の現状では、この条項が虚偽自白を押しとどめる有効な歯止めとなっているとは言えない。一件の逮捕で二三日間もの勾留が認められるということさえ、諸外国での勾留・取調べ期間に比べれば非常識なほど長期にわたると言わざるをえないのだから、土田・日石事件のように何百日もに及ぶ勾留・取調べの下でとられた自白に任意性を認めるなどということはありえないことであろう（さすがにわが国の裁判所もこれには任意性を認めなかった）。被疑者が異常な心理状態に陥るほどの長期勾留下でなされた自白に問題があるというのは、当然のことである。

2　拘禁心理でどこまで説明できるか――問題点（1）

このことを認めたうえで、拘禁心理で虚偽自白を説明する考え方の限界性を指摘しておかねばならない。

まず、厳密な精神病理学の基準に照らして、拘禁心理症状の有無をどこまで証明できるのかという点である。なるほど突然の逮捕に動転して、一時的にパニック症状を示す被疑者がいなくはない。しかし、人を厳しい感覚遮断の状況において洗脳をはかるような極端なばあいならともかく、逆に不断に捜査官と顔をつきあわせ、引き回され、過大な刺激にさらされる状況のなかでは、はっきりした拘禁症状を示すことはむしろ少ないとも考えられる。従来、拘禁反応や拘禁性精神病が問題にされたのは、拘置所の未決囚、刑務所の既決囚、とくに死刑囚であった[27]。その意味では、警察管轄下の留置場での勾留が被疑者・被告人にどういう影響を及ぼすかについては、これまでまったく研究の対象から除外されてきた。そもそも留置場では、警察・検察関係者以外の医師などが被疑者に直接触れる機会がきわめて乏しいのである。

もちろん、長期勾留が自白時の心理に影響しないわけはない。土田・日石事件においても長期勾留が被疑者たちの自白心理に大きく影響したことはまちがいない。ただ、これをはたして従来から精神病理学で言われてきた「拘禁反応」によるものと言っていいかどうかは、大いに疑問である。私は、ここで長期勾留の持つ問題性を否定しようというのではない。この長期勾留は拘禁心理というかたちでの問題より、むしろもっと別種の問題を生み出しているのではないか。拘禁心理という異常心理に虚偽自白の原因を求めるまえに、むしろ長期勾留という異常事態におかれたときの被疑者の心理過程をもう少し具体的に見ていくことが必要なのではないか。

それに、よし被疑者が拘禁反応状態に陥ったとして、これでもってどこまで虚偽自白を説明できるであろうか。

庭山は「被疑者は拘禁下の取調べによる心身疲労の結果一種の神経症に陥らされると、被暗示性が著しく昂進し、客観的には明らかに自己破滅の行為（重罪事件の自白）でありながらも主観的には自己保存の行為と思い込んで虚偽の自白をなす」[28]という。これは一見もっともらしく聞こえるが、よく見るとそこには矛盾した二つのことが説かれている。つまり、

被暗示性の昂進によって自白するとの考えと、

自白が自己保存になるとの判断錯誤によって自白するとの考え

の二つである。

前者においては、被暗示性が高まって「やってもいないことをやったかのように思い込まされて」自白するという主張になるのに対して、後者は、判断力が鈍って「やっていないことは分かっているのだが、ここではやったことにした方が得策ではないかと錯覚して」自白するという主張である。この二つは虚偽自白についてまったく異なる過程を想定している。これをごっちゃにしたのでは論にならない。そこで、ここではそれぞれを分けて検討を加えることにする。

まず、前者の「被暗示性の昂進によって自白する」とする考え方から見よう。これによれば、被疑者が長期勾留のなかで異常な心理状態に陥り、被暗示性が極度に高まって、ひょっとして自分がやったのではないかと思うようになり、取調官に追及されるままに認めてしまうということになる。こうした論が虚偽自白の現実にどこまであてはまるであろうか。

先に引用した土田・日石事件の被告たちの回想を聞くと、自分の記憶が信じられなくなって「自分がやったのかもしれない」と思うようになる様子がうかがわれる。精神科医でありまた作家でもある加賀乙彦も、土田・日石事件に触れてこう述べている。

> 自白をさせる何か精神病理学的な状態をそこにつくり出す技術を警察が知っていて、その状態をうまく利用しているのではないか。その状態とは、被暗示性が高まり、全く相手の言うままに動かされるという状態です。

催眠術などをかけて相手が非常に被暗示性が高まった状態では、こちらが言うとおりになることがありますが、あれと同じような状態を警察でつくり出すことは、精神医学的に百パーセント可能だと思います。(29)

このように催眠術的な暗示によって無実の者が自白するというのは、なんとなく通りやすい理屈に見える。しかし、現実はどうだろうか。被疑者たちは自分たちがやりもしないことを自分がやったかのように、どこまで思い込んだのであろうか。

この事件のばあい、問題になる実行行為は謀議や運搬など、かなり曖昧なものが多い。ある人物に出会ったとか、車に乗ってどこそこへ行ったとか、ものを預かったとか、そういうごく日常的な行為が爆弾の謀議、運搬に結びつけられていくと、もとの記憶自身がはっきりしなくなる。しかも被疑者は別々に留置され、各自が一年あるいはそれ以上も前の記憶をたぐりよせ、その情報を取調官が「あいつはこう言っていた」というふうに操作して、相互誘導していくのであるから、そこのところで記憶が錯綜することは十分にありうると言わねばならない。そこで起こった記憶の混乱を、拘禁心理による被暗示性の昂進によって説明しなければならない理由はない。

実際、土田・日石事件の被告たちのなかにも、爆弾の製造など、きわめて非日常的で、他の日常行為と混同することが考えにくい行為について、被暗示的に「自分がやったのではないか」とまで思い込んだ者はいない。また他の事件でも、殺人や強盗、強姦など、日常的行為と峻別される明確な犯罪行為について、自分がやったと、被暗示的に思い込まされた例を私は知らない。

東京都下の強姦未遂事件で誤認逮捕された少年は、「あまりに長いこと取調べをされるものだから、もしかしたら自分がやったのかもしれない、おぼえていないのかも、と思ったりした」と述べている。(30) あるいは、甲山事件で園児を浄化槽に投げ込んで殺したとして逮捕されたY保母は、取調官から、実母は産後記憶喪失状態になったことがあるとの話を聞かされ、「おまえにもその血が流れている」と言われて、「自分がやって、覚えていないだけかもしれない」と思ったことがある。(31) しかし、ここでの少年もYも、自分の記憶のないところで「やったのかもしれない」と思ったのであって、「やった」という記憶を被暗示的に作り出されたのではないことに注意しなければならない。

取調官の尋問がもつ暗示性、またそれに対する被疑者の被暗示性、迎合性の問題は、虚偽自白を考えるうえで非常に重要な要因である。しかし、だからといって被疑者が取調官の言うことを、そのまま鵜呑みにして思い込むほどの被暗示性を想定することは、虚偽自白の実態にそぐわない。本人の体験の中核部分、つまり自分が殺人を犯したかどうか、強姦をやったかどうかというところにまで暗示効果が及ぶ例がもしあるとすれば、それは「被暗示性」などという生易しいことばで語られるものではなく、文字通り精神病理学的な意味での「妄想」と言わねばならない。実際、庭山が問題にした拘禁心理はそこまで重度のものではないし、またそのような「妄想」レベルの虚偽自白が問題になる事件は、たとえあったとしても、当面私たちの検討の射程外においてさしつかえなかろう[32]。

3 虚偽自白は異常心理に起因するものなのか――問題点（2）

庭山の主張に含まれる二つめの考え方、つまり長期拘禁の結果、判断力が低下して「客観的には明らかに自己破滅の行為でありながらも主観的には自己保存の行為と思い込んで虚偽の自白をする」という論は、平たく言えば、自分がやっていないことは分かっているのだが、ここでやったと言う方が自分の身を守ることになると錯覚して自白するというものである。庭山によれば、正常な判断力があればそんな馬鹿げたことはしないのだが、拘禁心理で神経症的になった被疑者には、そうした正常な判断力がなくなってしまうのだという。

この論にも、いくつか問題がある。一つは、長期拘禁下の取調べが苦しくなって自白してしまうことが、神経症的な異常心理の結果なのかという点である。虚偽自白は確かに、客観的には自己破滅である。にもかかわらず被疑者は取調べの場で身を守るためには、もう嘘でも自白するしかないと思い込む。それがその場での主観的な自己保存なのである。そういう心理過程が虚偽自白の背後に働いていることは間違いない。しかしその過程は、異常心理によらずとも十分に理解できることではないか。たとえば、肉体的拷問に耐えられず嘘の自白をしてしまうというばあいでも、客観的には自己破滅である虚偽自白を、その場の主観的自己保存のためにやってしまうという点では同じである。しかしこのばあい、私たちは別に判断力が低下した結果だとは言わない。拷問によるにせよ長期拘禁下の強圧的取調べによるにせよ、苦しみに耐えられなくて嘘でも自白するというのは、十分に正常な判断の結果といってさしつかえないのではないか。

フランクルは自らのアウシュヴィッツ体験を踏まえて、「異常な状況においては異常な反応こそがまさに正常な行動であるのだ[33]」という。私たちが日常おかれている正常な状況から見れば、「異常な状況における行動」が「異常」に見えるかもしれない。しかしひとたびその「異常な状況」に身をおいてみれば、まさにそれこそ正常なのである。虚偽自白もまたそうである。虚偽自白の異常性は、自白する被疑者の心理異常によるものではなく、取調べ状況そのものの異常によるものだと言うべきであろう。

このことを確認したうえで、もちろん、長期間自由を束縛され、全生活を支配され、取調官から責め立てられたとき、身体的にも精神的にも疲労して、抵抗力が弱まり、判断力が鈍るというのは事実である。そしてそれがいわゆる異常心理の域にまで達するものではないにしても、被疑者の供述過程に影響を及ぼすことは当然である。さきに描いた図式をここでもあてはめれば次のようになる。

つまり、同程度の強圧的誘導でも、毎日積み重ね、繰り返していくうちに、被疑者の側の抵抗力は弱まる。このことは十分おさえておかねばならない。しかし、この抵抗力の低下でX部分をすべて説明できるわけではない。

その抵抗力低下というレベルを踏み越えて、さらにこれを異常心理の問題として扱わねばならないかどうか、その点にはおおいに疑問がある。拘禁心理説にそって言えば、長期拘禁下で被疑者の抵抗力の低下が異常なレベルにまで達し、ちょうど精神力の脆弱な人々と同様の状態に近づくということになる。取調官の強圧的誘導と被疑者の抵抗力の弱さという二要因だけで虚偽自白をもたらすに十分でないとき、その埋まりきらないX部分を、拘禁心理説は拘禁下の一時的異常心理に帰そうとするわけである。図に描けば、こうなる。

さきにみた精神力脆弱説が、虚偽自白を、被疑者が個人的特性として持続的にもった異常心理に帰着させるのに対して、拘禁心理説は、拘禁という環境条件によって被疑者が陥った一時的な心理異常に帰着させる。とすればこの両説は、被疑者の異常心理状態が持続的、恒常的であるか、一時的であるかの違いはあれ、いずれも虚偽自白を異常心理によるものと考える点では一致するといってよい。

ここで拘禁心理説は、精神力脆弱説と同等の説明力をもつと同時に、この説についてさきにあげたのと同じ問題点をかかえることになる。

第一に、否認から虚偽自白に転じる心理メカニズムを、その時の精神力の脆弱（化）という要因のみで説明できるものではない。X部分は、単に異常な心理状態（一時的にせよ、持続的にせよ）に還元できるものではなく、そこでは、取調官の圧力と被疑者の抵抗がせめぎあい、取調官の手練手管と被疑者の個人的事情が微妙に相互作用しあっているはずである。にもかかわらず、拘禁心理説は、結局、長期勾留が被疑者に及ぼす影響を、異常心理という要因に還元することによって、取調官―被疑者の具体的な相互作用過程を捉える視点を放棄してしまう。

第二に、「自分がやった」と言ったあと、具体的な犯行内容にわたる自白を進めていくその内容展開過程についても、拘禁心理説は精神力脆弱説とまったく同様、捜査官が考えた事件の筋書を、被疑者の異常心理あるいは精神力脆弱化につけこんで、暗示・誘導によって鵜呑みにさせたとしか説明できない。結局、この考えも先の二説と同様、意図的デッチ上げ論をとるほかないのである。これが虚偽自白の具体的な実態を説明するものとしてきわめて不十分であることは、繰り返すまでもあるまい。

さて、以上見てきた拷問説、精神力脆弱説、拘禁心理説の三説は、いずれも虚偽自白のある側面を捉えてはいる。しかし、その自白形成の過程全体を捉えるには程遠いものと言わざるをえない。

否認から自白へ転じる転回の相について、三説はそれぞれ

(1) 肉体的拷問に代表される取調べの強圧状況

(2) この強圧に対する被疑者の耐性の弱さという個人的特性

(3) 強圧状況の持続による一時的な異常心理

という一応の説明を用意している。しかし、それらはいずれも自白への転回過程の一要因をただ静態的に挙げたのみで、具体的な転回の心理を力動的に解明するものにはおよそなりえていない。

さらに犯行の中身をストーリーとして述べていく自白の内容展開過程になると、三説とも結局は、取調官の側の筋書をそのまま鵜呑みにさせられたという「デッチ上げ」論に終始する。しかし現実の虚偽自白には、取調官の側からの一方的な押しつけと考えたのでは理解できない側面がいくつもある。虚偽自白は、本来、取調官と被疑者の双方のせめぎあいのなかで生じるものであり、そこでは被疑者もまたその相互作用の一方を担っている。それゆえ、被疑者がその自白過程にどう参与したかを見ずしては、虚偽自白の実相に近づくことはできないのである。

右の三説は、この点に目をつむって、結局のところ静態的な要因論にとどまり、自白形成の力動過程を捉えそこなっている。それに対して私たちが本書においてこれから推し進めようとしているのは、静態的要因の羅列ではなく、文字どおり自白形成過程の力動的理論である。つまり、取調べの場のなかで、取調官と被疑者とが相互に織り成す力動過程において、虚偽自白が生み出されるその様を具体的に剔り出す理論をこそ求めなければならないのである。

第二章　虚偽自白論のための二つの前提

前章において、私たちが確認したことは、自白というものが取調べる取調官側の要因だけで得られるものでもなければ、取調べられる被疑者の側の要因だけで生み出されるものでもなく、取調官・被疑者双方の具体的な関係力動の只中から出来あがってくるものだということであった。しかし、このように述べても、この主張はなお抽象的なままである。本章では、これをいま少し具体的なかたちで展開していくために、まず取調べにかかわる二つの大前提を指摘、検討し、そのうえで虚偽自白についての第四の理論の方向性を示したい。

ここで取調べにかかわる大前提というのは、一つは前章で区別した自白への転回過程（否認から自白へ転回する過程）にかかわるもの、もう一つは自白の内容展開過程（自白転回後、犯行筋書を語り出していく過程）にかかわるものである。まず、前者の自白転回過程について考察するときに踏まえておくべき前提から論じていく。

第一節　取調べの場は圧力の場である

自白過程について論じるうえで、最初に確認しておかねばならないのは、ごく当り前の事実、つまり取調べの場はつねに取調官が被疑者に加える圧力の場だという事実である。

人と人とがふだん日常生活で話し合うときには、互いが時に問い手になり時に答え手になって、役割を交替する。

そこには対等な相互のやりとりがある。しかし取調べの場では、問い手は取調官であり、答え手は被疑者であって、この役割が交替することはない。力の磁場が固定していて、つねに取調官の側から被疑者の側へと圧力が加わる。そこにいわゆる拷問や強制、脅迫が行われることはなくとも、一方がもっぱら他方に対して問うというだけですでに、その問いが圧力として機能する。このことは被疑者が当該事件の真犯人であるか、無実であるかにかかわらない。もちろん、どちらであるかによって、その場を圧力として感じる感じ方や、その度合は異なるであろう。しかし、いずれにしてもこれが圧力状況であることに変わりはない。被疑者がいくらこれに抗ってみたところで、その取調べの場から離れないかぎりは、この圧力の磁場をくつがえすことはできない。

なぜこのように当り前のことをあらためて確認せねばならないかといえば、法に言う「自白の任意性」なるものが、あたかも無圧力状況であるかの如き錯覚が、ときとして見られるからである。任意捜査と呼ばれる取調べにおいてさえ、取調官はもっぱら尋問者として尋問し、被疑者はその受け手となる。尋問とは、もともとそういうものなのであるから、これが被尋問者に対して圧力として働かないわけはない。まして、強制捜査に踏み切って、被疑者を逮捕し、その日常から遮断し、身柄を拘束して、生活を管理・支配した状況下では、取調べを含むその生活の場全体が被疑者に対して強大な圧力となることは否定できない。

1　圧力と抵抗力の単純な力学的関係から言えること

さて、取調べの場が圧力の場であるというこの大前提から、まず取調べにかかわる一つの単純な力学的関係が帰結する。つまり、この圧力の場は真犯人からの真の自白を引き出すと同時に、無実の人から嘘の自白を引き出しうるということである。

取調べの場は、ある犯罪事件の犯人ではないかと疑われている被疑者と、その被疑者を取調べる取調官との対人関係の場として成り立つ。その場のなかで取調官が被疑者に向けてかける容疑の濃さは、事件によって異なる。現行犯逮捕であれば、それは容疑者というレベルを越えて、犯人そのものであろうし、現場に残された指紋が被疑者のものと一致し、その指紋が犯行時についたものとしか考えられない事情があれば、ここでも容疑はほとんど確実である。しかし、そのように明確な現認や疑いを入れる余地のない物証が取調官の側にある事例は、当面私たちの関心領域にない。私たちが問題にせねばならないのは、取調べに入った時点で被疑者の容疑になお明確な証拠が欠如しているばあいである。つまり被疑者は犯人かもしれないし、無実かもしれない、そういう曖昧なケースである。本来から言えば、このとき被疑者（ないし参考人）に対して取調官は無実の可能性を念頭におきつつ、取調べねばならないし、まして明確な証拠のない状態では逮捕して強制捜査に乗り出すことは許されない。しかしこれはあくまで建前である。この建前どおりに事が運ばれれば虚偽自白はほとんど起りえない。

現実には、まだ被疑者を犯人と断定できるだけの証拠がととのっていない段階でも、犯人と疑うに足る「相当な理由」があれば逮捕のうえ強制捜査に乗り出すことが可能である。そしてこの「相当な理由」というのは相当に融通無礙である。ただそのうえで、被疑者が無実である可能性を正当に配慮しつつ取調べが進めばまだ問題はないが、往々取調べはそこのところをはみ出して、ひたすら被疑者に犯人としての自白を求める。虚偽自白が問題となるのはそうしたばあいである。

もちろん被疑者が無実であれば、最初は当然否認する。しかしこの否認を取調官がそのまま信用してくれることは少ない。というのも取調官の立場から言えば、真犯人であってもまずは否認するものだという確たる経験則があるからである。警察官向けの取調べ教則本に、そのことがはっきり書かれている。たとえば、

被疑者はすべて否認するもの、少なくとも起訴を予想されるような犯罪の被疑者については、否認か虚偽の供述をするものという前提に立って、取調に当たることが必要である。(1)

取調官にとって取調べは、それゆえ、被疑者の否認姿勢を打ち崩して、どのように自白させていくかというところに目標が定められている。このあたりのことは、第三部第五章で詳述することになるが、取調官からすると、自分の前にやってくる被疑者の大半が、経験的に、現に犯罪を犯した者たちで、そこに無実の者が混じっている確率はわずかである。確率的には低い無実の可能性をつねに配慮しておくこと自体がなかなか難しいうえに、無実かも

しれないと思うと取調べに熱が入らず、おのずと迫力に欠けるとも信じられている。真犯人ですら、よほど明々白々な現行犯逮捕でもなければ、逮捕されただけですぐにありのままを自白する者は少ない。何百、何千人もの被疑者を相手にした経験から、彼らは、かなりの圧力をかけないと人は自白するものではないことを知っている。

この経験則自体は間違っていると言えない。しかし、この経験則にのっとって被疑者の否認を信じず、自白を求めて取調官がさらにねばり強く取調べをすすめたとき、その取調べの圧力が、真犯人に真の自白をさせる力にもなれば、それと同時に、無実のものを虚偽の自白に追いやる力にもなる。これは単に可能性の問題にとどまるものではない。これまでの冤罪事件の大半に虚偽自白があるという現実を、私たちは忘れるわけにはいかない。

またわが国にかぎらず、西ドイツの再審事例を分析して『誤判の研究』を集大成したK・ペータースも、誤判原因の筆頭に虚偽自白をあげ、さらにこの虚偽自白の要因の第一に、この取調べの圧力をあげている。

警察官や検察官による尋問・取調べの圧力が虚偽自白の原因になることがある。被疑者は、自分が犯人でなくても、取調べの圧力に抵抗できないことが多々ある。(2)

被疑者の処遇状態からみて、わが国よりも取調べの圧力が格段に緩いと思われる西ドイツにおいてすら、こう言わなければならないような状況があるのである。

もちろん取調べの圧力が誰に対しても同等に働くわけではない。この圧力への抵抗力が強い人もあれば、弱い人もある。また、圧力に抵抗しきれず虚偽自白に陥ったとしても、その人がことさら意志が薄弱であるとか、人格的に欠陥があるというわけにはいかない。通常の日常生活では健全な判断力をもち、十分に意志強固なものでも、取調べの圧力が強くなれば、これに屈服することは十分ありうるからである。取調べの圧力とそれに対する抵抗力とは相対的なものであって、「無実の者ならば自白するはずがない」といった命題を絶対的なものとして措定することなど、とてもできない。

このあたりの事情を図式化して説明すると図1―aのようになる。事件の内容によって(たとえば強盗・殺人などの重罪であるか単純窃盗のような軽罪であるかによって）取調べの場の圧力も、また被疑者の側の抵抗力も異なってこようが、ここではそうした点を除外して、ごく抽象的なかたちで図式化している。これはもちろん現実のデータに基づくものではなく、説明の便宜のための模式図である。横軸は圧力の強さ、縦軸は自白率を示す。実線グラフは圧力の増強に応じた真犯人の自白率の変化、破線グラフは同じく圧力の増強による無実の人の自白率（虚偽自白率）の変化を表わしている。

いま、まったくの無圧力状態（つまり取調べの場の圧力＝0）ではいずれの自白率も〇パーセントだとする。現実には、自首にみられるように圧力をかけずとも自ら名のり出、自発的に自白することもあるし、あるいは自己顕示欲のために嘘で自首したり、誰かをかばうために身代りで自首し、虚偽自白することもあるから、無圧力で自白率〇パーセントと言えないのだが、かりにこうしておく。他方、取調べの圧力を極度に高め、あらゆる拷問も辞さずという態度をとれば（つまり取調べの場の圧力＝∞）、ほとんど一〇〇パーセントの自白率を得られる。いかなる拷問にかけられようとも一切口を割らない例がないとは言えないが、死か自白かという極限にまで追いつめられれば、まずたいていの人は自白すると考えてさしつかえなかろう。

問題はもちろん、自白率〇パーセントや一〇〇パーセントの場合ではなく、その中間である。この模式図では、同一圧力下ではつねに真犯人の自白率の方が無実の人の虚偽自白率より高いことを前提している（現実にどうなのかは確かめようがないが、常識的にはおよそこう考えてよかろう。これが万一逆転して、同一圧力下でも無実の人の方が自白率が高いなどということになると、これはもう大変なことになる）。さて、図中にａ、ｂ二つの圧力レベルを想定している。ａラインは例外的に抵抗力の弱い人を除けば、まず普通には無実の人が自白することはない圧力レベルをさ

図１—ａ

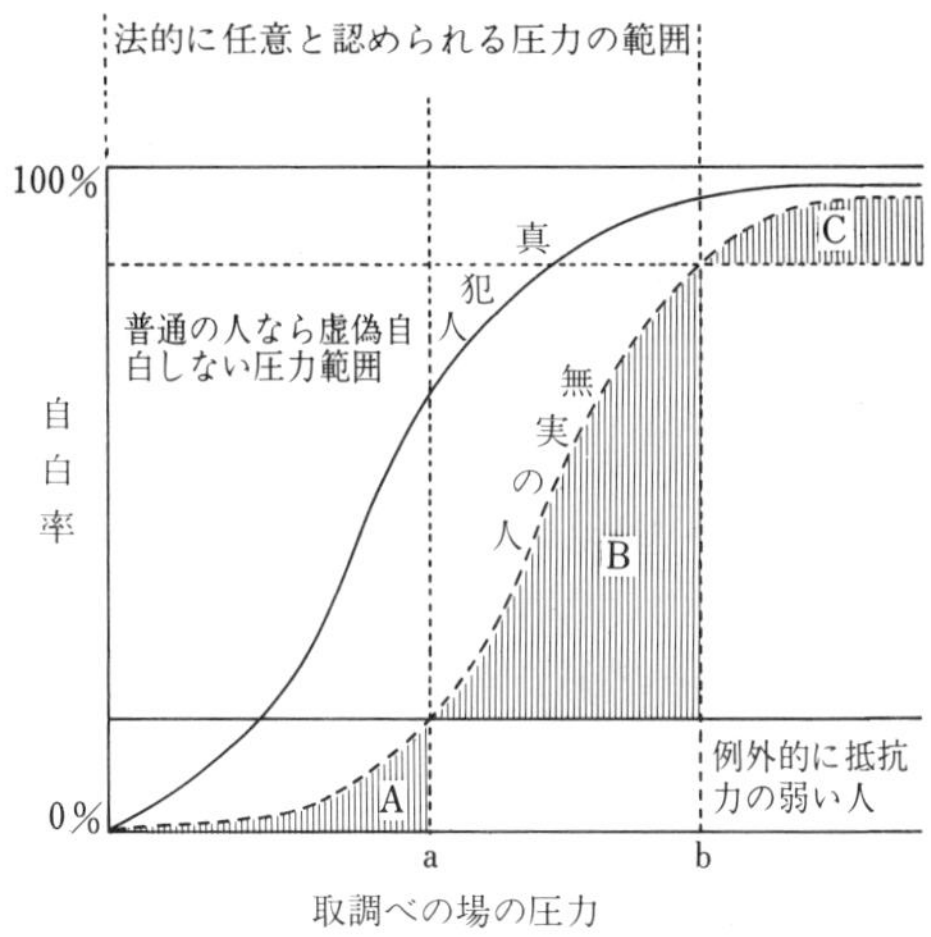

図1—b

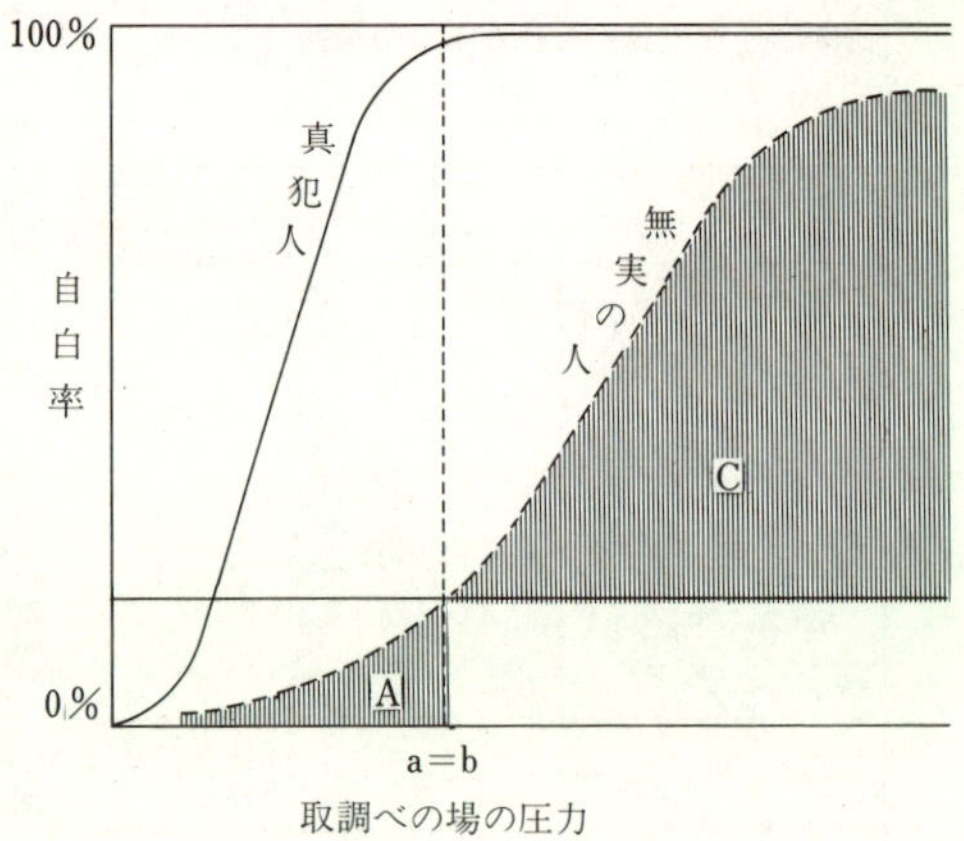

し、bラインは言わば法的許容ライン、つまり現行法上現実に「任意」とみなされている許容範囲の上限の圧力レベルをさすとする。

　こうしてみると無実であるのに自白してしまう人は次の三種類に分けられることになる。まず非常に軽い圧力（aライン以下）で虚偽の自白をしてしまう人（図中のA）。この人たちは、抵抗力が例外的に弱い人ということになる（前章の精神力脆弱説があてはまるのはこの人たちである）。一方で、法の許容範囲を越えた圧力（bライン以上）をかけられてはじめて虚偽自白する人びと、言いかえれば、そうした強い圧力を加えられないかぎりは虚偽自白に陥ることのない人がいる（図中C）。無実の人が自白に陥るケースがこのAとCの群に限られているとすれば、例外的に精神力、抵抗力の弱い人には特別な配慮を施し、それ以外の人々には拷問はもちろん強制、脅迫にわたらぬようにとの法的チェックだけで事足りるということになる。

　しかし、問題は図中Bの人が十分にありうるということである。つまり法的許容ライン以下の取調べ圧力のもとで、抵抗力がことさら弱いとは言えない無実の被疑者が自白に陥るというケースである。

実際、法的許容ラインというのは曲者で、現実にどこかで明確な線が引かれているわけでない。しかも取調べの場のなかで現実に行われていることを外部から探知できない場合が多く、裁判官の認知している許容ラインと現実の許容ラインがずれていることもしばしばある。捜査側が巧みに操作すれば、外からの見かけでは取調べ圧力が許容ライン内に入るように見えるが、実際の取調べ圧力はこのラインを越えているということもありうるわけである。いずれにせよ図中Bの虚偽自白の生まれる可能性は多分にあるものと言わねばならない。

　このことは、次のように考えれば、もっと分かりやすい。取調べとしてもっとも理想的な形を模式図に表わせば図1—bのようになる。ここにはBの群が存在しない。ごく例外的に抵抗力の弱い人が虚偽自白に陥る以外は、誰一人として無実の者が自白することがないレベルに法的規制ラインが引かれている。つまり最小限の取調べ圧力しか法的に許容しない（a＝b）。しかも、この図ではごらんのとおり、その圧力レベルでの真犯人の自白率が一〇〇パーセントに近い。このようにごく軽微な取調べ圧力（a＝b）でもって、その真犯人の自白率（実線グラフ）がほぼ一〇〇パーセントということになれば、特殊な例外を除いて虚偽自白などありえぬことになる。しかしそんなふうに理想的にうまくいくことが現実にありうるだろうか。そもそもそれだけ軽微な圧力下で、真犯人のうちのどれほどを自白に追い込むことが可能であろうか。そう考えれば現実のところは、図1—cのように法的規制ラインを厳しくとったぶんだけ真犯人の自白率が大きく減少する（図中xパーセント）。そこで問題は、取調官たちが真犯人についてxパーセント分の自白はとれずとも、それで諦めるという姿勢を堅持できるかどうかである。

わが国の刑事捜査では自白がずいぶん重要視されている。事件解決のためには自白はほとんど必須と思われている。たとえば取調べ実務にたずさわる検察官は、次のように考えることが多い。

図1—c

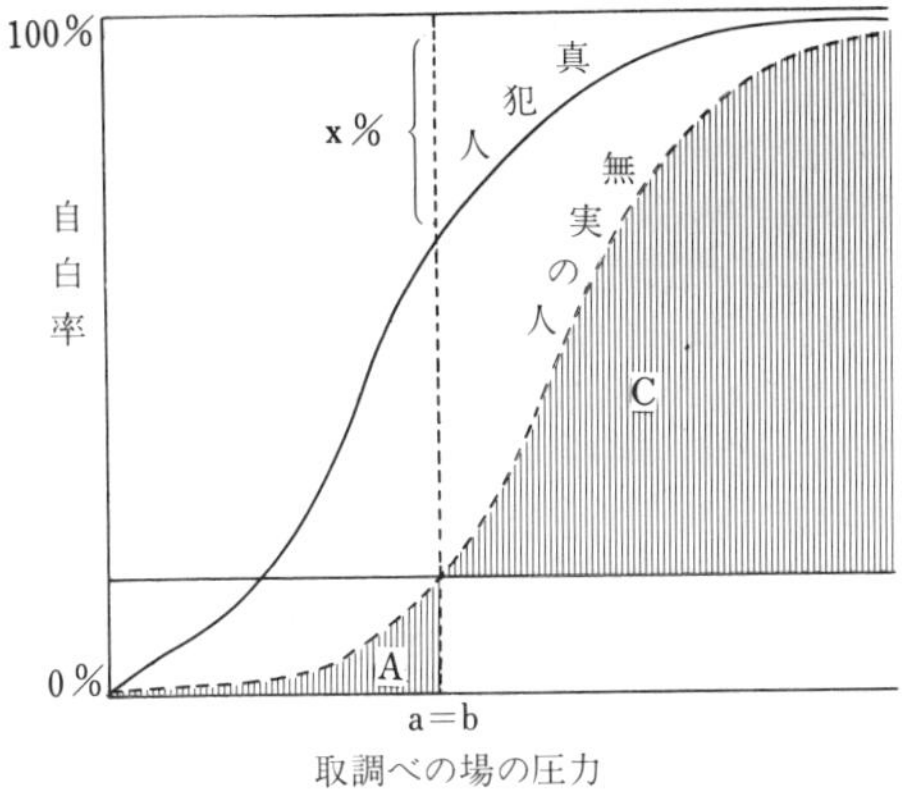

> 実際になんらかの形で刑事事件の捜査・裁判にかかわった者ならば、被疑者の供述なくして事案の真相が究明できるという事態は、むしろきわめて例外的な場合であることを知っている。犯罪が重大であればあるほど、計画的であればあるほど、犯人は、目撃者のない状況を選び、また、犯人の特定に直接結びつくような物的証拠を現場に残さないようにすることを心がけるのは自明の理である。……社会が複雑化し、人々の移動がひんぱんに行われる中で、犯罪が組織的、計画的に、あるいは巧妙に敢行されるような事態においては、刑事司法の建前として被疑者の取調べを不可とし、またはこれを一方的に抑制すべしという主張は、犯罪がより悪質でより巧妙に行われるにしたがって犯人の特定と事案の真相の解明が被疑

者の取調べなくしては困難の度を増すという実態に対して、なんらかの対処策を用意するのでないかぎり、実情無視の空論につながるものといわざるをえない。(3)

また実際、自白によって事件の全面解決を得たとの実例も多い。ごく最近の事件にこういうものがある。一九九〇年三月大阪の不動産業Hさん(四六歳)が行方不明になって四ヵ月余りたった七月、別の不動産会社社長ほか関係者二人を逮捕、Hさんを殺した容疑で取調べた。この時点ではHさんは行方不明のまま死体も発見されておらず、Hさんが殺されているかどうかの確証もなかった。当然、三人への殺人容疑には証拠はなく、あるのはただ情況証拠のみであった。被疑者の一人である社長が不動産売買をめぐって刑事告訴され、不利な証人となるHさんを共謀して殺したのではないかというのが、警察の推測であった。そして実際、その推測どおり自白がとられ、暴力団に遺体処理を頼んだことも判明して、暴力団員らを逮捕、その自白からHさんの遺体を埋めた場所が分かり、現にそこから遺体が発見された。そうして計八人になった容疑者の取調べと裏付け捜査によって、やがて事件全容の解明にいたったという。(4)

こうした例を見ると捜査官が自白聴取に力を入れたがる気持ちはよく分かる。それにまた真犯人が自らの罪を反省悔悟することなく、のうのうと否認するなどということは許しがたいという気持ちが、捜査を担当する取調官にも、そして私たちのうちにも深く根を下ろしている。他者の生命を奪い、他者の生活を侵した罪人には、やはりそれなりの懲罰がなければならないし、その行為への謝罪がなければならない。そういう気持ちは、おそらく誰にもある。こうした心情が自白追及につながることは、言わば必然である。真犯人から自白を得たいとの心情が強まるほど、取調べ圧力への許容範囲は高まる。そして真犯人の抵抗力を押し切って自白させるためには、法的な許容ライン(bライン)をあげていかざるをえない。今日の人権意識のなかではもちろん肉体的拷問など許されまいが、法の網の目にかからぬかたちで取調べ圧力を強めるべく、種々の工夫がなされていく。その結果、やはり最初の図1―aの模式図のように、捜査官が合法と考えた圧力範囲で、あるいは裁判所が適法と考えた圧力範囲で、真犯人の真の自白と同時に、無実の者の虚偽自白もまた引き出される。真犯人の自白率を上げようとするかぎり、それはほとんど不可避の結果である。

これは取調べ圧力と被疑者の抵抗力に関する、きわめて単純な力学的推論である。もし先の図1―bのような関係が現実の取調べにおいても成立しているとの保証があるなら、この単純な結論をおそれる必要はない。しかし、法的に「任意」と判断された取調べにおいて虚偽自白がなされた事例が、現実に私たちの前に数多あることを見るかぎり、そのような楽観論に立つことは許されない。

取調べの場が圧力の場であり、その圧力によって真犯人の真の自白と同時に無実の人の虚偽自白が引き出されうるということ、このことを私たちはまず第一前提としておかねばなるまい。

2　取調官と被疑者との具体的なせめぎ合い

否認から自白への転回過程については、取調べの場の圧力と被疑者の抵抗力の力関係として比較的単純に考えることが可能な側面をもっている。だからこそ前章でとりあげた拷問説、精神力脆弱説、拘禁心理説は、いずれもこの力関係の前提のうえに、拷問説は圧力が圧倒的に強力なケース、精神力脆弱説は抵抗力が異常に弱いケース、そして拘禁心理説は長期拘禁の結果抵抗力が異常に低下するケースにそれぞれ適用される理論として位置づけることができた。しかし、そこでも批判したようにこの単純な力関係の理論は、ただ静態的な要因論にとどまるもので、およそ力動的な理論ではなかった。そして私が前項で考察したことも、実はまだその静態的な力関係の理論の域を出るものではない。そこでは、ただ、取調べにおける単純な力関係の論の上でとりあえず指摘しておくことができる点を、ごく機械的なかたちで確認しておきたかっただけである。そこでの数学的単純化は、真犯人から一〇〇パーセント近い自白を求めようとするかぎり、その同じ圧力下で虚偽自白が搾り出されてくることがあるということを示すための便宜にすぎなかった。実際のところは、圧力が抵抗力より大きければ自白、抵抗力が圧力より大きければ否認というぐあいに機械的にいく話ではない。いやそもそも、圧力と抵抗力の大きさを測定して比較することなどできるものではない。圧力と抵抗力の関係というのも一つの比喩にすぎないのである。この機械的な力関係の比喩でもって語れることには当然限度がある。その限度をここで二点にわたって指摘しておきたい。

第一点は、取調べの場には被疑者をして自白へと導くベクトルが働いているという大前提のうえで、一歩踏み込んで取調官―被疑者の関係を見てみれば、当然のことながら、そこにあるのは単なる機械的な力関係ではなく、やはりある種の人間関係だという点である。両者の関係を単に圧力と抵抗力に還元できないことは、具体的な事例にふれてみればただちに明らかになる。

一九八四年の三月二三日、横浜で夫婦と一人息子の住むある家庭に起こった事件を例にとってみよう(5)。夫がその日の早朝目覚めたとき、妻は布団のなかで死んでいた。妻は特発性心筋症という原因不明の難病患者で、横浜の市民病院に入退院を繰り返し、夫は主治医から余命の長くないことを告げられていた。しかし覚悟していたとはいえ、妻の急死はショックであった。完全に冷たくなって硬直がはじまっていたため救急車を呼ぶことはもはや考えられず、市民病院に電話をしたところ、そういうときは近所の医者に連絡してくれと言われて、近くの病院にあたった。が、朝早いとあって医師を呼ぶことができない。そうこうしているうちに近所の人たちがとにかく警察に行くのがいいんじゃないかということで交番にかけこんだところから問題がはじまる。神奈川県警はこれを変死の届けとして受理し、捜査員が乗り込むことになった。現場を検証し、遺体を警察に運び込んで解剖が行われた。ここで正しい鑑定がなされていれば、その時点で問題は終わったはずである。ところが鑑定医は、妻のそれまでの病状を主治医から確かめることなく、「窒息死」と判定したのである(これが間違いであったことはのちの裁判の過程で明らかになる)。この判定にもとづいて警察はその日のうちに夫を殺人の疑いで調べることになった。

取調官の側には、病死ではなく「窒息死」であるとの法医鑑定があって、殺人との認識はゆるがない。しかも、妻が死亡したとき家にいたのは夫と息子のみで、内側から鍵がかけられていた。とすると妻は夫か息子に殺されたと考える以外にない。息子はまだ中学生、となると夫の犯行である可能性が濃い。こうして取調官は法医鑑定に絶対的信頼を寄せ、夫の犯行を確信して取調べる。他方、夫の側は何ら身におぼえがない。死体解剖の結果「窒息死」だと聞かされて、ただただ驚くのみ。「そんなことはありえない」と言っても、法医鑑定の権威を信じて疑わない取調官には一切通用しない。突然妻を失ったショックの上に、その妻を殺したかどで疑われ、厳しい取調べを受ける。この状況に平静でいられる者はいないであろう。おまけに否認をつづける夫に、取調官は「おまえが犯人でなければ、息子が殺したことになる」と言う。夫はここで言葉に窮してしまう。殺人事件と認定している取調官の確信を自分の弁明で揺るがすことはできそうにない。そのうえで自分があくまで頑強に否認を通せば、警察は息子を逮捕して取調べないともかぎらない。母を失った息子が、この自分と同じ状況におかれて取調官に抵抗できるとは思えない。息子が自白して犯人になってしまえば、まだ中学生の息子の将来はいったいどうなるだろうか……。そういう思いが脳裡をかけめぐる。そうして夫は参考人として取調べられたその日に自白に落ちる。

この事件では肉体的拷問もなければ、被疑者に知的なハンディも性格的な偏りや弱さもない。もちろん拘禁心理的状況は存在しない。ただ、そのうえで取調官が夫の犯行を確信して自白へと圧力をかけ、被疑者たる夫の側には妻を失ったショックや息子への嫌疑という弱みがあって、ふだんの抵抗力を多分に奪われていたという事情はあった。しかし、このケースの夫の自白転回を、圧力と抵抗力の力関係のみで語れないことは明らかであろう。

被疑者が屈するのは取調べの圧力そのもののためであるより、その圧力への読みのためである。この事件のばあい夫は、取調官が直接的に見せる強圧的な姿勢に屈したのではなく、法医鑑定をかざした取調官の追及のなかに、自分の弁明では崩しようのない確信を読みとって、それに屈したのである。彼らの確信を崩せないかぎりは、自分か息子が犯人になるしかない、とすれば自分がこれを引き受ける以外にない、そうした一つの情勢判断によって夫は自白したのだと言ってよい。取調べ圧力の下での取調官―被疑者関係に、こうした読みの過程を見なければ、自白転回過程を具体的に理解することはできない。

圧力―抵抗力の力関係の比喩ではとらえきれない問題の第二は、右の第一から直接帰結する。つまりこの力学的比喩の下では、自白する被疑者の側の主体性を見すごしてしまうという点である。取調べの場の圧力に被疑者の抵抗力が耐えきれなくなって自白へ転回するというとき、そこで強調されているのは、被疑者が取調官の強制力にやむなく被動的に自白させられてしまうという受身の側面である。現に虚偽自白の転回過程にそうした被動的、受身的側面があるのはまちがいない。しかし、そこに完全な被動性、受動性を見てしまうと、自白転回のある重要な契機を見のがすことになる。たったいま、私は圧力そのものが問題ではなく、圧力への読みが問題になるのだと説いた。そこには被疑者の側になにがしか主体的な判断が入り込んでいると言っても、そこに法的な意味での任意性を認めようということではない。心理学的な意味合いで言うかぎり、人はいかなる圧力状況におかれても、完全にその主体性を失ってしまうことはない。そのことを前提にしておかないと、のちのち論の展開のうえで大きな誤解に陥る危険のあることを、ここで指摘しておきたいのである。

マンジュウに圧力をかけたとき、一定の圧力下で皮の抵抗が破られて、中からアンがはみ出してくる、そういうイメージで虚偽自白を考えるわけにはいかない。圧力―抵抗力の関係を機械的に考えてしまうと、そこに抵抗する主体も、また屈する主体も見えなくなってしまう。人は屈するときでもなお主体なのである。病死の妻を殺したと疑われて自白した夫のばあいも、ただ圧力に屈したというのではない。間違った法医鑑定の前にこのままで弁明しきれないと判断した彼は、息子を守ろうとの主体的決意の下で、取調べの圧力に折れたのである。どのような圧力下であれ、そこで進行するのは主体どうしの人間関係である。取調べの場は、よかれあしかれ、取調官―被疑者の対人関係の場である。この単純な事実を、ここで確認しておかねばならない。

さて以上、取調べの場は圧力の場であるという大前提のもとに、私たちは二つのことを確認してきた。一つは「この圧力によって真犯人の真の自白が引き出されると同時に無実の者の嘘の自白が引き出されうる」ということであり、また一つは「いかなる圧力状況においても、そこに進行する取調官―被疑者関係は、相互主体的な人間関係であって、被疑者の主体性がまったく関与しない自白は、たとえ虚偽自白であっても、ありえない」ということである。この二つはいずれもごく当然の原理的事実である。

第二節　自白内容は取調官と被疑者との相互作用の産物である

ついで自白内容展開過程にかかわる前提に話を移そう。取調べの場の関係がどこまで行っても相互主体的なものであるという右の第二の確認が、ここでさらに明確にうかびあがってくる。

否認から転じて「私がやりました」と言う自白転回過程においてすら、そこに相互主体的な関係を見ないわけにはいかないというのが前節の結論であったが、自白内容の展開になれば、まして相互主体的なやりとりぬきには論じられない。なにしろ犯行筋書を被疑者自身自分の口で語らねばならないのである。それは取調官の方からの一方的な作用で成り立つ過程ではありえない。つまり、ここで私たちが論じようとしている第二の前提は、「自白内容は取調官と被疑者との相互作用の産物である」というふうに定式化される。

ところが、ごく素朴には自白について次のように考えられている。つまり、「真犯人が自白するばあいは、自らの内の体験をありのまま供述すれば、それが真の自白となる。他方、無実の人は否認から、やむなく自白に転じても、犯行筋書を自ら語り出すすべはなく、その自白内容は取調官が考えて押しつける以外にない。したがって虚偽自白の内容は、もっぱら取調官の一方的なデッチ上げの要因によって決まる」。真の自白ならその自白内容は被疑者側の記憶のみで決まり、嘘の自白なら自白内容は取調官の側の強制のみで決まるというこの考えは、明解ではあるが、自白の実態に即していない。

実のところこの誤解のゆえに、無実の人の嘘の自白を見誤る例が実に多い。一般に人は、取調官からの直接的な強制や誘導なしに被疑者・被告人が自分の方から語った自白内容であれば、それはかならず真であると考えやすい。ところがこれがとんでもない間違いなのである。すでに虚偽自白であることが明らかにされた事例を見ても、そこには取調官の発意によらない、被疑者の独創がしばしば見られる。無実の人間が圧力に負けて「私がやりました」と言ってしまったあと、彼はさらに犯行筋書にまで想像を及ぼして自白を展開させる。一見奇妙に見えるが、この虚偽自白の現実こそが、虚偽自白を理解するための最大のポイントなのである。この点にかかわる話は、もう少し論のステップを踏んでから詳述することになるが、当面ここで、虚偽自白にも被疑者自身の主体的な想像の働きが入り込むという点だけはあらかじめ指摘しておきたい。

他方、自白を含めて供述というものはみな、真犯人の自白であっても、あるいは真の目撃者の供述であっても、その供述者の単なる独白的な表現活動ではない。供述の場面にはかならず取調官と供述者の二者がいて、供述はつねに取調官の尋問にしたがって展開していく。それゆえ、供述者の主体的な契機が含まれない供述がありえないのと同様、取調官の側のファクターが関与しない供述などというものもありえない。

それゆえそもそも供述者と取調官との相互作用をぬきにしては、供述の実態に迫ることはできない。真犯人が真の自白をするときにも、無実の人が虚偽の自白をするときにも、その自白はあくまで被疑者の判断と取調官の追及・尋問との関数なのである。

さて、話が少々先走りしすぎたようである。本書の主題は無実の人の虚偽自白にあるのだが、これを考察する前提として、ここで自白を含む供述一般について簡単に考察しておきたい。自白にかぎらず、供述というものが取調官との相互作用のなかで、どのように真実をとらえ、また誤謬に陥るのか。その一般論をごく大まかにおさえておくことは、虚偽自白論を展開するうえで決して無駄ではあるまい。迂遠なようだが、まずそこからおつき合いねがいたい。

1 供述一般について

一言で供述と言っても、そこにはいろいろな場面での、いろいろな種類のものがある。たとえば意図的に行う嘘の供述と通常の誠実な供述とでは、その心理過程は大きく異なる。私たちがここで供述一般として扱おうとしているのは、当面、そのうちの後者、つまりごく普通に真の体験者（真犯人ないし真の目撃者）が自らの体験を偽りなく正直に述べようとしているケースである。そのように供述者が真摯な姿勢で臨んでも、供述がつねに正しいという保証はない。その点にまず注意を払っておきたい。

問題となる事件の体験からその表現にいたるまでの各ステップに、種々の誤謬の入り込む余地がある。このステップを、一般にならって

知覚（体験）→記憶保持→表現（尋問に対する供述）

という三つに分けるとすれば、そのうち私たちにとってとくに問題となるのは最後のステップ、つまり「取調べの場での表現」なのだが、話の順番として、まずそれ以前の知覚（体験）と記憶保持の段階の問題から簡単に見ておく。

取調べ以前のステップに入り込む誤謬要因

供述が証拠となりうるかどうかで最初に問題となるのは、供述者（被疑者ないし目撃者）の供述能力である。正確な供述（自白）ができるためには、当該事件を誤りなく知覚・認知し、記銘・保持し、尋問に応じて的確に表現することができなければならない。この能力に問題があるとき、供述には欠落や歪みが生じる。それゆえ能力の欠如や不足が供述の誤謬要因のひとつとなるのは当然である。もっとも、現実の事例においては、供述者の能力が問題になるとしても、その当該能力があるかないかという二分法で語れないことが多い。たとえば目がまったく見えない人が「見た」と供述すれば、それは嘘でしかないが、実際には一口で「目が見えない」と言っても、どの程度見えないのか、また事件をどこから、どういう視覚条件下で見たのかなど、種々の要因が絡んできて、一概に断定しきれないことも多い。記憶能力や表現能力になると、さらに問題は複雑になってくる。

ただ、この能力の問題は、ここでの私たちの課題に直接関わらない。実際、知覚—記憶—供述の各過程にそれぞれ供述者の心的能力が関与しているのは確かだとしても、自白や供述の内容がこの能力のみで決まるものでないことも明らかである。能力は供述が真実でありうるための必要条件の一つにすぎないのである。私たちにとって問題となるのは、供述者に一定の知覚・記憶・表現の能力があることを前提したうえで、なお自白・供述に忍び込む誤謬要因である。この点を以下、概略的に整理しておこう。

選択性

一般に、厳密な心理学実験では、複雑な諸要因の絡み合った複合的な刺激を提示することを避け、単純な刺激要因に限定して、これを被験者に提示し、他の諸要因はできるかぎりコントロールするように配慮する。そうした条件下では、与えられた刺激をどの程度、知覚・記憶・表現できるかは、ほとんどその被験者の当該能力のみで決まると言ってよいかもしれない。しかし現実には、私たちの日常体験はそんなふうに単純ではない。無数と言っていいほどの雑多な刺激が私たちを取り囲み、しかもそれが場面の移動に従い、また時の流れに応じて、次々と変容していく。その全体をくまなく捉えることは、およそ望むべくもない。私たちが、その場面場面で知覚し、時の流れに耐えて記憶し、のちに何らかの機会に再生・表現するものは、おのずとそのなかのごく僅かにかぎられる。言いかえれば、私たちは、つねに種々雑多な全体状況のなかから、ある一部を選択して知覚し、記憶し、表現しているのである。

私たちは、一般にこの選択性を意識していない。たとえば、自分がある部屋から出ていく場面を考えてみよう。そのとき、私は部屋の一方の隅にある扉を見る。と同時に、そのそばの本棚も、本棚に並んだたくさんの本の背表紙も、あるいは机やその上に散らかった書類も、また天井のしみや、さらにはそこにとまった虫の姿も視野に入ってくる。しかし、そうした雑多なもののなかで、私がはっきり知覚的に認めているのは、扉とそこまでの通路、そしてそこにある障害物だけである。実際、部屋を出た瞬間に、本棚にどういう本を見たか、机上に何の書類が散らかっていたか、天井に虫がいたかどうかと尋ねられても、おそらくほとんど答えられないはずである。あるいは、しばらくしてから「部屋を出るとき扉のノブをどちらの手で廻して開けたか」と尋ねられたとすれば、推測的に、自分は右ききだからとか、扉が右開きだからとか、そうした状況によって判断はしても、記憶としては残らないのが普通であろう。また記憶に残っているもののなかでも、さらに口に出して相手に伝えるものはごく一部である。場面場面で知覚しうる多くのものごとのうち現実に知覚するものは一部であり、そのうちで記憶に残り、他者に向けて表現されるものはさらにごく一部である。そうした選択性自体は、人間の情報処理能力に限りがある以上やむをえないことである。すべてを知覚・記憶していたならば、かえって混乱してしまう。適宜、看過し、また忘却することによってはじめて、人間はそれなりにまとまりのある生活を送れるのだと言うこともできる。それゆえ、この選択性そのものが誤謬の要因になるのではない。問題は、この選択の仕方が、人によって違ってくることにある。

同じ家を訪れても、子どもはゲームや玩具に目を奪われ、母は室内のインテリアや台所の様子に目を惹かれ、父は書棚の本に目を向けるといった具合である。つまり、おのおのの生活関心のおきどころによって選択するところが違ってくる。取調べの場面でも、この食い違いが問題になる。たとえば被疑者が犯人で、犯行を犯していたとしても、その犯行体験のすべてが知覚・記憶されているわけではない。したがって取調官が犯行の詳細部を具体的に聞きとろうとして、たとえば「部屋に侵入しようとしたときどちらの手でノブをまわしたか」と尋問しても、被疑者には分からないことが多い。取調官は犯人の行動のすべてを個々具体的に知ることに関心を向けるが、犯人にとってノブを右手で握ったか左手で握ったかはまったく関心の内にない。犯人の犯行時の関心事と取調官の捜査上の関心事とがずれるのである。無圧力状態での対等な話し合いならば、被疑者が「分からない」と一言いってすむかもしれないが、前述のような取調べ圧力の下では、被疑者の知覚・記憶から洩れたことが、尋問によって間違った形で引き出される可能性がでてくる。ここに選択性が誤謬につながるゆえんである。

整合化

人が身の回りの世界をこのように選択的にしか捉えられないがゆえに、そこにもうひとつの誤謬要因が働く。選択的に知覚・記憶するということは、ひとつの場面自身のなかにも主体の関心からもれた空隙があり、ひとつの場面と次の場面との間にも空白がでてくるということである。ちょうど一コマにごくおおまかな情景が描かれ、しかもこの一コマ一コマが区切られている漫画のようなものだと言ってもよい。現実の体験そのものは、映画のようにコマの区切りを意識させない連続をなしているのだが、私たちがそこから捉え記憶するものは多分に断片的とならざるをえない。ところが、私たちはこの空白だらけの断片を断片のまま捉えることはない。ちょうど漫画の一コマ一コマを追ってひとつの物語を読みとるのと同じように、そこにある意味のまとまりを捉える。この捉え方、理解の仕方が現実にそのまま沿っていれば問題ないのだが、実際にはそこにずれが生じるばあいがままある。

こんな例がある。(6) ある弁護士がタクシーに乗って繁華街を走っているとき、突然タクシーが急ブレーキをかけた。その瞬間、弁護士は前の車が急停車して、その後部ドアが開き、同時に老人が投げ出され、路上に気を失って倒れたのを見た。通行人が老人を助けようとかけ寄ってきたので、弁護士はそのままタクシーを走らせた。ところが翌日の新聞によると、事実は自分の目撃した（と思った）こととはまったく違っていた。実際は、老人が車から投げ出されたのではなく、左右を見ずに通りを渡ろうとした老人を車がよけそこなって、ぶつかり、老人が倒れたのであった。なぜこんな間違いが生じたのか。弁護士が見たのは、厳密に言うと、路上に倒れた老人がいて前の車のドアが開いていたという一コマの場面にすぎなかった。この断片から弁護士は「車の後部ドアが開いて老人が投げ出された」というひとつの出来事の流れを描いてしまったのである。

私たちは、何かを見るとき、それをあるがままに見るのではなく、何らかの意味づけをして見る。つまり、それなりに整合的にみえる物語にして、これを理解しようとする。ここに現実と理解のずれの可能性がでてくる。それに、ある場面を目撃、体験したとき、そこにはその体験者なりの人間理解や世界理解の枠組が働く。たとえば教師が二人の子どもがケンカをしている場面を見たとき、事の真相はともかく、とかく成績がよくて、ふだん教師が好感を寄せている子どもに好意的な理解をしがちである。つまり、ふだんの自分の見方を整合するように、身の回りの出来事を解釈する。これが誤謬を導く要因となりやすいことは明らかであろう。

知覚のみならず記憶の過程においても、時がたつほど、自分に理解しやすい形に出来事を簡略化、整合化していく傾向が働く。人間の心性はこうした傾向をもつがゆえに、私たちの心的世界はやたらに動揺することなく安定していられる。しかし、一方でこれが個々の具体的な出来事の知覚・記憶として現実にどこまで忠実かというと、しばしばあやしくなる。つまり人間の心的世界を整合化し安定化させている当の要因が、他方では誤謬を導く要因ともなりうるのである。

他者情報の介入

右の選択性、整合化はいずれも体験者の心性内部の問題であるが、現実には体験者がただ一人で、事件を体験あるいは目撃し、他からの情報を一切ぬきに、取調べまでただ一人で自分の記憶のなかに秘めておくということは多くない。一緒に体験・目撃した人がいれば、そこで当然、お互い見たことを情報交換しあうであろうし、また大きな事件が起れば、その直後から様々な情報が飛び交うものである。実際に犯行を犯した犯人、あるいはそれを目撃した人間からすれば、それらの情報は無視できない。それどころか、自分の方から積極的に情報収集することすらある。

この他者からの情報は、体験者の知覚や記憶に微妙な影響を与えずにはおかない。同じ出来事を体験しても、一人で体験するばあいと、二人以上で一緒に体験するばあいとでは、体験内容が異なってくる。曖昧化しやすい記憶の過程においては、このことがさらに顕著である。事件について、その後、他の情報源（たとえばマスコミ報道も含めて）から知りえたことが、意識しないうちに自己の記憶に入り込んだり、あるいはその情報に整合するように原記憶が修正されたりもする。人は、できる限り他者との食い違いを少なくしようとする傾向をもっているために、他者との情報交換のなかで、おのずと他者情報と整合するように知覚や記憶を修正してしまうのである。

E・F・ロフタスが自分の学生にやらせた実験に次のようなものがある。(7) 二人の女子学生と一人の男子学生が駅の待合室に出かけ、多くの目撃者の前で次のような演技をやってみせる。

二人の女子学生が駅の待合室に入り、一人がベンチの上に大きな荷物をのせた後、二人連れ立って列車の時刻表を確認するために荷物を置いたままそこを離れた。二人が離れている間に男子学生が一人、人目を避けるようにして荷物に近づき、中からある物を取り出してコートの下につめこむ振りをする。そして急いでそこから離れる。先の二人が戻り、年長の女子学生が自分のバッグが誰かに物色されたことを知って、「まあ、私のテープレコーダがなくなっているわ」と叫ぶ。彼女はさらに、上司が彼女のためにそのテープレコーダを特別に貸してくれたこと、高価な機械であることなどを泣きながら訴える。二人はその場に居合せた本物の目撃者に向かって訴え始めた。ほとんどの目撃者は大変協力的で、彼女に同情し、思い出せる限りのことを教えた。年長の女子学生は、「保険を請求することになるかも知れないから」と言って目撃者の電話番号を聞いてメモした。ほとんどの人がためらわずに番号を教えている。

実際には男子学生は何も取っていないし、女子学生のバッグにはテープレコーダなどなかった。彼女が目撃者たちの前で「テープレコーダをとられた」としきりに訴えただけである。さて一週間後、「保険代理人」と名乗る人物が、置引き事件の捜査のためだと言って目撃者たちに電話して、何でも思い出せることを思い出してほしいと依頼し、話を聞いた最後に「テープレコーダを見ましたか」と尋ねる。するとどうであろう。半数以上の目撃者が「見た」と答えたうえに、そのテープレコーダの色や形まで詳しく語ったというのである。

目撃者たちは、もちろん真面目である。嘘をつこうなどとは思っていない。ところが、現実にはなかったはずのものを、本当に見たように生き生きと話す。目撃のあと、その場で語られた「被害者」（女子学生）の情報が、目撃者の記憶のなかに見事に組み込まれたのである。

さて、この他者情報の介入という点でもっとも問題となるのが、取調べの場面である。取調べという場面は、決して単に知っていることをすべて供述者の側から一方的に語るものではない。取調官から尋問があり、供述者がこれに答えるというやりとりである。そして取調官の尋問自身がある種の事件情報を担っている。そうである限り、取調べこそもっとも強力な他者情報介入の場なのである。次に、この場面で問題となる誤謬要因をとくにとり出して考えてみよう。

取調べの場に入り込む誤謬要因

取調べは尋問者と供述者のことばのやりとりを中心とする。ここで私たちが注目せねばならないのは、このことばのやりとりがその言葉面《づら》に表われた情報の単なる交換ではないことである。これは無圧力の対等の会話についても言えることだが、取調べのような一方向的圧力の場面においては、なおさら注意しておかねばならない。

ことばはつねに文脈の上で語られる。つまり、声や文字で表わされた文章は、その字義通りの解釈だけで捉えうるものではなく、誰がどういう場で、いかなる思いをもって語ったかという文脈なしには、これを正しく捉えることができない。これは、ことばのやりとりの一般原理と言っていい。それはお互いのことばを正しく捉えるための必須要件である。たいていの人は実際に他者との対話場面で、相手が語った言葉の表面からその背後の思いや文脈を、おのずと読みとっている。たとえば、「いやよ」という一言を相手から聞いたとき、私たちは単に辞書的な意味合いで、それを抽象的に捉えるのではない。その言葉以前にお互いがどういう言動をやりとりしてきたか、またそのやりとりを相手がどう受けとめていたかを推しはかりつつ理解する。それは意識的にそうするというより、むしろ自動的にそうやってしまう。論理的な推論によるのではなく、むしろ直感的に感じてしまうと言ってもよい。相手の「いやよ」が、単なる嫌悪なのか、絶対的拒絶なのか、むしろ好意を隠すものなのか、あるいは周囲への羞恥なのか……これを私たちはそのやりとりの場の中で直覚する。そしてこの直覚によって、次にどういう振る舞いをとるかが決定される。この直覚は人と人との付き合いのうえで非常に重要な働きをなす。しかし他方でこの直覚が往々にして過ち、相手とのやりとりを歪め、現実認識を歪めることにも注目しておかねばならない。

右の例のような感情の絡んだことばのやりとりだけでなく、ごく普通の情報交換とみられる場面でも、私たちは字面のことばの背後に、相手の思いや考えを受けとる。取調べの場で取調官が供述者に向けて、たとえば「そのとき誰が来ましたか」と聞いたとしよう。これは単なる事実を聞いた尋問にすぎないようにみえる。しかし、この尋問を受けた人は、この尋問の背後に、取調官は「そのとき誰かが来た」と考え、それを前提にして尋問していると いう流れを直覚することになる。もちろん、そこで誰かが来た事実があり、これを記憶しているばあいは、相手の尋問の背後の前提に違和をおぼえることなく、「〇〇さんが来ました」と答えて誤ることはないし、また逆にそういう事実がなく、そのことを明瞭に記憶しているばあいは、取調官の尋問の背後にある前提を否定して、「いいえ、そのときそこへは誰も来ませんでした」と答えることができよう。また尋問者自身が「そのとき誰が来ましたか」という問いをさして強い意味で聞いているのでなければ、供述者のその答え次第で「誰かが来ただろう」という最初の前提をあっさり取り下げることにもなる。

しかし問題は、供述者の記憶が曖昧なとき、あるいはまた取調官がその尋問の背後の前提に自信をもち、あるいは重要性を感じて、強くこれにこだわって問い質すときである。記憶が曖昧であれば、取調官の尋問の背後にある前提を無批判にそのまま受け入れてしまうことになりやすいし、「そのとき誰かが来た」という記憶がなくても、取調官からしきりに聞かれると、なんとなく「誰かが来たのだろう」と思い込むことにもなる。こうして誘導尋問が誘導の力を果たすことになる。

ここで注意しておかねばならないことは、「誘導尋問」というと、どうも尋問者が意識的に誘導するものだと受けとられやすいことである。もちろん、そういう意識的誘導がないとはいえない。しかし問題は、むしろ意識的ではない誘導にある。たとえば、取調官は「そのとき○○が来たに違いない」と思い込んで、「誰が来ましたか」と問う。供述者はそう問われることで、取調官が「誰かが来た」と考えていることを知る。つまり、取調官の尋問に取調官自身の仮説を読みとる。それでも曖昧なまま「誰も来なかった」と答えたとしよう。ところが、取調官が自分の仮説に強くこだわりをもっていれば、これに対してあっさり引き下がることはない。再度、再々度、いろいろな角度から確かめようとする。自分の記憶に自信のない供述者なら、案外こういうところで相手の仮説を受け入れる。記憶が曖昧なときにはとかく、人は相手の考えに合わせて迎合する傾向がある。そこで、「誰かが来たのかな」と思って、そう供述すると取調官の方は、我が意を得たりとばかりに「それは誰でしたか」と問うことになっていく。しかし取調官は、そこで供述者を間違った方向に誘導したなどとは思わず、かえって真実に一歩近づいたと思う。それゆえ、誘導したという意識はもたない。一方、供述者の方でも、もとの記憶が曖昧であるほど、誘導されたと思うことなく、「誰かが来た」のだということが、新たに記憶のなかに刻み込まれる。

誘導尋問の問題は、誘導の意識の有無の問題ではなく、誘導の可能性をもった尋問形式の問題なのである。しかし、残念ながら、警察官や検察官など、取調べにあたる人たちのなかに、この誘導尋問の危険性をしっかりわきまえた人が少ないように、私には思われる。たしかに公判廷においては、弁護人や裁判官へのチェックが入るために、露骨に誘導的な尋問形式は避けようとする。とくに事実に争いのあるばあいは、弁護人も敏感になるので、教科書通りに非誘導的な尋問形式をとる（ただし、現実には法廷での尋問の前に証言予定者を呼び出して打ち合わせをしているために、尋問形式は誘導的でなくとも、実質的に誘導されていることがままある）。

ところが、捜査段階では、供述者と取調官以外の第三者が取調べの場に入れない状況なので、実質的に誘導的形式の尋問をチェックする者がいない。また、捜査段階でまで尋問形式を制限するようになれば、およそ取調べなどできないとの考えも強い。とすれば、よほど誘導の危険性を十分わきまえて、自己規制するのでなければ、捜査段階の取調べで誘導的な尋問形式は排除できない。もっとも恐ろしいのは、誘導したとの意識のないまま誘導してしまうということである。誘導したとの意識があれば、それをとがめる気持ちも他方ではあろう。そうなればある程度自己規制が働くかもしれない。しかし、その意識がないときは、現に誘導の結果、相手の供述を歪めることになっても、「やっぱり私の思ったとおりだった」と自信を深めることにすらなる。

これは心理学で言う「予言の自己実現性」[8]のひとつである。つまり、自分の考えを何らかの形で表明したとき（たとえば予言とか推測という形で）、その言葉が聞いた人たちを動かして、現実にその考えのとおりのことを実現してしまうという心理学的事実である。よくあげられるのは、「あの銀行は危い」という噂（あるいは推測）が実際にその銀行を危機におとし入れてしまうという例である。まったく根も葉もないところでも、そんな噂を口にし、それが広がると、これを聞いた預金者が真にうけて、預金を引き出しに殺到する。その結果、実際にその銀行が危くなるというわけである。

誘導尋問の恐ろしさも同じところにある。尋問者が強い確信をもって相手に問い質す。供述者は「そんなことはない」というが、勢いに押されて、あんまりきっぱりは否定できなかったりする。尋問者はその煮えきらない態度を突いてさらに詰問する。それでも供述者はまだ認めない。しかしこれを繰り返すうちに、供述者が取調べの圧力に屈して「そうだったかもしれない」などと答える。そうすると、尋問者は「やっぱりそうだろう」とばかりに、膝を叩いて、さらに強く確認を求めることになる。こうして強い確信は、たとえそれが根拠の薄いものであっても、相手の供述を動かす力をもつ。そしてそれによって現にその確信が結果的に相手から確認される。

尋問者が自分のなした誘導に無自覚であれば、これを訂正する手立てはなく、供述は固定化する。そしてさらには供述者自身がそれを自分の真の記憶であるかのように思い込むことすらある。これを心理学では二次記憶化と呼ぶ。

以上、取調べの場に忍び込む無自覚的な誤謬要因を列挙してきたが、A・トランケルはこれを次のように整理している[9]。

1　尋問者が最初に立てた仮説。これは尋問者が質問を言葉に表わすのに影響するし、また尋問者の知覚を選択的にする。

2　尋問者のなした尋問のやり方や言葉遣いの中に反映する期待に応じようとする証人の傾向。

3　記憶像の歪曲。これは尋問技術のために生ずるのであるが、後になると二次的記憶像を産み出し、証人にとっては、後者がもともとの事件についての真正な記憶のように思われて来る。

事件全体について、その状況や諸証拠を熟知し、事件の真相について考えめぐらしている尋問者は、直接的に口には出さずとも一定の事件仮説を思い描き、それがおのずと尋問に反映する（右の1の前半）。また供述者はその尋問に反映した仮説に迎合的に応答する（右の2）。さらに尋問者は供述のなかでも自分の仮説に合致したものを選択的に取り上げやすい（1の後半）。そうして尋問者・供述者間の相互作用のなかに誤謬が入り込み、しかもそれが供述者にはまるで最初からの自分の記憶であったかのように思われてくる（右の3）というわけである。

二つの事例から

私自身が供述鑑定した事件から二つの目撃供述事例を引いて考えてみよう。

一つは、一九八四年九月一九日に起こった「自民党本部放火事件」である[10]。夜七時半すぎ宅配便に仮装した犯人グループが自民党本部裏に車を駐車させ、その車から時限火炎放射装置でもって自民党本部を放火炎上させた。事件後、中核派が機関紙上で犯行声明を出したのを受けて、警視庁は中核派のメンバーにねらいを定めての大捜査を開始した。その結果、翌年五月Fを逮捕、起訴する。その証拠の中心になったのが三人の目撃供述であった。しかし、この目撃供述は、いずれも間接的で、しかもきわめて困難な条件の下でのものだった。

目撃者のうちの一人は警察官で、事件当夜、現場から数キロ離れた交差点の交番で立番勤務についていた。事件後、現場に残されていた犯行用車輛と、近くに乗り捨てられていた犯人グループの逃走用車輛についての捜査がすすめられるなかで、この警察官は、当日の立番のさい逃走用車輛を見たと言いはじめる。しかし、それは事件から一二日後のこと。どうしてそんなにたったあとで言い出すことになったかが疑問であった。事件発生後警戒中に文字通り逃走中の車を目撃したというのならともかく、そもそも彼がこの車輛を見たというのは事件発生の報が入る前、警戒態勢でもなく、漫然と交差点を通行する車の群を眺めていたときのことである。一時間に数千台は通るという都内の交差点で、たいして目立つとは言えない車に着目して、一二日後に同定する。そのうえ助手席の男を百枚以上もの写真のなかから選び出したというのだから驚くべきである。

そして私がここで問題にしたいのは、あと二人の目撃証人である。二人はいずれも機械部品を扱う営業所の女子店員であった。警察は発火装置に用いられた機械部品の入手経路を洗い出す過程で、本件の前月八月一日に事件に用いられたのと同種の部品が二つの営業所でかなり多数、店頭売りされていることを見つける。しかも、この二つの営業所に残された伝票のなかに買主のサインした物品受領書があって、そのサインがそれぞれ互いによく似ているところから、同一人が同じ日にこの二つの営業所を訪れ、事件に用いられた部品を購入したものと推測して、販売にあたった女子店員の事情聴取を開始したのである。しかし、機械部品を買いにきた一見の客の顔を店員がどこまで記憶しているか。二日や三日前ならまだしも、最初の事情聴取すら販売の日から三、四ヵ月ものちのことであった。応対時間はせいぜい四、五分。しかもその間、品物を取りに行ったり、書類を書いたりで、顔を見た時間となるとおそらくその数分の一、つまり一分にも満たないと考えられる。この供述条件がきわめてきびしいものであることは明らかである。ところが二人のうち一人は百枚以上の写真から一人を選び、もう一人は写真では選べなかったものの、Fを逮捕後面通しをして「似ている」と供述しているのである。目撃—記憶の条件から考えてみて、まずにわかには措信しがたい供述と言う以外にない。

事情聴取に赴いた取調官としては、この二人からどうしても目撃証言を確保したいと強く思う事情があった。というのもただ漠然と「こんな客と応対しなかったか」と聞いてまわったのではなく、八月一日という特定の日の販売が事件にからんでいたとの仮説を強固にもち、しかもその販売を担当した店員がその二人であることが伝票のサインから明らかだったからである。

この二人の女子店員が問題の「客」に応対したことは間違いない事実である。二人が憶えているかどうかはともかく、その体験があったことは書類上動かしがたい。こうした前提の下に取調官が事情聴取に臨んだとすれば、二人が最初は「おぼえていない」と言ったとしても、簡単には諦められない。「おぼえていないと言っても、伝票にはあなたのサインがありますから、あなたが応対したことは間違いありません。何とか思い出して下さい」と食いさがることは当然であろう。店員の側からしても、自分が担当したのは間違いないのだから、簡単に「忘れた」ですませられない。売った商品の種類、個数、値段、客が名乗った名前および会社名など、供述に必要な情報の主要部分はすべて伝票に記載されている。とすると自分の頭のなかに刻まれた記憶はなくとも、伝票の記録は間違いないから、それをあたかも記憶であるかのごとくに語り出すのは容易である。いや実際、そうした情報の一つ一つを三、四ヵ月もたって記憶していることの方がおかしいのだが、取調官から「そうでしたね」と確認を求められれば、目の前に書類上の事実がある以上、「違います」とも「忘れました」とも言いにくい。そうして伝票に記載された事実を追認しただけでも目撃供述の骨組はできあがる。

これは間違った事実の誘導ではないかもしれない。しかし記録に残された事実を手がかりに、記憶にはなかったものをまるで記憶していたかのように言ってしまう誘導である。そうして証人は、「客」は車ではこなかったとか、来店したとき自分はロッカーの前にいたとか、席に坐っていたとか、あるいは「客」は代金をきっちり払ったとか、おつりがあったとか、ふつうに考えておよそ記憶しているはずのないことまで供述する。通常人の記憶能力からして(二人の店員にはいずれも特異な記憶能力は認められない)、三、四ヵ月も前のそのようなささいなことを憶えていることはありえない。とすれば、これは、何とか思い出してほしいという取調官の要望にそって、日頃の一般的な接客の状況から類推的に供述したものと考える以外にない。

そうして「そこまで記憶しているのなら、顔をおぼえているでしょう」と言われたとき、証人は、もうそれを断りきれないところにまできている。店員は「自信がない」と答えたが、取調官から「分からなければ、見たことがあるという人でもかまわないから……」と説得されて、中核派の人たちの顔写真(多くは逮捕時の写真)を大量に見せられ、そのなかで背広姿のもっとも普通の写真一枚を選び出し、「この人は見たことがあるように思います」と言う。そして取調官から「どこで見たのでしょうか」と問われるのに応じて、いろいろ考えめぐらすが思いあたらない。といっても彼女自身には四ヵ月前の「客」が問題になっていることは、事情聴取の流れから当然わかっている。これといって自信はないが、自分がその「客」と応対したことは客観的事実である。そこで「いろいろ思いめぐらしてみましたが、他に思いあたる人はいないので、この人は八月一日のお客さんだと思います」と言ってしまうことになる。取調官はそこで「そのときのお客さんとどこが似ていますか」と尋ねる。店員は選んだ写真を見ながら「この頬のふっくらしているところと唇が薄いところ……」というふうに写真の人物の目についた特徴を答える。ここまで供述すれば立派な目撃供述ができあがる。

目撃証人となった店員の供述と法廷証言を分析した結果、右のような取調べ過程が浮かび上がってくる。販売した商品の伝票から証人が「客」と応対したことの客観的事実は動かせない。この客観的事実を媒介に、取調官は証人に「思い出してほしい」と望み、おそらくは「多少記憶が薄れたにしてもいくらかは記憶しているはずだ」との思いを強くもっていたであろう。証人もまたこれだけ期待されていることだから「思い出したい」と願い、「多少でも思い出せるはずだ」との思いにもかられる。そこには誘導—迎合の働き合う可能性が十分にある。しかもそうして一枚の写真を選び、それが「客」だということになってしまえば、二次記憶化して思い込んでいくことにもなる。実際、この女子店員のばあい警察官から二回、検察官からも二回、計四回の事情聴取を重ねている。

この例のように、問題となる出来事に現実に立ち会った人が、その当の出来事を真剣に語ろうとするときにさえ、そこに誘導—迎合のファクターが入り込んで供述を歪め、結果的に無実の被疑者を裁判にまで引きずり込むことになる。

もう一つの事例は、野田事件である(11)（四八頁、五三—五四頁参照）。この事件で被疑者Aが疑われるようになった一つのきっかけは、Aの家から二〇メートルほど離れた隣家の主婦Sの供述であった。Sは事件の翌々日、捜査官から心当りの怪しい人間はいないかと尋ねられて、「私には犯人の心当りはありませんが、犯人は変質者という様な事件であり、私の近所にも精神薄弱者の男が一人おりますので、参考までにその男の事についてお話し致します」と答え、さらに「怪しいといえば、Aさんくらいです」と言ったうえで、事件当日のAの様子について供述している。Sは以前からAに内職仕事を斡旋していて、材料・製品の搬入・搬出のためにAの家に出入りしていた。事件の日も午後四時頃（警察の想定では犯行がほぼ終った時刻）にAの家に内職の仕事ができているかどうかを見に行ったという。そのときSは「ちょうど庭先の水道のところで手を洗っていた」のを見たと供述したのである（図2を参照されたい）。しかもAはふだん薄汚れた格好をしていたのに、この時は「普段よりきれいな服装」で、

Sが近づくとこそこそと家に入って姿を見せなかったと言う。事件はAの家の裏の竹林で起こったと考えられていたし、死体は多量の血を流し、竹林の土のなかに埋められていたことからして、右のSの供述は「Aが竹林で女児を殺して、帰って来て服を着がえ、血や土で汚れた手を洗っていた」ということを明らさまに示唆するものであった。実際にSがこの供述のとおりのことを目撃したのであれば、Aの容疑はかなり濃厚になる。ところが彼女のこの供述にはそのまま素直に信じられない事情がある。

事件翌々日に事情聴取を受けて右のように供述してから一週間後、Sは再び警察の事情聴取を受けて、まったく同じ場面について今度はこう供述する。「（声をかけながら）鳥小屋あたり（図中ロ）まで行くとAさんは母屋と犬小屋の中間の芝生あたり（図中ハ）から玄関前の水道（図中イ）の方へ歩いてきたのです。」一週間前の供述ではSがAの庭に入ったとき（図中ロ地点）、Aは「水道で手を洗っていた」となっていたのに、この日の供述ではAの位置が竹林の方にずっと近づく。さらにこの二回目の事情聴取から五日後、三回目の事情聴取では、庭に入ったとき誰の姿も見えず、「『Aさんいる』と大声をあげました。……（すると）Aはすぐに犬小屋の横のハ地点にやってきました。それまでどこへ行っていたのか分かりません」ということになる。二回目の事情聴取のときよりさらにAは竹林の方に退いて、最初姿が見えず、声をかけたら竹林方向から帰って来たというふうになる。そしてSが二年後法廷で証言台に立ったときには、「庭に入ったが誰もおらず、大声で一〇回ほど呼んでから、Aさんが竹林の方から帰ってきた」となる。

ごく些細な供述の変化であるように見えるかもしれない。しかしSがもし法廷証言で言ったように「竹林の方か

図2

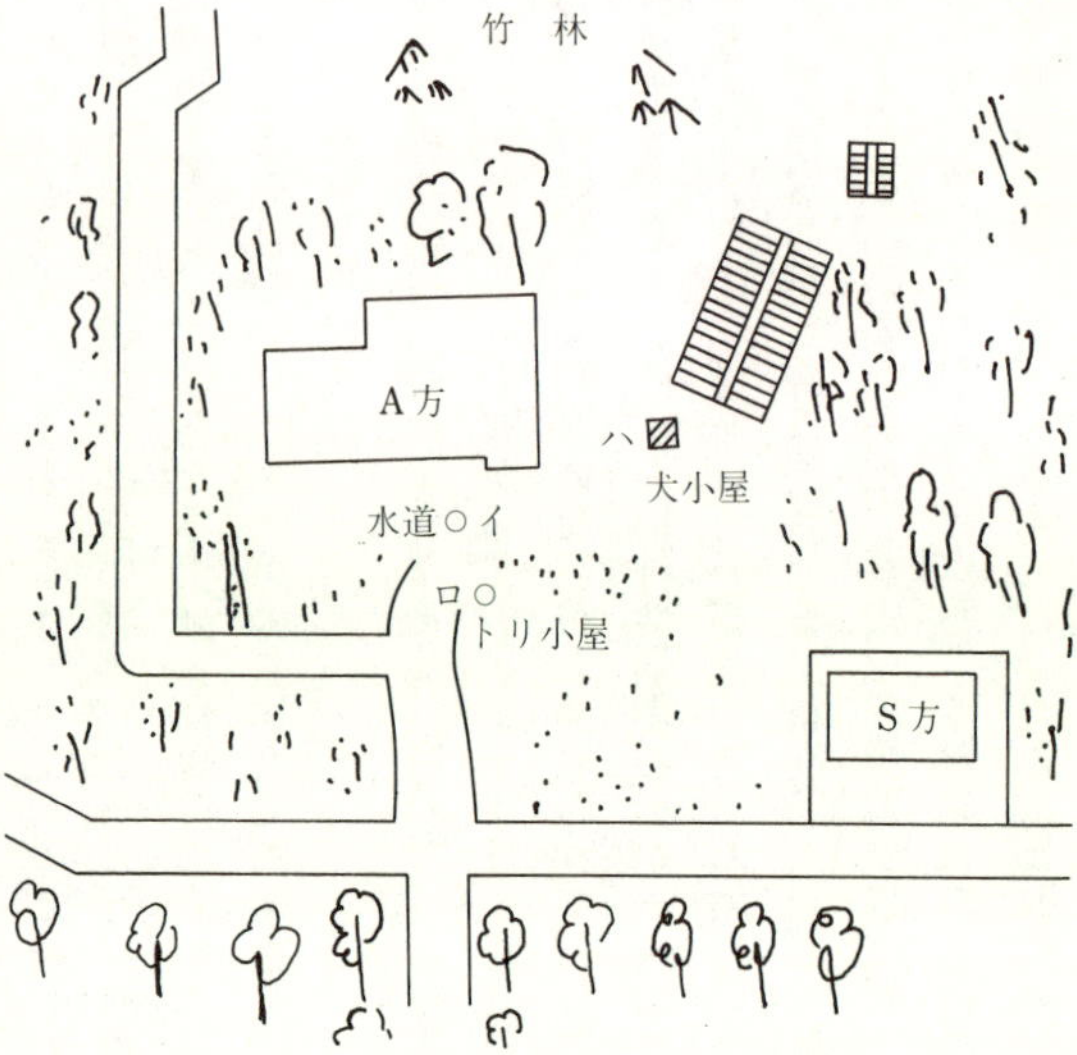

ら帰ってきた」のを見たのなら、どうしてSは事件翌々日の第一回目の事情聴取のときにそう言わなかったのか。事件はAの家の裏の竹林で起こったという前提のうえで、Aが怪しいと言いはじめ、捜査の流れが「A＝犯人」説へと傾くにつれて、それに比例するようにしてSの供述は変遷し、Aの位置が竹林に近づくのである。これは、供述者Sと事情聴取した捜査官とのあいだで、Aを犯人とする思い込みが相乗作用した結果としか考えられない。

もちろんこれだけであれば、事件翌々日の第一回目の供述まで疑うことにはならない。ところが、のちの供述に照らしてみればこの第一回目の供述自体に矛盾が出てくるのである。つまりその後の供述ではAは、Sが庭に入って来たときまだ水道の所に達しておらず、Sが玄関の方に近づいて行くと同時に、Aも玄関前の水道に近づいてくることになる。そしてAはそこで手を洗う。とすれば、AはSの目の前で手を洗いはじめることになる。第一回目の供述の中身自身が、Aは犯行後、血や土で汚れた手を洗っていたということを想定していた。ではAは、Sの前でその血と土で汚れた手を堂々と洗ったということになるのだろうか。それにまたSの供述は「普段よりきれいな服装」だったと述べることで犯行のため汚れた服を着かえたという含みをもたせていた。もしAが竹林から帰って来たところをSが見たのなら、服をいったいいつどこで着替えたということになるのだろうか。

Sの事情聴取は、その結果が調書上に要約録取されているだけで、尋問・応答の一つ一つがどのように交されたのか不明である。しかし、右のような供述変遷を見ると、Sが「A＝犯人」とする犯行物語に強く作用されて供述していたと言わざるをえない。客観的な目撃状況から出発して、そこからAへの容疑が浮かぶというより、逆に知恵遅れのAが怪しいという容疑から出発して、目撃が粉飾されていく。Sの供述には、他にもまったく同様の奇妙な変遷が認められる。Sにはおそらく悪意はなかった。ただ、田舎に起こった大事件の渦中で、地域の人びとの噂の中心に位置し、警察からも重要証人として注目を浴びた主婦が、Aを犯人とする犯行物語の噂に翻弄されないということはできまい。またこの犯行物語を促した重要契機として、事情聴取にあたった捜査官の働きかけを看過することはできまい。

Sの供述の真相は不明である。ただその供述過程のなかに、尋問者との相互の思い込み（そのとき相互の脳裡に描かれた犯行物語）に影響された誘導—迎合が働いていたことだけは否定できない。しかもこの誘導—迎合がかならずしも意図的ではないところにこわさがある。現実の体験者が取調官の尋問を受けたときでさえ、その相互作用のなかで、結果的に偽の供述を語ることがある。そのことの恐ろしさを私たちはまずもって肝に銘じておきたい。

2　非体験者が偽の体験者となること

さて真の体験者がその体験を語ろうとしてそこに歪曲が入り込むこと、そしてその歪みが昂じればまったくの偽りにすらなりうることを見てきたが、次に検討しておきたいのは、事件そのものに関わらない非体験者があたかも体験者のごとくに供述する例である。つまり現実に問題の出来事を目撃しなかった人が、あたかも目撃者のごとくに振る舞う例とか、あるいは実際には被害者でないのにあたかも被害者であるかのように演じる例、そして犯人でもなんでもない人が問題の犯罪を自分の犯行として語ってしまう例である。最後のケースはもちろん私たちの本題であるので後で詳しく取り上げるとして、とりあえず偽の目撃者、偽の被害者についても一言ふれておきたい。

世の中にはいろいろな人がいるもので、たとえばトランケルは、自分の息子の話としてこのような実話を書きとどめている(12)。

私の十九歳の息子は、この世について深い思いにふけりながら、ストックホルムの真中を歩き廻ることがよくあった。先日は、地下鉄の駅の改札口を、切符を見せないで通り過ぎてしまった。改札係は息子を無賃乗車だと即断し、改札ボックスから飛び出し、大声で咎めながら息子をつかまえた。たちまち廻りに野次馬がむらがった。息子がまだ誤解を解き終わらないうちに、一人の中年男が地上から階段を駆け下りて来た。まだ離れているところから、この男は叫んだ。「何が起こったんだ、俺は証人になれるよ、何が起こったんだ、俺は証人になれるよ」。

この例のばあい、およそ目撃しうる位置にはいなかった人が、自らすすんで供述しようとする。事件に関与して、捜査の一助となりたいという気持ちは、「役立ちたい」という素朴なものである以上に、むしろ好奇心によるところが大きいようである。

あるいは被害者を演じた例としてはこういう例もあげられている[13]。両親に厳格にしつけられていた、利発な五歳の男の子の例である。名をラーシュと言う。彼はかつてちょっと不良っぽい年長の男の子とよく遊んでおり、二人でアパートから古新聞を回収して金に換え、そのお金で買い食いをすることがあった。ところがこのことが両親にばれて、その友達と遊ぶこと、古新聞を集めること、買い食いすることをかたく禁じられた。そして現にその禁止を守っているものと親は信じていた。ところが、あるとき買い食いしているところを母親に見つかってしまった。おまけにそのとき彼は古新聞の束をかかえていた。母親に詰問されたラーシュは、古新聞はアパートに住んでいる男の人にもらい、買い食いしたお金はその男の人に「ペニスをなめさせられた」かわりにもらったのだと告げたのである。おどろいた母親が警察に通報し、そこでこの男は直ちに猥褻行為を犯したというかどで逮捕された。しかしそれは嘘であった。小さな男の子にしては実に巧みな嘘で、その供述内容がひとつひとつ現場の様子に一致するものだから、もう少しでこの男は無実の罪に陥れられるところまでいったという。ラーシュは母親からの詰問をそらすために、この巧みな嘘を自ら思いついて偽の供述をしたのであった。

トランケルがあげたこの二つの事例は、尋問者（あるいはそれに相応する母親の詰問）に触発されたものではあるが、供述者の側からほとんど一方的に、また自発的に語り出された虚偽であって、供述を尋問者—供述者の相互作用の所産として捉えようとする私たちの方向からみると適切な例とは言えない。私たちにとって、とりわけ興味深いのは、取調官と供述者とのやりとりのなかで、真の体験者でなかった供述者が、あたかも真の体験者であったかのごとく見なされ、真の体験者として供述するようになる事例である。考えてみれば、これは実に馬鹿げたことである。しかし、それは現実に起りうる恐ろしい過程なのである。

これもまた私自身が直接触れた甲山事件の園児供述から例を引こう[14]。この事件で被告となったY保母は、浄化槽内で死んでいたS君を寮から連れ出してマンホールに投げ込み、殺したとされていた。そしてこの容疑の根拠となったのが甲山学園の子どもたち五人の目撃である。その目撃供述によれば、Yは夜の八時前後、寮の女子棟にやってきて、女子の居室で遊んでいたS君を連れ出し、非常口から出て行ったのだという。マンホールへ投げ込む行為を目撃したというのではないが、連れ出し場面について五人もの目撃者があったと聞けば、いくら知恵遅れの子どもたちの証言といえども、信用していいように思われるかもしれない。しかし現実にはこの目撃供述が聴取されるにいたるまでにまことに不明朗な経緯があった。最初にM子が供述しはじめたのは、事件から二週間もたって、刑事から執拗な事情聴取を受けたのちのことであったし、他の三人はなんと事件後三年以上もたってはじめて供述、残りの一人は直接の目撃ではなく、他の四人の供述を裏づける供述を行ったにとどまる。事件が起こってすぐに、おのおの別々に聴取した五人の供述がたくまずして自ずと一致したのなら、非常に強固な有罪証拠だと言ってよかろうが、実際には四年間もかけて計百通に及ぶ供述調書が聴取され、最初たがいに異なっていた供述が、次第に変遷して、最終的にうますぎるほどの一致をみるのだから、そこにかえって奇妙さを感じる方が自然であろう。しかも、五人の供述変遷には明らかに影響関係があって、捜査にあたった取調官を媒介にした誘導の痕がはっきりうかがわれた。複数の目撃者や共犯者の供述が同一の取調官あるいは取調グループを介して、連鎖的に変遷していく過程をみれば、私たちはまず誘導を疑わねばならない。このように供述者どうしの供述が相互に誘導しあうことを、私は「ヨコの誘導」と名づけた。実に甲山事件の元園児供述こそ、この種の誘導事例の宝庫なのである。

ただ、Yを事件に結びつける最初の契機となったM子の供述だけは、事件後比較的早期に聴取されたもので、他児の供述の影響ということでは説明できない。そこで彼女の供述の経緯を追ってみると、そこにはまた別のタイプの誘導が見えてくる。実はM子の目撃供述も、最初の事情聴取で出てきたものではなかった。はっきりと目撃供述の体裁をととのえたのは、書類上は彼女の三回目の事情聴取においてのことである。そして第一回から第三回までの聴取内容を追って見てみると、そこにある奇妙な事実が浮かび上がってくる。

書類上第一回目の調書は三月二七日（事件から八日後）の捜査復命書である。そこでM子は、「夕方S君を含む四人でトランプをしているところにY保母がやってきて、S君を連れて行った」と述べたことになっている。このM子の供述はごく簡単なもので、その前後の流れはまったく欠如している。実際、復命書には取調官の手で三月一九日（事件の日）のこととして聞いたとの日付が付されているが、M子の供述そのもののなかにはその日のことだと分かるような内容は一切なく、彼女自身がその日のことだとどこまで意識して供述したものか不明である。それにそれが「夕方」のことだったという時刻の特定からすると、事件があったとされる夜八時とは大きくずれる（事件は三月のことで、六時すぎには日が暮れる）。また、寮の保母が子どもの手を引いて連れていくなど

表5　M子の供述変遷

事件発生は３月19日
（８日間）↓

３月27日	４月３日	４月４日
夕方	キャシャーンを見て帰る（イナズマンは見ていない）	イナズマンを少し見て帰る
真弓、早苗、Sと四人でトランプ	部屋にはSと早苗（真弓がぬける）	維持（二人が押入れであそんでいた）
	英夫が来たがSは帰らなかった	維持
Y保母がSを呼んで手をつないで出ていく	（言い渋る）女の先生が来た	Y保母が玄関の反対からきてSを呼び、連れ出す Y保母とSは玄関の反対の方へ行った
事件の日であることを示す特定性はない	事件の日であることが特定されている	

という場面は、収容施設においてきわめてありふれたことであって、特に記憶に刻まれるような出来事ではないし、ましていついつという特定の日、特定の時刻での出来事として把握されることではない。ところが、このように前後の流れが不明で、したがってその意味も曖昧な出来事が、供述として記録にとどめられたところから、過ちは始まる。第二回目、第三回目の事情聴取では前回の供述が、「YがS君を連れ出しマンホールに投げ込む」という事件の流れのなかにはめ込まれて、問い質されていく。つまり、その日のことだということが特定のテレビ番組と結びつけることで確認され、またその後、園の職員がS君を探しに来たとの話を持ち出すことで事件の日の夜であることが明示されたのである。前回にはまったく事件の流れとは関わりないところでY保母のことを供述したM子は、ここで、取調官の問いの意味を察知したのであろう、最大限の抵抗をするが、やがて押しきられて、その供述は、文字通り事件の目撃供述にすりかえられていく。

前に述べたように、取調べとはことばのやりとりであり、またことばはかならずある文脈の上で語られる。そし

て問題は、やりとりのなかで、このことばの背後の文脈がどう解釈されるかである。供述者M子は最初、当該事件と関係のない場面でS君らと一緒に遊んでいたところにY保母が来て連れて行ったと供述した。ところが取調官はその場面の脈絡ぬきで字面にあらわれた関連部分のみを抽出して解釈する。捜査官たちは、よかれあしかれ、何事も二園児死亡事件との関連において見ていこうとする姿勢にとらわれていた。ことば面《づら》から見て事件に関わっていると感得すると、これを事件の文脈に押し込もうとする。もちろん、そうした取調官の解釈（仮説）を押しつけられたとき、「Y保母がS君を連れていく」という場面を事件の脈絡のなかで記憶していない供述者M子は、これに反発し抵抗する。ところが取調官の方は、この抵抗を「Y保母をかばっているのだ」と解釈して、なおも「先生には言わないから」とか言って供述を迫る。取調官の圧力のなかで、耐えきれなくなったM子は、結局おしきられて、先の日常的な、なんでもない場面の供述を、事件の脈絡のなかに入れて目撃供述を行ってしまう。M子のことばを書きとめた捜査復命書、供述調書の流れには、こうした目撃供述形成の痕がはっきりとどめられている。取調官の方には誘導の意識はないのかもしれない。しかし結果的に、取調官の仮説の力が供述を大きくねじ曲げる。私は、これをさきの「ヨコの誘導」と対比させて「タテの誘導」と名づけた。つまり、最初、事件の影を帯びていなかった供述者の中立的な情報（ことば）が、取調官—供述者の一連のやりとりの過程で、取調官の事件仮説によって解釈され、色づけられて、やがて事件そのものを語る目撃供述となっていくという過程である。

こうした過程は、別に供述者M子が知恵遅れだったということに帰せられるものではない[15]。たしかに、取調官の方で、この子は知恵遅れだから供述が曖昧でも仕方がないとか、曖昧なところを突いて明確にしていく努力をすれば真実があらわれてくるかもしれないと思って、他の供述者より慎重に、それゆえしつこく食い下がるということがあったかもしれない。もちろん、逆にこれでは信用ならないと冷静な判断を下せる取調官もいてしかるべきところである。しかし甲山事件の場合は不幸なことに、捜査陣は当時、これといった手がかりをつかめないまま壁にぶつかっていた。だからこそ、あいまい至極なM子の供述を事件との関連の文脈のなかに読み込もうとする流れが生じたのであろう。他方、M子自身もふだんから、知恵遅れの子どもとして、他の子どものようには自分のことばが信用してもらえないという思いがあったろうし、二週間も前の日常的な出来事について聞かれてもはっきりしないという不安もあっただろう。そのような取調官—供述者のことばのやりとり、そしてその背後での思いや推測のやりとりのなかで、供述が歪められていったのである。

事情聴取のなかで供述者がふと洩らした供述に着目して、この供述者は事件のことを何か知っているのではないかと思いはじめる。事件に関わる情報を求めている取調官が、供述者の供述を事件の文脈で読みとろうとするのは自然なことかもしれない。しかし、そこのところで、もともと事件とはまったく関わらない供述を拾いあげて、事件の文脈のもとに読み込んでしまう危険性のあることは容易に理解できるところである。その危険性を自覚せず、強引に供述者に迫るとき、もとの供述の意味がすりかえられて、目撃者でもなんでもない人たちを目撃者に仕立てていく。事情聴取の場のなかでとかく権威者として、あるいは権力者として高みにつきやすい取調官が、自らの仮説を、それと知ってか知らずか、相手に押しつけ、結局その仮説に自ら囚われていく過程は、言わば自縄自縛の過程と言ってよい。しかしこの一人相撲ほどこわいものはない。

思い込みに駆られた取調官と、弱い供述者との間に相互作用が生じたとき、知らず知らずのうちに情報は上から下へ流れ、それが供述に染み込んで、これを歪め、ときにまったくの虚偽へと流れ込んでいく。甲山事件の園児目撃供述がまさにそれであった。そしてこの馬鹿げた、しかし恐ろしい過程が被疑者を見舞ったとき、そこに虚偽自白が生まれ、無実の人が犯人へと押し込められていくことは、容易に類推できることであろう。

さて、そこで以上の供述一般の論をふまえて、虚偽自白に見られる取調官—被疑者の相互作用過程を見ることにしよう。

3　虚偽自白過程にみられる相互作用

無実の被疑者が問題の事件の犯人ではないかとの疑いの下で取調べられている場面を考えてみる。取調官は、被疑者を無実だと知って犯人にデッチ上げるわけではなく、あくまで容疑の濃厚な被疑者として考えているとする。しかし実際、被疑者は事件には無関係である。そうした取調官—被疑者のあいだではどういう相互作用過程が展開することになるのか。

いま、取調べ室には、被疑者を犯人だと疑っている取調官が二人（ないし三人、あるいはそれ以上のばあいもありうる）と、自分が犯人ではないことを自己の記憶に照らしてはっきり知っている被疑者がいる。言いかえれば、その場にいる取調官も被疑者も問題の事件については、これを直かに体験した当事者ではない。言わば第三者が寄り集って事件の筋書を、ああだろうか、こうだろうか、ああでもない、こうでもないと思案しあっているようなものである。とはいっても、もちろん圧力のベクトルは、取調官から被疑者に向けられる。そして、被疑者は、その圧力に耐えられず、どこかで屈服する。しかし屈服して、「私がやりました」とまでは言えても、そこからはどう言っていいか分からない。彼もまた事件の第三者なのだから、犯行がどのように行われたのか分かるわけがない。また、取調官の方では、やっと自分がやったと認めさせたところで、「やはりこいつが犯人だった」と確認したからには、当然、この被疑者が自発的に犯行の様子を語り出すはずだと思い込んで、問い質していくことになる。第一章でも述べたように、無実と知って被疑者に嘘の自白を教え込んだり、押しつけたりすることは、まず例外的にしか考えられない。少なくとも取調官の意識のなかでは、被疑者があくまで真犯人であり、真犯人として犯行筋書を語ってくれないと困るのである。

それゆえ「私がやりました」と言った以上、被疑者は犯行の具体的中身を言葉にしていく以外にない。幸か不幸か、被疑者は、自白に追い込まれるまでに、自分がやったのではないその事件について、かなりの情報を得ている。それは一部にはラジオ、テレビ、新聞などのマスコミ情報であろうし、また一部には隣人、知人からの噂であろう。さらに逮捕され取調べの場におかれてから取調官の口を通して知らされた事実もあろうし、突きつけられた証拠から類推できることもある。さらには取調官の尋問、詰問の背後に、取調官たちの描いた事件筋書を透し見ることもできる。否認段階では、これらの事件情報が、自分には無関係なものとして、ただモザイク的に散在しているだけかもしれない。しかし、ひとたび「私がやりました」といい、取調官から「どうやったのだ」と問いつめられて、逃れようがなくなったとき、被疑者はこのモザイクをひとつにまとめて、自分がやった犯行として筋書を構成せねばならなくなる。誰も教えてくれないとすれば、自分からそうせざるをえない。とはいっても、自分がやった行為でない以上、それまでに与えられていたモザイク状の情報を過不足なく、ひとつのストーリーにまとめあげるなどということは、卓抜な推理小説家でも容易ではあるまい。おまけに、身に覚えのない犯罪を不本意にも自分がやったと言うところまで追い込まれているのだから、心理的にも穏やかでいられるはずはない。はなはだしく動揺したなかでモザイク情報をつなぎ合わせる作業は、そうそううまくいかない。矛盾につきあたるたびに、取調官の追及をうけ、追及の結果、矛盾を訂正して、あらたな供述を行う。そうして、やがて他の客観的証拠と大枠において一致する供述にまとめられていくことになる。

無実の人間が虚偽の自白に追い込まれていく、もっとも典型的な経過は、おそらくこういうものであろう。ここで注目したいことは、被疑者自身が自白の筋書構成に関与していることである。取調官が完全にデッチ上げて、すべての筋書を押しつけるといった例外的な事態を別にすれば、ここにも私たちは明らかに取調官―被疑者のあいだの相互作用を見ることになる。

さらに私たちは、実際に犯行を目撃、あるいは体験したものの供述が、単にその体験者としての自発的、内発的な要因のみによって左右されるのではなく、取調官の側の尋問、またそのなかに含まれている仮説（思い込み）によって影響されることを見た。そしてここでの無実の被疑者の自白もまた、それとはちょうど逆の意味で、単に取調官の側の仮説（思い込み）の押しつけのみで成立するものではなく、そこにその偽の自白を引き受ける被疑者のある種の主体性が働いていることを見ないわけにはいかないのである。

こうしてみると実際に犯行を目撃、あるいは体験した者の供述においても、実際には目撃も体験もしていない者が、これをそうしたかのごとくに言う供述においても、その形成過程には、それぞれの意味で取調官（尋問者）―供述者（被疑者・目撃者）の両要因が働いていることが確認される。これをあえてごく一般的なかたちで図式化してみれば図3のようになる。もちろんこの図はあくまで比喩的なものであって、それ以上のものでない。

この図の右の方ほど、供述者側の要因が強く働いている供述、また左の方へ行くほど取調官側の要因が強く働いている供述になる。たとえば右端にあたるのは、ほとんど一〇〇パーセント供述者の自発的な供述と言えるものである。自らの犯行をすっかり悔いて名乗り出、取調官の尋問をまつことなく、すべてを洗いざらい話してしまうというようなことがあるとすれば、それがここにあてはまる。現実には、そうしたケースでも、取調官は独自の観点

図3　供述内容の決定要因

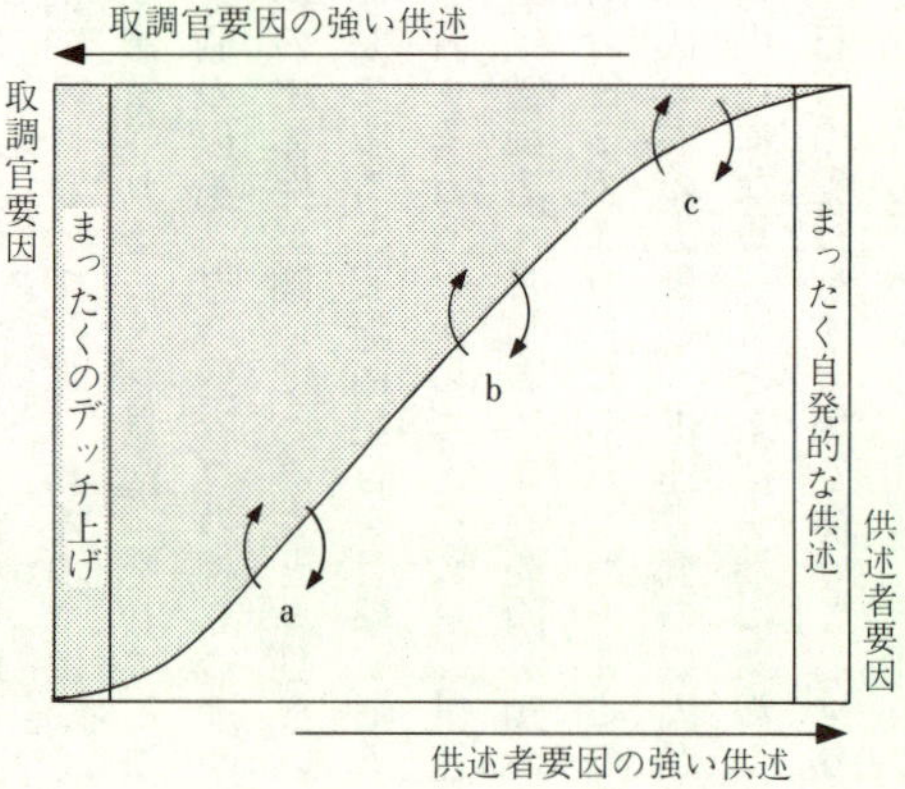

からいろいろ問い質すことになるので、原理的にいって、取調官側要因がまったく働かないというわけにはいかない。あるいはまた、先の自発的に証人になれると名乗り出た人物の事例や、ラーシュ事件の虚偽供述なども、この右端のケースに相当することになるが、そこでも供述内容自体に尋問者の要因が何らかの形で入ることは否定できない。

　他方、供述者のあずかり知らぬところで、取調官が犯行筋書を完全にデッチ上げるというようなことがあるとすれば、それは左端のケースになる。そこではほとんど一〇〇パーセントが取調官の要因で供述内容が決定される。しかし、このケースも理論のうえで想定されるだけのものであって、取調官がいかほど一方的に、また強圧的に迫っても、供述自体がいやしくも供述者の口から語られるものであるかぎりは、供述者の側の要因がまったく関与しないということはありえないと言わねばならない。

　供述の大半はこの両極端のあいだにあって、供述者要因と取調官要因の相互作用で供述内容が決まってくる。そのなかには図中のaケースのように相対的に取調官要因の働きが大きいもの、cケースのように供述者要因の働きの大きいもの、bケースのようにその中間のもの、というふうにいろいろ考えられる。ただ、この両要因がそれぞれどれだけ働いているかということと、供述の真偽の度合とは、直接比例関係にはない。もちろん、事件そのものを直接体験したのではない取調官の要因が大きいほど真実から遠くなる危険性は高くなるが、逆に供述者の要因が大きいからといって、それが真実に近いという保証はない。それは先の自発的虚偽供述のような例があることから明らかであろう。

　以上から、供述内容が取調官と供述者との相互作用の産物であることが確認された。これを被疑者に限定したとき、この関係は、上のような形で関数的に定式化することができる。つまり、取調官は捜査の過程で入手した事件情報（もちろんそのなかに直接・間接の物証を含む）にもとづいて、一定の事件仮説を思い描き、その中で被疑者を絞り込んで逮捕する。そのうえでこの入手情報、事件仮説を被疑者にぶつけ、被疑者の方は自らの体験記憶（それは犯行を犯したという体験記憶かもしれないし、犯行を犯してはおらず、問題の時日には別のことをやっていたという体験記憶かもしれない）に照らし、適宜供述すべきかどうか、またどのように供述すべきかを選択しつつ供述する。そしてさらに取調官は、聴取した供述すべてを調書に記載するのではなく、取捨選択して調書化していく。被疑者の供述とは、こうした相互作用の産物なのである。

表6

取調官の入手情報・事件仮説
×
被疑者の体験記憶・選択
⇓
調書に記録された供述

第三節　第四の虚偽自白論——被疑者の主体性

さて、ここで私たちは従来の虚偽自白論が看過してきた、きわめて微妙な論点に踏み込むことになる。つまり、私たちの虚偽自白形成論においては、取調べの場のなかで取調官が加える圧力（つまり取調官の主体性）と同時に、被疑者の主体性を問題にしなければならないという点である。取調官—被疑者の両主体が切り結ぶ関係の所産としてみたときはじめて、虚偽自白論は単なる要因論を越えることができる、そう私たちは考えてきたのである。

冤罪に巻き込まれた人は、たしかに、間違って被疑者に仕立て上げられた被害者である。しかし、だからといって彼らも一人の主体である以上、いかなる場合にも完全に受動的・被動的な存在になってしまうことはない。そのかぎりで、自白がただ単に押しつけられ、呑み込まされたものであるなどということは、原理的にありえないと言わねばならない。周囲の状況からどれほど強圧的に迫られたとしても、そこにはやはり、被疑者の側からのある種の主体的な参与の側面を見なければ、虚偽自白の真相は見えてこないのである。こういう言い方は、冤罪被害者に対しては残酷にみえるかもしれない。そして、冤罪を批判・糾弾してきた人々の間では、時にタブー視されることさえある。しかし、被疑者が、やっていない罪を「やった」と自白するとき、それが一方では取調官からどれほど強く押しつけられたものであったとしても、他方でそれは被疑者が自ら引き受けたものである。私はここで、真実を守り通せず、圧力に屈伏して虚偽に走った被疑者を、倫理的に非難したいわけではない。いや、そんなことができるはずがない。無実の罪で突然捕らえられ、それまでの日常生活から遮断されて、いつシャバに戻れるとも知れぬ不安のなかで、「おまえ以外に犯人はいない」と決めつけられ、自ら身の証を立てる術もないまま、長期にわたって勾留されたとき、被疑者がこれに耐えられなかったといって、誰がそれを責められようか。ただ私がここで力説しておきたいことは、右の事情を十分に承知した上で、それでもやはり、否認から自白への転回は、被疑者自身のひとつの選択であるという事実から目をつむってはならないということなのである。拷問・強制・脅迫・欺罔・誤導・長期勾留……、いかなる強圧状況があったにせよ、そういう状況的要因だけで虚偽自白を説明することはできない。そこには、状況的要因に加えて、必ず被疑者の主体としての選択がなければならない。これは、虚偽自白を相互作用過程の所産と考える大前提からの当然の帰結であり、価値判断を離れた事実である。

このように言うと、「死刑にも相当するような重罪事件で虚偽自白する」などということが、どうして主体的選択でありうるのかという反論が返ってこよう。しかし、私はここで「主体的」「主体として」という言葉を、「任意に」という意味でつかっているのではないことに注意してほしい。法の上で「任意」とは認めがたい状況におかれても、なお主体的選択の余地が零になることはありえない。その意味での「主体的」選択なのである。

そう考えたうえで、第一章であげた三つの虚偽自白論を振り返ってみると、三説とも被疑者の主体性をほとんど無視していることに、あらためて気づかされる。すなわち、拷問説は取調べの強圧によって被疑者の主体性が圧殺された結果として、精神力脆弱説は圧力に耐えるだけの主体性の欠如として、拘禁心理説は拘禁下の主体性の異常として虚偽自白を説明する。無実の者が主体的に虚偽の自白をするはずがない、もしそういうことがあるとすれば、それはその主体性が押し殺されているか、なんらかの異常をきたしているからだ、というわけである。

このように、これまでの虚偽自白論が一様に被疑者の主体性を看過してきたのは、おそらく「虚偽自白の責任は被疑者の側にはない」という責任論を事実論と混同してきたためである。虚偽自白の形成過程に被疑者が主体的に参与しているとすれば、許すべからざるこの虚偽の責任の一端が被疑者の側にもあるかのように思えるのかもしれない。もちろん、私とて虚偽自白の責任が被疑者にあるなどと考えているわけではない。しかしだからといって、事実として被疑者が主体的に担った役割を無視してよいということにはならない。

1　虚偽自白は異常な反応なのか

虚偽自白の形成に被疑者の主体性がなんらかのかたちで働いていると考えるならば、それを被疑者の異常心理に還元することはできない。これは右の論からおのずと帰結することである。ところが、死刑になるやもしれぬような事件で嘘の自白をするなどということは正常な心理とは認めがたいとする考えが一般的である。たとえば、

　無実の被告が、どういうわけで……自分の有罪をみとめる〝自白〟をあえてするのか不思議だと考える人が多いにちがいない。この疑問もまた当然である。犯行をみとめれば死刑になることが明らかな場合にも、彼らは係官に迎合する〝自白〟を甘んじてやっているからである。このような心理を上手に説明するのはむずかしい。こうした場合の被告は、もはや正常な心理状態ではないというほかない。そうした状態に追いこむのが捜査当局の訊問技術なのである。……もはや常識では考えられぬ精神状態で、一種の異常心理というほかない。(16)

なるほど日常的な言い廻しからすれば、「異常な心理状態に追い込まれて嘘の自白をする」と言っておかしくはない。しかしここで言う「異常な心理」を精神病理学上の「異常」と取り違えてはならない。つまり、虚偽自白に至る「異常な心理」は、私たちの日常的な了解を越えた「精神異常」ではないのである。ふだん私たちは強圧的な取調べ状況に身をおいたことがないので、虚偽自白に至るような心理をなかなか想像できないというにすぎない。それは正確に言えば「非日常的な事態での心理」と言うべきであって、それは決して「正常」からはみ出たものではない。

いやそもそも、ありえてはならない虚偽自白の原因を被疑者の異常心理に帰する考え方のなかには、根本的な倒

錯がある。虚偽自白に異常性を見るとすれば、当然、その異常性はむしろ被疑者のおかれた状況の側にあるというべきであろう。つまり、虚偽自白は、日常世界から遮断され拘束された被疑者が、その異常な事態に対して行ったひとつの正常な反応だと言っていいはずなのである。そう考えたときはじめて、取調べの場における被疑者の主体性を正当に評価できるのではなかろうか。

ここで「異常な事態」というのは、単に法の制限を越えた不法な取調べのみを指しているのではない。それまで日常生活のなかで他から拘束されることなく自由に振る舞っていた被疑者からすれば、逮捕されて、自分の日常的な行動さえ意のままにならぬうえに、身におぼえのない罪で責め立てられるという事態は、捜査官にとっていかに合法的であっても、明らかに異常である。この異常な事態に耐えて真実を守るのも主体のひとつの選択であれば、虚偽の自白によってその異常な緊張から一時的にせよ脱出しようとするのも主体の選択である。どちらの道を選んだとしても、それを異常とは言えない。いずれも正常な選択なのである。

虚偽自白は、異常な事態に対する被疑者自身の正常な主体的反応であるというこの考えからは自白過程についてまったく新しい展望が開かれてくる。たとえば、この考え方の線上では、古典的な「拷問による虚偽自白」も、先の拷問説とは違ったかたちで捉えられることになる。肉体的拷問ほど、取調べ状況として異常なものはあるまい。この極めて異常な事態のなかで被疑者が身を守るために嘘の自白をしたとしても、少しもおかしくはない。つまり、これこそ異常事態への主体としての正常な反応なのである。ただ、こう言いかえただけでは先の拷問説とどこがどう違うのだろうと思われるかもしれない。しかし、その内実はまったく異なってくる。既に述べたように、先の拷問説では、虚偽自白が強圧状況へのまったく受身的な反応でしかなかったのに対して、私たちのこの説では、被疑者がなにがしかでも主体的に選び取った行動である。この違いは、自白内容の展開過程を考えるときさらにはっきりしてくる。というのも、拷問説では（他の二説も同様だが）取調官が立てた筋書を被疑者がただ鵜呑みにするという極めて非現実的な解釈しか立てられないのに、この説では、虚偽自白の内容展開過程も被疑者の主体としての事件構想の過程として理解されるからである。つまり、この考え方では、虚偽自白内容のなかに、少なくとも部分的には、被疑者自身の想像がはいりこんでくることになる。実際、拷問にせよ何にせよ、取調べの圧力から逃れるために虚偽自白を選んだとして、被疑者はもちろん単に「やった」と一言吐いただけでこの圧力から逃れられるわけではない。単に「やった」ではなく、「どういうふうにやった」とまで言わなければ、取調官は満足しないだろうし、取調官が満足しないかぎり、取調べの圧力状況は緩まない。圧力に耐えかねて「やった」といったからには、ひきつづき「犯人」としての役どころを引き受けて、事件の具体的なありさまを、マスコミ情報や取調官の口から聞いた情報など、自分の手持ちの情報を駆使して、自ら想像し構想する以外にない。

このように言うと、冤罪の被疑者自身がまるで虚偽自白の形成に協力しているかのようではないかと反問されるかもしれない。しかし、実際、被疑者がそうしないかぎり取調べ状況の圧力から逃れることはできないのであって、この異常事態のなかでは、いやいやでも協力することが、やはりひとつの正常な、そして自然な振舞いなのである。

虚偽自白は異常事態への正常な反応であるというときの「異常事態」は、肉体的拷問をその典型例とするものだが、もちろんそれは拷問にかぎらず、違法な強制・脅迫、法の網にはかからぬ長期勾留であってもよい。あるいはそうした外面的な特異事態はなくとも、被疑者自身にとって耐え難い異常性が取調べの場にあるならば、それに対する正常な、それゆえ主体的な選択として、虚偽自白がありうる。

虚偽自白は、虚偽である以上、しかもやむにやまれぬ非計画的な虚偽である以上、一気にどっと吐き出されるという具合にはいかない。いったん自白しはじめた上で、「本当は自分はやっていないのに」という苦しい思いが押寄せて、一度は諦めて選んだ選択が大きく揺れることもある。いや、たいていはそうした揺れの過程を踏むものだといったほうが当たっているであろう（ただ、一度自白するとそれを撤回しようとしても否認調書はなかなか取ってくれない）。こうした自白の進行のなかで、取調官もまた、被疑者は本当は犯人でないかもしれないという疑念をいだかないとは言えない。しかし、被疑者は無実かもしれないという線で、捜査陣が無実の立証に向かってくれることは稀有である。取調官にとっては、事実上、被疑者の有罪証拠を集めるところに努力を傾けることこそが使命であるかのごとくに思いなされているからである。それゆえ、この使命感は、被疑者が真犯人であるときはピタリとはまるが、そうでないときには真実追求の流れからまったくはずれてしまうことになる。

取調官は、被疑者の犯罪を立証すべく自白をとることに熱意を注ぎ、被疑者は、いくら否認しても認めてもらえず、いつまで勾留され取調べつづけられるかも分からぬ不安のなかで、ともかくも「自白」して取調べの圧力から一時的に逃れることを考える。しかも、逃れつづけるためには、単に「やった」というだけでなく、「どのようにやったか」について取調官の熱意に応えるだけの内容のある自白をせねばならない。このようにして取調官―被疑者の双方のベクトルがともに「自白」へと向かう時、そこに虚偽自白は生まれてくるのである。

2 悲しい嘘

またまた話が先走りしすぎたようである。ともあれ、従来の三つの虚偽自白論の批判の上で私たちが逢着した第四の理論は、ある意味できわめてあたりまえの考えである。ひらたく言ってしまえば、それは「虚偽自白とは、取調べの苦しい状況から逃れるために被疑者がやむなく選んだ悲しい嘘である」ということになる。「嘘」だなどと言うと、道徳的に非難されるべきことのように思われて、冤罪に巻き込まれた被害者には申し訳のない気がしないでもない。しかし、私はもちろんこの人たちが「嘘つき」だと言いたいのではない。いくら正直で誠実な人でも、苦しくて耐えられない場のなかに追い込まれたときには、嘘をついてこれを逃れる。それは自然なことである。しかも虚偽自白のばあい、その嘘は最終的に自分の利益になるような嘘ではない。いっそここで自分がひっかぶったほうが楽だ、そうでもしなければこの苦しい場に耐えきれないという悲しい嘘なのである。

虚偽自白は単に拷問的な責めを受けたためでも、被疑者が弱かったためでも、あるいは一時的に気がおかしくなったためでもない。それは無実の人間が故なき罪で捕らえられ、苦しい拘束・支配のなかにおかれて、取調べの圧力の下で耐えられず、やむなく吐き出した「悲しい嘘」である。この結論は、まだきわめて暫定的な素描にすぎない。しかし、ともあれ虚偽自白の基本的構図を、おおよそこのようにデッサンしたところで、この第一部を閉じることにしよう。

第二部　取調べの心的構図

——二つの古典的事例から

無実の者が取調べの圧力に屈して、やりもしない犯行を自ら自白しはじめる。そうした状況に身をおいたことのない私たちは、虚偽の自白というこの悲しい嘘をなかなか信じることができない。しかし、現実にこれは古くから幾千度、幾万度となく繰り返され、今日でもその根は断たれることなく、ここかしこでくすぶりつづけている。取調べという場の強圧下で、この悲しい嘘は生まれる。多くは取調官の自覚しないところで、しかし被疑者本人には目をおおうほど明らさまに……。それゆえ私たちの探針《ゾンデ》は二つの方向に向かわなければならない。ひとつは強圧をかけて無実の被疑者たちから悲しい嘘を搾り取りながら、そのことに気づこうとしない取調官の心理に、またひとつは私たちの日常意識を越えた場面で、自らを死に追いやりかねない不条理な嘘に陥っていく被疑者の心理に、である。この両者の心理が相互にからまり合って虚偽自白を生み出していく過程の分析が、私たちの課題である。

しかし、からまり合って展開する双方の心理の糸をほぐして見せるのは容易なことではない。そこで本題である刑事事件での虚偽自白について考えていく前に、虚偽自白論のリーディング・ケースとも言うべき二つの古典的事例を考察するところからはじめたい。一つは中世ヨーロッパを席捲した魔女狩り、そしてもう一つはソヴィエト・スターリン体制下で頻々と生じた粛清裁判である。そのいずれもいわゆる刑事事件の範疇に入るものではない。しかし問題の構図は刑事事件のそれとピタリと重なる。しかも、そこでは取調官の側の圧力の糸が圧倒的に太く、無力な被疑者のか細い糸はその太い糸にからまれて、自在に操られていく。それだけに双方の糸のからみ合いがよりはっきりと見てとれると思うのである。

虚偽自白論への導入としてはかなり突飛に見えるかもしれない。しかし、洋の東西、歴史上の古今を問わず、訴追する者とされる者、尋問する者とされる者とのあいだには、往々共通の構図が見られる。なるほど、ここで取り上げる二つの古典的事例は、いずれも訴追される側の人間の人権を徹底的に無視した、ひどい事例であり、今日の刑事訴訟法の理念からはおよそ許されるものではない。それにもかかわらず、この事例の中身に立ち入って見ていくと、その基本構図が意外なほど、私たちが主題とする刑事事件での虚偽自白事例に通底していることに気づくはずである。

とまれ、虚偽自白をより全体的な視野の下にとらえるためにも、ひとまずこの迂路におつき合いねがいたい。

第三章　拷問と自白——魔女裁判から

自白は、それが真であれ偽であれ、つねに取調べる者と取調べられる者との間の関数である。このことはすでに第一部において詳述してきたところである。しかし、ここで誤解なきよう付言しておかねばならないことがある。それは、この「取調べ関係」は決して二人の人物の間の単なる対人関係に帰着するものではないことである。それは両者が対等に話し合うといったていのものではなく、一方はもっぱら取調べる側に立ち、他方はもっぱら取調べられる側に立つ。しかも、このような非対等な関係を成り立たしめているのは、両者間の単なる個人的な力の差ではなく、この両者の関係そのものを背後から規定している制度的な関係である。誤解を恐れず一言で言ってしまえば、法制度に基づく支配—被支配の権力的関係であると言ってよい。

私はこの「権力的関係」という言葉でもって、なにかしらイデオロギー的な主張を行いたいわけではない。取調べという二者関係が、単に二者関係でもって閉じるものではなく、背後にかならずそれを支えるバックグラウンドをもっていなければ成り立たないという事実を指摘しているだけである。刑事事件での被疑者の取調べの場面に限らず、尋問者—被尋問者の役割が固定した尋問関係には、当事者たる二者に加えて、背後に第三の力が働いている。

たとえば、親子関係には大人と子どもとの純粋な力の差に基づく二者関係に加えて、一種の権力的関係が多少とも孕まれている。いたずらを疑われた小さな子どもが親から問い詰められている場面を考えてみればよい。ほんとうは親の思い違いで、子どもはその疑いが不当だと思っていても、親からの詰問そのものを不当として、これを無視したり、逃げ出してしまうことは難しい。多くの子どもは、そうしたばあい、親の権力を認め、その権力範囲に入っていることを、それと意識せずとも自認して、その場で身を縮める。純粋な力関係では明らかに親を越えている大きな子どもでも、親の見えざる拘束力に屈することは多い。もっとも、子どもは大きくなっていくにつれて、この権力関係から次第に脱してはいく。しかし、少なくともそれまでは、親の庇護の下にあると同時に、親の権力の下にあるのである。

さらに、学校で教師から規則違反を問われる生徒たちのばあいもまた同じである。教育とか指導の名の下に、権力的な取調べが行なわれることが、今日の学校では少なくない。それは教師—生徒という生身の人間どうしの二者関係であるにとどまらず、学校という管理構造に組み込まれたひとつの権力的関係なのである。もちろん、教育とは本来そういうものではないという異論はあろうが、現実にいまや教育関係が権力的な関係として機能しているという事実に目をつむることはできない。

刑事事件の被疑者のばあい、事情はさらに明確である。取調べの場には法的拘束力が支配している。現代の法は、なるほど、罪を犯した(と疑われている)人びとの権利をも等しく保護することを定めているが、他方で被疑者の身柄の拘束を可能ならしめているのも法である。そして多くの被疑者にとって、法は自らの権利の保護者である以上に、自らの自由を奪う権力であり、取調官はその体現者として現われる。

私は別に、ここで〝法とは何か〟という客観的な定義をしようというのではない。それが被疑者の主観においてどういう心理的事実として受けとめられるかを問題にしているだけである。決して愉快ではない、いや現実にはきわめて苦しい取調べの場に身を拘束されている被疑者にとって、嫌疑が正当であるか否かにかかわらず、その場が我が意のままにならぬ圧力の場であることは間違いない。被疑者の心的世界において、取調べ関係は単なる対面二者関係でなく、大きな支配力を背後に抱えた権力関係なのである。実際、取調べがこうした権力関係の下になされるものだとの自覚があればこそ、今日、この権力下におかれる被疑者の権利を保障する手立てが法的に講じられているのである。しかし、被疑者の人権を守る法的手立てがなにゆえ必要であるのかを、人はともすると忘れやすい。権力関係にある取調官は、あたかも「正義」を代表して「悪」を裁いているかのごとく思い込む心理に陥りがちである。その心理の危険性を、私たちは、ここで改めて確認しておかねばなるまい。

さて、尋問者―被尋問者の権力関係がもっとも具体的に、露骨に表われるのが拷問である。第一章でも見たように、もちろん拷問は虚偽自白の本質的要件ではない。それに露骨な拷問が減少した今日、それが虚偽自白の直接要因となることも少ない。しかしそれにもかかわらず、拷問事例こそは、取調べの構図、尋問の構図、そして虚偽自白の構図をもっとも鮮明に映し出す。あえてここで拷問の心理構造を取り上げ、魔女裁判での拷問について考察するゆえんである。

以下、まず第一節で、拷問そのものについて考え、それをふまえて第二節で魔女裁判を虚偽自白の視点から考察する。

第一節　拷問の構図

人は権力を持ちたがるが「権力者」と呼ばれることを好まない。あるいは他の人びとに力をふるい、相手を従わせることに喜びを感じるが「支配者」と呼ばれることを好まない。「権力者」とか「支配者」という言葉は、権力におしひしがれ、支配に苦しむ人びとが、権力者・支配者に向けて投げつける言葉ではあっても、権力者・支配者が自ら名乗る言葉ではない。支配される者たちにとっての権力や支配（あるいは管理）が、権力・支配力をもち、これを行使する者にとっては、往々、「正義」であり「秩序」なのである。被害者や第三者には明らかに権力的行為でしかないものを、権力行使者たちが、自らの貪欲のためでなく、世の正義のためだと言い募るという図式的光景が、これまでどれほど繰り返されてきたであろうか。ただ、ここで注意しておかねばならないことは、こうして権力者・支配者たちが「正義」をかかげるとき、私たちにはいかにもあくどいカムフラージュに見えるにしても、彼ら自身、これをそこまで意識的に行っているのではないということである。もちろん、意識的、策略的に人をあざむくことがなかったとは言えないが、そのばあいでさえ、少なくとも主観的には自らの「正義」を信じ込んできたのではないか。人間だれしも、意識的に悪人にはなりきれない。主観的世界のなかでは、だれもみな、善人であり、「正義」の人なのである。

世の中には、たしかにひどい奴がいる。少なくとも私たちの主観的世界のなかには、そうとしか見えない人間がいる。ひどい仕打ちを受けるとひどい奴だと思うし、その敵に正義はないと思う。また、第三者が公平に見ても「非道《ひど》い」としか言いようのない行為もある。しかし、それを承知したうえで、私は〈敵―味方〉の構図でものごとを見ると、往々、現実の認識をそこねることになると思う。悪人には悪人なりの理屈があり、敵には敵の正義がある。こういったからと言って、私は許すべからざる悪行や権力行使をも許そうと言うのではない。ただ、もっぱら私たちの主観的な判断枠組のなかで相手を敵視し、相手を裁くのではなく、ともかくもまず相手の理屈を見、相手の「正義」を捉えることが必要だと言いたいのである。私はここで、「何が正しいのか」という価値論議をやりたいわけでも、「人によって正しさが違う」といった価値相対論を説きたいわけでもない。人がみな何らかの「正しさ」を求め、それに基づいて行動してきたという心的事実を指摘したいだけなのである。盗っ人にも三分の理という言い方がある。被害者や第三者にはひどい悪行であっても、当の本人にはこれを正当化するそれなりの正しさがある。第三者にはどんなに屁理屈でも、あるいは理不尽でも、本人にはかならず本人なりの意味がある。人間の行動とはそういうものである。

そういった意味で、私たちは、取調官が過去において行なってきた（いやいまなお行う傾向を払拭しきってはいない）拷問の問題を、まず取り上げる。拷問は私たちの目には明らかに正しくない。しかし残忍な拷問が今日まで数かぎりなくなされてきたし、世界中にはなお数多くの拷問の訴えがある。それは何故であろうか。少なくとも今日では拷問者自身、おそらく拷問を積極的に正しいと主張することはない。しかし、そのうえでこの非道を行う。そこにはいかなる理由があるのだろうか。拷問者は、拷問の非道さを越える、拷問者なりの〝正しさ〟を自分のなかにもちこんでいるはずである。もちろん、私は、彼らの〝正しさ〟を是認しようというのではない。ただ、彼らが彼らなりの正当性を前面に立て、むごい拷問をやりうるという、その人間行動の事実を見きわめたいと考えるだけである。

さて拷問的取調べは、人間行動の極端例ではあるが、決して例外ではない。正義をかざした権力が被疑者を前にして取調べる、その取調べ様式の一つであって、そこからはみ出すものではない。つまり拷問は、通常の尋問に連続したその延長上にある。あるいはむしろ、拷問への意志のなかには、広く尋問に通底する普遍的メカニズムが、もっとも露骨に、もっとも典型的に表われてくると言ってよいかもしれない。その意味で、拷問的取調べの理解は尋問一般の理解にも通じるはずである。

因みに、拷問（torture）は本来、肉体を苦しめて自白や供述を搾り出すことを言うのだが、かつてはほとんどのばあい尋問（question）になんらかの拷問がともなったところから、「拷問」と「尋問」とが同義で用いられ、「尋問 question」がただちに拷問をも意味したという。(1)

1　拷問とは何か

これまでのところ、私たちは「拷問」という言葉を定義することなく、ごく漠然と「肉体に苦痛を加えて自白を強いること」（広辞苑）という程度に理解して、この言葉を用いてきた。しかし、よく考えてみると「肉体に苦痛を加える」と言っても、具体的にそれがどのような手段によるものを含むのか、どの程度の苦痛を言うのかと考えると、かならずしも明確ではない。もちろん、おぞましいばかりに極端な例を見せつけられると、これを拷問と言うことをためらうものはないだろう。

たとえば、一九七〇年代のトルコでのこと。(2)二十歳すぎの女性が街頭で数人の男たちに襲われ、目かくしされてマイクロバスに押し込まれ、尋問を受ける。しかし女性は答えない。すると男たちは「しゃべらないなら、しゃべらないでよい。そのかわり、みていろ、この拳固を貴様の股ぐらに一発お見舞いするぞ、その時吠え面かくな！」とののしる。そしてバスで連行されたある建物の地下で、脅迫されたとおりのことが行なわれる。スカートとクツ下をはぎとり、手足を杭にしばりつけて、足裏を打ち、太股を打ち、手指から足指に電流を流す。さらに足を縛って逆吊りにして打ちつける。とうとう気を失って、気づくと、半裸の姿で水中につけられている。次いで引き上げられ、立たせて、走りまわらされ、さらには押したおされて、なお打ちつづける。それでもまだ足りないのか、一人の男がうつぶせにした彼女に馬乗りになって、肛門に警棒を突き込み、さらには性器に突き入れ、そこに電流を流す。そこで再び昏絶……。

想像するだけでも恐ろしい光景が、現実に、現実の人間たちによって、現実の人間に対してなされる。肉体に（そして精神に）加えられた苦痛のひどさからみて、これを拷問でないと言う人はいないだろう。いや、その拷問行為の内実からみれば、これは拷問の域をはみ出していると言うべきかもしれない。拷問が拷問であるのは、それによって自白を引き出すという目的があるからである。つまり、尋問の手段としての拷問なのである。ところが右の例は、自白聴取という目的を越えて憎悪に満ちた凌辱にまでなっている。もっとも事実上の問題として言えば、拷問は単に尋問手段であるにとどまらず、どこかに凌辱的・懲罰的な意味を含んでいる。

一言で拷問と言っても、そこに含まれる苦痛は硬軟さまざまであるし、それが直接肉体をさいなむこともあれば、深く精神をおかすこともある。またそれが行われる状況には、宗教的、政治的、法的に種々の要因が絡んでいる。これらをすべて包括する定義は容易ではないが、ここでは別に厳格な定義が必要ではない。そこで拷問に含まれる要件を列挙して、一定の共通理解を確認するにとどめておこう。アムネスティ・インターナショナルの拷問報告書は拷問について、次の四つの要件をあげている(3)。

① まず第一にあげなければならないことは、拷問には二人以上の人物、つまり拷問を行う人と拷問を受ける人が当事者として存在することである。そして、拷問執行者と拷問受難者との間には前者が後者を力によって支配するという関係がある。これは言うまでもない自明のことである。しかし、ここで注目しておきたいことは、この執行者―受難者の関係を支配する力の構図が、通常の尋問関係の構図と基本的に変らないということである。拷問関係も尋問関係も、そこに単に二人（あるいはそれ以上）の人間関係があるにとどまらず、先にも触れたように、その背後に組織的な権力関係がある。私刑的なニュアンスの強い拷問・尋問でさえ、そこにあるのは単純な二者関係ではなく、何らかの組織がその背後にある。そして一般には、この組織は教会なり、党派なり、あるいは国家なり、強大な公的、権力組織である。つまり、拷問は単なる腕力や暴力による他者の支配であるにとどまらず、権力的行為としてなされるのである。とりわけ現代の拷問は、国家を背景にもつものが多い。『現代の拷問』にはこう述べてある。

拷問には必要な前提条件があり、（今日）その条件を果たせるものは、国家しかない。拷問を行うには、被拷問者が拷問者の物理的支配下に置かれる状況が必要である。犯罪者や叛乱者の場合は、国家がもつような拘置の設備を所有してはいないし、また暴力行使の手段は国家のそれとは違ったものを使う[4]。

② 第二の要件は、右の権力を背景にして、拷問執行者が受難者に対して加える苦痛が、苛酷であり、また容赦のないことである。通常の尋問においても、そこにはある権力関係があって、取調べの場が圧力の場となることは、すでに見たとおりだが、拷問においてはこの圧力が、ある具体的な形をもって被尋問者に肉迫する。多くは、肉体的な暴力として現われるが、かならずしもそうでなければならないということではない。たとえば、先にあげたトルコの女性への拷問例でも、表立って現われるのは肉体的苦痛であるが、その一コマ一コマに精神的苦痛が分ち難く染み込んでいることは、少し考えてみればすぐに分かる。そもそも純粋に肉体的な苦痛というものはない。生身の人間から加えられる苦痛は、言わば関係的な苦痛といってもよい。トルコの女性への性的拷問は、精神的な意味合いの凌辱を強く含んでいる。その延長上で考えれば、表向き肉体的苦痛を含まぬ精神的な凌辱が、拷問として機能することも十分ありうる。

また、単なる暴力によって加えられる苦痛と拷問の苦痛との違いにも注目しておかねばならない。たとえばただのケンカで相手からなぐられるばあいと、拷問とはまた違う。これは単に直接的な苦痛の大きさの問題ではない。ケンカでの一発の殴打が、拷問場面での一発より肉体的ダメージとしては大きいということがありうる。違いのひとつは、拷問のばあい①で述べたように圧力のベクトルが完全に拷問者から被拷問者に向かっていて、被拷問者はやり返せる位置にないということ、そればかりかその場から逃走することすらできないということ。そしてもうひとつは、自分に加えられた一発が一発で終らず、繰り返されるという恐怖を伴うということである。直接加えられた苦痛に加えて、自分の対応次第で、再び苦痛が加えられるという威迫が、拷問の本質的要因として含まれているのである。その意味でも拷問の苦痛には精神的な側面が大きい。

③　拷問者が被拷問者に苦痛を加えるのは、苦痛を与え、あるいは恐怖を与えること自体に意味があるわけではない。拷問は、なにより被拷問者の抵抗の意志をくじき、屈服させるところに意味を求める。権力の直接的行使である拷問の本質は、本質的に相手がひれふすことを求めるのである。『現代の拷問』には、

国家による拷問行使は、一人の人間の他の人間に対するもっとも直接的で、もっともてっとり早い支配形態であり、……これこそ政治の本質そのものである。(5)

という一節が引用されている。支配は、服従の相関者であり、服従なくしては支配は成り立たない。その意味で拷問が屈従を求めるのは当然のなりゆきである。そしてこの服従・屈従にも、拷問の多様性に応じた多様性がある。もっぱら肉体的にまいらせてしまう形もあれば、凌辱の限りを尽して、精神的な崩壊をもたらすこともある。拷問がしばしば人間の尊厳をおびやかすものとなるのは、このためである。

④　最後に、あげられる要件は、拷問は衝動的に、あるいは無意識裡に行われるものではなく、最初から計算された組織的な行動だという点である。つまり、そこにはあらかじめ一定の狙いがあって、その狙いを達するために計画的に苦痛が加えられる。その拷問の狙いとしてもっとも一般的なものは、もちろん、自白、あるいは他の必要な情報を聴取することである。当面、私たちが論じなければならないのは、この種の拷問なのだが、現実には、自白や他の情報を搾り出すための拷問に、懲罰的な意味合いが含まれることも多い。とくに自白させようとして行う拷問には、あるパラドックスがあって、この点、私の後の論脈からは、きわめて興味深い。つまり、自白聴取は本来、当該の被疑者の有罪性を証明すべく行われる。言いかえれば、拷問によって自白をとる以前、拷問者は被疑者の有罪性を確証しえていないことになる。ところが拷問は、まるで相手がすでに有罪であることが明らかであるかのごとくに、確信をもって、計画的、意図的、そして時に懲罰の意味を込めて行われるのである。

自白や情報の聴取、また懲罰的な狙いに加えて、さらに残忍な形で行われやすい拷問として、本人およびとくに第三者に対するみせしめを狙いとするものがある。このばあいは、戦争や内戦など敵―味方に分かれての闘争にお

いて捕虜になった人びとに、まま見られるもので、そこでは事実の認定は二の次になりやすく、敵であるということそのものを捉えて、報復や脅迫の意味合いをもつ。この種の拷問については、一応私たちの自白論からは除外してよい。

こうして拷問の四要件をまとめれば、拷問とは、一定の権力(あるいは組織)を背景にもつ拷問者が被拷問者に、容赦なく苛酷な苦痛を組織的・計画的に加えて、その抵抗の意志をくじき、屈従させて、自白その他の情報を搾り取る行為だということになる。尋問の一形態であるこの拷問が実に恐ろしく、おぞましいものであることは、誰にも容易に想像できる。そうした拷問にさらされたなら、たいていの人間は、たちまち屈してしまうであろう。横浜事件に連座し、拷問を加えられて自白した青地晨は、前にも引用したように「正直に言うと、ふたたび同じような拷問をうけたとき、こんどは耐えぬけるという確信を私はもっていない」という。拷問はそれほど恐ろしい。

しかしここで注目しておきたいことがある。つまり、この拷問定義の四要件を見てみると、そこに言う第二の要件、つまり「容赦なく苛酷な苦痛」が、拷問においては通常は肉体的暴力をさすものであるにしても、その一点を除けば、これ自身が尋問一般の定義にもなりうるのではないかということである。そう思って再度右の要約的定義を、通常の尋問場面にあてはめながら読み返してみよう。

一定の権力を背景にもつ尋問者が被尋問者に、容赦なく苛酷な苦痛(ただしここでは直接肉体を痛めつける苦痛は除外する)を組織的、計画的に与えて、その抵抗の意志をくじき、屈従させて、自白その他の情報を搾り取る。

直接的な手段として肉体的拷問を用いるという要件を除外すれば、そこには拷問とそっくり同じ尋問の構図が成り立つ。そういう目で今日わが国の刑事取調べを見つめなおしてみればどうであろうか。それは、かつてのような露骨な拷問的取調べを表面的には脱しているように見える。しかしその取調べの構図のなかに、なおかつての拷問的取調べと同一の構図を残していないかどうか。その点は、のちに第三部第五章で詳しく検討することとなるが、ここではいま少し拷問という現象にこだわって、今度はこの拷問を行う当の人間の心理に視点を移してみよう。

2　拷問者の心理

私たちは、拷問場面を描いた手記などを読むと、おのずとこの拷問を受けたあわれな受難者に思いをはせ、その立場に身を引き寄せて、身の毛のよだつ思いを味わう。しかし拷問を受けた者たちのこの恐ろしさにもまして恐ろしいのは、他者に向けてこのおぞましく、恐ろしい行為を行う拷問者の心理である。

身の毛もよだつほどのおぞましい行為を他者に向けて行う拷問者の側は、これをいったいどう感じているのであろうか。拷問を受けたある人は、拷問者を次のように描いている。

> 私は拷問被害者としてひどい目にあわされた。拷問執行人の顔を暗い房内で見てきた。その顔は、血を流して土気色になった私の顔よりも恐しいものであった。その拷問執行人の顔はけいれんにひきつって、人間の顔とも思われなかった。彼は緊張のあまり、まるで中国の仮面によく見られるような恐しい表情をしていた。これは誇張でも何でもない。人を拷問にかけるということはなまやさしいことではないのだ。(6)

たしかにそうであろう。拷問を加えることは、拷問を受けることと同様、恐ろしいことである。この恐ろしいことを、人はどのようにしてなしうるのか。右の引用文の筆者はこれにつづけて、拷問をかけるには「内面的な心構えが必要だろう」と言う。いったい、どのような心構えによって、人は拷問をなしうるのか。

ここで思い起すのが、S・ミルグラムの行った心理学実験である。(7) 彼がこの実験をまとめた著書『服従の心理』の邦訳には「アイヒマン実験」という副題が付されている。アイヒマンというのは、もちろん第二次大戦時、ユダヤ人を強制収容所に収容し、ガス室に送り込んで大量虐殺したナチ・ドイツの最高責任者の名である。ミルグラムはその実験において、この非人道的な大量虐殺がなにゆえ人間の手によってなされたのかを「権威への服従」という視点から解明しようとしたのである。実験の概要を説明しよう。

人間の記憶と学習についての心理学実験を行うので協力してほしいという触れこみで、一般市民から被験者を募集する。協力してくれた人には約一時間四ドル（交通費五〇セント）を支払う。応募した被験者は二人ずつペアで実験にのぞむ。実験者は二人に対して、この実験は学習における罰の効果を研究するものだと説明したうえで、二人のうち一方を「教師」役に、他方を「生徒」役に指定する。生徒の方はある部屋に案内され、イスに座る。余計な動きができないように両手をひもで縛り、手首に電極をつける。そのうえで、単語を対にして記憶するという学習を行い、テストして間違えば罰として電気ショックを与える。しかも、間違うたびに電気ショックの強度をあげることになっている。実をいうと、この罰を受ける役の生徒は実験者と結託したサクラで、実際には電気ショックを与えられず、ただ電気ショックを与えられたかのように演じるだけである。

問題は「教師」役を与えられた被験者の行動である。教師は生徒とは別の広い部屋に連れていかれて、ものものしい送電器の前に座らされる。送電器には、一五ボルトから一五ボルト刻みで四五〇ボルトまで、三〇個のスウィッチが一列に並んでいる。しかも、ボルト表示に加えて、「かすかなショック」から「危険――強烈なショック」までにわたる言語表示もついている。教師の役割は、隣室の生徒にテストを行い、返ってきた答が誤っていたら生徒に電気ショックを与えることである。生徒が誤りを犯すたびに、三〇ボルト、四五ボルト、六〇ボルトと、強度を上げていかねばならない。それに応じて、サクラの生徒は、次第に苦しみの声を上げはじめる。たとえば七五ボルトでブーブー不平を言いはじめ、一二〇ボルトではっきり文句を言い、一五〇ボルトで実験をやめてくれと言い、さらに強度を上げると、ますます激しく、感情的に抗議する。二八五ボルトでは、苦悶のあまり絶叫するのみになる……。この生徒の激しい反応に対して教師役の被験者が電気ショックを与えることをためらうと、傍にいる実験者は、実験を続けて生徒にショックを与えるように執拗に要求し、命令する。

こういう状況におかれたとき、人がどこまで実験者（この場面での権威）の命令に服従しつづけるか、あるいはどの時点で反抗に転じ命令を拒否するにいたるかを見るのがこの実験の意図であった。当初最大強度の四五〇ボルトまであげる被験者はほとんどおるまいと予測されていた。ところが現実には、ほぼ三分の二もの被験者が、最後まで命令に従ったという。この結果自体、きわめてショッキングなものだが、ここで私が注目したいのは、むしろ電気ショックを与える「教師」の心理的動揺である。

この実験では、処罰者（被験者）は被処罰者に電気ショックを与え、それによって相手が苦しんでいる声を聞くだけで、現実にはその被処罰者と対面しているわけでも、まして通常の拷問でのようにじかに自分が手を下しているわけでもない。その点で、直接的な拷問場面にくらべれば、苛酷さはずっと少ない。それにもかかわらず、実験者の指示に従って電気ショックのボルテージを上げていった被験者は、情動を攪乱され、顔を引きつらせ、冷汗を流して、明らかに心理的なショック状態を示したのである。

ミルグラムのこの実験は、一般に、人が他者からの指示によってかくも苛酷な処罰を第三者に加えうるという証拠としてとり上げられる。つまり、人間が命令者の指示にいかに服従的になるのかを示す実験としてよく引用されている。しかし、見方によっては、逆に命令によってではあれ第三者に肉体的処罰を加えることが、人にとってどれほど心理的に苛酷なことかを示すものだとも言えるのである(8)。

そして、この事実をさらにもう一歩つっこんで考えていくと、そこにもう一つ恐ろしい事実が浮かび上がってくる。つまり他者を苦しめることがその当人にとってかくも苦しいことであるにもかかわらず、人間の世界に、ミルグラムの実験などまったくとるに足らぬと言わねばならないほどの拷問が、歴史上いくたびもくりかえされてきたという事実である。ハンナ・アレントは『イェルサレムのアイヒマン』という本の中で、アイヒマンは決して残忍きわまりないサディストでも悪魔の化身でもなく、むしろただ職務に忠実なだけの平凡な官吏に近いと論じている(9)。つまり格別攻撃的な性格をもつ者のみが拷問を行いうるわけではないのである。一体このことをどう考えればよいのか。強烈なストレスを乗り越えて人は他者に苛酷な拷問を加える。いったいどうしてそのようなことができるのか。

この拷問者の心理については、いま少し具体的なところから論じていかねばなるまい。そこで、過去においてもっとも組織的かつ大量に行われてきた拷問事例として魔女裁判の事例をとりあげることにしよう。

第二節　魔女裁判

宗教ほど人間を熱狂にさそうものはない。そして、それゆえに宗教ほど人を不寛容にするものもない。人の苦悩を救うはずの宗教が人をいかほど厳しく裁き、人にいかほど苛酷な苦悩を与えてきただろうか。言葉では尽しがたいこの逆説の典型を、中世末期から近世初頭にかけて西欧世界を席捲した「魔女裁判」に見ることには、誰しも異論はなかろう。

「魔女」は古くからヨーロッパの民俗のなかに深く根ざし、人びとから畏れられながら、中世後期にいたるまで組織的に迫害されることはなかった。その魔女が「魔女旋風」と言われるほど大々的に摘発され、迫害されたのは一六～七世紀のことである。その発端は一三世紀の異端審問制の確立にある(10)。中世においてローマ・カトリック教会が、文字通り「世界教会」として勢力を拡大していった一方で、聖職者たちの多くは腐敗と堕落に陥っていた。これに反発して、ローマ教会に従わない改革的な宗派が南フランスを中心に勃興しはじめ、ローマ教会はこの異端派を弾圧するのに躍起になって、やがてそこに異端審問制度が登場する。宗教的情熱に根ざす審問は苛酷を極め、その審問方法も時代を経て体系的にまとめられていく。パスカルは『パンセ』のなかで「人は、宗教的信念によって行うときほど喜び勇んで、徹底的に悪を行うことはない」と書いているが、異端審問は文字通りこれを地で行く苛烈さでもって進展していった。その方法を森島恒雄はこうまとめている。

一人の異端者を滅ぼすためには一〇〇〇人の無実を犠牲にすることをいとわず、被告に有利な弁護の機会は完全に奪い、被告に不利な証言のためにはあらゆる機会を与え、人智の限りをつくした拷問によって自白を強要あるいは捏造し、したがって、容疑は最初から有罪判決に直結しており、罪の償いの義務は五体を焼かれた後までも残り、一切の審問費用は、自分の五体を焼いた薪代をも含めて財産没収で弁済させる……(11)

異端宗派に向けられたこの審問がやがて「魔女」にも向けられはじめる。審問の方法はほとんど異端審問の方法が踏襲されるが、もちろん審問の対象となるものは異なる。つまり、異端審問ではその異端思想が追及の対象となったのに対して、魔女裁判においては、その思想ではなく魔女的行為が問題となる。行為が裁かれるという点では、異端審問にくらべて、私たちの主題たる刑事犯罪での捜査―裁判に近いと言えるが、その「魔女的行為」たるや、今日の私たちからみると余りに荒唐無稽である。悪疫の流行で人や家畜が死んだりしたのを魔女の呪術行為によるものとするといったものはまだしも、直接的な魔女の証明が「色魔と寝た」とか「空を飛んで魔女集会《サバト》に出席した」とかいった行為にあるということになると、これは私たちの日常的な「行為」概念からかけはなれてしまっているように見える。[12] それゆえ、私たちがここで「魔女狩り」を拷問例の一つとしてとりあげるのは、決して、これを直接今日の刑事裁判での事例に結びつけようとしてのことではない。たとえば、魔女裁判の最大の典拠となった『魔女の槌』という書物に、魔女と色魔の性行為に関して、

色魔がこれらの醜行を行なう場合、その姿が魔女の眼に見えるのかどうかに関しては、われわれがこれまでに知りえた実例によれば、色魔は常に魔女に見える形で行なってきたといわねばならない。……原っぱや森の中で魔女がへそまで裸になり、仰向けに横たわっているのが第三者にもしばしば見られている。その手足の配置、足腰の動きが、性交とその頂点を示していることは明らかだ。が、第三者には色魔の姿は見えない。[13]

とある。こうした話を、この書物の著者は、自分自身が裁判官として裁いた被告の真の自白による事実なのだと述べてはばからない。もちろん今日の私たちのなかに、これを事実と考えるものはいない。しかし問題は、当時の魔女裁判の裁判官たちにとって、これが決して捏造の産物ではなく、事実そのものに思えたことである。なるほどこの「魔女」という想念のなかには当時の世界観や認識論の限界が根深くしみ込んでいたのであろう。しかしその点

を考慮したうえでなお、私たちは、そこに、今日の刑事捜査・裁判にも通じる、ある構図を認めることができるように思うのである。

1　魔女裁判の流れ

魔女が摘発され、投獄されて、尋問・拷問を受け、判決を経て刑罰に処せられるまでの過程を、森島の著書にそって簡単にまとめておこう(14)。

逮捕

容疑者の逮捕は、①告発、②密告、③世間の噂の三つのパタンがある。①②の違いは、①では、告発者が名乗り出て罪の立証をしようとするのに対して、②の方は文字通り密かに告発して、自ら立証者になることを望まないばあいである。実際には①は稀で、密告と噂がほとんどであったという。もちろん魔女的行為については、刑事犯罪でのような物的証拠が存在するわけはないから、すべてが人的証拠によっている。なお自首はきわめて稀であった。自首して身の潔白が証される望みは万にひとつもなかったからである。

物的証拠ではなく、すべてが人の告発や噂から始まるというのは、実に恐ろしいことである。つまり、裁判は徹底的に「ことばの勝負」として展開され、客観的事実と照合される必要がないとなれば、いっさいが判定者（裁判官）の思い込みのみで決するしかないからである。被告は「自分は魔女ではない、色魔と寝たりはしない……」と言い募ることしかできない。しかも、密告であれば告発者と直接対決する機会はなく、噂がもとであれば抗議する相手もない。

密告者の根拠のない告発や噂にはじまり、裁判官の思い込み（心証）に取り込まれれば、それですべてが終るに等しい。反証の可能性が論理上どこにもないからである。そのことは、裁判の過程をみればさらに明らかになる。

有罪判定の根拠としては、①証言、②直接的・間接的証拠、③自白があげられている。②の証拠というのは、たとえば被告の身体の「魔女マーク」である。魔女集会に参加すると悪魔と結託したしるしとして身体の一部にマークをつけられると考えられていた。このマークを発見するために、裁判官は魔女を裸にするだけでなく、頭髪、腋毛、陰毛など全身の毛を剃り落したという。それでもなおマークが発見されないときは、全身に針を刺し入れて、無感覚な部分をさぐった。魔女マーク部位は刺しても感じないと考えられていたのである。

この証拠の良いかげんさはともかく、それより何より自白が最重要視された。自白さえあれば、それだけで有罪にできたのである。それゆえ、裁判官はおのずと自白をとることに熱意を注ぐことになる。しかし、被告は自白しようにも、何を自白すればよいのだろうか。尋問内容はたとえば、「お前は魔女になって何年になるか」とか、「魔女になった理由は何か」とか、「お前の選んだ男色魔の名は何だったか」とか等、すべて、被告が魔女だったことを前提にしたものであって、被告には「わかりません」としか言いようのないものであった。したがって「自白」を求める裁判官は結局、拷問に訴えることになる。もっとも、拷問を行うについてはそれなりの制限があったのだが、その制限も現実にはザルに等しかったという。実際、「魔女は、悪魔がいろいろな方法で背後からひそかに力づけるために格別の忍耐力をもつものであり、普通の拷問では効目がない」とされ、それだけ厳しい拷問が行われた。

拷問には三つの段階がある。

①拷問室に入れて裸にし、拷問道具を見せて威嚇する。身体を縛り、むち打つ。次に「指締め」(手や足の親指に締め枠をつけて、もくねじで締めつける。そのため肉が裂け、血がほとばしり、ときに骨も砕ける)、「梯子」(梯子型拷問台にねかせ、ロープと万力で四肢を四方に引っぱる)。これが第一段階。ここまでで自白すれば、法廷記録では「拷問によらずに自白」と記載される。

②第二段階から本格的拷問となる。「吊り上げ」(両手をロープで後手に縛り上げて、天井まで吊り上げておく)。「吊り落とし」(おもりをつけて天井まで吊り上げてから、突然ロープをゆるめ、地上すれすれでとめる)。「骨砕き」(すねに締め枠をあて、骨が砕けるまで締め上げる)。

③これでもまだ自白しなければ第三段階、手や脚を切り落とす。焼けたペンチで肉をちぎりとる……。まさに言語に絶する、ありとあらゆる拷問が行なわれ、しかも医師がつきそって、失神ないし絶命の寸前に拷問を中止するというのだから驚く。さらに書記は、裁判官の尋問と被告の自供を細かく記録する。被告の悲鳴や絶叫まで記録しているものもあって、その書記の冷静さは拷問の残虐さ以上に驚くべきだという。

こうした積極的な拷問に加えて、飢餓、不眠、正座、強制歩行などの消極的拷問が行なわれたところもある（とくに拷問が禁じられていたイングランド）。また拷問室での拷問だけでなく、逮捕されてから判決までのあいだ入れられている牢獄もまたひどいもので、この苦痛のために自白に追い込まれる者も多くあったという。

これだけの拷問に耐えられるものは、まずいない。また、たとえ耐えられたとて、罪を免れることはできない。いや、そこまで耐えられるからには尋常の人間ではありえない、魔女でしかないという論理さえまかり通る。そうして、魔女として捕らえられた者はことごとく自白し、おまけに自分と同様無実の共犯者まで自白させられ、そこからあらたな魔女が芋づる式に引き出されることになる。たとえば、ある地方の法廷に保存された記録によれば、三七年間で約三〇〇人の魔女の共犯自白によって、約六〇〇〇人の魔女が告発されているという。一人あたり二〇人の割になる。魔女裁判がいったん始まれば、あとは雪だるまのようにふくれあがることになるわけである。魔女旋風が吹き荒れたころ「魔女の処刑場は、おびただしく立ちならんでいる処刑柱で、まるで小さい林のようにみえた」[15]というのも、あながち誇張とは言えないのかもしれない。

自白

ところで魔女たちの自白は、時代の点でも地域の点でも種々非常な広がりをもっているにもかかわらず、その内容がほとんど同じであるという。これは実に驚くべきことである。そして当時は、すべての魔女がまったく異口同音に同じ内容を自白しているということが、まさに魔女があまねく実在する証拠とされ、また魔女の自白の真実性の証とされたのである。

一六六九年ルーアンの魔女事件で、ノルマンディ高等法院が一二名の被告に死刑を宣告したとき、国王ルイ一四世が死刑を追放刑に軽減せよとの命を出したことがあった。そのとき高等法院が国王あてに提出した抗議書にはこうあるという。

これらの事実は、古今の学者の著書によって確証され、多くの目撃者によって立証され、なによりも被告みずからによって確認されているところであります。陛下。場合はそれぞれ異なっていながらも、被告の自供はすべて一致符合しており、また、もっとも無知文盲なこれらの被告の自供が、もっとも著明な魔女学者たちの述べているところと一致しており、その用語までが同じであります。このことは、陛下のもろもろの高等法院によるもろもろの裁判の記録が十分に証明しているところであります(16)。

しかし、自白内容の一致は、はたして自白の真実性を証すものであろうか。この点は、実は、刑事事件の供述分析においてもしばしば問題となるところである。つまり、ひとつの事件で共犯の被疑者があって自白が一致するとき、あるいは複数の目撃者があってその供述が一致するとき、さらには被疑者の自白と目撃者の供述が一致するときなど、この一致は自白・供述の真実を証すものと言えるかどうかという問題である。一般論的に言えば、自白ないし供述が一致するとき、

・体験・目撃したことが真実であるがゆえに、おのずと自白・供述が一致する
・複数の被疑者・証人の間に共通の尋問者が介在し、その尋問者の意識的、無意識的な誘導・強制の結果として自白・供述が一致する

という二つのケースが考えられる。刑事事件での問題は、またのちに詳述するとして、魔女裁判にあてはめれば、その自白内容の一致が前者によるものではなく、後者によることは、明らかであろう。森島は、この一致のメカニズムを、

① 魔女概念そのものが、どの年代にもどの地域にも共通した普遍的概念であったこと
② この共通の魔女概念の下に『魔女の槌』にみられるような裁判のマニュアルがあって、どの裁判官も同じ尋問を同じ方法で行ったこと
③ しかも裁判官はこの尋問によって期待されているとおりのことを自白するまで拷問したこと

の三つの条件で説明している。[17] してみれば、自白の一致はその真実性の証明であるどころか、かえって、自白の「デッチ上げ」の証明だということになる。

刑罰

魔女狩りの発端になった異端審問においては、異端者を罰することは本来その魂の救済が目的であった。そしてその罰も、極刑である火刑以外に、笞打ち、巡礼行、追放、罰金など軽重さまざまで、またたとえ火刑の判決でも悔悟すればこれを終世禁錮に軽減されることがあった。ところが、魔女裁判では、刑は火刑しかなかった。そしてたとえ罪を悔悟しても、死刑をまぬがれることはなかった。唯一の刑の軽減は、生きながらの火刑を、絞殺したうえで死体を焼く火刑にすることにあった。生きながらの火刑ほど恐ろしいものはない。そのために刑場で虚偽の自白を撤回するものはほとんどいなかったという。撤回して生きながらの火刑になることを恐れたのである。「絞り首にしてやるから白状しろ」という裁判官の言葉が「魔女」たちにとって大きな誘惑となったというから、まことに驚くべきである。

2 魔女狩りの心理メカニズム

さて、この魔女狩りは、数百年も昔の非科学的迷信に基づいたもので、今日の科学世界はこの種の残虐とはすでに無縁であると思われている読者もいるかもしれない。たしかに「魔女」という概念そのものはすでに死んだかもしれない。しかし、無実の人びとに「魔女」の影を見、「魔女」の姿を投影した当の訴追者たちの心性は、はたして今日の私たちにとって無縁になったと言えるであろうか。魔女狩りの訴追者・拷問者の心理メカニズムがいかなる

ものであったかを、別角度から整理してみよう。

正義感と憎悪

今日からみて残忍至極としかいいようのない魔女狩りが、ある種の正義感に基づいて行われたことを、私たちはまず確認しておかねばならない。当時の一般大衆がどのような熱情に駆られて魔女狩りの旋風に与したのかはいまひとつはっきりしないが、[18]少なくとも訴追当事者たちの正義感、そしてその情熱とエネルギーは疑えないところである。異端審問官に魔女狩りの推進を命じたローマ法皇インノケンティウス八世はその教書のなかで、

近ごろ、……多くの男女がカトリック信仰から逸脱し（魔女となって）男色魔、女色魔に身をまかせ、もろもろのいまわしい妖術によって田畑の作物や果実を枯らし、胎児や家畜の子を殺し、人畜に苦痛と病気を与え、夫を性的不能、妻を不妊にし、多数の人々の災厄の原因となっていることを、われわれははげしい悲しみと苦しみをもって聞いている。[19]

この「悲しみと苦しみ」がいかなるものであったのか、それを文字通り受けとってよいかどうか、私にはよく分らないが、少なくともこれが魔女狩りのための単なる方便ではなかったことは確かであろう。彼らの宗教的正義にとって、異端=魔女は明らさまな非正義であり、それゆえに世のあらゆる邪悪がそこに投影されても不思議ではなかったのであろう。拷問室には、拷問台と十字架とが並んでいたというし、聖母マリアの姿に似せた拷問具まで作られていたという。[20]つまり、拷問はあくまで「神の名において」行なわれる正義だったのである。

正義を行う情熱は、神の意を体した正義感であり、同時に非正義への憎悪である。おそらく直接に拷問に手を下す裁判官において、その残酷さにひるむことなく拷問を執行させるのはこの憎悪であろう。そして、憎悪は正義感に裏打ちされねばならない。こうして正義感と憎悪とは、ひとつの心性の裏表として、互いに刺激し合い、高め合う。

ところで、情熱は相手をそれと確認してから高まるのではない。むしろ逆に、何かのきっかけである情熱がかきたてられると、この情熱の方が対象の確認を水路づける。恋は、相手が愛するに値する人間かどうかを確認する以前に、まず我が内に湧き上がり、相手を自分の愛すべき人間に仕立てていく。同じように、憎悪はまず沸々と湧いて、それから相手を見つける。たとえば犯罪についていえば、相手の罪を正確に確認したところではじめて罪人への憎悪が湧き起こってくるのではない。何かしら罪人であるらしき疑いだけですでに憎悪は走り出してしまう。「罪を憎んで人を憎まず」と人は言うが、この諺どおりのことができるのは、相手が真実犯人だと分かって（あるいはそう思い込んで）、しかもその犯人が悔悟しているときのことであって、否認していて改悛の情を一切見せないとき、常人は、なかなか人への憎しみと罪への憎しみを切り離せない。犯罪が起ったとき、人はまずその犯罪を憎悪する。そしてこの憎悪は、そのままでは宙ぶらりんで落ちつかず、具体的な対象を求めざるをえない。そして容疑者が出てきただけで、もう憎悪はそこに向かって突っ走るに十分である。

魔女狩りの時代にも、やはり、あてどのない憎悪が人びとのなかに蔓延していた。ミシュレは『魔女』のなかで、こう書いている。

特定の時代には、あれは魔女だというこの言葉が発せられただけで、憎悪のため、その憎悪の対象となった者は誰彼なしに殺されてしまったことに注意していただきたい。女たちの嫉妬、男たちの貪欲、これらがじつにうってつけの武器を手に入れるわけだ。どこそこの女が金持だって？……魔女だ。——どこそこの女がきれいだって？……魔女だ。(21)

魔女たる証があって魔女を憎悪するのではない。魔女への憎悪が魔女を作り上げるのである。

確信と自己実現

正義感に裏打ちされた憎悪は、ひたすら標的を求め、ややもすると、これこそ正しく憎むべき悪魔（悪漢、悪人）だとする確証が得られる以前に発射されてしまう。「疑わしい」というだけでもはや十分なのである。人間はその長い歴史のなかでいくつも失敗を繰り返した結果として、「疑わしきは罰せず」という教訓を得ながら、いまだに人の心性はとかくこの教訓をはみ出して、暴走する。いや、人がそうした心性を持ちつづけているからこそ、あいかわらず教訓が教訓でありつづけねばならないのであろう。

　自らの正義を信じる憎悪は、ほんとうの悪魔、ほんとうの犯人を見定める以前に、その容疑の影に対して、すでに激しくぶつけられる。悪の厄災の悲惨さ、犯罪の残酷さを思うにつけ、憎悪は高まり、最初はささいな疑いであっても、やがて確信に近づいていく。もちろん、ひょっとしたらこの容疑者はほんとうは魔女や悪魔ではないかもしれないという懐疑の念が、心の片隅に残ることはあろう。しかし、人はとかく曖昧な懐疑を避けたがる。正義感はいつも黒白を決めようとするし、憎悪は決着を求める。こうした心性のうえで、憎悪は安んじて憎悪するために証拠を求める。つまり、疑いから始まった憎悪も、疑いにとどまったままでは安んじて憎悪を標的に注ぐことができない。そしてこの憎悪が求める証拠が、その当の相手の自白なのである。

　図式的に言えば、こうなる。つまり、最初はほんのかけらほどの疑いに始まっても、これが憎悪に火をつければ、やがて憎悪は疑いを増幅させ、増幅した疑いがさらに憎悪をかきたて、かきたてられて信念にまで高まった憎悪は、否が応でも相手の口を割らせようとする。憎悪という推進力を得れば、疑いはやがて自白という確証を得て、いわば自己実現する。魔女裁判での拷問は、この疑いを自己実現して、訴追者が安んじて「魔女」を処罰するための手続きにすぎないとも言える。この疑い＝憎悪という自己実現のサイクルにひとたびはめ込まれたものは、逃れる術をもたない。実際、魔女の疑いをかけられて、これを逃れた者の記録を、私たちはほとんど見ることができない。

　この自己実現のサイクルを戯画的に描いた図がある。[22] 容疑者として裁判の流れに組み込まれたものは、「魔女である」という結論にたどりつく以外にないようになっている。これは冗談話ではない。かつて数十万とも、数百万とも言われる膨大な数の人びとが、この自己実現のサイクルに押し込められ、焼き殺されていったのである。図の中では、「まだいるか」の回路で「ＮＯ」と出れば、「おしまい」ということになってはいる。しかし、魔女こそ世の厄災の張本人とする迷妄と憎悪が人びとの心を支配しているかぎり、魔女はもういないという結論にたどりつくことはない。そして、数百年にもわたって、この自己実現回路はまわりつづけたのである。
拷問は罪の証拠を得るための手段である。しかし拷問は、すでに最初から相手が真実の魔女であることを確信しているかのように、憎悪を込め、懲罰の思いを込めて、行われる。つまり、最初から証拠をもっているかの如くに自信たっぷりに行われ、また実際、ほとんど一〇〇パーセント自白を獲得する。冷静な者の目には、これは明らかな循環論法であるのに、憎悪に駆られ、あるいは正義感に燃える人の目には、もっとも確実で、それゆえもっとも有効な方法であるようにうつる。

魔女狩りの時代からははるかに時代を経た今日、人びとはこの教訓に学んで、はたして拷問のパラドックスを克服しえたのであろうか。苛酷な肉体的拷問はなくなっても、残念ながらここに見た自己実現の罠がなくなったと言えない。というのもこのパラドックスは、拷問に付随する結果というより、尋問という関係そのものに深く入り込んだものだからである。この点はのちにまた、もう少し突っこんで見なければならない。

図 4

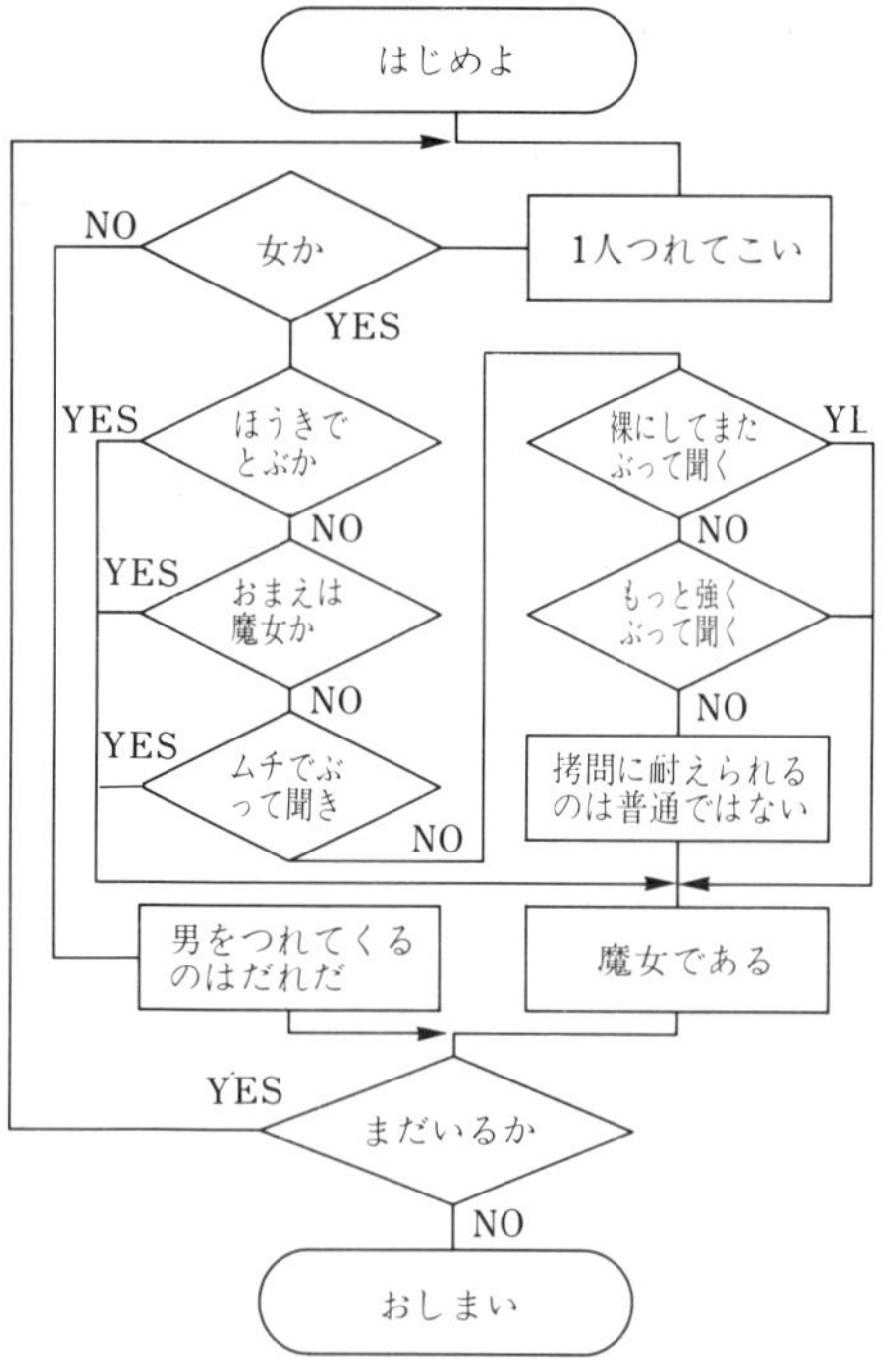
はじめよ
1人つれてこい
女か
NO
YES
ほうきでとぶか
おまえは魔女か
ムチでぶって聞き
裸にしてまたぶって聞く
もっと強くぶって聞く
拷問に耐えられるのは普通ではない
男をつれてくるのはだれだ
魔女である
まだいるか
おしまい

魔女裁判のプログラム（安野光雅『わが友 石頭計算機』ダイヤモンド社より）

対象化あるいはモノ化

このように拷問においては、ある種の正義感に基づく憎悪がひとつの役割を果たしている。しかし、実はここのところで、ひとつ注意しておかねばならないことがある。それは右に述べてきた憎悪が、犯罪被害者やその身内などが抱く憎悪や怨恨とはやや異なることである。魔女事件などでは直接的な被害者がいるわけでなく、そこでの憎悪は拷問者の宗教的信念による、どちらかといえば間接的なものと言わねばならない。その点で言えば、直接被害を被る刑事犯罪での犠牲者たちの方が、憎しみや怨みの強さにおいては、ずっと激しいはずである。しかし、この激しい憎悪や怨恨が直接拷問につながることはない。歴史的にみても、被害者やその身内が拷問者となることは、一般にない。それはなぜか。ひとつの理由は、拷問というものが個人の営みではなく、つねに組織を背景にもつものであり、拷問者は組織の体現者であるということにある。直接被害者の憎悪や怨恨は、復讐的な暴行につながることはあっても、持続的に、またシステマティックに行なわれる拷問の形をとりにくいものである。言いかえれば、拷問にはある種の冷静さを要する。それを可能にするのは、やはりある権力的組織による制度なのである。

激情に駆られて無我夢中でふるう暴行は、ときに、結果としてきわめて残虐な形をとる。しかし拷問の残虐さは、それとはまた明らかに異なる。拷問は、計画的に、また冷静に（憎悪はこめられていても、少なくとも激情に駆られてではない）、そして持続的になされる。それゆえ拷問の残虐さの本質は、結果よりその過程にある。激情的な暴行がその結果をじっくり見るゆとりをもたないのに対して、拷問ではまさに被拷問者の苦悶の過程をひとつひとつ確かめ、それに応じて自白を迫らねばならない。つまり拷問者は相手の苦悶につき合いきらねばならないのである。しかし、これがいかに苦しいことであるかは、先のミルグラムの実験においても見たとおりである。相手の苦しむ姿をなめるように玩味して喜ぶサディストが、この世にいないとは言えない。しかし、人類史上いまなお絶えることのない拷問者の多くは、おそらくその種のサディストではない。むしろ、時代の権力組織に組み込まれ、与えられた仕事を熱心に遂行した平凡な官吏たちではなかったか。

とすれば、性癖において特異とは言えない彼らが、なにゆえ平然と拷問を繰り返すことができたかを問わねばならない。ここで、これに関連して想起するのが殺人の心理である。無数ともいえる生物種のなかで、同種間の殺害という現象が頻繁にみられるのは、おそらく人間だけである（ただ最近では一部のサルの間には子殺しがみられることが報告されている）。他の種では、個体間に闘争はあっても、決定的な場面で相手を死に至らしめる最後の一撃を避けるメカニズムが働くと言われる。たとえば、闘いに敗れた狼が自らの急所をさし出すと、勝者はそこで攻撃を止める。残念ながら、人間にはこの歯止めのメカニズムが欠如しているらしい。もっとも、人間とて無闇に殺し合うわけではない。攻撃的激情に駆られて闘い合っても、それが相手の殺害に至ることは、むしろきわめてまれだと言ったほうがいいかもしれない。問題は、きわめてまれな事態にせよ、なぜこれが起るのかということである。

これについて、私は二つの要因を考えることができるのではないかと思っている。ひとつは、道具の使用ということである。自分の生身に備わった力だけを使って闘い合う動物たちの場合、その抗争は原則的に対等な者どうしの優劣争いであって、他方が決定的な劣位承認の仕草をすれば、もうそこで闘いは終るようになっている。ところが、生身の身体を越えて武器という道具が登場したところから事態が大きく変化する。比喩的に言えば、神は人間に武器を作るだけの力を与えたけれども、武器に耐えられるだけの力を与えることはできなかった。つまり、人間の作り出した武器は、人間の生身の身体をはるかに越える力をもち、腕の一振りで、あるいは指の一引きで相手の生命を断つことが可能となる。いかほどの激情に駆られても、生身の身体だけで闘い合わせ、相手を死に至らしめることは難しい。しかし、そこに武器が一つあれば、事は容易である。しかも、武器の歴史を一瞥すればすぐに分るように、接近戦で用いる武器から次第に遠距離化して、最近では相手の姿を見ることなく闘う武器が多くなってきているし、また身体の延長上でかなりの力を振るわずには用いられない武器から、次第に自動化、機械化が進んで、ボタンひとつで何百万の人間を殺害しうる武器さえ可能になってきている。こうして武器の進歩は暴力の距離化、間接化をもたらし、人間の殺人行為を増大させてきたのである。

この点は、拷問の問題に直接かかわらないようにみえる。というのも、拷問は、少なくとも実際に手を下す拷問者にとって、つねに直接的であり、接近戦だからである。しかし、武器による暴力の距離化、間接化という第一の要因に連動して展開してきた、殺人メカニズムの第二の要因は拷問者の心理に深くからむものである。つまり、それは相手を対象化し、あるいはモノ化して見るという人間固有の心理メカニズムである。銃眼を通して見られた相手は、引き金を引く以前に、狙撃者にとってはすでに単なる標的としてモノ化している。つまり弾丸が生命を奪う前に、狙撃者の心性においてすでに生命をうばわれたモノと化しているのである。

相手を対象化し、モノ化するという心理メカニズムは、武器を通して見るとき、もっとも典型的に現われる。つまり、生きた身体はたとえ〈なぐる―なぐられる〉という関係においてであっても、あくまで相互的であるが、いったん武器を介すると、この相互性は断たれ、一方が他方を狙うという、一方向的な対象化関係が、これにとってかわるからである。戦争において人間が遠方の敵に銃を向けて撃つことに何の苛責も感じないばかりか、目前の敵兵士を突き殺し、叩き殺し、あるいは敵地の人民を同様に殺戮し、凌辱しても、そこにさしたる咎めを感じなくてすむのは、単に敵への憎悪のせいばかりではない。敵視することによって相手を人間の範疇からはずし、モノ化することで、いかなる殺戮凌辱にも痛みを感じなくてすむ。これは不幸にして、きわめて人間的な心性なのかもしれない。ガス室で殺されたユダヤ人の皮でランプシェードを作った話[23]とか、あるいは追いつめられたとは言え、極度の食糧不足のゆえに、白人捕虜を「白ブタ」、原住人を「黒ブタ」と呼んで打ち殺し肉を食ったという日本兵の話などは、きわめて非人間的な出来事であるように見えるが、実のところ、そのようにして人間をモノ化して見る心性こそ、人間固有のものとも言える。

魔女裁判における拷問に立ち戻って、なにゆえ拷問者たちは、先に見たような惨い拷問をなしえたかを考えてみたとき、それは結局、拷問者が相手を「魔女」として、つまり非人間として見ることができたからではないかということに気づく。拷問を加える時、人はそこに人非人を見ている。だからこそ、人間が人間に加えるものとは信じがたいほどの残虐の限りが尽くされ、しかもそれが冷静に、持続的、計画的に行われるのである。

相手を敵視し、対象化し、モノ化（非人間視）するという心性メカニズムが、拷問のひとつの必須要件をなす。それは戦闘における殺人に極めて似た心性メカニズムである。そしてこの敵視とか対象化、モノ化といった心性メカニズムの背後に、再び人間の集団性ないし組織性が見える。「敵視」という心的現象の背後には、「敵―味方」という集団意識が働き、自らの帰属集団を守る先兵の意識が働く。戦闘で人が人を殺せるのは、その人がまさにある集団組織に所属しているからなのである。そして拷問者たちが被拷問者を敵視し、モノ化するのも、その心性を背後の組織や制度に支えられているからである。

権力意識

拷問に憎悪は必要だが、この憎悪は個人的な憎悪ではない。それは戦闘において互いに見知らないものどうしが殺し合うときの冷徹な憎悪に似ている。つまり、対等な人どうしとしてのやりとりのなかで生じる個人的憎悪とはちがって、拷問を行わしめる憎悪は、背後に組織・権力をかかえた者が、その組織からはみ出し、あるいは逆らう者に対して向ける、言わば組織的憎悪なのである。

魔女への拷問の背後にあったのは、もちろんローマ・カトリック教会の宗教組織の権力である。しかし、拷問者はこの権力の命のままに、ただ操り人形のように拷問を行ったのではない。この宗教的権力を支える神的正義―魔女的不正義の対立理念は、直接的権力者のみならず、大衆のなかに深く根ざしていたはずである。だからこそ権力は権力たりえたのである。一般に、権力はこれを迎えいれる大衆とつねに対をなす。それゆえ、権力意識というものは、ひとり直接的権力者に固有のものではなく、権力者に支配された者の心性のなかにも、しっかりと根をおろしている。拷問者もまた、権力の服従者としての側面をもち、同時に、その権力のまさに体現者としてあらわれるのである。拷問者のもつこの権力意識をぬきに、拷問という行為を理解することはできない。

いや、拷問者のみならず、被拷問者ですら、多くはこの権力的正義の環から自由でない。つまり、教会が魔女を訴追する行為自体は、被拷問者ですら否定しなかった。魔女として狩り出された者たちの多くは、魔女狩りそのものを否定したのではなく、自分がその魔女として訴追されたこと自体を間違いとして、否認したのである。生木で身を焼かれる者たちも「魔女などこの世に存在しない」と言ったのではなく、「私は魔女ではない」と叫んで死んで行ったのである。だからこそ、いかに残虐無比な拷問や刑罰が行われても、それによって宗教的権威そのものが揺らぐことはなかった。

拷問行為を成立せしめるものは、一個の残忍な拷問者ではない。時代をあまねく支配する権威・権力の構造こそが、拷問をさえ正義の行為とし、非正義の者を人間の外に追い出してモノ化し、ゆるぎなき確信の下に、あらゆる被疑者から自白を搾り取って、その自白によって自らの正しさを再確認してきたのである。

拷問者の憎悪、その背後の正義感、証拠によらず憎悪と熱烈な正義感のみによる確信とその自己実現、そして被拷問者を人非人視する冷徹さ、こうした心性を奥へ奥へとたどっていけば、結局、拷問者、あるいは被拷問者をも含めて、あまねく人びとを支配している権力構造がすかし見えてくる。拷問者の心的構図の最基層はおそらくここにあると言ってよい。そしてこの心的構図の最基層部分が、今日なお刑事取調べの尋問者のなかに生き残っていないかどうか。それはまた私たちののちの主題である。

宗教上の迷信にかられて「魔女」を狩り出すことはなくなった。しかし魔女を狩り、責め、火刑に処していった人びとの心性が、はたして魔女狩りの消滅とともに消え去ったかどうか。この問いには残念ながら否と答えざるをえない。次章では、時代を今日にずっと近づけて、まさに私たちの同時代と言っておかしくない二〇世紀後半に頻発した政治的粛清裁判の事例を検討する。

第四章　洗脳と自白——粛清裁判から

魔女狩りに見る拷問の構図は、はたしてヨーロッパの中世末から近世初めにかけての時代に特殊なものだったのだろうか。たしかに今日、人を「魔女」として裁き、火刑に処すなどという馬鹿げたことは世界中のどこにもなかろう。しかし、魔女狩りは消滅しても、拷問がこの人間の世界から消え去ったわけではない。宗教的権力にかわって諸種の政治権力が人びとの心性を圧倒的な力で支配し、そこに様々な葛藤を生み出している現代、拷問はすたるどころか、かえって魔女狩りの時代より広範に、また陰惨なかたちでこの世界をおおっているようにすらみえる。「魔女」はいなくなったが、「狩り」はいっこう衰える様子はない。「ユダヤ人狩り」「赤狩り」などと呼ばれる血生臭いハンティングが熱狂的に行われたことは、まだ歴史の記憶に新しいし、前章のはじめにも例をあげてみたように、今日たったいまでさえ、民族や人種の違いによって、あるいは政治上の思想・信条の違いによって、人を人非人として迫害し、虐待するという行動が決して珍しくない。

もっとも、この現代の拷問と、魔女狩りでの拷問とでは、その時代背景があまりに違うので、これを同列に論じることはできまいが、それでもそのことを念頭においたうえで、前章にみた拷問の心的構図そのものは、今日も基本的には変っていないと考えてよいのではあるまいか。ただ、魔女狩りと今日の拷問とのあいだで決定的に異なる事情がひとつある。

魔女狩りにおいては、その裁判・拷問の手続きが公然のものとされ、拷問実行者自らこれを公的文書に記録している。それに対して、今日、拷問がそのように公然化することはない。拷問は少なくとも人道的に許されないこととされ、拷問実行者自身、拷問の事実が表面化することを、なにより恐れる。したがって拷問実行者の側から拷問の有様が公表されることはまずない。現代の拷問は、拷問を受けた受難者が手記に書きとどめ、告発するというかたちでしか、表に現われないのである。一方、魔女狩りにおいては、魔女とされた者たち自身が、拷問を記述し、告発した記録はほとんど存在しない。魔女たちが自白し、焼かれてしまったあと、残されたのはでたらめな自白の法廷記録と、それに基づく判決文だけであった。彼らが、ほんとうのところどういう思いで自白し、刑場に上ったかについては、きわめて例外的に、しかも断片的なかたちで伝え残されているにすぎない。

もちろん、今日でも被拷問者の声が私たちの耳に届く機会は多くない。少なくとも拷問は非人道的とする考えが一般化したなかで、あえてこれを行使する権力は、拷問の事実をひたかくしにし、できるかぎり拷問の痕跡を残さないように努める。電気を利用した拷問、断眠や空腹、疲労などを利用した拷問、あるいはできるだけ刺激を排除して極度の孤立状況を強いる感覚遮断などの心理的拷問、あるいは薬学を応用した自白促進剤の開発など、さまざまな手法があらたにあみ出されてきたのもそのためである。もちろん、なぐる、けるの粗暴な拷問がなくなったわけではない。ただ、傷痕を残すような拷問には慎重になったし、またそれを隠蔽するために多大な努力が払われるようにもなった。

今日の拷問には、それゆえ拷問者—被拷問者のほかに、この拷問という事実そのものを大衆の目から隠すという役割をになう第三の人物が登場する。

ヨーロッパ中世の魔女狩りにかぎらず、かつて拷問は合法として堂々と行われてきた（我が国でも明治初年まで拷問が公然と司法制度のなかに組み込まれていた）。近代になって、拷問は非人道的だとの声がおおきくなってくると、それでもなお臆することなく公然と拷問を行う勢力とのあいだで、拷問は人間性に照らして合法なりや否やの論争が巻き起るが、やがて結局のところ、拷問は許し難き行為であるとの主張が表向きは勝利をおさめる。ところが、そのようにして拷問が公には否定されたのちの今日にも、拷問がやむことはない。そこに「第三の人物」の登場が必然化する。つまり、拷問が行われたのちに、「拷問など行われていない」と公言する国家の役人が、拷問という事態のなかで重要な役割をになうのである。かつて拷問賛成論者と拷問廃止論者とのあいだでかわされた公然たる議論はかげをひそめ、それにかわって今日では拷問を非難し告発する者と拷問を隠蔽する嘘つきとのあいだで根深い議論がくり返されることになる(1)。

第一節　二つの拷問

現代の拷問は、それゆえ、私たちに非常に見えにくくなっている。ただ、幸か不幸か私たちは、そのようななかで拷問を受けた人びとの残した貴重な資料を手にすることができる。拷問におびえ、苦しみ、耐えてきた者たち、あるいは最後に屈してしまった者たち、いずれの者たちの手記も、生々しく痛々しい。魔女狩りでの拷問マニュアルから想像されるその凄絶さは、まだしも間接的だが、拷問の直接受難者の声は聞くに耐えぬほど、すさまじい。人が人に対して、どうしてここまでのことができてしまうのだろうかと、恐ろしくもなる。ただ、そうした拷問受難者の声をいくつかの資料を通して聞くにつけ、その場面、状況によってこれを一律には論じられないことに気づいてくる。ここでは、それを二つに分けて整理したうえで、とりわけ私たちが問題にしなければならない拷問の形を見定めておきたい。

1　戦闘的拷問

まず、ひとつの具体例を見ることからはじめよう。

第二次大戦後、フランスからの独立を求めて闘われた「アルジェの戦い」でのことである。アルジェで発行されていたフランス語新聞「アルジェ・レピュブリカン」は、共産党機関紙ではなかったが、アルジェリア人の民主的・民族的世論のあらゆる動向に紙面を提供し、アルジェリアの植民者とは真向から対立するアルジェリア唯一の日刊紙であった。一九五五年八月に最初の大暴動が起って、アルジェリア民族解放軍の存在が明らかになるなかで、九月この新聞は発行禁止となる。翌一九五六年、この新聞への寄稿者たちがつぎつぎ逮捕され、編集長であったアンリ・アレッグは地下に潜る。しかしそのアレッグも一九五七年、友人宅を訪れたところをフランス軍落下傘師団の隊員に逮捕された。彼は同師団に不法監禁され、彼の地下活動を支えた支持者たちの名を尋問されることになる。以下は、彼自身の書き記した手記の一節である。

ジャ・・軍曹はたえず微笑を浮かべたまま、まずわたしの眼の前で、電極の末端についているピンセットを振った。細長くて、ギザギザのある鋼鉄の、ピカピカ光る、小さなピンセットだった。それを利用する電話線の工夫たちが〈ワニ〉と呼んでいるピンセットである。かれはその一つをわたしの左の耳たぶに、もう一つを同じく左の手の指にくっつけた。

たちまち、わたしは綱にしばられたままはねあがり、声をかぎりに喚いた。シャ・・中尉がわたしの体内に最初の放電を送りこんだところだった。わたしの耳のそばから一つの長い火花が湧きあがった。そしてわたしは胸の中で心臓があばれ出すのを感じた。わたしは喚きながらのたうち、またからだは傷つくほど固くなった。一方、磁石発電機を手にもったシャ・・中尉の意のままに、攻撃は間断なくつづいた。同じリズムにのって、シャ・・中尉は音節を一つ一つ区切りながら同じ一つの質問をとなえていた。〈おまえはどこに泊ったか?〉

攻撃と攻撃の合間に、わたしはかれの方へ向いて言った。〈あなたは間違っている、後悔しますよ〉。シャ・・中尉は怒って、磁石発電機の加減抵抗器をどんづまりまで廻した。〈お説教するたびに、突撃をくらわせるよ!〉そしてわたしが叫びつづけているとき、かれはジャ・・軍曹に言った、――〈ちくしょう、やかましい野郎だ!　サルグツワをかましてやれ!〉ジャ・・軍曹はわたしの下着をまるめて、わたしの口におしこみ、そしてまた責苦がはじまった。わたしは力いっぱいに歯で布をかみしめ、ほとんどそれに慰安を感じとった。

突然わたしは、一匹の野獣が猛烈にかみついて、わたしの肉体をむしりとったかのように感じた。わたしの上でたえず微笑を浮べたまま、ジャ・・軍曹がピンセットをわたしの性器にひっかけていたのだ。わたしをゆさぶる振動は猛烈で、そのためわたしをしばっていた革紐の釘が一本、ぬけたほどだった。革紐はしばりなおされ、作業は続けられた。

やがて中尉がジャ・・軍曹と交替した。かれはそのピンセットの電線を一本とりはずして、わたしの胸幅一杯におきかえた。私はますます激しい神経の振動によって全身をゆさぶられ、そしてその期間が長くなっていた。さらに電流の力を強めるために、水が振りかけられた、そして二つの〈突撃〉の合間に、わたしはまた寒さにふるえていた。わたしの周囲では、行李に腰かけて、シャ・・中尉とその友人たちがビールを何本も空けていた。わたしは、全身をねじりまわすケイレンからのがれようと、サルグツワを噛んだが、無駄だった。(2)

これはまだ、尋問＝拷問のとっかかりにすぎない。こののちさらに電極を口にさしこまれ、水責め、逆さ吊り……と、直接傷をつけない形でありとあらゆる拷問がくりかえされ、自白剤の注射まで受けることになる。そして何度も死の危機に瀕する。しかし、彼は一ヵ月にも及ぶこの拷問・監禁に耐えて生きる。それはもう、私たちの想像を絶する世界である。手段こそ違え、その残忍さにおいて魔女狩りでの拷問に、優るとも劣りはしない。

ただ、このアレッグの「尋問」の一例に代表される拷問事例は、本書での私たちの主題になる拷問とは質を異にする。その点、魔女狩りの方がまだしも私たちの主題には近い。魔女狩りにおいて問題なのは、その当の被拷問者が「魔女」かどうかを自白させることであった。それに対して、アレッグのばあいは最初からアルジェリア解放戦線の支持者としてフランス軍から認識されている。つまり、拷問者にとっては相手が敵か味方かという、その正体が問題なのでなく、敵と認めたうえで、その仲間の名を聞き出すことが問題なのである。拷問を受けるアレッグ自身も、拷問者を敵と見定めているがゆえに、最初から最後まで自己弁明しようとはしない。拷問者と被拷問者とのあいだにあるのは徹底的な敵対の論理であり、闘争の論理である。それはそれでひとつの拷問型として貴重な資料ではあるが、私たちが本題とする自白の問題状況とは決定的なところで異なる。

魔女への拷問でも、たしかに拷問者や裁判官は「こいつは魔女だ」との確信に基づいて、彼あるいは彼女を責める。しかし、この確信だけで刑を科することはできない。確信はかならず証明を得なければならない。その証明が自白である。さきに私は魔女拷問の心理として、「正義感と憎悪」「確信と自己実現」「対象化あるいはモノ化」「権力意識」の四つの心理メカニズムをあげたが、ここにおいて二つ目の「確信と自己実現」のサイクルこそ、自白の中核とも言うべきもので、右のアレッグの拷問にはこのサイクルが欠けることになる。確信とその証明としての自白以前のところで、彼の正体は確認されているからである。

2　洗脳的拷問

では、そのように被疑者の正体そのものが中心問題となる拷問事例に限ったとき、魔女狩りや、また私たちの本題である刑事事件での被疑者尋問以外に、参考になる事例としてどういうものが考えられるであろうか。魔女と確信して拷問にかけ、魔女だとの自白を得て、最初の確信が自己実現する、あるいは犯人と確信して拷問にかけ、自分がやったとの自白を得て、最初の確信が自己実現する。そうしたサイクルが不可欠の過程として組み込まれている拷問事例を政治の領域で求めるとすれば、それは戦争や内戦での敵・捕虜への拷問ではなく、いわゆる「スパイ」や「国家反逆」を疑われるものへの査問であろう。そこでは、被疑者の正体の確認が求められる。つまり、被疑者がスパイであるかどうか、国家への反逆者であるかどうかの確認が問題になる。そこで行われる尋問・拷問はなによりもまず、被疑者に自らの正体を自白させることを中心テーマとするのである。

ただ、一口にスパイとか国家反逆と言っても、もちろん様々である。敵—味方が截然と分けられたところで、相手の動勢をさぐるために諜報部隊を組織的に送り込むといったことが現実にあるのは確かで、そうした文字通りのスパイを摘発したばあいには、そこでの尋問は、アンリ・アレッグのばあいと同様、敵と味方に分かれ、闘争の論理に貫かれた拷問になるであろう。しかし、私たちにとって問題なのはもっと微妙なケースである。実際、現代のように政治の中にイデオロギー的な対立が深く入り込んでいるところでは、スパイ行為や反逆の追及も、そう単純には割り切れない。たとえばスターリン体制下のソヴィエト連邦や、その影響下にあった東欧諸国で陰然と進行した粛清でも、たしかに表向き問題として取りあげられたのは敵側へのスパイ的行動であり、国家への反逆的行為であったし、また今日なおしばしば問題が表面化される南北朝鮮の対立においても、スパイ行為や国家への反逆のかどで、多くの政治犯が捕らえられ、獄につながれている。しかし、はたしてそのうちのどれだけが狭義のスパイや反逆者（つまり明らかに敵対国にアイデンティファイしたスパイや反逆者）であろうか。そこで裁かれるものは表向き、スパイ行為であり国家反逆的行為であるが、現実にはその行為的事実そのものよりも、むしろ被疑者の思想が裁かれるといった傾きが強い。このことが問題を複雑にしている。

ここでも、ひとつの例をあげて考えてみることにしよう。政治上の対立抗争の結果、それまで要職についていた人びとが突如追放され処刑される例は、これまた歴史に数多ある。しかし、ロシア革命によってはじめて思想によって領導された国家が生まれたことで、この政治的追放・粛清に、これまでなかったあらたな彩りが加えられることになる。ただ、この種の事例について正確な一次資料が残されていることは稀有である。粛清によって処刑された者たちについては、死後復権をかちえても、逮捕から裁判にいたるなかで当人がどういう状況に追い込まれたかを知ることはほとんど不可能である。

幸い私たちは、処刑されず、生きて復権しえた人たちの、拷問受難の記録をいくつか入手することができる。なかでも、いわゆるプラハ裁判に連座したアルトゥール・ロンドンの手記は、克明をきわめており、私たちにとって貴重な記録である。

プラハ裁判は、スターリン体制の影響下にあったチェコスロバキアで起った粛清裁判である。一九四八年に人民政権が確立して、ロンドンは四九年外務次官の地位につくが、一九五一年一月突然、「国家に対する陰謀」に加わったかどで逮捕され、拷問にさらされ、自白に追いやられて、一九五二年の裁判で終身刑を宣告される。スターリン死後の「雪どけ」でやがて釈放された彼は、逮捕から拷問、自白、裁判にいたる経緯をじつに詳細に描き出すことになる。それが『自白――プラハ裁判の歯車に巻きこまれて』、邦訳にして六〇〇頁に及ぶ大著である。(3)

アルトゥール・ロンドンは一四歳で青年共産同盟に入って以来、終始忠実な党員であった。数度の投獄の末、モスクワに亡命、一九三六年には国際義勇軍に身を投じてスペイン戦争に加わり、四〇年には対独レジスタンス運動の指導者的立場に立った。戦後一九四八年のプラハ・クーデターでチェコに共産党政権が樹立され、翌年より彼は外務次官をつとめることになる。このロンドンが国家反逆のかどで逮捕されたのである。彼には思いあたるふしは一切なかった。彼は長い拘禁と厳しい尋問のなかで、空しい弁明と抵抗を繰り返した末に、最後には自らの罪を認め、公の裁判でもこの自白を維持して、刑に服することになる。この間、一度も心底自分がスパイであることを自らの内で認めたことはなかったが、スパイ行為を認めることが結果的にソヴィエト体制を維持・発展させるに益するとの悲痛な思いのなかで、自らスパイ役を演じ通すことになるのである。

数度の獄中経験をもち、スペインでもフランスでも幾度も死線をくぐりぬけてきた歴戦の勇士が屈して自白したのであるから、よほどの拷問があったにちがいない、多くの人はそう思うであろう。先のアレッグに加えられた容赦のない拷問以上の拷問が、彼に加えられたのではないか、と。たしかに、彼の著書には幾多の拷問が書きしるされている。ところが、さきのアレッグに加えられたものに比べて、それは過激さにおいてずっとおだやかだったとも言える。アレッグは何度も気を失い、何度も死にかけているが、ロンドンのばあいそうした肉体的危機にさらされることはほとんどない、にもかかわらず、アレッグは口を割らず、ロンドンは自白した。ロンドンはアレッグにくらべて、精神力が脆弱だったのだろうか。アレッグがおかれた状況とロンドンがおかれた状況とをつぶさに比較検討してみれば、それが二人の人格的特性の違いに帰着できるような問題ではないことに気づく。アレッグの状況が前述のように、〝戦闘的状況〟とすれば、ロンドンのそれはむしろ〝洗脳的状況〟と呼んだ方が正確であろう。そこでは同じように拷問が用いられても、その意味合いがまったく異なる。

拷問は、暴力によって相手を支配する手段である。しかし、この支配によって何を求めるかという点で大きく二つに分かれる。ひとつは、アレッグのばあいのように、敵である彼を屈服させて、自分たちに必要な情報を入手しようとするもの。そこでは敵である相手を自分の側に引き入れようという意図はない。口を割っても割らなくても、敵は敵のままでありつづける。尋問・拷問は戦闘の一環にすぎない。もうひとつは、同じく拷問によって相手を屈服させたうえで、自分の側に引き寄せ、自分たちに役立つ役廻りを演じさせようとするものである。そこでは新たな情報を入手することは副次的にすぎず、むしろ主たる目的は尋問者がつかんでいる情報（つまり、某はスパイであるとか、国家反逆的行為をやったという情報）を認めさせることである。そこでの自白は情報入手のためではなく、むしろ回心のためである。つまり、尋問者にとって当初は敵であっても、最終的には回心させて、尋問者の側の土俵にのせ、被尋問者自身が過去の自らの行動を責め、悔いるのでなければならない。そこでは敵は敵でも悔悟せる敵ということになるし、ばあいによっては味方にして、協力させることもある。そこまで行けば明らかに〝洗脳〃と言ってよい。

戦闘の一環か洗脳の一環かは互いに相いれない選択肢ではなく、ばあいによっては連続したものでありうる。実際、〃洗脳〃という語の起源となった中国では、文字通り敵たる捕虜を味方に引き入れるべく、イデオロギー教育を施し、それを洗脳と呼んだのであるから、洗脳は戦闘の延長上に位置づけられていたわけである。しかし、もちろんこのように両者がつながらないこともある。たとえば、ナチのユダヤ人狩りにおいては、ユダヤ人は自白して悔悟しようとすまいと、ユダヤ人である限りにおいて、どこまでも敵であったから、〃洗脳〃などという発想はありえなかった。その点、魔女狩りも同じである。魔女の自白は、火刑にかけるための法的手続きとして必要だったわけで回心のしるしなどではなかったし、そもそも回心しようとすまいと、魔女は魔女以外のなにものでもなかった。だからこそ魔女狩りだったわけで、それは迷妄に駆られたある種の戦闘だったのである。

この戦闘の一環としての拷問が、残忍で、容赦がないのに比べれば、洗脳的ニュアンスをもつ拷問・尋問の手続きは、まだしもおだやかだと言える。しかし、戦闘的拷問より過激ではないとしても、その手技は巧妙で、効果においてはこちらの方がまさることも多い。実際、戦闘的拷問においては、被拷問者は、眼前にいる尋問者（あるいは拷問者）をはっきり敵と見定めることができるし、そうできれば、肉体的にはいくら暴虐の限りを尽くされても、精神的にはこの敵への対決に自己の位置を明確に定めて、いわゆる自己同一性《アイデンティティ》を堅持することができる。それに対して、洗脳的事態ではなにより敵としての位置を放棄するよう働きかけられるのである。そこでは一種の自己同一性の喪失が問題となる。敵対することによって自らを保つことを許されず、敵を敵と見定められないまま、弁明に汲々としていくなかで、おのずと相手の手中に取り込まれ、自らを失ってしまう。見ようによってはこの方がずっと恐ろしい。そこでは自白の過程が自己喪失の過程でもあるのである。

私たちがここで問題にしなければならないのは、右の二つの拷問のうち、もちろん洗脳的な種類の拷問・尋問である。そこで私たちはこの洗脳の心理メカニズムを明らかにする作業が必要になるのだが、その前にもう一点、整理しておかねばならないことがある。つまり、洗脳的拷問を必須部分として含む政治裁判において、そもそも何が裁かれるのかという問題である。

第二節　裁かれるべきもの

ここで問題の構図を明らかにするために、前節でとりあげた宗教がらみの魔女裁判、ここでとりあげようとしている政治がらみの粛清裁判やスパイ査問、さらに本書の本題である刑事裁判それぞれにおいて、何が問われ、何が裁かれるのかを、図式的に整理してみよう（図5）。裁判で裁かれるのは、少なくとも表向きには行為的事実でなければならない。魔女裁判においてすら、裁かれるのは魔女的行為であったはずである。しかし、行為は行為そのものとしてあるのではなく、何らかの意図のもとで行われるものであり、またそういうものとして周囲から解釈されるのである。魔女的行為も行為そのものとして魔女的であるのではなく、「魔女的」なものとして周囲から解釈されるのである。いや、そもそも「魔女的行為」なるものは現実的であるというより、迷信的、妄想的なものであって、それはむしろ解釈者の側の心性に巣くったものだと言うべきであろう。それは現実的行為ではありえないがゆえに、およそ物的証拠を残さず、その証明は悪意ある証人、時代の妄想に深く捉えられた目撃者によって申し立てられ、最終的には被疑者本人による自白をもってしか証し立てられない。それゆえ裁かれる表向きのタテマエは行為であっても、その実、その行為の中に時代のイデオロギー的様相が深く浸透している。魔女裁判において行為的事実が問題となる部分は、イデオロギー的・思想的・人格的な部分に比して、ごくわずかなのである。

図5

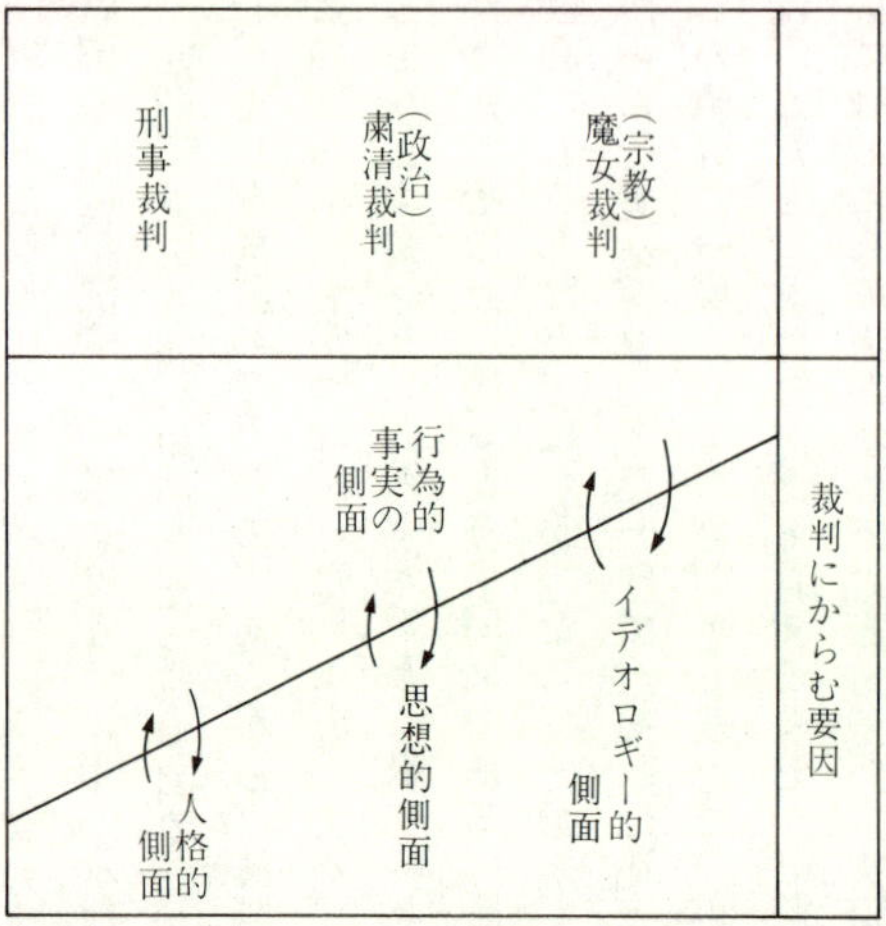

　政治のからむ裁判においても、少なくともタテマエのうえで問題となるのは行為的事実である。尋問者が被疑者・被告に問うのは、

いつどこで誰と何をどうしたという事実であり、これに対して被疑者、被告が自白するのも、単に国家への敵対的思想ではなく、その思想、意図に発するスパイ行為であり、反逆行為でなければならない。この点は、具体的な犯行日時や犯行内容が問題にならない魔女的行為にくらべれば、ずっと明確ではある。しかし、その行為的事実を解釈する枠組や態度は、魔女裁判におとらずイデオロギー的・思想的で、ここでもまた物的証拠の比重は小さい。政治的抗争のなかで、ひとつひとつの行為の意味がゆがめられ、スパイ的意図や反逆的意図をかけらももたぬ行為が、そうした意図の脈絡に組み込まれ、その追認を求められ、また身におぼえのない事実さえ押しつけられる。ここにイデオロギー的・思想的側面が深くからみついていることは否定できない。

それに対して刑事裁判のばあいは、当の被告・被疑者の思想や人格は問わないタテマエになっている。裁かれるのは犯罪にかかわる具体的行為のみである。その意味で図5の刑事裁判においては、行為的事実の側面が裁判の一〇〇パーセントで、思想的・人格的側面の介入する余地はないということになるはずである。しかし、行為と思想（あるいは意図）を切り離して考えることはほんらいできないことである。思想、意図のない行為はありえず、行為にまったくあらわれない思想、意図は原理的にありえない。もちろん、まず行為的事実のみを取り出して、事実認定を行い、そのうえでその行為の犯罪性の軽重を問うために被告の人格や情状的状況を見るというふうに捜査・裁判をすすめるのであれば、問題はないし、また人の行為を全体的状況のなかで全人格的に捉えるうえでそれは必須の手続きであるとも言える。ところがここでも現実には、そのように理想的なかたちでことが進むとは限らない。反対に、「この男ならやりかねない」「こんなけしからん思想の持ち主は、なんらかの形で報いを受けなければならない」といった人格的判断や先入観からはじまって、行為的事実が曲解され、歪曲され、あるいはありもしない事実が捏造され、押しつけられるケースさえ、ないとはいえない。いや冤罪事件の多くは、事実裁判の過ちであるというより、むしろ事実裁判であるべきものが人格裁判に陥った結果とも言える。図5の刑事事件ケースでイデオロギー的・思想的・人格的側面の関与する余地を零にしていないのは、そういう趣旨である。

刑事事件での尋問―自白の問題については、のちにあらためて論じることになるが、ここで私たちは、宗教・政治・刑事の三ケースについて、おのおの裁判において何が争われ、そこにおいて具体的な行為的事実がどこまで重みをもつかについて、類型的にではあれ確認できる。政治裁判における洗脳的拷問・尋問のメカニズムは、一方で魔女裁判などに比べて、具体的な行為的事実の重みが大きいという点で、刑事事件のケースに近く、それだけ参考になる部分も多い。また他方で、イデオロギー的・思想的・人格的側面の重みが、通常の刑事事件ケースより大きく、その点では刑事裁判を誤らせる要素をより鮮明に含んでいると言ってよい。その意味で、洗脳的拷問事例の考察が、私たちの本題たる刑事事件での虐待自白問題に資するところはまた大きいはずである。

第三節　洗脳的拷問のメカニズム――プラハ裁判の事例から

一般に「洗脳」と言えば、ソ連や中国など共産主義思想に領導された国家が、思想的〝犯罪者〟や戦争捕虜に対して行ってきた「思想改造」の技法をさす。この思想改造という側面だけを取り出せば、そこで問題とされるのは、被疑者・被告の行う行為的事実ではなく、もっぱら思想的・イデオロギー的側面ということになる。しかし現実には、この思想の側面のみが純粋に取り上げられるわけではない。アルバート・ソミットは、洗脳の目的を次の二つに分けて論じている(4)。

1　人民や国家に対して重大な犯罪を犯したことを心から認めさせる

2　いままでの思想を捨てて、共産主義の唱導者になるべく、個人の政治的信条を再形成する

どちらの側面が強調されるかはともかく、洗脳にはかならずこの両目的が絡み合っているという。私たちの用語で言えば、前者の1が行為的側面、後者の2が思想的側面ということになるが、前述したように行為なき思想、思想なき行為が現実にはありえぬ以上、この両側面がつねに絡み合うのは当然のことである。ただ、ここで注目しておきたいことは、このどちらに強調をおくかによって、洗脳を二つのタイプに分けることが可能だということである。つまり、1の側面に主眼をおいて、行為的事実の自白の獲得を主目標とし、思想改造は自白獲得のための副次的手段となるタイプと、もうひとつは2の側面を強調して、当の洗脳の相手を共産主義の新たな唱導者に仕立てる

ことを主目標にし、その思想改造のステップとして自白を利用するというタイプである。
一般に東欧およびソ連においては1のタイプが多く、中国では2のタイプが多かったといわれる。本書での私たちの関心は中国型の思想改造の側面ではなく、ソ連・東欧型の〝犯罪〟行為の自白獲得の側面にある。しかも、ここでの自白は、もちろん真実自分の犯した犯罪の自認ではなく（そうした真の自白であれば、それは洗脳でも何でもない）、文字通りの無実の人間の虚偽の自白である。その点でこの事例は私たちの本題に深く関わる。

自白獲得の側面に注目して洗脳を考えるうえで、アルトゥール・ロンドンの事例こそは第一級の一次資料である。以下、彼の手記『自白』から具体例を借りて引照しつつ、洗脳的な取調べの心的構図を浮かび上がらせることにする。

自白獲得を主眼として洗脳が行われたソ連および東欧では、要職の地位にあった高官が、国家反逆を企てたかどで逮捕され、長い尋問の過程を経て、公の法廷で一連の反革命的行為を自白するというのが事の流れのひとつの典型であった。アルトゥール・ロンドンの場合もこの例に洩れない。問題は、ではこの逮捕から法廷での自白にいたるまでの間に何が行われたのかということである。

私たちは、そこに同時に進行する二つの過程を区別しておきたい。ひとつは、容疑事実に関して、どういう追及、尋問がなされて被疑者が自白へと転回し、またその自白内容を展開していったのかというその過程である。つまり虚偽自白という偽りの情報が形成され、紡ぎ出されていった過程である。これがもちろん洗脳的自白の中心的な過程である。しかし被疑者が虚偽の情報（自白）へと陥落していくこの過程の背後には、尋問者との人格的な関係の変化がある。尋問者（取調官）から突きつけられた容疑事実（しかもたいていは根も葉もない容疑事実）を被疑者が呑み込むためには、被疑者が当の尋問者に対して人格的に屈していなければならない。実際、相手に屈服していなければ、どうして人が無実の罪を認め、これを引き受けてしまうようなことになろうか。取調官の視点から言いかえれば、容疑事実を認めさせるためには、まず相手を徹底的に打ちのめし、人格的に屈従させることが前提になる。こうした人格的屈服のうえに虚偽の自白は成立するのである。

そこで以下、話の順序として、被疑者アルトゥール・ロンドンが取調べの場のなかで人格的に屈服していった過程をまず整理したうえで、虚偽の事実を呑み込んで自白に転じ、さらにその内容を展開していく情報的側面での陥落の過程を見ることにする。

そのまえに一つことわっておかねばならないことがある。先にも述べたように、この第二部における私たちの本題は、取調べる側の心的構図を明らかにすることにある。ところが、被疑者側の手記を資料にして論じていかざるをえない事の性格上、当面ここで見ていく洗脳・自白過程は、自白させられていくロンドン自身の視点に立っている。その意味で直接にここで描かれるのは、取調べられ自白へ落ちていくものの心的構図であって、取調べる側のそれではない。これはまた第五部で予定している自白者自身の心的構図の解明の重要資料となるのだが、当面それは私たちの主題ではない。私たちの問題意識は、ここで描き出される〈取調べられる側の心的構図〉から〈取調べる側の心的構図〉を浮かびあがらせようというところにある。このことを念頭において以下のロンドンの自白過程を追っていただきたい。その趣旨に従って本章最後の第四節で、あらためて拷問・洗脳の取調べに底流する心的構図を再整理するつもりである。

1　洗脳的取調べにおける人格的屈服の過程

人格的に支配―屈従関係を作ることが、洗脳の第一条件となる。しかも、それはやむをえずいやいや従うというのではなく、被疑者・被告が言わば主体的に自分の側からすすんで従うというところまで行かねばならない。でなければ、公の場にまで出て自白を維持しつづけることはできない。洗脳的自白にとって重要なのは単に取調べの場で自白することではなく、公の場で自白を表明することにあった。そのためにあらゆる手法が用いられる。

全生活の支配

私たちは通常、日々の生活動作の多くを、自分の意思で決めて行っている。たとえば、いつ、どういうものを食べるか、いつ、どこで排便・排尿するか、いつ、どこで、どれだけ寝るか、またいつ、いかなるところに出かけ、また戻ってくるかなど。もちろん、すべてが完全に自分の意のままになるわけではない。金がなければ食べられるものにも限度が出てくるし、仕事の都合で排泄や睡眠が左右されることもある。しかし、人は日常かならずある範囲の選択肢のなかから、一定の行動を自らの意思で選ぶ。そうしたなかでこそ、自分が自分であるということが保たれる。ところが、逮捕・拘留されるという事態は、そうした主体的選択の余地を著しく奪ってしまう。食事や排泄、睡眠あるいは居所、移動といった生活の基本部分さえ、他者から完全に支配される。これはまず人格的支配の初歩であるが、これが実にあなどりがたい力を人に及ぼす。

しかも、それまで自分の選択によって自律的に生きていた人間が、突如、逮捕され、拘束されて、その全生活を他者によってコントロールされるようになる。その落差が急激であればあるほど、そこから受けるショックも大きい。ロンドンも、ある時期から自分の周辺に不穏な動きがあることに気づきはじめ、やがて尾行さえつきはじめたことを知るが、やはり逮捕は突然であった。魔の日曜日、妻と子どもたちに見送られて車で出かけた彼は、尾行の車にそのまま逮捕されることになる。

二台の車から武器を手にした六人の男たちがとび出し、私を座席からひきずりだすと、私に手錠をかけ、前の方にとまっていた車に私を押しこみ、ものすごい勢いで走りだした。私はもがき、はげしく抗議した。お前たちは何者か、とたずねた。目かくしをされた。「だまれ！　質問は許さん！」(5)。

これがはじまりである。身体の拘束は、生活の拘束であり、さらには人格そのものの拘束なのである。

肉体的・精神的拷問

他者からの支配は日常的な生活動作の単なる支配にとどまらない。それは日常ありえない形で、肉体に及び、あるいは精神に押し入る。なぐる、けるなどという単純な暴力など、そのなかではとるに足りない。他方、魔女狩りや先の戦闘的拷問にみられるような強度の肉体的拷問は、洗脳状況においてはむしろ稀である。のちに人前で公然と自らの罪を認め、あるいは与えられた主義思想を自らの口で語る唱導者となるようにするためには、ただ肉体的に被疑者・被告を征服しただけでは駄目だからである。征服、支配は肉体から精神の奥にまで到達せねばならない。

その意味で、急性の痛みよりは、むしろ慢性の苦痛・苦悩の方が利用価値が大きい。

たとえばロンドンのばあい、逮捕され、独房に移送されると、ただちにその房のなかを歩きつづけることを求められる。何のあてもあるわけではない。ただ看守の命ずるままに歩きつづけるだけである。一瞬でも歩きやめると、たちまちすさまじい音とともに扉が開き、二人の看守に身体をつかまれ、ゆすぶられ、頭を壁に押しつけられて、「お前の考えをたたきなおしてやる。命令にそむけばいつだってこうしてやる」(6)とどなりつけられる。こうして房にいるときの多くを、彼は歩きつづけることになる。おまけに手錠はかけられたままである。そうした状態が一ヵ月以上もつづいたという。また、房から出されたときには、ぶっとおしの尋問が二〇時間余りもつづく。もちろん尋問者はそのあいだ何回も交替する。加えて、この間、彼は立ったままの姿勢を強要される。その苦痛は想像を絶する。

さらに食事の制限も加えられる。空腹のあまり胃痙攣をおこす。疲労も並大抵のものではないし、時あたかも一月、厳寒の季節。もちろん暖をとるすべはない。しかし、彼にとって一番苦しかったのが断眠であったという。三日三晩、絶え間ない尋問にさらされたときには、疲労は極に達し、幻覚さえ感じはじめる。「ほんの五分間の睡眠さえ与えてもらえるなら何にでも署名したであろう」と思うまでになる。組織化された断眠にくらべれば、罵倒、脅迫、飢え、渇きは児戯にも等しいとロンドンは語っている。しかもこの種の慢性の苦痛がいつ果てるとも分からず続くことが、囚人にとっては厳しい。いかなる苦痛であれ、いつまで耐えればよいとの見通しさえもてれば、まだしも我慢できる。しかし、もちろん囚人のすべてを支配しているのは、看守であり、取調官であり、あるいは彼らに命令を下している組織であって、その方針は囚人自身に見えない。とすれば、この拷問を逃れるにはいかなる道がありうるのか。全生活の完全支配、それに応じた肉体的・精神的拷問の持続に対して対処しうる道は、結局のところ、完全服従しかない。

疲労と衰弱

しかし、人はそうそう簡単に自らを完全に放棄して、他者の意のままになることはない。まして、長い闘争ののち権力を掌握し、政府の要職に就くほどの人物ならば、それ相応の堅固な思想の持ち主であるはずである。そうした人物を屈服させるためには、外からの拷問だけでは足りない。同時に内側から、これに耐える力を減殺させていくのでなければならない。先の拷問の結果として、肉体的疲労と衰弱を極限までおしすすめるというのも、内側から抵抗力をくじく方法のひとつである。

房内の歩行、食事の制限、長時間続く尋問、手錠による身体の拘束、起立姿勢の強要、そして断眠、このゆるやかで、しかし持続的な拷問が疲労と衰弱をもたらさないわけはない。そのあげくすっかり病的な状態に陥っても、医療的看護をほどこすことはない。逆にそうした病弱を利用する。逮捕前から結核のため気胸療法を必要としていたロンドンが、健康をひどくそこなって治療を求めたとき返ってきた答えは「お前のスパイ活動を自白しさえすれば、手当を受けさせてやる(7)」であった。

ある権力組織が生殺与奪の権利をもって囚人を支配し、この暴虐をチェックする機関がどこにも存在しないとき、まったくの無権利状態におかれた囚人の側には、あとは自分の身ひとつの体力と精神力でもって対抗するしかない。その体力がとことん痛めつけられ、ふんばる余力をもてなくなったとき、彼らにはもう服従の道しかないようにみえる。しかし、拷問が苦痛と疲労、衰弱によって、体力的に囚人を追いつめただけであれば、その結果たとえ服従したとしても、それはまだ表面的な服従にとどまる。問題は、拷問の魔の手が囚人の体を通りぬけて心のもっと奥深くまで入り込んでいくことにある。

孤立

そのひとつが孤立である。ふだん日常生活を不自由なく平凡にすごしている私たちは、なにかしら自分一人の力で生きているかのように錯覚しやすい。しかし、いかに他者に頼らず「自立」して生きているようにみえる人間でも、本来、一人では生きえないものである。囚われの身になって、それまでの日常世界から遮断されてしまったとき、私たちはあらためて「人は一人では生きられない」ことに気づく。人はまさに他者のなかで、他者との関係を生きている。この関係が突如逮捕によって断たれたとき、人はその安定感を根底から掘り崩されたように感じる。

E・フロムは、人間の基本的な欲求のひとつとして、飢えを満たし、渇きをいやし、苦痛をさける生理的欲求と並べて、孤独をさける欲求をおいている。(8) ちょうど食欲が我慢に限度があるように、この孤独をさける欲求にもこらえきれない限度があるという。

もちろん、囚われの身になっても完全に一人になるわけではない。つねに看守に監視され、尋問官にとりまかれる。しかし、そういう人びとは囚人の存在を支える人びとではなく、かえってこれを脅す人である。彼らは、囚人を孤立状態に追いやるだけでなく、さらには逮捕以前の日常の人間関係のネットワークを、ひとつひとつ断ち切る。つまり、家族や友人たちの情報を囚人の耳に入れないように努めるだけでなく、あえて情報を歪め、孤立感を強めようとする。

たとえば、ロンドンのばあい。彼が逮捕された日、つまりまだ飢えにも断眠にも、あるいは尋問にも責めさいなまれることのない第一日目、彼がもっとも心を痛めたのは「今夜が私の家族にとってはどんなに恐しい夜であるかを考えることであった」という。その家族への思いを伝えるすべはない。また、その家族の様子を知るすべもない。それどころか、尋問のなかにやがて家族へのおどしさえ加わるようになる。とりわけ、かつて同志であった妻を逮捕するぞとのおどしは、ただのおどしには思えない。さらには数カ月後、手紙を書くことを許され（ただし事件の中身には一切ふれてはならないという制限のうえで）、妻からの返信がとどいたときも、ただ手紙の一節と署名を見せただけで、検察官は、妻がスパイである夫を拒絶し、彼から離れていると告げるのである。後に分かったことだが、この点で彼は屈辱的なまでにだまされていた。しかし、実際はともかく、彼の心的世界において彼は妻から家族から完全に見離されたのである。自らが信じる党そのものによって訴追され、投獄されたロンドンはそうして

党を失った後に、こんどは妻と子どもたちとを失ったのである。私自身はまだ戦いつづけているというのに、愛する者すべてから私は否認されてしまったのである！(9)

こうした孤独に人はどこまで耐えられるであろうか。

尋問官の追及に耐える抵抗力を内側から掘り崩す要因として、右の疲労・衰弱・孤立に加えて、さらに決定的な要因がある。それは、逮捕されたその時から、文字通り犯罪者として扱われ、個人としての尊厳を徹底的に奪われるということである。人は誰でも、自分自身で自分の価値を認め、また他者からもそれなりに認められるというところで生きている。その自分の人としての価値を徹底的に打ち崩されたとき、自己存立の基盤となる自己同一性《アイデンティティ》さえおびやかされることになる。逮捕前、著名で高い地位についていた人ほど、この落差は大きい。

ここで思い出すのは、ジンバルドの行なった有名な心理学実験である(10)。一般人、一般学生から被験者を募って監獄の模擬実験をする。応募してきた人たちのなかから、くじで囚人役と看守役を決める。囚人役になる被験者たちは、ある日の朝、一斉「検挙」され、大学内に作られた地下の監獄に収容される。彼らは番号を書いた囚人服を着せられ、それからはすべてその番号で呼ばれ、看守の命令に従わなければならない。他方、看守役は制服を着て、囚人たちの獄内生活一切を管理することになる。ただし、囚人に暴力を振うことだけは禁じられる。こうした模擬実験において、被験者たちはみな、これを模擬と知っていながら、やがて囚人は囚人として、看守は看守として、その役割にふさわしい行動をするようになる。看守たちは、囚人の全生活を支配し、必要以上に命令し、囚人たちの生活を統制することに意を用い、囚人たちはまた理不尽な要求に対してさえ服従するようになる。そして、非常に悲しいことに、看守たちはやがて囚人たちを、暴力以外のあらゆるかたちで侮蔑し、はずかしめるようになったというし、他方、囚人たちのなかには、これに耐えきれず、精神異常類似の状態におちいる者まで出たというのである。

模擬実験にしてこうならば、現実の囚人収容所においてはいかなることが行われたであろうか。ロンドンは、逮捕されてからはもはや外務次官として扱われない。収容所に入るや彼は登録番号を告げられ、こう言われる。「お前は自分の名前を言う権利をもっていない。お前はここでは番号なのだ……」。番号でしかアイデンティファイされないというそのことが、自己同一性《アイデンティティ》をおびやかす。

そして人としてではなく、番号として扱うに相応した処遇がさらに彼をおそう。食事を制限され飢えにさいなまれるなかで、房内で食事の機会を与えられる。しかし、彼は後手に手錠をかけられたまま、手は使えない。おまけに食器は床にじかに置かれる。彼はひざまずいて、犬のように食べるしかない。それは食べにくいというだけのことではない。まさに屈辱的という以外にない。「品位をおとしめられ、自らの人間としての資格を奪われたように感じる」(11)と彼は言う。あるいは、空腹のあまり胃痙攣をおこし、激しい便意をもよおしたとき、どうしようもなくなって房の扉をたたき看守を呼ぶ。看守は衛生バケツをもってきてはくれたが、手錠をはずすことをこばんだうえに、機関銃を向けたままである。そうした威嚇の下で、彼は立ったまま用を足さねばならなかった。「なんという屈辱であろう！……私は自分を動物以下だと感じた」と彼は言う。

全生活の支配、肉体的・精神的拷問によって外からすべての立居振舞を支配され、身も心も侵されたうえに、並大抵ではない疲労と衰弱によって内から抵抗力を弱められ、さらにはそれまで支えられてきたあらゆる関係を断ち切られ、歪められて、寄るべなき孤立感にさいなまれるなかで、人を人ともせぬ屈辱の数々にはずかしめられる——こうして外からも内からも、自分を自分として維持する足場を失ってしまったとき、それでもなお自分を保てる人間がどれだけいるだろうか。

ただ、これにさらにもう一点、付け加えておかねばならないことがある。この一点が、前述の戦闘的拷問と、ここでの洗脳的拷問とを決定的に分つ。

尋問者への両価性《アンビバレンツ》

それは、敵国の捕虜やスパイとして拷問されたときのように、完全敵対の関係をとれないという両価性＝曖昧性である。尋問する側もされる側も、相互に敵対的でありつつ、どこかで共同的な幻想を断ち切れない。たとえば、ロンドンが、いつはてるとも知れぬ歩行の強制を拒んだときのこと、看守は彼を罵り、打ちのめして、「お前はここでは、敵として行動しつづけることは許されないのだ。命令に従え」と叫ぶ。囚人の敵対行動を封じるために看守がこう叫ぶのは、道理かもしれない。しかし、これに対して、ロンドンは「自分の反抗が敵意ある態度だと解釈されたくはなかった。そこでまた、やっとのことで歩きはじめた」というのである。もし彼がナチ・ドイツに捕らえられたのであれば、決してこういう態度はとらなかったであろう(現に彼はフランスでレジスタンスを組織して捕らえられたことがある)。つまり敵として捕らえられたときは敵としてふるまうことが当然であるし、またそうであることを求められもする。前に見たアルジェでのアレッグのばあいどんなに厳しい拷問にも耐えぬいたすえ、敵兵士から逆に畏敬されるまでにいたる。「敵ながらあっぱれ」といったところであったのだろう。ところが、ロンドンのおかれた状況はそれほど単純ではない。[12]

自分を捕らえた相手は、それまで心から信じ、信頼してきた「党」であった。それゆえ、この逮捕、拘留への彼の態度は、決して敵対や反抗ではなく、弁明であり釈明であったのである。もちろん拘留が長びき、拷問が厳しくなれば敵愾心も強まるであろうが、それでもなおこれが完全敵対の関係になることはない。言いかえれば、自分を捕らえ、拘留し、拷問している当の相手を、まったく不当な、全き敵として否定しさることができないのである。敵であるとも、味方であるとも言いきれないこの両価性が、洗脳的状況の基底にはある。

実を言うと、この両価的状況は特殊な洗脳場面に限ったことではない。先取り的になるが、後述の刑事事件においても、よく似た状況が生まれることがまれではない。たとえば、多くの市民は警察がこの社会の秩序安寧を守る組織であると信じている。その市民が身におぼえのない罪に問われ、逮捕、拘留されたばあい、同様の両価的状況におかれる。つまり警察という組織は、社会の安全になくてはならない〝正しい〟ものであることを信じながら、他方で無実の私を捕らえたという点については〝間違い〟だと思わざるをえない。そこで被疑者のとる態度は、釈明である。公安事件でのように被疑者が、警察を〝権力の手先〟として完全に敵視していれば、敵対的に黙秘することも可能であろうが、たいていの被疑者は、たとえ無実であっても、組織としての警察の存在を正しいものと信じているがゆえに、わかってもらえるはずだという幻想の下に、抵抗は放棄して弁明に心を尽すことになるのである。

ここで思い起すのが、ナチの手で強制収容所に送り込まれた人たちのなかで、もっとも早く精神的に崩壊したのは、ゲシュタポの不当性を見きわめきれなかった中産階級の穏健派の人びとだったという事実である。[13]彼らは、それまでの生活と収容所での処遇とのあまりの落差に心を根底からゆすぶられながらも、ナチ・ゲシュタポの不当性を憎悪できなかった。ゲシュタポは合法組織であって正しい、しかし私を捕らえたのは間違っているという両価的な矛盾にとらえられていたがゆえに、自分のなかに抵抗の拠点を築くことができなかったのである。こうして彼らは内側から崩壊していった。

ロンドンは、もちろん、こうした人びとのように単純素朴ではなかったはずである。若い頃から政治の世界に足を踏み入れ、激しい戦いのなかを生きのびてきた人物であった。しかし、彼のような闘士でさえ、この我が内の両価性は超え難い。党から否定されても、自分が党を否定し去ることは、絶望を意味する以外のものではなかった。あまつさえ、彼は完全に孤立しており、自分を支えてくれる仲間も、相談する友人もいなかった。話をすることのできる相手は、自分を苦しめている当の尋問者＝検察官だけであった。そこには、奇妙な人間関係が生まれてくる。無実のスパイ行為を押しつけてくる検察官は、実におぞましくまた理不尽な人間であるが、頼るべきはこの相手しかいないし、彼らこそ党組織と自分との唯一の媒介である。そしてこの時の彼の状況をもっともよく把握してくれているのがこの検察官たちなのである。

この尋問者への両価感情は、尋問者の側で意識的に仕組まなくとも、この種の場面のなかにはおのずと潜み込んでくると言ってよい。ただ、これを意識的に使えば、さらに大きな効果を発揮する。尋問者のなかに徹底的に追いつめる形で敵対的な尋問を行うタイプと、逆に尋問される側の人間をなだめ、フォローする形で、友好的に尋問を行うタイプの二つを意識的に設定して、両者を絡み合わせていく。あるいは同一人物が、敵対的態度と友好的態度を使いわけてもよい。そのように尋問者が意識的に両価的態度を使いわけることで、囚人（被疑者、被告）は敵対性を保てなくなり、むしろ尋問者に同一化しはじめさえする。

ロンドンはすべての自白を終え、公判廷でもはっきり自白したのちの心境を次のように書いている。

私たちの検察官、死刑執行人である彼らと、犠牲者の私たちとが、何ヵ月、何年にもわたって、毎日いっしょに暮らしてきたあいだに、私たちのあいだには、何とも説明のしようのないきずなが、また一切の事情にもかかわらず、ある種の人間的接触が生まれていた[14]。

この「説明のしようのないきずな」をどう理解できるかが、洗脳的事態を理解するための一つの要であるように思われる。

外から攻められ（全生活の支配、肉体的・精神的拷問）、内から崩され（疲労と衰弱、孤立、個人的侮辱）、さらには両価的に相手の手中に取り込まれていく（尋問者への両価性）。こうして、被疑者・被告・囚人は人格的側面において尋問者に屈服していく。いかに頑強な精神力の持ち主であっても、この過程をくぐってなお屈服することなく、自分を保てる者はおるまい。そしてこの過程を背景に、これと並行して容疑事実の自認、自白という過程が進行する。次に、この情報としての自白が被疑者のものとして語られていく側面を要因ごとに整理しよう。

2 洗脳的取調べにおける情報的陥落の過程

自分がやりもしない行為を最終的には自分がやったというふうに認めていくのはなぜか。人格的に屈した人間が、ただ与えられた筋書きをそのまま呑み込んでいくのか。刑事事件での虚偽自白がそういう単純なデッチ上げでないことは、すでに第一章や第二章において示唆したが、ここでの洗脳的状況においても、事情はさして変らない。尋問者の一方的な押しつけというより、尋問者と被尋問者とが事実をめぐって交す情報が相互にからまり合うなかで自白は出来あがっていく。

罪の確信

まず第一にあげられなければならないのは、尋問者たちが被疑者たちの罪を確信していることである。被疑者がどれほど根拠のある釈明をしても、この罪の確信はゆるがない。尋問者にとって目の前にいる相手はもはや「被疑者」とも「被告人」とも言いがたい。つまり疑われて取調べられる者でも、起訴されて裁かれる者でもなく、逮捕された時点で、彼らはすでに有罪であり、囚人なのである。有罪判決が出るまで「無罪の推定」を受けるとの刑事裁判の理念からは程遠い。

とすれば、この罪の確信だけで彼らを死刑台に送り込めばよさそうなものだが、問題は彼らを敵として葬ることにあるのではない。かつて党の中枢にいた人物をただ消すだけでは事はすまない。彼らが人民の敵であることを公の裁判で公認させねばならないのである。そのためには、尋問者が罪の確信のうえで「事実」(もちろん有罪であるとの事実)を明らかにし、これを被疑者本人に認めさせねばならない。そこでは証拠があってそのうえで確信がなされるのではなく、逆に確信がまずあって、それゆえに証拠が求められる。この「確信のパラドックス」はすでに魔女裁判において、私たちになじみのものである。魔女裁判においては、宗教的権威を背景にして、魔女への憎悪が魔女を生み、魔女だとの確信が、肉体的拷問を介して、確実に自白という証拠を引き出して、確信は自己実現した。では、ここでの洗脳的拷問においてはどうであろうか。

ロンドンがはじめて尋問官の前に連れ出されたとき、彼はむしろ釈明の機会を与えられたことを喜び、「自分は(逮捕されてから)いままでたえず党に対して発言の機会を要求してきた。それゆえどのような問いにも答える用意がある」と謙虚に申し出る。ところがこれに対して、尋問官が最初に発した問いはこうであった。「あなたは、いつから、またどこで、アレン・ダレスの指揮下にあるアメリカの諜報機関と接触するようになったのか。また、だれの導きで、どこで、あなたは彼らの要員となったのか。そして、どういう人たちと協力して仕事をしたのか(15)」。すでに事は決められている。このことにロンドンは唖然とする。彼は尋問の前からすでに有罪の宣告を受けているのである。もちろん彼は力のかぎりを尽して、これに抗議する。しかし、尋問官は厳しい声でこう答える。「だまりなさい。……われわれはすべての証拠をもっている。……あんたの運命は、われわれの一存しだいだ。何もかも自白して罪のあがないをする道をえらぶか、それともソヴィエト連邦と党に敵対する者の役柄を、あくまでもつとめて、絞首台の足もとまでいく道をえらぶか(16)」。

「すべての証拠をもっている」というのは、おどしの決まり文句にすぎない。実際に尋問官たちをして、こうした言葉を言わしめているものは、確固とした、しかし根拠のうすい確信と、この確信を支え育む憎悪である。現に尋問官の一人は、ロンドンらとともに国家反逆罪に問われた党首脳から、かつてその尋問方法の狂暴性ゆえに解任され、そのことに対しておそろしいほどの憎悪を燃やしていた人物であった。あるいは、ロンドンがユダヤ人であることに対して、ナチ顔負けの憎悪をむき出しにする尋問官もいた。

しかし恐ろしいのは、そうした個人的な憎悪や人種的偏見ではない。もう少し一般的なところで、尋問官を衝き動かしているのは、党組織に階層的に組み込まれた、ある種の役割意識であった。彼らは何より命令に忠実であった。彼らは、事件の全貌をつかんだうえで有罪の確信をもつのではなく、むしろ党組織の上司の命令が絶対であって、上司がロンドンは「国家反逆罪」と言えば、それだけですでに確信の根拠となってしまう。そうしてスパイであるロンドンらの正体を暴露することこそが党を助けることになると素朴に信じ、また上司の要求する方向での自白を引き出すためなら、どんな方法を使ってもいいと信じさせられていく。

尋問にあたった大多数の検察官が、手っとりばやく大ざっぱに養成された新米だったという。もとはさほどの悪質分子でもなかったものが、「これほどまでに従順で盲目的な機械になりうるということが、どうして可能なのだろう」[17]とロンドンは驚く。これは、おそらく、私たちから遠いところでの話ではなかろう。権威・権力に従順で、上からの命令に疑いをさしはさむことなく追従する心性は、いまの私たちの周辺にも蔓延している。

上下の階層組織《ヒエラルヒー》（官僚的構造）に埋め込まれ、上からの命令を神聖視する姿勢は、一方で自分より下位に位置するものを見下し、組織外の人間をさげすむ姿勢と裏表の関係にある。まして、この党組織に反逆したとの疑いを受けたものへの憎悪は激しい。

最上層部にあって本事件の摘発・尋問を指示した人びととは別として、下っ端検察官たちは、その上司がデッチあげた告発の骨組の、ごく一面しか知らない。それでいて、彼らが向ける憎悪は激しく、確信はゆるがない。ロンドンは、ひっきりなしに交替する検察官の様子を、こんなふうに描いている。

> 尋問をつづけるため新しく入ってきた検察官は、二、三の質問事項や、引き出さねばならぬ答えを書きつけた小さな紙きれを受けとる。何時間たとうが、何日たとうが、言っていることはいつも同じである。「このろくでなしめ……ごろつき野郎……しゃべれ……黙れ……話せ……だまれ……嘘をつくな……お前の言っているこ

とは嘘だ……豚……この野郎……しゃべれ……しゃべれ……しゃべれ……」[18]。

それにしても、人はなにゆえ、これほど安易に証拠なく事を確信するのであろうか。そこだけ取り出せば、数百年前の魔女狩りの時代にくらべても人間心性は一向変化していないように見える。ただ、この確信が自白によって自己実現する仕方は、かつてよりずっと巧妙でなければならない。というのも、魔女の自白はいかにも現実離れしたもので、しかも画一的であるのに対して、ここでは各被告の罪状は同じ「国家反逆罪」であっても、その犯罪はひとりひとり個別的であり、しかもそれなりに現実的でなければならないからである。「魔女集会《サバト》に参加した」とか「悪魔と寝た」とかいった超現実の自白でなく、文字通り実在の人物との間で、いつ、どこで、何をしたかという現実的行為が問題になる。それゆえ、被疑者に罪があることは確実で、この点は決して譲れないという確信を前提にしたうえで、厳しい拷問と、もう一方で巧妙狡猾な情報操作が行われる。

ただ、魔女裁判にくらべれば罪の内容が現実的で具体的であるとは言っても、その現実性・具体性はなお曖昧である。この点は、刑事裁判でのそれとくらべれば明らかである。いわゆる刑事裁判では、まず、殺人なり強姦なり、具体的犯罪事件が起きて、そのうえで捜査がはじまり、種々の証拠が採取されて、被疑者が逮捕され、取調べが行われる。ところが、政治裁判では事の順序が往々逆さまになる。つまり、ある特定の人物が怪しいというところから始まって、「国家反逆罪」なる嫌疑がかけられ、この罪の具体的中味が、取調べの過程で明らかになっていく。そもそも「国家反逆」とか「スパイ行為」などという犯罪は、いわゆる刑事犯罪とは異なって、罪の内容が曖昧であり、また解釈次第でいかようにも歪曲可能な側面をもつ。こうした特殊性が、尋問のなかにも反映する。

嫌疑の暗示（非明示）

まず第一にあげなければならないことは、尋問者が被疑者につきつける嫌疑の内容がきわめて漠然としているという点である。

尋問者が被疑者の罪を確信し、またそのことをはっきり被疑者に表明してはばからないことと裏腹に、尋問者の側からその罪の中身を詳しく述べ立てて、追及するということはない。罪を確信しているならば、その証拠の有無はともかくとして、せめてその具体的な中身くらいは十分知っているはずだと、私たちは思う。ところが、少なくとも尋問のなかでは、具体的な犯行内容を明示しないのが通例なのである。このことは一見奇妙に見える。しかし、じつはこれが意味深長な含みをもつ。

もちろん、これまで繰り返し述べたように、「証拠なしに確信している」ということ自身おかしなことで、それほど空疎な確信はほかにない。魔女狩りにおいて、「あいつは魔女だ」と告発したうえで、その魔女的行為が伝説的中身以外の具体的個別性をまったくもてないのと同様、証拠なしの確信に具体性が伴うはずはない。それゆえ尋問者の側は最初「お前がやったことは全部わかっている」と脅すことはできても、具体的な行為的事実をひとつひとつ追及するだけの材料をもっていない。だから暗示的にかまをかけるというやり方しか、もともとできないのである。

それだけではない。尋問者は事前の調査によって、ある程度容疑の中身を固めていても、それをことさら伏せて、被疑者を追及することがある。具体的な部分については、せいぜい暗示的にほのめかすにとどめる。この暗示（非明示）が、尋問者の意図的な判断か、あるいは単に事件の全貌を把握できていないせいにすぎないのかはともかく、このことが結果として、被疑者のなかに、なにか不確かなジレンマの状態をかもし出す。というのも、嫌疑の中身を具体的に明かされずに、「お前の罪を全部吐いてしまえ」と迫られ、拷問されたとき、被疑者としても、自分がどういう罪を負わされているか分からないし、それゆえ防衛のしようもない。実は、このなんともはっきりしない混沌が洗脳的自白の出発点となる。

ロンドンはこう書いている。

（追及されている罪の内容が不明確なまま）はじめのうち人は、いっさいの質問にことこまかに答えることによって、またできるだけこまごまとした部分まで話すことによって、全力をあげて党を助けようと努める。党が事態をはっきりみることができるように、力をかそうと望む。また自分自身でも、自分の内部を、また他人の内部をはっきり見たいと望む。人は、なぜ自分がこんなところにいるのか、自分では知らなかったどのようなあやまちが、自分をここに導いてきたのかを、理解したいと思う(19)。

党の無謬性を信じているがゆえに、尋問者の追及に応じて、被疑者は自らを内省してみる。自分のこれまでの仕事のなかで、それと知らずにあやまちを犯すこともあったのではないか……と。実際、何よりも信じてきた党が、無実の人びとに対してこのように不法で残虐な手段に訴えて自白をしぼりとろうとするはずはない。とすれば私は何か過ちを犯したのだろうか。それにしても、いったい私は何を自白すればよいのだろうか……彼らは自問する。

このような苦しいジレンマは、先の敵対的拷問には決してみられない、洗脳的拷問に特殊な事態である。敵である尋問者に対してならば、憎悪でもって対し、あるいは恐怖でもって対する。いずれにせよそこでは相手が敵として一義的である。しかし、ここにあるのは両価的な不安なのである。洗脳はここから始まる。

洗脳とか虚偽自白と言えば、最初から尋問者のほうでストーリーを作っていて、これを一方的に被疑者に押しつけ、あるいは誘導して、鵜呑みにさせるものだと思っている人が多い。もちろんそうした側面がないわけではない。少なくとも被疑者の有罪性を確信して「私は罪を犯しました」と言わせるまでの強引さは強烈で、そのかぎりで罪そのものは鵜呑みにさせていると言う以外にないかもしれない。しかし、その罪の中身、犯行の筋書は、単純に呑み込ませるというわけにはいかない。実際に、尋問者の方で明確な筋立てを作り、これを突きつけて追及したならば、当然、被疑者の方も防衛しやすくなる。まして、無実の人間ならば、尋問者の筋立てに矛盾を見つけ、反撃することも容易であろう。それにたとえ苦しくて、与えられたままに自白したとしても、そんな御仕着せの自白を最後まで自分のものとして維持することは難しい。

洗脳もそして虚偽自白も、実は、尋問者の一方的な押しつけの産物ではなく、尋問者と被疑者との相互のやりとりの産物である。そして、やりとりの出発点において、尋問者は一方で被疑者の有罪性を断定的に決めつけ、同時にそれとは裏腹に、その罪の中身に関してはきわめておおまかな情報しか与えない。いや、また与えようとしても実際には与えられもしないのである。これに対して、被疑者の側も、有罪の断定に対しては当然ながら反発しつつ、罪内容が明示されないがゆえに、十分な釈明ができないというジレンマにおちいる。

尋問の情報的側面からみると、尋問者と被疑者のやりとりは、最初、このように非常に曖昧な状態から始まるのである。

釈明と曲解

不安なジレンマのなかで被疑者は尋問者の暗示的尋問に答え、追及されている罪に対して、内省的に釈明していく。ところが被疑者のこの真摯な努力も、有罪性を確信した尋問者の手によって恐ろしいほど見事にくつがえされていく。ロンドンは、このことをこう書いている。

自分の答えの一つひとつを全部、まるで手袋のように裏がえすのに気づく。そして彼らが、自分の答えと内容を完全に変質させてしまうのに気づく。その結果は、自分の行為、自分の思考の一つひとつが、犯罪的なものになってしまっているのである。[20]

犯罪のストーリーは、なんにもないところに零から作り上げられるのではない。むしろ、被疑者の過去の行為や思考の一つひとつが、犯罪的なニュアンスの下に読み変えられて、できあがっていく。言わばプラス一〇〇の行為にマイナス値が掛けられて、マイナス一〇〇に転じるようなものである。心理学者のハインツ・ウェルナーによれば、事実は事実それ自体で意味をもつのではない。事実の意味はそれがどういう枠組におさめられるかによって決まるのだという。[21]この心理学的主張が、こうした場面に見事な適用例を見出すのは皮肉なことである。被疑者自身の過去数十年の生活史のなかで、それなりの主観的意味を帯びていた行為や思考の事実が、その生活史から抜き出されて、一つひとつ尋問者の前に差し出されたとき、それはもとの被疑者の主観的意味を離れて、まったく別の文脈（つまり国家反逆というストーリー）のなかにはめこまれていく。これは恐ろしい魔術ではないか。

たしかに、主観的に善意で行ったことが、客観的には犯罪的行為につながるということはあろう。たとえば知り合いから頼まれて、善意であずかった荷物が、結果的にはテロ行為に使われたというふうに。人どうしの振る舞いと思いが交わり合い、絡み合うこの世の中には、当然、そうした事の主観的意味と客観的意味のすれちがいはある。しかし、現実にはすれちがいでもなんでもなかったことが尋問者の描く犯罪筋書のなかで強引に歪められ、すりかえられていくとき、被疑者はいったいこれに対して、どう身を守ればいいのであろうか。

尋問者たちは、「国家反逆」の共犯者として連座した人たちの名をあげて、被疑者を追及する。かつてお互いに信頼し合い、ともに闘った同志たちが、実はスパイであり、お前をだましていたのだというのである。そうなると私の「事実」はもはや「私の事実」ではなくなる。しかし、長らく共に闘ってきた同志たちが、裏切り者だったと言われても、どうしてそれを簡単に信じられようか。そのうえ、自分自身もまたその同じスパイ行為でもって、いま追及されているのである。

ロンドンは、かつての同志ザヴォツキー(なんと逮捕当時、当の保安警察の長官だった人物)が同じこの事件に連座して、追及の果てに自白していることを知らされる。そしてそのザヴォツキーの自白の一節を読み聞かせられたときの驚きを、こう著している。

彼(尋問者)が読んで聞かせたくだりには、私がザヴォツキーとかわした会話の一部がふくまれていた。それは考えだしたものではありえなかった。だが、私たちの考えが行動のすべてが、トロツキズム、党への敵対行為、サボタージュとして解釈されていた。たんなる親睦のためのつどいも、必ずといっていいほど陰謀めいたものに解釈されていた。こうして私たちは、もうずうっと前から、組織されたトロツキストのグループを作り、党をそこなうような活動を展開してきた、ということにさせられていた。(22)

当然ながら、ロンドンはこれを否定し、ザヴォツキーがそんなことを自白することはありえないと抗議するが、明らかにザヴォツキーの筆跡になる一枚の自白文書を見せられて、打ちのめされてしまう。

ザヴォツキーの自白は明らかに虚偽であった。それはまったくの嘘と想像力でデッチあげた物語のよせあつめだと言いたいところだが、実際は、右の引用にもみるように、「半ば真実のよせあつめ」であった。現実に行われた会話や活動が、まったく別の文脈のなかにはめこまれて、歪められていたのである。あの誠実で、模範的な闘士であった同志がどうしてこんなでたらめの自白をしたのか、ロンドンにはまったくわからなかった。ところがこのロンドンも、のちには、半ばの真実と半ばの虚偽をないまぜた、まったくのデッチ上げの自白を、自らすることになるのである。

誠実に答え、懸命に釈明するほど、罠に落ちていく。それはまるで蟻地獄である。被疑者が自らの事実として行なった発言を読みかえて、客観的犯罪に組み込んでいく手口は、じつに巧妙といわねばならない。この巧妙な手法がはたして尋問者の悪意にもとづく意図的なものかどうか、私には分からない。ロンドンやザヴォッキーを意図的におとしいれようとする勢力が、おそらくどこかにあったであろう。しかし、ロンドンらがまったくの無実であると知って、謀略を仕組んだのか、それとも根拠なき思い込みにかられて、心底彼らを国家反逆を企てたスパイと信じこむにいたったのかについて、私たちには判断する資料がない。おそらく、グロテスクな政治力動のなかにあって、意図的謀略と、無意図的な思い込みの両契機がからみ合ってはじめてこうした大粛清事件は進行するのであろう。少なくとも、下っ端の検察官たちのなかには、悪意以上に、少なからず熱意あふれる役割意識に邁進した部分がいた。実のところ、被疑者を直接相手にした尋問者がとことん悪意でもって、行為の読みかえをやっていたとは思えない。むしろ、こいつはスパイだとの強い確信のゆえに、被疑者の釈明がすべておのずと、その強引な仮説に吸い寄せられ、歪められていったのではなかったか。

いずれにせよ、尋問者の側からは、できるだけ手持ちのカードを見せず、大枠での追及を軸にして、必要に応じて、決め手カードを突きつけていく。そうして被疑者の口から得られた釈明のことばを、ひとつひとつ犯行筋書のなかに組み込んでいく。これが、自白を搾り取っていく典型的な手法になっていると考えてよい。

客観的有罪の自認

被疑者が過去において実際に行った行為のひとつひとつを、尋問者が自在に操って犯罪ストーリーに組み込んだとしても、被疑者は、もちろん、これを自分の事実と認めていくまでには、まだまだ距離がある。人間の行為にはかならず動機があり、この動機に彩られたかたちで行為はひとつの流れをなす。行為主体はその行為をその流れの中で記憶しているのであって、それが別の流れの中にはめ込まれて解釈されれば、当然、それを自分の行為として受けいれるわけにはいかない。たとえば、ある日ある所で旧知の某氏とたまたま会う機会があって、再会を喜び、しばし歓談、旧交を温めたという事実があって、これを記憶していたとする。ところが、二人がそうして出会ったという事実を何らかのルートから摑んだ尋問者たちが、これを国家反逆の謀議であったと解釈したとすればどうであろうか。出会いの事実そのものは否定できない。しかし、この出会いの意味がまったく別のものにすりかえられている以上、これを自分の行為と認めることはおよそできまい。人は行為の事実そのものを記憶しているのではなく、行為の意味の流れを記憶しているのである。それゆえ、行為の意味を別のものにすりかえて認めさせることは容易ではないし、多くのばあい、まったく不可能でさえある。実際、巧妙な洗脳のあげくに、尋問者の与えた犯罪ストーリーを自分の口からしゃべるようになっても、そのストーリーを実際の自分の行為のストーリーとして心底信じこむことはない。

では、いったい人はどのようにして、自分のものではない行為のストーリーを自分のものとして呑み込んでいくのであろうか。ここに虚偽自白の最大の謎がある。この点について、ここで特に注目しておきたいことは、政治裁判における洗脳過程には、他の事例にはみられない特異なステップがあることである。つまり、明らかな犯意をもって、意図的に犯罪を企図し、実行したとする全面的な自白の前に、主観的には犯罪を犯したつもりはないが、自分の行動を結果的に見れば「客観的には有罪」と言われても仕方がないと認める段階である。「客観的有罪性の自認」とも言うべきこの過渡的な自白は、きわめて興味深いものである。そこで、この自認を導く要因をいくつかあげて考えてみよう。

情報の遮断　まず最初に注目しておかねばならないことは、拘留下の被疑者に対しては徹底した情報操作が可能だということである。その情報操作の第一が、世間の情報からの遮断である。逮捕前までは周囲の人びとと豊かに情報を交換し、また新聞、ラジオを通して多種の情報を入手して、そのなかで自分の行為の意味を確かめることができたのに、逮捕されたとたんに、被疑者はそうした日常的な情報世界から遮断されて、尋問者が一方的に流す情報にさらされることになる。このことが被疑者の心的世界に絶大な影響力を及ぼす。

まず、被疑者は、自分の行った過去の行為について、その流れ（行為ストーリー）をしっかり記憶にとどめていても、拘留下の孤立状況では、この記憶された行為ストーリーを再生、確認し、強化してくれる仲間が、身の回りに誰一人いない。被疑者自身の行為ストーリーを強化し、支持する情報は、収容所の壁と、尋問者の操作の下で、完全に遮断されてしまっている。実際、先の例で「謀議」を行ったとされた旧知の某氏と出会って、話ができさえすれば、それが単なる歓談であったことは、容易に確かめられ、記憶は強化されたはずである。

自分が過去において現に行った行為ならば、誰にどう言われようと、自分の記憶に刻み込まれて、揺らぎようがないはずだと思われるかもしれない。しかし、そう簡単には言いきれない微妙な事情がある。自分の行った行為であれば、その行為の意味づけはもっぱら自分一人の内部で与えられるものだと思われやすいが、厳密にいえばそうではない。自分はこれまでこういう生き方をしてきたし、そのなかでこの時ここではこういう行為をしたという主観的な意味づけが、実は、そのとき交わり合い、関わり合っていた相手の意味づけと密接に結びついている。人は決して一人で生きているのではないし、それゆえ行為は一人で行うものではない。多くの行為は、言わば「相互的」行為である。それゆえ、行為の意味づけもまた「相互的」なのである。したがって行為の「主観的」意味というより、正確には「相互主観的」意味というべきである。つまり、相互的行為として関わり合った他者との間で、その相互の行為ストーリーを確かめあって、それが記憶に刻まれているのである。

ところが、逮捕され拘留されると、被疑者はそれまで生きていた彼自身の日常の生活世界（そこには当然、他者との相互的やりとりが含まれる）から隔離され、その生活世界に不可欠の部分として含まれていた他者との相互的情報を断たれてしまう。つまり、彼のそれまでの行為ストーリーを支える他者情報は遮断される。彼の行為に意味を与え、また彼が与えた意味を確認してくれるのは、もはや彼だけである。そこでは、行為の意味の流れが、他者からの支えを失い、それればかりか尋問者の情報によっておびやかされ、確固としたものにみえる記憶さえ揺らぎはじめる。

共犯者の自白　このように情報遮断をしたうえで尋問者は、被疑者に対して、他の共犯者や証人がこう供述していると言って一方的に情報を突きつけ、吹き込む。

政治裁判では、複数の人間が連座するのが通例である。それゆえ、複数の検察官がおのおの複数の被疑者を相手に、尋問し、自白をせまることになる。プラハ裁判においては一四人が連座した。この一四人の尋問を背後で指揮したのはソヴィエト顧問団であり、その配下にいくつかの検察官グループがあって、そのおのおのが各被疑者にあたっていた。顧問団は、その尋問過程で、その都度取られた自白や供述をチェックし、各グループを競わせ、またグループ内の検察官どうしを競わせたという。誰が一番はやく、一番いい自白を獲得するかに各検察官が躍起になる。そうしたなかで採られた自白が、次には自白していない被疑者を責める材料になっていく。ロンドンも、彼の検察官からこう言われる。

さあ、しゃべるんだ。お前の罪を自白するんだ。われわれは何もかも知っている。お前ひとりがここに捕えられているわけではない。お前を守っていた友達は、みんなここに入っている。そして彼らは、もうしゃべったんだ。ほら……（といって一束のカードを見せる）。まだ足りない奴らのものは、いまわれわれが集めているところだ。……お前が自分のいのちを救える唯一のチャンスは、ほかの人よりも早くしゃべること、早く自白してしまうことだ[23]」。

こうして実際、前項でも引用したように、かつての同志の自白を読み上げられ、これにかかわるロンドン自身の行動が追及される。

かつての同志が、同じ国家反逆の罪で連座し、共犯者として自白し、その自白のなかでは、かつての共同行為の意味がすっかり違う文脈のなかに読みかえられている。これを一方的に情報として吹き込まれたとき、もちろん被疑者は、「それは違う」と反論する。しかし、いくら抗議し、言い募っても、自分の主張を認めてくれるかつての同志はここにいない。かつての同志の言葉は、すべて尋問者の口を通して被疑者に伝えられる。しかも、それは明らかに共同で国家反逆を企てたという犯罪ストーリーとして、被疑者に叩きつけられてくるのである。
一方的な情報が断言的な口調で繰り返され、懸命の否認がにべもなく否定されていくなかで、被疑者はやがて、共犯者とされたかつての同志を疑いはじめる。自分の行った行為については、それがスパイなどでなかったことは確信しえても、他者については、結局わかりきらない。それまで、同志を疑ったことは一度もなくとも、彼らの自白を読み聞かせられていくうちに、疑念が湧き上がってくるのを抑えることができない。たとえば、ロンドンはこう書く。

私は同志たちを疑いはじめた。私が彼らと接触をもたなくなった長い期間のあいだに（彼らがフランスやアフリカの収容所に監禁されていたり、ロンドンに亡命していたころ、あるいは私がパリにとどまって彼らが先にチェコに帰国していたころ）、彼らが敵にひきずられてしまったのではないか、と私は疑いをもちはじめた。[24]

ロンドン自身が接触をもてなかった頃の同志たちについて、尋問者は、ことこまかにその敵対活動を話した。被疑者自身が関知していることならまだしも、関知していない出来事については、反論のしようがないし、尋問者の一方的情報をチェックするすべさえない。そうしたなかで、同志への疑念を振り払うのは難しい。この疑いにつけいって、尋問者はこう言う。

「あんたは、どんな奴を相手にしていたか自分でも分からなかったんだ。彼らはあんたをだましたのさ。あんたの公正さを立証する唯一の方法は、知っていることをぜんぶ話すことだ[25]」

自分はだまされたのかもしれないという不安がふくらみはじめると、自分が彼らと行動をともにしたときのことさえ疑われてくる。尋問者の情報操作によって被疑者のなかに植えつけられ、かきたてられた疑いや不安は、とどめようがない。現実世界のなかでは反対情報のチェックによって何とか押しとどめられる疑いや不安も、一方的な情報しか与えられない状況下では、ひたすら肥大するのみである。

自分のことはともあれ、自分が行動をともにし、関わり合った仲間たちに対して疑念を持ちはじめると、この疑念が自分自身の行為の意味を揺るがすことになる。つまり、自分の主観的な思いのなかでは、国家反逆などということはありえないと思っていても、かつての同志、部下たちを疑い、彼らが国家反逆を企てたのではないかと思いはじめると、彼らと共同で行った自分自身のかつての行為そのものも、客観的には犯罪的なものだったということになってしまう。

ロンドンもまた、かつて西ヨーロッパでともに闘った国際旅団の同志たちへの疑念をかきたてられ、自白をみせつけられて、こう言われる。

国際旅団のあんたの同志たちが自白の文書に署名し、そのなかで彼らが、国家に対して犯したさまざまな罪において自分たちの有罪性を認めている以上、そしてあんたが彼らの指導者であった以上、あんたは「客観的に有罪」になる。(26)

主観的にどう思っていたにせよ、客観的には有罪であるとの追及は、巧妙である。もちろん、日常の世界で対等な相手と議論しているかぎりでは、そうした追及に簡単に屈することはあるまい。しかし、身柄を拘束され、肉体を痛めつけられ、人格をも徹底して貶められ、屈服させられている状況下では、これに抵抗することは難しい。尋問者自身も、被疑者の反論や抵抗を封じて、奇妙な論法でねじふせようとする。

尋問者の論法はこうである。まず「ひとつひとつの行動、ひとつひとつの事実は、公文書の書式で客観的に評価されねばならない」と主張する。このもっともらしい主張のうえで、次に、たとえば被疑者が、かつてスパイとして告発された人物Aと関わった事実を認めさせる。これが客観的な事実とすれば、被疑者としても否定はできない。そうして、この人物Aがスパイであったことを被疑者が「主観的には」まったく知らなかったとしても、Aが「客観的に」スパイであった以上、そのAとかかわったこと自体が「客観的」には有罪になるというのである。まったくの言いがかりと言えば、そのとおりだが、この論法がくりかえし、強引に言い立てられるなかで、結局は、屈していく。ロンドンは尋問者の強引な論法を、手記に再現してみせている。

あんたはAを知っていたんだろう?

ええ

あんたは彼と関係があったんだろう?

ええ

Aは裁判でアメリカのスパイとして正体を暴露されたね。

ええ

スパイと関係をもっていたということは普通なんて呼ばれるかね。スパイ関係だろう。そうじゃないかね。スパイとスパイ関係をもっていた人は、その人自身スパイだよ。なぜ、言葉をおそれる必要があるだろう。パンを作る人はパン屋じゃないか……。(27)

こうして毎日、毎夜、「客観的有罪という歌」が唱えられつづけることになる。この論法が明らさまな屁理屈であることは分かっても、これに反論しつづける行為も、また空しい。尋問の場が論理を闘わせる場であるならば、理がある方が相手を言いまかせることができるはずだが、尋問の場は論理の場である前に、力の場なのである。空しい反論を繰り返すなかで、やがて被疑者は屈しはじめる。そこには反論の空しさに加えて、さらにいくつかの要因が働いている。

操られた疑惑と憎悪　自分がかつて行った行為の流れを自分のなかではしっかり意味づけ、記憶していても、それを共犯者の自白で否定され、別の意味づけを与えられ、歪曲されていくなかで、被疑者は不安を覚え、共犯者たるかつての同志への疑惑を深めていく。「客観的有罪」という屁理屈に、論理のうえでは屈服しないとしても、感情的にはその方向に深く揺さぶられざるをえない。この感情的な動揺と疑惑を尋問者は利用する。そして共犯者への疑惑はやがて憎悪へと操られていくことになる。
尋問者たちが連座した共犯者たちの自白を利用して、相互に不和を醸し出し、敵対心をかきたてるのは容易なことである。なにしろ尋問者は共犯者を直接対面させることなく、相互の自白を自在に操り、都合よく歪めて伝えることができる。ロンドンに対しても、数人の共犯者たちから、彼と諜報上の手紙を交わし、彼から敵対行動の指令を受けたとの自白を導き出し、彼に突きつけて、かつての同志たちが皆して彼におそいかかり、陥れようとしているかのように思い込ませていく。ロンドンは、こう書いている。

悪魔のように彼らは、私たちを互いに歯むかわせた。反感をかきたて、個人的な怨みやいさかいを目ざめさせ、それを大事に保護し、いっそう強調するのであった。彼らは私たちをだました。「あいつが君のことを、こんなふうに言っていたぜ」――「彼がそんなことを言ったんですか、畜生め」――「あいつはもっと悪いことを言っているぜ。それにひきかえ、かわいそうに、君は、あいつをいたわろうとしているんだから」(28)

こうして保安警察は、連座した者たちが互いに不利になるような供述を挑発的に引き出すことに成功するばかりか、かつて厳しい状況のなかで闘った同志たちの戦闘的連帯感を、憎悪に満ちた汚辱の泥沼に沈めてしまう。憎悪が下劣な虚偽を作り出すのは、虚偽自白を搾り出す取調官においてだけのことではない。苦境におかれた囚人どうしが、狡猾な情報操作にあやつられ、憎悪に駆られて、一連の虚偽を相乗的に生み出していくのは、のちにこれを見るものにとって、目をおおいたくなるような惨劇である。
しかもそこでは、直接追及の対象となる活動だけが問題となったのではない。きわめて個人的なレベルの問題についてさえ、巧みな情報操作によって、忌わしい虚偽が捏造され、互いの憎悪を高めるために利用される。たとえば連座した同志の一人が妻の「情夫」であったなどという自白さえ引き出してくるのである。尋問者の流す情報の網の目に完全に囚えられた被疑者には、どれほど信じ難いことも、確かめる術がなければ、不安と憎悪を募らす以外にない。この憎悪の泥沼のなかで、虚偽が次々と生み出されるだけでなく、被疑者はますます孤立感を深めていくことになる。

出口なし　このような苛酷な状況におかれてなお耐えることができるとすれば、それは何によってであるのか。それは、おそらく希望だと言ってよい。

ロンドンは、最初の自白に署名するまでに、六カ月の長い期間を耐えた。そして、彼をしてこれだけ長いあいだ耐えさせたものは、いずれ裁判が開かれて、そこで自己の無実を証しだてることができるという希望であった。一月末に逮捕された彼は、検察官たちから、五月か六月には裁判が行われるだろうと言われていた。ロンドンは、「その機会に私の無実をさけび、私たちに対して保安警察が行ったさまざまな犯罪的方法を暴露するという意図を、どのように実現するか」ということにすべての力を注ごうと考えたのである。ロンドンのこの「希望」のなかには、まだ党と裁判への期待が強く残っていて、これをよるべとしていることが分かる。と同時に直接対峙し、痛めつけられている保安警察への敵意が抵抗の力を支えていることも読みとれる。実際、敵対ほど抵抗に力を与えるものはない。ロンドンは、当初、自分の担当になった検察官に対して、こう書いている。

彼はたえず私を敵として扱い、極度の憎悪をいだいて、暴力にはブレーキがきかなかった。……私はこの鈍感で残酷な人物に対して、非常に強い嫌悪感を抱いていたので、もし彼がどこまでも尋問をつづけるなら、……死んでも署名はしてやるまいと考えていた。(29)

前述のように、単純に敵としうる相手に対しては、人は徹底して抵抗することが可能である。その点、ロンドンの最初の検察官は単純にすぎた。

ところが、この検察官が更迭され、あらたにロンドンの前にあらわれた検察官は、まったく違っていた。「言葉の上でも態度の上でも、けっして野卑になったり乱暴になったりすることはなく、少しも憎しみをおもてにあらわすことなく、時には相手の心の状態、健康、また家族のことについて親切な質問をすることすらあった(30)」という。おまけに露骨なシニシズムの持ち主で、ロンドンの正義の主張など冷笑するだけで、彼自身の仕事すら信じているように見えなかった。ロンドンはもはや尋問者への敵愾心を依り所とすることすらできなくなった。そればかりか、この新しい検察官は裁判の開廷のことを一切語らない。毎日毎日「お前を傍聴禁止の秘密裁判にかけてやる。どうころんでも絞首刑以外にはない」といって脅迫するのである。そうなれば闇のなかで一切が清算され「裏切り者」という不名誉な印をつけて葬り去られるだけである。自分の身の潔白を証したいというロンドンの希望は、これではすっかり崩れてしまう。どこまでも否認を通せば闇に葬られてしまうしかないのか。そのような死を誰が受けいれることができようか。

生きている者にとっては、ほのかな光が存在しつづける。それはおそらく弱々しい光であろう。だが、それでもやはり光である。いつの日か真実を明るみに出し、自己の潔白を証明しうるであろう、というほのかな光が。[31]

このまま死んでしまえば、彼には闇しかない。

もう私はほんとうに、どこにも出口を見つけることはできなかった。人間は、自分の努力に目的がないことが分かったとき、疲労に圧倒しつくされるものである。ついに私は、自分が頑張りとおすことが、そのまま自分の責苦を無益に引きのばすだけだと考えるようになった。[32]

まさに「出口なし」の状況だったのである。あくまで身の潔白を主張して自白を拒めば、結果として頑強な犯罪者として清算される以外にない。それとも自白に署名して、党の前で自らの贖罪の道に入っていくのか。結局、ロンドンは検察官が差し出した「唯一の出口」、つまり自白の道に一歩を踏み出すしかなかった。

「国際旅団の元義勇兵たちが、トロツキストであり、裏切り者であると認めている以上、彼らの責任者であったという事実は、私を彼らと同じ局面の上に置きます」

「Aがスパイであり、私が彼と接触をもっていた以上、私は客観的に有罪であります……(33)」。

彼はこの自白に署名する。

すべての情報が尋問者を通して操作される状況のなかで、被疑者はかつて互いに支え合った同志への疑惑と憎悪をかきたてられ、やがて孤立のなかで一切の希望を断たれて、空しく出口を求めている自分に気づく。そんななかで差し出された唯一の出口に、結局、すがるしかなくなるのである。

全面的な自白

どんな形にせよ、ひとたび自白し、これに署名してしまえば、もう引き返すすべはない。尋問者たちは、「客観的有罪」の自認を踏み台にして、次は被疑者が「客観的」に見て罪になることをやったというだけでなく、その主観的な意図においても、最初から国家反逆の企図をもち、計画的にスパイ活動をやってきたことを認めさせようとする。これに抗おうとしても、何にせよいったん有罪性を認めてしまった者は、もやはその抵抗に力はない。

ロンドンのばあい、検察官の論法はこうである。

「あんた自身が言ったんだぜ。あんた自身が自白したんだぜ。チトー主義者と接触しましたって。スパイのAとスパイ関係をもちましたって。外務省での幹部政策をサボタージュしましたって……。それでもあんたは、そうした一連の事実はすべて、偶然のしわざだ、なんて言いはろうとするんじゃないだろうね。あんたは無意識にやったわけでもなければ、馬鹿だったわけでもない。あんたがそんなふうに行動したってことは、あんたが裏切り者だからだし、あんたが党を、そして政府をそこなおうと望んでいたからなんだ……(34)」

強引な論法であることは目に見えている。しかし、すでに「落ちてしまった」被疑者に、これを覆す力が残っているだろうか。もはや肉体も精神もボロボロになっているのである。こうして、多岐にわたる種々の活動について部分的な調書が次々と積み上げられていく。いずれこの部分を総括する法廷上の調書を作成するのだから、そのとき釈明すべきは釈明すればよい、とりあえず調書を作るのだという口実の下に、次々と自白調書が作成される。しかし、この「とりあえず」は最後まで「とりあえず」のままで終る。何カ月にもわたる拷問の末、たった一点で被疑者の抵抗が崩されれば、裂け目はみるみるうちに拡がり、署名つきの調書が山のようにできあがってしまう。

しかも巧妙なのは、その攻め方である。被疑者には尋問者がねらっている自白の全容が最初は見えない。したがって、最初、ある部分を追及されても、その追及の意味が読みとれず、自分の真意が多少歪曲されても、許容してしまう。ところが、そのために後からはもはやどうにも抜きさしならぬ所に追いやられてしまうのである。私たちは、ここであの魔女狩りの時代にエイメリコが『異端審問官指針』に「拷問は些細なことがらに関する訊問から始めよ。些細なことは自白しやすいからである。その自白を踏台として次に進め。書記はあらゆる問答を書き取れ」[35]とあったのを思い起こさせる。遠い昔の審問法が、人間心性の底流を通して、ここにも流れ込んでいるのであろうか。

こうして一切がくりかえしなぞりかえされる。当初、被疑者の釈明を歪めて、客観的有罪を示唆するにとどまった筋書が、完全に意識的なトロツキストの一連の反逆、スパイ活動の筋書に書きかえられていく。特定の事件の犯人に仕立て上げられていくというのではない。むしろ被疑者の行ってきたすべての活動が反逆罪のストーリーに読みかえられていくのである。

ロンドンが自白をはじめてのちのこと、彼はある時突然、「あんたの過去を話しなさい」と言われる。幼い頃からこの逮捕にいたるまでのすべてを、いわば伝記のように語ることを求められたのである。彼は検察官の意図をはかりかねたが、求めに応じて語る。思い出すかぎりのことを事細かに語りに語りついで、一九五一年一月二八日プラハの街中で二台の車にはさみうちにされて逮捕されたところまで語り終えると、「もういちど始めからやれ！」と言われる。こうして毎日毎日、二〇時間、そしてそれをまる二週間くりかえさせられる。はじめのうちはまだよい。むしろ尋問ぜめに合うよりは、ホッとするくらいのものである。ところが四回、五回、十回、二十回、百回とくりかえすと、もはやシジフォスの苦しみである。検察官は聞いてさえいない。終りがくれば「もう一回」と言うだけである。機械のように自分の伝記を語るうちに耐えがたい気持になる。

私は遂には自分自身を嫌悪し、自らの過去を嫌悪し、自分の人生の一部をなしてきたいっさいのものを嫌悪するようになってしまった。(耳を傾けようとさえしない相手に向かって)休みなく過去を呼びさますということは、とりもなおさず自分自身にたいする嘲弄を呼びもとめていることであり、まるで顔につばを吐きかけられているようなものであった。[36]

検察官たちは、このように過去をくりかえし語らせることによって、彼を消耗させるだけでなく、彼の人生を貶しめ、その人生に裏切り者の人格を与えようとしたのである。そのうえで、彼の伝記は決定的なところですべて塗りかえられていく。彼が一九三五年一九歳でモスクワへ亡命した時点からすでにトロツキストグループの一員であったことにされていく。もちろん、ロンドン自身、それが明らさまな虚偽であることを知っていたし、ことごとに抵抗もした。しかし、もはやいかんともしがたいところに来ていた。

自白後数ヵ月にわたる「無限の書きかえ」ののち、検察官自らが党に提出するための調書として、それまでの無数の調書を要約した自白調書をまとめ上げた。ところが、それは、それまで無限に書きかえられてきた自白と照応しないばかりか、それよりもさらに悪化していた。もちろんロンドンは抗議する。しかし、検察官は、党指導部がこうした簡潔に要約した調書を求めているのだと言い、あるいはそれは法廷用の調書ではなく情報提供のための叩き台だと言い、他の共犯者たちの調書はもっと激しいと言い、さらには署名を拒むのはあやまちであるとして、脅しさえする。

「あんたの首の運命は、あんたの態度いかんにかかっているのだ。……党は思いのままにあんたを処断させることができるのだ。……あんたのいのちを救うための唯一の機会は、全面的に党の慈悲にすがることなのだ[37]」。

こうして、彼は一切を呑み込まざるをえなくなる。

自白の演出

被疑者・被告の人格を操り、彼の関わった事件・活動にまつわるすべての情報を操ることによって、結局のところ、彼らから全面的な自白を獲得する。しかし最後に、まだもうひとつ問題が残っている。それは、この自白を公判廷でどう維持させるのかという問題である。プラハ裁判においては十四人全員が見事に自白を維持し、誰一人としてこれを覆すものはいなかった。それが明らさまな虚偽であったにもかかわらずである。そこに洗脳の最大の謎がある。

しかし、ここで注意しておかねばならないことは、「洗脳」と言っても、その文字通り「脳が洗われて」、もとの記憶がすっかり別の筋書に入れ替えられてしまうわけではないことである。情報操作によって元の記憶がふらつき、多少曖昧になることはあっても、かつて自分がやった行為ストーリーが完全に洗い流されてしまうことはまずない。その点、思想信条についてならば、説得や学習、あるいは折伏などという過程を経て、以前のそれがすっかり「洗い流されてしまう」ことがありうるかもしれない。しかし、現に体験した事実の記憶は、忘却されることはあっても、そうそう簡単に別のものに入れかえられるわけではない。ただ、行為そのものの記憶は揺るがないとしても、その意味づけという、人の思いや思想に絡む部分については、「洗脳」がかなり深い傷を残すことはある。現にプラハ裁判で有罪判決を受けた同志たちのなかには、この「裁判喜劇」の終ったあともなお、自分を犯罪者と思いこんでいる者たちがいたという。

しかし、そうしたケースはむしろ例外に属すると言った方がよい。洗脳的拷問のあげく自白し、公判廷にまでこの自白を維持した者の多くは、その自白の内容を決して信じてはいなかった。いや、まるっきりのデタラメだと知っていたと言ってもよい。ではなぜ、彼らは自白を撤回しなかったのだろうか。

裁判の数ヵ月前、ロンドンは検察官らの立ち会いの下、連座したもう一人の指導者スランスキー（元党書記長）と対面させられる。その時までには、すべての被告たちはおのおの自白を完成し、その一字一句を間違いなく反復できるようにまる暗記させせられていた。そのうえでの対面である。それは言わば、併合審議されるのちの裁判へのリハーサルであるかの如くであった。スランスキーは、ロンドンに向かって筋書通りの自白を語りはじめる。ところが、ことがロンドンに関わる部分にかかって、突然、筋書をはずれ、ロンドンは長く祖国にいなかったので反逆の陰謀に加わることはありえないと言ったのである。ロンドンは動揺する。そして自分がしゃべる番になって、この機会に身の潔白を叫ぶべきかどうか迷う。しかし、ここで与えられた自らの役割から逸脱したとき、どういう結果がもたらされるか分かったものではなかった。迷いの中で口をついて出た言葉が、暗記させられたとおりの筋書だった。言わば、反射的にそう対応するよう条件づけられていたのだ、と彼は言う。実際、すでに山なす自白調書に署名し、また共犯者たちの膨大な調書があることも知っていた。そんななかでの自白撤回が、自分の立場を悪化させることにしかならないことを、十分承知していたのである。

被告たちは与えられた自白を繰り返すしかない立場に追いやられていた。たとえ公判廷で自白撤回をしても、ただちに万言を尽くして反証がなされるであろうし、そのまま絞首台に送られるだけであろう。そしておまけに、絞首台の下につれてこられるまで、党に唾を吐き、世界世論を前に党の信用を失墜させようとした人物として永久に糾弾されるに違いない。結局、彼らは党に与えられた役割を演じるしかないのである。

「役割を演じる」、まさにそのとおりである。当初は、自分たちが主人公を演じるべき国家反逆の芝居の全容は見えない。その部分部分を与えられ、追及されるのみで、ただ闇雲にそれに抗うだけ。しかしそのうち少しずつ追いつめられてある一部を認め、また次の一部を認めて、やがて舞台の全容が見えはじめたときには、もはや抜き差しならないところに追い込まれている。そこでは反逆者の役割に扮する以外に道はない。セリフも十二分に繰り返し練習したおかげで、とどこおりなく、まるで最初から自分の言葉であったかのごとくに、口をついて出る。

裁判はロンドン逮捕から二年近くたった一九五二年十一月二十日に始まった。起訴状の朗読後、尋問の順番が自分にまわってきたとき、ロンドンは、一点のよどみもなく、「長いレッスン」を唱えはじめる。

私は自分の文章を冷静に、熱意をこめて、まるでそれが自分とは関係のないものであるかのように語っていた。私はまるで自分と瓜ふたつの人間の尋問に、証人として立ち会っているといった感じすらいだいた。[38]自己像幻視《ドッペルゲンガー》とも言える非現実感のなかで裁判は進行する。ロンドンは、またこうも書いている。

私はしだいに、自分の人格が分裂していくような感情を味わっていた。つまり私は、この裁判の俳優であると同時に観客でもあったのだ。ひとつの考えが、たえず私の頭の中につきまとった。「モスクワ裁判も、ブダペスト裁判も、ソフィア裁判も、こうだったのだ……。であるとすれば、どうして私は、また私だけでなく世界中の多くの共産主義者や多くの誠実な人びとは、あんなにも深い信頼の念をもって、どうしてこのような演出を信じることができたのだろう[39]」。

彼はこれを「悲劇の演出」と言い、また一方で、とんだ茶番の「裁判喜劇」とも言う。いずれにせよ被告一四名の全員は、とどこおりなくこの芝居を演じきる。そして判決はスランスキーをはじめとする一一名に死刑、ロンドンを含む三名に終身刑。きわめて苛酷な判決であった。誰もが死刑を覚悟してはいた。しかし、おのおのの検察官はわずかながらも希望をちらつかせて、被告たちを生きながらえさせてきたし、かれらはまたこの希望にしがみついてきた。

いったん房に返された被告たちは、検察官との面会を求める。ところが裁判の間ずっとつきそっていた検察官は、いずれも判決と同時に姿を消していた。最後の最後になって頼るべき唯一の糸は、名だけの弁護士ではなく、それまで党を代表し、党との仲介を果たしてきた検察官であった。長い尋問の期間を通して、被告たちはそれぞれの検察官との間に、奇妙な人間関係を作り出していた。検察官たちは党の名において、被告が党の利害に一致した態度をとるならば、もっと別の運命を約束すると断言したではないか。これさえも罠であったのか。罠と知って被告をンドンは言う。

欺いたものもいたかもしれない。しかし、罠とは知らず、自ら本気で被告をそう説得した検察官もいたはずだと、ロ

彼らのうちのある者は、共産主義的モラルとか、寛大さとかについての党の明言を、そのまま信じていた。彼らは、私たちにたいして彼らがたえずふるう荒々しさ、暴力といったものが、一つの意味をもち、最終的には正当化される、と鉄のように固く信じていた。おそらくそれはプロレタリア的ヒューマニズムであるか、あるいは少なくとも、それに役立つ一方法であると信じていたのだ。(40)

被告たちは、こうした検察官に、言わば人格的に同一化していた。この検察官を最後の最後で舞台からおろしたのは、見事な演出かもしれない。これで頼みの綱が一切断たれてしまったのである。

かわりにやってきた弁護士は控訴を断念するように勧める。裁判の様子を報道で知った大衆が一四人全員の死刑を求めて押し寄せている、国際情勢が深刻化していて再び戦争が始まるかもしれない、それに終身刑を受けたあなたが控訴すれば、逆に今度は絞首刑をまぬがれることはできないだろう……。被告のおのおのがいろいろな形で弁護士から説得をうけたのであろう。死刑の一一名には恩赦の可能性をちらつかせたのかもしれない。結局、判決を受け入れる以外に道はなかった。

最後の審理が再開され、被告は順々に証言台の前に立つ。「私は、私に下された刑の判決を受けいれます。そして上訴する権利を行使することをやめます」。

こうして長期間にわたって作り上げられた芝居が筋書どおりに演じられ、最後の幕が下ろされる。そして、死刑判決を受けた一一名は、のちに判決どおり絞首台に上がる。彼らは刑の執行前に、近親者および党首ゴットヴァルトにあてて、自己の無実を訴え、自分たちが自白を承諾したのはただ党と社会主義の利益のためだったとの手紙を書き残している。その手紙は、十数年をへた一九六八年の「プラハの春」にはじめて公開された。

自白は捏造され、見事に演出されて、劇《ドラマ》は終る。たった一人がこの虚偽の罠にはまったのではない。一四人もの

無実の被告が、一人としてはみ出すことなく、まったく同じ罠にはまり、しかもこの罠を多くの検察官、裁判官とともに一糸乱れることなく演じ切った。そこにこの悲劇の恐怖がある。

さて、アルトゥール・ロンドンの手記『自白』によりながら、洗脳的拷問によって虚偽自白が作られていく過程を長々と紹介してきた。ロンドンの『自白』はもちろん歴史上の一事件における一個人のきわめて特殊な一事例である。そして具体的な個別事例である以上、そこには少なからずその事例に特殊な側面が含まれている。しかし、一方でどのように特殊な事例にも、かならず他の事例に通じる普遍相が含まれている。私としても、できるだけ、そうした部分を引き出して記述してきたつもりである。実際、ロンドンがありもしない反逆罪の主人公に仕立てあげられて、虚偽の自白を行うに至ったことは、けっして彼個人に特異な出来事とは言えない。彼と同様の立場に追い込まれたならば、まずほとんどの人が彼と同様に虚偽の自白を演じる以外になかったであろうし、また無実の人間をスパイに仕立てあげて、罪を認めさせ、葬り去るという事例もまた、歴史上けっして特異とは言えない。いやそればかりか、このプラハ裁判でロンドンらに対して用いたのと同様の手法が、まったく歴史と伝統を異にする所でも用いられている。それは単なる符合とは言えない。しかも、この手法にはめられていく被疑者・被告たちの心理メカニズムにも、驚くほど共通の様相が認められるのである。

ここでの私たちの問題意識は、ロンドンに見られたような自白過程の背後に、取調べる側の心的構図を読みとっていくことにあるのだが、そのことに触れる前に、ロンドンの洗脳的自白を整理する意味もこめて、もう一つの洗脳事例をロバート・リフトンの調査研究から簡単に紹介しておきたい。それによってこの種の自白のある普遍的様相が見えやすくなると思うからである。

3　洗脳的自白の普遍相――象徴的死と再生

ロバート・リフトンは、[41]第二次大戦後、中国で洗脳（思想改造）を体験した多くの人びとに面接調査を行ない、その結果を『思想改造の心理』という大部の書物にまとめている。中国における洗脳は、前述のように東欧やソ連でのそれとはちがって、国家反逆等の事件の自白を求めるより、むしろ思想改造して共産主義の唱導者に仕立てることに主眼をおくものであったし、またその方法についても一人の被疑者・被告を尋問者が問いつめるという形ではなく、すでに洗脳が進んだ他の数人のメンバーの中に入れて、集団の圧力を利用する点で、東欧・ソ連型とは異なる。しかし、そのような相違点があるにも拘らず、基本的なところで両者は一致するといってよい。

リフトンは、「思想改造の心理過程」を「死と再生の苦悶劇」と呼ぶ。最初、反動的スパイとして捕らえられた人物は、思想改造の過程で、いったんいわば象徴的な意味で死に、新しい人間として生まれ変わるというわけである。この「死と再生」の過程で、自白が重要な役割を果たす。つまり、自白は犯罪者であったかつての自分を葬り去るための墓標であり、同時に新たな人間の誕生を示す出生証である。リフトンは「死と再生」の過程を一二のステップに区分しているが、これを以下大きく三つの段階に区切って見てみる。

象徴的死まで

かつての思想を洗い流し、かつての自分を捨て去って、そこに新たな思想を注ぎ、新たな自分の鋳型を作り上げるその分岐点を「象徴的死」という言葉で表すのは、リフトンの卓抜な着想である。

象徴的死とは、「私が私と思っている私」、通常心理学で言う自己同一性(identity)が完全に喪失されることを言う。ふだん、私が私であるという自己同一性はあまりに自明で、これが壊れるなどということがあるとは考えられない。それは、ちょうど自分の死後の世界を思いうかべることが困難なのと同じだと言ってもよいかもしれない。ところが、この自己同一性はそれ自体で成り立っているものではない。それはまず、日常世界においていろいろなことを自分で決め、その結果を自分で引き受けるという自律感(autonomy)に基づき、周囲のいろいろな人びととの集団のなかで与えられた位置や役割(たとえば、家庭では父であり、世間では医者であるとかいった)に支えられ、あるいは身近な他者との間で行う共同の営み(生活や労働)によって守られている。

逮捕された囚人に加えられるのは、まずこの自己同一性への攻撃である。日常生活から突然遮断されて、その全生活を支配され、肉体的・精神的拷問にさらされ、身体的にも精神的にも疲労困憊させられる。そのなかで、一人の人間としての自律性を徹底して奪われ、攻撃に対して内側から抵抗していくだけの力を失ってしまう。しかも、ふだんならこの自分が崩れていくのを防ぎ、守ってくれるはずの他者からは完全に遮断されている。「私はスパイなどではない。歴とした医者だ」と言い張っても、権力側には屁でもない。世間では「医者だ」で通用しても、獄房の中ではそんな地位など、何の役にも立たない。それどころか、ひどい侮辱的行為によって、人間らしくあることさえ阻まれる。これらは前節のロンドンらの洗脳的自白の人格的屈従にほとんどピタリと重なる。

こうした過程をリフトンは「自己同一性《アイデンティティ》に加えられる攻撃」として、まず象徴的死への第一ステップにおいている。これによって囚人は「自分が何者であるか」という自我感が曖昧になり、無力感のなかで、他者の影響を受け入れやすくなる。そうした状態において「お前は気づかずとも罪を犯しているのだ」と追及される（ロンドンの言う「客観的有罪」の追及）。ここでの「罪」は特定の具体的事件を指すものではない。追及者は、囚人の罪を断固として信じ、それでいて罪の中味は、曖昧かつ融通無礙である。しかも囚人はいくら弁明しても聞き入れられず、かえってその弁解の言葉を逆手にとられて、それを犯罪ストーリーのなかに組み込まれてしまう。最初は憤慨して、その怒りをもって抵抗しても、やがてその力も失せていくなかで、漠とした罪意識をもちはじめる。リフトンは、それを「自由に浮動する罪悪感 free-floating sense of guilt」と名づけている。これが第二ステップである。

さらに、自分の罪の感覚にさいなまれはじめると同時に、かつての自分の友人、知人たちも同様の罪を犯しているとの非難を受け、囚人自身がこの非難をかつての友人、知人に向けて投げかけることを要求されていく。これは自己の罪悪感を増大させるだけでなく、かつて自分自身を支えてくれていた依りどころを掘り崩すことにつながる。こうして自分自身の存在を造っていた他者や組織、行動基準を放棄し、ひいては自分自身の生の核心（vital core）を裏切ることにもなるとリフトンは言う。これが第三ステップで、「自己背信」と名づけられている。

やがて、こうした状況が耐えられる限度を越える。罪内容の曖昧な、それでいて罪名ばかりは恐ろしい犯罪のゆえに告発され、敵対することもできず、無実を主張すれば、まるで妄想患者であるかのように扱われ、よってたかって周囲から「治療」の手を差しのべられる。これをリフトンは「敵対的疎隔 antagonistic estrangement」と名づける。つまり、敵対的関係であることは間違いないのだが、私が先に述べた戦闘的拷問でのように、正面切っての敵対にならない。無実の主張は敵対的行為と理解されるより、むしろ妄想と解釈され、治療の対象となるというのだから、囚人はどのように弁明につとめても、糠に釘。自分の言葉が正面から受けとめてもらえないその疎隔感は苦しいものである。日常生活でならば、ある人からまともに受けとめられなくとも、受けとめてくれそうな別の人を求めることができる。ところが囚れの身の人間にはそれが不可能である。やがてどうしようもない疎外感と無力感に陥って、一切の出口をふさがれた感覚にとらわれる。ここで身体的、心的統合が破れてしまい、囚人のなかにはひどい不安とうつ状態のなか、自殺を考えはじめるものもでるという。彼らは、もはや死に体、かつての自分はほとんど死んでいると言わねばならない。こうして象徴的死の時がやってくる。これが第四ステップである。

自白

かつての自己が象徴的な意味で死んでいくその過程で、突如、追及者が寛大な扱いを見せ、囚人に希望をかいま見させるステップがあると、リフトンは言う。ただ、その間自白追及の手がゆるめられるわけではない。むしろ、「鎖と苦闘」がべったりつづいたのち、突然、親切な思いやりのある態度で遇されることで、囚人は抵抗の気持ちをもりかえすより、かえって生への道を求めて、言いなりに自白しようとの思いに駆られる。追及者が、人間的な寛容さを示してくれたことで、あらたに希望を抱きはじめる。いったん閉ざされた出口が、再び見えはじめたように感じる。自白し、自己改造することで、救われるかもしれないと思いはじめるのである。

緊張した苦しい追及をただまっしぐらに推し進めるよりは、むしろ激しい追及のあいだに、ホッとなごむ暖かなやりとりを加えた方が効果的だということは、古くから言われたことである。ただひたすら厳しい追及が耐え難い以上に、厳しい追及がフッと凪いでホッとしたひととき、再び先の苦しさがいつ舞い戻ってくるかと思う恐怖はさらに耐え難い。この凪の時に、ここで自白しさえすれば救われるかも知れないという思いが忍び寄ることは、人間ならやむをえないことであろう。こうして寛容のなかに希望を求め、救いへの機会をつかもうとする気持ちが芽生える、これをリフトンは前の「象徴的死」の段階に続く第五ステップとしている。

このステップ以前のところから、もちろん自白への圧力はずっと加えつづけられている。そして、かつての自己が死に瀕し、絶望のなかで新たな希望をかすかに見つけたとき、自白への圧力がどっと押し寄せてくる。これに耐えるだけの自己はすでに失せ、自白の方向にしかもはや救いを見出せない。これが青地晨の「魔の時間」[42]ということになろうか。しかし、ここでの自白は「おおまか wild」なものでしかない。実際に身におぼえのないことを自白しようというのであるから、それは当然である。もっとも、追及者がどういう自白を求めているかの大まかなところは、それまでの追及から推察はできる。ロンドンのばあいなど、追及の期間が長く、その間に検察官から、共犯者の自白など種々の情報が与えられているために、自分に何が求められているのかについては、その時点でかなり分かっていたはずである。しかし、それでも最初の自白はごく大雑把なものにとどまっていたし、それも「客観的」にみれば有罪かもしれないが、主観的な自分の思いとしては罪を犯すつもりはなかったという程度のものにすぎなかった。リフトンが調査した人びとのばあいも、同様に「客観的」にみれば有罪ではないかとの追及を経て、大まかな自白が吐き出されるところから、自白は出発する。そして、自分があたかも犯罪人であるかのようにふるまいはじめる。言わば「犯罪者の役割を演ずる」[43]のである。リフトンのこの表現もまた、そのままロンドンのそれと重なることに気づく。

自白から再生へ

しかし、この自白はまだ序にすぎない。最初の大まかな自白だけで追及者が満足してくれることはないし、自白が現実と矛盾をきたすこともあろう（ただ、ロンドンなどのケースのようにのちに公判廷で国家反逆の罪を自ら認めさせねばならないばあいとちがって、中国での洗脳の多くは事件そのものの自白、再構成は二の次で、精神浄化、思想改造が主要な関心事であるがゆえに、他の共犯者との辻褄を合わせるなどの繁雑な作業を必要としない）。最初のおおまかな自白で追及者が追及の手をゆるめ、それでよしとすることはない。そこで囚人たちは、追及者の求めるがままに、さらに有罪性の強いことをことさら強調して、自白を自ら創り出しはじめる。かつての自己同一性が葬られたあと、「悔悟せる犯罪人」という自己同一性《アイデンティティ》にすがるようになるのである。リフトンは、このことを、自らの内的空虚を埋めようと「自白強迫」に駆られると言い、また自白の過程に「創造的」に参加するとも言う（これが第六ステップ)。

このあたりまでくると、ロンドンの自白過程からさらに一歩踏み出している。ロンドンのばあい、党が求め、検察官が求める本件の全体像にまでたどりついて、一四人の共犯者の自白が矛盾なく整合的なストーリーにはめこまれたところで、自白は完成する。あとはこの虚偽の自白を法廷でとどこおりなく演出することだけが問題となる。しかし、前述したように、リフトンの対象者たちは、この自白によって過去の自分を清算し、新たな人間(共産党の唱導者)になることが目標なのである。それゆえ、自白によって「犯罪者の役割を演ずる」ところを越え、ますます深刻な自白に自らを追い込むことでさらに深く自己を改造することになる。やがて、悔悟せる犯罪者として、自らの罪や悔恨を表現するための思想改造的な概念枠組を学びとっていく(これがリフトンの第七ステップ)。この概念枠組のなかで、さらに徹底的にかつての自己の解剖がすすみ、自己批判が進展する(第八ステップ)。このようにして、かつての自己を完全に葬り去ったあと、やがて「新しい人間」として周囲の人びととの調和感覚が得られはじめる。それまで自分を侮蔑し、批判し、自己改造に手を差しのべてくれた人びとに、当初のような敵対ではなく、反対に親密感をおぼえはじめ、かつての疎外感は、しっかりとした実在感に変わりはじめる(第九ステップ)。

そのうえで、簡潔な「犯罪自白」がまとめられる。先のおおまかな自白にはじまり、さらなる追及によって、歪んではいるが現実に即した詳細な創造的自白を経て、最終的にこの自白にたどりつく。そこではかつて追及者から投げつけられた非難がそのまま自己非難になり、自白が内的確信をもって語られるようになる(第一〇ステップ)。こうしてかつては帝国主義の手先であった医師あるいは司祭が、自らすすんで中国共産党に共鳴する医師となり司祭となって、生まれかわるのである(第一一ステップ)。そして最終のステップは、時を見はからっての解放ということになる(第一二ステップ)。

実は、洗脳され、改造された思想が釈放後もそのまま持ちこたえられていくかというと、そうではない。環境が変わり、自由に振る舞える場所に落ちついたとき、再生したはずの新しい人間が、あらたに自己同一性の危機にさらされる。偽りにせよ、また短期間にせよ、囚われた環境のなかに適応し、自らひとつの自己同一性を身につけてきたのである。釈放されて、再びこれでもって適応できない環境に引き戻されたとき、そこでこのにわかづくりの自己同一性を、やはり壊さねばならない。実際、洗脳が長期に持続する効果をもったケースはほとんどないという。

さてこの洗脳が釈放後どこまで長期的効果をもつかはともかくとして、少なくとも身柄を拘束したなかで行われる洗脳過程が、その各時点で、ほとんどの人間に対して絶大な力をふるったことは、リフトンの調査から明らかである。そしてこの洗脳にはある共通の流れがある。すなわち、身柄を拘束して囚人の全生活を支配し、外からの情報を遮断した状況下で、あしざまに非難して、罪を追及しつづける結果として、囚人たちは自己同一性を喪失し、象徴的な意味での死を体験する（第一段階）。そして自白することにしか希望が見えなくなって、ひとたび偽りの自白を吐き出したあとは、巧みな情報操作によって望まれる自白ストーリーを自ら紡ぎ出し、それを演出していく（第二段階）。そうしてかつての自己を葬り、新たに演出した自白にあわせたかたちで新たな自己が再生していく。ここに思想改造を果たした新しい人物が生まれることになる（第三段階）、というわけである。

リフトンの描いたこの象徴的死と再生の流れが、アルトゥール・ロンドンのたどった自白の過程と多分に重なるものであることは、ここで重ねて指摘するまでもなかろう。リフトンの記述は、そのままロンドンの『自白』の要約であると言ってもさしておかしくないほどである。ただ、リフトンの調査対象となった事例は囚人を共産主義の新たな唱導者にすることを目標にするものであったのに対して、ロンドンたちのばあいは国家反逆のスパイ行為を行ったとの自白をとることそのものが目標であった。つまり、リフトンの対象者たちにとっては「再生」にこそ意味があったのに対して、ロンドンたちのばあいは「象徴的死」のうえで虚偽の自白を演出すれば、そこで目的は達せられた。いや現に無期刑のロンドンはともかく、一四人中の一一人までが「象徴的死」のうえで、その自白の演出から「現実の死」に直結したのである。ロンドンらの虚偽自白は、リフトンの第三段階「再生」のほんの最初のステップで、結末を迎える。その点がほとんど唯一の違いである。

こうしてみると、洗脳的自白の普遍的様相がほぼ見えてくる。まずかつての自己の象徴的死の過程が進行する。そうしてほとんど死んでしまったところで、ただ一つの出口の展望が開かれる。象徴的死の境地に達したものは、もはや自動的にそのただ一つの光の方に向けて踏み出すしかない。それが虚偽自白なのである。

第四節　拷問的取調べに底流する心的構図

アルトゥール・ロンドンの『自白』もロバート・リフトンの『思想改造の心理』も、拷問的・洗脳的な取調べの場において、拷問を受け、洗脳的技法によって取調べられた側からの手記であり調査である。残念ながら取調べた側の手記や調査は、私たちの目の触れるところにない。そこで私たちは、取調べられた側の資料から、取調べる側の心的構図を浮かび上がらせる作業をここで試みなければならない。

1　権力とその見えなさ

最初に確認しておかねばならないことは、取調べられる者は徹底して一人であり、それに対して取調べる側にはかならず一定の権力をもった組織が背後にあるという事実である。このことはこれまで何度も繰り返してきたことだが、ここで再度確認しておかねばならない。

取調べの場には、取調べられる被疑者の身柄を拘束するだけの権力的関係が貫通している。魔女裁判では教会という名の圧倒的権力が異端審問という制度の下に個々の魔女を取調べの場に引き立て、拷問にかけ、処刑してきた。そして本章での粛清裁判にも同じように、個と権力的組織という構図がある。しかしロンドンらの事例が魔女裁判とはっきり違う点が一つある。端的に言えばそれは、魔女裁判のばあい取調べられる被疑者にとって自分を取調べ裁こうとしている権力が有形で、見えやすいのに対して、粛清裁判ではそれが非常に見えにくいということである。

魔女裁判では、誰かから「あいつは魔女だ」という告発がなされる。あるいはすでに魔女とされた者が自白のなかで魔女仲間として他の人の名をあげる。そのことによって被疑者となった者はいくら弁明しても逃れようのない魔女狩りの回路のなかに押し込まれてしまう。しかしその回路のなかを引き回す者が自分の前にいる審問官その人であることは明らかである。少なくともその後で糸を引いている人間を想定する必要はない。取調べる側はたしかに強大な権力的組織を背後にもっているのだが、審問官はその権力の直接の体現者として登場し、現実に被疑者の扱いを各ステップごとに決める決定権を握っていた（もっともそのたどる回路は最初から決まってはいたが）。拷問するについても誰はばかることなく正義の行為として堂々と公に拷問を指揮した。拷問についてのマニュアルまで公刊されていたし、権力は権力として堂々と顔を表にさらして、取調べ、裁判の一つ一つを指揮したのである。法がまだ権力から十分分化していない時代にあっては、権力はそのようにむき出しの形で人々の前に登場する。

しかし時を経て二〇世紀の時代になれば、すでに法は法として権力から分化した形をとっている。いかに権力が強大であれ、少なくとも形式的には独立した法制度を無視することはできない。犯罪事実の認定を目的とする取調べも、むき出しの権力が直接これを引き回すというぐあいにはいかない。ロンドンたちを訴追した直接の意図が権力機構のどこから発したのかは不明である。ただ明らかなことは、ロンドンら被疑者たちの前に登場した検察官たちがその権力機構の末端にすぎないということであった。

それに、認定すべき事実の中身が魔女裁判のばあいとまったく異なる。刑罰の対象となる事実が「悪魔と寝た」とか「魔女集会に参加した」などという現実離れしたものであるときには、現実との照応を必要としないがゆえに、取調べ自体が、個々の審問官の強圧的な思い込みと苛烈な拷問だけでゴリ押しできた。ところがロンドンらの国家反逆罪のばあい、どれほど荒唐無稽なものであるにせよ、それなりに現実との照応を必要とする。あくまで原則としては行為的事実を裁くものでなければならないのである。つまり個々の被疑者の過去の行為がスパイ行為として事実認定されねばならない。この事実認定の作業は膨大である。まして連座した共犯被疑者の数が一〇名を越えるとなれば、それはもはや個々の検察官の範囲のなかで片づけられることではない。そこにおのずと集団的な捜査体制が要求される。もちろん集団的な捜査体制そのものに問題があるわけではない。捜査集団に属する個々の捜査官が白紙の状態から被疑者を取調べ、その真実性を個々の判断で決定し、これを持ちよっておのおのの聴取内容を付き合わせ、真相の解明に努めるのならば、そこに虚偽自白の入り得る余地はない。問題は捜査が具体的に始められる以前の段階で、「こいつはスパイだ」という結論が強烈な意志としてすでに存在して、これが捜査の集団体制を領導することにある。取調べ以前にこの強烈な意志が存在するという点では魔女狩りのそれと変わらない。ただここではこの意志が捜査体制を始動させるのみならず、その展開を指導し、強く規定して、現実との照応を偽装した精細な事実認定を導く。

このことはこう言いかえてもよいかもしれない。つまり、被疑者を犯人(魔女ないしスパイ)と決めつける強烈な意志が、魔女狩りにおいては個々の審問官にむき出しの形で現われる。それとはちがって、粛清裁判ではその意志の主体たる権力が直接的な形では見えない。個々の検察官はなるほど「おまえはスパイだ、吐け」と迫るが、そこには彼らをしてそう言わしめている背後がある。背後の組織ぬきに、被疑者をスパイと決めつけて自白を迫る個人的意志が、個々の検察官にあるのではない。

ロンドンが国家反逆罪の容疑で逮捕され、取調べの場に引き立てられたときも、目の前に登場した個々の検察官が直接に彼の容疑事実全体を検討し、証拠判断し、処分を決定するわけではなかった。ロンドン自身の処遇について決定権をもっている者は、目の前にいる検察官の背後の何者かであった。現に彼の尋問にあたった検察官の多くはにわかに養成された新米であったし、その新米検察官がとっかえひっかえ彼の前に現われた。彼らは尋問にあたって引き出すべき事項を自らの頭で考えたのではない。それをメモにまとめられたかたちで誰かから与えられていたという。つまり個々の検察官は自分で証拠判断し、尋問を組み立てる自己決定の権利をもたず、自分の属した検察組織(あるいはその背後の党組織)の方針どおりに上司の指示に従っているだけだったのである。

ロンドンにとって、自分が対すべき相手がよく見えなかった。背後に「党」の意志があることは推測できた。ただ彼にとってはその「党」こそが自分の信頼を寄せるべきものであった。信頼を寄せるべき「党」と、自分を不当なかたちで訴追しようとする検察官たちの背後に見え隠れする「党」、その両者がはっきりと見えないままに、時にダブリ、時に決定的にズレる。この見えなさこそが粛清裁判の特異性であった。そしてこのことが、取調べる側の心的構図のなかにも反映する。

2　権力的意志の下の確信の構造

権力の一翼を担う個々の検察官にとって、国家反逆罪の重罪被疑者はどういう者として見えるか。検察官たちは被疑者を前にして「われわれはすべての証拠をもっている」と言って脅す。しかし根も葉もない容疑に、そもそも証拠などあるはずはない。にもかかわらず検察官をしてこう言わしめるものはなにか。

政治的謀略として意図的に国家反逆罪をデッチ上げるという流れが、権力機構のどこかから生じ、これが権力機構全体を巻き込むにいたったのかもしれない。しかし、この機構の末端にあって被疑者たちと直接対面する検察官たちには、デッチ上げの意図はおそらくない。彼らはただ職務として上から流れてくる指令（つまり権力の意志）を忠実にまっとうするにすぎない。つまり、末端の彼らにも、被疑者にとってと同様、権力は見えない不明のものとしてある。そして同時に、自分の力では動かせない絶対のものとしてある。その不明の絶対から、被疑者たちは国家反逆を企てた大罪人だとの断定的情報が下され、自白をとって犯罪の証明とするべく使命が与えられる。

巨大権力組織の全構成員がみな、被疑者たちの無実を知ったうえでデッチ上げようと確認し合い、一丸となってその謀略を遂行するなどということは考えられない。とすれば上意下達の階層組織を伝って、一部の意図が末端には絶対的指令として下りてくると考える以外になかろう。そしてその発端となる上部の意図でさえも、完全に意図的な謀略とはかぎらない。むしろ根拠薄弱であれ、何かをきっかけとした猜疑心にはじまって、被疑者たちのふるまいに国家反逆の臭いをかぎ、それが肥大して確信にまで達したのかもしれない。意図的謀略にはじまったか、あるいは単なる猜疑心にはじまったか、そのあたりのことはわからない。しかしいずれにせよ、権力組織のなかを情報が流れるなかで、それが末端にたどりついたとき、そこには「こいつは犯罪者」だというある種の確信がまとわりついている。

もちろん数ある検察官のなかには醒めた者もいる。彼は目の前の被疑者が実際にはスパイなどではないと気づいたのかもしれない。しかし、だからと言って彼らは被疑者たちの無実を証明する方向に取調べを転換しようとすることはない。彼らはそこに強大な権力の意志が貫通していることを知っている。そしてそれに抗うことの無益をも知っている。それゆえ彼らは冷徹に尋問をすすめ自白聴取に励む。あるいは一方に、被疑者にむき出しの憎悪を見せる者もいる。いま国家反逆罪に問われている当の被疑者（この人たち自身、かつては党の幹部であったのだ）に対して個人的な怨みをもっている者もいたし、被疑者がユダヤ人だというだけで人種的な憎悪をむき出しにする者もいた。

しかしいずれにせよ、取調べにあたった検察官たちは、ある種の「確信」の下に、冷徹に、あるいは激烈に被疑者を責めたてた。しかしこの「確信」が何らの明確な根拠に基づいていないことだけは確かである。「われわれはすべての証拠をもっている」というのは、上司からの情報の受け売りか、あるいは取調べ上の常套句かわからぬが、どちらにしてもこれが実質的な根拠にもとづいたものでないことはまちがいない。ここでも私たちは「証拠なき確信」に出会うことになるのである。

人の抱く確信には、論理的、合理的な意味での「証拠」はいらない。事あらためて言うと奇妙に聞こえるが、これは歴然たる事実である。世に迷信といい信仰というものは数多く、それに合理的な根拠が不要であるのは言うまでもないが、現実にこの世に起こった出来事についてさえ、人は「証拠」なく、他者からの情報のみで信じ込むことが少なくない。定評ある日刊紙や雑誌に書かれたニュース、あるいはテレビ、ラジオで流されたニュースを、読者・視聴者はいちいちニュースソースを確かめることなく、「〇〇新聞」に書いてあったから、「〇〇テレビ」で言っていたからということで信じてしまう。明確な証拠ぬきに伝えられる情報のことを「噂」と言うならば、私たちの周囲の情報はほとんど噂的と言わざるをえない。そして情報源の確からしさを信じていれば、噂は保留なく確信に近づく。

噂に関する古典的なテーゼによれば、噂情報は受け手にとって重要で（関心を惹きやすく）、かつ曖昧であるほど広まりやすいという(44)。前者の情報の重要度、関心度は当然のこととして、後者の情報の曖昧度という要因は少し分かりにくいかもしれない。しかし、この点こそが噂の噂たるゆえんをもっともよく示すものである。曖昧な情報ほど明確な根拠をもって否定しにくい、したがって広まりやすい。オルポートとポストマンがあげた例によれば、戦時下の軍隊では上級機関にある将校のほうが、兵卒よりもデマ（あるいは噂）に乗りにくいという。それは将校たちの方が来るべき戦闘での敵情や自軍の作戦・戦略をよく知っているために、根拠のないデマは容易に否定されるからである。このことから分かるように、人は問題の出来事について手持ちの知識が少なければ少ないほど、間違った情報に乗せられやすい。皮肉な言い方をすると、人は自分のなかに確かめられる根拠がないほど、情報を真に受けやすいのである。ましてその情報源が、ふだんから信頼を寄せているところとなると、情報はほとんど確信をもって迎えられる。

明確な証拠がないがゆえに確信するというパラドックスは、取調べの場にも深く入り込む。憎むべき国家反逆罪のスパイであるとの情報が、信ずべき上意下達の階層組織を通して、検察官に伝えられてきたとき、個々の検察官たちはこれを否定する反証の根拠をほとんどもっていない。それゆえ容易に受け入れられ、多くは確信にまで達する。しかも自分たちの信じる国家への反逆というもっとも憎悪すべき犯罪であってみれば、この確信は憎悪の力を得てさらに増強する。

ただここで、通常の噂の状況と異なるのは、目の前にこの情報を確かめることのできる当の被疑者がいるという点である。とにかくこの被疑者に聞けば分かるのだからと考えて、それまでの情報をいったん留保して、白紙で取調べることができれば、誤った情報を訂正することも可能かもしれない。しかし「証拠なき確信」にいたった人が白紙にまで引き返すのは容易ではない。確信を覆すだけの決定的反証が被疑者の側からあがれば、それも可能かもしれない。たとえば一般刑事事件のように、一定の日時、一定の場所で生じた犯罪について容疑をもたれた人が、その問題の時刻にまったく別の所にいたことが、別の疑うべからざる情報源から確認されたならば、どれほど濃い容疑の上で、取調官がどれほどの確信に達していたとしても、それはこのアリバイ証拠によって決定的に覆える。ところが国家反逆罪などという罪は、これと特定できる日時と場所をもたないがゆえに、反証もまた困難である。

もちろん無実の被疑者たちは、国家反逆罪という罪を否認する。しかし、「証拠なき確信」に達した取調官に、この否認は通用しない。権力に捕らえられた無力の一個人が、いくら言葉を尽して否認し、反論しても、それは「確信」を崩す「反証」にはならない。取調官の側からすると、被疑者が否認するであろうことは、最初から予期された、自明の前提なのである。その否認を打ち崩して、自白をとることこそが彼らの使命である。してみると事の流れは最初から決まっている。

被疑者をスパイだと確信し、それを前提に自白を求める取調官は、決して具体的な日時の、具体的な場所での出来事をスパイ行為として最初から突き詰めたりはしない。容疑事実を具体的に突きつけるほど、被疑者にとって防衛は容易である。何が問題にされているかがはっきりしているぶんだけ、身を守りやすいからである。そこで取調官たちは容疑を曖昧にしたまま、しかし断固として「おまえはスパイだ、吐け」と迫る。いや、彼らの「確信」に証拠がない以上、そうした攻め方しかできないというのが現実である。ところが、この嫌疑を明示しない形での追及こそがもっとも効を奏するのである。

被疑者は、曖昧な、しかし断固とした追及に対して、何とか身の潔白を証そうと弁明する。そして取調官は逆にその弁明の言葉のなかにスパイ行為の影を読みとろうとする。スパイ行為などという曖昧な容疑は、日常の人の出会い、そこでの振る舞いのなかに容易にはめこまれる。旧知の友人との出会いを、スパイどうしの情報交換に読み換えることはさして難しいことではない。公安警察の尾行が目立ちはじめて不安に陥った被疑者が党の有力者に相談に行くという行為を、スパイのもみ消し工作と読み換えることもまたやさしい。そうして無限の読み換えの結果として、被疑者の日常の諸々の行為がすべて犯罪的なスパイ行為に逆転する。こうした読み換えが、必ずしも悪意によってではなく、「証拠なき確信」の下に、熱意と冷徹さでもって進められ、あげくに当初の「確信」どおりのスパイ行為の筋書が完成する。そこに見るのは、魔女狩りに見たのと同型の、確信の自己実現である。

3　人格否定の心的構図

しかし「証拠なき確信」がその自己実現に向けて邁進できるためには、そこにもう一つのファクターが入らねばならない。つまり、被疑者の人格性を否定する取調官たちの心性である。

前章で私たちは、魔女裁判の苛烈な拷問が、被疑者の人非人視、モノ化の上にはじめて成り立つことを説いた。粛清や洗脳で用いられる拷問には魔女裁判でのように肉を裂き、骨を砕くほどの苛烈さはない。しかし、そこで行われる肉体的、精神的拷問もまた徹底した人格否定のうえに立っている点では変らない。魔女裁判において魔女の疑いで訴追された被疑者は、そのときすでに魔女そのものであるがゆえに、人間に加えられることのありえぬほどの拷問が加えられた。それと同じように、スパイ容疑で捕えられた被疑者は、単なる被疑者でなく、その時点ですでに唾棄すべきスパイそのものと見なされ、それにふさわしい扱いをうける。共産党独裁国家において国家反逆は最悪の犯罪であった。この犯罪を犯した者は、あらゆる人権を奪われ、それまでの人格性を否定される。アルトゥール・ロンドンは逮捕されたその時から、もはや政府要職たる外務次官ではない。それにまた国際旅団の歴戦の勇士でもなければ、古参の共産党同志ですらない。一切の肩書、経歴を奪われた一個の人間、いや人間ですらなく、ただの番号で呼ばれる一囚人であった。

このことが当の被疑者に及ぼす効果は、ロンドンの手記からつぶさに見たとおりだが、他方ここで問題となるのは、これが被疑者に関わる看守や取調官に及ぼす影響である。先に紹介したジンバルドの模擬刑務所実験では、囚人たちを番号で呼び、最大限に非人格化することで、看守たちのなかに容易に囚人たちの人格を否定する心性が生み出された。身体的暴力こそ禁じられていたが、それ以外のありとあらゆる侮蔑的行為を看守たちは囚人に向けるようになったという。わずか四日間の、しかも人為的な実験においてすらこうである。ロンドンらのおかれた現実の監獄での状況はいかばかりであったろうか。

後ろ手錠をかけたまま床のうえに置いた食事をとらせる。下痢をこらえきれぬ被疑者を後ろ手錠で立ったままバケツに排泄させる。そうした屈辱的行為を強制する。その看守たちの心性が、対等な人格性を完全に消し去ったところにしか成り立たないことは論をまたない。房内での何の意味もない歩行を無限に強制し、睡眠さえ奪うその拷問が、被疑者の人格否定の上にしか成り立たないこともまた明らかであろう。

取調べにあたった検察官にしても、被疑者の弁明にまともに耳を傾けることなく、ひたすら「吐け」と迫る、持病の悪化を訴えても医者に見せようとせず、かえってこれを利用する、あるいは連座した同志への憎悪をかきたてるために、その同志が妻と情交をかわしたなどどいう悪辣な情報操作を意識的に行う……こうした手練手管が、これまた人格性の圧殺の上でしかなしえないことはまちがいない。

人を人と見ない、人格を人格と見ないということこそ、残念ながらきわめて人間的な能力である。オオカミにとってオオカミはオオカミ以外のものではないがゆえに、敵オオカミが喉元を差し出したとき、もはやそれ以上の攻撃を加えることができない。しかし、このオオカミに不可能なことが、人間にはまさに可能なのである。あるいはこう言いかえてもよい。オオカミにとって闘争相手たるオオカミはなおオオカミである。つまり、そこでは敵概念が種概念のなかに包摂されてそれを越え出ることがない。ところが人間における敵概念は種の概念を越える。敵対する相手は、種の域を越えて人非人となりうる。言語を生み出し、象徴を操る人間は、それによって豊かで多彩な人間世界を作り出したと同時に、人を人と見ないおぞましい世界をも作り出した。「魔女」は人間でない、「ユダヤ人」は人間でない、「敵」は人間でない、「捕虜」は人間でない、「スパイ」は人間でない、その人間でない人間への憎悪は歯止めをもたない。人間以外の動物の世界にも暴力はある、しかし拷問はない。拷問とは、すでに倒した相手、すでに屈した者へのさらなる暴力なのである。この暴力を促すのが歯止めなき憎悪である。

アルトゥール・ロンドンのおかれた状況、そしてリフトンが対象にした中国の被洗脳者たちのおかれた状況は、まさに人格否定の状況であった。そこで用いられる手練手管には種々差があっても、本質は変わらない。それは、ある種の象徴的な殺人行為だと言ってもよい。リフトンの言うように、洗脳状況のなかで人は象徴的死を体験し、そのなかで虚偽の自白をとられていく。その象徴的死こそは、拷問・洗脳という形の象徴的殺人に対応するものだと言ってよい。そのなかで囚われる以前の自己を堅持し、その人格性を保持しつづけることはほとんど不可能である。ロンドンら一四名が見事に一致した嘘の自白を公の裁判で演じ切ったとき、それこそまさに彼らの死の象徴的儀式であり、権力による殺人行為の完成であったのである。

洗脳的拷問によって被疑者を象徴的な死に追いやり、虚偽自白を搾り取って、これを演じさせていく心的過程は「悪意のデッチ上げ」に集約されるほど単純なものではない。国家反逆のスパイの容疑で逮捕された人物が、一年と一〇カ月ののち裁判の場にあらわれて、自らの罪を認め、その具体的罪状をよどみなく述べる。逮捕されてから裁判に出廷するまでのこの長い期間にいったい何が起ったのか。もしロンドンらが生き残ることなく、この間のことを手記に書き残さなければ、この過程は永久にブラックボックスのまま、忘れ去られたかもしれない。しかし幸いにして、私たちはいまこのブラックボックスのなかの構図をおおよそ垣間見ることができる。以上をまとめる意味で、この構図を模式的に表してみると図6のようになる。

被疑者が囚われた場所は、強力な権力＝組織である。そこでは情報が対等なかたちで還流せず、もっぱら上から

図6　取調べのブラックボックス

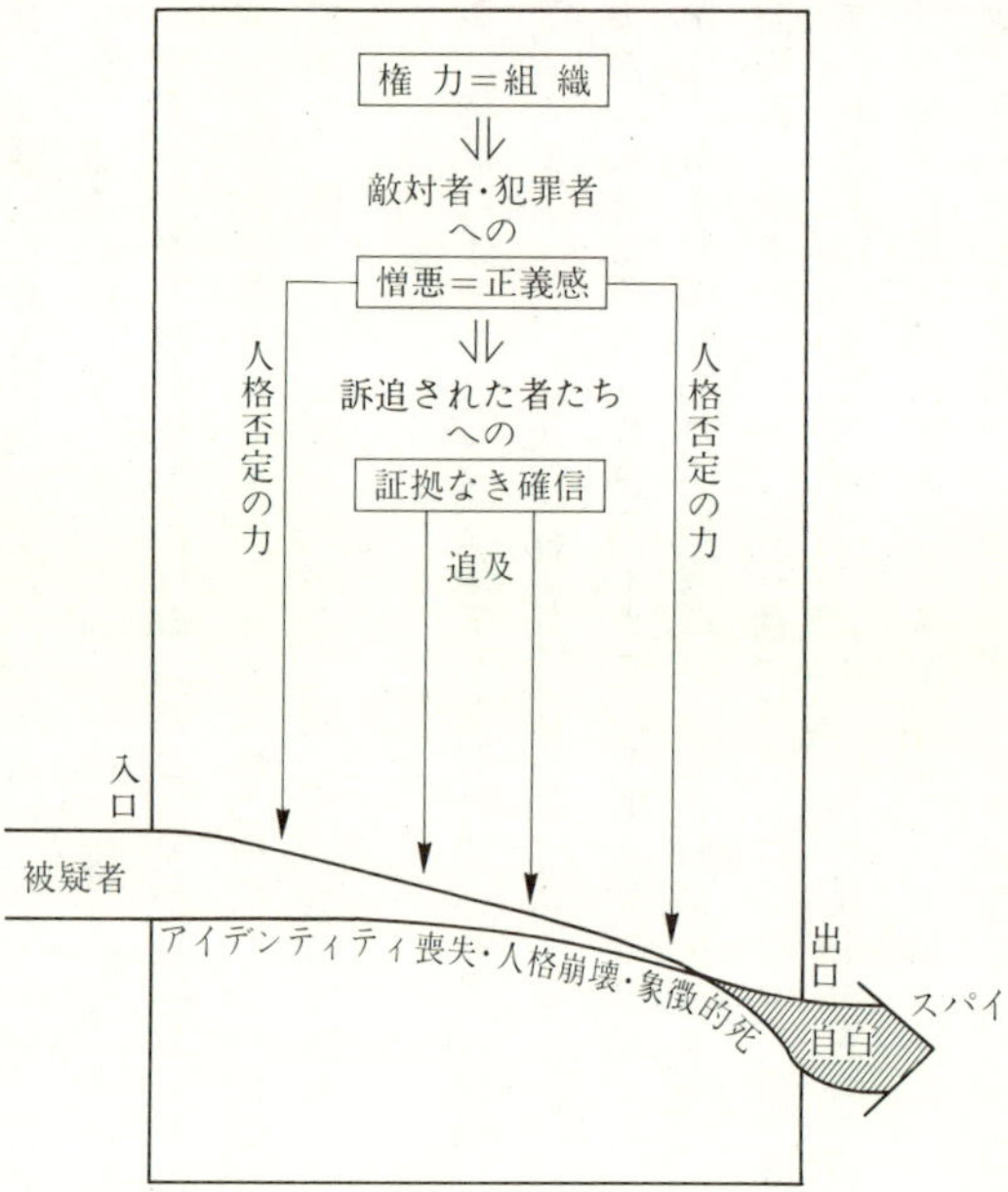

下へと流れる。被疑者はスパイではないと思った者がいたとしても、その情報がフィードバックして、もとの容疑情報が正されるということはない。むしろ反対にスパイとして逮捕した以上、スパイとして処遇し、スパイとして自白させることに熱意をもやす官僚的検察官が大半を占める。直接生活を見る看守たちにとっても、被疑者は最初から名前なき囚人なのである。そのなかで、証拠なきまま確信に達している取調官たちは、憎悪と正義感に駆られて、被疑者を責め、その人格を否定する。逮捕によってすでに自己の生きてきた生活空間を奪われた被疑者たちは、弁明の無力さに打ちひしがれ、ありとあらゆるかたちで人格を否定されて、やがてアイデンティティを失い、それまでの人格を崩壊させられて、象徴的な死を迎え、ただ一つの逃げ道である自白に陥っていく。この取調べのブラックボックスの入口に押し込まれた時点で、被疑者の運命はもはや決まっていたといってもよい。

　こうしてまとめてみたとき、時代状況も具体的手段もまったく違うにもかかわらず、ここに魔女裁判とほとんど同じ構図が浮かび上がってくることに気づく。図中に書き込んだ「権力＝組織」、「憎悪＝正義感」、「人格否定」、「証拠なき確信」のいずれも、すでに魔女裁判で指摘したものでなかったか。

　何ら具体的証拠のない無実の者を自白させるという取調べや裁判は、その対象や状況いかんにかかわらず、共通の心的構図をもっているのではないか。ここまできて、私たちはこの平凡な事実に気づく。はたしてこの事実が、まさに具体的事実そのものが問題となる一般刑事事件にもあてはまるかどうか。それが次章以下の、私たちの本題にかかわる問題である。

第三部　刑事取調べの心的構図

私たちは、第二部において、肉体を遮二無二責め立てて無理矢理自白を搾りとる「魔女狩り」(第三章)、肉体を責めるだけでなく精神的な拷問を加え、巧みな情報操作によって自白させ、自白を演じさせる「洗脳」(第四章)を、虚偽自白の二つの典型例としてとりあげてきた。しかし、それは長い人間の歴史のなかに現れた虚偽自白の典型ということであって、それがただちに今日の刑事事件での虚偽自白事例の典型だというわけではない。いや今日では、そのような肉体的、精神的な拷問による取調べは法の上で積極的に排除されている。にもかかわらず、私たちが、これまで長々とこの拷問事例を論じてきたのは、拷問が取調べ方法として禁じられ、また現実的にもあからさまな拷問がほとんど見られなくなった今日の取調べにおいて、なお虚偽自白が頻々と出現してくるについては、拷問事例での虚偽自白と共通の構図が、形を変えて認められるように思うからである。

第三部では、その点を意識しつつ、今日のわが国における刑事取調べに焦点をあて、ここになお虚偽自白の土壌が根深く残っていないかどうかをみる。あわせて現代アメリカの被疑者取調べ技法との比較検討のうえで、虚偽自白の根を絶つ方途を模索したい。

第五章　わが国の刑事取調べの現状

刑事捜査における被疑者の自白の心理を考察するためには、遠まわりのようだが、まず捜査において取調べる側の心理状況を考察することからはじめなければならない。というのも自白の心理は、さきに第二章で指摘したように、取調官―被疑者の相互作用のなかで展開するものであって、この相互作用的関係の文脈をはなれて被疑者単独の心理状況として考えうるものではけっしてないからである。それにこの取調官―被疑者の相互作用関係においてイニシアティブをとるのは、圧倒的に取調官の側なのである。まず、取調官がどのような姿勢で取調べに臨むか、その心理状況を考えるところから論じるのでなければ、自白心理の全体像を捉えることはできない。

第一節　魔女裁判・粛清裁判と一般刑事捜査との相違

魔女裁判においては、熱狂的にして絶対的な宗教的権力（教会）を背景に審問官が、魔女の魔女たる証拠を調べ、裁いて火刑にかける。政治的な粛清裁判においては、熱狂的にして絶対的な政治権力（国家）を背景に捜査官が、反逆者やスパイの反逆・謀報行為の証拠を調べ、裁いて処刑し、あるいは転向を強いる。そこでは同じく「捜査」「取調べ」「裁判」という言葉が用いられてはいるが、私たちがここで考察しようとしている一般の刑事事件におけるそれとは、もちろん種々の側面で異なっている。

第一に、何を調べ裁くかという嫌疑の内容について魔女裁判や粛清裁判においては、「魔女であること」そのもの、「スパイないし反逆者であること」そのものが問題となる（この点は第四章第二節一五〇—一五二頁で触れた）。つまり、個々の犯罪行為だけでなく、むしろ人物の人格性を裁くという側面が多分に含まれる。他方、刑事裁判において問題となるのはその人の人格性ではなく、ある特定の日時にある特定の場所で行われた犯罪行為である。たしかに魔女裁判においても魔女的行為、粛清裁判においてもスパイ・反逆的行為が問題にはされる。しかし、その魔女的行為とかスパイ・反逆的行為なるものは、特定の日時に生起した特定の行為である必要はなく、ただその人物が魔女でありスパイ・反逆者であることを示す証拠になりさえすればよい。またそうした行為的な証拠がなくとも、身体についた魔女のしるしやその人の持つ反逆的思想でも十分であったりする。

裁かれる当のものが、そのように特定行為に限定されないために、訴追された者が「魔女でないこと」「スパイ・反逆者でないこと」を反証して身を守ることはきわめて困難となる。いや事実上不可能と言ってよい。逆に言うと訴追する側にとっても「魔女であること」「スパイ・反逆者であること」を客観的に証明することは不可能である。しかし、訴追者が求めるのは客観的証拠ではなく、自白証拠なのである。いや、自白をもってしかそれは証明できない。それゆえ訴追する審問官、捜査官に必要とされるものは、相手を「魔女」と信じ、「スパイ・反逆者」と信じる熱烈な思い込みと、その思い込みを相手に呑み込ませるだけの絶対的権力である。そこでおのずと、拷問的取調べが必須の要件となってあらわれる。

ここに一般刑事裁判と魔女裁判や粛清裁判と異なる第二の側面、つまり誰がどのように調べ裁くのかという捜査主体の問題が出てくる。立証も反証も不可能なことをごり押しで推し進めるために必要なのは、あとを振り向くことなく真一文字に突き進む熱烈な信念と冷徹な意志、その信念と意志を背後から支え裏づけるイデオロギーと実体的権力である。つまり調べ裁く直接の訴追者は、強固にして絶対的な権力の体現者として、あるいはその手先として現れる。他方、訴追される側には弁護人が付けられるが、それはあくまで形式的なものであって、実質上その取調べや裁判をチェックする機能をもたない。この種の取調べや裁判においては、力のベクトルは訴追者たる権力から被訴追者に向けて真正面からぶつかる。これに対して被訴追者は文字通り身一つの個人としてなけなしの抵抗力をふるうだけで、周囲からこれを支えてくれる反対ベクトルは皆無に等しい。

このように魔女裁判や粛清裁判においては、問われる嫌疑内容が反証すら難しい不特定のもので、しかも嫌疑を突きつける側の権力は絶大、他方それに対する抵抗の砦はおのが身一つという状況なのである。こうした状況にさらされて虚偽自白に陥らない人間がいるとすれば、彼はまさに超人の名に値する。

これに比較してみたとき、一般刑事事件はずいぶん様相を異にしてみえる。まず被疑者に対して問われる嫌疑内容は、特定の日時に特定の場所で生起した特定の犯罪事件である。それゆえ被疑者がこの事件に関与したかどうかは客観的に証明可能な事柄であり、実際、捜査機関は被疑者・被告人に対して容疑事実を立証する責任を負わされている。他方、被疑者側から容疑事実を、客観的に反証することも一定程度可能である。たとえば「アリバイ」主張によって嫌疑を晴らし、無罪を立証できるのは、まさにそれが時間と場所を特定した事件だからである。その点、魔女裁判や粛清裁判においてアリバイが一切問題となりえないのとは対照的である。刑事事件においては、文字通りの意味において客観的事実を争うことこそが問題となるのである。

また調べ、裁く主体についても、刑事事件捜査や裁判に関わるのは教会や国家という特定権力ではなく、そこから独立した第三者たる司法機関がこれにあたる。裁かれるものが人格やイデオロギーではなく、客観的事実である以上、そこに要求されるのは科学的公正であって、特定のイデオロギー的権力性ではないはずである。

しかも訴追される被疑者、被告人の側には、その立場を守る弁護人が付き、反証活動に加わる。したがって訴追者から被訴追者に向けて働く力のベクトルは一方的でなく、弁護側の反対ベクトルが対抗して、捜査と裁判はそこからのチェックを受けることになっている。

こうしてみると一般刑事事件における捜査や裁判の構造は、魔女裁判や粛清裁判に見られた悪弊と一切無縁であるようにもみえる。しかしはたしてそうなのか。私たちの考察はそこからはじめなければならない。

第二節　疑惑の構図

まず取調べにおいて問われる嫌疑の質について考えてみよう。一般の刑事事件で問題になるのは、右に述べてきたように特定の犯罪行為である。その特定行為をめぐって科学的に公正に検証し、事情聴取を重ねて犯人にたどりつく。そこには魔女狩りや粛清におけるような不特定性、不明朗性はないようにみえる。しかし、刑事事件においても事件そのものはどこまで特定的でありうるのだろうか。そもそも明確な特定性をもっていたならば、無実の人間を捕らえて犯人にしてしまうような不明朗なことになるはずがないではないか。

もし神の目というものがあるとすれば、たしかにその神の目には事件そのものが、他と間違いようのない特定性をもっているかもしれない。あるいはまた当の犯行を犯した人物には事の次第は明瞭なはずである。しかし事件の当事者ではない捜査官にとってその出発点は、あくまで不特定な曖昧さにある。そこには魔女狩りにおける「魔女」の不特定性にも似た構造がある。

「魔女」という概念が死にたえてしまった今日からすれば、そんな不特定、曖昧な容疑で人を捕らえ、火刑を科すなどというのは、とんでもない「デッチ上げ」に見える。しかし魔女狩りの時代の審問官たちは大真面目であった。根拠のない悪意の「デッチ上げ」を策謀したのでは決してなかった。少なくとも直接の捜査担当者の主観的意識のなかでは無実を有罪にするのではなかった。魔女でないことが分かっている者を魔女に仕立て上げるのではなく、魔女である疑いのある者を魔女と確認するのが魔女裁判の構図であった。それは「デッチ上げの構図」というより、むしろ「疑惑の構図」と言った方がいい。

刑事事件のばあい、立証も反証も可能な特定の出来事が問題となるがゆえに、冤罪が晴らされた結果の方から遡って見ると、あからさまな無実の者が犯人に仕立て上げられたように見える。しかし捜査の流れをその時間の流れに即して見れば、少なくとも捜査側の主観的意図のなかでは、その根拠の多少は別として、なんらかの疑惑から出発したのであって、無実と分かった者をデッチ上げたのではない。

そうして見ると、嫌疑の中身がずいぶんと異なっていながら、捜査・裁判の構図そのものは刑事事件においても結果的に魔女裁判や粛清裁判とさして変わらないということになる。このあたりのことをひとつ具体的な事例に即しながら考えてみよう。

1　事件の不確定性

嫌疑の対象となる事件は、特定日時に特定場所で生起した特定の出来事である。そこで多くの人は、それが現実に起こったものであるからには客観的にその事件のありさまを再構成できるはずであると考える。魔女的行為やスパイ・反逆的行為などの不特定の嫌疑とはちがって嫌疑内容が特定のものであるかぎり、訴追側の立証も、あるいは被訴追側の反証も十分に可能であるはずだというわけである。ところが事件の再構成も、それに向けての立証や反証も、実のところ可能であるというだけのことであって、この可能性がかならず現実性に転化するとの保証はどこにもない。現実に起こったことなのだから分からなければならないはずだと人は思いやすいが、第三者に実際に確保されるのは事件のあとに残された事件の痕跡だけである。その痕跡から事件の全体を再構成できるかというと、そう簡単ではない。再構成しきれない不確定なところが多分に残るというのが現実である。たとえばこんな事件がある(1)。

事件の現場は新幹線豊橋駅から六〇〇メートルほどの住宅街の一角にある小さな文具店。一階は店舗、二階が家族の居室になっている。時は、一九七〇年五月一五日午前一時四〇分、二階から出火、ただちに消防車が急行して約一時間後に二階部分を焼失しただけで鎮火した。店主は前日から取引先の人たちと万国博見物に出かけていて留守。家には妻M子(三五歳)が長男(二歳)、二男(一歳)と留守を守っていた。しかし火が消えたとき三人の姿が見えなかった。消防隊が焼け跡の捜索を行ったところ、子ども二人は性別も分からぬほど焼けこげ、M子は下肢がかなり焼けていたが上半身は焼けておらず、首に電気コードがグルグル巻きに巻きつけてあり、耳のうしろなどに裂創があって上半身血だるま。セーターにシャツ、スカートにシュミーズの普段着姿だったが下半身はハダカで、片方脱がされたパンティが右腿にからまり、陰部には男物パンツが一枚押し当てられていた。死体の上には着物類が多量にかぶせられ、さらにその上にフトン三枚がかぶせられていた。M子の死因は絞殺、子ども二人は焼死であった。死亡時刻は出火直前の午前一時前後と推定された。一階も二階もメチャメチャに物色されたあとがあり、二階ロッカーにあった手提金庫の現金などが盗まれ、金庫はM子の足の間におかれていた。M子の陰部にあてられていた男物パンツには精液らしきものがベットリついていた。ただしM子の性器に姦淫のあとはない。また死体のそばに喫茶店「アッファ」の名の入ったマッチ、「東海道五十三次吉田宿」のマッチがあって、数十本のマッチ棒が死体の上や周辺に落ちていた。

表7

(C)		(B)		(A)
何者かの記憶に刻まれた事件全容の特定	←	何者かの特定	←	何者かが行った事件の結果残された痕跡

「豊橋母子三人殺人放火事件」と呼ばれる事件の概要である。事件のあとに残された痕跡から、その日何者かがこの文具店にやってきて、午前一時ごろM子の首にコードを巻きつけて絞殺し、金を奪い、火をつけたということ自体は明らかである。しかしそれ以上のことは当面、推測の範囲にとどまる。問題は、もちろんこの「何者か」が誰かということである。この何者かを捕まえることができれば、こうした犯跡をもたらすことになった犯行の具体的な経緯を聞き出して、事件全体を再構成できる。誰もがそう思う。事件の当事者たる「何者か」しか事件の全容を知らない。一回的な出来事というものは、その出来事の流れを逐一その時その場で体験したものの記憶に残るだけであって、第三者が後に採証された結果のみから遡って事件を再構成することはほとんど不可能に近いからである。

そこで刑事事件の捜査が、この「何者か」つまり犯人を求めるのは当然のことである。ごく形式的に捜査の流れを図式化するとすれば、上の表7のようになる。事件の犯跡から犯人を特定し（A→B）、次いで犯人から事件全容を語ってもらう（B→C）。この捜査の流れにおいてもっとも重要なのはA↓Bの犯人特定の過程である。このA↓Bの過程が一義的に、何らの矛盾なく結ばれるならば、たとえ当の犯人が自白せずB↓Cの過程が現実化せずとも、裁判に耐えるだけの事実認定をなしえたものと言ってよい。このように原則的に言って捜査はA↓B↓Cの順に流れなければならない。このことはどれほど強調しても強調しすぎることのないことである。ところが現実問題としてA↓Bを一〇〇パーセント確実にしてからB↓Cの被疑者の事情聴取に移るというふうにいかないことが多い。そこでA↓Bの犯人特定の曖昧性、不確定性を残したまま、ある者を逮捕し、B↓Cの自白過程によってA↓Bの犯人特定を確認しようとの逆立ちした捜査がまま行われる。そこではA↓Bの事実捜査をおろそかにしたまま、B↓Cの自白捜査に安易にたよってしまう危険性をまぬがれない。

そのことの問題性はともかくとして、現実にA↓Bが不確定なまま被疑者逮捕に踏み切ったとき、当然そこでは一定の確率で無実の被疑者を取調べるというケースが出てくる。私たちが問題にしなければならないのはまさにそうした場面での取調べである。

私は先に、刑事事件においてはその事件の特定性のゆえに訴追者、被訴追者のあいだで立証―反証のやりとりが公正に交わせるはずであるとの一般論を述べた。ところが、事件の特定性は実のところ非常に限られたものでしかない。捜査官が正確に特定できるのは出来事の結果残された痕跡のみであり、無実の被疑者にとっては、自分がその事件に関与していないというネガティブな特定性を示せるだけで、事件そのものについては当然その内実を特定することは不可能である。唯一全容を特定可能なのは真犯人のみなのである。その意味で皮肉なことに、捜査官と真犯人との間でならば、「特定事件」をめぐる適正なやりとりが可能かもしれないが、無実の被疑者との間では事件は非特定的なきわめて曖昧なものでしかない。この〈捜査官―無実の被疑者〉という組合せの取調べにおいては、互いに事件に対して第三者でしかありえない者どうしが、当の事件をめぐってやりとりするという奇妙な構図ができあがる。しかも自分はやっていないと知っている被疑者の方には、この疑惑の構図が虚偽のものでしかないことが自分の身に照らしてはっきり見えても、その被疑者を逮捕した捜査官にはその構図が見えず、あくまで相手を事件の当事者とみなして調べることになる。このなかで被疑者が自分は事件に関与していないのだということを証明する決定打、たとえば捜査官も認めざるを得ないようなアリバイ証明、あるいは物証との決定的矛盾（たとえば指紋や血液型の食い違い）が提出できれば、被疑者はもちろん捜査官もまたその取調べの罠から逃れることができるかもしれない。しかしそれができなければどうだろうか。

2 疑惑と確信

被疑者が「自分はやっていない」と心の底から叫ぶ。しかしその叫びが捜査官に真に無実の者の叫びとして聞こえるだろうか。残念ながらそうではない。捜査官は無実の者の叫びと真犯人の嘘の否認とを直接に見分けるすべをもたない。いやむしろ、真犯人でも調べを受けた最初はまず否認するものだという確たる経験則を脳裡に刻みつけている。たとえば警察官向けに書かれた心理学教科書には、こんなふうに述べられている。

（逮捕と）同時に、拘留による自由の拘束すなわち、食事や睡眠の自由な選択が奪われるし、その他の欲求の阻止に直面しなければならなくなる。少なくとも、妻子との生活を自分の意志によらず、一時的に中断しなければならない。また、いままでに得た社会的地位とか信用を失う危険にさらされる。このような状態に追い込まれると、虫けらが仮死をよそおうように、犬が尾をまいてうずくまるように、ヒトは自らを守ろうとする（自己防衛）。したがって犯人あるいは被疑者は、一応犯行を否認するのはむしろ当然のことである。(2)

まるで虫けらや犬をあわれむように、真犯人でも自分の身を守るためには否認するものだというこの心理学者の考えは、同時に多くの捜査官のものでもある。こうした経験則に色濃く染められた捜査官に対して、自分はやっていないと弁明しても、ほとんど通じない。いやかなり明確なアリバイ証拠さえも、理屈でもって押さえ込まれることがある。

先の豊橋母子三人殺人放火事件では、事件後三カ月たった八月二八日に、事件の起こった当の文具店の店員M（二一歳）を逮捕することになる。逮捕後の取調べで結局Mは自白して起訴されるのだが、法廷では決定的に矛盾する証拠が明らかにされ、しかも捜査に関わった元刑事の内部告発などもあって、第一審で無罪判決が出て、検察は控訴しえず、無罪確定する。Mを逮捕し、自白させるに至った経緯には、捜査、取調べにかかわる問題がいくつも見出される。そこから例を引きながら、刑事事件の取調べのなかにひそむ問題点をいま少し掘り下げてみよう。

初動捜査において警察は、めったに外泊したことのない夫の出張中の出来事であったこと、被害者のM子は普段着で殺されていたことから被害時まだ起きていたと考えられること、また証拠隠滅のために放火しており、見やすいところにあったカメラや貴金属が盗まれていないことなどから、被害者方に「深い面識のある者の犯行」の線が濃いと考えていた。そこでM子の交遊関係、親族関係、取引関係、従業員関係を中心に容疑者を洗い出して行ったのだが、いずれも目ぼしい聞き込みが得られず捜査は難航した。店員のMは店から三〇〇メートルほどのアパートに下宿し、食事や風呂は被害者方で一緒にしており、家族同様にあつかわれていた。したがって、事件直後、被害者方の事情に詳しい人物として約八時間にわたる事情聴取を受けた。しかし、この事情聴取にあたった捜査員からはこれといった不審点は報告されていない。ところが現場検証にあたった別の捜査員から、検証に立ち会ったMの顔や手にひっかき傷があったとの報告書が提出されていた。事件直後長時間事情聴取した先の捜査員が気づかなかった傷に、この捜査員は気づいたというのである。Mへの疑惑はここからはじまる。しかし、この傷については一片の報告書のみで、証拠保全のための写真撮影や事情聴取は一切なされていない。本当のところそんな傷があったとの確認すらできない。ところが事件から一〇日後の任意出頭の段階ですでに、この「傷」を唯一の手がかりに捜査官は彼を犯人と決めつけた取調べをしている。Mはのちにこの時のことを想起して次のような手記を残している。

三畳敷きほどの、うす暗い取調べ室の中に、二人の刑事がいました。鬼武、近藤両刑事です。私が椅子に腰を下ろすなり

「お前がやったんだろう」

鬼武刑事がいきなり怒鳴りだしました。何のことか、私がビックリしていると、

「とぼけるな。お前がやったということはちゃんとわかっている。手数をかけず本当のことをいえ！」というんです。横にいた近藤刑事も、早く謝って本当のことを言うように、というのです。私が犯人である訳がないじゃないかというと、

「お前のほかに誰がいる？　お前が犯人だ」

と机を叩き、噛みつかんばかりに怒鳴るんです。(3)

捜査の流れをあとからたどって見るに、この時点でMを犯人と特定する根拠はきわめて薄弱であった。先の図式で言うとA→Bへの特定化が曖昧なまま、任意取調べの形をとりながらも、一足飛びにB→Cの手続きに移ろうとしたのである。この根拠の薄弱さは誰の目にも明らかであった。捜査官たちがもしこの薄弱さに見合った程度の疑惑しか抱かなかったとすれば、およそ逮捕に踏み切ることはなかったはずである。

しかし、疑惑の心理の恐ろしいところは、疑惑の強さが疑惑の根拠の大きさに比例しないことである。ちょっとした疑惑ではじまっても、その疑惑は別のささいな情報を取り込んで疑惑をふくらませ、ふくらんだ疑惑はさらにささいな情報をも疑惑の根拠として呼び込んで自己肥大していく。

卑俗な例をあげれば、妻の浮気を疑いはじめた夫の心理を思い描いてもらえばよい。ほんのささないことからはじまった疑惑が、その根拠をあちこちに探りはじめ、なんでもないところに疑惑の根拠を見つけ出していく。もちろんこの疑惑が見事に当たることもある。しかし時に、事実の確認のないまま疑惑だけが雪だるまのようにふくらむこともある。疑惑の大きさがその根拠の強さに比例しない。そんな例は、私たちの身のまわりにいくつも見出すことができる。

捜査における疑惑は、妻の浮気を疑う夫の疑惑とは違って、もっとやっかいなところをもっている。というのも、妻の浮気を疑う夫は妻の不審な行動に疑惑を感じて不安になる一方で、その疑惑を打ち消して安心したいという気持ちもある。それに対して、犯罪捜査にあたった捜査官の気持ちのなかには疑惑を打ち消す反対力動がなかなか働かないからである。浮気について妻が「そんなことはない」と断言すれば、夫の方で信じたい気持ちが動く。うま

くいけばそれだけで疑惑が晴れることすらある。ところが被疑者が「やっていない」と断言したからといって、そのとき捜査官の方でこれを信じてやりたいという思いがどこまで働くであろうか。なにしろ苦労の捜査のすえに浮かび上がった容疑者なのである。曖昧なアリバイ主張や単なる否認でもって疑惑を晴らす捜査官は少ない。逆にその否認の仕方があやしいといって疑惑をさらにふくらませることすらある。

豊橋事件のMのばあい、逮捕にいたるはるか以前、任意出頭の段階ですでに、先に見たような決めつけ尋問が行われている。この確信的態度がどこから発するものであるのか、きわめて興味深い。おそらく、根拠がまだ希薄な段階であれ、犯人に当たりをつけてうまく自白を引き出せれば、しめたものだという思いもあったのであろう。それはA→B過程をぬいて、当てずっぽうでもB→C過程に飛び移ろうという逆立ちした発想である。つまり十分に的を絞れていない段階で、「おまえが犯人だと分かっているんだ」という確信を演じて見せて、うまくいけば犯人を引き当てられるかもしれないという巧名心にかられた賭けなのであろう。こうした事情聴取が現実にあるというのは恐ろしいことだが、今日の警察の捜査体制にはこのような人権無視に歯止めをかける具体的方策が講じられていない。

3　確信の自己実現性

しかしながら、一般にこのような決めつけ的な取調べがうまくヒットして事件解決にいたることは少ない。豊橋母子殺人放火事件でもM以外に容疑線上に上がった者はいたが、決め手を欠いたまま時が過ぎるにつれて、捜査陣の焦りも強くなる。捜査のゆきづまりのなかで、Mへの疑惑を強く主張する捜査班が浮上し、その主導の下にMへの任意取調べを繰り返し、尾行をつけ、Mの主張していたアリバイを崩す捜査に力を入れる。

Mが最初申し立てていたアリバイは「事件当夜、中学時代のOB仲間で作っていたバスケットチームの練習があって出かけ、九時半ころ練習が終わって、友人四、五人とお好焼き屋に行き、一一時くらいまで雑談してからどこにも寄らず、自分の車で真直ぐ下宿に帰った。それが一一時二五分ころ。それからイレブンPMを見て寝た」というものであった。お好焼き屋に行った友人たちの話から一一時までは裏がとれた。問題はそれ以降、彼が真直ぐ下宿に帰ったかどうかである。そこでMの下宿の隣室に住むHからの事情聴取が注目されることになる。

実はこの事件に関わった捜査本部のなかにMの容疑に関して深刻な対立があったという。事件直後にMから事情聴取した天日警部補の捜査班は当初からMの容疑に否定的であったが、目ぼしい手がかりのないまま捜査陣に焦りが生まれはじめたころ、Mの顔の小さなキズ（らしきもの）に注目した鬼武係長の捜査班が強力にMの線を追いはじめるという経緯があった。Mの隣室のHに対する事情聴取は当初天日班が行い、次いでしばらくして鬼武班が重ねて行っている。

事件から五日後の五月二〇日ごろまでに天日班が得ていた捜査結果によれば、「Hは、午後一一時ころに帰宅したようだが、その時、Mの車が下宿の前にあったかなかったかの記憶がはっきりしない」。これはMの当初のアリバイ主張と矛盾しない。天日班は事件直後の事情聴取時点でMに不審な点はないとの心証を得ていたし、また鬼武班の主張するMの顔についた「キズ」なるものについても、あらためて確認したうえで、およそ被害者からの「抵抗キズ」とは言えないと判断しており、Mを容疑の線からはずすのが妥当と考えていた。

ところが、その後強力にMの容疑を主張した鬼武班は、事件から二〇日後の六月五日、Hから事件当夜のMのアリバイを崩す供述を得る。つまり「その夜、Hは友人二人と行きつけの喫茶店に行った。一一時になると照明を暗くする店で、照明が暗くなってからなおしばらく話し込んでから店を出たので、店を出たのは一一時一五分ごろ。下宿に帰る途中、銭湯に回ったが、すでに閉まっていたので、そのまま下宿に帰った。それが一一時三〇分すぎだったと思う。下宿の前にはMさんの車はなかった」。一一時半ころMの車は下宿前になかったというこのHの供述が正しければ、一一時一五分ごろ自分の車で下宿に帰ってテレビを見たというMのアリバイ主張はウソだということになる。ウソのアリバイを申し立てたということになればMの容疑はきわめて濃厚となる。

しかし問題は、事件から五日後の天日班の事情聴取に対してHは帰宅が「一一時すぎ」と答えていたのに、さらに一五日たって鬼武班の事情聴取では「一一時三〇分すぎ」と変え、またMの車があったかどうかについても天日班には「覚えていない」と供述していたのに、鬼武班に対しては「Mの車はなかった」に変えた点にあった。この供述変遷がどうして生じたのか。最初、不正確で曖昧だった記憶がのちの事情聴取で明確化し、訂正されたということなのだろうか。それならば緻密な事情聴取のもたらした成果ということになる。ところがのちに判明したところによると、残念ながらそうではなかった。本件裁判がはじまってのち、Hは警察の事情聴取について新聞記者から事情をきかれたさい、当夜下宿に帰った時間を「刑事さんに聞かれたとき、はっきりした記憶があったわけではなかった」と答えている。なにしろ彼にとってはそれはどうということのない、日常の行動であった。彼はさらに「何人かみえた刑事さんと、その都度いろんな話をするなかで、記憶を辿ったわけだけど、どの人にどういったのだか、どの人にいったことが正しかったのか、当時でもはっきりしなかった」と言う。またMの車が下宿の前にあったかどうかについては「これはまるきり記憶にありませんでした」と答えている。HはMとつき合いがあったわけでもなく、日頃から他の部屋の人のことは気にかけていなかったという。その彼が、何日も前の夜に隣人の車があったかどうかなど、気にとめて記憶しているということ自体がありえないことであった。

にもかかわらず鬼武捜査班はHからMのアリバイを崩す供述をとった。一方、この鬼武班のアリバイ捜査に不審をもった天日捜査班は再度の事情聴取と検証によってHの供述には問題が多いことを指摘し、捜査本部の幹部に申し立てた。しかしそれは受け入れられなかったという。捜査本部はM＝犯人の線上をすでに走りはじめていたのである。

こうして捜査本部の得た情報の上ではMのアリバイが崩れた。彼は一一時すぎから深夜にかけての時間帯に下宿にはいないことになったのである。しかし、彼がテレビで「イレブンPM」を見たこと自体は、彼がその日の放映内容を詳しく述べることができたことから動かない。では彼はどこで見たのか。鬼武捜査班のアリバイ捜査によるかぎり下宿のテレビではない。とすれば家族同様の扱いを受けていた被害者宅ではないか。お好焼き屋から下宿に直行せず、Mは被害者宅に立ち寄って、被害者と一緒にテレビを見たのではないか……。それが捜査本部の立てた推測であった。この推測の上にたってMの出頭を求め、厳しい取調べを繰り返した。任意の形をとった取調べであったが、その中身は事実上容疑者への取調べそのもので、事件当夜被害者宅に立ち寄ったのではないかというところに集中した。そして、事件から三カ月あまりたった八月二八日、とうとう、Mはその点を認めることになる。それは三日連続で朝から夜まで取調べられたその三日目の午後三時すぎのことであった。Mは手記のなかでこう述べている。

私のいうことは聞いてもらえず「どこに寄っていたか」「テレビはどこで見たか」と聞かれるのだが、何度いわれても答えは一つしかない。そこでまた押し問答になるのです。そうしているうちにY刑事が言うのです。「君は何か、勘違いしているのではないか。君はバカに店を避けるようだが、君は店に寄ったというと、自分が犯人にされてしまうと思っているのではないか。それはおかしいぞ。君はそれまで、店の奥さんや子供たちとは家族同様にしていたのだから、店へ寄ることも自然で、ちっともおかしくはない。なまじっか、寄らない寄らないと言い張る方がおかしいではないか。……そうだろう……店に寄っている方が時間的にも合うし、これなら誰が聞いても納得するではないか」「本当は店に寄っているのだろう？　……君がやっていないというのなら、店に寄ってもいいではないか」というのです。[4]

Hの供述をつきつけられて、下宿にいたという主張はつぶされ、その時刻「どこでテレビを見ていたか説明できなければ、君が犯人といわれても仕方ないのだぞ」と脅されて、Mは取調官の筋に乗っかってしまう。「店に寄ったといって納得してもらえるものならば、自分は犯人じゃないのだから、店へ寄ったというぐらいはよい」という気にさせられてしまった。そうして彼は事件当夜、被害者宅に立ち寄ったという調書を取られることになる。苦しい取調べから逃れたいがために、結局、取調官の追及のまま、嘘と知って重大な供述をやってしまったのである。捜査本部はこの調書をもとに逮捕状を請求し、その夜から任意捜査が強制捜査に切り換えられた。

疑惑からはじまった捜査は、かくして「確証」を得る。しかし、この「確証」の身元は当の疑惑そのもののうちにある。

捜査が暗礁に乗り上げたとき、きわめて根拠の薄い疑惑にすがりついて、そこに思い入れる捜査官が出てくる。その捜査官も別に当のMが無実と分かったうえで無理矢理、彼を犯人に仕立てようと思っているのではない。ほんのひとかけらの疑惑に駆られて捜査をそこに向けて動きはじめるや、やがて疑惑は肥大し、その疑惑を確認する証拠を求める。この疑惑は晴らされることを求めるものでなく、逆に深まることを求める。それは魔女狩りの構図とほとんど変わらない。晴らされることを求めず、ひたすら深まることを求める疑惑は、やがて疑惑の確証を得る。Hの供述が、Mへの疑惑に駆られた鬼武捜査班の事情聴取によって歪曲され、Mのアリバイを崩す供述に仕立て上げられていく。しかし、それは悪意に基づく意図的なデッチ上げではなく、言わば疑惑の自己実現なのである。

刑事事件の嫌疑の中身は特定の事件である。しかし事件の第三者である捜査官の認識においては、そこに多分の不確定性がある。その不確定性をそのありのままに認め、不確定なものは不確定なものだと確認できれば問題はないのだが、捜査官はそれを確定的な方向に運ぶことを職務としているがゆえに、不確定なもののなかから何か確定的な手がかりを見つけ出すよう、言わば強迫されている。そこにはもちろん正しい解決への方途もあるが、一方で根拠の薄い疑惑へと走り出す危険性もある。この疑惑に囚われたとき、刑事捜査の構図は魔女狩りやスパイ・反逆者狩りと共通の様相を帯びはじめる。つまり、ささいな噂や疑念からはじまって、ある人物を疑惑の対象にまつり上げるや、疑惑は自己肥大し、疑惑の証拠で周囲を塗りかためて、当の相手を問いつめ、やがて自己放棄した相手から自白を得て、自己実現し、そこでようやく落ち着く。そうした回路をたどる。その過程には疑惑を打ち消すような反対情報も入ってくることがあるが、多くのばあい、この疑惑の回路にはフィードバックの機構が欠如している。一三五頁に示した魔女狩りの論理図と同様、すべてが「魔女である」という結論に流れる。そのように回路が組まれているのである。

豊橋母子三人殺人事件で犯人にされたMも、警察捜査の疑惑の対象となったとき、もはや「犯人である」という結論にたどりつく以外にない回路にはめこまれていたのではなかったか。ただこの「疑惑の回路」を動かすのは、嫌疑の不確定性そのものではない。嫌疑の不確定性はその回路の入口に容疑者を連れて行くだけ。そのあと疑惑の回路を引き廻して結論にたどりつかせるためには、背後にもう一つの要因が働かなければならない。それが権力である。

第三節　権力の構図（あるいは非対等性の構図）

魔女裁判や粛清裁判においては、その背後に圧倒的な権力構造があった。だからこそ疑惑は、最初から予定されていた結論にまで突っ走ることができた。他方、今日の刑事事件にそのような権力的構造はないと思われている。たしかにかつての教会権力や独裁的国家権力に比類するほどのものはないかもしれない。しかし犯罪捜査にあたる者として警察・検察に一定の強制力が認められるのはやむをえないところであり、この強制力が被疑者に対して権力的関係を作り出すことは必然である。問題は、この権力的関係が具体的な取調べの場にどのような形をとって表われるかである。

自白の採取過程について、鴨良弼はその理念を次のように述べている。

自白は、一般に、自白を採取する者（捜査機関、裁判機関）と自白を採取される者（被疑者ないし被告人）との、相互の心理的な交渉、人格的な接触によって得られる。したがって、まず第一に、自白を採取する者の人格性、証拠採取の技術的能力等が問題とならざるを得ない。自白のような、きわめて微妙な被疑者の心理過程によって生れる供述にあっては、その供述を採取する者の人格性が格別の意義を持ってくる。被疑者に対する人間性豊かな理解と被疑者に対する誠実な態度とは、真実の供述を得る上に欠くことのできない資格要件である。証拠を採取する者にとって、自己の優越的地位を誇示するような態度を被疑者に示すことは最も禁物である。それは、相手に屈従を強いることとなり、意識的ではないにしても自己の意見に従った迎合的な陳述を求める結果となり、けっきょく、虚偽の事実を採取することとなろう(5)。

取調官の心得として、このような非権力的態度が理想であることは言をまたない。しかし取調べを行う者と行われる者との間に、ここに言うような人格的で、対等な関係を作り出すべきであるということが、取調官の心得として説かれたとしても、それだけでは、それが現実の取調べの場で実現する保証はない。実際のところ今日の日本の刑事捜査においては、むしろ被疑者との人格的対等関係を築くのを妨げるような力動が強く作用している。

権力というものは、かならずしも露骨な暴力装置として機能するのではない。それはむしろ多くのばあい、生身の人どうしの関係のなかに、直接には見えない隠微な形で入り込むものだと言った方がよい。それゆえ取調官が権力意識をもって権力的に取調べることだけが権力の構図の現われ方ではない。問題は、ときに取調官自身さえ気づかぬかたちで、取調べが権力的に機能するということにある。そうした心的力動が取調べの場を規定していくことを、以下、取調官の心理構造に焦点をあわせつつ、いくつかの側面にわけて見ていくことにする。

1 「無罪推定」の実質的欠如

裁判所によって有罪判決を受けるまでは被疑者・被告人は無罪と見なして処遇される。これはベッカリーア以来の刑事訴訟上の大原則である。(6) この原則の上にあってはじめて、人格的対等性は保障される。ところが現実の捜査活動においては、この原則がしばしば無視される。

前項で見た豊橋母子三人殺人放火事件では、Mが参考人として任意の取調べを受けた場面においてすら、担当捜査官はすでに有罪推定の下でMに対して高圧的な態度を取りつづけ、Mの弁明に耳を傾けることなく、かえってそのアリバイ申し立てを強引につぶすべく、関係証人の事情聴取をくりかえした。疑惑から出発して走りはじめた捜査は、科学実験においてのように反対仮説の検証を行うことなく、当初の仮説（思い込み）に固執する。広中俊雄は新刑訴法が施行されてなお警察官の意識に変化のみられないことを、次のように述べている。

犯罪を捜査するということは、結局、人を疑ってかかるということなのであり、犯人の検挙が重んじられるということは、ともすれば人を犯人扱いするような傾向を助長することになる……。そしてこのことは警察官にとっての人間的不幸だけではすまないものになる可能性がある。昭和二十七年十月に国立世論調査所がおこなった全国的な調査によれば、参考人として、あるいは被疑者として、あるいは交通違反で、警察にゆかされたことのある者のうち、警察官の取扱に不満を抱いた者は約三分の一いたが、そのうちの約三割は、「罪人扱いされた」という不満を述べているのである。人権蹂躙事件の中にも、警察官が相手を犯人だと決め込んでかかったためと考えられるものが、かなり多い。(7)

昭和二〇年代に指摘されたこのような傾向に対して、その後すでに四十年になるが、なんらかの手が加えられたという話はきかない。参考人、被疑者を犯人と決め込んだ取調べは、その時代から今日まで何ら、変わらずに続いている。Mの例はその一典型例というにすぎない。少なくとも冤罪として問題にされてきた事件についてその内容に立ち入ってみるかぎりでは、捜査段階で捜査官が無罪推定の下、無罪方向の捜査を積極的に行っていさえすれば、容易に無罪であることが判明したであろうと思われるものが、きわめて多い。

もちろん実際の捜査においてはある者が容疑線上に上がったものの、アリバイ成立とか血液型の不一致などのために、容疑者からはずされたり、あるいは複数の容疑者が浮かんだばあいには、そのうちから無罪の可能性の高いものを排除すべく無罪方向への捜査がなされる。それは当然のことである。しかし捜査が難航して目ぼしい容疑者が絞り切れないときなど、浮かんできた容疑者に固執して、どうしても有罪方向の捜査に終始する傾向が強くなる。ましていったん逮捕してしまえば、競合する容疑者でも登場しないかぎり、無罪推定は無視される。

長年犯罪捜査の第一線で検察官として捜査を指揮してきた土本武司は、犯罪捜査の目的にふれて次のように述べる。

捜査活動は、犯人にとっては、捜査官により逮捕・勾留等の強制処分を受け、取調を受けること自体が、厳しい体験として、一定の感銘力を与え、将来への訓戒的役割を果たしている(とくに初犯者にとっては、手錠をかけられ、拘置所・留置場に収容されることがいかに肉体的・精神的苦痛の大きいものであるかを想起されよ)。一方、それは、社会に対して、犯罪によって惹起された社会人心の不安を緩和し、正義が行なわれたことの満足感を与え(有罪判決までは無罪であるはずであるのに、一般の意識は、容疑者の検挙により「事件は解決された」とみ、被害者およびその家族の怒りが柔らぎ、社会一般の安堵感がよみがえることを想起されよ)、同種犯罪の再犯を防止する(爆弾事件、放火事件、誘拐事件において、犯人検挙が遅れた場合に、同種事件が誘発されたことを想起せよ)という機能をもっている。そのような、公訴提起・遂行とは直接関係のない捜査それ自体の実際的効果は、社会的にみて極めて重要であって、捜査の目的を考える際これを看過することはできない(8)。

土本はここで、捜査やその結果の逮捕・勾留が犯人に対して訓戒的役割を果たし、社会に対して安心感を与え、同種犯罪を予防するという。たしかに捜査活動の対象とし、逮捕・勾留した人間が真に犯人であるならば、このように言ってよいかもしれない。土本自身ここでそのことを前提にしていることは、右引用の最初に「犯人にとっては」と断っていることから明らかである。しかし問題は、その人物が犯人であるかどうかということ自体にあり、そのことは少なくとも捜査のその時点では不確定なのである。にもかかわらず右のように逮捕・勾留に訓戒的、治安維持的、犯罪予防的意味を求めるところには、逮捕・勾留時の捜査官の意識に「有罪推定」があることを、はしなくも露呈したものと言わねばなるまい。捜査の対象にし、逮捕・勾留した人物が犯人でない可能性に正当な懼れの気持ちをもち、無罪推定の意味をかみしめた者ならば、土本がここに言うように逮捕・勾留の訓戒的、治安維持的、予防的意味をとくとくと説く気持ちにはなれまい。実際、土本はまた「無罪推定」の法理念についてこうも言う。

〝有罪判決までは無罪の推定を受ける〟の法格言は、彼の国(英米のこと)にあっては国民全体の意識に浸透しているが、犯人として検挙されればその者を八〇パーセント真犯人だと思い、起訴されれば九〇パーセント真犯人だと見る国民感情が支配するわが国にあっては、それは法律家の理論でこそあれ、国民の意識とは縁遠いものである。かかる国民性がある以上は、わが国にあっては、……警察は真犯人のみを検挙し、検察は真に裁判を受けるに足る者だけを被告人の座につかせなければならない。(9)

このように述べることで土本は、事実上、〝無罪推定〟の理念を放棄している。真犯人のみを逮捕し、真犯人のみを被告席に送るという保証があるならば、それでかまわないかもしれない。しかし事実上、いくつもの冤罪事件を生み出しているわが国の捜査・裁判の現実のうえでは、自分たちのおかしうる過ちに対して懼れの気持ちをもつことが当然であって、そうした懼れの気持ちがあるからこそ〝無罪推定〟の法理念は意味をもつ。英米においても、この理念は長い歴史のなかで誤判への反省をとおして培われてきたものであって、最初から国民感情のなかに具わっていたものではない。

誤解なきよう断っておけば、土本らも捜査が有罪立証のみに向かうのではなく、時によって無罪方向に向かうものでもあることを認めている。しかし、〝有罪推定〟のうえの取調べで無罪証拠につきあたって、捜査の方向を変更せざるをえなくなるということと、逆に〝無罪推定〟をつねに念頭におきつつ（つまり被疑者が無実かもしれないという懼れをつねにいだきつつ）取調べたうえで、なおかつ被疑者の有罪性を認めざるをえないということとは、捜査官の心構えとしてまったく正反対であり、そこから被疑者への関わり方もおのずと変わってくる。どちらの取調べ姿勢をとるかによって、無罪証拠への敏感度が圧倒的に違ってくるからである。〝有罪推定〟のうえでは無罪証拠に対してどうしても鈍感になる。真犯人のみを逮捕すべきであるとのスローガンをかかげた捜査官が被疑者を逮捕したとき、その捜査官の思いのなかではその被疑者が真犯人でなければならない。そのような前提のうえで取調べたとき、捜査官は被疑者に有利な無罪証拠をあえてさがそうとする気持ちになるであろうか。人は誰しも自らの失敗をおそれる。逮捕した人間は真犯人であってほしいし、起訴した人間は真の有罪であってほしい。しかしそのような主観的願望が往々現実と食い違うことは、あえて言うまでもない。この当然の認識のうえで「無罪推定」の理念は生まれてきたのではなかったか。

2 「有罪推定」と道徳的正義感

それにしても、どうして捜査を直接担当する人たちのなかに「有罪推定」的感情が生まれやすいのか、その点をもう一歩突込んで理解しておかなければならない。

現場に残された凶器に、犯行時についたとしか考えられない指紋があってそれが被疑者の指紋と一致するなど、決定的な有罪証拠があがっているのなら、有罪心証を持つことに不合理はない。しかし私たちにとって問題なのは、犯行と被疑者とをつなぐ線がまだ多分に曖昧なばあいである。実際、嫌疑を裏づける証拠がきわめて希薄であるのに、状況的な雰囲気のみで犯人と見なして強引に取調べを行うケースがある。いわゆる「別件逮捕」を利用しての取調べなどはその典型例である。

一例をあげよう(10)。一九六六年一月東京都北区東十条で起こった強盗強姦、殺人事件（いわゆる東十条事件）では、犯行時間帯と推定された頃に犯行現場近くのバーに飲みに行って遅くなり友人宅にもぐり込んで寝た大工が、その友人の通報で疑われた。この友人の通報だけで証拠は何もない。にもかかわらず他に容疑者も浮かばず、状況的にみて彼があやしいと判断した警察は、別件でともかく身柄をとることを考え、犯行現場付近一帯の飲食店に出向き、その大工の写真を見せて飲食代金の未払いがないかどうか聞き込みに廻った。そうしてある店で大工が五九五〇円のツケをためていたことを知り、店主に依頼してこの未払い分を「詐欺事件」とすべく被害届を出させ（風俗営業法の関係で警察からにらまれたくない店主としては、警察の依頼を断れなかったのである）、これによって逮捕したという。ツケ払いで飲んでいたものを無銭飲食として逮捕したというのだからひどいものである。現に逮捕から一週間に六九時間一九分の取調べがあったうち、別件の取調べはわずか三時間四二分しかなかった。残りの六五時間三七分を本件たる殺人等の取調べにあて、そのなかで被疑者は自白させられてしまったのである。結局、この事件では別件逮捕による取調べが違法だとして員面調書（警察官に対する供述調書）の任意性が否定され、検面調書（検察官に対する供述調書）も信用できないとして排除されて無罪、検察側の控訴は棄却され、無罪が確定した。

通常ならば捜査の対象にすらならぬ微罪、いや右の事件のように犯罪ですらないような出来事を犯罪に仕立てて別件で逮捕して、本件で取調べるというやり方が、過去の冤罪事件ではしばしばみられる。そのように証拠がきわめて希薄な状況にあっても、取調べは強固にまた執拗に行われる。証拠の希薄さに比して過剰な確信を、松川事件最高裁判決は「確信過剰的取調」と呼ぶ。確信をもって取調べるその一方で、その確信が合理的であるかどうかを反省しない。このような取調べに問題が多いことは明らかである。しかしそれにしてもなにゆえこのような取調べが生じてしまうのか。

その要因は単純ではないし、また事例によって様々である。しかし考えうる要因の一つとして、まずあげねばならないのは取調官のなかにある道徳的正義感である。「不幸にも犯罪に巻き込まれた被害者やその家族の悲惨な状況を目の当たりにして、必ず犯人を検挙すると心の中で誓いつつ、日夜地道な捜査活動を積み重ねていく刑事たちの姿」[11]といった表現で語られるのが、これである。犯罪は陰惨なものである。強盗殺人や強姦殺人の事件など、被害者やその家族の思いを考えたとき、誰でも許しがたいという怒りに駆られる。事件の捜査にたずさわって被害者の遺骸を見、被害者の身内の心情を直接聞かねばならない立場にいる捜査官にとってはなおさらであろう。そうした捜査官たちにとって、犯人と疑われる人物が捜査線上に浮かんで逮捕に及んだとき、しばしば、その被疑者がすでに「犯人」になってしまっている。まだ証拠は決定的ではないのだからと思いなおして、「犯人」への怒りを抑えるのはかなり難しい。

敗戦後数年のあいだに静岡県で発生した三件の強盗殺人事件がある。いずれもその発生地の名をとって幸浦事件、二俣事件、小島事件と呼ばれている。[12]この三事件、一審二審はいずれも有罪であったが（幸浦、二俣は死刑、小島は無期）、最高裁で差し戻しとなって、のち無罪を得て確定した。この三事件にはいずれも静岡県警の紅林という警部補が関与して、取調べにあたっていた。紅林警部補はこの三事件の被疑者から自白をとって事件解決に寄与したとして表彰を受けたという。ところが、その後いずれについても証拠不十分な被疑者を拷問で責め落としたとして、その取調べのあり方に非難が集中する。幸浦事件で、被疑者は焼け火箸を手や耳に押しつけられたと訴え、その火傷の跡が医師の鑑定によっても裏づけられた。そのため、のちに二俣事件の捜査主任となった紅林は、幸浦事件の際のように傷の残る取調べをしてはならないと訓示したという。[13]ところがそれは、彼が拷問的取調べそのものを反省したものではなく、傷の残らぬよう拷問せよとの趣旨であったのである。二俣事件の被疑者は、悲鳴やうめき声が聞こえないよう土蔵に連れこまれ、そこで殴る蹴る、くすぐるなどの暴行を受け、二度にわたって気絶したという。この苛酷な取調べに負けて、被疑者は結局虚偽の自白をしてしまう。

紅林警部補の拷問的取調べは、当時にあって例外的なものではなかったのかもしれないが、それにしても同じ捜査官がたてつづけに三件もの重大な冤罪事件を生み出したというのは、やはり恐ろしい事実である。どうしてこのような拷問的な取調べをやってしまうのか。それはおそらく紅林が特に残虐な精神の持ち主だったからではない。結果的に見れば彼の行為はいかにも残虐そのものだが、それを単に彼のサディズム的欲求の発露とは言えまい。いかに残虐な行為であれ、その行為を行う当の人間の主観的な思いのなかには、一定の正当化の論理がある。それが被疑者＝犯人の前提に立つ捜査官の正義感である。検事として出発しのちに最高裁調査官、高裁判事にもなった青柳文雄は、この紅林警部補を弁護して「この人は正義漢で、遺族のことを考えると取調べに熱が入るという型の人であったらしい」と言う(14)。

この弁護がどこまで事実に即したものかは分からない。また紅林が、たとえ青柳の言うとおりの人物だったとしても、彼の取調べ方法が許されるわけではないし、青柳流の弁護が認められるとは思えない。ただ、そのうえで取調官の主観的な「正義感」が取調べの場のなかで大きな力をふるうという事実には注目せねばならない。

今日では紅林の行ったような拷問的取調べが前面に出ることは少ない。しかし暴力を用いない穏やかな取調べにおいても問題はなくなるわけではない。たとえば「罪を憎んで人を憎まず」の諺に言うように、一切手荒なことをせず、もっぱら説得的に取調べる型の取調べがある。罪を犯した人間であれ人間は人間、罪を反省して更生してほしいとの思いが、そこには表われている。おそらく、そのような態度自体を取り上げて批判する人はいまい。しかし、ここにも問題はある。だいいちこの諺自身、その当の被疑者が有罪であることを前提にしている。この諺が有罪者にあてはめられれば問題はない。しかしこれが無実の者に向けられたときはおかしなことになってしまう。有罪確認のうえではじめてこの諺に言う道徳的正義感が働けばいいのだが、現実には犯罪への憎しみや正義感は、残念ながら事実の確定以前に走り出してしまう。憎しみや正義感を動機づけるのは基本的に主観的思い込みであって、客観的、合理的判断ではない。主観的思い込みと客観的判断の間にはつねにずれが伴う。そのなかで客観的確認のできる時まで感情が走り出すのを抑えるというほど、人間は器用になれない。
たとえば捜査官が自白を求める時の心情について見てみよう。容疑者をしぼり、逮捕すれば、その容疑者を犯人として自白を求めたい心理は、捜査官に普遍的なものであるようにみえる。昭電事件をはじめ政財界の汚職事件を数多く手がけ、特捜検事の名を高めた河井信太郎は、捜査官が自白を求める気持ちをこう書いている。

被疑者を自白させようというときには、祈るような気持ちでいる。なんとかして自白してくれないかなあ、真相を述べてくれないかなあ、自分の家から車にゆられて拘置所へ行くまで、ずっとそういう気持ちである。今日は自白するだろうか、今日はおちるだろうかということを本当に祈るような気持ちで念じて行く。(15)

もとよりこうした気持ちを持ってしまうこと自体を責めることはできない。真相を知り、手持ちの証跡から現実の犯行の全容を再構成したいというのは、捜査官の当然の思いであろう。河井自身、右の文章につづけて「それは被疑者を自白させて功名手柄をたてようという気持ちは全然ない。本当に事件にとりくんだ検察官の気持は、そんな浅薄な、軽薄なものではない」と言う。真相究明そのものを取調べの目標とするというのは当然のことであるが、人はとかく功名心にとらわれやすい。右はその点を戒めた文章なのである。しかし真相究明というかぎり、本当は、目の前にいる被疑者が無実かもしれないという可能性を念頭におくことが必要であろう。被疑段階にあって証明を終えていない以上、真相は有罪でも無実でもありうるのである。しかし自白を求めて祈りたいほどの気持ちは、相手が無実かもしれないという反対検証の気持ちを押し殺してしまう。別の検察官は被疑者の取調べについてこう書いている。

被疑者を自白させる万能の方法は存在しない。それは被疑者の側で否認を通す万能の方法は存在しないのと同じである。従って、否認する被疑者の取調べには、暴力と脅迫以外のあらゆる工夫によって懺悔と更生の道に立ち帰るように説得する熱意が必要である。もはや、それは人間と人間との対決であり、人格の力であり、尋問の技術の問題ではない。[16]

この文章においても被疑者は即犯人であって、被疑者が無実でありうる可能性が配慮された気配はいささかもない。取調官が被疑者に向かうときの気持ちは多分にそうしたものであろう。先の河井信太郎はこうも書いている。

取調官自身の信念がなくては、犯罪者を懺悔の気持ちにまでもっていくことは絶対にできない。取調官の方に、相手は罪を犯した者であり、そしてあやまるべきときにあやまるのが本当に犯罪者のためになることだという信念がないと、相手を感化説得することは出来ない。この信念は、非常にむずかしい問題だと思うが、取調官自身の立場からいうならば、この人間が罪を犯しているならば、必ず自分が真人間にしてみせるという自信を持たなければならないと思う。犯罪を犯している人間ならば必ず真実を自白させてみせるというだけの確信を、取調官自身がまず持たなければならない。[17]

ここで河井は「犯罪を犯している人間ならば」という限定句を付してはいる。しかし、まさにその部分の真偽が問題なのである。取調官のもっている有罪心証が確実であれば問題はない。しかしそれが絶対的に確実ではないからこそ捜査官は自白を求めているのではないか。とすると、自白によって真相を明らかにしたいという思いと、自白によって被疑者の贖罪を求めるという思いとのあいだには、絶対的矛盾がある。取調官は往々この矛盾に気づかない。「有罪推定」の上に立っているからである。土本武司は次のように言う。

「自白」は、満天に散りばむ星の中でひときわ光彩を放つ金星のごとく、証拠の王である。自白が唯一の証拠である場合は有罪とされない法制をとるわが国においても、そのことに変わりはない。「真相を最もよく知っているのは犯人自身である」からである。それだけではない。自白は――少なくともわが国では――犯人の罪責感情を軽減させ、社会もまた、犯罪によって惹起された不安を解消し、正義が実現されたとの安堵感、満足感を得る。[18]

ここで自白は真相解明の最も重要な手立てであると同時に、犯人の謝罪であり、正義の実現である。この種の道徳的信念のゆえに、取調官は何らの負い目なく、被疑者に強く自白を迫り、執拗な取調べを繰り返すことができる。

3 人間関係の重視――パターナリズム

道徳的正義感にもとづいて被疑者から謝罪を求めるという自白追及のパターンは、実はきわめて日本的なことであるらしい。ここで問題となるのは、この謝罪要求型の取調べにみられる取調官—被疑者のあいだの人間関係である。日本の警察活動を行動科学的に観察して『ニッポンの警察』という本にまとめたデイビッド・ベイリーは「日本の社会は警察官を単なる法の執行者とは見ていない。警察官は、莫大な道徳的権威を所持する[19]」と言う。そしてこの道徳的権威の前に被疑者はひれふすことを求められる。

単に礼儀正しいとか、うやうやしいという以上に、日本人は、積極的に自分の犯罪行為を認め、それから生じる結果を受け入れる。取調官の前で被疑者がとるべきだとされるのは、素直で従順な態度である。潔白を装ったり、罰則から逃れようとしてはならない。適切な言葉で言い換えると、被疑者は「まないたの上の鯉のように」ふるまう必要がある。[20]

アメリカ人が捕まったときは現行犯でも時に否認し、悔恨の情を見せず、ただちに法的防御体制を作りはじめる。それとくらべてきわめて対照的だと言う。ベイリーは日本人の警察へのこのような態度をむしろ評価している。アメリカでは警察・検察と被疑者との間の対立的関係が強く、訴訟手続きのうえで被疑者の権利を守る制度が日本よりもよく整備されている。にもかかわらず、相互の対立の強さのゆえに警察の権限濫用事例、虐待事例は日本より多い。他方、日本では公訴提起前の留置期間がアメリカよりずっと長く、弁護人の接見にも制限があって被疑者への手続き的保護が不十分である。つまり警察による虐待が生じやすい条件にある。にもかかわらず、取調官に対しては従順に罪を認めるべきだという倫理的規範が強く、取調官―被疑者の信頼関係が篤いために、かえって虐待事例は少ない。また被疑者が取調べに積極的に協力することで、取調官が被疑者の処遇に裁量を加える。たとえば被疑者が謝罪して悔恨の情を示せば始末書のみですませるといったことが可能である。日本では手続き的保護が不備であるが、こうした取調べ状況によって日本の被疑者たちは守られているというわけである。ベイリーは「これらは、よりよい正義を実現する方法として悪くはない(21)」と評価している。

しかしベイリーのこの考え方はかなり一面的である。少なくとも数多くの冤罪事件を目のあたりにしてきた私たちは、ベイリーのこの記述の背後に日本の警察のもう一つの面を見ないわけにはいかない。なるほど被疑者が実際に警察が捜査によって推定したとおりの犯罪を犯しているのであれば、被疑者が従順で、取調官との間で信頼関係をもてることは「悪くはない」。しかし警察が推定した犯罪を被疑者が犯しておらず、したがって取調官に対決せざるをえないときにはいったいどうなるか。ベイリー自身、こう書いている。

日本の警察官と検察官は、被疑者が悪い事を告白することを期待しているのみならず、そのような規範を強めるべく行動する。もし従順な態度は本物だと判断すると、当局は、温情を示し、真面目な人間への復帰を容易にしてやるといった適切な対応をする。後悔は当局に従順であることを示しているが、これは関係者の心に人情を生み出し、厳しい刑罰を軽減させる効果がある。つまり、被疑者が悔い改めようとしないときは警察と検察は不快の念を示し、被疑者が協力的であるときは、寛大にせざるをえない気持ちに追いやられるのである。(22)

問題は被疑者が悔い改めようとしないケースである。このとき取調官は「不快の念を示す」と言う。もちろん被疑者が真犯人であれば、それは当然の反応であろう。しかし、被疑者が無実であるときはどうなるか。ベイリーの考察はその点に踏み込んでいない。日本の警察・検察は被疑者に謝罪を求める。その謝罪を求める気持ちのなかには、繰り返し述べてきたように「有罪推定」があり、この推定は容易に揺るがない。ベイリーも「従順な態度が得られないと、日本の警察官は怒鳴りはじめる」と、正しく観察している。

ベイリーと同じように日本の警察を社会学的に研究したウォルター・L・エイムズも『日本警察の生態学』[23]のなかでほぼ同様の観察を行なっている。岡山県警に入り込んで観察を行ったエイムズは、あるとき被疑者を大阪から倉敷に列車で押送してきた二人の刑事に出会った。男は手錠をかけられ、腰縄をうたれ、刑事の一人がこれを握っているのだが、男は刑事たちと談笑し、大阪に戻るときはどの特急に乗ったらよいとかなんとか話していたという。これを見たエイムズは、アメリカでの刑事・被疑者の関係とあまりに違うことに驚いている。

このような緊張感のなさは日本の刑事たちの「罪を憎んで人を憎まず」という固い信念に由来している。この日本の古くからの諺は、刑事に、なぜ被疑者とそのような良好な関係を作ることができるのか、と訊ねるときまって返ってくる言葉だ。警察のやり方をみていると、実際のところ、ソーシャルワーカーか牧師のようだ。被疑者の生活環境を調べ悪事に走った理由を把握し、被疑者に本当は悪い人間ではないんだ、ただ過ちを犯しただけなのだと信じこませる。取調べ中に被疑者を怒鳴り上げることがあるにしても、嫌っているからではなく、本当は良い人間でありながら誤りを犯しているのにそれを認めようとしないから怒るという具合である。これは日本の学校で教師が生徒をどなりつける際の論理によく似ている[24]。

エイムズはこうした刑事たちのやり方のなかに日本の子ども向け物語と同一の構図を見ている。悪者が許しを乞うと、その悔恨の誠実さに免じてこれを許すというところで話が終る。そういうパターンの物語が日本には多いというのである。たとえば「赤ずきんちゃん」などでも、原典では、おばあさんを食べてしまった狼に対して木樵はただちに斧を振りおろして報復するのに対して、日本の子ども向けに再話したものでは、狼は怒った木樵の前に膝をついて「おばあさんを食べてしまいました」と告白して許しを求める。そして木樵は正直に自分の罪を告白したということで狼を許して物語は終る。なるほどそこには、わが国の刑事取調べの独自な構図が象徴されていると言えるかもしれない。

わが国の刑事捜査の第一線に立つ刑事についてその意識と行動を実証的に調査した宮澤節生の研究によっても、このことは確かめられている。現場刑事の生の言葉を引用しつつ、宮澤は次のように述べている。

「人間関係」の形成を通して自供を引き出す、と述べている刑事たちは、きわめて多かった。たとえば、一般的に、「親、兄弟の話や人生論をかわしながら、気持ちをほぐらせるように、なだめすかして自供を引き出す」（盗犯係）とか、「被疑者と人間関係ができないと話してくれませんね。メンドウ見てやって、取調べはきびしく」（盗犯係）と語られていた。(25)

取調べを円滑にはこび、すみやかに自白をとるためには、何より人間関係の形成が先決との見方を第一線刑事の多くが直観的に体得している。そうした人間関係の形成は一朝一夕に望むことができない。人間関係のうえで被疑者から自白をとるという取調べ方法には、当然ながら多大な時間を要する。したがって刑事たちは、勾留が拘置所ではなく、留置場であることが望ましいと考えている。実際、拘置所が勾留場所になると被疑者との人間関係が作りにくくなる点が問題だと答えた刑事が半数を越えている（その点に問題はないと答えたのは一四％にとどまる）。勾留の法的問題に敏感な幹部たちは、勾留制度が捜査・取調べの便宜のためにあるなどとは公言しないが、第一線刑事の意識のなかでは、この点きわめて明快である。

刑事たちは、自身の手もとに被疑者を長期間拘束することによって、いわゆる「人間関係」を作りあげ、あるいは、被疑者の心理に働きかけて抵抗を軟化させ、期待された供述を獲得して、とくに余罪を解明する、という目的を、幹部たちには見られなかった明快さで語る。(26)

ここで言う「人間関係」が、先に見た鴨良弼（二二四頁）の言うような「対等な者どうしの人格的な関係」でないことに、注意しておく必要がある。取調官が被疑者を追及し、謝罪を求め、自白した被疑者を保護する、その種の人間関係は上位の者の下位の者へのパターナリズムの典型である。パターナリズムは、本来、対決を許容しない。保護者と被保護者とが非可逆的な位置関係にあることが、そこでは大前提なのである。それゆえ間違いなく真犯人を逮捕して、これを謝罪させ、悔恨を示した者に適宜保護を加えて更生をはかるというぐあいにいけば、この人間関係のなかで表面的にはうまく事が運ぶかもしれない。しかし、被疑者が無実で、謝罪を求める取調官と対決させざるをえないとき、この日本型捜査はその欠陥を露呈させてしまう。ベイリーも言うとおり手続き的保護が不十分な条件下で、対決を余儀なくされる被疑者は身の潔白を示すすべがない。被疑者の正当な潔白の主張がストレートに取調官に伝われば問題はないはずだが、有罪推定の下で謝罪を求める捜査権力に対して、被疑者はあまりに無力である。逆に、道徳的正義感に駆られ、被疑者に謝罪と悔恨の情を求める取調官の側からみれば、相手の無実の主張は言い逃れにしか聞こえず、そこに非悔恨者への不快を禁じえない。被疑者からの正当なフィードバックの回路は、そこでは断絶されている。にもかかわらず、取調べの場から逃がれるすべをもたぬ被疑者は、取調官と対決しきれぬまま、相手の求める「人間関係」のなかに取り込まれざるをえない。この「人間関係」が無実の被疑者にとってどういう意味をもつかは、第八章以降で詳述せねばならぬ課題の一つである。

4　積極的捜査への熱意

取調べにあたる刑事の意識として、もう一点、その職務意識の問題をとりあげねばならない。

刑事の仕事は、他の職業と比べたとき、どう見ても楽なものとは言えない。捜査や取調べ自体が気楽なものではないし、書類作成等の事務的仕事も少なくない。また通常勤務以外の超過勤務がきわめて多い。宮澤によれば、調査に入った北海道警察では、幹部から「自発的な勤務」が強調され、超過勤務のほとんどが指示されたものではない。おまけに超過勤務手当は各署の総枠で押えられているため、正当な手当を与えられることがない。それどころか超過勤務の報告さえ提出しない刑事が多いという[27]。報酬を当てにするのではなく、文字通り自発的に勤務に入っているのである。おまけに六日に一晩の当直があり、緊急配備の召集も少なくない。休日返上の継続捜査を命じられることもあり、ましてや有給休暇などなかなか取れない。にもかかわらず（いやむしろ、だからと言うべきか）、刑事たちは職務にきわめて熱心である。宮澤はこう述べている。

刑事たちの勤務体制は、ほとんど苛酷と形容してよいほどのものに思われる。しかも、彼らは、はっきりと召集された場合のみではなく、具体的な幹部の指示がない場合でも、少なくとも外観上は自発的に勤務につき、それを継続している。したがって、そのような状況において熱意に満ちた捜査行動を示している以上、積極的捜査活動への従事自体が刑事たちに満足を与えるものになっているのではないか、という推測は、ますます妥当に思われてくる。(28)

捜査へのこの積極性は、たとえば刑事たちの間で言われる「事件ヅキ」という言葉のなかに端的に表われている。捜査に従事する警察官は事件の発生を待ち望んでいる。だからこそ事件についているかついていないかが大きな関心事となる。ある刑事は自分には事件ヅキがあると誇り、「事件に追われるくらいでよい。今夜あたり事件があるのではないかという予感が働く」と言う。(29)それほどに現場の刑事たちは事件発生を期待している。もちろん、そのうえでその事件に自ら関与し、被疑者を捕まえ、自分が身柄をかかえることを望んでいる。つまり、自分の出会ったチャンスをなんとか「モノにしよう」との気持ちが働く。そこに刑事どうしの競争意識も生まれ、また係どうし、さらには署どうしの間の競争意識も強い。それゆえに積極的な捜査がときに、合法性の枠を踏み出しかねないこともある。

刑事たちの捜査に対するこの「熱意」はどこからくるのか。宮澤は、そこに二つの類型の刑事を分けている。(30)一つは、事件への積極的な捜査が客観的には問題性を孕むものであっても、「その合法性・正当性を確信し、常にそのような行動を採ることが刑事の当然の責務であると考えていて、その行動に出ること自体に満足を感じている」タイプである。このタイプの刑事たちにとって意味をもつのは、刑事としての規範に適った「象徴的報酬」である。たとえば表彰による名誉、名刑事としての評価や権威、捜査における事実上のリーダーの地位などが、彼らの熱意を支える。宮澤はこのタイプの刑事を、積極的捜査に「道徳的関与」を示す者と呼んでいる。宮澤が例としてあげている刑事は、「刑事が好きなんだね。刑事はバカでね。おだてられると、この親分のためにガンバロウ、という気になる」と言い、また「自分は警察の警察ではなく、市民の警察だと思ってやっているからね[31]」と言う。ここでこの刑事が「警察の警察」と言うのは「組織としてのメンツが傷つけられるのをおそれて手続きに慎重な捜査官」のことであり、「市民の警察」と言うのは「犯人検挙や被害回復を求めている市民たちの期待に応えて果敢な捜査を進める捜査官[32]」のことである。このタイプの刑事は、勤務時間などに意識を配ることなく、とにかく有能に事件を解決することに喜びを見出す。彼らは「自らの手で被疑者を逮捕し、自供に追い込み、多数の余罪を解明し、厳罰に処しうる状況を作り出すこと、それ自体を求めている[33]」。そこでは捜査手続きへの慎重さよりも、むしろ事件解決の方が重視される傾向が認められる。

もう一つのタイプは、捜査に「打算的関与」を示す刑事である。このタイプの刑事を動かすのは「功利的報酬」である。もちろん警察官のばあい階級・年功によって一律の給与体系が組まれているために、直接金銭的な報酬によって操作することはできない。しかし、実績を積み、評価を高めることで、より高い地位を確保できる。自分の望んだ署や都市への配属も可能になる。逆に、実績が上がらず、評価が低下したのでは、自分の望む地位や配属も期待できない。それゆえこのタイプの刑事たちにとっても事件に積極的に関与し、事件を自分の手で解決することが重要な意味をもつ。ただし、この積極的捜査が手続き的な合法性の枠を越えかねない場面については、先の道徳的関与を示すタイプの刑事とは違って、その捜査の正当性を確信しきれない。

宮澤の調査データによると、全体的には前者の「道徳的関与」を示す刑事は多くなく、後者の「打算的関与」の方が一般的な関与形態であった。ただ両タイプを截然と分けることはできず、たいていの刑事においてはこの両関与形態が複合しているし、経験を積むなかで打算的関与から道徳的関与へと比重が移行する者もある。しかしいずれの関与形態をとるにしても、刑事の捜査行動がより積極的方向に向けられることについては変わらない。事件解決それ自体が喜びであるにせよ、事件解決が何らかの功利的報酬に結びつくにせよ、刑事たちはより多くのより大きい事件にツキ、より有能に事件を解決することを求める。そこのところで合法性の枠を多少とも踏み出すことは、道徳的関与型の刑事にとっては当然のことであり、打算的関与型の刑事にとってはやむをえないことである。なにしろ捜査には成功しなければならない。宮澤は「プロブレマティックな行動が、刑事たち自身が問題性を感じている場合にも採られていることに注意すべきである」[34]と言う。そしてこのことは次のことを示唆するという。

犯罪解決への有効な方法であるかぎり、明らかに違法とされない程度に積極的な捜査行動に出ることはちゅうちょしないという発想の存在である。その場合、認識される危険が低ければ低いほど、また認識される犯罪解決の必要性が高ければ高いほど、プロブレマティックな捜査行動が採られることになる。[35]

事件解決の能率と捜査手続きの遵守とはしばしば矛盾する。この矛盾を刑事たちはどう捉えているのか。宮澤の調査によれば、「捜査手続きのルールに忠実であれば、そのために事件解決の能率が下がったとしてもやむをえない」と考える刑事が五五・八％、そうは思わない刑事が二〇・九％であった。[36]後者の考えでは、逆に言えば事件解決のためには捜査手続きを多少はみ出してもやむをえないということになる。そう考える刑事が二割もいたということは興味深い。被疑者取調べに引き寄せて言えば、多少強引な取調べも事件解決のためには仕方がないと考える刑事が一〇人中二人はいるという勘定になる。他方、手続きの遵守を優先させるべきだと考える刑事が過半数いたということは、当然といえば当然なのだが、これとてもこの考えがどこまで実際の捜査行動に反映しているかとなると、少々心許ない。というのも、捜査を指揮し、刑事の活動を統制する幹部自身が、一方で刑事たち以上に手続きの遵守を主張しなければならない立場にありながら、他方で捜査の能率と実績向上を刑事たちに訴え、彼らを鼓舞せねばならない立場にもいるからである。そして現実に、刑事たちがその捜査活動において幹部から、また同僚から認められるのは、手続きの遵守ではなく、事件解決である。たとえば、刑事への表彰が「手続きへの留意」などという理由で行われることはなく、その理由になるのは結局検挙実績だけである。個人の実績評価にかぎらず、署単位の組織としての実績も重視される。署の幹部が個々の刑事に要求する実績向上への要請もそれだけきびしいものになる。[37]

要するに、事件解決の能率と捜査手続きの遵守は、相矛盾するがゆえに、どちらか一方を一定程度犠牲にせざるをえないのだが、現実には手続き遵守より事件解決の方向に重みがかけられる。積極的捜査に道徳的関与を示す刑事はもともと事件解決の方向に強く動機づけられているのだし、打算的関与しか示さない多くの刑事たちにとっても、手続き遵守の行動が何ら功利的報酬につながらず、事件解決のみが報酬につながるのだとすれば、結局その方向に強く導かれていくのが自然であろう。

手続き違反が、強い罰（つまりマイナスの報酬）で封じられることがあれば、手続きの遵守に重みが加えられることになるはずだが、実際には警察の手続き違反が検察官や弁護士、裁判所から厳しくチェックされることがない。検察官は無罪事件を出すことを極度におそれるが、現実の裁判では手続き違反を理由に無罪判決が下されることは少なく、それゆえむしろ積極的捜査が行われなかった結果として十分な自白や物証が得られないことの方を懸念する。つまり検察官は警察の手続き違反をチェックするより、積極的捜査を期待する方向に働きやすい。

他方、弁護士が刑事事件に捜査段階で関与する機会はごく限られている。被疑者段階での弁護人選任はきわめて少ないからである。また弁護人が選任されても、取調べに立ち会えるわけでもなく、接見交通にも強い制約が認められている現状では、警察の手続き違反を認知し、これを阻止する現実的な力とはなりえていない。さらに裁判所においても、手続き違反がチェックされることは少ない。逮捕令状の発布や勾留の請求が却下される例は稀だし、たとえ却下されても、警察ではそれを法的にやむをえないと受けとるより、裁判官が警察の主張を認めないのは「捜査を知らないから」とか「世間を知らないから」と批判する。また公判において捜査手続きの適法性が問題とされる場合でも、刑事たちはかならずしも慌てない。たとえば被疑者取調べの手続きが問題となったとき、その状況を知っているのは通常刑事自身と被告人以外にはない。刑事自身が取調べの違法性を認めないかぎりは、自白調書が証拠排除されたり公訴棄却になることは、まずない。宮澤は、刑事自身の言葉として次のような言を記載している。

私なんかは、公判はスポーツだと思うから、あげ足とられるようなことは言わんようにしているものね。一番いやなのは、捜査の過程を始めから話してほしいという質問だね。いろいろ話しているうちに、思わずまずいことも言ってしまうからね。ある時は、ほかの被疑者を全部ツブシたのかと質問されたから、ほかに容疑者はいないと答えたら、それを否定する内容を持った調書が検事側にあって、検事にこっぴどく叱られたものね。[38]

刑事たちの捜査手続きが問題にされて、これが具体的にマイナスのサンクション（報酬）となることはきわめて稀なのである。

こうして刑事捜査に直接たずさわる第一線の刑事たちにおいては、建前上捜査手続きの重要性が説かれながらも、それをよほど逸脱しないかぎりは許容されるとの思いが働く。そこでは多少はみ出すことはあっても、事件解決の能率のために積極的に捜査を進めようとする心理的ベクトルが強い。それだからこそ、刑事たちはきわめて苛酷な労働条件の下で捜査への熱意を燃やす。そして、これが現実に捜査実績につながっている反面、被疑者たちへの不当な取調べ圧力を生み出す危険性を作り出していることも否定できない。

捜査への熱意が事件解決への大きな力となる一方で、事実の歪曲への一大要因となるという、この熱意の二重性は、刑事捜査の問題を考えるうえでつねに肝に銘じておかねばならないことである。田宮裕は『捜査の構造』のなかで、このことを的確に指摘している。

捜査が紳士のきれいごとではなく、犯罪・犯人との闘争という面をもつ以上、正義感・職務熱心などから情熱的な偏見のとりこにならぬともかぎらないのである。悪意で人を陥れることはまずありえまい。しかも、その場合は、あってもことは露見しやすいだろう。だが、悪意ではなく職務熱心のあまり捜査を遂行する場合には、固定観念はかえって確固不動のものにかたまっていく可能性がある。[39]

熱意のもつこの危険性を封ずるためには、捜査官自身が当然「証拠に対しては虚心にぶつかるべきで、みずからたえず反対の可能性を吟味しながら証拠固めをすべきだ」[40]という姿勢を身につけていなければならないのだが、これがなかなか難しい。そこで田宮裕は、捜査官の固定観念をときほぐすために、捜査の相手方の地位を補強すべく弁護人が介入することの必要性を説く。そのように反対当事者による吟味を前提とする「弾劾的捜査」によって、職務熱心のあまりの予断捜査を封ずることが可能になるのではないかという。ただ残念ながら、現状の刑事捜査において弁護人の果たす機能は、あいかわらず大きく制約されている。

現状においては、そのように外部の第三者が介入して捜査官の固定観念をときほぐすのは難しい。では捜査体制の内部で、互いの予断や思い込みをただし、捜査を正しい方向に向けていく力が働かないのだろうか。最後にこの点を論じておこう。

5 捜査体制の組織性

小さな事件ならばともかく、殺人などの大きな事件ともなれば、捜査はチームプレーで行われる。そして現行犯事件のように犯人がただちに明らかになる場合は別として、犯人不明の事件では通常、捜査本部が設置され、そのなかで捜査方針が決定され、捜査が遂行されていく。そのように集団によって捜査が担われていくとすれば、一人の捜査員が予断や思い込みにとらわれても、他の捜査員との相互批判が適切に行われれば、予断や思い込みはほぐされて、捜査を正しい軌道の上に乗せることができるはずである。捜査がチームプレーで行われることの意味は、本来、捜査の能率化を図ると同時に、捜査の適正化を保証することにあると考えられる。しかし、そのためには捜査員どうしの間で自由闊達に意見が交され、その意見交換が適切に捜査方針に反映するのでなければならない。しかし、日本の警察という組織がそのような自由な意見交換や相互批判を可能にする土壌をもっているかどうか、その点が問題となる。

半田風天会事件を例にとって考えてみよう。(41) この事件は一九六七年愛知県半田市で起きた。その年の六月一二日未明、半田警察署の署内で宿直勤務中のH巡査が何者かに腹部を刺され、救急車で病院に運ばれる間に死亡した。H巡査は犯人と格闘のすえ背広の片袖を引きちぎって、それを手に握っていた。警察署内で署員が殺されるというこの事件に対して、愛知県警は刑事部長を捜査本部長とする特別捜査本部を設置し、ただちに捜査に乗り出した。初動捜査の結果、捜査本部はその日のうちに「当時半田市内で暴れ回っていた山口組系暴力団、知多風天会が、前夜逮捕された仲間を奪い返そうと半田署に侵入したところをH巡査に発見され、刺殺した」との事件像を描き、一週間以内に組長以下、主だった組員七人を別件の不法監禁、暴行、恐喝などの容疑で逮捕した。ところが、逮捕容疑となった別件については七人ともすぐに認めたものの、本件のH巡査殺害については頑強に否認した。執拗な取調べの結果、逮捕から一カ月半後になってようやく自供がはじまり、最終的に七人のうち六人が「半田署に出かけて仲間を取り戻そうとした。組長が警官ともみ合いになって刺した」と、当初捜査本部が描いたとおりの自白を行った。これによって特捜本部は事件の全容を発表した。ところが、その後も問題の凶器や、H巡査が片袖を引きちぎった背広は発見されず、やがて組員たちはみな自白を撤回。物的証拠の上がらぬまま半年後の一二月一五日になってようやく名古屋地検に事件を送致した。そしてその六日後、一七歳の工員が凶器の短刀と片袖のない背広を持って半田署に自首してきたのである。起訴にまでは至らなかったものの、これが警察の一大誤認逮捕事件であることは明らかであった。警察の捜査はどこで間違ったのか。またその間違いが、どうして真犯人の自首にいたるまでただされなかったのか。そこには捜査体制の組織性の問題がからんでいる。

図7　半田事件捜査本部編成

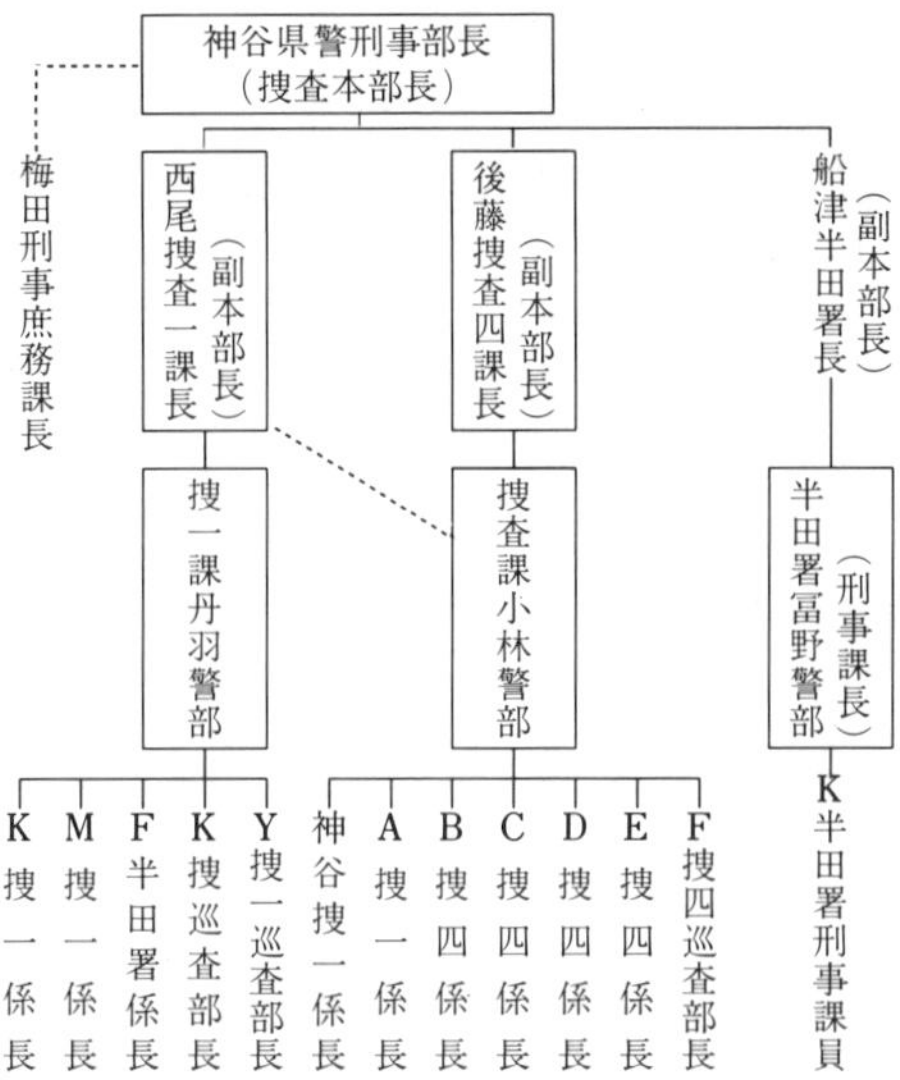

新聞記者としてこの事件に関わった椎屋紀芳は、この事件の特別捜査本部の組織を上のように図示している。捜査本部の最高責任者は本部長である神谷刑事部長であったが、彼は二カ月後に定年退官予定であったため、事実上この捜査を指揮したのは西尾捜査一課長、後藤捜査四課長であった。西尾一課長は一度言い出すと後に引かぬ人であり、一方後藤四課長の方はどちらかというと存在感の薄い人だったという。また西尾一課長の下についた丹羽警部は、捜査一課で殺人捜査の経験を積み上げた生え抜きであったが、上司には逆らえないタイプ、他

方後藤四課長の配下にあった小林警部は愛知県警きってのキレ者と言われ、これまで失敗知らずで、順調にエリートコースを駆け上がってきた。当時暴力団組長を次々と逮捕して組を壊滅状態に追い込む成果をあげ、「飛ぶ鳥も落とす勢い」であったという。結果的には、西尾捜査一課長とこの小林警部が実質上の主導権を握って捜査が進んでいくことになる。

初動捜査では、犯人の足どり捜査、遺留品、目撃者捜査について捜査一課の丹羽班が担当し、早々に容疑線上にあがった風天会員の追跡、逮捕、取調べは小林警部の率いる班が担当した。最初、小林班の捜査は目ぼしい組員を次々逮捕し、容疑事実（別件）をスラスラ自白させて順調に進んだ。ところが本件の取調べに入ってからは七人の組員とも頑強に否認して、まったく進展を見せなくなってしまった。おまけに目撃者を洗い出した丹羽班からは、事件直後半田署の前から反転して猛烈なスピードで走り去った白い車を新聞配達人が見たとの情報が入っていたが、風天会関係者に白い車を持っていた人物が見つからない。それにH巡査が刺された午前四時ごろには風天会組員全員がアジトにいたとのアリバイ情報もある。そういうことで捜査本部内にも、犯人は風天会でないのではないかという意見が出はじめた。しかし、捜査本部をしきっていた西尾捜査一課長、小林警部のコンビは当初の予断に固執してゆずらなかった。そうした幹部の捜査方針の下では、自由に意見を出し、率直に批判しあう雰囲気は出てこない。唯一、組長の取調べに入った神谷捜一係長のみは、取調べの心証としてどうしても彼らがやったように思えないことを幹部に伝えたが、取りあってもらえなかったため、悩んだ末、捜査会議の場で捜査への疑問を申し立てた。これは言わば「造反」であった。しかし、この勇気ある造反に耳をかす幹部はおらず、神谷係長は即日、取調べからはずされ、後には捜査本部からも追放されたという。椎屋によれば、神谷係長はこの造反の模様を「真珠湾に向から連合艦隊に石をぶつけているようなもんだった。動き出した大捜査本部を止めることはできん」と述懐したという。組織として動きはじめた捜査本部はいったん方向を決めてしまうと簡単には向きを変えられないのである。

そして現に神谷係長を追放したあと、幹部たちの叱咤激励の下、被疑者として勾留されていた組員たちから一斉に自白がとられはじめる。これが虚偽自白でしかなかったことは、否定しようのない証拠をもって現われた真犯人の自首によって明らかである。警察に対して明確な対抗意識をもった暴力団員を七人中六人まで虚偽自白させたその取調べがいかなるものであったか、詳細なところは不明である。しかし、これが相当に厳しいものであったことは想像にかたくない。椎屋の取材によれば、深夜一時、二時にまで及ぶ取調べ、また一部には拷問が行われたとの報もあったという。注目すべきことは、この時点で取調べにあたった取調官たちのあいだに、実際には風天会の組員はシロではないかとの疑念が多分にあったという事実である。神谷係長は殺人捜査においてはベテランであり、信頼も篤かった。その神谷係長の造反がもたらした動揺は小さくはなかった。にもかかわらず取調官たちは幹部の方針のままに動き、組員たちを言わばねじふせて虚偽自白を搾り出したのである。本来、取調べにおいて取調官は証拠に基づく自分たち自身の心証に沿いつつ、それを被疑者の供述と照らし合わせながら真実を求めていくはずのものである。ところがこの事件では取調官自身の心証以前のところで捜査本部の組織方針があって、取調官たちはその方針の範囲内で取調べを進めざるをえない。そこでは取調官が被疑者から直接聞いた真実の弁明も、組織方針にフィードバックされることなく、個々の取調官のレベルで圧殺されてしまう。取調官—被疑者のあいだで正しく交されるべきフィードバックの環が、こうした上意下達の強固な組織の下では、完全に断たれている。そうして取調官にとっては、あらかじめ与えられた事件仮説に沿った自白をとることのみが取調べの至上目的となってしまうのである。

ここで、私はある小説の一節を思いおこす。現実の事件にヒントを得たとはいえ、それは架空の物語である。しかし、そこには捜査チームの長に逆えず、その方針のままに無実の被疑者を自白へ落として行った警部補の述懐が生々しい真実味をもって描かれている。

「……本当のことを言うと私は何度も、雪森は真犯人ではないという心証をえたのです。第一に動機がない。自動車整備工場の長をしていて収入もいいし、過激思想も持ってない。そんな男が、新幹線爆破なんてだいそれた政治的行為をするのは変です。それに第二に本人の言う当日の行動がどうも本当らしいんですね。つまりアリバイがありそうだ。そこで上司のM警部に、私は自信がないからおりると言ったんです。ところが、M警部はすごい自信を持っていてね、どうしても雪森は犯人に違いないと言うのです。逮捕しておいていまさら犯人じゃないではメンツがたたないとも言うんです……。警察というところは上からの命令が絶対です。私はおかしいと思いながらM警部から、雪森が犯人だと強く言われると反対はできないし、それにこれは私のような下積みの警察官特有の心理なんですが、もし雪森が犯人でなくても責任はM警部にあって、私にはない、それならばM警部の意見に反対して彼の機嫌をそこねるより、迎合して雪森を犯人にする——まあ正確に言えば、犯人にでっちあげたほうが得だと思っちゃうんです。そうときまったら、私は雪森なる男を徹底的に攻撃しておとすことにしました。私は自分で言うのもなんですが、部内で〝おとしの神様〟といわれていたくらいで、おとしてやろうと目星をつけた被疑者を自白させなかったことは、長い警察ぐらしのあいだ一度もなかったのです。おとすためには自分が相手を犯人だと信じることが必要不可欠の条件です。こっちがすこしでも犯人じゃないと疑ってる場合にはおとせません。そしてこのような信念は上からの命令があったほうが強くなるんです。私は元来気の弱い人間で、もしも自分一人の信念で取り調べろといわれたら迷いと疑いに心が揺れうごき到底信念なんぞ持てません。だからM警部の命令が私の信念をつくり、そうして雪森をおとしたのです……」(42)

取調べに臨んでその取調べ方針を決定するのは、かならずしも取調官自身ではない。とくに大きな事件となればチームで動き、チームの方針によって取調べの一つ一つが左右される。個々の取調官の心証が被疑者＝無実の方に動いても、よほど決定的な反証でも出ないかぎりは、上司から与えられたままの方針で動いていく。この小説のくだりはそのことを如実に捉えている。

一定の仮説に立って捜査がある方向に進みはじめたのち、この仮説に反する証拠が出てきたとき、この証拠を虚心に捉えて、当初の仮説を見直し、反対仮説の可能性を検討することができるかどうかが、適正な捜査のためにはきわめて重要である。複数の捜査員によるチームプレーにおいては各捜査員それぞれの視点の多様性によって、言わば相互主観的にそのような捜査の客観化・適正化が果されるはずである。ところが捜査体制の組織のあり方次第では、むしろ逆に集団の力が当初の固定観念を強化し、捜査方針の軌道修正を困難にする方向で働く。半田風天会事件はその一つの典型であろう。

日本の警察社会は、残念ながら、きわめて階級性の強い社会である。その職務の性格上、命令系統が厳格であることは一定程度やむをえないことかもしれない。しかし、単なる命令系統の一貫性にとどまらず、事実上、下から上への批判を封じる形で、命令系統が明らさまな身分関係にまで一般化しているのが現状である。つまり、制度的な命令系統が上司と部下との個人的忠誠関係によって支えられ、上司は部下に対して仕事のなかで管理的位置につくだけでなく、日常生活のさまざまな場面で面倒を見、介入する。そうした警察＝家族的な関係のなかでは、きわめて苛酷な勤務条件についても「警察精神」にのっとってひたすら忠義を尽くすことが使命であるかのごとく、下からの不平不満を許さない雰囲気が根強く支配している。このことをデイビッド・ベイリーは驚きをこめてこう報告している。


ほとんど毎日のように「警察精神」のある者は休暇日数を数えたり、正確な給与額に注意を払ったりしないものだと教えられると、警察官は休暇や給与についての不平不満を上司に言いたがらなくなる。こうして、下級警察官の行動は、警察官が実際にそうあるべきだと考える形ではなく、上司の言う通りになる。(43)


この身分的上下関係は、具体的な捜査活動のなかでも貫徹される。

宮澤の調査にはそのことが如実に現われている。(44)「巡査や巡査部長クラスには、具体的事件での捜査のやり方について、発言したり提案したりする機会が十分に与えられていると思いますか」という問いに、過半数の刑事が「いいえ」と答えている。また警部補クラスについてさえ三割もの刑事が、発言・提案の機会が十分に与えられていないと答えている。一方で「一般的に言って、そのような機会をもっと与えるべきだと思いますか」という質問については、四分の三以上の刑事が「はい」と答え、他方その必要性を認めなかった者は五％にも満たなかった。刑事たちは捜査方針をめぐって発言・提案の機会の少ないことに不満を感じているのである。

このような階級制・身分制の貫徹している捜査体制のなかで、捜査活動が自由な相互批判性を持ちえないことは明らかである。それゆえ捜査活動をしきる幹部たちがある固定観念にとらわれたときには、これが捜査活動の進展によって軌道修正されるどころか、逆に当初の軌道に固執したまま、ゴリ押しで捜査が進む危険性すら出てくる。実際、最初の方針を変更して軌道修正することには、やはりある失敗感が伴うもので、リーダーシップをとっている幹部たちが部下たちの前で軌道修正に踏み切るには大きな抵抗感がつきまとう。いったん一定の方向に走り出してしまうと、人はなかなかそこから引き返すことができない。いわゆるメンツを保ちたい心理が強く働くからである。階級制・身分制の強い警察社会においては、ことさらそうした傾向が大きい。

先に紹介した豊橋母子殺人放火事件は、半田風天会事件と同じ愛知県警が、まだその失敗も生々しい三年後に再び繰り返した冤罪事件であった。この豊橋事件でも捜査本部体制そのもののもつ問題が冤罪を作り、被疑者の虚偽自白を生み出したと言える。先に事件の概要を説明したところを想起してもらいたい（二一三―二一四頁）。焼け跡から発見された被害者の死体には、裸の陰部の上に男物のパンツがかぶせられていて、そのパンツには精液らしきものがベットリついていた。これが犯人の遺留品であることは誰の目にも明らかだった。ところがＭの目の下の引っかき傷とも何ともわからぬ小さな傷への不審からはじまって、強引なアリバイ崩しでＭへの容疑を深めた捜査本部は、Ｍ以外に犯人はありえないとの予断で邁進。Ｍに事件の夜お店に立ち寄ったと認めさせたところで逮捕に踏み切った。そこまではすでに述べた。しかし、Ｍを犯人と断定するには、問題のパンツがＭと結びつかないという決定的な難点があった。一つはパンツのサイズがまったく合わない。それにパンツには黒い記名の跡らしき墨の跡がついていた。刑務所や寮など集団生活した経験のある者のパンツであることが推測された。Ｍにはそういう経験がない。同様に被害者の夫のパンツとも考えられなかった。夫のサイズとも合わず、また夫にも集団生活の経験はなかったのである。しかし捜査本部はこのパンツの問題をクリアしないままＭ＝犯人説で突っ走った。ところが逮捕後、さらに新たに重大な事実が判明した。パンツについた精液らしきものが、やはり精液であって、そこから判定された血液型はＢ型との鑑定結果が出たのである。Ｍの血液型はＡ型である。これは決定的な矛盾である。捜査員のあいだでは、この一点だけからしてもＭは犯人でありえないのではないかとの正当な意見が出てくる。しかしすでにＭ＝犯人説でこりかたまっていた捜査本部の指導的部分は、ここでも方向転換をしなかった。この精液が

Mのものでないことが明らかになった時点で、今度はこの精液は事件と無関係で、事件前日以前の夫との性行為のあとに残ったものだとの判断を下すことになる。夫の血液型はB型だったのである。しかしこれはあまりのこじつけであった。それだけ前の精液が「ベットリ」という形状で残されて、そのまま放置されることがありうるのか、ともあれ、この大きな矛盾をこじつけでクリアーして、Mから自白をとり起訴、公判にもちこんだのである。ところがこのこじつけさえも通らないことを示す新たな事実が明らかになった。被害者の夫の血液型はB型ではあったのだが、実はそれが非分泌型だったのである。非分泌型というのは、血液以外の体液からは血液型の出ないタイプを言う。つまり現場に残された精液からB型との判定が出たということは分泌型であるということを示している。この精液は夫のものでもない。とするとやはり犯人の残したものという以外にない。そしてそれはA型のMのものではありえない。捜査本部の判断は完全に間違っていた。

このことは裁判が半ばまで進んだ時点で警察の公判対策会議でも確認されたという。ところがその後に法廷に喚問された捜査官たちは、なお自分たちの間違いを認めず、精液は夫のものと考えられると証言した。警察は最後の最後まで自らの非を認めなかったのである。

振りかえってみれば捜査本部は幾度も引き返し、方向転換する機会があった。捜査員や鑑識から上がってくる一つ一つの証拠に照らしつつ的確に捜査方針の舵をとっていく適正なフィードバック機構を保持していれば、こんな馬鹿げた結果は生まれてこなかったはずである。捜査本部の組織を動かす幹部の予断が、あらゆる矛盾を無視し、押しつぶして進んでいくことの恐ろしさに、私たちは慄然とせざるをえない。

この豊橋母子殺人放火事件でも、風天会事件の神谷係長と同じように、捜査本部の方針に真っ向から批判を加えた捜査官がいた。事件直後にMからの事情聴取に当たり、当初からMはシロであるとの心証を得ていた天日警部補である。天日警部補はことあるごとに問題点を指摘したが、M=犯人説に走り出した幹部たちはこれに耳をかさなかったという。天日警部補はMが起訴された時点で、Mは犯人でありえないとのメモを書き、退職後彼はMの弁護側証人として法廷にも立った。椎屋はこの天日メモを入手、『自白』のなかに転載している。事実関係の矛盾などの指摘はすでにかなり触れたのでさておき、問題はこの矛盾への捜査本部幹部の対応である。天日メモには、「捜査本部での暴言、放言、名言」と題して次のような幹部の対応が記されている。

・「こんな大きな事件には、二つや三つの矛盾点があるのが当たり前だ」（A刑事部長）

・（ある係長に「Mをどう思う？」と聞いたところ「白でしょう」と答えられて）「今はそんなことを聞いているのではない。お前みたいな者はあしたから来んでよい」（A刑事部長）

・（ある捜査幹部が「Mは白ではないですか」といったのに対して）「そんなことを言っているようではクビだ。オレは仕事にきびしいからなあ。そんな弱腰の奴は夏には山に登ってもらう」（B捜査一課長）——椎屋注「山に登ってもらう」とは、豊橋から見て山の方、つまり新城、設楽方面を指す。この場合は、「夏の人事異動で設楽署に転勤させる」の意味である。(45)

部下からのシロのフィードバックに、論理と事実のつき合わせで合理的に対応するのではなく、職階をかさにこれを押しつぶすような対応がなされるかぎり、公正な捜査は望めない。天日メモには係長どうしの会話として、ある係長が「Mでいいのか、間違いないか」ときいたのに答えて別の係長が「今さらそんなことをいっても新幹線は名古屋を出た。もう東京まで止まらん。ワシラの力ではどうにもブレーキがかからんのだ」と答えたことが記されている。主導権を握った幹部連中が方針を決定してしまったあと、その既定方針の枠の内で動くしかない部下たちの無力感が、ここでもまた語られている。

この豊橋事件では、Mは最終的に無罪判決を得、検察は控訴しえずに確定した。きわめて当然の結果ではあった。しかしMは逮捕から無罪判決までのほぼ四年間獄中生活を強いられた。そして無罪判決も「自白以外に証拠が見当たらない」との灰色無罪。つまり自白そのものが強引な取調べの下で引き出されたという事実を裁判所は認めなかったのである。そうして思ってみるに、もし問題のパンツに残された精液の血液型がたまたまMのA型と同じであったならどうなっていたことであろう。この判決の論理からするとMに有罪判決、しかも死刑判決さえ宣告された可能性を否定できない。運よく血液型が違っていたがゆえにMはようやくにして救われたとさえ言える。ここでも私たちは再び慄然とさせられる。そのような「運」に左右されるような捜査や裁判が許されてよいわけはない。私はわが国の刑事捜査、刑事裁判のすべてが、ここに指摘したような問題をもっていると言っているのではない。相対的には少ないにしても、決して無視できない数の冤罪があり、またその多くに無実の者の虚偽自白があるのをみるとき、そこに共通の捜査の構造を探る努力をおしむことはできない。そしてその冤罪をもたらす捜査の構造が、成功した捜査とは異なる特異なものであったかというと、私にはどうもそうは思えないのである。本項で考察してきたことは、まさにこのことであった。

無罪推定の欠如、道徳的正義感、被疑者との人間関係の重視（パターナリズム）、積極的捜査への熱意、捜査体制の組織性、ここで取りあげたどの側面も、捕らえた被疑者が真犯人ならば、大きな問題なく、捜査自身をきわめて能率的に推進させる要素となるものである。一定の根拠でもって逮捕した以上、こいつが犯人だとの確信をもって迫り、犯人の心をゆさぶって謝罪を引き出すべく、時には厳しく、時には人間として暖かく接して、人間関係を作りあげ、事件解決（自白採取）に向けて熱意を注ぎ、捜査体制は組織をもって個々の取調官をバックアップし、弱気になってくじけそうになる取調官を励ます。そのなかで犯人は取調官の熱意にほだされ、その人間味に触れて自らの犯罪を悔い、謝罪して、更正を誓う。こうなれば取調べは成功である。わが国の捜査官たちがイメージしている取調べの教科書的理想像はおおよそこのようなものであると言って間違いない。

しかし取調べについてのこの教科書的理想像は、それ自体、被疑者が無実であるばあいを予定していない。つまり被疑者からの無実情報のフィードバックを汲み取る回路を十分な形で用意していないのである。そもそも「無罪推定」の大原則を横において、「こいつが犯人だ」との確信をもって迫らないと相手に自白させるだけの迫力を持てないと教える捜査教科書を信奉するかぎり、最初からこのフィードバック回路をまず封鎖してかかっていると言わざるをえない。この強固な「有罪推定」のもとに、「道徳的正義感」をかざして謝罪を求め、被疑者との「人間関係」を重視して、時には厳しい父のように、時には暖かな母のように関わるとき、被疑者の無実の主張は取調官に敵対しきれぬまま、やがて剣を向けるべき的さえ見失ってしまう。そこで作り出される取調官—被疑者の「人間関係」は決して対等な位置に立つ者どうしの相互的関係ではなく、圧倒的落差をもつ上下関係なのである。そこでは取調官が被疑者の弁解を正当に聞きとろうとする姿勢は失われる。また取調べを行おうとする取調官のなかに存在する、事件解決へ向けての内発的、また外発的な強い動機づけや職務への「熱意」も、それが向けられるのがあくまで、犯人探しであり、自白獲得であるとすれば、そこでは被疑者の無罪立証は逆に職務上の失敗として捉えられる。それゆえ、無実情報はおのずと軽視される。このことは取調官の個々人においてのみならず、捜査チームの組織全体にもあてはまる。捜査体制を指揮するリーダーは事件を失うまいとするあまり、いったんきめた捜査方針に固執し、被疑者の弁明に十分に耳を傾けることをせず、新たに見出された証拠に即応して柔軟に対応する姿勢を忘れ、組織ぐるみで強引な取調べを遂行することになる。

同じ捜査の構造が、一方でより能率的な事件解決につながり、他方で悲惨な冤罪につながる。まさにこの二面性が、私たちにとっては問題なのである。無実の人間が、犯罪に巻き込まれ、疑惑の構図にはまり込んで取調べの場に引き出されたとき、ここで論じた取調べの諸側面が明らかに権力の構図として働き、その当の無実の被疑者を包み、虚偽自白という出口にまで送り出していく、この可能性を、私たちは否定できない。そこに働くのは魔女裁判や粛清裁判に見るような暴力的権力ではないが、圧倒的な力の落差を用いたひとつの権力であることに変わりはない。真摯に被疑者取調べに臨むものは、このことをおそれないわけにはいかないのではなかろうか。

第四節　捜査の権力性への歯止めが有効に働いているか

犯罪事件に関わって捜査権限をもつ警察・検察が、一定の証拠や情報にもとづいてある人物に容疑をもち、逮捕して取調べる。その過程には、これまで第二節、第三節で見たように、疑惑の構図、権力の構図が貫かれている。そこに事件解決の可能性と同時に、事実の歪曲や冤罪発生の可能性が孕まれている。それは単なる解釈の問題でもなければ、単なる可能性の指摘にとどまるものでもない。一定の強制権力をもって行われる捜査において、それは一つのあからさまな現実である。また、あえて言うまでもないことだが、右の事実歪曲や冤罪発生の危険性は、個個の捜査官の心構え次第で排除できる種類の問題ではない。

そこで問題となるのは、この種の危険性を生み出す捜査の権力性に対して具体的にどのような歯止めの手立てがとられているかである。同じように疑惑の構図から権力の構図をたどるにしても、さきに見た魔女裁判や粛清裁判においては、捜査主体―訴追主体―裁判主体が事実上一体であって、捜査―訴追―裁判の過程に批判的チェックの入る余地がなかったし、また捜査そのものも人の目から閉ざされた場所で、ほとんど無制限の時間を用い、考えつくあらゆる肉体的・精神的拷問を駆使して行われた。捜査をチェックする手立ては皆無に等しく、権力は文字通りむき出しの形で被疑者におそいかかった。そこではどれほど荒唐無稽な自白も不可能ではない。

現行のわが国の捜査においては、もちろんそのようなことはない。そこにいくつものチェック機構が制度的・法的に講じられている。ただ、そうした制度的・法的な手立てが講じられているということと、それが実際に事実歪曲や冤罪発生の危険性をおしとどめる力になりえているかどうかということとは別問題である。もちろんそれは法解釈上の問題ではなく、事実上の問題である。本項ではこの点をいくつかの側面から検討する。

1　令状主義

まず第一にあげられるべきチェックポイントは捜査上の強制処分についての裁判官の関与である。つまり捜査のなかで人的強制、物的強制が行われるときには、裁判官の許可を必要とする（令状主義）し、またその手続きについては明確な法的規制が加えられることになっている。捜査主体の外から捜査に向けて行われるチェックの機能が、まず裁判官によって担われているわけである。

とりわけここで取り上げなければならないのは人的強制処分、つまり逮捕、勾留にかかわる問題である。逮捕、勾留が、被疑者への証拠収集（つまり取調べ）自体を目的としうるものであるかどうかについては法解釈上いろいろ異論があるようだが、事実上の問題としてわが国でこの強制処分が被疑者取調べに直結している。では現実に被疑者取調べに直結するこの強制処分に対して裁判所はどの程度、歯止めの機能を果たしているのであろうか。表8は、逮捕状請求、勾留請求に対する却下率を示したものである[46]。逮捕状請求については却下率が年々減少し、現在

表8—a　請求による逮捕状発付、却下、取下げ（撤回）の既済人員

年次	逮捕状全体									却下率
				通常逮捕			緊急逮捕			$\frac{b}{a+b}\times 100(\%)$
	発付(a)	却下(b)	取下	発付	却下	取下	発付	却下	取下	
1952	384,279	2,280	—	—	—	—	—	—	—	0.59
1955	366,436	932	—	—	—	—	—	—	—	0.25
1960	263,086	266	—	—	—	—	—	—	—	0.10
1962	244,789	276	119	214,943	213	117	29,846	63	2	0.11
1965	229,264	309	160	200,405	252	157	28,859	57	3	0.13
1970	187,926	362	251	163,700	284	243	24,226	78	8	0.19
1975	153,252	237	285	131,276	184	285	21,976	53	0	0.15
1980	146,575	119	248	127,401	94	248	19,174	25	0	0.08
1985	151,345	96	349	131,928	76	349	19,417	20	0	0.06
1987	141,766	115	363	123,433	95	363	18,333	20	0	0.08

（司法統計年報による）

表8—b　請求による勾留状発付、却下、取下げ（撤回）の既済人員

年次	勾留状			
	発付(A)	却下(B)	取下	$\frac{B}{A+B}\times 100(\%)$
1952	209,475	1,385	—	0.66
1955	215,667	1,193	—	0.55
1960	158,307	1,834	—	1.15
1962	140,618	2,170	17	1.52
1965	125,177	2,791	25	2.18
1970	95,013	3,710	58	3.76
1975	90,358	1,471	31	1.60
1980	92,362	899	30	0.96
1985	103,344	388	21	0.37
1987	97,071	301	85	0.31

（司法統計年報による）

は〇・一%のレベルを切っている。つまり一〇〇〇件に一件も却下されないのである。勾留請求についても同様、ここ二〇年確実に却下率が下がり、現在で一〇〇〇件に三件程度でしかない。

もとより被疑者を逮捕するについては「罪を犯したことを疑うに足りる相当な理由」がなければならない。しかしこの「相当な理由」というのはきわめて抽象的な言い方であって、いかようにも伸縮可能である。それにたとえ捜査側の主張する「相当な理由」が被疑者からみて不合理であっても、裁判官がこれ

を許してしまえば、被疑者の側からこれに不服を申し立てるルートが法のなかに用意されていない。そして現に、逮捕状請求は表8に見たとおりほとんど一〇〇%認められていると言ってもいい状況である。これを解して逮捕状請求に至るまでに警察・検察の捜査が厳正をきわめているから、逮捕状請求却下が少ないという見方もありえなくはない。しかし、その見方を保証する証拠はどこにもない。むしろ、冤罪事件や誤認逮捕事件が少なからず厳存するという事実からすれば、そうした楽観的な見方をとることはできないであろう。

まして別件逮捕によって逮捕したうえで重大事件の取調べを行うというきわめて便宜的な逮捕・取調べが現実に行われ、これさえも法解釈上「余罪捜査」の名の下で許容しうるとの判決がある現状のなかでは、逮捕時点での裁判所のチェックが事実上ほとんど機能しえていないといっても過言ではない。きわめて軽微な犯罪については除外されるとの制約はあるが、通常ならば事実上は逮捕にまで至らない件であっても、少なくとも法を犯したとの容疑を形式のうえで示すことができれば逮捕状請求が可能である。これを裁判所がチェックしないならば、捜査官の恣意でもってたいていの人間を逮捕することができるのではないかとさえ思える。

検事として長年働き、法務総合研究所の教官をつとめたこともある土本は、逮捕についてこう書いている。

通常の逮捕は裁判官の事前に発する逮捕令状によらなければならないとされている(刑訴一九九条)。しかし、英米における逮捕は「捜査の終点」という要素が強いが、わが国におけるそれは、制度上は「捜査の始点」とすることも不可能ではなく、また緊急逮捕は事前の令状を要せず(同二一〇条)、現行犯逮捕は事前・事後とも令状を要しない(同二一三条)し、この三形態の逮捕も被逮捕者を裁判官のもとに引き渡して逮捕理由を審査することも、逮捕中の保釈制度もなく、逮捕中の被疑者の取調が可能であるから、逮捕は捜査機関による一方的留置という要素が強い。(47)

逮捕は身柄を拘束し、逃亡を防ぐためだけでなく、右の文章にも示唆されているとおり捜査官の意図のなかでは被疑者の取調べをその大きな目的としているし、場合によってはこの取調べを「捜査の始点」とすることさえあるというのである。

勾留についても逮捕と同様に、裁判官のチェックが有効に機能しているかどうかに大きな懸念がある。勾留については裁判官が直接勾留質問を行い、その手続きを経てはじめて勾留決定がなされるし、また勾留決定に不服があれば準抗告ができる点、逮捕に比べると裁判官のチェックの入る可能性は高い。しかし、先の表で見たとおり、勾留請求の却下率は年々下降して現在では〇・三％にとどまる。逃亡や証拠隠滅のおそれがその理由とされているが、この理由もあまり具体的とは言いがたく、伸縮自在である。勾留請求の却下率の低さからみて、裁判官は逃亡や証拠隠滅の「おそれ」を非常に高くとる傾向が強いと言える。また重大事件になるほどこの「おそれ」は高まると判断されるがゆえに却下率は低下する。殺人・強盗・強姦では例年この却下率はほとんどゼロに等しい（一九八九年は文字通りの〇％であった）。現実的なところ重大事件においては勾留時点の関門も、ほとんど素通りである。

図8　警察による逮捕の場合の身柄の拘束関係

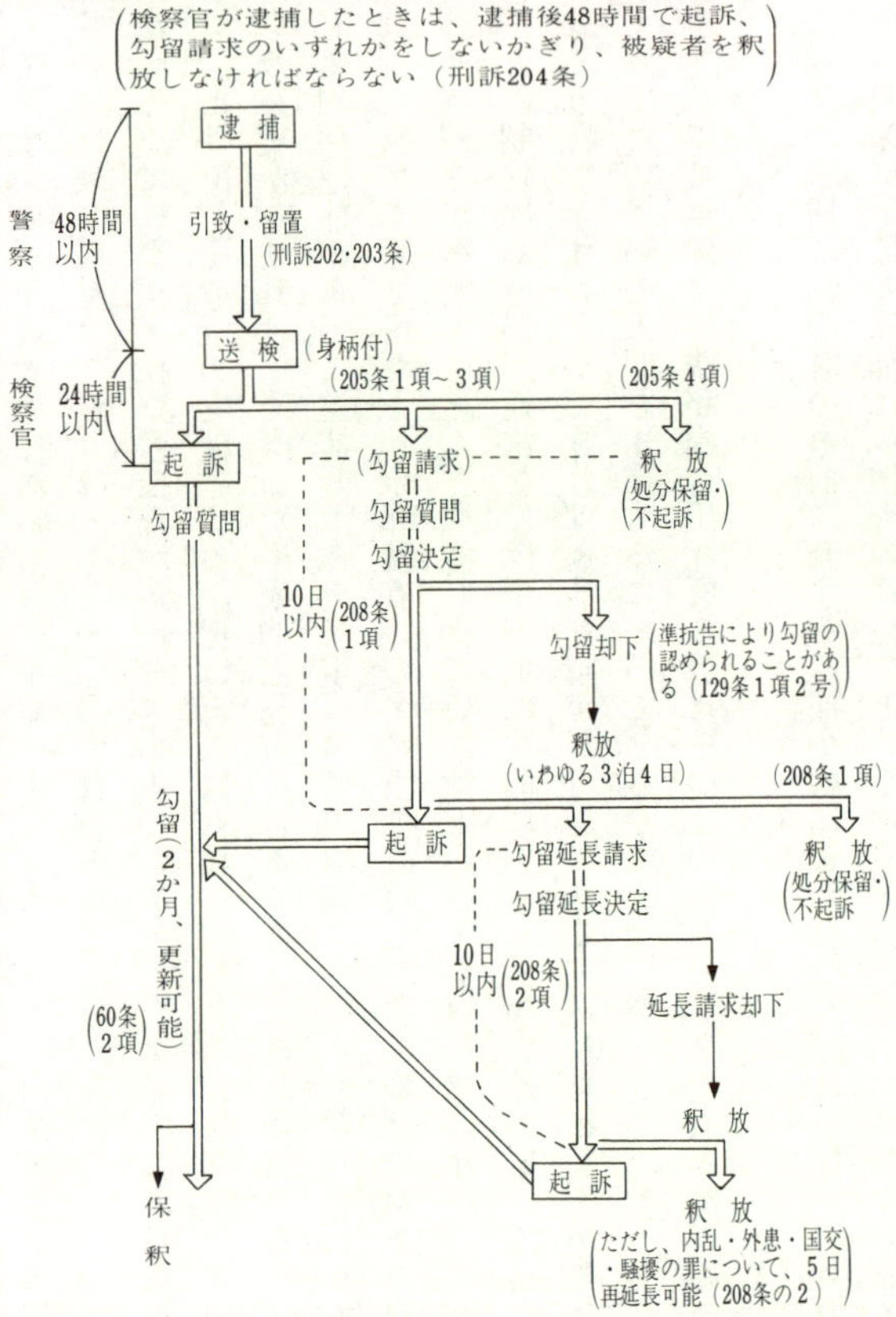

法曹の外の第三者として見るかぎり、逮捕や勾留の手続きにおいて裁判官のチェックはきわめて形式的なものに見える。もちろん、それはそれで意味をもっている部分もあるのだろうが（実際・制度上このチェック

がなければ捜査がまったく野放図になってしまう危険性が高い）、少なくとも現状においては、無実の者を誤って逮捕し、勾留し、さらに起訴、有罪へとつながっていく冤罪過程への歯止めとして十分に機能しているとは言えない。現に私たちが今日知っている冤罪事件はすべてこの逮捕・勾留時点での裁判官の関門を難なくくぐりぬけてきたものである。逮捕・勾留の請求要件となっている「罪を犯したことを疑うに足りる相当な理由」を実質的なところでチェックしないかぎり、また身柄を拘束しなければならないだけの理由をもっと厳格に考えないかぎり、今後ともこのチェックポイントがほとんどザルに等しいものにおわることを否定できない。犯人を捕えそこない、また犯人に逃げられるおそれを重んじるあまり、無実の者を捕え、その身柄を拘束することへのおそれを看過するとき、人は冤罪の淵へ一歩近づいたことになりはしないか。

2 取調べ時間の制約

次いで第二のチェックポイントは、勾留決定後の被疑者の処遇である。法手続き上被疑者は図8のような流れで扱われることになっている。(48) 逮捕後、警察が取調べを行い、さらに留置の必要があると認めるばあいは、逮捕より四八時間以内に検察官に送致する。検察官は取調べのうえさらに身柄の拘束が必要と認めれば、送致を受けた時点から二四時間以内に裁判官に勾留請求する。つまり逮捕から七二時間以内に裁判官に被疑者を引致することになっている。裁判官が勾留を認めたとき勾留は一〇日間以内であるが、さらに検察官が身柄の拘束を要すると認めればあと一〇日の勾留延長の請求ができる。捜査段階の勾留は最大限二〇日間まで認められることになる。逮捕時点から勘定して二三日以内に検察は起訴するか釈放するかしなければならない。この決定以前の勾留は起訴前勾留と呼ばれている。起訴後、法廷への出廷を確保する等の目的で身柄の拘束を要すると認められたときには、さらに勾留が可能である。これを起訴後勾留と呼ぶ。保釈については、起訴前勾留中は認められず、起訴後勾留に対してのみ請求ができることになっている。

さてこのような流れのなかでとくに問題となるのは、勾留下で被疑者がどのように処遇されるかである。逮捕時点から七二時間（以内）の留置期間中は留置場、そののちの勾留（起訴前、起訴後を含む未決勾留）は、刑事訴訟法および監獄法の規定によって拘置監（拘置所）に収容され、法務省職員である監獄官吏によって、監獄法および同法施行規則にしたがって、その生活全般を規制されるということが法に明記されている。ところが事実上、起訴前の被勾留者はほとんどが警察署に付属する留置場に身柄を置かれ、警察官によって、主として被疑者留置規則や警察関係の通達にしたがって生活全般を規制されている。また起訴後の被勾留者のなかにも同様の処遇を受けつづけるものがいる。これは監獄法一条三項に「警察官署ニ附属スル留置場ハ之ヲ監獄ニ代用スルコトヲ得」とある一項によるものである。歴史的には明治四一年の監獄法で、監獄の数の不足に対処するため便宜的に定められた制度にすぎなかったのだが、警察・検察の取調べの都合から、この便宜的代用措置が今日にいたるまで継続し、「代用」どころかむしろほとんどの起訴前被勾留者に通例化されるにいたっている。

この「代用監獄制度」が被疑者の処遇上にもたらす影響はきわめて大きい。とくに問題となるのは代用監獄勾留下での取調べである。勾留そのものは法の上では表向き被疑者・被告人の身柄の確保を目的とするものであって、その下での取調べを目的とするとの明記はない。ところが実務の上では、「起訴後の勾留は公判廷への出頭確保のためであるのに対し、起訴前の勾留は被疑者の取調べを含めた捜査のためである」[49]と明言され、また現に「多くの被勾留者が、起訴前は代用監獄に収容されて同一建物の警察取調室で取調べを受け、起訴された後に拘置所に移監されるのが実情」[50]である。そうだとすれば、勾留下の被疑者は一つの事件につき最大二三日間警察・検察の取調べにさらされることになる。さらに現実には起訴後勾留の下でも取調べがなされることがあり、また別件逮捕の反復によって事実上二三日を越える期間の取調べがなされた事件も少なくない。

東京の三つの弁護士会が合同で組織している東京合同代用監獄調査委員会は一九八三年、無罪判決ないしそれに相当する不起訴処分等を受けた無実の人たち三三名に向けてアンケート調査を行い、三〇名から回答を得ている[51]。その一つとして拘禁日数と取調べ日数の回答を表にしたものが表9である。これを見ると半数以上のものが警察で二三日以上取調べを受けていることが分かる。別件の反復によるもの、また起訴後なお代用監獄で取調べを受けたものが少なからずいるのである。一例として、このうち土田・日石事件で被疑者となったEの場合を見てみよう。彼のばあい、その取調べ状況を公判に提出された留置人出入簿からかなり正確に追うことができる[52]。

表9　拘禁日数と取調日数
（代用監獄と拘置所の比較）

（単位：日）

氏　名（略名）	警察（代用監獄）		拘　置　所		
	拘禁日数	うち取調日数	拘禁日数	うち取調日数	
MS	7	7	1,071		免田事件
NT	23	23	487		引前大教授夫人殺人事件
YS	22	?	518		米谷事件
RS	24	15	75	10	足立放火事件
HK	約 110	約 110	約 4,130		鹿児島夫婦殺人事件
MT	70	70	1,315		豊橋母子三人殺人放火事件
KS	109	109	2,818		大森勧銀事件
HH	86	64	488		
ST	69	23	509		警視総監公舎爆破未遂事件
IH	83	38	487		
TT	102	46	63		
MT	273	178	3,206		
HH	120	119	2,515	?	
ER	47	45	2,253		
MN	72	72	2,228		土田・日石事件
EK	111	94	1,389		
NY	57	44	775	0	
NR	330	330	1,149		
IK	106	約80	29		松原パークレーン事件
TH	10	?	0	0	投書のワナ事件
Y	35	?	19	?	少年マンション怪盗事件
I	56	56	42		
H	3	2	0	0	窃盗誤認逮捕事件
WM	28	?	139		足立暴走族事件
S	31	31	15	14	マージャン荘店員殺人事件
H	24	約15	0	0	河内長野わいせつ事件
T	21	20	15	0	練馬連続ひったくり事件
N	2	2	29	2	遠野連続放火事件
S	22	20	0	0	ホステス殺人事件
S	19	9	0	0	人違い告訴事件

土田・日石事件は、一九七〇年前後に起こった一連の爆弾事件のうちの二つである（本書五八頁）。Eは本件で主犯と目されたMを隠避したという別件容疑で逮捕されたうえで爆弾事件の追及を

表10　土田・日石事件でのＥの取調べ状況

3月19日～7月7日代用監獄に在監

▬ 警察での調べ。||||| 検事調べ。グラフの太数字はその日の房から出されていた時間の合計。

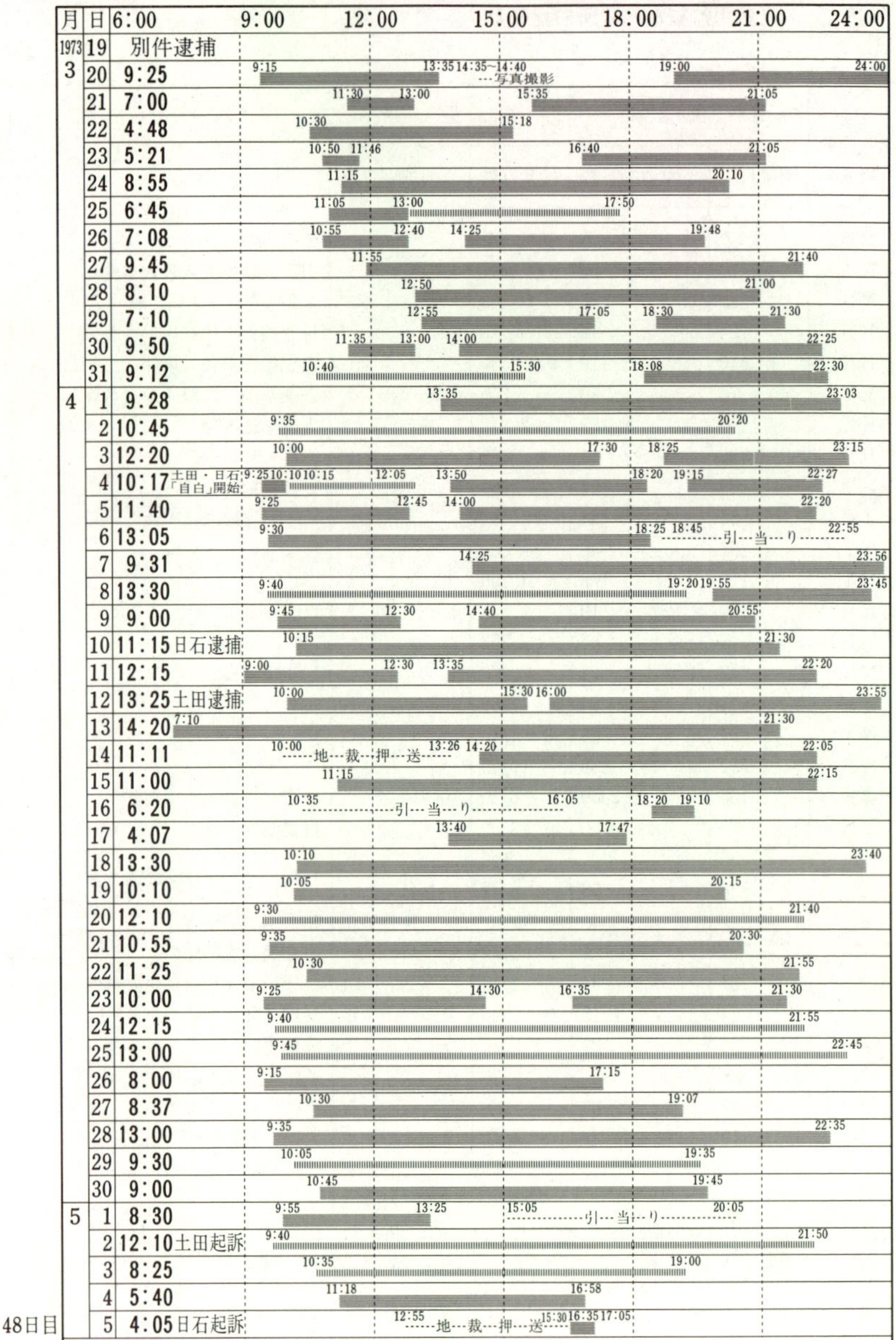

そののち公判開始されて東京拘置所へ移監される７月７日までさらに63日代用監獄に在監した。その間なお47日間にわたって取調べを受けつづけた（うち警察での調べが42日、検事調べが５日）。

受け、表10で見るように一七日目に自白を開始して、それから七日目に日石事件で逮捕、九日目に土田事件で逮捕されている。土田事件の方はその逮捕から二一日目に起訴、土田事件の起訴後勾留の三日目に日石事件でも起訴されている。しかし両事件の起訴後も拘置所には移監されず、さらに六〇余日を代用監獄に勾留されて、公判開始後ようやく拘置所に移監されている。最初の別件逮捕から総計で一一一日間を警察署の留置場に留置・勾留されていたことになる。その間ほとんど毎日のように警察・検察の取調べを受けていることが表から分かる。一〇時間以上取調べを受けた日が二〇日を越え、夜の九時以降まで及んだ取調べも三〇日近くあった。

これだけ長期の取調べが、少なくともその取調べ進行中はいっさい外部からチェックされることなく行われたということになる。裁判においては不当に長期にわたる取調べであったということで、その自白の任意性が否定されはした。しかし、任意・非任意の判断は別として代用監獄下では事実上、これだけの取調べをなしうるということは実に恐るべきことではないか。その問題性は、欧米諸国で警察取調べへの歯止めがどのように行われてい

図9 被疑者の勾留期間、各国比較

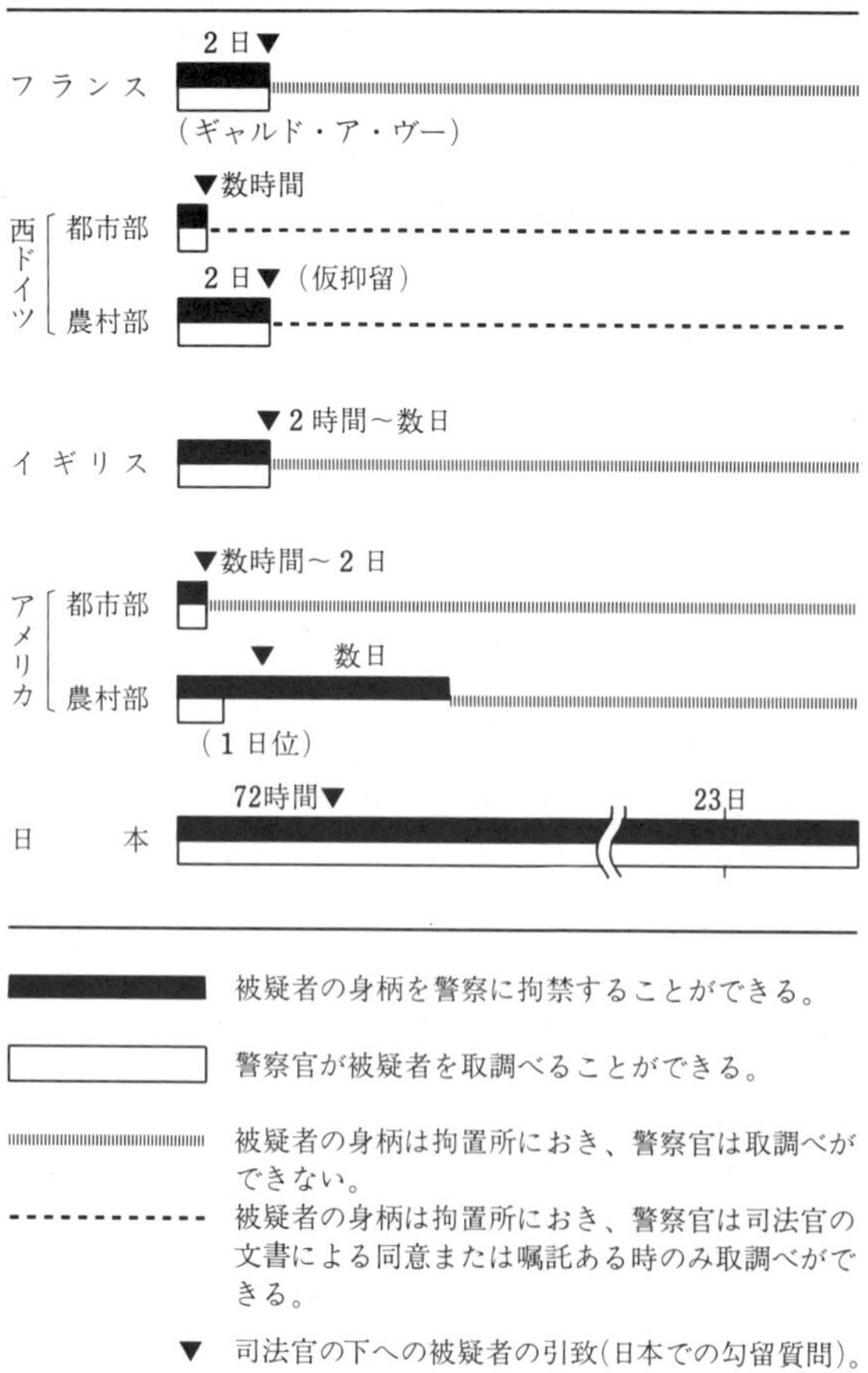

注）何日、何時間は最大限で実際はもっと短い。

るかを見れば、さらに歴然としてくる。
図9はフランス、西ドイツ、イギリス、アメリカにおける被疑者への留置・勾留期間と取調べ可能期間を示したものである。[53] フランスではギャルド・ア・ヴーという制度があって、現行犯について情報提供のできる被疑者・参考人・証人を警察に出頭させて二四時間ないし四八時間留置のうえ取調べることができる。そのさい裁判官の逮捕令状はいらないが、警察官の取調べが許されるのはこの期間だけで、最大四八時間後には裁判官に引致し、勾留を要するばあいは拘置所に入れる。日本で言う通常逮捕などのケースでは、このギャルド・ア・ヴーの期間もなく、直接裁判官に身柄を引き渡し、警察官が取調べる期間はまったくない。西ドイツでもフランスのこの制度とよく似た仮抑留期間があって、現行犯を身柄拘束して取調べることができる。しかし、そこでも「すみやかに、遅くとも翌日までには」裁判官のところに連れて行き、その後勾留が必要なときは拘置所に勾留する。拘置所で勾留されているあいだ、フランスと違って「司法官（裁判官又は検察官）の文書による嘱託又は同意」があれば警察の取調べが可能である。しかし現実にはその種の取調べはきわめて例外的で年間に数件しかないという。イギリスでは逮捕した被疑者を二四時間以内に裁判官の前に連れて行かねばならないことになっていて、その間の取調べのみが許されている。裁判官に引致するまでの期間は、休日が間に入るとかの事情で多少延びることがあるが、全体としてはごく短く、ほとんどが数時間であるという。アメリカでもほぼ同様で、裁判官に引致するまでのわずかな時間が警察の取調べにあてられるにすぎない。五十嵐二葉がカリフォルニアで見たところでは普通の事件で二時間、殺人などのこみ入った事件でも四時間程度であったという。[54]
欧米諸国では警察の取調べが長期に及ばぬようにとの配慮がきわめて厳格に行われていることが分かる。これに比べてみたとき、日本の状況があまりに大きく隔たっていることに驚かざるをえない。わが国でも、その法の建前からみると、逮捕から七二時間後には裁判官に勾留請求を行い、裁判官が被疑者に勾留質問して、勾留の必要を認めれば、あとは本来拘置所に移監することになっている。そして拘置所に移監したかぎりは、警察官が被疑者取調べをしようとするとき、当該の拘置所に出向いたうえで所定の手続きを行わなければならないし、拘置監の施行規則に拘束されるために、早朝、深夜にわたる取調べなどもできない。それにまた、四八時間の警察の持ち時間のあと

は司法官である検察官に送致して、それ以降検察官が取調べるというのが刑事訴訟法上の建前である。しかし現実のところ検察官は勾留請求をして認められれば、事実上身柄を警察において警察官に取調べをさせている。つまり検察官への送致、裁判官の勾留質問の時点で、本来は、警察官の取調べがチェックされ、原則的に被疑者の身柄は司法官の下にゆだねられるべきところを、代用監獄制の通例化によって、この歯止めもまたまったく実効力を失っているのが現状である。その結果として、警察の取調べは実質上ほとんど無制約的に長期に継続されてしまう。残念ながらわが国には「国家から犯罪追及を受ける者は、中立的な審判機関に出頭したのちは追及者の実力支配下に置かれてはならないとの思想[55]」がまだ根づいていないのである。

私たちはこの代用監獄制度の法解釈上の問題に立ちいるつもりはない。ただ現実として、警察による身柄拘束下での取調べが二三日間、あるいは別件逮捕の反復や起訴後勾留を利用すればさらに長期にわたって可能であること、また現にそうした長期の取調べが行われているとの事実を確認しておかねばなるまい。

3 被疑者の権利

近代法においては、被疑者、被告人は単に捜査・裁判の客体ではない。訴追者の追及に対して正当に防御する権利を有する主体である。たとえば裁判において被告人は、訴追者たる検察官と相並ぶ一方当事者である。つまりかつてのお白州とは違って、裁判官・検察官と被告人（弁護人）は、上と下の二面的関係ではなく、裁判官を中立的第三者として設定し検察官と被告人（弁護人）が並列的な対等関係に立つ三面関係なのである[56]。ただ裁判におけるこの三面関係的構造が、捜査段階にどこまであてはまるかについては、法解釈上深刻な対立が存在するようである。いわゆる糾問主義と弾劾主義の対立である。

わが国においても法廷における訴訟手続きについては明らかに弾劾・対審構造をとっている。そしてまた捜査手続きにおいてもそうした構造を前提にした捜査への諸制約、被疑者の諸権利が規定されている。捜査への制約としては、これまで見てきた逮捕、勾留への令状主義、勾留場所の限定（例外的に認められた代用監獄が通例化することによって空文化しているが）は捜査権への限定であるし、また被疑者の黙秘権、弁護人選任権、弁護人との接見交通権の規定は、明らかに被疑者の当事主体としての権利を認めた弾劾主義に沿うものである。ところがこの弾劾主義は捜査の現実になじまないという理由で、実際のところは法の明文より実態が大きく後退しているのがわが国の実情である。捜査権への制約についてはこれまで見てきたので、ここでは被疑者の権利について見ることにする。

まず黙秘権である。田宮裕によれば、捜査における黙秘権は「自白法則の昇華」として出現したものだという[57]。つまり最初、不任意の自白を法廷の証拠から排除する「証拠法則」からはじまり、それが不任意の自白をもたらしかねない尋問方法そのものを規制する「取調法則」と化したところに生まれ、黙秘権として結実したというわけである。尋問の規制のうえでもっとも重要な位置を占めるのがこの黙秘権である。捜査段階においても被疑者は警察・検察と対等な当事主体であるとする弾劾主義のうえでは、この黙秘権は単に捜査官の尋問に黙っている権利にとどまるものではなく、そもそもそうした取調べの場そのものを拒否する権利にまでつながる。つまり捜査機関による取調べへの受忍義務自体が否定される。しかし、そのような法解釈上の問題は別にして、事実はどうかというと、捜査機関はいわば取調権をもっているのだとして、それに対応する取調受忍義務を想定した形で取調べが行われている。平たく言ってしまえば、逮捕・勾留下の被疑者が、取調べを受けたくないので、留置場の房内にいたいと主張しても、それは認められない。

しかし前項でみたように、被疑者が代用監獄に勾留され、警察の支配下で、連日連夜取調べの場に引き出されうる状況で、取調べ拒否の権利をもたず、始終取調べの場に引き出されて捜査官から尋問をぶつけられたとき、人ははたしてどこまで沈黙を守ることができるであろうか。欧米諸国においてのように警察の取調べが数時間から高々二、三日にとどまるのであれば、これを耐えて黙りつづけることも不可能ではないかもしれない。しかし、それが、たとえば二三日間、朝から晩までつづくような場面にさらされたとき、心理的に沈黙をつづけることが可能であろうか。公安事件でのように捜査機関に対してはっきり敵対的態度をとる被疑者のばあいには、ありえないことではなかろうが、通常刑事事件の被疑者に、取調受忍義務の上での黙秘権がまっとうできるとはとても思えない。まして無実の者が逮捕され勾留されたとき、自分の無実を弁明しようと必死になる。とすれば、取調べの場に引き出されたうえで捜査官の口から黙秘の権利があると告げられても、真の意味で黙秘をなしうるものはほとんど皆無に等しいと言うべきであろう。
事実上黙秘権を行使しえない状況では、黙秘権の告知が効力をもつことはない。弾劾主義の最大の権利たる黙秘権も、捜査の実務のうえではそこに貫徹されている糾問主義に呑み込まれて、効力を発揮しえていないというのが現実のようである。[58]

黙秘権とならんで、弾劾主義において重視される弁護権についてはどうであろうか。逮捕という事態は、たいていの人にとってはきわめて非日常的な事態である。そこでは自分がどういうところにおかれているのかを正確に見定めることとすら難しい。また、たいていの人は、自分がその事態においていかなる権利をもち、そのなかでいかに身を処していけば、自分を正当に守れるのかを知らない。だからこそ被疑者は、そこで弁護人を選任する権利を与えられているのだし、また警察・検察は被疑者に対してこの弁護人選任権があることを告知する義務がある。

ところが、この弁護人選任権がどれだけ正当に行使されているかを見てみると、ここにもまたいろいろ問題がある。第一に、その権利を被疑者に対して告知する義務をおびている警察官・検察官自身が、これはほんとうに被疑者の権利として大事なものだと認識しているかどうかである。刑訴法上に告知義務が明記されているから告知しなければ手続き違反になる。したがって、たいていのばあい、一応言うことは言う（告知のなされていないケースも実際にはあるが、告知があったかどうかは通常なんら記録されないために、被疑者がのちに告知されていないと主張しても、捜査側からこれを否定されれば、水かけ論におわる）。しかし問題は、この権利が被疑者にとってもつ意味を歪めることなく、正確に告知するかどうかである。多くの被疑者はふだん弁護士との付き合いもなく、弁護士が何をなしうるものかということさえ正確には知らない。それゆえ、たとえ言葉の上ではこの権利を告知されたとしても、それと同時に「どうせ弁護士なんか頼んだってなんにもやってくれやしないのだ。お金がかかるだけなのだ」と言われれば、被疑者はこの正当な権利を行使する気になれるだろうか。

起訴ののち刑事被告人になれば、「いかなる場合にも、資格を有する弁護人を依頼することができる。被告人が自らこれを依頼することができないときは、国でこれを附する」と憲法三七条で保証されていて、私選できないときには国選弁護人がつくことになっている。ところが起訴以前の捜査段階には弁護人選任権はあっても、私選以外にはありえず、費用は被疑者が負担する以外にない。とすると、弁護人をつけることができると告げられても、事実上弁護人をつけることのできない人もでてくる。そのうえに警察官たちから、おっかぶせるように「金がかかるだけで何の役にも立たない」と言われれば、誰がそれを正当な権利と思えるだろうか。それにまた弁護人をつけたいとの申し出が事実上妨害されることもある。三〇人の冤罪者からアンケート調査した東京三弁護士会合同委員会の結果によると、三〇人中九人が弁護人選任の希望がすぐにはかなえられなかったと訴えている。(59) 先の表10で紹介したEのばあい起訴前には結局弁護人をつけてもらえなかった。ちなみに、捜査段階で弁護人選任権を行使する実数はごくわずかなパーセンテージにとどまるという。(60) このことからみても、被疑者の弁護権が現実にどこまで実効的に行使されているか、きわめてあやしいと言わざるをえない。

では弁護人が選任されたときには、被疑者の弁護権が十分にまっとうされているかというと、そこにも問題が多い。被疑者は建前上、選任した弁護人といつでも自由に相談できなければならない。被疑者は弁護人との接見交通権をもっている。この権利はどの国においても最大限に保証されている。それどころか取調べに弁護人が立ち会う権利を認めている国もある。たとえばアメリカでは一九六六年のミランダ判決以降、取調べ中の弁護人立会権を明確に認めて、警察官にこの権利を告知する義務を負わせている。ところが、わが国のばあいは弁護人の立会権を認めないばかりか、弁護人との接見交通権さえ大きく制約している。刑訴法第三九条三項に、警察・検察が捜査するため必要があるときは、弁護人の接見や差し入れについて「日時、場所、及び時間を指定することができる」との条項があるためである。これは弁護人の接見交通権を認めた前提のうえでの例外的条項であるはずなのだが、現実の運用形態においては、この例外が通例化して、取調べの必要の方を優先させて、その合間に接見を「許可」するかのごとき状態になっている。「捜査するための必要があるとき」という文言はいかようにも解釈可能で、身柄をおさえている捜査官の恣意でもってどんどん拡大解釈される危険性を有している。この点について裁判所が被疑者の弁護権を守るべく、「捜査の必要」に対して歯止めをかけているかというと、実際には検察の「接見指定」が捜査官の権利であるかのように運用されている実態を裁判所も追認している。

ここでも私は法解釈の中身に立ちいるつもりはない。ただ、事実として、被疑者はいつでも必要なときに弁護人と接見のうえ相談できるという状況にないことを確認しておきたい。東京三弁護士会合同代用監獄調査委員会のアンケート調査によると、逮捕・勾留を含めて二三日間の取調べ期間のうち、平均三回、それもだいたいが一回一五分、多くて二〇〜三〇分の接見が認められただけである。(61) 二三日間のトータルでだいたいの人が一時間以内、多い人でも二時間はないというのがほとんどである。重大事件のばあい二三日間連日朝から晩まで取調べられることがあることを考えればおそらくは二〇〇時間にも及ぶ延べ取調べ時間に対して、被疑者が弁護人と相談できる時間は、わずか五％にしかならないという勘定である。初対面の弁護士と一回一五分、それを三回くらい重ねた程度では、人間関係を作ることさえ難しい。これではたして被疑者の弁護権は満たされたと言えるかどうか。法的にはともかく、少なくとも心理学的にみたとき、これで十分と言うことはおよそできない。

黙秘権と弁護権は、捜査段階の被疑者に法的に認められた権利である。権利である以上、捜査にかかわる人びとはこれを遵守する義務を有している。その意味ではわが国においても法的に捜査の構造として弾劾主義の理念が一本つらぬかれていると言ってよい。しかし他方で、司法官への引致後なお警察官の取調べを許容し、また捜査の必要の名目で被疑者の弁護権制約を認めている現行法の下で、捜査機関に「取調権」があり、弁護人の接見交通に対する「指定権」があるかのごとき主張がなされる。捜査機関にその種の権利があるとすれば、被疑者は取調べを受忍する義務があり、また接見交通への指定を忍容する義務があるということにさえなる。これが糾問主義の理念に通じることは明らかである。実際、わが国の法は糾問型と弾劾型の両形態をミックスした混合タイプになっている。だからこそ捜査の構造についてはつねにこの二つの理念の対立があって、それが法の解釈の上にさまざまな影を落としているのである。

しかし繰り返し言うように私たちにとって問題なのは、法解釈ではなく、捜査実務の現実である。わが国の捜査機関には糾問主義の理念が大きく入り込んでいるために、前項で見た権力の構図に対する歯止めがなかなか有効なかたちで機能しないことを、私たちとしてはともかくここで確認しておかねばならないであろう。いやそれどころか、この糾問主義を実質的に支えるべく代用監獄制度がフルに活用されている事実から私たちは目をつむることはできない。というのも、捜査機関の監督下におかれた代用監獄においては事実上の密室条件ができあがってしまうために、権力の構図へのチェックの入る余地がなくなってしまうからである。たとえば次のような指摘を、単なる可能性の問題としてではなく、いくつもの実例に現われた現実とみなさざるをえないのである。

当の被疑者を捜査し、被疑者を逮捕したその警察の同一建物内で、当該事件の捜査官を含めた[62]その警察署員によって拘禁事務が行われ、他の機関によるチェックがないという実情から、その取調はおのずから時間的、時刻的、方法的に無制限になるおそれもあり、逆に、取調目的にとって阻害要因となる性質にある接見等外部交通はもとより、被疑者の食事、睡眠までが、取調のために制限されていき、一方、取調目的に利用できる処遇――まずく少ない「官弁」を補う「自弁」、タバコ、同房者の選択、房内での姿勢の自由、署内電話利用から接見名目の情交、マージャン等々までが、ときに利用されるのは、捜査官が熱心であればあるだけむしろ自然の趨勢である。身柄看守事務を行う警察官と、捜査を行う警察官が、捜査優位において緊密に連絡を保つ組織体制も、看守官ではなしに捜査官に差入、接見、自弁購入許否の権限を与える「要綱」の規定も、当然の現実というほかない[63]。

具体例に即した詳細については、第七章以降で論じることになるが、ここに要約された代用監獄状況が、虚偽自白をもたらす大きな危険因子となることは、何人も否定しえないであろう。

近代法は、必然的に強制力を伴う捜査機関がその権力性によって虚偽自白を生み出しかねない危険性に対して、それに見合う歯止めをかけるべく努めてきた。わが国の現行法もその大幹においては、明らかにそうした方向に進むべきものであったとみられる。ところがそこに便宜的に加えられた例外条項のゆえに、実務においては事実上被疑者は大きく権力の構図にとらえられて、そこから身を守る手立てをかなりの程度奪われていると言わざるをえない。

第五節　今日のわが国の刑事取調べは、自白の搾取装置たることをまぬがれているか

魔女裁判や粛清裁判は、言わば自白を搾り取る古典的な装置であった。特定具体的な犯罪事件でないがゆえに物証などあるはずもなく、自白を唯一の証拠とする。だからこそそこでは自白の搾取が最大の目標となった。ただ、この自白搾取の装置でさえ、最初から無実と知った者を巻き込む、意図的な陰謀装置ではなかった。もちろんこの装置をそうした意図的陰謀に利用した本物の犯罪者がいなかったとの保証はない。しかし少なくとも、この自白装置を直接に動かす取調官にそうした意図的陰謀を前提する必要はない。この装置を動かすのに必要なのは、被疑者を有罪とする揺るぎなき確信と、この確信にもとづいて被疑者を引き廻す権力、そして自白搾取のためには徹底した人格否定をも辞さない熱意と冷徹さだけで十分であった。

今日の刑事事件の取調べの現状は、この古典的な自白搾取装置の諸特性をどこまでまぬがれえているのか——これが本章の課題であった。この章をしめくくるにあたって問題の諸点を箇条書き的に要約しておくことにしよう。

1　まず第一点として指摘しておかねばならないことは、少なくとも無実の被疑者を逮捕しての取調べにおいては、取調べ自体の構図が魔女裁判や粛清裁判におけるそれと非常によく似たものになるということである。

一般に、被疑者取調べにおいては自白聴取が非常に重視されている。そのことは現場で取調べに当たった警察官・検察官たちが明言していることであり、また取調べの手引でもしきりに強調されているところである。どのような事件でも物証ですべてを明らかにすることは不可能であるから、犯行者自身の自白が罪体立証上不可欠であるとの認識は、まずほとんどの捜査官に共通である。取調べにおいて自白追及が最大目標となっていることは否定しようのない厳然たる事実である。

もちろん取調べる被疑者がすべて真犯人であれば、これでも問題はないかもしれない。しかし現実の事件では無実の者を被疑者として取調べる確率が、少なくとも一定程度あることを免れない。そして被疑者が無実であれば、

そこに事件と被疑者とを明確に結ぶ物証はあるはずもなく、したがって事実上自白のみが問題となる（外見上は、物証らしく見えるものが自白に絡むかたちで提示されても、被疑者が無実であるかぎり、それはエセ物証でしかない）。ここに自白が唯一最大の証拠となるという共通の構図が出現する。

ただそのうえで、一般刑事事件は、魔女であるとかスパイであるとかいった架空の、また非特定的な事柄が問題ではなく、具体的な場所・日時における具体的な事実が問題である以上、被疑者が無実ならば、無実である証拠を何らかのかたちで出せるはずではないかという思い込みが、人々のなかにはある。ところが皮肉なことに、真犯人にとって事件はまさに特定的な具体的事件であるが、無実の者にとっては、「自分がやっていない」という点のみはっきりしていても、それ以外の点は一切が非特定的でしかない。具体的に起こった事件ではあっても、自分が関与していないがゆえに、それは他者を介して伝えられた情報によって漠然としたかたちでイメージする以外にない。しかもこの点は取調官とて同じである。取調官も事件の体験者ではないがゆえに、諸証拠から間接的に事件像を描くしかない。特定された事件の日時、場所に、運よく被疑者のアリバイが成り立つばあいはともかく、そうでなければ無実者の無実の証明は思いのほか難しいのである。その点、魔女でないことの証明、スパイでないことの証明が難しかったというのと同質の問題が、ここにはある。

2　第二の問題は、取調官の確信である。刑が確定するまでは、被疑者、被告人に対して無罪推定がなされねばならないという刑事訴訟法上の理念は、現実の取調べの場では事実上有名無実である。実務においては、被疑者を犯人と確信して迫るのでなければ、取調べの姿勢がどうしても弱くなるので、まず確たる信念が大切だと説く考えが広く受け入れられている。

ときに捜査側から、取調べの場は自白聴取のみを目的とするものではなく、無実のばあいをも念頭において被疑者の弁解を聞き、それを裏づけることをも大事にしているとの主張がなされることがある。(64) 実際の事件で、そのように被疑者の弁解を聞くケースがあるであろうことは、私もこれを認めるにやぶさかではない。とりわけ被疑者のアリバイ主張などは、その裏をとって、動かしがたいアリバイのあることが判明すれば、それ以上の無理をすることなく釈放もするのであろう。しかしながら、そのアリバイ主張に多少でも曖昧さがあれば取調官はこれを容易には信じない。それどころかアリバイ崩しに力を注いで、結果的に被疑者をねじふせ、自白へと追い込むことすらある。ここで取調官は被疑者の無実を知ったうえでゴリ押ししているわけではない。ただ、確固不動の無罪証拠が出ないかぎりは、被疑者への容疑を放棄して、捜査を白紙に戻すことがひどく苦手なのである。確たる無罪証拠が出ないかぎりは有罪であるという、まったく逆立ちした情念が、取調官の心底に深く根を下ろしている。これが、魔女裁判や粛清裁判で虚偽自白導出の強力な培養土をなした「証拠なき確信」と、まったく同じものであることはすでに十分に明らかであろう。

人間のもつ「確信」という心性の構造こそ、虚偽自白の謎を解く最大の鍵の一つである。人は物事を理解し説明するとき、かならずしも厳密な論理には依らない。むしろそこに働くのはかなりルーズなかたちで結ばれる意味連鎖であり、それによる物語的理解である。たとえば、六歳の女児がわいせつ行為の果てに殺され、竹林に埋められていたという野田事件のばあい（九三頁参照）、この竹林に一番近い家にかなり重い知恵遅れの三一歳の男性が住んでいた、この男性は近所づき合いも限られており、小さい子どもぐらいしか相手にしてくれない、いつもは昼間年老いた母と二人きりで、事件の日その母は外出して家にいなかった、殺された女児はふだんこの男の家の脇を通って下校していた、しかもこの日この女児の消息はその付近で途切れている……　こうした状況を描いただけで多くの人は、この知恵遅れの男が怪しいのではないかと考えはじめる。現に事件後、地域の人たちは右のような外形的状況を聞いただけで、露骨に疑いの目を向け、警察も直後から彼を最有力容疑者として彼に焦点をあてた。そしてそのうえで女児の性器内に押し込まれていた単三電池が、彼がふだんからトランジスターラジオに使っていたのと同種類のものだと判明したとき、たいていの人にとってここで容疑は「確信」に変わる。もちろんこの時点で女児わいせつ殺人の事件とこの知恵遅れの男性とを結びつける確たる証拠は何一つない。証拠としての電池はごくありふれた種類のものであって、女児に押し込まれていたものが彼の電池であるとの合理的証明はない。にもかかわらず、これだけの情報で彼を犯人とする犯行物語を描くに十分なのである。しかもこの物語には人びとの憎悪を募らせる残忍さが十二分に含まれている。憎悪は証拠以上に容疑を「確信」に変える力をもつ。

魔女を魔女にしたのは証拠ではなくその時代を席捲していた魔女物語であり、スパイをスパイにしたのも証拠ではなく、イデオロギー的対立の疑心暗鬼と政治的策謀が生み出したスパイ物語であった。それと同様、被疑者を犯人にするのは、論理的に詰められた証拠ではなく、多分にイメージ的に描かれた犯罪物語なのである。この物語によって支えられた「証拠なき確信」が、取調べの過程で自白という「証拠」を求めて、しばしばそれに成功する。「証拠なき確信」が、「証拠」を生み出し、自己実現を果たすというこの構図もまた、二つの古典的な自白搾取装置と共通である。

3　第三はこの自己実現の過程を推進する力、つまり権力にかかわる問題である。

取調官がいまだ明確な証拠を手に入れていない段階で「確信」的態度でもって取調べる。それに対して無実の被疑者のほうは「自分はやっていない」という「体験的確信」をもって対する。この二者のあいだにまったく力関係がなく、互いに対等であれば被疑者が取調官に屈することはまずない。互いに折り合わず水掛け論に終始しても、被疑者はそこで折れる理由はない。「信じてもらえないならば、それでいい」と言ってすませられるからである。「証拠なき確信」対「体験的確信」の対決で、その勝負を決するのはやはり両者の力関係である。魔女裁判や粛清裁判でその「証拠なき確信」に圧倒的な力を与え、被疑者が自分の内にもった「魔女ではない」「スパイではない」という確たる体験的真実をも打ち崩させたのは、その時代を牛耳っていた圧倒的権力関係であった。強者が描いた物語は、弱者の真実をも歪め、自らのうちに呑み込んで、自己実現するのである。

今日の刑事取調べにおいては、古典的自白搾取装置においてのように露骨にして粗暴な権力=暴力がふるわれることはない。しかし、そこに一定の権力=強制力が働くことは何人も否定しえないところであろう。第二章で私たちは取調べの場が圧力の場であることを、虚偽自白論の第一前提として確認した。強制的に身柄を押さえての取調べが、相当に強い圧力を生み出すことは、素朴に考えさえすれば容易に了解されるところである。それゆえ、今日のわが国の取調べに対して法律上認定された「任意性」も、心理学的に見たときには多分に神話的であると思える。取調官が主観的に強制を加えた暴力的手段を用いていないと思っていても、被疑者にとっては身柄を押さえられ取調べの場に否応なく引き出され、応答を求められるという事態に、強度の圧力を感じないわけにはいくまい。法の建前と被疑者の心的事実はここのところで大きくずれる。

法手続き上、裁判官によって逮捕が認められ、勾留が認められ、直接的な強制的圧力が用いられず、弁護人の接見が一定程度認められれば、その合法性の担保のゆえに被疑者の供述は「任意」であるかのように言われるが、それは明らかに被疑者のおかれた心的状態に即した見方ではない。「任意」であるか否かはあくまで被疑者の心理の問題と切り離して論じられないはずであるのに、この問題に対して被疑者自身の心理の側から論及しようとの姿勢を、わが国の法曹界に見ることはできない。それは私にとってどうしても解しがたいことである。

代用監獄下で二三日間（あるいはそれ以上）にもわたって警察官から取調べられ、その間に弁護人の接見が合計で数時間にも満たないことが常態化している。これが被疑者の心理状況に何をもたらすかを考えれば、そこでの供述を簡単に「任意」だと言えないことは、少なくとも心理学的視点から見るかぎり自明である。

取調べの場が圧力の場であることは免れがたい事実である。それゆえ問題は、この圧力が被疑者の人権を損なわず、また虚偽自白をもたらすことのないよう、いかにこれをチェックするかにある。そしてこの権力チェックが不十分なとき、取調官の「証拠なき確信」は被疑者の無実の「体験的確信」を突破して、虚偽自白を生み出す。法的な手続きを経た合法的取調べ（あるいは形式上合法性を取り繕った取調べ）が、そのようにして虚偽自白を生み出した事例を、私たちは残念ながら数えきれぬほどもっている。

魔女裁判も粛清裁判も、その当時の法に照らして合法的な手続きを経てすすめられた。少なくとも形の上では合法的な見かけを保とうとはしてきた。しかしその合法的な強制力の下に数知れぬ虚偽自白を生み出して、無実の者を火刑に処し、絞首刑にかけてきた。その強制力の苛烈さは今日の刑事取調べの比ではない。しかし、その刑事取調べにもなお、古くからの自白搾取の構図が奥深く通底していることを私たちは見逃すわけにいかない。

「疑わしきは罰せず」つまり「疑わしきは被告人の利益に」という格言は刑事裁判のもっとも重要な人権理念を語ったものである。あるいは、これを言いかえて「一〇人の犯人を逃すことがあっても一人の無実の者を刑にかけることがあってはならない」とも言う。しかしこうした覚悟をもつことが取調官にとってはひどく難しい。彼らの正義感は一人の犯人も逃したがらない。彼らの目には少なくとも尻っぽをつかんでいるように見えているのである。彼らの尻っぽをつかんだという「確信」が、権力的装置の支えのもとに、胴体をも引きずり込もうとの熱意を誘う。そしてこの熱意は強制力の行使を正当化する。逆に言えば、この強制力へのチェックは、犯人をみすみす逃してしまう不正義であるかのように見なされるのである。

4 そして最後に問題となるのが、被疑者への人格否定である。

「証拠なき確信」の下では、被疑者は犯人である。魔女裁判においては、被疑者が最初から逃れがたき魔女であるがゆえに、ほとんど拷問者の側の心の痛みなしに苛酷な拷問が加えられた。拷問は、裁判の結論が出る以前に取調官の意識のなかでは先取りされた刑罰なのである。「疑わしきは罰せず」との考えがもしここにあてはめられたとすれば、拷問そのものが成り立たないはずである。被疑者は魔女容疑のある人間としてではなく、魔女そのものとして最初からその人格を否定されていた。それは粛清裁判においても同じであった。取調官の前にいるのはスパイ容疑者ではなく、スパイそのものであり、それゆえにその人格を徹底的に否定され、その人格の死の上にしか再生はありえない。スパイ的人格を否定し、その象徴的死を経たところではじめて再生の希望が開かれるというわけである。

そしてここでも刑事取調べに共通の構図があらわれる。「罪を憎んで人を憎まず」という格言が、被疑者=犯人の前提のうえで語られるものだということを、私はさきに指摘しておいたが、この格言に現われたような思い方が罪を否認している被疑者に向けられたときには、どうなるか。被疑者が自白し謝罪して、更生を誓ったとき、取調官は「人を憎まず」の心境に至る。とすれば、否認をつづけ、謝罪しようとしない被疑者に対して、取調官はどういう思いを抱くことになるだろうか。極悪非道な犯行をおかした者が、まだのうのうと否認して、自分の責任を逃れようというのは許しがたい。その悪い心にとりつかれた被疑者の精神を何とか叩き直さねばなるまい。取調官は、被疑者に対して「真人間になるように」と説教する。それは否認している被疑者の心のあり様を否定して、何とか更生させようとの思いの発露ではあろう。これが真犯人に対して向けられたならば、取調官の真意が理解されるか否かにかかわらず、一応は当を得た取調べになるかもしれない。しかし無実の被疑者に対しては的はずれもいいところである。そしてこのすれ違いが恐ろしい結果をもたらす。

被疑者を犯人と思い込んでいる取調官にとって、否認をつづける犯人は許せない。「人を憎まず」の精神のうえでも、責任を逃れようとする悪い心にとりつかれた人格は憎むべきである。謝罪—更生という流れを前提にした取調べで、この流れに入っていかない人格は徹底的に矯め正さねばならない。この人格否定は、取調官の主観においては被疑者の悪い心を否定するものであるがゆえに、容易に正当化される。主観的に正当な理由をもっているがゆえに、この人格否定が歯止めを失うこともままある。そして同じ理由によって拷問さえ、取調官のなかでは正当化される。

「謝罪のうえ更生させる」というのは、わが国の刑事取調べの伝統的な精神と言っていい。日本で再話された「赤ずきんちゃん」の狼が「もうこんなことはしませんから許して下さい」と謝罪し更生を誓うのは、その意味でも象徴的である。ここでもし狼が謝らなければどうなるか。当然そこには「こらしめ」が待っている。謝らない悪い心を否定し、これをこらしめて良い狼に更生させねばならない。中国の洗脳が悪い心（イデオロギー）にとりつかれた人格を否定し、追いつめて殺し、その象徴的な死のうえで新たな人格の再生をめざすのと、この謝罪—更生という流れはほとんど軌を一にするものと言っていい。

こうして考えてみれば、代用監獄下での取調べが人格を無視した苛酷さに及ぶことがままあり、自白しさえすれば手のひらを返したように「面倒見」が行われるというのも、自白搾取のための意図的陰謀ではなく、むしろ「謝罪—更生」的な取調べ理念の表われであることがわかる。しかし、この種の取調べが、その主観的意図にかかわらず、自白搾取装置として機能する事実に変わりはない。それは真犯人から自白を取る装置として強力に機能すると同時に、無実の者から自白を搾り取る装置として非道な力をも発揮するのである。

証拠なき確信のもとで組織的な権力を駆使し、罪悪人と見た被疑者の人格を徹底して否定することで自白を搾取する。この自白搾取装置が、時代を越え状況の違いを越えて、魔女でない者を魔女にし、スパイでない者をスパイにし、そして犯人でない者を犯人にしてきた。その過程にほぼ共通の構図があることに、私たちはあらためて気づかされる。そしてこの構図がわが国の刑事取調べのなかに、ときに露骨に現われ、またときに隠微に潜んでいるのを、私たちは本章のなかで見てきたことになる。今日のわが国の刑事取調べは、やはり自白搾取装置たることをまぬがれていないと言わざるをえない。
多くの刑事事件において犯人の自白がなければ事件の全体が明らかにならないというのは否定できない事実である。それゆえ取調官が被疑者から自白を得ようと努めることも当然のことで、そこまで否定するわけにはいくまい。しかし、自白聴取を唯一最大の目標にして取調べが進行するとき、そこに真犯人を自白させるだけでなく、無実の者をも自白させる危険性がおのずと生じる。また逆に無実の者をも自白に追い込む取調べが、真犯人に対してさえ苛酷で、刑罰の先取りとなる危険性も否定できない。犯人の自白聴取の必要性を認めたうえで、なお私たちはこの自白聴取の危険性から目をつむるわけにはいかない。現に私たちの前には、自白搾取装置の犠牲者が累々と蓄積されているのである。

では、この取調べの危険性を私たちはどのようにして排除すればいいのであろうか。わが国の刑事取調べの実務においては、もっぱら自白聴取の必要性が叫ばれるばかりで、その危険性に対して正面から取り組もうとした試みを見ることができない。次章ではアメリカでの刑事取調べのテクニックを参照しつつ、もう一つの刑事取調べ、つまり真犯人のみから自白をとることをめざした取調べ方式について考えてみたい。そのことによってわが国の刑事取調べの現状が、また別の視点から照らし返されて、明らかになるはずである。

第六章　もう一つの刑事取調べ

刑事取調べは真犯人から自白をとるものであって、まちがっても無実の者から自白をとってはならない。このことを否定するものはおるまい。ところが真犯人から自白をとろうとして無実の者から自白をとってしまう現実がある。この後者の危険性を極力排除する手立てを意識的に講じようとしないとき、取調べはだれかれなく無差別に被疑者から自白を搾り取る自白搾取装置となる。わが国の刑事取調べの実態がいまなお多分にそうした性格を強く残していることを私たちは前章で見た。では、刑事取調べがもつこの危険な性格をいかにすれば払拭できるのか。それが本章の主題である。

真犯人のみから自白をとって、無実の者から自白をとらないようにするためには、まずその前提として真犯人の自白過程に注目してその心理メカニズムを究明しておかねばならない。第一章で私たちは自白の心理過程について、「私がやりました」と言って否認から自白に転じる転回過程と、そののち「私はこのようにやりました」と犯行筋書を語り出す内容展開過程とを区別せねばならないと説いた。真犯人の自白においては、このうち「私がやりました」と認めるまでの転回過程が中心問題となる。というのも、そのあとの内容展開過程は自らの犯行体験を記憶にあるがままに語るだけですむからである（もちろん、そこでなお嘘を混じえて内容を歪めることがありうるが、その点は当面私たちの主題ではない）。他方、虚偽自白においては、「私がやりました」と言ってしまったあとも、なお犯人ならぬ被疑者には「どうやったか」は分からない。そこで被疑者は自分が体験していない犯行を、言わば構成して、それを自分の体験であるかのごとくに語らねばならない。この自白内容の展開過程はきわめて独特のもので、自白への転回過程とは別個のメカニズムとして考察せねばならない。本書全体の主題はこの虚偽自白過程にあるのだが、それについては次章以下にゆずることにして、本章では真犯人の自白過程、わけてもその転回過程をとりあげ、それに照らして真犯人のみから真の自白を得る手立てについて考える。

第一節　取調べの場に引き出された真犯人の心的力動

ある人が、計画的にかあるいは偶発的にか、ある犯罪を犯す。その事件が発覚して警察が捜査に乗り出す。犯人はもちろん犯行の自覚があって、自分が犯人とわかってしまえば囚われて刑罰を科せられることを知っている。これが弁明の余地のない現行犯ならば、犯人にとってはもはやどうしようもない。そこでは否認も自白も問題にはならない。せいぜい犯意について粉飾的な自白をするかしないかが問題になるぐらいのものである。しかし犯行が秘密裡に行なわれ一定期間露見しないまま時が過ぎてのち、警察に入った何らかの証拠や情報によって、真犯人に捜査の手が及び、いよいよ取調べの場に引き出されたとしよう。そこのところで、その犯人の心理はどのように動くのか。また彼が自白するについてはいかなる心理メカニズムが働くのか。

同じように犯罪を犯した人間でも、もちろん人によって取調べへの反応は異なるし、自白転回に至る過程につい ても一律とは言えない。たとえばほとんど弁明の余地のない証拠をつきつけられてもなお否認する者もいれば、相手がどこまで証拠をつかんでいるか分からない段階で自らすすんで自白する者もいる。しかし、そうした個人差を勘案したうえで、そこにはある共通の心的力動が働いていると考えてよい。その一つは否認へと向かう力動であり、他の一つは自白へと向かう力動である。

1　否認へと向かう力動

実際に犯行を犯した人間でも、現行犯でなければ、取調べの場に引き入れられただけで直ちに自白することはほとんどないと言ってよい。犯人でもまず最初は否認するものだということは、捜査のうえの確たる経験則であるし、常識的に私たちもそう思っている。ただ、否認の理由を個々に見ると、そこにはいろいろな要因が考えられる。人はみなそれぞれの生活史をもち、それぞれの社会的背景を背後にかかえ、当の犯行に至る経緯もさまざまである。それゆえ犯行を自白できない理由も個々具体的に見れば多種多様である。たとえば野瀬高生は実務の体験にもとづいて次のような否認理由を列挙している(1)。

(イ) 刑責を免れる目的の否認
(ロ) 祖先、父母、兄弟、親族の名誉のため、また先輩や恩人の情誼に報いるための否認
(ハ) 自己や自己の所属する団体の主義、思想、計画等の目的を貫徹するための否認
(ニ) 共犯者らとの約束のための否認
(ホ) 取調官に対する反抗心のための否認
(ヘ) 強姦、強制わいせつ等の性犯罪における、羞恥心のための否認
(ト) 類が他に及ぶのをおそれての否認
(チ) 自己の犯罪を過大に評価し、刑罰を極度に畏怖しての否認
(リ) 取調官を極度に畏怖して、その叱責をおそれるための否認
(ヌ) 取調官を軽蔑しての否認（政治家などに多い）
(ル) 外部からの救助を期待しての否認
(ヲ) 最初否認したがために引き下がれなくて維持する否認
(ワ) 外聞を恥じての否認

個々にはいずれも経験的に了解しうるものであるが、このように雑多な理由を列挙しただけでは、共通の様相が見えにくい。そこで、これらを私なりに整理してみよう。

① 取調べの場への直接的反応としての否認――取調官への反抗心（ホ）や畏怖（リ）、軽蔑（ヌ）のための否認や、有力者の働きかけなどによって救われることを期待しての否認（ル）、最初に否認した行きがかり上、引き下がれなくて言わば意地で維持する否認（ヲ）がここに入る。つまり、直接的には自白そのものへの拒否ではなく、取調べの場や取調官への反応として否認しているものである。これは否認の心的力動としてはあまり本質的なものとは言えない。また実際この種の否認については、取調べの場のあり方や取調官の対応を工夫することで比較的容易に越えられる。

たとえば被疑者尋問の具体的技法を説いたF・E・インボー、J・E・リード、J・P・バックリーの『自白』(2)には、取調室の配置や設備から取調官の態度、振る舞い方にいたるまで実に事細かな指示を与えている。いかにも取調べの場であるという威圧的な雰囲気を避け（窓に逃亡防止用の格子などつけない）、取調官―被疑者は基本的に一対一で、他の捜査官がやたら出入りするような状況は避ける。取調官自身も制服やバッジなど威圧の象徴となるものは身につけない。間にテーブルをはさまず、一・二メートル～一・五メートルほど間をおいて椅子に坐って対面する（距離が近すぎると威圧的になる）。椅子は背もたれが垂直な肘かけ椅子がよい（くつろぎすぎにも緊張しすぎにもならぬよう）。犯行に言及するときも「殺す、強姦する、首を絞める、盗む……」などの直接的表現を避ける。相手の名を呼ぶときは「～さん」づけにし、「どんな犯罪の犯人だろうと、礼節と敬意をもって扱う」。どんなに残忍非道な犯罪でも、「被疑者を卑劣な非人間として扱ったり、そのように呼んだりすべきではない」。要するに取調官は、「警察官対被拘束者」として接するのではなく、「人間対人間」として接するべきだという。強圧や威嚇によるのではなく、「同情と理解を示す態度と尋問方法」がもっとも有効だというのが、インボーらの主張である。

残念ながらわが国の取調べの実態は、このインボーらの主張からはかけ離れた側面がかなり強いと言わねばならない。野瀬が記述した反抗心、恐怖、筋違いの期待、意地による否認は、インボーらの勧める取調べ方法をとることで大半、克服することができると言ってよかろう。

取調べの場の雰囲気、取調官の態度、振る舞い方の問題がうまく調整されたのちにはじめて否認の心的力動が明確なかたちであらわれてくる。そこには次の②③の二つのモメントを区別することができる。

②　自白の結果自らに科せられる刑罰を避けようという否認力動——自分がやったとの事実を認めて、犯罪事実が明らかになってしまえば、立件送致され、やがては刑務所に送られ、場合によっては死刑さえ覚悟せねばならない。それによって身の自由を奪われ、愛する人びととの生活を奪われ、命さえ奪われる。そうした事態を避けたいと思うのはごく自然な心情である（イ）。野瀬の言うように、犯罪の結果を過剰に解釈して、刑罰を必要以上におそれる者も出てくる（チ）。

③　自白して自分の罪と認めたとき、刑罰以外の形で身に及んでくる負の結果を避けようという否認力動——もっとも典型的なのは自らの社会的地位や名誉の失墜への恐れである。野瀬はこれを刑責を免れる目的の否認（イ）に含めて考えているようだが、②の法的に与えられる刑罰の回避のための否認とこれとは別に考えた方がよかろう。性的犯罪への羞恥心（ヘ）とか外聞を恥じる意識（ワ）はもちろんここに含められるし、また被疑者本人が周囲の他者との関係を維持せんがために否認したいと望む心理として、親族・縁者・知人の名誉や情誼へのおもんぱかり（ロ）、共犯者への配慮（ニ）、第三者への影響回避（ト）もここに含めてよかろう。また自分の主義主張、属する団体への忠誠のための確信犯的否認（ハ）もまたここに含められる。

否認の心的力動として、この②③を区別するのはごく一般的な考えである。グラスベルガーは前者を「刑罰の恐怖」、後者を「否認しなければ一般人から犯罪者として軽蔑され真面目な人とつき合いができなくなる」との自負心による否認によって代表させている(3)。

またB・C・ジェインは、虚偽の否認には真実を述べることによってもたらされる不利益を回避しようとの共通の動機が働いていると指摘したうえで、この不利益を「現実的な不利益」と「主観的な不利益」に分けて論じている。

現実的な不利益というのは、自由の喪失（例えば、服役、保護観察付き執行猶予の取消し）や利益の喪失（解雇、犯罪取得物の返還や被害の賠償）などである。他方、主観的不利益というのは、その人の自己評価に関係するものである。自尊心やプライドや自己完全性の喪失は、うそによって回避しようとする非常に重要な主観的不利益である。悪事を自認することによって感じる単なるきまり悪さのようなものでも、ひどく自白の妨げになることがあり、尋問中、除去されなければならないものである(4)。

ここに言う現実的不利益を避けるための否認と主観的不利益を避けるための否認は、それぞれ右の②と③におよそ一致する。

図10

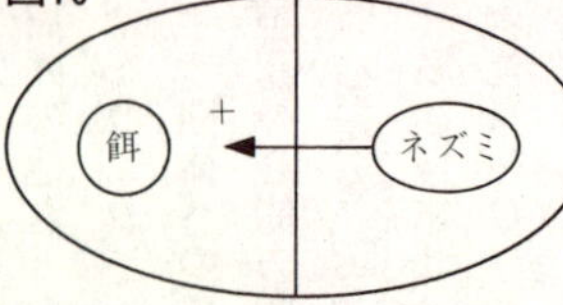

図11

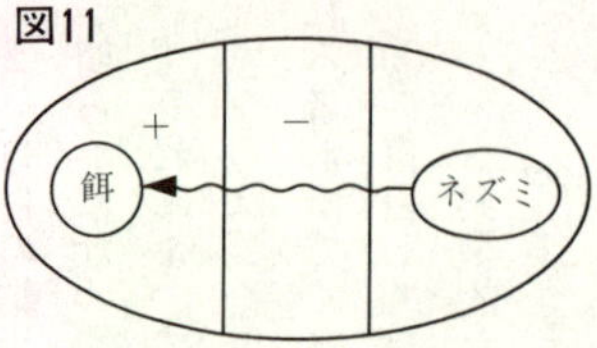

また、レヴィンのトポロジー心理学の発想を採用して否認の心理を説明しようとした佐伯茂雄もほぼ同様の区分を行っている(5)。レヴィンのトポロジーというのは、生体の行動が向かうベクトルを、生体側の要求と環境側の誘意性（一定の行動を誘う力）とによって説明する一つの行動モデルである。たとえば空腹なネズミが餌を求めている場面を考えてみよう（図10）。ここでネズミは当然餌というプラスの誘意性を持つものの方に直進する。ところが、餌とネズミとの間の通路には電流が流されていて、そこを通ると電気ショックが与えられるとする。つまり餌というプラスの誘意性にたどりつこうとすれば、マイナスの誘意性をもつものを通過せねばならない。図で示すと図11のようになる。この時ネズミが餌に向かって走るかどうかは、自身の空腹度と餌の誘意性、そして間の電気ショックの強さいかんによって決まる。こういうトポロジー的な行動図式を用いて取調べ場面の被疑者（犯人とする）の状況を図式化すれば、図12のようになる。被疑者にとっては取調べを受けるということ自体がマイナスのものであり、先の①にみたようにこれそのものに対する抵抗から否認が生じることもある。そしてこのマイナスを通過して自白して赴くところも一方は刑罰という現実的なマイナスであり（②）、他方は自尊心喪失や羞恥という主観的なマイナスでしかない（③）。このように被疑者の心的力動を描けば、どちらに動いてもマイナスの結果しかない。そこで被疑者が自白することはありえず、そのため「小さな虫けらが仮死をよそおうように、犬が尾をまいてうずくまるように」否認すると佐伯はいう(6)。

このように取調べの場におかれた被疑者は真実犯行を犯した犯人であっても、強く否認に向かう心的力動に駆られている。このことは容易に理解できるところである。しかし、被疑者のなかにこの方向の心的力動しか働かないとすれば、誰も自白する者はないことになる。もちろん現実にはかなりの人が取調べの場で自白へと向かう。ではそこにどのような心的力動が働くのか。

図12

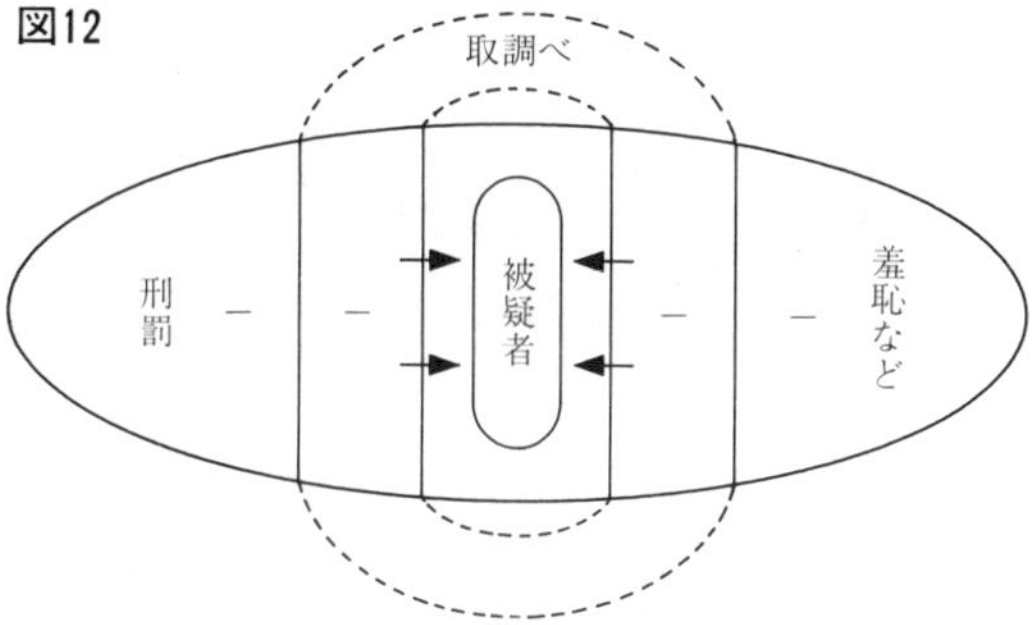

2　自白へと向かう力動

否認の動機が多種多様であるのと同じように、自白にもまた種々の動機がありうる。荒川正三郎は真実の自白、虚偽の自白をともに含めて、その動機として次のようなものを列挙している(7)。

(イ) 後悔または罪の意識によって自白する場合。
(ロ) 論理的に進退きわまって自白する場合。
(ハ) 諦めによって自白する場合。
(ニ) 防衛手段として自白する場合――他の大きな罪を隠すために小さな罪を自白したり、動機いかんで量刑が著しく異なる事件について、真実とは異なる、自己に有利な動機を強調弁解して自白するもの。
(ホ) 虚栄心によって自白する場合――世間で騒がれた事件を自白して世間から注目され、犯罪者仲間からもてはやされたいがために自白するもの。
(ヘ) 利欲の目的から自白する場合――金品の誘惑によって真犯人の身代わりとなるもの。
(ト) 献身的、犠牲的精神から自白する場合――義理人情から犯人の身代わりになったり、共犯者をかばうために単独犯行を自白したりするもの。
(チ) 復讐のために自白する場合――犯行に関係のない者に復讐するために共犯者として巻き込み、同じ刑罰に服させようとするもの。

(リ) 休息をうるために自白する場合——長時間の取調べによる精神的緊張から生じた疲労や、取調べにともなう精神的不安から生じた苦悩から逃避したいために自白するもの。

(ヌ) 希望または心配によって自白する場合——浮浪者などがたとえば寒い季節などに監獄入りを希望して自白したりするもの。

荒川によれば最初の(イ)、(ロ)、(ハ)については真実の自白である可能性が高く、残りの(ニ)〜(ト)は虚偽自白のケースを想定したものとなっている。以上に列挙された自白の動機をもう少し整理してみよう。ここでは先の否認へ向かう心的力動①〜③につづけて、自白へ向かう心的力動を④〜⑦の四つにまとめる。

④自白が被疑者にとって望ましい何らかの利得をもたらすという力動——ここには右の荒川の防衛的・隠蔽的自白（ニ）、虚栄的自白（ホ）、利欲や義理人情による身代わり自白（ヘ、ト）、復讐的自白（チ）、希望的自白（ヌ）が入る。これらはいずれも虚偽自白（真犯人の部分自白も含めて）を導く、むしろ例外的動機で、本章の直接の対象にはならないが、他方利害・得失を計算しての真実自白もありうる。たとえば、これ以上否認するとかえって罪が重くなるのではないかという心配や、余罪があとでばれてしまえばまたもう一度、取調べを受け裁判を受けることになって、結果的に出獄が遅れるのではないかという計算によって自白を選ぶといった場合である。ただこれも、自白動機の中心的なものではなく、ここでの論から除外してよかろう。

私たちにとってとくに問題となるのは、むしろこれ以外の(イ)(ロ)(ハ)、そして(リ)である。この四つを私は次の⑤⑥⑦に整理しなおしてみたい。

⑤自白衝動とうそへの不安——これは荒川の(イ)「後悔または罪の意識による自白」に対応するものである。ここで「自白衝動」というのはグラスベルガーの用語であるが、彼によるとこれは「罪過を意識する者が陥る継続的不安状態に基因する」。彼はまたこう述べている(8)。

自己の罪責についての知識が内心の世界を支配していると、絶えず連想態勢が整っているので、いろいろのきっかけにより何度もその知識が意識に潜入してくる。また事件についての記憶が固執の程度にまでなっている場合にはその凡ての経過が随伴して意識にのぼり、供述のさい、それが表現されてしまう危険がある。

このようにして自己の内的世界を支配する犯行体験の記憶を押し殺し、表面に出すまいとつねに気を配るというのは大変な緊張を要することであり、またそれによって不安感も高まる。自己に嫌疑を向けるだけの証拠を取調官が握っていることを知っていて、しかも具体的にそれがどういう証拠であるか不明であるときは、それだけ被疑者(犯人)の想像力が強く働き、それに比例して不安も高まる。不意にその不安から逃れたいという思いに駆られることもある。真実をおおい隠して嘘をつきつづけるというのは大変な力を要することなのである。

またこの自白衝動の背後には、社会的承認への欲求も働いている。山岡一信は「犯罪を行なった大部分の人々は、社会から受容されない自分自身の行為について、後悔し償いをして社会に復帰したいと願っている」[9]と述べているし、またB・C・ジェインも次のように言う。

個人は、ほかから信頼され、責任感があり正直で誠実な社会の一員として生きることを欲しており、この原則は多くの人々により承認されている。その結果、個人は、上手にうそをつくことによって真実を述べることに伴う不利益を避けることができるとしても、うそをつくことは悪であるという内面化された信念から生じる内的葛藤という代償を払わざるをえない。[10]

もちろん人間はつねに倫理的・道徳的であるわけではない。もしそうなら犯罪など起こりえないことになる。しかし他方、どのような残虐非道な犯罪者にも何がしか倫理的・道徳的意識はあるもので、それが犯罪者を自白へと衝き動かす一つの力となっていることは否定できない。

⑥自己の弁解の論理的一貫性の破綻による自白力動――これは荒川の言う(ロ)「論理的に進退きわまって自白する

場合」に相当する。平たく言えば、弁解のしようのない証拠をつきつけられてやむなく自白する場合である。取調べの場というのは、取調官が尋問者として被疑者を一方的に尋問する場ではあるが、一面取調官―被疑者の相互のコミュニケーションの場であり、さらに言えば論争の場でもありうる。取調官の追及に被疑者は弁明し、説明し、反問する。被疑者はそこで最大限の論理的一貫性をもって、自分が犯行に関与していなかったことを主張する。そこで弁明に窮したとき、あるいはそれまでの弁明が突きつけられた証拠によって決定的に破綻したとき、人は自分の罪を認める。ごく一般的な推理小説などは、ほとんどこの論理のレベルで片がついてしまう。実際の取調べにおいても、人は自白して何の得にもならないにもかかわらず、自らの論理が破綻したと認めたとき否認を放棄せねばならない心境に陥る。自白して何の得にもならない以上、犯人が論理も事実もおかまいなく、とにかく否認するということがあってもおかしくないのだが、現実には、よほど理解力が乏しい人間でなければ、非論理的な否認への固執は不可能である。取調官、被疑者は表面的には敵対関係にあるのだが、論理の土俵だけは共有して、そこで論理上の勝負を闘わせ、被疑者がそこで弁明しきれなくなると自分の負けを自覚して自白する。

自白へのこの要因は、少なくとも取調官の思いのなかでは明らかに真の自白をもたらすものと考えられている。また実際、真犯人の自白のかなりがこの要因によるものと思われる。しかし他方で、この要因が虚偽自白をもたらす危険性も否定できない。というのも、取調べの場で闘わされるものが純粋に論理上の問題でないことも多いからである。正しい論理は正しい結論しか生まないはずだが、生身の人どうしの間で交わされる論争で事を決するのは往々、主張の勢いであったり、巧妙な屁理屈であったりするからである。取調官がある決定的証拠をつかんだつもりで、これを被疑者につきつけても、ほんとうのところそれがどこまで決定的であるかについては容易に断定しがたいことが多い。また取調官が犯行イメージを想定して被疑者を理づめで尋問したとき、被疑者の方で答えに窮して、犯してもいない罪を認めてしまうこともある。

ただここで注意しておかねばならないのは、取調官の追及に対抗しきれず、もはや弁明不能との気分に陥れられても、それだけの要因では自白へ至らないということである。弁明不能感は否認力動を限りなく減殺させはするが、直接にこれが被疑者を自白に陥れるわけではない。真犯人のばあいには、この弁明不能感に陥り、否認の力を失うと、あとはおのずと自白衝動に突き動かされて自白する。犯行を犯した体験が身の内のうずきとしてある真犯人は、否認の力を失うことでそのまま自白に至りつく。その意味で、この弁明不能感は自白力動の大きな要因である。他方、無実の人のばあいには事情がやや異なる。取調官の主張の勢いや理づめの尋問で弁明不能感に陥り、徹底的に否認の力動を殺がれても、それだけでおのずと自白に至りつくというわけではない。なにしろ自分は何もやっていないのであるから、否認できなくなったからといって、ただちに自白するというふうにはならない。否認の力を失った被疑者に対して、さらに自白を促す別の力がなんらかのかたちで働いてはじめて、被疑者は虚偽自白の淵に投げ込まれるのである。無実の被疑者が弁明不能感におちいる事態というのは、通常は取調官から自白へ向けてかなり強い追及を受けている事態でもある。この追及のなかにある圧力が虚偽自白への一押しとなる。心臓病で死んだ妻についてこれを殺人として追及された夫のケース（七六頁）など、法医学者の鑑定に直接対抗するすべもなく弁明の余地を失ったところへ「おまえじゃなければ息子が殺ったのか」と責められて、自白する以外になくなった。その意味で弁明不能感は自白への大きな要因であることは、真犯人でも無実の人でも同じである。

⑦取調べの圧力に屈し、これを回避するべく自白へと向かう力動――荒川の分類では(ハ)「諦めによって自白する場合」と(リ)「休息をうるために自白する場合」とが相当する。荒川のなかでは前者は真実自白、後者は虚偽自白を導くものとして、それぞれ考えられているようだが、どちらの結果を導くかとは別にして、その心的力動そのものは似ている。先の②のように心底反省して自白するのでも、③のように弁解の余地を失って自白するのでもなく、もうこれ以上取調べの場で抵抗する気力を失って自白する。真犯人でも自分にとって不利な自白はよほどのことがなければするものではないという通念があるがゆえに、取調官は許されると考える範囲で最大限に圧力をかける。その極端例が、かつて合法的になされていた拷問であったろう。この圧力の前では真犯人が諦めて自白することもあれば、無実の人間が自白に逃げ込むこともある。いまでは露骨な肉体的拷問はかげをひそめるようになったが、いずれにせよこれが人を自白へと追い込む心的力動の一つであることは、今もかわりはない。

3　二つの心的力動の絡み合い

図13

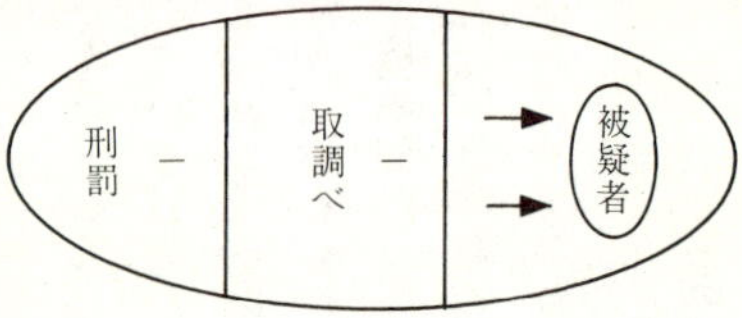

図14

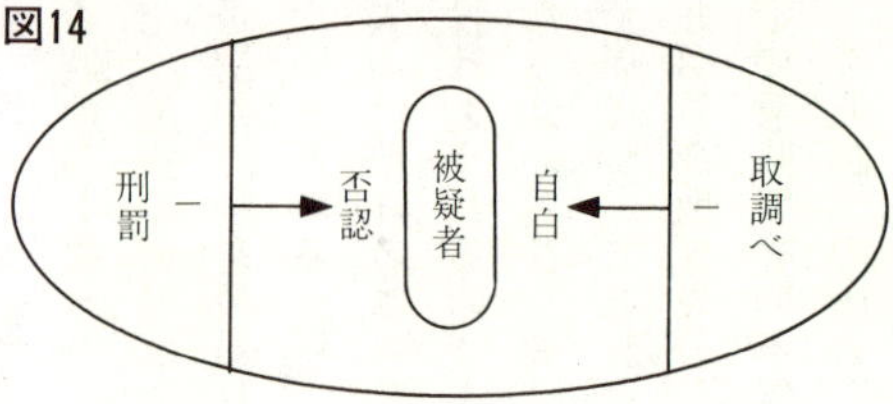

さて取調べの場におかれた被疑者の心的力動を、主として真犯人の場合を念頭に否認に向かうもの、自白に向かうものの両方をあわせて、①〜⑦に整理してみたが、ここではこの全体をまとめて、被疑者が結果的にどういうとき否認し、どういうとき自白するのかを考察しておこう。

真犯人が否認する場合について、佐伯は先の図12で見たように、マイナスの誘意性に囲まれて、ひたすら身をこごめて否認する真犯人像をイメージした。しかし現実はそのように単純なものではない。たとえば、佐伯は取調べの苦痛と自白の結果予想される刑罰とを相並ぶマイナスの誘意性として一まとまりにして、被疑者はそのいずれからも逃れようとして否認すると説き、これを図13のように表現した。こうした側面が多少ともあることは否定しないが、実際のところは、むしろ多くのばあい刑罰のマイナスと取調べのマイナスとは互いに拮抗する。つまり、結果として被疑者に刑罰をもたらす自白をしないかぎり、取調べの場からは解放されないとなれば、被疑者は二つのマイナスのうちいずれかを選ばざるをえない。前門の虎、後門の狼のたとえの如く、その場を切り抜けるには、どちらかのマイナスを引き受ける以外にないのである。これを図で描けば図14のようになる。ここでは予想される刑罰を避ける（否認）か現在の取調べの継続を避ける（自白）かどちらを選ぶかが問題となる。いずれのマイナスを避けるかが被疑者の行動を決することになる。したがって取調べの圧力が被疑者の受忍限度を越えてしまえば、無実のものでも今の苦難を避けるために将来の刑罰を選ぶということがでてくる。

このように被疑者を囲むさまざまな誘意性をすべて考慮して、これをトポロジー図に描き込めば図15のようになる。取調べの場そのものに反発する（①）、刑罰を避ける（②）、周囲から犯人と認められることで自尊心を奪われ、羞恥を余儀なくされ、社会的地位を失うといった事態を避ける（③）。こうした心的力動は被疑者をして否認行動に駆り立てる。他方、自白によって何らかの利得を求める（④）とか、真犯人が否認の嘘への不安と緊張を避け、悔悟する（⑤）、

図15

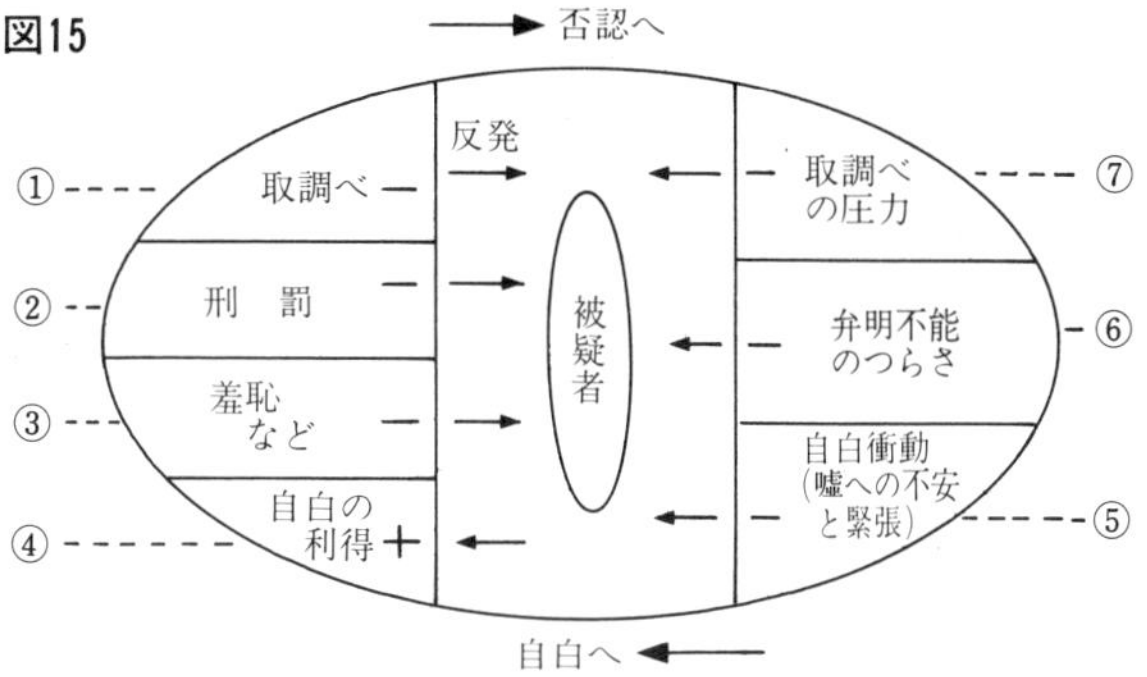

取調官の追及に行きづまって弁明不能な状態に陥る（⑥）、否認しつづけるかぎりいつ果てるとも知れぬ取調べの圧力から逃れる（⑦）といった心的力動は、被疑者をして自白へと駆り立てることになる。

　取調べの場におかれた被疑者のもつ①〜⑦の心的力動を整理すると、おおよそこのようになる（ただし、このうち④は、主として無実の被疑者にかかわる要因であり、⑤は真犯人しかもちえない力動である）。

　これはまだ諸要因の列挙にとどまる。個々の被疑者にとって、どの心的力動の重みが大きく、それらが具体的にどうからんでくるかについては、個々の事例ごとに検討せねばなるまい。

第二節　真犯人から自白を引き出すためのいくつかの前提

　取調べの場におかれた被疑者は以上のような心的力動にさらされているとの一般論のうえで、真犯人から真実の自白を引き出すにはどうすればよいか、そのさい無実の人間の虚偽自白をどのようにして避ければよいかについて考えねばならない。それによって適正な取調べ方法を導き出すことが、被疑者取調べのための必須要件となるはずである。

　被疑者が自白を選ぶか否認を選ぶかの選択行動を、イメージ的により分かりやすくするため、先のトポロジー図（図15）をここでは天秤の図に描きなおしてみる。この図16の①〜⑦はそのまま先のものと同じである。この天秤で①〜③の力動の方が重ければ否認、④〜⑦の力動の方が重ければ自白へ向かうことになる。この図は否認に傾いている時点の状態を表わしているが、被疑者の取調べ初期段階は、だいたいにおいてこうした状態から出発する。もちろん被疑者が真犯人か無実の人間かによってこれら心的力動の諸要因のあり方はまったく異なる。もっとも大き

図16

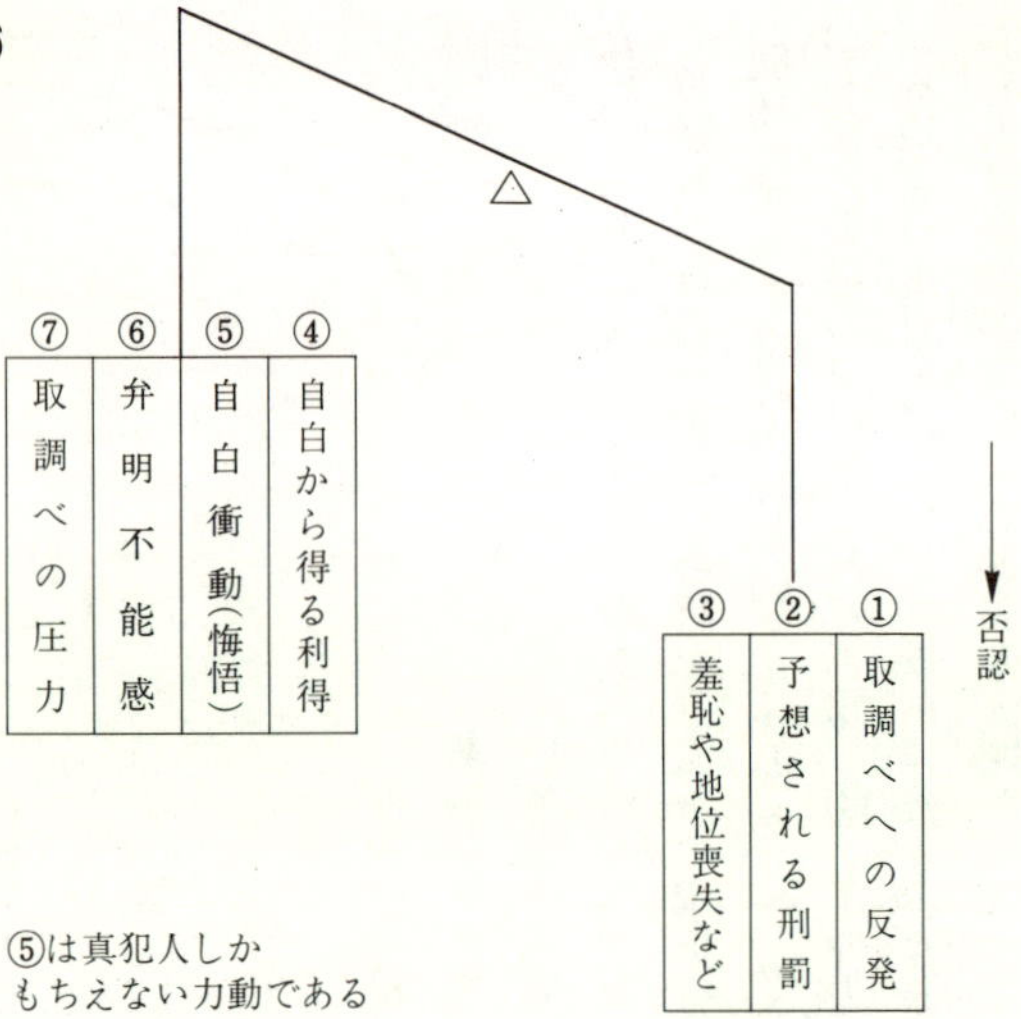

く異なるのは、もちろん⑤の「自白衝動・悔悟」の力動があるかないかである。ところが、この心的力動が存在するかいなかは、被疑者のみの知るところであって、取調官からはこれを直接に知るすべはない。そこでまずは無実の人間から虚偽の自白を取り出す危険性をどう予防するかが問題となる。

1　無実の人間から虚偽自白を引き出す危険性の予防

天秤の図からもわかるように、被疑者が無実で「自白衝動・悔悟」の力動がなくても、自白から得られる利得があったり、あるいは利益誘導がなされる（④）、拷問、脅迫、強制や長期の取調べにかぎらず、さまざまなかたちでの取調べ圧力がかけられる（⑦）、理づめ尋問で答えに窮したり、取調官が被疑者の弁解に一切耳をかさず、被疑者が無力感におそわれる（⑥）、そういった要因が過大になれば自白することがありうる。だからこそ、無実の人からの虚偽自白を避けるためにはこの三つの要因を極力排するかたちで取調べがなされなければならないし、またそのために取調べ圧力を制限し、利益誘導や理詰尋問などを認めない法的手立てがとられているのである。

真犯人のみから自白をとるためには、自白から得る利得、取調べ圧力、弁明不能感を利用することなく、自白衝動に訴え、悔悟の気持ちに働きかけるのでなければならない。そのようにできれば無実の被疑者がまちがっても嘘の自白に追い込まれることはないはずである。無実の被疑者には当然ながら自白衝動も悔悟の気持ちもないからである。

ところが、現実には悔悟を求め、自白衝動に訴える働きかけを、右の三つの危険要因と完全に切り離して行うことがなかなか難しい。とくに取調官が被疑者に対する有罪推定を強固にもっていると、とにかく自白をとろうと躍起になって、自白を誘い出す手管を手あたり次第にくり出すということになりやすい。

綱川政雄の『被疑者の取調技術』は、わが国における被疑者取調技術の教則本として広く受け入れられているものだが、そこにはこのように説かれている。[11]

取調の目的を達成するために、被疑者は一般的にいかなる場合に、どのような気持ちで真実の自白をするものか、つまり自供するための条件といったものを理解しておくことが必要である。

その第一は被疑者が悔悟した場合である。自分の犯した罪について心から悔い改め、良心に立ちかえって罪のつぐないをしようという気持ちで自供する、自供のもっとも理想的な型である。

第二は自供した方が得だと考えた場合である。つまり、自供した方が得か、否認した方がよいか、両者を天びんにかけて利害得失を判断した結果、自白した方が得だと考えて自供する。たとえば、これ以上否認すると情を憎まれ、かえって刑が重くなるだろう。ここで一切を清算して真人間にならないと、自分の将来は破滅する。家族や親せきにもこれ以上迷惑はかけたくない。ここで余罪を否認して刑務所へ行っても、後日それが発覚すればまた裁判にかけられる。それよりも全部話してしまった方が得だ、といった具合である。

第三はこれ以上はとても頑張れない。苦しくって堪えられないという場合、たとえば動きのとれない証拠をつきつけられた。供述の矛盾や不合理を追及されて弁解に窮した。取調官の熱意や迫力に抗しきれない。良心の呵責に堪えられなくなった。というように油汗を流したり、こぶしを握りしめて頑張ろうとしたが、逆に力がつきて自供するという場合である。

この三つのうちどのケースで自供するかは、被疑者の年齢、性格、知能、生活環境、社会的地位などによって変わってくる。また、三つの条件のうち一つだけでなく、二つないし三つが相互に作用し合って自供する場合もある。だから被疑者の取調に当たっては相手をよく見極めて、悔悟させるか、損得の計算をさせるか、これ以上は頑張れないという境地に追い込むか、の作戦を立てる必要があり、被疑者にそうした気持ちを起こさせるための熱意と努力、技術が必要となるわけである。

ここにあげられた三つの条件のうち、第一のものは綱川自身「理想的な型」と述べているとおり、真実の犯人しか持ちえない心的力動に働きかけるという意味で、問題ない。ところが第二、第三は、それぞれ私たちの「自白から得る利得」(④)、「弁明不能感」(⑥)にかかわるもので、無実の者ももちうる心的力動を突き動かす。その意味で危険である。

またもう一つの危険要因である「取調べ圧力」(⑦)については、さすがに法の明文で否定されているためであろう、取調べ技術としてこれを利用することを明言していない。しかし、前章で指摘したように代用監獄に留置・拘留され、その全生活を警察の支配下におかれ、情報をほとんど遮断されている被疑者が、圧倒的な取調べ圧力下にあることは、事実上否定すべくもない。現行法の下でこれが許容されているのも事実だが、被疑者の心理的世界においてこれが圧力として感じられないはずがないというのも明らかな事実である。もとより拷問や脅迫、強制は取調べ技術として禁じられているが、たとえば綱川は、次のような取調べ方法は許容すべきものとして認めている。

　調に熱が入るとつい冷静を欠く。冷静になろうと意識すると迫力が弱くなるということは、誰しも経験するところだろう。被疑者がずうずうしい態度で否認する。自分の犯した罪について少しの悔いも反省もない。時には調官に対して悪口や雑言を吐いてくってかかったりする。とくに詐欺や恐かつ、暴力団やぐれん隊の被疑者を調べるときに、よくこんな場面に遭遇する。

　このような被疑者を相手にしていると、ときにはたまらないほど腹が立つ。つい自制心を失って相手をどなりつけたりする。また、調に熱中するとつい感情的になって、被疑者と大声で言い争ったりする。はたから見ているとまるで口論している場面も少なくない。大声といっても程度の問題で、場合によっては多少大きな声で被疑者のき弁や、事実をまげた言いのがれを喝破したり、調官に対する不当な反抗や暴言などもたしなめ、反省させることは必要である。だから多少の大声は相手の態度や状況により、取調のテクニックとして使用す

ることはさしつかえないし、相当な効果も期待できる。(12)

こうした取調べが被疑者に対して圧力として働くことは当然である。それに綱川は右の引用においても、先の自供の三条件についても、被疑者を犯人と前提して論を展開していることが明らかである。つまり無罪推定の姿勢は皆無で、有罪推定がその取調べの熱意や迫力の前提となっている。「被疑者がずうずうしい態度で否認する」とか「悪口や雑言でくってかかってくる」とか、また「被疑者のき弁や、事実をまげた言い逃れ」という言い方自身、被疑者が真犯人でなければ成り立たない。

こうしてみると被疑者を自白へと導いていく四要因は、実際の取調べの場面で、相互に区別されることなく、からみ合わせて利用されていくことになる。そのような複合的なテクニックを用いずに、ひたすら被疑者の反省・悔悟を期待するだけでは自白を取ることは困難だと、取調べの実務者は主張するかもしれない。たしかにそれはそのとおりかもしれないが、「自白衝動・悔悟」以外の三要因はいずれも真犯人のみならず無実の人間にもある心的力動である以上、これら一切をからみ合わせて行う取調べは無実の人間の虚偽自白を生み出す危険性を排除できない。現に綱川自身がこのことを認めた発言を行っている。

私はかつて先輩から「被疑者の取調は犯人に間違いないという確信をもってやれ。そして自白したならこれは本当の犯人ではないという気持ちでもう一度やり直せ」と教えられたことがある。取調のある段階までは、被疑者は黒であるという信念をもってやらないと調に熱が入らない。被疑者に「これ以上うそは言えない」と感じさせるような迫力も出ないから自供させることができない。そして被疑者が自供したならば、その自白は真実ではない。真犯人ではない。という立場にたってその自白をくずしてみる。白の立場から徹底的に再調をやれというわけである。

これは取調官として大切なことである。捜査は予断や先入主をもってはいけない。白紙の立場で臨めといわれている。これも重要なことで、みだりに予断や先入主をもったのでは決して真実を発見することはできない。

しかし捜査官は裁判官とは違うのだから、いつでも全く白紙の立場でというわけにはいかない。とくに被疑者の取調は前に述べたように、ある程度確信をもってやらないと、真実の供述が得られない場合が多い。(13)

被疑者は有罪であるとの確信の下、熱意と迫力あふれる取調べを行って、自白させたのち、被疑者は無実かもしれないとの前提にかえって再調べをやれというのである。これはまことに矛盾に満ちた主張ではないか。一つにはこれは虚偽自白がありうることを認めた主張である。現に綱川自身その本のなかでいくつかの実例をあげている。しかし、こうした取調べの下で虚偽の自白をした人がいるとすれば、その人の心情をいったいどのように考えるのであろうか。それにまた取調官の側の心情からして、苦労して被疑者を自白させ、一定の犯行筋書を供述させたうえで、どこまで真摯な気持ちで白紙に戻っての再調べができるであろうか。有罪推定の下で自白を迫り、その期待した自白をやっと得たとき、当初の有罪推定が確認されたことに取調官は勇躍してしまい、そこで無罪推定に立ち戻るなど至難のことであろう。まして、自白そのものは魔力をもっている。刑罰覚悟で行った自白に嘘があろうはずはないとの思いは、取調官にも強いはずである。また現実の事件において、後に入った情報や証拠によって被疑者の無実が明らかになったとか、自白の裏づけが取れなくて立件できなかったということはあっても、自白後、捜査側が自発的に被疑者=白の前提で捜査して無実が明らかになったという例を、私自身は知らない。

虚偽自白は危険なものである。それはあくまで予防すべきものであって、出たあとではじめてチェックするようなものであってはならないはずである。その点でもわが国の刑事捜査には、虚偽自白への警戒心がきわめて乏しいと言わざるをえない。

真犯人とともに無実の人間をも自白へと追いやりかねない三要因を排して、真犯人に独自な「自白衝動・悔悟」のみに働きかける取調べのテクニックはないのだろうか。いま綱川の教則本に一例を見たように、残念ながらわが国の刑事取調べの実務においてそうした工夫がなされているようには見えない。それに対して私たちはアメリカの刑事捜査実務家のなかにこの種の尋問技術を組織的に開発しようとの動きを見ることができる。その一例は、先にも触れたF・E・インボー、J・E・リード、J・P・バックリーの『自白』である。ここで彼らの試みを簡単にみておこう。

2　真実の自白のみを得るための尋問技術の工夫

インボーらの尋問技術は、単に理念上のものではなくきわめて現実主義的なものである。ただこの現実主義というのは、もちろん被疑者から遮二無二自白をとることで事件解決をはかろうといったものではなく、あくまで無実の人への嫌疑を現実的に排し、他方で真実の犯人から自白をとって現実的に事件解決をはかろうという現実主義である。

インボーらの基本的立場

彼らは自身の立場を次の三点に要約している。

(1)多数の刑事事件は、最も優秀な警察員によって捜査される場合でも、犯人から得られる自認や自白または容疑者の尋問から得られる情報に基づいてのみ解決が可能である。(14)

本来、物証のみで犯人が特定され、事件解決がなされるのが理想ではある。しかし現実には、事件解決に直接につながる物的証拠がきわめて乏しいことが少なからずある。このことは物事を現実的に見るかぎり否定しえないことである。それゆえどれほど物証中心の科学捜査が強調される時代になっても、刑事捜査のなかでは、周辺の人々への事情聴取や、容疑線上にあがった人々への取調べが重要な位置を占めることに変わりはない。ただし、これが決してわが国でのような自白偏重のあり方を認めるものではないことは断っておかねばなるまい。

(2)犯罪者というのは、現行犯で逮捕されたような場合を除き、通常は非公開でおそらく数時間をかけて尋問されなければ、自己の有罪を認めようとしないものである。(15)

これもまた周知の現実的認識である。ただ、わが国の場合と圧倒的に違うのは、尋問時間が「数時間」に限定されていることである。アメリカの場合、捜査官が被疑者を逮捕してから尋問できる時間が、逮捕後の二、三時間から最大限四八時間程度に限られている。また逮捕以前の事情聴取においても、それほど長時間の尋問がなされることはない。したがって、短時間のうちに極力効果的な尋問を行う必要がある。わが国でのように一件につき二三日間にもわたり、毎日長時間の取調べが行われるような状況とは異なり、取調べそのものが被疑者への圧力として働くことは少ない。また、この数時間の取調べでさえも、被疑者に対して威圧にならぬよう種々の配慮がなされていることは先に述べたとおりである（二八二頁）。つまり、無実の人間をも自白させうる要因の一つとしてあげられた「取調べ圧力」については最大限これを排除すべく取調べ状況が設定されていると言ってよい。また、もう一つの要因である「自白による利得」を用いての利益誘導が決してあってはならぬことは、そのつど強調されている。取調官にとって重要なのは「真実」であって「自白」そのものではないのである。

しかし「人間は求められない限り自発的に自白しないのが普通である」。それに「ただ良心のかしゃくに基づく供述だけを期待しようというのでは、自白を得られる場合は非常に限られることになり、このような考え方は実際的ではない」[16]とも言う。私たちの言う「自白衝動・悔悟」のみに期待するのでは自白を得る望みは薄いというのである。インボーらはこうも言う。「殺人者は、自己の行動の道徳的な意味について本を読んだり説教を聞いたりするだけでは、自白をしようという気持ちに少しでも駆り立てられることはないだろう。被疑者に紙と鉛筆を持たせ、良心のかしゃくに耐えかねて自白するのを期待してみたところで、そんなことは無益なことだろう[17]」。これもまたしかに正確な現実判断である。では、具体的に犯人から自白を得るにはどのようにすればよいのか。インボーらは、第三者の介入しない非公開の場で、取調官―被疑者としてではなく、あくまで人間対人間という対等状況のうえで尋問すべきだと主張したうえで、彼らの基本的立場の第三点を次のように述べている。

(3)犯罪者を扱う場合、さらに結果的に無実かもしれない被疑者を扱う場合においても、法律を守っている市民によってまたそうした市民の間で日常的なことがらを処理するのに適当と考えられている方法よりも、洗練度の低い方法を用いざるをえない[18]。

ここで「洗練度の低い方法」と彼らが呼んでいるものは、当然のことながら拷問、脅迫、強制などのいわゆるサード・ディグリーの方法をさすものではない[19]。彼らは「どんな場合でも、すなわち、有罪が決定的に明らかと思われるのに強固に否認をつづけている被疑者に加えられる場合であっても、(サード・ディグリーの方法には)断固として反対するものであることを明言しておきたい。さらに、われわれは、無実の者に虚偽の自白をさせるおそれのある、どのような尋問方法やテクニックの使用についても反対する。したがって暴力、脅迫、利益供与の約束――それらはいずれも無実の者を自白させやすいものである――を用いることに反対する」と明言する[20]。とすれば、いったいどういう方法を用いるのか。それが、彼らが長年の取調べ経験から積み上げてきた尋問テクニックなのである。それは一般の人々の日常生活のなかでは、あまり好ましいものとは言えない、やや不誠実なものではあるが、被疑者の取調べのなかでは許容されるというのが、彼らの考えである。その尋問テクニックを、以下、要約的に紹介しておこう。

仮説的な態度

具体的な技法の紹介に入る前に、その前提として、もう一点、彼らのとっている基本的態度について述べておかねばならない。それは被疑者に対する無罪推定―有罪推定の問題である。わが国の刑事捜査においては、取調官が基本的に有罪推定に立っているということはこれまで何度も言及してきた。しかし、一方で無罪推定に固執したままでは現実の取調べはできないという側面もある。無罪推定というのは、本来、被疑者に対する処遇上の問題であって、取調べにおいて被疑者の有罪性を念頭においてはならないということでは、もちろんない。もしそうなら取調べるということ自体が矛盾した行動ということになる。では取調官は被疑者に対してどういう態度をとるべきなのか。

インボーらの態度は、仮説的態度とでも呼ぶべきものである。平たく言えば、被疑者をあらかじめ犯人だとか、無実だと決め打たず取調べそのもののなかから見きわめていくという態度である。言ってみれば、単純でごく当然のことだが、このことを明確な方法意識として取調官自身がしっかり心に刻み込んでおくことが肝要である。現実の尋問には(1)被疑者を有罪とみなして行う方法、(2)無罪とみなして行う方法、(3)中立的な立場で進める方法の三つがあるが、いずれをとるにしても大事なことは、尋問に対する被疑者の応答に注目して、その応答によって当初の仮説の妥当性をそのつど検討しながら尋問を進めていくという点にある。

たとえば被疑者を有罪とみなして尋問したとしよう。そのとき本当に被疑者が犯人ならば、不意を打たれて、内心の落ち着きを失い、重要な事実をもらしたり、あるいは早々に自白する可能性もある。あるいは行動上も、「指で自分の服をいじくったり、足を何度も組みなおしたり、椅子の上でもじもじしたり、手で服のほこりを払ったり、尋問者から話しかけられると顔をそむけたりする[21]」などといった反応をすることが多く、これが有罪を示唆する一つの指標になる。他方、被疑者が無実であれば、有罪前提の尋問を受けると、通常「憤慨に耐えないという態度を示し、ときには口を極めて激しく不当を主張する[22]」し、また有罪者にみられるような落ち着きのない反応を見せることは少ない。もちろんこんな指標だけで有罪か無罪かの決め手になるわけではないのだが、大事なことは尋問に対する反応や応答を一つ一つ仮説検証の手がかりとしていくという姿勢である。

したがって尋問は、取調官の仮説をもろに出した追及ではなく、被疑者の反応・応答から「行動分析」をすすめる手立てとして行われていく。それゆえ、その反応・応答によって被疑者の有罪、無罪が弁別できる尋問が良い尋問だということになる。そこでは、先に述べた「洗練度の低い方法」、つまり日常の道徳からみて紳士的とは言いがたい、少々品の悪い方法をあえて用いることもある。その一例は「おびき質問（baiting question）」である。これは有罪の被疑者が犯行を否認して嘘をついているばあい、その嘘を見破ろうとするときに用いる方法である。具体例をあげて説明しよう[23]。

ある殺人事件で被疑者が、当の犯行時間帯に自分の車でドライブをしていたとアリバイ主張したとする。そこで尋問者がどこをどう走っていたかをきくと「66号高速道路でセントラル市を通過中だった」と言う。そんなふうにアリバイ主張の中身を具体的にきいたあとで尋問者は、ちょっと確かめてくると言って取調べ室を出て、数分間して戻り、被疑者に「君はちょうど真夜中ごろ66号高速道路を走ってセントラル市を通過中だったそうだが、ちょうどその時間にセミ・トラックがひっくり返って、一時間ほど通行停止があったことがわかったんだ。君はどのくらいそこで立往生したかね？　それでどうしたのかね？」と聞く。実際にはそのような事故はなかったのだが、尋問者はわざと嘘をついて被疑者をひっかけるのである。嘘をついて相手をひっかけるというのは、日常生活では道徳的に許しがたいことであろうが、この取調べの場では、有罪―無罪を弁別する強力な手がかりを提供する。

もし被疑者が真犯人でその時間帯には被害者のアパートにいて、車に乗って高速を走っていたというのが嘘だとすれば、尋問者が調べた結果として述べた「高速道路での事故」については、それが実際にあったことなのかどうか分からない。そこで、尋問者からいかにも本当らしく言われれば、被疑者は答えに窮する。戸惑ったすえに「セントラル市に着く前に脇の道に入ったことを話すのを忘れていた」とか「通行が再開されるまで、ほんの短時間待っていただけだ」とか答えれば、それは彼が嘘をついていることが明らかになる（応答1）。あるいは被疑者が、この質問が罠ではないかと疑ったとしても、罠であるか真実であるのかの確証はないわけであるから、たとえ「私はその事故を見ていない」と答えるにしても、当然、迷いが入るし、答えるまでに逡巡するはずである。他方被疑者が無実で、車で高速を走っていたとのアリバイ主張が真実ならば、自分の体験記憶のとおりに「自分はその時間にはセントラル市の近くを走っていたが、66号道路でそんな事故があった様子はなかった」と即答できる（応答2）。被疑者の主張に乗っかったかたちで、このような罠の質問をかけることで、それが嘘であるかどうかを判別できるのである。図で示せば、図17のように被疑者の内面は言わばブラックボックスなのだが、そこにおびき質問を突きつけると、その応答の仕方から被疑者の話が真実自己の体験にもとづくものであるのか、嘘なのかを区別できるわけである。それはちょうど不明の物質の性質を見きわめるために、その物質に試薬を与えて反応を見、それによってその物質の何たるかをテストするのに似ている。

図17

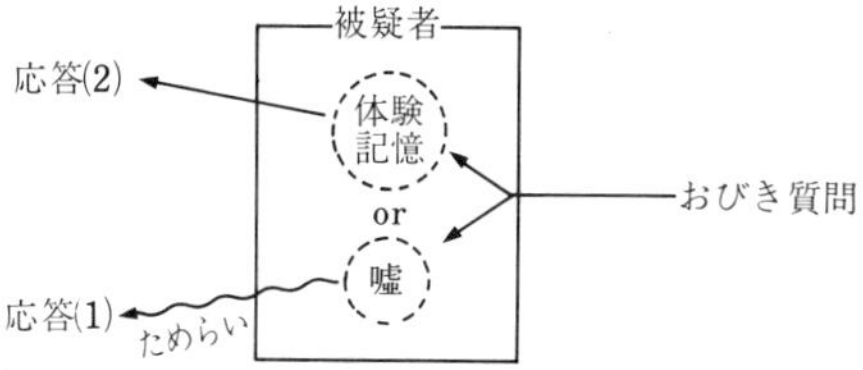

ただここで気をつけなければならないのは右の例のばあい、これでもって被疑者が嘘をついたことが分かったとしても、それだけで被疑者を有罪だと断定できないことである。というのも無実の人でも、何か別に不都合なことがあって嘘をつくということはありうるからである。しかしいずれにせよ、被疑者の嘘を見破ることによって、被疑者の真実に一歩近づくことは間違いないし、被疑者自身、自分が嘘をついたことがばれることで、その嘘の理由を説明せざるをえない状況に追いつめられることになる。それが真実の自白への一歩であることは間違いない。

このおびき質問は嘘の心理をうまく突いた巧妙な（しかしあまり上品とは言えぬ）手法である。罠にかけるというと聞こえがよくないが、これはけっして被疑者を罠にかけて巧みに自白に追い込む手管というのではなく、あくまで被疑者の弁明が真か偽かを弁別するための一手段であることに注目しておかねばならない。インボーらの手法は、このように最初から有罪―無罪を決め打たず、仮説的な態度に立って、尋問―応答の過程を仮説検証の手続きと考えるものである。

被疑者が真の犯人か無実の人か、いいかえれば彼が問題の犯行を犯しそれを自己の体験記憶のなかに刻んでいるか、あるいは犯行と無関係でそれゆえそれを体験記憶として持ちえていないかというのは、非常に大きな違いである。それゆえ尋問のぶつけ方次第で、その反応・応答は大きく違ってくる。そこから有罪・無罪を弁別することは十分に可能だとインボーらは考えているのである。

私自身が供述分析した事例から、右の例に類似した一例を付け加えておこう(24)。事件は一九六三年五月一日に起こった女子高生誘拐殺人事件、いわゆる狭山事件である。この日被害者の女子高生は三時すぎ下校、その後行方がわからず、同日七時半頃、自宅に脅迫状が投げ込まれ、翌二日深夜犯人は金を受け取りに現われたが張り込みの警察陣が取り逃がし、四日農道に死体となって埋められているのを発見された。この事件で死体が埋められていた近くの被差別部落の青年Iが逮捕され、勾留約一カ月して犯行を自白した。この自白によってIは起訴され、一審死刑、二審無期懲役、最高裁は弁護側の上告を棄却して確定、現在再審請求を行っている。この事件で被疑者Iが逮捕される前後の時点で、彼は否認すると同時に当日のアリバイを主張していた。私がここで取り上げたいのはこのアリバイ供述である。Iはこの頃、無職で、時々兄の仕事（とび職）を手伝いながらブラブラしていた。事件の日もパチンコをやったりブラブラしたりということで、さしたるアリバイがなかった。警察は大捜査陣をひきいての捜査を行ったにもかかわらずなかなか容疑がしぼれぬまま、やがて彼の周辺にも捜査が及びはじめた。ふだんブラブラしていることの多いIを心配した彼の父や兄は、警察に取調べられたときのためにアリバイ工作をすることにした。つまりその日は「兄と一緒に近所のMさんの家のトタン屋根の直しの仕事に朝の八時ごろ出かけ四時ごろ帰宅した」ということにするのである。これは嘘であった。通常、被疑者が嘘をついていたというと黒の心証をもたれやすいが、Iのこの嘘のばあいは逆であった。実際、逮捕前日に調べられたとき彼はこの嘘のアリバイを主張し、逮捕のその日も同じアリバイ供述をしたが、この嘘はすぐにばれてしまった。仕事に行ったというMさんの家に警察がききに行けば、そんな嘘はすぐばれてしまう。問題は、そのようにすぐばれてしまうような嘘のアリバイを真犯人がするだろうかという点である。容疑が自分の方にも向けられているということをIは十分に知っていた。もし真犯人が警察から疑われていると知り、やがて取調べられるかもしれないと思えば、当然ながら心理的に強い不安と緊張状態におかれる。場合によっては逃げ出すことも考えるであろう。しかし、逃げることも不可能だと判断すれば、当然取調べにそなえて弁明の仕方を考えるであろう。その一つとしてアリバイがある。強い不安と緊張のなかで真犯人が考えるアリバイは当然にして、それなりに十分慎重なものでなければなるまい。ところがIの嘘のアリバイはあまりに間が抜けていて、およそ真犯人らしい緊張感に欠けている。これだけでも彼の嘘は真犯人の嘘とは言いがたいことに気づくべきであろう。しかもこの嘘のアリバイにはさらに決定的な問題があった。

そのことはIが自白してしまったあとになってはっきりしてくる。彼が逮捕後一カ月にして行った自白（それも一気に出てきたものではなく、変遷を繰り返しながら徐々に形成されたものと言わざるをえない経緯をたどっている）によれば、被害者に出会ったのが四時前、近くの林の中に連れ込み強姦殺害して、死体をいったん隠し、脅迫状を届けたのが七時半すぎ、現場にとってかえして農道に穴を掘り死体を埋めおえたのが、九時すぎ、それから家に帰ったら九時半ころだったという。つまり問題の犯行は四時前から九時すぎに行われたことになる。第一審、第二審の判決もこの犯行筋書を真実と認めた。ところが、逮捕前後にIが申し立てたアリバイはどうだったろうか。第親兄弟と相談して工作したというアリバイは、先に見たように「朝八時から四時まで」を埋めるものでしかなかった。つまり、この嘘のアリバイは犯行時間帯に重ならないのである。真犯人ならば犯行体験が記憶に刻まれている。それゆえ当然ながらそれを隠蔽すべくアリバイ工作するとき犯行時間帯を意識する。犯行時間帯に重ならないような嘘のアリバイを主張するような犯人が、いったいどこにいるであろうか。

インボーらの仮説検証的な態度でこのIのアリバイ供述を見ていくならば、この嘘こそがIの無実を指し示しているということになるであろう。実際のところ逮捕前後のI(およびその周辺の人びと)にとって、被害者は三時すぎに下校して家に向かう途中に何者かにおそわれて、そののちいつの時点か分からないが殺されたのだろうという事件情報しかなかった。そこで問題は被害者の下校時間帯だった。だからこそIは「四時まで兄といっしょに仕事に行っていた」というアリバイ工作を考えたのである。彼のこの嘘こそが、彼が犯行時間帯を知らなかったことを証明している。被疑者の反応・応答の分析から有罪・無罪の弁別の手がかりを求めていくという仮説検証的態度を取っていけば当然にしてIは犯人でありえぬことが明らかになる。ところが彼はいまだに無実の主張を認められないまま、「無期刑囚」として獄にとらわれている。これはいったいどういうことなのか。わが国における取調べのあり方、またそこでの供述判断の方法に関して私自身重大な疑念を抱かざるをえない。

引き返す覚悟

インボーらの手法は、以上に見たように、被疑者の反応・応答への行動分析から、有罪—無罪の弁別を試みる。しかし、それはまだ仮説的な振り分けにとどまるものであって、自白聴取の過程そのものではない。直接的に自白聴取をめざした取調べが行われるのは、行動分析を通して無実の被疑者を排除する、以上の手続きを経たのちのことである。物的証拠の評価や行動分析の結果、いよいよ被疑者の「有罪が決定的または合理的に確実と思われる」段階に達してはじめて、いかにして自白を得るかが問題となる。

この段階では被疑者が有罪であるとの仮説が強化され、かなりの確信度に達している。しかしそのうえでなお決めつけを控え、仮説的な姿勢をとりつづけることが必要とされる。つまり、被疑者が無実であることを示す指標にもつねに目配りしつつ、そうした指標が現われたときには、いつでも元に引き返すだけの覚悟をもっていなければならない。

被疑者を真犯人とする仮説が大きな矛盾にぶつかったとき、元に引き返して考え直してみるというのは、捜査官として当然の心構えであるはずである。ところがわが国の警察や検察は、この「引き返す」ということが非常に苦手であるらしい。前章で見た豊橋母子殺害放火事件や半田風天会事件を想起してもらえばよい。豊橋事件のばあい、被疑者Mを真犯人とする確たる証拠は何一つなかった。ただ一部の捜査官のなかに彼が怪しいとの強固な思い込みがあったにすぎない。そして捜査がこの思い込みで突っ走りはじめたとき、それに矛盾する情報や弁解は強引に無視し、押しつぶしてしまう。Mが事件の日「夜一一時一五分ころ帰宅した」とアリバイ主張したときも、アパートの隣人の曖昧な供述から「一一時半ころ、アパートの前にはMの車が停まっていなかった」との情報を確定させて、Mのアリバイを崩した。この強引なアリバイの崩し方は、先のインボーらの「おびき質問」との対比でも非常に興味深い。

インボーらの「おびき質問」では、尋問者が被疑者の主張に乗っかって、わざと嘘をつき、被疑者がこの嘘におびき寄せられて弁解するかどうかを見る。この手法は、被疑者が嘘をついているかどうかを弁別する巧妙なやり口であった。それに対して豊橋事件のばあいは、被疑者の主張に隣人の供述をぶつけている。そこでは、取調官がわざと嘘をついているわけではない。しかしそのかわりに曖昧な供述を確実であるかのようにしてぶつけたのであって、結果的にはインボーらの手法と類似の効果が期待できることになる。つまり被疑者のMがもし犯人で、この日の深夜に被害者宅を訪問したのであれば、夜一一時一五分ごろ帰宅したというのは嘘であることになり、彼自身それが嘘であることを意識していることになる。したがって隣人の「一一時半ごろMの車はなかった」という供述を突きつけられたときには、M自身、それを真実と認めざるをえないことになる。つまり彼が犯人ならば、ここのところで嘘がバレてしまったと思うしかない。とすれば、何とか別の弁解を考える。時計をちゃんと見たわけではないので、帰宅したのは「一一時半すぎ」、つまり隣人が帰宅した直後かもしれないとか、近くに住む弟の家に行こうとして、そちらに向かったが途中でやめて少し遅目に帰ることになったとか、帰宅途中風呂に寄ったとか、いろいろな弁解がありうる。そのことで隣人の供述との整合性をはかろうとする。Mがもしそうした弁解をしていたならば、インボーらが例にあげた殺人事件の被疑者が尋問者のおびき質問に乗って弁解したばあいと同様、そこに有罪性の示唆を読みとることができる。

ところがMの取った行動は正反対であった。隣人の供述を確固たるものとしてぶつけられたにもかかわらず、彼は「一一時一五分ごろ帰宅した」との供述を変えず、これを主張しつづけたのである。真犯人ならば隣人の供述によって嘘がばれたと思う以外にないはずなのに、Mはこれに弁解を加えなかった。ということは彼の無実性を示唆していることになる。インボーらならば、Mのこの反応を見て、有罪仮説を後退させ、無罪の可能性を追求する方向に方針転換したはずである。しかしわが国の取調官たちには、そのような仮説的態度に基づく発想が欠けている。彼らは、Mがアリバイ主張を言い募ったことに対して、逆に隣人の供述の方をさらに固めることによって、くりかえしこれをMにぶつけてMの翻意を促したのである。仮説的態度に立つならば、せめてMの主張と隣人の供述をフィフティ・フィフティで考えるはずであるが、有罪前提の取調官は隣人の供述こそが真実であるとの前提で、Mのアリバイを押し崩すことしか考えなかった。

引き返すことを知らず、被疑者の言い分に耳を貸すことのない取調官の態度に、被疑者はやがて無力感を感じはじめる。無実の人間が自分のなかの真実を吐露し、無実を主張し、突きつけられた証拠や情報に反論、弁明を繰り返しても、無罪の可能性をかけらも考えない取調官に向かっては無力である。これは、先の図16（二九二頁）で示した「弁明不能感」が被疑者を自白へと追い込む例である。疑う余地のない証拠を突きつけられて、弁明に窮した真犯人が自白することもあるが、いくら正当な弁明をしても聞く耳をもたぬ取調官には通じず、結局その前に屈して無実の人間が自白してしまうこともある。

取調官はつねに被疑者の無実の可能性を念頭において、仮説的態度を堅持し、いつでも引き返せる覚悟をもたねばならない。豊橋事件のように、遺留精液の血液型が被疑者と異なるという決定的矛盾を前にしても、捜査官がなお引き返すことができないなどというのはおよそ信じがたい態度と言わねばならない。じつのところこの態度がこの事件に特異な、稀有の例とは言えないのが、わが国の取調べの現状なのである。

第三節　有罪が決定的または合理的と思われる被疑者への尋問テクニック

さてともあれ、インボーらの取調べテクニックは自白聴取を直接めざす段階にいたってもなお、仮説的態度を根本においているものであることを確認して、具体的な尋問手法の説明に移ることにしよう。

インボーらは「おびき質問」に見るようなトリックを使うことを辞さない。前にも触れたように、尋問者は一般の「道徳水準よりもやや低い水準で、犯罪者を（ときには犯罪を犯したと信じられているにすぎない者も）扱うことが、どうしても必要になってくる」。ただし、そのさいどうしても侵してはいけない一点がある。つまり「〝フェア〟な尋問方法も〝フェアでない〟尋問方法も許容されるけれども、無実の者を自白させるおそれのあるような方法だけは決して被疑者に対して用いてはならない」[25]という点である。無実の者を自白させるおそれのない方法、有罪者のみを自白させることのできる方法、それを開発することがインボーらの目論見であった。しかし、そのようなうまい方法があるのか。彼らはハンス・グロスから、次のような言葉を引用している。

誰に対しても大胆・直接に犯罪を自白することを期待するのは残酷であり、心理学的にも間違っている。その道を平坦にし、自白しやすくしてやらなければならない。[26]

正面から直接的に攻めて追い立てるようにして自白させるのではなく（そのような方法では無実の人から自白をとることにもなりかねない）、逆に自白へ至る道を平坦にして、自らそちらに向かいやすくするというのである。具体的にはどういうことなのか。前の天秤の図（二九二頁）に立ち戻って言えば、取調べへの無用な反発（①）を取り除いて、人間対人間の雰囲気を作り出したうえで、無実者をも自白させかねない利益誘導（④）、取調べの圧力（⑦）、弁明不能感（⑥）の利用を避けるというのが、まず第一原則である。そこでこれらの要因を取り除いたか

図18

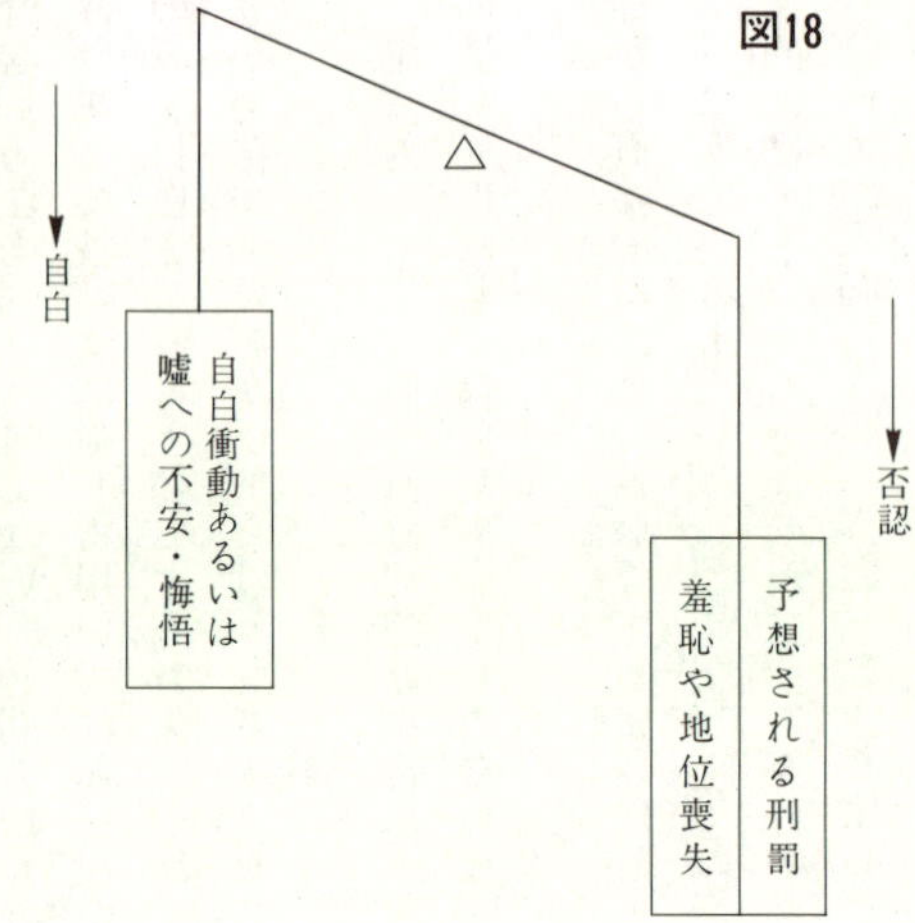

たちで、否認―自白の心的力動を描けば、図18のようになる。

この図は被疑者の心的力動がまだ否認に傾いている段階を表わしているが、この状態から自白への道をなめらかにしていくためには、二つの方向からのアプローチがある。つまり一つは、否認へ向かう力動（予想される刑罰と羞恥や地位喪失への懸念）を低減させる方向、もう一つは自白へ向かう力動（自白衝動あるいは嘘への不安・悔悟）を高める方向である。以下、この二つの方向のアプローチについて、それぞれ見ていくことにする。

1　否認への力動を低める

真犯人が否認するについては、自白の結果予想される刑罰（自由の喪失、経済的利益の喪失、あるいは極刑では生命の喪失すらありうる）への不安と、自分が犯人であることが暴露された結果生じる羞恥、つまり自尊心やプライドの喪失、あるいは社会的地位の喪失への不安の力動が働くことは、これまで見たとおりだが、ではこれを低減させるにはどうすればよいか。もちろん、自白すれば刑罰が軽くなるだろうなどと示唆して利益誘導したり、恥ずかしければここで自白したことについては人に内緒にしておいてやるからなどと約束して自白をそそのかすといったやり方は許されない。問題は、刑罰や羞恥を現実的に低減させることではなく、被疑者が主観的に感じている刑罰や羞恥への不安を軽減させることにある。

まず刑罰への不安の軽減について考えよう。被疑者が罪を犯したのであれば、当然それに対しては何らかの責任が問われねばならない。その責任の度合は、犯した罪の大きさによる。つまり罪が大きいほど責任は大きく、それゆえ予想される刑罰は大きくなる。ただその罪の大きさというのは多分に主観的なものである。最終的に裁判官や陪審員が客観的にその罪をどう判定するかとは別に、犯人自身の思いのなかでは自分の犯した罪について過大にも、過小にも判断しうる。自白への道をスムーズにするためには、自分の罪への責任をできるだけ小さくした方がよい。

わが国の被疑者取調べでは、犯人の反省・悔悟を求めるべく、むしろ逆に、おまえは大変な罪をおかしたんだ、そんな大きな罪をおかしてまだ平気でシラを切るのかというふうに、主観的罪責感を高め、圧力をかけることによって自白を求める傾向が強い。こうした取調べにおいては無実の者まで自白してしまう可能性があるし、また実際に犯行を犯した被疑者に対しては、逆に自白への抵抗を高めてしまいかねない。大変な罪を犯したとすれば大変な刑罰が予想されるからである。

インボーらの自白聴取技法では、逆に犯人の責任感情を軽減させて、自白抵抗を小さくしようとする。実際のところ、犯罪を犯した者は取調べの場に引き出される以前から、自分の罪をできるだけ小さく見積もるべく心的操作を加える。そのようにして人は、できるかぎり自己を正当化し、自分を守ろうとするものである。そこではある種の防衛機制が働くのである。B・C・ジェインはこの防衛機制の主たるものとして、合理化と投影の二つをあげている。(27)

合理化というのは、自分にとって不都合な状況を、心の中で描き変えることによって納得しようとするものである。よくあげられる例に、イソップ物語の「すっぱいブドウ」がある。キツネがブドウ棚においしそうに熟したブドウの房を見つける。そこで何とかこれを取ろうとするのだが棚が高くて届かない。さんざん苦労したあげく結局あきらめざるをえないことに気づく。しかしくやしい。心理学的に言えば「おいしそうなブドウの房が目の前にある」という事実と、「しかし自分には手が届かない」という事実とが心的葛藤を生み出す。これを「認知的不協和」(28)と呼ぶ人もいる。ともかく、その種の葛藤や不協和は人を落ち着かせない。そこでなんとかこの葛藤を解決し、協和した心理状態に戻すべく、認知した事実そのものを心理的に描き変えようとする。このキツネの場合は、「おいしそうなブドウの房」という部分を描き変えて、「あのブドウはきっとすっぱいにちがいない」と自分に言い聞かせて納得する。

この種の合理化は、私たちの日常にいくつもその例を見ることができる。「すっぱいブドウ」のキツネのように自分の中で納得しようとするだけでなく、他者から何かをとがめられたときの弁解にはこの種の例が非常に多い。

Ｂ・Ｃ・ジェインはこんな例をあげている。[29] ある客が商品展示台にあった口紅を取って自分の鞄に入れたとする。それが店員に見つかってとがめられると客は「ぼんやりしていて、自分の口紅と思ってつい鞄に入れてしまった」と言ったりする。あるいは銀行員が銀行の金を使い込んだ場合、「ちょっと借りただけで、そのうち返すつもりだった」などと言いわけしたりする。そのとおりに本人が思い込んでいるかどうかはともかくとして、その種の合理化で自分の責任を低くしようとするのは、人の一般的な傾向と言ってもよい。

投影（ないし投射）も自分の責任を逃れるための防衛機制であるが、合理化のように状況そのものを描き変えるのではなく、自分の考えや行動への責任を他者に転嫁したり、場面、状況のせいにしようとするものである。心理学でよくあげられる例でいえば、「あの人は私のことを嫌っているので、私はどうしてもあの人とうまくやっていけない」と言うばあい、本人の意識の中では相手が自分に対して「嫌悪感」をもっていることが不仲の原因だと思い込んでいるのだが、実のところ、事態は逆で自分が相手に対して「嫌悪感」をもっているがためにうまくいかないということがままある。つまり、自分の中の「嫌悪感」を相手の心の中に投影して、それを相手の自分に対する「嫌悪感」と解して納得しているのである。手元のフィルムに光をあてて、向こうのスクリーンに画像を投影するのとちょうど同じように、自分の中の問題を、外の誰か、あるいは何かの上に投影するというわけである。

強姦を犯した人間が、被害者が胸をはだけた扇情的な格好をしていたとか、誰とでも関係する女だとか、じらすような振る舞いをしたとか言って、強姦の責任を被害者の側に転嫁したり、あるいは金をごまかした従業員が、雇主が超勤手当をちゃんと払ってくれないからだと非難するといった例が、これにあたる。

犯行を犯した人間は犯行後自発的にこのような防衛を用いて、自己を正当化し、心理的に責任を逃れようとする傾向を持つ。インボーらの方法は、犯人が自発的にも行うこの合理化や投影の防衛機制を、尋問者の側からほのめかす。平たく言えば犯人側の言いわけをそそのかすことによって、自白へ進みやすくする。犯行そのものにつきまとう責任感情をできるだけ低減させ、犯罪を負のものから、中性的な方向に近づけて、しゃべりやすくするというわけである。Ｂ・Ｃ・ジェインはリリキストのあげた五つの「中性化のテクニック」を次のようにまとめている。[30]

1、責任の否定（たとえば、アルコールや薬物のせいにしたり、記憶喪失があったとか、ストレスがひどかったからなどと考える）。
2、損害の否定（被害者にはたいした怪我はなかったとか、被害会社は破産するわけがないと考える）。
3、被害者の否定（彼は金を奪われて当然だとか、彼女は内心セックスを望んでいたなどと考える）。
4、非難する立場にある者を逆に非難する（ほかの人間もみな盗みをしているなどと考える）。
5、忠誠心のせいにする（自分の利益のためでなく、家族のためにしたなどと考える）。

世間の常識からみると、いずれも卑怯な言いわけにすぎないのだが、尋問者は被疑者の立場に立って、むしろこの卑怯な言いわけをそそのかすことで、自白への道をつけようというのである。なるほどこれはインボーらも言うとおり「品位の低い」方法ではある。しかし、この技法の利点はひたすら反省・悔悟を求める方法とはちがって、無実の者を自白に導くことがないことである。無実の者にはその種の言いわけの必要が一切ないからである。

予想される刑罰への不安、あるいは自分の犯した罪への責任感情を低減させる方法は、おおよそ以上のとおりである。次に問題となるのは、羞恥などの感情にかかわる側面、つまり自尊心やプライドの喪失に対する不安をどのように軽減するかである。これまで見てきた合理化や投影による自己防衛や自己正当化も当然、この被疑者の主観的感情に大きく関わってはいるのだが、ここではもう少し直接的に羞恥や自尊感情に働きかける方法が問題になる。

インボーらは、これを同情と思いやりによる方法としてまとめている。つまり尋問者は被疑者に理解を示し、被疑者の立場に立てば犯行自体やむをえなかったのだと同情して、被疑者の人格を受容し、犯罪自体をも許容できるかのように見せる。被疑者は、目の前の尋問者が親身になって、自分のことを受け入れ、自分を許してくれていると感じるなら、他の人々もまた自分に同情し、自分を許してくれるかもしれないと思う。そこでは自尊心を傷つけられ、プライドを失う危険性は小さく見えてくる。尋問者は意識的にこの同情と思いやりの方法を用いて、自白抵抗を低下させようというのである。

それゆえ被疑者を有罪だと高飛車に決めつけたり、軽蔑したり、見下すような態度は禁物だし、「君の家族が君の犯行を知ったらどんな思いをするだろう」などと被疑者の羞恥感情を直接刺激することも有害である。さらには「殺人」「強姦」「強盗」「窃盗」などという犯罪への露骨で、直接的な表現も避けるべきだと言う。

インボーらの事例から一例をあげよう[31]。ある婦人が自宅で何者かに頭を殴られ殺された。指紋などの重要証拠もなく、凶器も見つからず、有益な情報を提供できる目撃者もいなかった。最初、婦人の夫が疑われたが取調べの結果、決定的なアリバイはなかったが、その応答態度などから無実との心証が得られた。さらなる捜査の結果、被害者の義兄が容疑線上にあがった。この義兄は被害者に借金があり、常習的な賭博者であり、彼の周辺では何度も盗難事件が起こっていた。それに問題の事件の日、彼は仕事を休んでいることが明らかになった。逮捕後の数時間の尋問で彼は自白した。この自白によると、彼はラジオを売るつもりで被害者の家を訪れたが、「盗んできた品物だろう」と責められて、口論のあげく、上着のポケットに入れていたスパナで彼女の頭を殴った。それから家の中を探して現金とダイヤの指輪一個を盗って逃げた。逃げる途中スパナを川に捨て、着衣を着かえ、脱いだものを処分した。また彼は盗んだ指輪を母親の家の屋根裏に隠したと自白。現にそこから指輪は見つかり、盗んだ金の大部分も回収され、一部は借金の返済にあてられていたことが判明した。裏づけ捜査によって、彼の自白が真実であることが確認されたのである。

この被疑者の取調べで尋問者は、徹底して相手に好意的態度を示す姿勢を堅持した。つまり、「被疑者が経済的に困窮していることに対して同情するふりをしたり、被疑者に限らず同様な状態におかれた者なら誰でも怒らせてしまうようなことを被害者が言ったりして激しい反発を起こさせたのではないかとほのめかしたり、……また被疑者の肩をやさしく叩いたり、といった親しさと同情をあらわす態度さえ示して、自白を得たのである[32]」。尋問者は明らかに被疑者に対して好意など抱いていないのに、あたかもそう見せかけて自白を促すというのは〝フェア〟とは言いがたい。彼らが繰り返し言うように、それは「品位の低い」尋問方法ではある。しかし、この尋問態度のなかに強圧的な態度が混じらず、対等な人間関係に終始しているかぎりでは、そこに無実の者の虚偽自白を招く危険がないこともたしかである。

ただ警戒しておかねばならないことは、この思いやりと同情による方法が、強圧的に自白を迫る方法と合わせ用いられる場合があることである。インボーらは、これを厳に戒めているが、そのように硬軟を使いわけ、被疑者を犯人と決めつけて責めるというのが、かつては自白聴取の典型であった。わが国でも「アメとムチ」と言い、英米では「マット・アンド・ジェフ」と言って、意識的にこの方法が用いられもした。いや、わが国ではなおこの方法が、取調べの常道として用いられている。有罪推定の下、とにかく自白をとろうとして被疑者に迫るとき、おのずとこの硬軟両面を使い分けた取調べになる。一人が「お前以外に犯人はいない」「いつまでシラを切るのだ」ときつく当たれば、他の一人が「まあまあ」となだめ、「お前の気持ちも分かる」と同情する。あるいは同じ一人の尋問者が時にきつく取調べ、次には思いなおして被疑者をなだめ、すかす。こうした取調べの波の高低は、ある意味で普遍的なものと言っていい。一本調子で責めまくる取調べのほうがむしろ不自然であり、普通の人間が普通に取調べればおのずと硬軟をあわせたものになる。しかし、この硬軟の波を織り混ぜた取調べこそが危険なのである。

この点は次章で詳述することにして、ともかくインボーらが勧める「同情と思いやり」の方法は、そこに徹するかぎり、無実の人間を自白させる危険性はない。無実の人間ならば、「同情と思いやり」を受けてもおかど違いだと思って反発するだけで、それによって自白方向への心的力動が動くことはありえない。それは、真実犯行を犯した人間の心理に働きかけて、内側から自白への道を踏み出していくことを促すだけである。

このように刑罰と責任追及への不安、羞恥や自尊心の喪失などへの不安を低減させることで、自白への道を進みやすくした結果、被疑者があと一歩というところまで来たとき、尋問者は二者択一的な質問を行う。「被疑者が静粛な態度に変わり、尋問者の話に耳をかたむけ、あるいは視線を尋問者からそらしはじめたとき、このステップが到来する。被疑者の体から〝諦めよう〟というサインが見えはじめたのである。このようになったら、尋問者は、被疑者をじっと見つめてこの状況を強化しなければならない(33)」。そうしておいて次のステップで、それまでの取調べの内容を踏まえて、被疑者に最大の不利益感(高度の不安)を与えるものと、最小の不利益感(比較的小さな不安)を与えるものとを対比的に提示して、どちらかを選択させるという質問を行う。たとえば「君はこういうことを何度もやっているのか、それとも初めてなのか」、「君がとったのは五〇〇〇ドルか、それとも一〇〇〇ドルだけなのか」、「君はこれを計画的にやったのか、それともその時のはずみでやってしまったのか」、「これは君が言い出してやったことなのか、それともほかの連中にさそわれてやっただけなのか」……というような二者択一的な質問を与える。

自白への抵抗の大きいものと小さいものとを提示して、そのコントラストによって否認力動を弱め、まず一部であれ、罪を自認させる。インボーらの提唱するこの方法も、別に彼らの独創というわけではない。わが国のこれまでの取調べにおいても、経験的な直観にもとづいてのことと思われるが、そのようにして自白抵抗を小さくして、一部自白からでも「オトス」という技法が用いられていた。現に「半オチ」などという言い方が捜査官の間で交わされることから分かるように、一挙に全部オチなくても、部分からオチて、やがて全面自白に追い込まれるというのはよくあることなのである。しかし、これは虚偽自白においてもしばしばみられる自白過程である。インボーらの手法は、その点、強圧的な取調べのなかで用いられたならば、無実の者をも自白させる手法になりかねないことを重々承知しておかねばならない。

ともあれ取調べの圧力を最小限にとどめたところで、以上述べたようなかたちで被疑者の否認への心的力動を最大限に排除しようというのがインボーらの考えである。そうすることで被疑者が自発的に自白へと踏み出すべく、その道を平坦にするのである。

2　自白への力動を高める

自白へと向かう心的力動を高めるために、利益誘導や取調べ圧力の強化、理詰め尋問などによる被疑者の弁明不能感に訴えることが危険であることは、これまで繰り返してきたところであるが、とすれば残るは被疑者の内にある自白衝動、あるいは嘘への不安、悔悟の情に訴える以外にない。この心的力動こそは真犯人のみにあって無実の者にはない力動だからである。

ところで前項で見たように被疑者の否認への心的力動を低めるべく、犯した罪への言いわけを促し、責任感情を小さくし、また被疑者のおかれた状況に同情的態度を示すとき、それと並行して嘘をついていることへの不安感や罪責感も小さくなる。大変なことをやったと思って、それを隠しているのと、大したことじゃないと思えることを隠しているのとでは、嘘への緊張感も違ってくる。とすると否認力動を低下させたぶんだけ自白力動も低下するということになりかねない。天秤の比喩を用いれば、否認への重さが軽くなるのに比例して、自白への重さも軽くなるために、否認―自白のバランスは変わらず、被疑者はあいかわらず否認に傾いたままにとどまることになる。

かといって罪責の重さを強調して自白への衝動を強め、嘘への不安を高めようとすれば、今度は再び否認へ力動を高めることになって結果は変わらない。そこで問題は自白による不利益感（否認力動）を高めることなく、嘘をつくことへの不安（自白力動）をどのようにして高めればよいのかということになる。

B・C・ジェインは、恐怖や怒り、憎しみなどの情緒が「人の内から外へ向かって表出される」のに対して、不安は「心の外から内部に向かう」情緒であるという(34)。そこで被疑者の不安を高めるためには、そのように被疑者自身の内面へと向かう心をつき動かすような尋問が有効だと指摘する。それゆえ、たとえば、どんな被疑者であれ「お前は卑劣で狡猾で無責任な盗っ人だ」などと言ってしまっては、被疑者は逆に尋問者に向かって憎しみや怒りをおぼえ、防衛的態度をとるだけであろう。これでは被疑者に内面を見つめさせるということにはならない。どんな被疑者であっても、自分がどういう場におかれて、自分がそれに対してどういう態度をとっているかに目を向けさせれば、内的に向けられたさまざまな不安に対して柔順な態度をとるようになるものだという。そこで被疑者がその人生のなかで大切にしようとしている信念、失うまいとしている価値観に注目する。たとえば忠誠心、責任感、誠実性、宗教上の信念、愛情、知性、功績、尊敬などである。取調べのそれまでのやりとりのなかで、被疑者が何を大事にしているかを把握したうえで、嘘をつきつづけることがいかに被疑者の、その信念や価値観に反するものであるかを訴える。そのことによって内面の不安、葛藤を高めるわけである。

この種の尋問は微妙で、嘘に対する不安だけを高めるためには十分な配慮が必要となる。同じように責任感に訴えるにしても、「雇主から金をとるような人間は、会社が雇いたがる責任感のあるタイプの人間とは言えないな」と言ったのでは、嘘への不安を増すとしても、同時に自白への不安（つまり、これがばれたら今の会社をクビになるかもしれないし、もう誰も自分を雇ってくれないかもしれないという不安）を高めてしまうが、たとえば「責任感が強く良心的で、この会社が雇用したいと思うような人間なら、過ちを犯したときでも正直に認めるものだ」と言えば、自白への不安を高めることなく、嘘への不安を高めることができるという。

このたぐいの尋問は説教になりがちだが、単なる説教に終わったのでは効果はない。説教が強圧的な威迫になって嘘の自白を引き出す危険性すらある。あくまで被疑者の内面に目を向けさせることが必要なのである。たとえば単に「君は善良なクリスチャンらしいね」と言ったり、直接的に「善良なクリスチャンなら嘘は言わない」と説教するより、そこからテーマを発展させて、被疑者のかつての善行の思い出話などをすることで、彼がいかに宗教的であるかを強調することで、嘘をついているいまの自分の姿があるべき自分からいかに遠いかを意識させる方が有効であるという。自己に関するイメージを高め、それとの対比で現実の自分を見つめさせることによって嘘への不安は十分に高められるというわけである。

このようにして自白への心的力動を高める手法ならば、無実の者を過って自白させてしまうことはない。無実の者は否認しても当然であり、嘘の不安にさいなまれることはありえないからである。インボーらの手法は、その原則を厳密にまもるかぎり、虚偽自白の危険性をまぬがれるものと言ってよい。しかし強圧的、威圧的な方法と抱き合わせにされたならば、ここでもまた虚偽の自白を招く可能性があることは繰り返し指摘しておかねばなるまい。

3　一つの尋問事例

インボーらがその『自白』において提示した尋問テクニックは、虚偽自白の危険性をつねに念頭におきつつ、真犯人のみが持ちうる心的力動に注目して、そこに働きかけるべく工夫したものである。真犯人特有の否認への心的力動、自白への心的力動を個別に操作して、前者の重みを減少させ、後者の重みを増大させるのに成功すれば、被疑者はおのずと自白へと歩み出す。そこでは時にトリックめいた言わば〝汚い手〟も辞さないという現実主義が強くうかがわれるが、その方法意識が明確なぶん、わが国の取調べにおいてのように取調官の思い込みが被疑者をなし崩しで自白に落としてしまい、その真偽が取調官自身にも分らなくなるといった危険性は少ないと言ってよい。

この第三節で紹介した技法は、それ以前の捜査や被疑者の行動分析から無実者を排除し、被疑者の有罪性がほぼ確定的になってから適用されるものであるが、そこでも思い込みに走らず、無実者の虚偽自白を招くことがないよう配慮されている。ここでまとめの意味もこめて、最後にB・C・ジェインの例示した尋問を紹介し(35)、それに沿って、この尋問が真犯人にどういう影響を与え、また被疑者が万一無実ならばこれが自白方向への影響を与えることがないかどうかを検討してみることにしよう。

以下に表11にして示したのは、被疑者であるジョーがガソリンスタンドから金を強奪したとの容疑を想定して、尋問を構成したものである。最初の尋問からジョーを犯人と決め打って問い質しているが、もちろんこの尋問にとりかかる以前のところで彼を犯人と見なすに足る合理的理由があるということが前提されているし、また彼が無実かもしれないとの徴候が出ればいつでも元に引き返すことが前提されている。尋問内容の下の段には、各尋問のねらいと、当該尋問に対して真犯人ならばその心の内に生じるであろう心的力動、また無実の人間ならば生じるであろう心的力動を記載している（この二つ、つまり表中の下二段は私自身の書き加えたものである）。

表11

尋問内容	尋問のねらい	真犯人ならば	無実の人ならば
ジョー、僕がこのことをはっきりさせたい理由というのはね、今日までに調べた結果、ガソリンスタンドから金を取ったのは君しかいない、ということになったからなんだ、そして、このことがわかっただけでは僕としてはどうしても満足できないんだ。	尋問目的を提示する	犯人は君以外にありえないとの断定に動揺する	犯人は君以外にありえないとの断定に動揺、反発する
僕はね、いつもそうしてるんだが、事件を処理する時はすべての真実をみんな報告することにしているんだ。すべての真実というのはね、誰がそれをやったんだということだけでないんだ。すべての真実というのには、なぜその人がそれをやったのかということが含まれているんだ。僕のこれまでの経験では、どんな人だって、ある人間について判断するとき、彼が何をやったかということだけでは判断しないで、むしろなぜ彼がそれをやったかということを重視するものなんだ。いや、君もおそらくそのとおりだと考えてるよね。	何故尋問が必要なのかを説明する	犯行の動機に注意を向けさせられる	⇦ しかし、この断定が強圧を伴わないかぎり、否認は揺らぐ余地がない ⇦ 明確な否認があり、行動的にも無実の徴表があるかぎり、次のステップには入らないのが原則である
例えば、誰かが一枚のステーキを商店からもってきたとする、	類似の例を用い	犯行に至るについては、同	

それだけでその人が全く不正直な人間で金がないのに店の人をだますつもりがあったなんて、君だって考えないだろう。そうじゃない、その人はたまたま非常に不幸に陥った、そして何とかして借金しないようにとずーっと頑張ってきたが、どうしてもだめだった。家族も養わなければならないし、ほかにも面倒を見なければならない人がいたかもしれないし、それで、もうどうしようもなくなってそのステーキをもってきただけかもしれないんだ。少なくともだ、僕はね、そういう人とそうでない人との間にはたいへんな違いがあると思ってるんだ。	て説明を具体化する	情に値する理由がいろいろあるとの一般的な示唆を受けいれやすくなる	（以下は万一次のステップに入って上の尋問をぶつけられたとき無実の者はどう感じうるかを記述する）自分に関わらぬ一般的説明として理解する
君の場合も違うんだ。僕は知っているんだ、今の時勢では、誰もみんなお金に困っている。物価はどんどん上がる、食料品、衣類、ガスも。しかも、おんなじに働いても賃金は下がる、当然賃金が上がってもいいのに上がらない、それだけでない、とうとう一時解雇までされちゃった。 僕はね、今までにこんなひどい就職難だったことはなかったと思ってる。そうだろう、多くの連中が、何カ月も仕事を見つけるのに苦労している。そして金を借りてやっと暮らしている。そのうちに、クレジットも切れてしまう、貯金もなくなってしまう。そういう時、人はどうすればいいんだ？ それでも家族には食べさせなければならない、衣類も買ってやらないといけない。生きるためには何とかしてそういう物を手に入れなければならない。	被疑者本人の問題に関係づけていく 被疑者の状況に同情し、犯行の原因を一般的社会状況に帰す	罪への責任感情を弱められ同じ状況におかれたら自分に限らず誰しも罪を犯しかねないと自己正当化する ⇩ 否認力動の低下	尋問者が自分に関係づけようとするのは分かるが、自分がやっていない以上関係づけられず、第三者の話として聞く以外にない ⇩ 否認力動はそのまま、自白力動が高まることもない
君を知っている人達と話したらね、みんな同じように言うんだ、〝ジョーは責任感があって、非常によく働く、しかも他人に思いやりがある男だ〟って。僕はね、こういうことを僕の同僚たちにもぜひいってやりたいんだ！ そこなんだよ、こうして僕が今日時間をとって君と話し合おうとしている理由は。 僕はひとりで考えて見たんだ、友人たちからとても好かれ尊敬されている男、おそらく、今まで一銭だって誰からもとったことのない男、そういう男がどうしてガソリンスタンドで人を脅すよ	責任感を強調して、嘘をつくことに伴う不安を高める	責任感が強いとの評価を受け、自己イメージは高まるが、一方自分はいま嘘をついているという現実とのギャップは大きくなる ⇩ 自白力動の高揚	責任感が強いとの評価を受け、自己イメージは高まるが、他方自分は正しく否認しているのだからそこにギャップは生じない ⇩ 他からの圧力がないかぎり自白への力動が生じること

うなことをするんだろうか？　うん、それで、僕はこう想像してみた、本当はだ、僕が感心している君のすばらしい点、それが、今度のことに、もしかしたら関係があるんじゃないか、つまり、君は責任感が強い、思いやりがあるということ、そのために今度のことが起きたんではないかと。君は仕事を見つけよう、見つけようとさんざんに努力した。それなのに、誰も仕事をくれなかった。君は真面目に生活してやっていこうとした。しかし、どんな人だって、仕事にどうしてもありつけないなら、どうして真面目な生活をやれるだろうか！	被疑者の立場への同情を示す	自分の利益のためではなく他の者のためにやったとの弁明の示唆を受け入れる ⇦ 否認力動の低下	はない 自分に関係づけられず第三者的にしか聞けない ⇦ 力動は動かず
ジョー、僕が君についてほかの人から聞いたことは全く事実だと思うんだ。君は自分のためにお金をとったんではないと僕は信じている。間違いなく、それは君の家族のために、家賃を払うため、食物を買うため、君の息子にちょうど合う靴を買ってやる、そのために金が必要だったんだ。 もし誰かが君に仕事を与えてくれたなら、こういうことには絶対ならなかった。一人でも君のようにいい気持ちの雇主がいたなら、今日こうして僕は君と話することにはならなかったんだ。しかしね、われわれは、過去を戻すことはできないんだ。君は仕事を見つけられなかった、君の家族を養う金を稼ぐことができなかった。責任感があり、家族を心配する君だからこそ絶望的になった瞬間に、今度のことが起こったんだ。	被疑者の罪への弁解を示唆する 被疑者の罪に許容的な態度を示す	自分のためではなく、他の者のためにやったとの示唆をさらに具体化して示される ⇦ 責任感情が弱められ、自尊心も維持される ⇦ 否認力動の低下	自分に関係づけられず第三者的にしか聞けない ⇦ 力動は動かず
ジョー、このことは大事なんだよ。もしも、この金が君の家族のために使われたんでない、家族の人たちはその金のことは全然知らない、君はそれを飲屋とかガールフレンドのために使ったんで、君の哀れな家族のことを君はちっとも考えなかったんだったらだ、そう、僕としては、君はもうこの部屋から出て行ってもいいと思うんだ！ しかし、ジョー、もし君がそれを自分のために使ったんじゃないとしたら——君が始終心配しているのは君の家族のしあわせだ	二者択一的な質問によって罪の自認を促す	弁解の方途を種々示唆されたうえに、高い不安をもたらす行為の自認と低い不安をもたらす行為の自認を二者択一的に与えられて、後者にとびつきたくなる ⇦ 罪の自認	自分に関係づけられず第三者的にしか聞けない ⇦ 力動は動かず

というのならだ、僕はこれが事件の真相のすべてだからといって僕の報告書に書きたいんだ。いったい君はその金を飲屋とか君自身のために使ったのか、それとも君の家族のための何かに使ったのか？　君の家族のためにか、そうではなかったのか？

ここに示された尋問内容は被疑者が無実ならば、まったく自分と無縁な話であるから、これが被疑者に何らかの有害な作用を及ぼすことは考えられない。他方、被疑者が犯人ならば、尋問はおのずと自分の犯行と関係づけて聞かれることになるし、そのなかで尋問者からかけられる同情と理解、また弁解の示唆によって当初の否認への心的力動は低められる。また尋問者から与えられた過分な評価と嘘をついている自分の現実とのギャップに苦しんで自白への気持ちが動いていくことにもなる。そうして被疑者の心のバランスが自白の方向に傾いてきたところを見はからって、尋問者が二者択一的な質問を与えれば、被疑者としてはおのずとそのうちの不安の低い方の選択肢に飛びつきたくなるというわけである。右の尋問事例はここまでの過程を描いたものだが、ここで描いたとおりに否認—自白のバランスが逆転して、自分の罪を自認してしまえば、あとは証拠関係に照らしながら、矛盾なく自白の内容を詰めて行きさえすればよい。

もちろんそうそうスムーズに事が運ぶことは少ないであろうが、少なくとも理論的には理にかなった尋問方法と言ってよい。インボーらはこのような方法によって多くの事例で有罪の自白を引き出すのに成功しているという。

さて、このような尋問事例を見ると、わが国の取調べでの尋問とはずいぶん雰囲気が違うことに気づかざるをえない。本当は好意などもてぬ相手にも好意を示し、同情の余地のない犯行にも同情し、思いやりなどかけられない気分のなかであえて思いやりを見せ、さらには人格的に尊敬することはおろか、時には軽蔑したくなる気持ちをおさえて、相手をおだてあげ、もちあげる。こういうことを意図的、組織的に行おうというのは、インボーらの自認するとおり〝品位の低い〟方法ではある。しかし、高い道徳的誇りをもって相手の悔悟を求め、真人間にしてみせるとの意気で、被疑者の謝罪を求める日本的な取調べ方法にくらべれば、この方がずっと無実の人間を自白させる危険性は少ない。悔悟を求め謝罪を求めるかたちで自白を迫る方法は、真犯人の自白衝動を動かそうと意図したものではあっても、「おまえがやったんだ」という形で無実者を強引に事件に関係づけて、そこに圧力をかける結果をもたらす。つまり自白の心的力動のうち自白衝動にのみ選択的に働きかけるのでなく、同時に取調べ圧力を増強し、弁明不能感をかきたてる危険性がつきまとうのである。それに対して、同情や思いやり、弁解示唆、おだて上げによる方法は、心当たりのある有罪者にしか機能しない。事件に心当たりのない無実者にとってはどの尋問内容も自分と関係づけられず、ただ第三者の話としてしか耳に入ってこないがゆえに、否認の気持ちが揺らぐことはない。また、たとえば正しく否認している無実者に対して、いくらあなたは責任感が強いとか正直者だとおだてあげても何ら現実とのギャップはもたらさないから、そこから間違っても嘘の自白は出てこない。他方、相手を犯人と決めつけて謝罪を求めるとき、ときに無実者が根尽きて自白することがある。謝罪要求は、取調官のいくら誠実な気持ちに発したものであっても、つねに上位から下位へと流れる圧力を背景にもつからである。インボーらの方法は、これに対比して比喩的に言えば、下から上へと被疑者を唆かす形で自白を促すものと言ってよく、そこに働く力のベクトルがまったく異なる。

第四節　わが国の刑事取調べにおいて虚偽自白がなくならないわけ

インボーらがその『自白』で提示した尋問方法は、限られた時間のなかで、真犯人と無実者とを弁別し、前者のみから自白を得るにはどうすればよいかという問題意識のなかで考察されたものである。彼らは真犯人にも無実者にも共通する心的力動に働きかける危険性をさけるために、真犯人にのみ固有な心的力動に着目した。その点ではかなり精度の高い方法と評価してよい。ここにはわが国の刑事取調べに対する明確なアンチテーゼがある。

最後のしめくくりの意味で、インボーらの方法に照らしてわが国の刑事取調べの問題を再度とらえかえしてみたい。

1　証拠なき確信と仮説検証的姿勢

インボーらは真犯人から自白をとる必要性を説き、そのテクニックを工夫する一方で、無実の者から自白をとるようなことがあってはならないということを、くどいほど繰り返している。そしてそのための第一ステップとして、本格的な取調べに入る以前の行動分析において無罪徴候、有罪徴候の弁別を工夫し、無罪徴候が得られれば早々に容疑線上からはずすように努める。これはわが国の刑事たちも経験的にやってきていることであろう。前章で見た豊橋事件のばあいを想起しても、のちに逮捕されることになるMを、最初の捜査班は「容疑なし」として早々に容疑線上からはずすだけの「カン」を十分にもちえていた。そしてこの刑事の「カン」が多くの事件では正常に機能しているのかもしれない。ところが個々の刑事のたたきあげのカンも、ときに曇ることがあるし、組織捜査のなかで強引な思い込み的「確信」に押しつぶされることもある。豊橋事件でも、早々に容疑線上からはずしたはずのMを、別の捜査班がささいな、しかも根拠薄弱な手がかりから再び容疑線上に乗せることになった。そこで他に有力容疑者が浮かび上がっていれば、この捜査班のゴリ押しがまかり通ることはなかったかもしれない。ところが、他の線が消えて、このままだと迷宮入りになる可能性すらある状況のなかでは、根拠薄弱な線でも、これを強引に推進するグループがあれば、簡単にはこれを押しとどめることができない。そうして「証拠なき確信」が突っ走りはじめると、あらゆる反証をなぎたおして、自白を追及し、おのれの自己実現を求めることになる。

インボーらの方法は、行動分析を経て有罪徴候をかぎとっても、それだけで自白へ向けて邁進することはない。つまり、行動分析や証拠関係の検討を経たのち「有罪が決定的または合理的と思われる」段階に達してなお、それはまだ仮説の域を出ない。つまり、かなり蓋然性の高まった仮説でさえ、これに対する反対証拠があがったときには、検証のすえいつでも仮説を棄却して、元に引き返す覚悟をもたねばならない。そのうえでまた、自白を求める過程で、真犯人のみがもつ心理力動に着目して、これに働きかけ、まちがっても無実の者から自白を得ることがないようにとの配慮を欠かさない。

ただ現実の被疑者取調べが、インボーらの理念通りに進行するという保証はない。有罪心証を強くもってしまえば、なんとかして自白させ、謝罪させたいと思う気持ちはどこの国の人びとにも多少なりともあるであろうし、真実の犯人を逃がすことなく、犯した犯罪に相応の懲罰を受けさせたいという欲求もあるはずである。そうした自白追求の懲罰欲求があるがゆえに、インボーらもあれだけしつこく無実の者から虚偽の自白をとることがないようにその戒めを繰り返さねばならなかったとも言える。

「証拠なき確信」という事態は、もちろんわが国の刑事取調べに特有のものではない。欧米諸国でもそれは魔女裁判や粛清裁判にのみ見られた過去の遺物というわけではない。人間の「確信」の構造は、おそらく普遍的な弱さをかかえている。「確信」は合理的な証拠なしでもイメージ化、物語化して腑に落ちてしまえば、確たる反証さえ押しつぶして、自分に合った証拠をデッチ上げる。とすれば、この「証拠なき確信」の危険性を封鎖する唯一の手立ては、人間のもつ「確信」の構造のあやしさにつねに警戒をおこたらないという以外にない。インボーらが仮説的な姿勢を最後まで堅持しようと言うのは、まさにこのことにほかならない。

ここで想起するのが、レジノルド・ローズの『一二人の怒れる男たち(36)』である。これは現実の話ではなく、アメリカの陪審裁判を素材にして当初テレビ・ドラマ向けに作られた架空の話にすぎない。しかし、そこには人のもつ「確信」の危うさがよく表されている。想定された事件は一九歳の少年が父親をナイフで刺して殺したというものだが、少年はこれを否認していた。ところが法廷では少年の有罪を決定づけるかに見える有力な証言が二人の証人からなされる。情況的には少年にきわめて不利であった。法廷での審理が終わり、判事は陪審員に向けて「……この少年を有罪とするのに合理的な疑いがあれば『無罪』の評決を出さねばなりません。そしていかなる合理的な疑いもなければ良心の命じるままに『有罪』の評決を出さねばなりません。そして本件のばあい有罪ならば情状酌量の余地はありませんので、死刑の宣告が下されることになります」と告げて場面が陪審員の評決室に移る。そしてドラマはここからはじまる。

アメリカの陪審制度は一二人全員の一致を見なければ評決に達しない。最初、有罪、無罪の評決を挙手で求めたところ、「有罪」に対して七、八人がただちに手を挙げ、残りがそれを見てゆっくり手を挙げた。「有罪」としたのは結局一一名、一人の陪審員だけがこれに反対した。この陪審員も、被告が無実であるとの確信を得たわけではない。ただしっかり議論をしたいと言う。議論もせずに挙手だけで少年を死刑台に送ることなどできないと言うのである。こうして事件をめぐって互いの議論がはじまる。ところが議論をしはじめてみると、最初「有罪」とした人たちのその根拠が一つ一つあやふやになっていく。被告の少年を犯人とするに足る明確な証拠はなく、一見証拠らしきものにもよく検討すると「合理的疑い」が浮かび上ってくる。議論が進むにつれて評決の挙手は一〇対二、九対三、八対四、六対六というように「無罪」の者が増え、最後は全員一致で「無罪」の評決を下すことになるのである。

最初「有罪」に手をあげた人たちは、結果的に見て、あらゆる「合理的疑い」の余地を排したうえで「有罪」との確信を得たわけではなかった。少年を父親殺しの犯人とするある物語的イメージを描いて、それに得心したというにすぎない。ただ一人「無罪」に与した陪審員とて、この物語的イメージから自由だったわけではない。しかし、少なくとも彼は、そこにほんとうに疑いの余地がないかどうかの検討を真摯にやるべきだとの姿勢を示しえたのである。直観的な種類の確信に対していったん疑いをはさんでみるというのが、まさに仮説的態度であり、その態度をつきつめることで、当初の「確信」には、合理的疑いを入れる余地のない「証拠」が欠けていることに気づくのである。このドラマが人を打つのは、まさに「証拠なき確信」のもつこわさをわが内に見、これを越えた人間の誠実さに共感するからであろう。

同じアメリカで起こった「サッコ・ヴァンゼッティ事件[37]」や「スコッツボロ事件[38]」を見れば、人種的偏見や思想的偏見が、無実の人間への証拠希薄な嫌疑を熱狂的な「確信」にまで高めて処罰に至ってしまう例が、さして昔とはいえない時代にあったことにあらためて気づく。人間は周囲の出来事をつねに論理的に理解しているのではない。むしろ、それを一種の「物語」としてイメージしていることの方が多い。しかもそこに多分に価値観やイデオロギーの絡んだ熱情や正義感がつきまとっている。だからこそ人の事実を究明しようとするとき、つねに仮説的姿勢を保持し、反証に出会ったときはこだわりなく引き返す覚悟をもつことが肝要なのである。

そういう目でわが国の被疑者取調べを見たときどうであろうか。取調官は自身の「確信」をチェックする仮説検証的姿勢をその取調べ方法のなかに十分組み入れているであろうか。もちろん、あえて意識的にそうした姿勢をとらずとも真犯人から真の自白を得て問題なく解決にいたった事件も多いはずである。しかし、本書で私たちが注目している虚偽自白の疑われる（あるいは証明された）事例に関しては、各時点で仮説検証的姿勢をとって疑っていれば、容易に被疑者の無実可能性に気づきえたと思われるものがじつに多いのである。

被疑者を目の前にしたとき「合理的疑い」をさしはさむ余地のない明確な「証拠」がないかぎりは、最初から最後まで、有罪・無罪の両方の可能性に心配りしながら取調べねばならないはずである。しかし、わが国の被疑者取調べについて書いた教則本や刑事手続きについて実務家たちが書いた書物、そのほか現実の取調べの様子について書かれた各種の書物に目を通してみても、残念ながらそうした仮説的姿勢を強調し、「証拠なき確信」の危険を説いたものはほとんどない。第五章でも見たように、わが国の被疑者取調べは基本的に有罪推定の下で自白を聴取することに邁進しやすい構図をまぬがれていない。

2 個の弱さへの自覚

無実の者から自白をとってはならないという警戒心をもち、これが右に見たように取調べ段階でその都度検証的態度として表われるのでなければならない。この警戒心は、本来個々の人間の「弱さ」への自覚に根ざしたものである。無実の者が簡単に自白することはないはずだと高をくくっていれば、警戒心はおのずとうすれる。インボーらの主張はこの点に直接ふれていないが、その背景としては無実の者が取調官のちょっとした誘導で自白することがありうることを前提している。実際、真犯人の心的力動にのみ働きかける尋問を選ばなければならないとの彼らの主張は、尋問の力が無実の者の心的力動を自白に向けて動かしかねないとの懸念にもとづく。

その点、無実の者から自白をとってしまうことへの警戒心の希薄なわが国の取調べは、取調べの場におかれた個々の被疑者たちの「個の弱さ」について十分自覚しているとは思えない。自白の「任意性」判断が、心理学的にみてきわめて甘く、また現に自白がなされていれば、刑罰を覚悟したうえでの自白であろうから「特段の事情なき限り措信しうる」と簡単に「信用性」を認定してしまう意識の背後には、人はよほどのことがなければ嘘の自白をするものではないだろうという、高をくくった考えが潜んでいる。あるいはこれは逆に「権力の強さ」への無自覚のあらわれとも言える。たとえば二三日間ものあいだ逮捕・勾留して取調べることが合法とみなされるということは、そのなかにおかれた「個の弱さ」への想像力を欠いたものであると同時に、個に対してそれだけのことをなしうる「権力性」への無自覚でもある。

取調べの場のなかの取調官と被疑者は、決して対等な二者関係ではない。そこには〈権力対個〉という圧倒的な力の落差がある。そしてその力の落差があればこそ、そこに権力行使をチェックする手立てが歴史的に用意されてきたのだし、また個の弱さをカバーすべく虚偽自白への警戒を怠らぬ手立てが講じられ、さらにはイギリス法のように身柄拘束中の警察官面前供述を不任意のものとして証拠価値を認めないとの考えがとられてきたのである。アメリカでは、インボーらの取調べ技術が講じられると同時に、逮捕された被疑者に対してはミランダ・ルール[39]が適用され、その徹底をはかるために、それを簡潔に記したミランダ・カードを提示することを義務づけている。実際に用いられているカードを例示しておく（表12）。

黙秘権（取調べ拒否の権利）と弁護人選任権およびその立会いを求める権利を十分に保証しなければ、拘束下の被疑者の供述は認められない。権力側にこれだけのハンディを負わせてはじめて、取調官・被疑者は対等であるとの認識が、そのもとにはある。鴨良弼は「自白は、一般に、自白を採取する者（捜査機関、裁判機関）と自白を採取される者（被疑者ないし被告人）との、相互的な交渉、人格的な接触によって得られる」と述べたうえで、その自白採取技術は「あくまでも、供述者の理性と意思決定の自由を前提とした」ものでなければならないという。つまり自白採取にあたって「中心的な位置を占める者は、繰り返し述べるようにあくまで供述者である。供述を採取する者に、より高い比重が置かれてはならない。このことは、きわめて平凡な事理であって、しかもきわめて重要な事柄である」[40]。自白のイニシァテイブが供述者（被疑者、被告人）にあってはじめて、自白は自白たりうるという。これは、心理学上の対人間関係論の視点からして、ごくまっとうな意見である。しかし、わが国の取調べの実務はこのまっとうな意見からほど遠い。

人間の言動は、その個人の内面の表現である以上に、その言動の行われる場の所産である。一人で自由に語らせて嘘の自白をする者はいない。また対等な者どうしの対話関係で自由に語り合って嘘の自白に陥る者もいない。嘘の自白は、非対等の権力―個の関係で生まれるものであることは、すでに数百年の歴史のなかで確認されてきたこ

表12 「ミランダ」カード

すべての口頭又は書面による告白
を取る前に与えられるべき告知

1. あなたには，黙秘し，何らの供述もしない権利があります。あなたがした供述は，あなたに対し不利に用いられることがあり，また，おそらく不利に用いられるでしょう。
2. あなたがした供述は，裁判所であなたに不利な証拠として用いられることがあります。
3. あなたは，いかなる質問についても，その前及びその間，助言を得るため弁護人を立ち会わせる権利があります。
4. あなたが自分で弁護人を雇うことができないときは，いかなる質問についても，その前及びその間，助言を得るため弁護人を選任してもらう権利があります。
5. あなたには，何時でもこの事情聴取を打ち切らせる権利があります。

告知に関する注意事項

(1) 刑事訴訟法典は，警察官が被疑者の供述を取るにあたっては，被疑者にこの告知を与えなければならないと規定している。そして，これを受けた被疑者が弁護人の援助を受ける権利及び黙秘の権利を意識的，理論的かつ任意に放棄することを要する。この手続をとらないと，自白は無効なものとされるであろう。

(2) 対象者が逮捕されていず，自由に退去することができ，又は被疑者ではなく，かつ何時でも自由に退去できることを十分了知しているときは，この告知を与えることは不要である。

(3) 被疑者が弁護人の援助を受ける権利及び黙秘の権利を放棄したことは検察側が合理的な疑いを越える程度に証明しなければならないので，貴官は，次の事項を正確に記録しておく必要がある。(1)逮捕及び告知が行なわれた日時・場所，(2)被疑者が権利を放棄する際発した言葉，(3)逮捕から被疑者が供述を行なったときまでの間に立ち会ったすべての証人及び警察官の氏名，(4)権利を理解し，これを理知的に放棄する被疑者の能力の判定に関連する被疑者の態度，教育程度及びその他の事情。

(4) 被疑者をマジストレイトの許に引致することが不必要に遅延すると，自白は無効なものとされるであろう。しかし，マジストレイトが見つからないときは，適正に告知が与えられている限り，被疑者から書面による供述を取ることができる。

とではないか。

にもかかわらず、わが国ではあいかわらず権力に拘束され取調べられる被疑者の「個の弱さ」から目をつむり、この個を捕らえて自白を求める「権力の強さ」を見ようとしない。おそらくこれは、法学上の問題ではなく、むしろ社会心理学上の問題ではないかと思われる。

第五章で紹介したように、日本の警察を実地で観察したデイビッド・ベイリーは「日本の社会では、警察官を単なる法の執行者とは見ていない。警察官は、莫大な道徳的権威を所持するのである」と言う。つまり警察は単なる「権力」ではなく、むしろ「権威」なのである。言いかえれば警察は「強さ」としてよりも、「正しさ」として人々の前に現われ、罪を犯した個を包み込む。正しい道徳的権威が間違った個の謝罪を求めるという構図として取調べがイメージされたとき、そこでは権力の強大さ、兇暴さも包み隠され、それに対する個の弱さも見失われてしまう。

インボーらの『自白』への日本語版の推薦文のなかで土本武司は、日本とアメリカの違いに触れてこう述べている。(41)

そもそも、「自白」の問題を考えるにあたっては、彼我の歴史、風土、それによって培われた国民性の差異を忘れてはならない。「原罪」観を基盤とするキリスト教を精神文化とする欧米の国民は唯一の神に対する罪の告白に〝ゆるし〟という救いがありえても、捜査官に対する自白は、その反対給付は重刑と損害賠償のみであると観念され、犯行後〝良心に恥じて〟自白するということはありえないのに対し、わが国の場合は、神に罪を告白し、その〝ゆるし〟を得て精神的安定をはかるという途はない反面、捜査官に対する〝良心に恥じて〟の自白が前非を悔いた証《あかし》として道義の回復があると観ずるのである。したがって、アメリカの犯罪者を前提にした本書の説くところのすべてをそのままの形でわが国に適用することはできないであろう。

そしてまた、「わが国においては、自白した後に被疑者が『被害者に申しわけない』とか『親にすまない』という述懐をする例が多いことが象徴するように、犯行に対する〝反省〟ないし〝悔悟〟の心情が自白を生む素地となっているので、取調官がこの心情を刺激する尋問をすることは効果的であり、もとより違法ではない」とも言う。しかし、はたしてそうなのだろうか。被疑者に謝罪を求め、悔悟を迫るという取調べ方法は、たしかに違法ではなかろうが、インボーらの取調べ法に沿うものとは言えない。謝罪を求める取調べはどうやっても上(権力・権威)から下への圧力として働く。もちろん無実の者には、謝罪せねばならない理由はない。それゆえ謝罪を求めてもそのこと自身が自白への心理力動を刺激することはないかもしれない。しかし、謝罪追及の取調べが有罪推定の上でしか成り立たず、仮説検証的姿勢と背反するのみならず、これが被疑者への圧力となり、被疑者の弁解を封じる力となりかねないことは、すでに本章第二節で考察してきたことから明らかであろう。インボーらは真犯人しかもちえない「自白衝動・悔悟」の心理力動に働きかけるテクニックとして、土本の言うような方法はあえて避けているのである。

罪を犯した（はずの）被疑者に謝罪を求め、悔悟を迫る方法は、土本が言うまでもなく、わが国の被疑者取調べに一般に見られる、きわめて特徴的なものであり、これがまた冤罪事件の虚偽自白を頻々ともたらしてきたものではなかったか。土本の言うように日本人の心情に合った取調べ方法であるかどうかは別として、これがきわめて危険なものでもあることを、私たちは重々承知しておかねばならない。この方法の背後にあるパターナリズムこそ、取調官をして自らの「権力性」を忘れさせ、権力の前の「個の弱さ」を見失わしめているものではないか。そしてまた警察が自らを権力としてではなく正義として思い描くとき、罪を犯した（はずの）被疑者に対して、その人格を否定する心情、そのうえで更生を求める心情が強く働く。これが被疑者を自白へと追いつめる圧力となること、さらに無実の被疑者を虚偽の自白へと追い落とす暴力となることは、もはや繰り返すまでもあるまい。

暴力は有形的に、肉体に直接ふるわれるとはかぎらない。合法と見える取調べの枠のなかに被疑者の身体を囲い込み、それによって被疑者の精神をも拘束する。このことが被疑者をして虚偽自白へと導き、誤判を招き、ひいては誤った刑に服させることすらある。とすれば、それは立派に暴力だと言わねばならない。それは肉体でもってふるわれる暴力とはちがって、特定個人がふるうものではない。ある組織・構造がその内に生身の人間を引き込んで、まるで真綿で首をくくるようにしてしめあげる。肉体に傷を残さぬにしても、それが精神に大きな歪みを加え、その人の生を左右する。それは「構造的暴力」の一種と言ってよい。わが国の刑事取調べは、この構造的暴力の要件に十分にそなえてはいないだろうか。この暴力のもっとも怖いところは、直接的暴力のように目には見えず、したがって第三者にも、あるいはこの暴力をふるっている当事者にとってさえ、「暴力」と認識されにくいことである。いやそれどころか逆に、この暴力そのものが正義の実現であるかのように錯覚される。

冤罪は、正義を実現すべき取調べの構造から洩れ出た例外というより、むしろその構造そのもののなかに胚胎するものではないのか。とすれば個々の取調官たちの心構えなどですまされる問題ではないことになる。私たちは問題をより正確に見定めるべく、この構造的暴力の内実をより具体的に捉えねばならない。そのために次にはこの取調べの構造のなかに囚われた被疑者の心的状況の側に視点を移して見ていくことが必要となる。第四部以下はその課題にあてられることになるのだが、そのまえに第三部の問題を簡単に整理しておこう。

3 容易に越えられる関門

犯罪事件が起こり、捜査の過程である人物が容疑線上にあがって逮捕される。もちろん逮捕については「相当の容疑」がなければならない。しかしそれはあくまで「相当な容疑」であって「決定的な容疑」ではない。「合理的な疑い」を入れる余地のないほど明確な容疑でなくとも、逮捕は可能である。いや現に、多分に曖昧でも一定の容疑事実があれば、逮捕状請求が裁判官によって却下されることはまずない。一般に逮捕は捜査の終結点であって、捜査の出発点であってはならないと言われる。理想的には当然そうでなければならない。しかし現実には逮捕時点で、これという決め手がなく、逮捕後の取調べに期待をかけることが少なくない。土本武司は、この現実もまたやむをえざるものとして認容されると言う。そのことの是非は一応おくとして、ここに、無実の者が誤って逮捕され取調べられる危険性が生じる。これが冤罪への第一の危険関門である。

そのうえで取調べのなかで無実の者が有効に排除されれば、冤罪への危険性はその段階で回避され、冤罪者の不幸はまだしも最小限のレベルで食いとめられる。しかし、このレベルの第二の危険関門も案外にたやすく越えられてしまう。

実際に犯行を犯した犯人が取調べの場に引き出され、心の内の犯行記憶を思い起こし、取調官がどこまで証拠をつかんでいるかを不安に思いつつ尋問を受ける場合と、身に覚えのない無実の人が不当にも被疑者として呼び出され、逮捕されて、取調べの場で、どうして自分が疑われることになってしまったのかと思い惑いながら尋問を受ける場合とでは、その被疑者がたどる心理過程は当然異なる。しかしながら、被疑者がそのいずれの心理過程をたどっているのかは、被疑者本人には苦しいほどに明らかでも、第三者たる取調官にはこれが直接見えない。取調官にとっては被疑者はあくまで被疑者であって、少なくとも取調べの最初においては、この両者を判然と区別することはできない。ここで、第六章で紹介したインボーらの取調べにおいてのように、有罪―無罪のあいだでつねに仮説検証的態度を堅持していくやり方をとれば、第二の危険関門をそうやすやすと通過することはないはずである。インボーらの尋問法では無実の者から虚偽自白をとる危険性を極力排除するため、真犯人のみがもつ心的力動に働きかけようと努めるうえに、取調べ時間が厳格に制約されていることもあって、無実の者から虚偽自白をとる危険率は最小限にとどめられる。と同時に結果的に真犯人の自白率が一定低下することは覚悟せねばならない。他方、わが国の警察の被疑者取調べは、逮捕した以上は迫力をもって十分に取調べ、自白に追い込むことを最終目標にしがちで、結果的に被疑者の示す無実徴候にすこぶる鈍感である。こうしたやり方をとれば、自白率自体は当然あがる。ただし、そのなかに無実の者の虚偽自白のまじる危険性を避けることはできない。

私たちの自白研究はまさにこの点に向けて組まれたものである。そしてこれまでのところで、私たちは問題を取調べる側の心的構図に絞って考察してきた。以下、第四部以降では、取調べられる側の被疑者の側に身をおいて、その虚偽自白の心的構図を明らかにすべく努めることになる。

私たちのこの問題意識のもとで、もっとも注目されるべき事例は、裁判所において自白の任意性がかならずしも否定されず、それでいてその信用性に対して疑問が投げかけられ、それが否定されるケースである。取調官からあからさまな拷問や強制、脅迫がなされたようなばあい、そこで被疑者が虚偽自白に陥っていく心的過程は、わざわざ説くまでもない。古くはベッカリーアが説いたように「苦痛の圧力が、被告の魂の根かぎりの力をくいつくしてしまうまで強まったとき、彼はその瞬間もう眼の前の苦痛から逃れるもっともてっとりばやい方法しか考えなくなる。……こうしてせめ苦に対する抵抗力の弱いむじつの者は有罪だと自分でさけぶのだ」(42)。

このように露骨な拷問や脅迫、強制によって自白がとられる事例は論外として、表向き不法とは認められない取調べ状況においてさえ虚偽自白が生じている事例を私たちはいくつも知っている。これまで何度も強調してきたように、悪意に満ちた取調官があからさまに不法な方法を用いて取調べた場合にのみ虚偽自白が生じるのではないのである。

法の規制の枠内では原則的に虚偽自白はありえないというのが法の前提であろう。何らかの刑罰（ときには自らの生命の奪取にさえつながりかねない刑罰）が予想されるにもかかわらず虚偽自白するというのは、不法な取調べがなされたか、さもなくば被疑者自身の精神力が異常に脆弱な場合にしか考えられないとの通念が、法の世界では何ら疑われることなくまかりとおっている。しかし事実は明らかに異なる。とりわけ法の明文をくぐりぬけて例外的に認められた代用監獄制がかえって通例化しているわが国の現状のなかでは、合法的な見かけをもった法適用の枠内で虚偽自白がつぎつぎ生み出されている現実がある。以下では、この現実を取調べられる被疑者の側の心理過程から見ていくことを課題とする。

それゆえ従来の多くの虚偽自白論のように拷問を典型とする不法な取調べに問題の焦点をあてたり、あるいは例外的なほどに知力、意志力の脆弱な被疑者の心理特性にあえて着目するということをしない。もちろん現実の事例のなかではそうした諸要因を無視することはできない。しかしそうした例外的要因をあまりに強調するならば、かえって取調べの常態そのもののなかに含まれる危険性を見逃すことになりかねない。そこで、被疑者が通常おかれる取調べ場面や勾留生活状況を前提に、その具体的な諸相に立ち入って、そこでの被疑者の心的世界を描き、欧米諸国に比較して圧倒的に長い勾留−取調べ期間のなかで被疑者の内の心的力動がどのように変転して自白へと転回していくかを追ってみる。こうした被疑者の心的力動の記述や分析をとおしてはじめて、現行の法運用の枠内でさえ無実の者たちがどうして虚偽の自白に追い込まれていくのかが見えてくるはずである。

理不尽にも無実の被疑者が取調べにさらされ、これに堪えきれず自白していく、その心理過程を、以下では、第一章で区分したように否認から自白への転回の相と、その転回後、自白内容を展開していく相との二相に分けて見ていく。前者の「自白への転回過程」を次の第四部で、そして後者の「自白の内容展開過程」、およびその「自白の維持と撤回の過程」を第五部でまとめて扱うことにする。

苦しい取調べの場のなかで、やむにやまれず「私がやりました」と言って落ち、あれこれ迷いながらも犯行筋書を語りだし、犯人を演じる。そうして取調べの場から解放され、それまでの自白的関係から離脱したときようやく

「ほんとうはやっていない」と言いはじめて犯人演技の舞台から下りる。虚偽自白がたどるこのサイクルを被疑者の側に身を寄せて、その心的構図のあり様をたどることが、ここからの課題である。

第四部　自白への転回過程

――「私がやりました」と言うまで

虚偽自白のサイクルの、まず第一歩は、否認から自白へとたどる転回の過程である。

ある事件で犯人の容疑をかけられ、逮捕されて（あるいは重要参考人として）取調べの場に引き出されたとき、被疑者の心的力動をどのように考えればよいだろうか。前章の図では真犯人が取調べの場におかれた場面を想定して、その心的力動を天秤で比喩的に表わした。それと同様の図を無実の者について描けば、図19のようになる。

真犯人のばあいともっとも大きく異なるのは、もちろん犯行体験がない以上、自白衝動や悔恨の気持ちがなく、逆に「自分はやっていない」と主張して自己の真実を守りたい気持ちが否認力動をそれだけ重いものにしているという点である。真犯人がもつ「自白衝動」に対して、無実の人のこの否認力動も「衝動」と言っていいだけの強さをもっている。実際にやった人間がやっていないと嘘を言いつづける過程で、苦しくなって「ほんとうは私がやったのだ」とつい言ってしまいたくなるのと同様に、無実の人もいったん自白してしまってからのち、その嘘の自白をやりつづけていくなかで、やはり「ほんとうは私はやっていない」と叫び出したくなる気持ちに駆られる。自己の真実をそのように突き出したい気持ちを、ここであえて「衝動」と名づけておこう。この衝動とも言える強力な否認力動が働いているために、どれほど苛酷な取調べにもめげず否認を貫徹した人たちがいる。日本の巌窟王と呼ばれた吉田石松老[1]や加藤新一老[2]の話は有名である。しかしこうした否認のうえでの冤罪事例はむしろ例外である。

図19

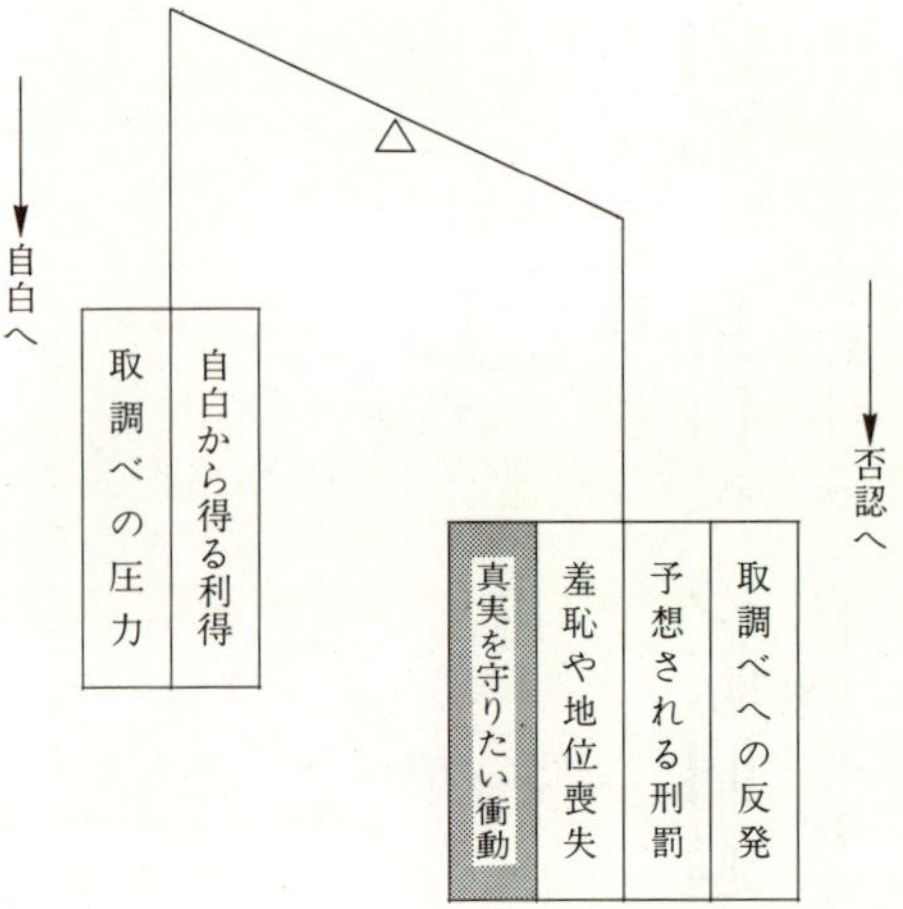

真犯人の場合の図16（二九二頁）ともう一点大きく異なるのは、真犯人の自白力動の一つとしてあげた弁明不能感をここではずしている点である。もちろん無実の人でも取調官の追及にもう弁明も何もできない気分に陥ることはある。ただその弁明不能感のもつ意味が真犯人とは異なる。

すなわち、真犯人が証拠をつきつけられてもはや弁解の余地なしの状態に追いつめられると、それは直接、自白につながる。ところが無実の人のばあい、取調官の決めつけや理づめに屈してもはや否認の力が失せてしまっても、だからといってただちに自白というふうにはならない。その意味で、無実の人を想定したこの図では、弁明不能感は、自分はやっていないという「真実を守りたい衝動」、相手にも「真実をわかってほしいという衝動」を減殺し、否認力動を徹底的に弱めるところで機能するものとして、そこに含めて考えている。

さて、このようにしてみると、当然のことながらやはり、真犯人に比べて無実の人は、自白力動が軽く、否認力動が大いに重くなっているように見える。にもかかわらず、この力動が逆転して虚偽自白に陥っていくというのが冤罪事件の典型なのである。ではどうしてそのような逆転が起こってしまうのか。

私は以下、問題を三つに分けて見ていくことにする。そのうちの二つは、もちろん取調べの過程で自白力動、否認力動がそれぞれどのように変化していくのかという点である。否認するか自白するかはこの二つの力動のバランスで決まる。このことは真犯人の自白について論じた前章でも前提してきたことである。しかし、実際にはこれに加えてもう一点、そもそもこのバランスが誰によってどこでどう判定されるのかを考えておかねばならない。アメリカでのインボーらの例のように、取調べの場に数時間だけ拘束されて（しかも拘束的雰囲気はできるだけ排除して）、このなかで尋問によって両力動のバランスが変化していくというのであれば、この点の問題はほとんど無視してよいかもしれない。比喩的に言えば、図に描いたような天秤が水平におかれ、秤を読む被疑者自身の目にゆがみがなければ、純粋に両力動の軽重だけで事は決まると言ってよい。ところが、わが国の刑事取調べ実態では、被疑者個人の否認—自白の両力動を単純に機械的に比べただけですまない。というのも、重大事件ともなれば連日取調べの場に引き出され、長時間にわたる調べを終えたのち、被疑者はなお同じ警察の管理する代用監獄に戻される。彼は文字通りその人格全体が生活ぐるみ囚われているのである。わが国の被疑者取調べは、単なる取調べにとどまるものではなく、あくまで勾留生活のなかでの取調べなのである。再び比喩を用いて言えば、天秤もその目盛を読む被疑者も、ある歪みと傾きのなかにおかれている。

そこで私たちは、取調べ過程のなかで否認の心的力動、自白の心的力動がどう動いていくかを見るまえに、まず逮捕・勾留下で取調べられる被疑者の生活状況が心理学的視点から見て、いったいいかなるものかを考察することからはじめねばならない（これを第七章として扱う）。そのうえで取調べの場のなかで無実の被疑者の否認力動が、どのようにして殺がれ、失われていくのか（第八章）、また無実の被疑者の自白力動がどのようにして芽生え、増大して、否認力動を圧倒するまでになるのか（第九章）を、それぞれ見ていくことにする。

第七章　逮捕され勾留されて、取調べられることの意味

逮捕・勾留とは、法的には本来、ただ単に逃亡や証拠隠滅を防ぐための身柄拘束にすぎない。しかしこれを被疑者の心理に即してみたとき、そこにはこの法的意味におさまらない種々の心理的問題が絡んでいることに気づかざるをえない。そして、逮捕・勾留下で被疑者に言わば強要される取調べ、また取調べを通じて作り出される人間関係には、さらに複雑な心理的問題が含み込まれている。以下、被疑者が逮捕・勾留・取調べという環境下でいかなる心理的問題を抱えることになるのかを、その情報的環境の側面、人間的環境の側面から、一つ一つ見ていくことにしよう。

第一節　情報的環境の激変――遮断と統制

人はその日常生活において、種々様々の情報にかこまれ、それを適当に判断・処理しつつ生きている。あらためて考えてみれば、その情報の質・量は膨大な広がりをもっているのだが、それにもかかわらず、私たちは通常さしてとまどうことなく、これを処理し、しかもそのことを当然のことと考えている。しかしこうしたことができるためには、実のところいくつかの条件が必要なのである。この条件は、私たちの日常においてはあまりにあたりまえすぎて、ほとんど意識されることがないのだが　突如環境の激変を受けたときなどには、それが思いがけないかた

ちで人を圧倒する。無実の罪で逮捕・勾留され、取調べられるという体験は、まさにその一つの典型例と言えるだろう。ここではこの体験にともなう情報的環境の激変の諸相を、被疑者の心理に焦点をあてつつ、描いてみることにする。

1　生活の流れの遮断

まず逮捕され身柄を拘束されることの意味について考えてみよう。逮捕されるということは誰にとっても非常にショッキングな経験である。といっても真犯人が逮捕された場合と無実の人が逮捕された場合とでは、その衝撃の中身は異なるし、また逮捕が突然であったか、前段階としていろいろ予兆があったか、さらには逮捕自体はもはや確実であとはそれがいつなされるかだけが問題だったか、その状況次第で、衝撃の度合も内容も異なってくる。逮捕の時の被疑者の心理的様相は、ほとんど千差万別で、事件ごとに異なると言ってよいかもしれない。ただどのような逮捕にも共通なのは、逮捕を分岐点として、それまでの生活の流れがプッツリと切断されてしまうということである。

第四章で詳しく取り上げたプラハ事件のアルトゥール・ロンドンの場合を思い起こしてみよう。一九四八年のプラハ・クーデターで共産党を中心にした人民政権が確立して翌年、ロンドンは外務次官の要席についた。しかしそれから二年とたたぬうちに周辺に不穏な雰囲気がただよいはじめ、やがて尾行がつきはじめたことに気づく。しかし、自分の先々の運命を見通す力は誰しも持ってはいない。身のまわりの不穏な空気に動揺したロンドンは、妻とも語り、友人たちの助言を求め、情報を交換するのだが、情勢は一向にはかばかしくならない。そんななかでも、もちろん日常の生活はとどこおりなく営まれ、やがて運命の日を迎える。その日、一番上の娘は友達の誕生パーティに出かけ、家には下の二人の男の子と妻、そしてたまたま来ていた旧友がいた。昼食をおえて旧友を車で別の知人の家へ送ることになった。ついでに妻たちをドライブに誘うが、上の男の子はその日母と遊ぶ約束になっていたからといって、ロンドンの誘いを嫌がった。妻は下の幼い息子を抱き、上の男の子はそのまわりをじゃれて走り廻る、そんないつもの情景を後に、ロンドンは旧友とともに車で家を出る。旧友を知人宅に送ってから一人になった彼の車にはいつものように尾行の車がついていた。事態の打開のために旧知の国家保安部長官に話をする以外にないと思い立って、ロンドンはいったん家に帰ろうと車の向きをかえて走り出す。そのとき、二台の尾行の車にはさまれて、突如逮捕となったのである。彼はこう書いている。

それは逮捕などというものではなかった。あらあらしい拉致であった。探偵映画か暗黒シリーズの小説本などに出て来るやりかたであった。私はかねがねそうしたやり方を無法だと思っていた。ところが今、私はそうしたやりかたの犠牲になってしまったのだ。それも真っ昼間、プラハの住宅街で。(3)

しかし問題なのは、この逮捕の荒々しさではない。この逮捕の瞬間からロンドンは「自分の生活」と言える生活のいっさいを奪われる。それまで彼が身を落ちつけてきた生活世界から切り離され、それまでの時間の流れを遮断されたのである。

ロンドンは逮捕の日まで家庭を根城に妻子とともに生活を営み、友人・知人たちと交わり、共同の仕事をすすめながら、その中で自身のとるべき行動や態度をその都度自分なりに決定しながら暮らしてきた。これはもちろんロンドンに限らない。人間の生活というのはそういうものである。日々の生活で選択を迫られ、何らかの行動を決定するとき、人はまるで「自分で考えて決めた」かのように思っていることが多いが、実のところは「まったくの単独の個人」として事を決定するということはない。「自分」というものは生まれおちたそのときからすでに「周囲のもの」に囲まれ、その周囲のさまざまの物や人との「関係」のなかで育ち、生活を作り上げていく。それゆえ「自分」のなかには過去の生活史のなかで作り上げてきたその「諸関係」が浸透しているのであって、それらをぬきにして純粋個人としての「自分」があるのではない。

たとえば人はかならず「棲《す》み家《か》」をもつ。どこかに出かけて行っても、そこでの用事が終れば帰るべき場所がある。O・ボルノウ(4)は人がこの生活空間のなかを移動するのは、単なる物理的移動ではなく、かならず「往還」の一コマとしてあると説いたが、そのようにことあらためて言うまでもなく、人はつねにどこかに「居場所」をもち、そこを拠点にして往っては還りつつ生きている。そうしてよるべとなるべき居場所を、人は自らの生活の流れのなかでいつも作りあげ、そこに依拠して生きていくものなのである。対人関係についても、同じことが言える。人は身の回りに種々濃淡のある人間関係のネットワークを張り巡らし、そのなかに身をおいて共同の生活世界を形成している。人が行う選択や判断は、そうした生活空間、生活世界のなかではじめて成り立つのであって、そこから抜け出した純粋個人が選択・判断するのではない。

逮捕・勾留という事態は、まさに人間の選択・判断の基盤となるこの生活空間、生活世界からの遮断を意味する。逮捕の瞬間から人は自らの「居場所」を失い、強制的に取調室に引き入れられ、留置場に閉じ込められる。それまで拠り所としてきた人びととの関係を一切断たれ、話したくもない取調官との関係を強要され、彼らの問いに答えることを求められる。真犯人ならば自らの行為の結果としてこういう事態に追い込まれたのだと納得することもできようが、無実の人間にとっては、それはそれまでの生活の流れのなかに突然飛び込んできた悪夢以外の何ものでもない。

私たちはここで、それまでの生活の流れの遮断が「洗脳」のための第一前提であったということを思い起こす。ロンドンらが受けた粛清における洗脳や中国における集団的洗脳にかぎらず、今日の新興宗教にしばしばみられる洗脳的な勧誘においても、まずそれまでの生活空間から引き離し、非日常的空間に身柄を移して、過去の生活関係を遮断するところから出発する。それまでの日常世界に身をおいたままで説得したのでは、その効果に限界がある。日常的判断のなかではおよそ不合理で馬鹿げていると思われることを、新たに注入し、呑み込ませるためには、その人を支えてきた過去の生活の流れをまず断つことが必要なのである。

ここで誤解なきよう断っておかねばならないが、私は警察での取調べもまた一つの洗脳だと言いたいわけではない。ただ、洗脳の第一前提である「生活の流れからの遮断」という事態が逮捕・勾留によって被疑者をおそっているということを確認しておきたいだけである。人というのはおのおの一人一人がその人独自の力だけで生きているのではなく、関係の中で生きている。それゆえ自らが作り上げてきたその関係の土壌から引き抜かれて別の所に移されてしまうと、そのままでは萎えしなびてしまう、そういうものである。逮捕・勾留が被疑者にとってそうした意味をもつものだということをまず最初に十分知っておかねばならない。

ここで一つ留保をつけておかねばならないことがある。それは時間的見通しの問題である。逮捕・勾留はそれまでの生活の流れの遮断であるとは言っても、被疑者がその勾留期間についてはっきりした見通しをもっていれば、この遮断感はおおいに減殺される。つまり、勾留がいつ終わるという見通しがあれば、釈放後ふたたび自分の居場所に戻って日常生活が再開できるとの展望の下に、勾留期間を耐えることができる。その期間は非日常的であっても、その一定期間後には確実に日常へ復帰できるとわかっていれば、人は日常心の延長上で物事を判断することが可能である。

それゆえ問題なのは、勾留がいつまでつづくのかまったく見通しがもてない場合である。累犯者の場合はこれまでの経験から取調べ—起訴—裁判の手続きが、どのようにして行われるかを知っているし、その時間的見通しをもつことができる。しかしはじめて逮捕された人のばあい、刑事手続きに明確な知識をもっている人は少ない。そのために釈放の見通しも立たない。「二泊三日」とか「三泊四日」といういっぱしの知識をもっていても、勾留が認められて、その期間を越えて釈放されないとなると、すっかり見通しを失ってしまう。あるいは以前に窃盗で逮捕され、起訴されて有罪となり服役したような前科のある人でも、次に殺人で逮捕されたりすると、以前の経験からの見通しは立たない。そんなふうにして時間的見通しをもてないでいるとき、生活の流れからの遮断感が大きく被疑者をつつむことになるのである。

法的手続きの流れを知りすぎるほど知っている裁判官、検察官、弁護士そして警察官たちには、案外、被疑者のこの心理状況が見えないものらしい。被疑者とじかに接し、言葉をやりとりする捜査官にしてからが、相手が生活の根城から引き抜かれ、先の見通しをもちきれない不安な状態にいるということに思いおよばないことが多いのではないか。捜査官にとって取調べは彼らなりの日常的な営みであり、取調室や留置場は彼らの日常的な職場である。しかし被疑者にとって、取調べの場も勾留されている留置場もまさに非日常的空間なのである。捜査官は取調べが終われば家に帰って熱燗の一本も添えて食事をするという日常を見通して勤務している。しかし被疑者はそうした見通しを断たれている。一日の取調べが終っても、自分の「居場所」ではない留置場に引き戻されて、板の間でくさい毛布をかぶって寝るしかない、その非日常がいつまで続くかさえ分からない。

そうしたなかで、たとえば五日目に自白したと聞けば、被疑者本人ならぬ第三者たちは、結果的に「五日間の取調べで自白した」というふうに時間を区切り、そんなに早く自白したのだから任意な、真の自白だろうと推認する。しかし被疑者本人の立場に身を置いてみればどうであろうか。自白した五日目、彼はまさに先ゆきの見通しを失い、それまでの生活の流れへの復帰が見えないままに、根こぎ《デラシネ》の感情のなかで自白したのかもしれない。その彼にとって五日目から先の「明日」は無限の長さをもっていると言ってもよい。時間的見通しをすっかり奪われた者にとって、今日の苦しさは無限につづくように見えるのである。とすれば「五日間」というのは、第三者が外から眺めた結果的な判断にすぎず、被疑者の心的世界のなかではそれは「五日間＋無限」でありうる。

これはもちろんたとえ話である。しかし、被疑者本人の目から見える逮捕・勾留の心的世界は、往々、私たち第三者が外から眺め想像したものと大きく異なる。このことに私たちはどれほど注意を払っても払いすぎることはない。人間というものはもともと自己中心的なものであって、ほうっておけば何ら自覚なく自分の視点を相手におしつけてしまう。私たちが無実の者の虚偽自白を考えるばあい、そうした立場におかれたことがないだけに、簡単に私たち自身の日常感覚で断じてしまいがちである。その点、被疑者自身の立場にどこまで身を寄せて、彼らの状況を考えることができるかが、事を正しく把握できるかどうかの分かれ目である。

逮捕・勾留によって、それまでの生活の流れから遮断され、非日常的な取調べの場で、見ず知らずの取調官と対面させられて、尋問を受け応答を求められる、しかもそれがいつまで続くか、被疑者本人には見通しがもてない。そういう事態が、被疑者にとってどういうものであるか。自白の心理を考えていくうえで私たちはまずこの点を最初におさえておかねばならない。

2　情報遮断と単質情報の反復による非現実感

日常、私たちは何となく自分の力で生きているのだと思い込んでいる。しかし、その日常生活の流れが遮断したとき、人はたちまち自分というものの頼りなさを感じざるをえなくなる。そのことを、前項では、一般的に〝居場所〟の喪失として記述したのだが、ここではもう少し別の視点から描いてみよう。

心理学の実験のなかに「感覚遮断」と呼ばれるものがある。(5) 人間は視・聴・触・味・嗅覚の五感を通してつねに周囲世界からさまざまな感覚情報を受けとっている。ふだん私たちはあまり意識することがないが、そうした感覚情報に囲まれて生きているのである。そこでこの感覚情報を最大限に遮断したとき人間はどうなるのか。実験装置次第で種々の遮断状態を作り出すことができるが、一般的には、人間の感覚情報のもっとも大きい部分を担っている視覚・聴覚を遮断した状態で実験されることが多い。視覚については完全暗室にして光の刺激が一切入らなくする場合と、部屋を一定の明るさに保つが、物の形が一切見えないように半透明の（すりガラス状の）ゴーグルを着ける場合とがある。一方は真っ暗、他方は一定の明るさの光が見えているが、いずれにせよ視覚的情報は一様で、何の変化もない。聴覚については防音室で外の物音を一切遮断しているので、室内空調のための一定の単調な音しか耳に入らない。もちろん自分で声を出すとか音を立てることは可能だが、被験者にそうした行動を禁じておけば、あとは空調器の音以外何ら変化のある物音は聞こえない。このように視・聴覚の刺激を最大限に遮断した部屋に被験者を入れて数日間すごさせたとき、被験者にどういうことが起こるかを見ようとしたのが、感覚遮断実験である。もちろんその間、食事や排泄については部屋のなかですべてまかなえるように配備されている。

ある実験では、協力してくれれば日に二〇ドル、四日間で計八〇ドルの報酬を出すということで被験者を募る。この実験がさかんに行われたのは一九六〇年前後であるから、八〇ドル（日本円になおして当時二八、八〇〇円となる）というのは相当の額である。しかも被験者のやるべきことは部屋の中で寝ていればいいというのであるから実に割のいい仕事であるようにも見える。しかし現実にはかなり厳しい実験である。そこで、最初の要請では四日間（九六時間）部屋にとどまってほしいと言うが、もし途中でどうしても耐えられなかった時には、指定の位置にあるボタンを押して実験者に知らせれば実験から解放されると伝えておく。もちろんそうしていったん実験を中断すればもう実験を再開することはしないし、報酬もそこまでで打ち切ると約束しておく。

実際のところ、相当数の被験者が四日間もちこたえられず途中でボタンを押して実験を中断している。ある実験では一五人の被験者のうち六人が途中でやめている。なかには実験開始四時間でやめた者もいる。その理由は明らかに感覚遮断による単調さに耐えられなかったのである。何の刺激もなければ休息にもなるし、物事を考えるにも最適であると思われるかもしれないが、実際には何の刺激もないところでは、精神を集中してものを考えることもできないのである。

刺激を断たれたこの感覚遮断状況のなかで人は言わば刺激に飢える。暗室のなかに「のぞき箱」を用意して スウィッチを押すとごく薄い明りがついて箱の内に大小の二つの円と一本の斜線が見えるようにしておく。この幾何学図形は何の変哲もない、退屈なものにすぎず、明り自身もその図形を浮かび上がらせるだけのごくわずかなもので、部屋は真暗なままである。実験に入る前にこの「のぞき箱」は好きなだけ使ってよいと伝えておくと、被験者はやがて退屈しはじめて、この「のぞき箱」のスウィッチを押すようになる。スウィッチを押しても何一つ面白いことはないはずなのだが、被験者たちはこれを何度も押しつづけると言う。彼らはまさに「刺激に飢える」のである。

人間は、周囲から種々変化に富んだ刺激・情報を受け取ることで、自らの精神を安定させている。それゆえ感覚遮断状況におかれた人間は、刺激情報の好悪にかかわらず、なんでもいいからとにかく刺激を求めようとする。もちろん右の「のぞき箱」のようにまったく単純・単調な刺激しか与えられなければ、その飢えは満たされない。それでも繰り返しスウィッチを押しつづけたのは、今度押したときには違う図柄が出るかもしれないとの期待があったからだと、被験者は答えている。このように感覚情報を遮断して「刺激への飢え」の状態を作り出せば、ふだん被験者が好んでしようとはしないことにも集中させることが可能になる。ヴァーノンは、被験者がたとえば微積分学が非常に嫌いだったとしても、感覚遮断状況においてならば、先ののぞき箱などよりもはるかに喜んでこれに熱中するであろうと述べている。(6)

感覚遮断が洗脳に用いられる可能性は、ここからただちに予想できるであろう。いや事実はむしろ逆で、効率的な洗脳条件の模索のなかから感覚遮断という方法が思いつかれたという方が正確であろう。(7) 朝鮮戦争のさい共産軍は捕虜にした国連軍兵士に共産主義イデオロギーを吹き込もうとした。ところが洗脳を施す専門家の数に比して捕虜が多すぎた。そのため洗脳を受けるまで牢獄の独房で長く拘禁される人も出てくる。ところが洗脳の前に長期にわたって独居拘禁された人は他の人に比べて転向しやすいことが分かってきた。つまり、先の感覚遮断実験ほど徹底はしていないが、独房という外界から刺激情報の入りにくい状況下に長く勾留されることが、刺激情報への飢えを作り出し、それまで至極嫌い、敵対さえしていたイデオロギーさえ歓迎して受け入れる姿勢を生み出したのである。

ヴァーノンはこんな実験を行っている。(8) 四日間の日程の感覚遮断実験の四日目の終わりころ、つまり被験者の「刺激への飢え」が十二分に高まったころ、不意に説明もなく被験者のいる部屋に二つのスウィッチを持ち込む。Aのスウィッチを押すと被験者が信仰している、たとえばプロテスタントを推奨する演説が三〇秒間流れ、Bのスウィッチを押せば被験者の嫌いなイスラム教を讃えた演説が三〇秒流れる。これだけであれば当然被験者はAを好んで選ぶはずである。しかし、ここでAのスウィッチは、何度押しても同じ人の同じ演説が聞こえてくるだけ、他方Bの方を押せば押す度に違った人の違った演説が聞こえてくるとする。そうすると被験者はAの方の演説の単調な反復には耐えられず、嫌いだったはずのイスラム教の話を聞くべくBのスウィッチを押すようになるという。こうした手法を用いれば洗脳の目的は見事に達成されることになる。

私はここでこの感覚遮断による洗脳とまったく同様の事態が刑事事件での逮捕・勾留で起こると主張したいわけではない。このことについては第一部（五九頁）でもすでに簡単に触れたが、刑事事件で逮捕された被疑者は、通常独房に長く拘禁されたままでいることはなく、かえって頻繁に取調べの場に引き出され、過剰なほどの刺激情報をあびせられる。重大事件では、朝早くから夜遅くまで取調べにさらされつづける。とすれば感覚遮断実験状況と正反対であるようにも見える。ただ、ここで注目しなければならないことは、逮捕・勾留下での取調べではそれまでの日常にはなかった性質の刺激情報を過剰にあびせられるのだが、その過剰さはあくまで量的な過剰さにすぎず、あびせられる刺激情報の質はと考えると、それがきわめて単質なものであることに気づく。

ふだん私たちは日常生活のなかで適度の刺激情報を何とはなしに受容し、あるいは意図的に選択して取り入れている。朝起きてテレビのスウィッチをひねり、新聞を開いて、家人と談笑しながら朝食をとり、時刻になると家を出る、いつもの風景を見つつ、出会った隣人・知人と世間話をしつつ、いつもの職場に入って、仕事上の書類に目を通し、同僚とお喋りしたり、会議に出たり、お昼になると何人かで出かけ、好みの店を選んで入り、メニューを見て注文する……等々と、夜ふとんにもぐり込むまで、私たちは実に多種類の刺激情報のなかをくぐって生活している。先の感覚遮断実験室のなかの生活に比べてみれば、圧倒的に大量の刺激情報を受容していると同時に、圧倒的に多種類の刺激情報を受容している。そして逮捕・勾留下の取調べで問題となるのは、その後者、つまり与えられる刺激情報の種類の少なさである。日常生活で何気なく享受している刺激情報のほとんどが遮断され、日常のなかではほとんどありえない取調べの刺激情報が過剰に身に迫る。しかもそれは自らの選択の余地なく、強引に押しつけられていく。これは先の実験室とは違った意味で、ある種の感覚遮断、情報遮断（ないし情報制限）事態であると言ってさしつかえない。実際、私たちはふつう唯一つのことを考えたり、しゃべったりすることに丸一日を費やすなどということはない。ところが取調べの場で要求されれることはまさにそのことである。くる日もくる日も同じ一つの事を問いつめられる。取調べ室から出て留置場に戻っても容易に気分は変えられない。一日中問いつめられたことにおのずと意識が向いて、そこから離れられず、眠ることさえままならぬこともある。もちろん取調べの間に、取調官と世間話をすることもあろうし、留置場では同房者としゃべったり、看守とやりとりをすることもあろう。しかし、そうした断片を除けば、被疑者の世界全体が基本的に取調べを中心にした刺激情報一色に染められる。

具体的な事件から例を引こう。第二章で見た甲山事件である。一九七四年、兵庫県西宮市の精神薄弱児収容施設甲山学園で起こった二園児溺死事件で、学園の保母Y（当時二二歳）が逮捕された。事件そのものは同年三月一七日、一二歳の女児の行方不明からはじまる。そしてその女児の捜索が行われているなか、今度は一九日夜八時すぎ、一二歳の男児Sが居室にいないことが発覚、一日をおいて相ついで起こった二人の行方不明に全職員がかり出され、警察の手をかりて園の内外を捜索するなか、園内青葉寮（行方不明の二人が生活していた中・軽度棟）の裏にあった浄化槽から二人の遺体が発見された。捜索のさい浄化槽のマンホールの蓋が閉まっていたこと、また二人が同じマンホールのなかで死んでいたことから、警察はただちに殺人事件と断定、捜査に乗り出した。捜査の線上に上がった人物は何人かいたが最終的に、両園児が行方不明になった両日とも勤務や別の用件で園内にいた青葉寮職員の四名に絞りがかけられた、そして事件から二週間後、警察は、二人目の男児Sが行方不明になった三月一九日夜八時ごろ、この職員四名のうちの一人YがSを部屋から連れ出すのを見たとの目撃供述を、一人の園児から引き出し、これを決め手として四月七日Yを逮捕したのである（この目撃供述については九七―一〇一頁参照）。

Yは逮捕の一〇日後から自白しはじめ、ごく断片的概括的な自白調書を数通とられたのち、やがて思いなおして自白を撤回、逮捕から二二日目に処分保留のまま釈放、一年後には不起訴決定がなされた。ところが被害園児の遺族の「不起訴はおかしい」との申し立てで検察審査会が開かれ、一年間の審査の末「不起訴不相当」の決定を出し検察に提出、検察はこれを受けて再捜査に乗り出した。すでに三年近くを経たのちの再捜査が困難をきわめることは目に見えていた。当初から物証はほとんどなく、関係者の供述も出つくしていた。そのなかで唯一証拠らしいものは「連れ出すところを見た」という一人の園児の間接的供述のみ。そこで検察・警察が力を入れたのは他の園児たちの事情聴取であった。ただ他の園児についてもすでに第一次の捜査で十分事情聴取をすませていた。ところが、検察・警察があらためて数人の知恵遅れの元園児たちに事情聴取を重ねたところ、そこからさらに三人の「連れ出し」目撃供述が出てきた。彼らは当初そのような供述をしていなかったのに三年後になって「Yが連れ出すところを見た」と言い出したのである。これ自体きわめて疑問の多いものだが、検察・警察はこれによってYを再逮捕、起訴した。事件から四年後にはじまった第一審は七年をかけて一九八五年「無罪」の判決。[9]

さて私がここで問題にしたいのは、この事件でYが最初逮捕されたときのことである。そこでの彼女の否認供述調書は、ある意味で非常に特異なものであった。というのも単に否認し、その弁解が録取されているにとどまらず、取調べに際しての心情の吐露がかなり微細に記録されているからである。

彼女の容疑として直接問題となったのは、三月一九日夜いなくなった二人目の男児Sについてである。その日彼女は一人目の行方不明の女児の捜索のために駅ターミナル等へのビラまきやビラ貼りに出かけて作業を終えてから、新しい情報が入っていないかを聞くために甲山学園に夜七時半頃、同僚と一緒に戻ってきた。園児たちの居室棟とグラウンドを隔てて向かい側にある管理棟のなかで、彼女は園長、同僚保母、指導員の四人でお茶を飲み、今後の捜索のやり方を話し合い、またマスコミへの呼びかけの手がかりを求めて知人に電話したり、行方不明女児の写真の手配をしたりした。二人目の園児Sがいないとの報せが向かいの青葉寮から入ったのは、八時すぎのことである。年少児の就寝時刻の八時になって居室を見まわった指導員が気づいて、まず寮内をさがし、いないとわかって管理棟にもその旨を伝えたのである。したがってYが逮捕されたとき、彼女にとって問題となったのは七時半に園に戻って、男児行方不明の報せを聞いた八時すぎまでの間のアリバイであった。

逮捕後、警察の追及に「私は絶対やっていません」「断固否定します。天地神明にかけて誓います」「(管理棟)事務室から一歩も出ていません」と明確に否認するYに対して、警察は事務室内での行動をはっきりさせるように求める。問題の時間帯の行動が説明できればアリバイが証明され、嫌疑は晴れるはずだというわけである。私はやっていないのですから黙秘しますという態度をとって取調べそのものを拒絶すれば、相手のペースに巻き込まれなくてすむのだが、前述のように取調べの受忍義務が事実上認められてしまっているわが国の捜査において被疑者が黙秘権をまっとうすることは不可能に近い。まして無実の被疑者であれば、どうしても自分の身の証を立てるために必死に弁解したくなる。Yもやはりそうであった。アリバイさえ証明できれば、無実が分かってもらえ、釈放されると思い込み、この一点に集中して考えはじめる。

Yは当時二十二歳。徳島の短大を出て甲山学園に保母として就職、まだまる二年たったばかりの初心な娘であった。その彼女が事件後二〇日目に逮捕され、二〇日前のその夜の七時半から八時すぎまでの行動を思い出すよう求められ、必死に思い出そうとする。もちろん逮捕以前から事情聴取を受け、そのなかでいくつかのことを思い出して、警察官に告げていた。そこで、それを含めて彼女はその夜あったことを一つ一つ供述した。駅前で買ってきたミカンやパン、園長が買ってきていたおはぎなどを四人で、お茶を飲みながら食べたこと、青葉寮の園児の父親から電話があって同僚指導員が伝えに行ったこと、ラジオで女児行方不明を伝えてもらい広く捜索を訴えようとの話になったとき、Yが通っていたお花の教室に、大阪放送幹部の奥さんが来ていたことを思い出して、彼女自身がまずお花の先生に電話をし、その奥さんの電話番号を聞き、次いでその奥さんに電話、主人にも話を伝えてもらって、その後大阪放送に直接電話を入れることになって同僚指導員が電話したこと、行方不明女児の写真を引きのばして捜索用に駅などに貼り出してもらおうと、園に出入りしていたボランティアのカメラマンに当の女児の写真を引きのばしてもらうべく依頼の電話を入れ、園長が写真を手渡すために園を出たこと……。Yはかなりのことを思い出して供述していたといってよい。

ところが取調官の方は、その一つ一つにどのくらい時間がかかったかを問いつめ、またその行動の順序がどうであったかをはっきりさせるよう求める。なかでもとくに電話の順序が問題にされた。しかし、そのようなことがどこまで可能であろうか。前日の夜のことであればおおよそ分かるかもしれないが、すでに二〇日も前のことなのである。お花の先生に電話をかけ、そこに習いに来ている奥さんの電話番号を聞いて、その奥さんの家に電話をかけ、ご主人に放送局に取り継いでもらって、大阪放送に電話をかける……といった一連の流れになっているものは、順序を思い出すのは容易である。しかし、この三本の電話と園児の親からの電話やボランティア・カメラマンへの電話の順序関係となると、互いに関連がないだけに思い出すのは困難である。ましてそれぞれの電話に何分間を要したかと言われれば、はっきりしない。また実際、間をおかず電話をかけづめということではない。ある電話をしては他の三人に内容を伝え、どうしようかと話し、あるいは外からかかって来た電話については取り継ぐというように、いくらも間がおかれているはずである。その間がどのくらいあったかとなると、そんなことまで思い出せる人はまずいない。しかし、そこまでやらなければアリバイ証明をやったことにならないと言われて、彼女はさらに思い出そうとつとめる。

Yを取調べた主任官は、彼女にアリバイということを説明して、こう言ったという。「人間が三歩、歩く間に、地上の石がころび、それから空には鳥が飛び交い、そういう状況すらも説明せなあかん……わからないことをわからないと言ったらだめだ……ちゃんと一分一秒刻みに証明していくのがアリバイの証明だ(10)」

しかしその調子でアリバイを埋めようとしたのでは、問題の七時半すぎから八時すぎまでの四〇～五〇分間のうち、どうしても埋められない時間帯が残るのは当然である。Yはそれを「空白の一五分」として追及されることになる。管理棟事務室から出て、問題の青葉寮に忍び込み、男児Sを連れ出して裏の浄化槽に投げ込むだけであれば、物理的には五～一〇分あれば足りる。とすれば、この「空白の一五分」をびっちり埋めることがなければアリバイは完成しない。彼女は取調官からそう思い込まされたのである。その一五分のあいだ何をしていたのか。事務室にいたが、別に閉じ込められていたわけでないから、何か用事でそこから出てもおかしくない。たとえばトイレに行ったかもしれない。トイレに行くとすれば管理棟内のトイレは事務室のすぐそばで音まで聞こえるから、いつも勤務中に使う青葉寮のトイレを使ったかもしれない。そう考えて結局彼女は、最初事務室を一歩も出ていないと言っていたことを譲って「青葉寮トイレに行った」と認めていく。犯行現場にそうして一歩近づいたのである。その時期の供述調書には、彼女の苦悶がよく表われている。次の引用は逮捕後七日目のものである。

（勾留理由開示の裁判に出るよう）私は弁護士さんからいろいろ言われておりますが、一日でも早く調べをしていただいて、私の無実をはらすために微々たることでも思い出してお話をしたいと思います。……（園児の親からの電話が七時四〇分で、それが電話の最後だと示唆されて）そうなることがわかりました。（そのあとトイレに行って、出てから）どうしていたか思い出せません。……自分でも不思議な気がしますが、何とか思い出してお話できるようにしたいと思います。……わからない一五分間のことについては、一生懸命考えますのでよろしくお願いします。

勾留理由開示にも出ずにアリバイのことを考えたいと言うのである。この点Yは取調官からそうした方が有利ではないかと示唆されたと述べている。さらに翌日、勾留理由開示の裁判に、いったんは出ない旨伝えたが結局出ることになったことにふれて、

逮捕されたころは事務室を一歩も出ていないと思い込んでおりましたし……（青葉寮トイレに行ったこと）をお話してからは、一分一秒でも早く取調べをしていただいて、私の真実を調べてもらいたいと思ったのと、……私の一九日の行動について、どうしても思い出さない一五分ぐらいがあり、気持ちが動揺しておりました……それで私は少しでも思い出すために一分一秒でも惜しい気がし……（勾留開示には出ないと考えたけれども、そのあとで）「信じています」という父の手紙を（弁護士から）見せられたとき、出ようと決心したの

です。（法廷でやつれた父を見て）私のためにと思ったら涙ぐんでしまいました。……一九日の行動について、どうしても思い出さないあの一五分ぐらいの時間について、疑われるのも無理ありません。……私も一生懸命思い出すように努力しておりますので、よろしくお願いします。

逮捕の日からアリバイ証明を求められて、懸命に考えて、すでに一週間がたつ。自分の身の証が立てられるかどうかはすべてこの一点にかかっていると思い込まされて、意識をそこに集中させているYの心境が、右の供述にはよく表われている。

Yが追い込まれたこの心理状況はどういうものであったか。二〇日あるいはそれ以上も前の夜の数十分に起こった出来事、その間に自分がやったことを毎日、朝から晩まで、三人の取調官に囲まれて尋問され、自分もこの尋問に乗って必死に考える。これが自分の無実の証明につながることになると思っているYは、房に帰っても、房で床に就いても、あるいは目覚めても、考えつづける。多種多様な刺激・情報に囲まれ、多種多様な人々と、多種多様なことを行う通常の日常生活と比べてみたとき、これがいかに特異に単質的な体験であるかは、ちょっと想像力を働かせば容易に分かることであろう。他の刺激情報を極力排したなかで、特定の事柄にのみ過剰な刺激情報が集中する。それはある種強迫的な事態である。このように単質的にして過剰な刺激情報状況を強迫的に持続、反復するとき、それが日常の生活世界から遊離した、言わば〝浮いた〟体験となる。

感覚遮断とはまた異なる心理学実験に〝飽和〟に関わるものがある。これは一つの課題を被験者に与えて、これを反復させるものである。たとえば、という顔の模式図をいくつも限りなく描かせる。当然ながら五分間も描きつづけると誰でもその単調さにうんざりしてくる。この〝うんざり〟という心情を飽和と呼ぶ。最初は実験者の教示に従うことが被験者の役割だからと納得してやりはじめても、そのうち嫌になってきて自分のやっていることの意味が見えなくなる。平たく言えば〝飽きる〟ということなのだが、日常生活のなかとちがって実験室のなかでは飽きてもなお続けなければならない。するとごく短時間で疲労してくると同時に、何とも言いがたい非現実感におそわれはじめる。顔の模式図がやがて顔を意味するものではないようにも見えてくる。あるいは「かね」という単語を繰り返し書くという課題であれば、数十回も書くうちに、「かね」がもともともっている「貨幣」という意味を失い、ただの模様でしかないように見えてきて、最後には文字自体が形をなさなくなる。心理学ではこれを〝意味消失〟と言う。

洗脳の手法にも同様のものがある。囚人は自分の生活史を最初から現在にまでたどって語るように求められる。そしてそれが終わると再びそれを最初からやるように求められる。最初は回想を呼び起こしつつ自分を語ることが嬉しくさえあるが、それを何度も反復していると、やがて紋切り型になり、自分の人生がいかにも空しい無意味なものに見えてくるという[11]。自分の現実体験でさえ、その現実味を失ってくる。それは気味悪い不快な気分である。アルトゥール・ロンドンが検察官の前でやらされたのがまさにこれであった（一八二―一八三頁）。

無実の被疑者が、自らを弁明すべく、過去のある一点に意識を集中させて、記憶喚起し、それを取調官に向けて供述しては、本当にそうだったか、ここはこうではなかったかと、繰り返し確認され、再供述を求められる。それは自分の無実を証すというはっきりした意味をもつものではある。それゆえ飽和実験でのように事の意味が消失することはないかもしれないが、その一点集中の反復的事態が、生の体験から〝浮いた〟非現実感を生み出すことは避けられない。甲山事件のY保母は、言わばアリバイ強迫に駆られて、特定の日の特定時間帯の行動や出来事について何十遍、何百遍と反復喚起しようとした。その結果として、やがてどうしても埋めきれない「空白の一五分」のあいだに、ひょっとして無意識のうちに自分がやってしまったのではないかとの、きわめて特異な自白を行うことになる。人が無意識のうちに殺人を犯すなどということは、常識的にはありえぬことだが、アリバイ強迫に追い込まれた彼女には〝それさえあるかもしれない〟と思うにいたる。そこまでその日の出来事について現実感覚を喪失したのである。

誤解なきよう断っておかねばならないが、Yは、実際にやってもいない殺人行為をやったかのように暗示的、誘導的に思い込まされたのではなく、「思い出せない空白の時間があるとすれば、自分が知らないところでやってしまったのかもしれない」という取調官の論理に抵抗できなかったのである。通常なら自らの体験の記憶に照らして「そんなことはない」と断固否定できるはずのところを、彼女はそうできず、取調官の屁理屈に乗っかってしまった。そこまで抵抗力を奪われていたわけであるが、同時に自らの体験記憶への現実感覚を奪われていたということでもある。「知らないうちにやってしまったかもしれない」などという自白は、確たる現実感覚のあるところでは不可能である。

無意識のうちにやってしまったかもしれないという自白はきわめて特異なものであるが、取調べの場に引き出された無実の被疑者が取調べのなかで非現実感におそわれるということ自体は珍しいことではない。その一つの典型的な表れは時間感覚の喪失である。私たちはふだん一日のある生活リズムのなかで種々の行為を行い、そこに一定の流れを作り上げている。だからこそ、そこに時間の見当識をもてる。私たちは別に時計で確認することでのみ時間感覚を感じているのではない。むしろその時計的時間でさえも、その背後に日夜の生活リズムがなければ無内容なものとなる。それゆえ、その生活が単質化して、リズムを失ってしまったとき、時間感覚は確実に失われる。実質的な生活行為をいっさい奪われてしまった感覚遮断の実験状況では、そのことが典型的に表われる。(12) たとえば一時間経過したと思うたびにボタンを押す(眠ったときはその睡眠時間も考慮に入れる)という課題を被験者に与えたところ、ある被験者は九六時間(まる四日)を五七時間(二日と九時間)、別の被験者は六七時間(二日と一九時間)と評価した。しかもこれは特別例外的というわけでなく、被験者のほとんどがそのような時間の過小評価を示したという。

感覚遮断実験であれば、そのように時間感覚を喪失しても、最初から合意の上で自らその部屋に入っているわけであるし、実験も無限に続くわけでなく、実験参加を引き受けた時点で、たとえば「四日間」と決められているから、その点の不安感はない。ところが逮捕・勾留下の取調べ状況となると事情は違ってくる。夜は寝て朝起きるというリズム自体は保たれているから日単位の時間は確認できるが、もっと基本的なところでの時間の流れの感覚が奪われていく。土田・日石事件で逮捕・勾留されたMは、窓のない取調室の中で連日長時間取調べられたとき、与えられる昼食、夕食によっておおよその時刻の見当はついても、時間そのものの感覚がなくなっていくことを次のように語っている。(13)

なんていいますか、取調べがずっと続いていくなかで、ぼく自身は身体が悪かったせいもあるのですけれども……ぜんそくで、あと副作用で下痢だとか風邪だとか、いろいろ起きるわけですが、そういう病気に対する恐怖感とか、あといろいろな人たちが取調べられているということを聞かされていくなかで（Mを主犯として、その友人、知人が芋づる式に逮捕されていた）、感覚がなくなっていくというのですかね。時間の感覚がなくなるというのも、体全体の感覚がなくなっていくような感じで、痛さ痒さなんかもなくなっていくような感じをもってしまう。そのうちに意識がもうろうとしてくるという、そういう形で時間の感覚がなくなるということは、本当に怖かったですね。だから地検なんかに行ったりすると、他の人が手錠をかけられているのをみて、みんな時計をもっているような錯覚をいつももっていたのです。なぜ、ぼくだけは時計をもっていないのだろうというような、そういう感覚に陥れられたことがあります。……自分で自分がわからなくなるというような感じでした。

ここまで重篤な時間感覚喪失に陥る人は多くない。しかし、この時間感覚喪失感に代表されるような〝遊離感〟は、大なり小なり逮捕・勾留者のほとんどがもつ。もちろん実際に犯行を犯した累犯者などは、これこれのことをやった結果としていま自分はここに捕えられ取調べられているというふうに、それ以前の日常生活につなげて現在の勾留・取調べを位置づけ、了解をすることができるために、そうした〝浮いたような〟感じを味わう度合は小さくてすむかもしれない。しかし、無実の者たちにとっては、その非現実感は大きい。しかも、そのなかで連日長時間、単質にして過剰な刺激情報にさらされつづける時の心理状況は想像に余りある。これをいわゆる拘禁心理と同列に論じることはできない。むしろ正常な心理機能を保持したままで、人はこの種の非現実感に容易に陥るものだということを確認しておくことが必要である。そしてこのことが自白の心理に深く関わるものであることは誰しも否定できないであろう。

3　孤立

人は日常生活において種々の判断をなし、その判断にもとづいて表現、行動する。その判断・表現・行動を安定したかたちで行うための基本的条件として、私たちはこれまで、日常生活の流れの上にあって自分なりの居場所を確保できていること、また適度の多様性を持つ、適度な量の刺激情報のなかに身をおいていることをあげた。そこでこそ現実感覚に基づく現実判断が可能となるのである。これに次いで第三にあげなければならないのは、人を囲む情報環境の中身である。

人は自らの体験を認知し、記憶し、表現するさい、他者からの影響ぬきでまったく単独にこれができるかというと決してそうではない。他者から見られるおそれがまったくない日記に自らの体験を書きつけるというような場合であれば、あまり他者の影響を考慮せずにすむかもしれない。しかし、人が物事を表現するというのは、ほとんどが他者に向けてのものである。表現という行為自体が本来他者を予定している。それゆえ、そこに他者の影響を考えないわけにはいかない。つまり私の表現に対して他者がどのように判断し、そのことを私にどうフィードバックしてくるかということが、私の表現に明らかに影響を及ぼしてくる。他者がどう言おうと私は私のなかの真実を守れると自負できる人がいるとすれば、それはよほど例外的な偏屈者か、あるいは自分のなかの真実をおびやかされるような事態に想像を及ぼすだけの想像力に欠ける者か、いずれかである。実際、人がどれほど他者の判断や意見に左右されるものかは、非常に単純な実験でもって確かめられている。

その代表例は同調性についてのソロモン・アッシュの古典的な実験である[14]。この実験では八人の人たちを一つの部屋に集めて、まず一本の線分を描いたスライドを一枚見せ、それから次に異なる三本の線分を並べて描いたスライドを見せて、最初に見たのと同じ長さの線分はどれかを答えさせる。たとえば図20の「刺激」の線分を見せて、ついで「A、B、C」の三本の線分を見せる。ここでは最初見せた「刺激」と同じのは右のA、B、CのうちBである。課題自体はごく簡単なものであるから、これを間違うものはいない。ところが、実は同席する八人のうち、本当の被験者は一人だけで、他の七人は実験者と申し合わせたサクラである。答える順番は決まっていて、七人のサクラが答えたあとで、真の被験者が答える。最初数回

図20

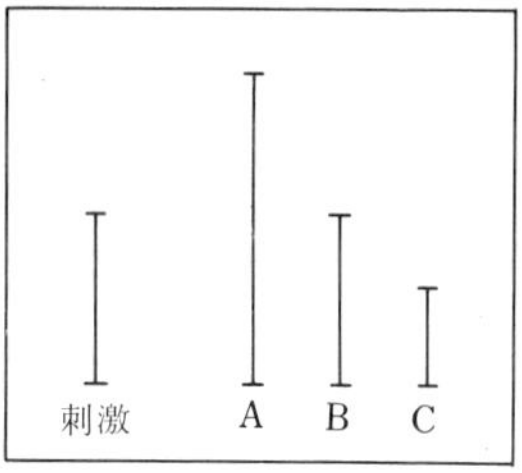

は、サクラの七人も見たまま答える。したがって八人の答えは一致する。ところが、やがてサクラたちは作為的に間違えはじめる。最後に答える被験者は前の七人がサクラだとは知らないものだから、七人が一致して間違った答えをすると、当然ながら当惑する。その時、被験者はなお自分の見たまま正解できるか、他の七人の答えに同調して間違った答えを出すかがこの実験の見ようとするところである。アッシュの結果によれば、大半の被験者はこの場面に直面したとき、非常に落ち着かなくなってイライラし、答えをためらうだけでなく、実際に全試行の三分の一ほどについてサクラに同調して間違った答えを行ったという。のちの追試によってもこの結果は確認されている。サクラの数は七人もいなくとも、三人で十分であることも見出されている。また七人のサクラのうち一人でも異なった答えをすれば被験者の同調傾向は弱まり、二人異なった答えを出せばほとんど同調を示さない。

アッシュの実験においては、同席するサクラは被験者にとって見ず知らずの匿名集団である。それでも被験者はその他者の意見、判断から多大な影響を受ける。他者の意見に対抗して自分の真実を守ることは、実のところ、なかなか難しいのである。

このアッシュ型の同調性実験につき合わされたある女性が描いた私小説ふうの物語がある。[15]そこには、この種の場面が人をどのような心理状況に追い込むことになるかが如実に表わされている。この物語のなかの実験では、右に説明した方法とはやや異なり、最初にある長さのカードを見せたあと、次に見せたカードが先のカードと比べて短いか、同じか、長いかを答える。それ以外の点はまったく同じで、主人公はサクラとは知らない他の三人の女の子たちとともに実験に臨む。実験のしくみもその意図も知らない主人公は、最初、なんと退屈でつまらない実験かと思っているが、やがて同席した他の被験者たちがこの簡単な課題に間違えはじめると、急に不安になり、苛立ちはじめる。その場面から引用しよう。

第六回目、それまで当然のごとく四人の被験者が一致して、なんとも退屈だった気分が突然変わる。私の前に答える三人は何のためらいもなく「このカードの方が先のより短い」と言う。ところが私には明らかに長く見えるのである。

その次も同じ。最初の子が「長い」と答え、二人目の子も「長い」と同意し、三番目に答える友達のエディはアクビをしながら「長い」と言う。私はきっぱり「同じ」と答えた。

そして次の回も同様である。他の子たちはいいかげんに嘘を言っていると思って、私はこっそり様子をうかがう。一人目の子は「同じ」、次の子も「同じ」。そしてエディも「同じ」と言う。私は挑戦的に「長いわ」とつぶやく。こんなにはっきりこっちの方が長いのに、この子たちはどうしてこれを同じって言うの。

一人目が「短い」、二人目が「短い」と言い、エディは気持ちよさそうに伸びをしながら「短い」と言う。私はたよりなげに「同じじゃない？」と言う。短いなんてありえないわ。どうしてそうなるの。他の子たちは驚いて私の方を見る。

「長い」と最初の子が言う。だけど私の目には明らかに短い。二人目も「長い」と断定、エディも「長い」と同意する。私はもう孤立に耐えられなくて、それと知って自分を偽り、何気ない様子で「長い」と答えてしまう。他の子に合わせたことが不思議な気分。ホッとため息をつく。

一人目の子が「同じ」、次の子も「同じ」、エディも「同じ」。私はみじめな声で「短い」とうめく。私の目はどうかしたのかしら。おかしくなった視力をとりもどすかのように、目を細め、次いで精一杯目を見開いてみる。あんまり見つめたので目の前が真っ白になって、しばらく何も見えない。最初の子とエディが私の方を見て、それから互いに顔を見合わせ、肩をすくめた。

二〇数回の試行のあいだ、実際に四人が一致することも時にあったが、それ以外は三人の子が一緒で私だけが違う答え。私が一緒のふりをすることもある。私にはどちらが長いか短いか分からなくなった。私には短く見えるのに他の子たちが長いと答えると、私の目の前でカードが揺れはじめ、伸びて実際に長く見えてくる。またカードが前へ後へとゆらめいて長く見えたりする。

やがて私は吐き気をおぼえ、目がカッカと熱を帯びてきた。

間違えようのないほど簡単な課題についてさえ、人はこのように他者の判断に影響を受け、同調する。人は他者と対立して、一人孤立することを恐れるのである。

逮捕されて、取調べの場に引き出された被疑者にとって、そこはまさに厳しい孤立の場である。被疑者として逮捕した以上、取調官はあくまで犯人として取調べ、自白を迫り、反省を求める。無実の可能性を考えて、中立的な立場から取調べてくれれば良いのだが、現実にはあくまで有罪推定の下に取調べが進んでいくことは、第五章で詳述したところである。無実の人が、ひたすら自分を犯人と見なしている取調官たちに対面し、取り囲まれて取調べられる、それはどういう体験であろうか。

皮肉なことに、実際に犯行を犯した犯人の方が、取調官との対立、葛藤は小さい。というのも、取調官が有罪推定の下に被疑者を追及するのに対して、被疑者である犯人は、たとえ否認するにしても、心の内では自分が犯行を犯したと知っているのであるから、取調官の突きつける判断情報と被疑者の体験情報は、その細部は別として、少なくともその方向において一致しているからである。つまり、そこにはアッシュの同調実験に見られるような葛藤は存在しない。ところが無実の人間は、まさにその種の葛藤にさらされる。取調官の有罪推定のうえの判断情報と、自分はやっていないという被疑者自身の体験情報とが真っ向から対立する。

もちろん同調性実験とこの被疑者の状況とを同列に論じることはできまい。同調性実験においてはお互い同じものを見ているはずなのに答えが異なることが被疑者には不思議でならない。一方、取調べの場では、事実、つまり自分はやっていないという事実をはっきり知っているのは被疑者のみ、取調官の方はただ推理（ないし思い込み）によって被疑者を犯人と疑っているにすぎない。そのことを知っている無実の被疑者は、とにかく取調官を説得して、自分が無実であることを分かってもらわなければならないと考える。自分がやっていないということは自分が一番よく知っている、だから条理を尽くして説明すれば分かってもらえるはずだと思う。ところが、そのことが簡単には通じないのである。

周囲の取調官はみな、私が犯人であると疑っている。しかし私は犯人ではない。ところがそのことを相手に納得させられず、相手が私に向けてくる情報と、私が相手に向けて返す情報とが決定的に食い違って、折り合わない。一人でも私の無実を信じてくれる取調官がいれば大いに救いになるのだが、少なくとも取調べの場で私を追及する取調官は、そんな素振りを少しも見せない。前項で述べたように、私の意識が非常に限られたある一点に集中して、そこでの情報のみが過度に交わされることの異常さに加えて、その情報の中身がすべて私に向けて対立、葛藤するものでしかない。いやせめて、この取調べの外では、私を信じてくれる人がいるはずだ――そう思う。しかし信じてくれているはずの人びとから、いま直接に支持の言葉を聞くことができない。いやそれどころか、取調官たちは、その人たちでさえすでにお前を見放していると言う。そうなると、私の真実は唯一私のものでしかない。これを支えてくれる人は誰一人いない。完全に自分一人孤立していると思ったとき、それでも人は自分の真実を守れるであろうか。

前項で紹介した甲山事件のY保母は、とにかくアリバイを証明できれば無実を証せると言われてアリバイ強迫にとらわれたまま、「空白の一五分」がどうしても思い出せなくて、逮捕から一〇日目、接見した弁護人に「いくら弁明してもアリバイが不明確だからと追及されており、毎日毎日が苦しくて、このままではどうなるかわからない。このような気持ちは外にいる人にわかってもらえない」と泣いて訴えた。取調官との対立にもう耐えられないところにまできていた。取調官はそのYに「学園の職員や父兄も信じていない」と告げて、彼女の無実を信じているはずの同僚や学園関係者から孤立させ、さらには最後の頼みの綱とも言うべき父への信頼さえも断ち切ろうとする。

その日、Yは父との接見を許された。弁護人との接見が極力制限されていたなかにあって、この時期三〇分もの接見が父に対して許されたのは多分に作為的であったが、ともかく彼女は父に「私は絶対やっていない」と語って、一時の安らぎを得た。ところが取調官は父娘のこの信頼関係を巧妙に断ち切る。

取調官は、接見後父親を車で送っていくとき父親が「はあー」と深いため息をついたと言う。このため息は何でしょうねとYに問い、わからないと言う彼女に、取調官は「あれは、うちのY子がやったんじゃないかというため息だ。捜査官は人間の一挙一動を見逃さない完璧な訓練をされている。だからあのため息は疑いのため息に間違いない。実の親だったら、やっていてもうちの子はやっていないというのが親心なのに、Yちゃんのお父さんはそうじゃない」と断定する。Yはこの取調官の自信満々の断定に乗せられて、これまであれだけ自分に愛情を注いでくれた父までが疑っているとの絶望感にとらえられて泣き崩れる。そこから自白まではもうすぐである。しかもそこでの自白は、前項で見たような「自分が知らないうちにやってしまったのかもしれない」などという奇異な自白ではなく、まさに「自分が子どもたちをマンホールに落として殺した」との自白である。

同調性実験で、一人でも同意見の人がいれば同調行動が生じにくくなるように、取調べの場の被疑者も自分を信じてくれる人間を一人でも確保できれば容易に自白に落ちることはない。しかし、外界から遮断され、情報をコントロールされて、外の人たちの思いまで歪めて被疑者に伝えられる状況のなかでは、被疑者は簡単に孤立させられる。また取調官は、この孤立感が被疑者を自白へと転がし落とす道を用意するものだということを、直感的に把握している。

もう一つ例を上げよう。一九七五年三月、三重県四日市市で一人の青果商が銀行からの帰りに何者かに襲われ、全身二八ヵ所をメッタ突きにされて殺害されたうえ、現金八五万円を奪われた[16]。現場は比較的交通量の多い路上であるにもかかわらず、目撃者がいないという難事件であった。この事件で何人かの容疑者が浮かんだが、結局、現場近くに住む不動産業者Eを寸借詐欺で別件逮捕、強圧的な取調べの果てに自白に追い込んだ。被疑者Eは右足が不自由で正座ができず右足を投げ出してすわっても楽ではない。そのEを畳の部屋で取調べ、正座を強要する。それ自体が立派に拷問であった。二、三分もすると不自由な右足の感覚は麻痺し、痛みが膝から腰、腰から全身に走り抜ける。体全体が痛みのかたまりのようになって、必死にこらえる顔面は赤く引きつったという。連日長時間にわたる、この拷問的取調べの果てに疲労困憊したEを自白に向けて一押ししたのが、絶望的な孤立感であった。担当弁護士小川正夫は、Eのおかれた状況に思いを重ねつつ、法廷資料によって、その自白直前の状況をこう書いている[17]。

正座にあえぎ、罵倒にさらされ続けるEに対して、肘打ちが食わされた。肩から首のあたりをガンガンやられた。……膝を原点として突き上げてくる激痛と、新たに首から発する激痛とがEの体の中でははげしくぶつかり合った。何がなんだかわからない。頭の中がクラクラしたかと思うと、目の前がピカピカと光ってみたり、もはや痛みを痛みとも感じられなくなってきた。そうしたとき、ふと自分の愛する娘のことが頭をよぎった。

いやよぎったのではない。滝（取調官）か誰かが言っているのだ。渾身の力を振りしぼって意識をよみがえらせ、かろうじて耳にすることができた。

「E、もうお前はどんなに頑張ってもあかん。お前の家内も子供も、お前を親とは思ってはおらんぞ。おやじとも思っておらんぞ。お前を見捨てたんだ。長女の八重（仮名）はなかなかしっかりした子だ。あの娘が病身のかあちゃんを助けて、別居したにいさんと仲よくやっていくと言っているぞ」

堰を切ったように涙が頬をかけ落ちた。

〈それはあんまりだ。あの八重までが、あの八重までが……とにもかくにも、ここまで頑張り続けることができたのも家族だけはこの自分を信じてくれていると確信しきっていたからこそであった。それが、それがなんということだ。こともあろうに長女の八重までもが……〉

フィクション的に脚色されてはいるが、Eが自白へと追い込まれる寸前の心理が、およそこうしたものであったことは間違いない。ここで被疑者Eは、拷問に耐えられなかった以上に、家族から見捨てられた絶望感に打ちひしがれたのである（この事件は、第一審で自白の任意性を否定し、証拠排除したうえで、無罪判決が下され、検察は控訴を断念、無罪確定した）。自分にとって重要な人物から信頼を得ているとの確信こそは、自白に落ちないためのまさに命綱である。ところが被疑者に向けて発せられる情報のほとんどを操作することが可能な取調官の手にかかれば、そうした命綱を断ち切ることは実に簡単なことである。

人にとって孤立ほど恐ろしいものはない。もともと社会的存在としてある人間は、自身の意見も判断も、そして体験も記憶も、他者からの支えなしにははかない。たいていの人はふだん、完全に孤立した状態に追い込まれることがないために、その恐ろしさに気づかない。しかし取調べの場におかれた無実の被疑者にとって、自分の真実を守るうえで最大の難関となるのが、この孤立ではなかろうか。

第二節　人間的環境からの隔絶

逮捕・勾留されることで生活の流れから遮断され、特異な一点への意識集中を強要され、情報操作によって孤立無援の心境に追いやられる。これだけでもすでに被疑者は、私たちが日常生活のなかで判断・行動を行うときとはずいぶん違った情報的環境下にいると言わねばならない。この情報的環境の激変のなかで身を持し、自らの真実を真実として守り続けることは容易なことではない。

問題はこれにとどまらない。これまでのところ被疑者と取調官（ないし看守）とは人格的に対等との前提で問題となる諸要因をとりあげた。しかし逮捕・勾留による被疑者・取調官（看守）の関係は、その立場性の落差のゆえに往々、人間的対等性の関係を大きく踏み出してしまう。それは個々の取調官（看守）の資質の問題ではなく、むしろわが国の刑事手続きのなかに潜む構造上の問題ではないかと思われる（この点については第五章で詳述した）。ともあれ、ここでは人間的対等性の範囲を踏み越えて、支配―被支配関係が生み出されたときに生じる諸問題を具体例に即してみていくことにしよう。

1　生活支配と侮蔑

取調べの場でも、また留置場での生活でも、被疑者の心的状況を左右する最大の問題は、人と人との関係である。法の建前においては、そのいずれにおいても取調官と被疑者、看守と被勾留者として立場は違うが、人としては対等でなければならない。人権は留置場であろうと拘置所であろうと、あるいは刑務所であろうと等しく貫徹しているはずのものである。ところが立場の違いが人と人との関係をも変えてしまうのが人間の常である。立場によって与えられた力の差が、人格の差まで生み出しかねない。ここで一つの心理学実験を思い起こしておきたい(18)。

――ある日曜日の朝、パトカーがサイレンを鳴らして市中を駆けまわり、大学生たちを大量検挙する。被疑者たちは法的権利を告げられ、手をあげてボディチェックを受け、手錠をかけられて警察署へ連行される。署で指紋を採り、調書を取ってから目隠しして〝スタンフォード州立刑務所〟へ送られる。刑務所では裸になって身体検索されたうえで、消毒を受け、制服、シーツ、石ケンとタオルを受けとる。制服はブカブカのスモックで、前と後に囚人番号がついている。片方の足に鎖をつけ、頭にはナイロンストッキングの帽子をかぶる。看守からは大声で命令され、すぐに従わなければ看守にこづきまわされる。看守はカーキ色の制服を着て、看守たることを示し、銀色のサングラスをかけて相手に目が見えないようにしている。警棒、笛、手錠、各房の出入口の鍵を携帯し、これが力の象徴となる。房のなかの囚人たちは予期せざる出来事にショックを受けて、茫然として房内のベッドに腰かけている——。

実はこれは投獄のもたらす心理的効果を研究すべく、社会心理学者のジンバルドらが実施した心理学実験の一コマである。第四章で簡単に紹介したので憶えておられるだろう（一五九頁）。実験にしてはかなり手荒で非人道的と見られるかもしれないが、実はここで投獄される囚人役も、彼らを監視する看守役も、あらかじめ契約を結んだ被験者である。被験者は、日当一五ドルで二週間の模擬獄中生活をやってくれる学生ボランティアを求むとの新聞公告で集められた。応募した学生には性格テストを施行し、情緒的に不安定な人たちは被験者からはずし、精神的肉体的に健康な人たちのみを被験者に選んだ。そのうえでクジによって囚人役と看守役に振り分けた。したがって当初、両者間に差異はない。

こうした準備のうえで予定された日に、右に叙述した逮捕、投獄の場面がさながら実際の犯人検挙のように演じられたのである。もちろん手続き等は実際とずいぶん異なるし、裁判ぬきで逮捕後ただちに投獄されている点などまさに架空のものである。しかしこの実験の目的はその手続きにあるのではなく、結果として人が獄に囚われたときの看守—囚人の関係の社会心理学的研究にある。ただ現実を模擬するためにも、同種の心理的効果を与えるべく最大限の迫真性をもたせることが必要だったのである。

さて囚人が投獄される刑務所は、現在のアメリカの刑務所に比べるとずいぶん苛酷な、旧式のものである。大学の地下実験室を改造して、一部屋に簡易ベッドを三つずつ並べ、鉄柵をとりつけて、古典的な檻といったふうに仕立ててある。囚人たちはそこで二週間を寝起きする。他方看守は、法と秩序の維持をはかり、囚人たちの逸脱行動を取り締まることが役目で、それ以上の指示はない。ただし体罰など暴力を用いることは禁じられている。二週間のあいだこの模擬刑務所での囚人と看守の様子はビデオに収められ、また研究班が直接観察する。また囚人役、看守役それぞれの被験者に対してはインタヴュー、質問紙、その他日記や手紙、日誌などもデータとして利用した。

結果は衝撃的なものであった。かなり早い時期から囚人と看守との間には倒錯的な関係が見られるようになる。囚人たちは最初看守の規制に反発する。しかし最初の反抗が看守によって抑えられたあとは、囚人たちは受身的に反応するようになり、他方看守たちは日々攻撃性をエスカレートさせていく。そのためにある囚人などは一日半とたたぬうちに、ひどく落ち込み、思考がまとまらなくなって、感情統制を失って不意に泣いたり怒ったりするようになったため〝釈放〟せざるをえなかった。その後三人の囚人が同様の状態になって次々〝釈放〟され、またもう一人は心身症的な発疹が全身に出て、同じく〝釈放〟されたという。

実験に入る前には囚人役の学生と看守役の学生との間に、心理テスト結果のうえで計測可能な差異はなかったにもかかわらず、両者に割りあてられた地位と力によって、それぞれその行動と情動表現に大きな差異が生じた。看守は囚人に対して権威主義的に振るまい、侮蔑的態度をとる。彼らの多くは囚人の上に立つその地位に喜びを見出し、制服を着ることで、それまでのありきたりの日常生活から、他者を事実上完全に支配できる生活へガラリと転換してしまった。そうして看守の心の中には〝正しき〟権力者たる看守が、明らかに劣等で無力な囚人を支配するのだという気持ちが高まって、そのために人が人に対してとりうるほとんどあらゆる侮蔑行為さえも正しいものとして許容されるかのように思えてくるという。

あくまで模擬実験として行われたこの囚人—看守状況においてすら、これだけ顕著な差異が生まれたのである。これが現実の社会状況の下で一定の社会的制度にのっとって、まさに現実のものとして行われたときどうなるかは、推して知るべしである。かつてナチの強制収容所において、家庭ではごく平凡で温厚な父親が収容所においていかに非道な看守でありえたのか、その歴史の教訓を、この模擬実験は想起させる。

一方が他方の生活を支配、統制するという力の上下関係が存在するだけで、そこに人間としてきわめていびつな関係が生まれてくるという状況は、残念ながら、わが国の代用監獄のなかにいまもまさに現実のこととして見られるものである。そこで看守や取調官の心を動かしているのは悪意ではない。それは職務への熱意であり、謝罪を求める正義感であり、更生をはかる善意ですらある。このことは第五章において詳しく見た。しかし、この熱意、正義感そして善意でさえ、それが力と地位に裏打ちされたとき、被疑者、とりわけ無実の被疑者にどれほど残忍な効果を及ぼすことになるか。ジンバルドの模擬実験では情緒的に混乱し自己統制がとれなくなった時点で、囚人は〝釈放〟された。しかし逮捕・勾留された被疑者たちは、そうした理由で釈放されることはない。身体的な暴力は論外として、日常生活のなかではまず他者からあびせられることのない罵倒や侮蔑的な扱いを受けつづけると、たいていはまいってしまう。甲山事件のYは、逮捕されて警察に連行されるや、取調官から「貴様が殺したんだ」「お前みたいな極悪非道な女はおらへん」「邪心にとりつかれたんか」と怒鳴りつけられ、「私はやっていません」との彼女の抗弁にも耳をかしてくれなかったという。よほどふだんからケンカなれしている人ならばともかく、たいていの人は他人から「貴様」と呼ばれたり、面と向かって「極悪非道な女」などとののしられることはない。だからこそ人は言葉だけで十分に傷つく。

もちろんすべての取調官が、いつもそんなふうに荒々しく怒鳴りつけるわけではない。Yのばあいも、そのような侮蔑的な対応は最初だけで、次の日からは取調べの方針を変えている。最初は逮捕時の興奮もあり、また相手が若い女性ということもあって、威圧的に迫るだけで簡単に落ちると思ったのかもしれない。しかしYは否認を堅持した。彼女が警察に格別嫌悪感や反撥心をもっておらず、むしろ素朴な人物であることを知って、取調官は人間関係を作るなかで取調べを進めた方が有効だと判断したのであろう。初日の「貴様」が翌日から一転して「Yちゃん」という愛称に変わったという。しかし、これはむしろ例外的と言うべきであろう。

土田・日石・ピース缶爆弾事件の主犯と目されたMは、別件の公安事件容疑で逮捕をくり返し、いよいよ爆弾関係で取調べられたときの様子を、手記のなかで次のように書いている(19)。取調べは午前の班、午後の班の二班が担当していた。

午前班は、ただやみくもに怒鳴るだけ。二人とも立ったまま、頭の上から怒鳴り続けるんです。「おまえが犯人だ」「人殺し」「二重人格」「タダマン野郎」「鬼」「泥棒野郎」「なぜ認めないのかッ」「他の奴のことを考えないのかッ」……。二人が交互に怒鳴りつけてくるので、心身ともに消耗してしまいます。昼食は、砂糖を塗りつけてあるコッペパン一個と水。十分もあれば済んでしまいますが、それを挟んでずっとやられっぱなし。

彼らは二交替ですから、午後三時か四時になると、午後の班と交替してあとは休める。午後の班は、それから夜遅くまでやりますが、翌日は遅く出てくればよい。ぼくは一人で、彼らが休養をとってる間も追及され続けているわけです。「深く腰かけろ」「背を伸ばせ」「足は組むな」「手は膝の上に乗せておけ」「前を向け」「話している人の顔を見ろ」「質問している人の顔を見ないというのはどういうことだ」。頭をグイッと調べ官の方に向けさせられたり、姿勢を矯正されたり、長い時間同じ姿勢をさせられたりして、ヘトヘトになってしまう。

平静に取調べられたとしても連日、一〇時間を越える取調べには、たいていの人はまいってしまうであろうが、その取調べの中身がこのような侮蔑や強圧的命令の連続であれば、どうであろうか。それは肉体的疲労をもたらすだけでなく、精神的・情緒的な混乱を引き起こさずにはおかない。

取調べの場のなかでは、被疑者は一つ一つの振るまいに取調官の許可が必要となる。水を飲むのも、トイレに行くのも、被疑者の勝手にはならない。自分の行動が自分の意のままにならない。取調官は被疑者への支配力を、あえてそういうところで示そうとすることがある。Mの手記からもう一箇所引用しよう。(20) 彼は連日の疲労と不衛生な居房のせいで持病の喘息をこじらせている。

二月に入ると「黙秘します」と言うことが、俄然多くなってきました。それも取調べ初期の頃みたいに元気があってというのではなく、消耗しきって黙秘しかなくなったわけです。

岩城刑事などは、そうすると「おまえ、どこの国の言葉を喋っているんだ。モクヒなんて日本語はない。そんな言葉を聞いたのは初めてだ。どういう人間性からそういう言葉が出てくるんだ」と真顔で言うんです。多田刑事になると、ぼくが「便所へ行かせて下さい」と言うと、「黙秘ッ」と行かそうとしない。

便所に行かそうとしないのは、取調べ初期の段階からそうでした。喘息という病気は、水分をたくさん摂らなくてはならない。痰が硬くなると、気管に絡まって切れなくなり、もの凄く発作が重くなる。水を飲んで痰を薄めておくと、比較的痰の切れが良くなって軽い症状で済む。取調べ中に、水は飲ましてくれるんです。水を飲むと必然的に便所が近くなる。それで、便所に行かしてくれと言うと、「おまえ、俺たちの言うことは全然認めないくせに自分の要求だけ通そうなんて、そんな虫のいいことを俺たちが聞くと思っているのか」とか、「おまえは便所にばかり入って、取調べを中断させて逃げているんだ。行かさない。朝来たとき、昼、夜の食後、帰るとき、これ以外は便所に行かさない」。

便所に行かしてもらえないので我慢していると、脂汗が出てくる。すると多田刑事は、「N(連合赤軍事件で逮捕された女性)を調べた時に、やはり認めなかった。ヤツは隅っこでやったから、おまえも調べ室の隅でやれ」などと言う。


トイレに行かせてもらえないというのは脂汗が出るほど生理的に苦痛である。しかし、相手から許してもらえず漏れそうになる尿を我慢して耐えるというのは、それ以上に精神的な屈辱である。一つ一つの立居振舞いについて決定権、許可権を握った者は、最大限にこれを利用しようとの気持ちに駆られる。取調官とてこれがあまり人道的とは言えぬ方法だということは知っているはずである。しかし彼らからすれば、凶悪な犯罪をやっていながらそれを自白して謝ろうとしない人非人には、この程度のことは当然だとの正当化の心理が働く。

取調べの場で加えられるこの屈辱が、ふだん私たちがイメージする屈辱とは少々違うことに注目しておかねばならない。というのも私たちが通常、屈辱としてイメージするのはごく一時的、単発的なものである。人前で悪しざまにののしられたとか、自分の失敗を露骨に指摘されたとか、人前にさらしたくない自分の秘密をあえて暴露されたとか……そうした一時的、単発的な屈辱に対して、人は怒りをおぼえ、復しゅうを心に誓うことすらある。ところが、連日の取調べで繰り返される侮蔑的行為に対したとき、人はやがて怒りも敵愾心も失っていく。怒りはそれ

表13

手錠のままの取調べを受けた	7
うち片手錠での取調べ	4
同、両手錠での取調べ	3
腰縄つき取調べを受けた	11
縄で机などにつながれた	10
取調室のイスのため苦痛だった	23
机で壁に身体をおしつけられるようにされながら取調べられた	10
取調べ中まっすぐに坐っているように言われ、疲れて背をまるめたり下を向いたりするとどなられた	22
大勢の取調官に囲まれて取調べられた	24
耳もとで大声でどなられた	25
わざと顔を近づけてきた	17
体にふれないが手をふり回すなどしてビクッとさせた	12
机をたたくなど体以外の物に暴力をふるっておどした	25
体にふれる暴力行為があった	20
取調べ中トイレになかなか行かせてくれなかった	12
取調べ中入浴時間なのに入浴させなかった	11
取調べ中運動時間なのに運動させなかった	16
取調べ中食事時間に食事させなかった	16
取調べ中食事を取調べ室でとらされた	21
取調べ中水が飲みたくても飲めなかった	15
長時間の取調べで疲れて眠りこみそうだったが、休ませてくれなかった	23
病気中も取調べられ苦しかった	14
その他の生理的苦痛をこうむった	15

が表現され相手にぶつけられる可能性を多少なりとももつときにかぎって怒りとして自覚される。圧倒的に力の差のある取調べの場では、まずたいていのばあい反撃のすべがない。つまり被疑者は取調官の侮蔑行為に屈辱を覚えても、そこに反撃のバネが働くことはなく、ただ耐えるしかすべがない。そして反撃へのバネをもたぬ屈辱はおのずと屈従につながる。それは、比喩的に言えば、市民の屈辱ではなく、奴隷の屈従なのである。

逮捕される以前、人は少なくとも生理的な欲求の満たし方や自分の居場所、行き場所、立つ、座る、寝るなどの姿勢を自分の意のままに選べる。人が他者からそこまで支配されることは通常ありえない。しかし逮捕され代用監獄に勾留されると、そのほとんどありえないことが起こる。日常的な世界からのその落差は体験したことのない者にとっては想像を絶すると言ってもよい。

私たちの日常感覚からみてあまりにひどいこうした仕打ちが、取調べの場では決して例外ではない。数々の冤罪者たちの手記を読み報告を聞くかぎり、これがむしろ常態ではないかとさえ思えてくる。公けの目から遠い所に被疑者を連れ込み、圧倒的な力の差のあるなかで上位者が下位者を生活ぐるみ監視し、取調べるという構図のなかでは、おのずと一人対一人という人格的対等関係は損なわれ、支配と屈従の関係が生まれてくる。それはまさにごく普通の人間についてジンバルドが実験的に確証したことであった。

東京三弁護士会合同代用監獄調査委員会が三〇人の冤罪者を対象

に行った調査に、取調べ時に味わった生理的苦痛に関するものがある[21]（表13）。この表は生理的苦痛という観点から整理されているが、この苦痛は単に生理的なものではない。日常生活のなかで他人からこういう仕打ちを受けたなら、私たちはそれを苦痛としてより、むしろ屈辱として感じるはずである。しかも、いかような苦痛、屈辱に対しても、被疑者は有効な反撃ができない。このような生活全般にわたる支配と侮蔑のなかで、被疑者はどのような心理状況に追い込まれることになるか。それが取調官への屈従であり、やがてそれが迎合につながっていくことは見やすい。

2　身体的条件——食う、寝る

取調べの場での否認力動—自白力動には直接かかわらないが、両者のバランスを背後で大きく左右する逮捕・勾留・取調べの諸条件について、以上主として被疑者の精神的状況に焦点を当ててみてきたが、最後にその身体的状況についても触れておかねばなるまい。人はパンのみにて生きるにあらずと言うが、これももちろん人はパンなしには生きられないとの前提の上での話である。人間の判断行動の背景として、基本的な身体的状況を無視することはできない。

これまで述べてきた被疑者の精神的諸状況がストレスとなって、被疑者の身体的疲労を重積させていくことは、あえて指摘するまでもない。しかしそのような疲労以前のところで、人間のもっとも基本的な生活条件、つまり「食う」「寝る」という部分についてさえ十分な保障が与えられないことがままある。まず、「寝る」という点についてみよう。重大事件で連日朝早くから夜遅くまで取調べられるようなばあい、生活リズムはくるうし、房に帰ってスッと寝るというふうにもならないから睡眠不足にもなる。これが被疑者にはひどくこたえる。文字通りの拷問的取調べを受けた免田事件のMのばあいに一番こたえたのは睡眠を奪われたことだったと言うし[22]、プラハ事件のアルトゥール・ロンドンのばあいも断眠という拷問が意識的に用いられた（一五六頁）。もちろん今日そのような断眠による取調べが直接的に行われることはない。しかし無実の罪でとらえられ、弁明を聞いてもらえず、自らの無実を証そうと必死に考える。そうしたストレス下で、慣れない寝床に着のみ着のまま、薄汚れたほこりだらけの毛布をまとって、健かに安眠できる人間はいない。結果的に睡眠不足的状況が出てくることは当然であろう。前項であげた冤罪者へのアンケート調査でも「長時間の取調べで疲れて眠りこみそうだったが、休ませてくれなかった」と訴えた者が三〇人中二三人もいた。これはあまりにひどい状況と言わざるをえない。

「食う」という点についても同じである。法の理念のうえでは裁判で有罪判決が下されるまでは無罪推定の下、対等な人格として被疑者を処遇せねばならない。まして身柄拘束というかたちでもっとも基本的な人権を侵しての勾留・取調べを行っているのである。せめて「食う」くらいは世間で常識となっている程度の食事を提供すべきところであろう。ところが現実は、およそ常識を逸している。いや、被疑者はまず九九パーセント犯人であり、犯罪人には劣悪劣等な処遇こそがふさわしいというのが、ひょっとするとわが国の常識なのかもしれない。

被疑者留置規則実施要綱には「給食の適正」として「栄養および衛生に……注意を払う」べきことが記されている。ところが実際に留置場で出される食事は、世間の常識をはるかに下まわる貧弱さである。表14にあげたのは一九七五年に東京三弁護士会合同代用監獄調査委員会が体験者から聴き取ったところをまとめたものである(23)。いずれも東京都内のケースである。この表にあげられた七ケースのなかでも、多少ましな例（C）はあるが、それでも一般家庭の食事からするときわめて貧弱である。Gのケースは仕出し屋が請け負って残り物を使うため、時に留置場のわりに良いおかずが出たりするが、残り物がなければ夕食でも白飯とたくあんである。どのケースも量がきわめて少なく、「あまりに少ないので一回弁当箱をふってみたら、小さいおにぎり一個分しかなかった(24)」と言う。飲み物も、ほとんどが白湯というのには驚く。

表14

ケース	朝	昼	夜	註
A	米飯　白湯 ☆福神漬二切	砂糖がのったパン 白湯	弁当　☆みそ汁 おかず二〜三点	みそ汁は実がない。
B	麦飯　みそ汁	薄いトースト二枚	経験なし	いわゆる臭い飯という感じでたべられない。

C	塩こぶ一つまみ 米飯　みそ汁 たくあん二切	パン バターかジャム少し	米飯とおかず☆（コロッケなど）	カレー、ピラフなどもあり、バラエティにとんでいる。（味は食堂などのものとは全然違うが）
D	パン☆ みそ汁	米飯　白湯　おかず（さつまあげ半分ショウガ一切）	米飯　白湯　おかず（同上にもう一点加わる）	ふつうは塩水みたい。日曜は看守が自腹を切って味噌と実を入れてくれる。
E	米飯 みそ汁	パン☆四片 マーガリンとジャム	米飯　おかず一品（サバ煮つけなど）	取調べで検察庁へ行くとコッペパンになり、手錠のまま食べる。水分は食事中は無く終わってから順に行って白湯を飲む。
F	何もつかないパンと白湯 または米飯みそ汁たくあん	パン☆二個	米飯　みそ汁　おかず（煮魚が多い）一品	警察取調室または検察庁でのみ昼食した。
G	食パン二切　何か少しついている　白湯	米飯 インスタントみそ汁	米飯　おかず☆ 白湯	よいときはいいもの、悪いときはたくあんだけ。

この食事で満足できる者はまずいない。それどころか、差し入れや自弁購入（出前をとる）がなければ、これだけでは身がもたない。「官給食だけでは調べ室のイスに座っていることすらできない」という人もいる。たいていの人が「あれだけ食べていると確実に体が弱ってくる」と訴える。現にゲッソリやせて、血色が悪くなったという人も多い。同房者のあいだでも話がおのずと食べ物の方に向いていくし、調べ室で「もなかを食べてきた」とか「〜を食べてきた」という話が羨望の的になったりするという。

食事を十分にとらなければ、当然、やがて身体がまいってくる。それゆえ差し入れや自弁購入で、これを補うことが必要となる。また刑訴法でも「糧食の差入れおよび自弁購入はこれを禁止してはならない」と規定されている。ところが現実には、「留置場の規律および保安上支障のない限度においてその差入れを認めることができる」との実施要綱のゆえに、取調官の意向によって差し入れ、自弁購入さえ止められてしまうことがある。実際、代用監獄体験者の多くは「差し入れ、自弁購入は取調官の意のままだ」という印象をもっている。とすると、食欲という人間にもっとも基本的なところを操作し、食事を文字通り餌にして被疑者を操るということさえ可能になってくる。たとえば財田川事件のTは一日四合の御飯を食べるという大食漢だったが、取調べがきつくなるにつれてめしを減らされ、取調官に都合のいいことを言うと官舎に連れて行ってもらってうまいものを食わせてもらったという(25)。そこまで露骨なことをせずとも、生活の要たる食事が取調官の意向によって左右されるというのは大変なことである。被疑者の自白力動を直接的に高めるべくこの種の利益誘導が行われるなどというのは言語道断と言うべきであろう(この点は自白力動に直接かかわる論点なので、第九章で再論する)。

このように「食うて寝る」という基本的な部分においてすら十分な生活条件が満たされないなか、過度の精神的ストレスを受けつづければ、身体的健康さえ保持しがたい。長期の勾留中に病気になったり、持病が悪化することが決して少なくない。ところが、代用監獄下での病気の扱いが、また問題である。ふつうなら身の回りの人間が「具合が悪い」と言えば、適当な薬を飲ませたり、医者に連れていくところを、多少のことでは警察は薬もくれないし、医者にも診せない。前項でみた土田・日石・ピース缶爆弾事件のMは、取調べ中ひどい喘息の発作を起こしても、医者に診せるということは一度もなかったという。彼はこう書いている(26)。

薬も駄目、診察も駄目、「認めない奴に、なんで俺たちがそんなことをしてやる必要があるんだ」ということで放置されたわけです。起訴してやっとトローチを買ってくれた。もっとも、トローチでは喘息に効くはずがなくて、ほんのちょっと喉を和らげる程度と、腹の足しにしかなりませんでした。

Mらとほぼ同じ時期、警視総監公舎爆破未遂事件で逮捕されたSも、よほど深刻な状況にならないと医者に連れて行ってくれないことを次のように語っている(27)。

夜から急に腹が痛くなりまして、最初たいしたことはないだろうと思って我慢していたのですけれども、夜中になって非常に痛みが増しまして、これはおかしいということで、赤坂の看守(麴町署で調べを受けていたが、留置場は赤坂署で、預りの身であった）に薬をくれとかいうことで、いろいろ言ったのですけれども、結果的には薬も何もくれないで「水をあげるから、水でも飲んでいろ」とか言ってね。それで飲まされて、それでも痛みがひかなくて、結局、朝までずっと一睡もできずに苦痛にもだえていたわけですね。どうしようもなくて、医者に見せろという要求を最後にしましたら、赤坂では「預りの身の人間には、赤坂署で医者を世話するとかそういうことはできない」ということなのですね。……麴町署のぼくの調べの担当の人に話さないと医者も連れてくるわけにはいかないというのですね。……それで朝になって「それほど苦しむのだったら、これから担当の取調官に連絡するから、それまで待て」というわけで……待っていると取調官が来ましてね。「どうした」というわけでね。苦痛を訴えたわけですね。医者にすぐみせろということを訴えたのですけれども「どのあたりが痛むのだ」とか、そういうことばかり聞いてなかなか連れていかないわけですね。そのうち、だんだんと意識がもうろうとしてきちゃってね、歩けないのです。立てないのです。その状態を見て、急いで警察病院に問い合わしたみたいで、それでやっと警察病院に連れて行かれたわけです。

勾留中の被疑者に対して、取調官がその健康に積極的に配慮することはまずない。それどころか、右の二人の話のように、通常なら医者の診察を受けるべき状態になっても簡単には医者に見せない。被疑者留置規則には「留置人が病気にかかった場合には、必要な治療を受けさせ、別房に収容して安静を保たせ、また医療施設に収容する等その状況に応じて適当な措置を講じなければならない」と明記されているにもかかわらず、現実には被疑者の健康よりも、取調べの方が優先されている。前項であげた**表13**（三七〇頁）でも「病気中も取調べられ苦しかった」と答えている人が三〇人中一四人いる。

また嘱託医に診てもらっても、良い加減な診察しか受けられないこともある。ひどいものにはこういうものがある。これは高血圧と糖尿病で入院加療中にテレビで指名手配されているのを知って、そのまま病院を抜け出して自首した被疑者の話である。[28] 血圧が二〇〇を越え、口や手にしびれが出て脳内出血あるいは脳梗塞を疑われるほどの症状だったが、嘱託医は「人に迷惑をかけたものだからそういう因果応報の生霊がたたってお前は具合が悪いんだ」と言い、「ちゃんと白状して改心すれば治る」と言ったという。ここまで極端でなくとも、嘱託医への不信を述べるものは多い。

さて、この病気の扱いに象徴的にあらわれてくるように、留置場というところはおよそ適正な生活の場所ではない。刑訴法の原則通り最大四八時間の留置期間でさえ耐え難いところ、その例外規定によってこの場が勾留のために使われ、二三日あるいはそれ以上にもわたって、そこに起居せねばならないとすればどうであろうか。取調べ自体が大変な苦痛であり、多大なストレスをもたらすうえに、生活状況が常軌を逸する厳しさであれば、どこまで耐えて自らの真実を守れるのか。並の精神力の持ち主には、およそそれは無理なことではないかとも思えてくる。

弘前大学教授夫人殺害事件の被疑者Nは自白に陥ることなく、否認を貫いた（にもかかわらず、一審無罪のあと、二審で「懲役一五年」の有罪、最高裁も上告棄却して確定。服役して釈放後、真犯人が出て再審無罪となった）。彼が否認を貫徹したについては、一つには意志の強さということもあったろうが、もう一つには彼が代用監獄に入れられず、拘置所に収容されていたことが大きかった。弁護人の一人青木正芳は次のように述べている[29]。

あのときは拘置所に収容されていたんです。警察の留置場のような代用監獄ではなかったわけです。拘置所の職員は取調権がありませんから、意地悪もされない。代用監獄に入れられて、警察官に苛められるというようなことはなかったんですね。

拘置所の勾留は、取調べから解放される時間がある。警察の代用監獄での取調べにはそれが実質上ないんです。この違い……が、虚偽の自白をするか、しないかの違いになっています。

それから食料事情が悪かったので（この事件は敗戦後四年目の一九四九年であった）、拘置所がまともに食事を出せない。それで差し入れが自由だった。Nさんの家族は、あたたかいご飯やみそ汁を作ってもっていってるんです。

拘置所にはまだ生活がある。その生活のリズムの中に取調べを組み込むのであって、代用監獄でのように取調べを優先させて生活にしわ寄せをするということはない。そのうえ家族からの温かい差し入れが温かいまま被疑者の手にわたるとすれば、家族の支えを具体的なかたちで感じられたであろうし、それだけ孤立感も薄められたはずである。そうした生活状況からの支えがなければ、いかに意志の強い人であっても、どこまで耐えられたであろうか。

人は空のなかで生きているのではない。土の上に足をつけ、身近な人びととの共同性のなかで、おのおのの場所をもち、そこで一定の内実をもつ生活を送りつつ生きている。人がその場面場面で行う種々の判断も実はそうした生活に支えられてこそ意味をもつ。それゆえ無実の人が、その生活の場のただなかで他人に「この事件の犯人はおまえではないか」と言われたとすれば、間違っても「私がやりました」とは言わないだろう。

しかし彼が、その彼自身のものである生活から根こそぎ引き抜かれ、代用監獄に放り込まれて、その全生活を支配され、見知らぬ取調官に取り囲まれて追及されたならばどうであろうか。彼の日常を支えてきた生活の流れが遮断され、自分にかけられた嫌疑の一点に意識を集中させられ、周囲からの支えの手は見えず、孤立無援のなかで、目前の取調官からは侮蔑され、屈従を強いられる。おまけに自らの健康を保持するための「食うて寝る」の基本的生活さえ、自分の意のままにならない。無実の被疑者のおかれた取調べ状況はこういうものである。こうした状況のなかで彼は、日常生活のなかでのように適正な判断が可能であろうか。

私はここで被疑者が異常な心理状態に陥るがゆえに、その結果として非合理的な、間違った判断を下すようになるのだと言いたいのではない。むしろ逆に、異常なのは被疑者のおかれた状況のほうなのである。判断というものはつねに状況に相対的なものである。「私はやっていない」という判断が正常なのは、周囲の状況が正常だからである。しかしそうした正常な、人間的な状況を奪われ、異常な非人間的状況におかれたとき、それでも「私はやっていない」と言うのが正常な判断かどうか、いやむしろ状況に屈して、自分はやっていないと心の内で思いつつ「私がやった」と言うのが正常な判断なのか、それはにわかに決することのできない問題であろう。(30)

数多くの冤罪事件を手がけ、無実者の無罪を勝ちとってきた後藤昌次郎は、こう書いている。

〔心理的拷問というのは〕被疑者を人間的な関係から切り離し、非人間的状況に置くことである。人間が人間らしく生き、独立の人格を維持し、主体的に判断し表現できるためには、人間的環境、非人間的でない環境が必要である。家族・友人その他親しい人々との心のふれあい、相互信頼、自分がその中に生きている社会環境に関する正確で十分な情報、それに基づいて自分なりに思索し判断する時間、相互に意見を交換し、意志を疎通して、誤りがあれば誤りを正すことのできる機会、こういうものが人間的な環境と言いうるものであり、このような環境から切り離して非人間的な環境に置くのが心理的拷問である。

一人前の人間がやりもしない犯罪について嘘の自白をするはずがない、と考えられがちであるが、暴行による肉体的拷問をうけなくても、眠らせないなどの生理的拷問をうけなくても、人間的な環境から隔絶させることによって人間は人格を解体され、主体性を奪われ、判断力を失って嘘の自白に追いこまれるのである。

後藤がここで示唆しているように、肉体的拷問や生理的拷問がないということは、「人間的な環境」のための必要条件ではあっても、決して十分条件ではない。現にそうした拷問的手段を使わずとも、被疑者を「非人間的な環境」に追いやることが容易であることは、本節で縷々述べてきたことから十分明らかであろう。ところが、被疑者のおかれるこうした取調べ状況・生活状況が「非人間的」であることに思いいたらない人が多い。いや取調べにあたっている当の取調官自身が、ほとんどそのことに気づいていない。足を踏んでいる者には、踏まれている者の痛みがわからないと言う。それと同じである。「人間的な環境」と言ってしまえばごく簡単だが、それを奪われた者にしかその意味するところはなかなか分からない。

ともあれ、本節では無実の被疑者を念頭に、彼らが代用監獄に捕らえられ、取調べられることが、彼らの視点からしてどういうものなのかを見てきた。次の二章では、これを前提に、被疑者のなかで否認力動―自白力動がそれぞれどのように変転するかを考察する。

第八章　否認力動を低減させる要因

前章では無実の被疑者が逮捕され、勾留され、代用監獄下で取調べられることが、当の被疑者自身にとってどういう状況として受けとめられるかをざっと見てきた。それだけでも、これが耐えるにかなり困難な状況であることは十分に理解できる。以下二章ではいま少し限定して、虚偽自白過程において否認力動がどのように減退し、自白力動がどのようにして昂進するのか見ていくことにする。

本章ではまず否認力動の減退を論じる。前章の初めに図示して整理したように（三三六頁の図19）無実の者の否認力動については、三つの契機をあげることができる。すなわち、

1　取調べの場および取調官への反発
2　自白して罪をかぶった場合に予想される刑罰、および社会的評価や地位の喪失（先の図19では二つに分けて描き込んでいるが、いずれも「自白から予想される結果」であるので一つにまとめる）
3　自分の真実を守りたいという衝動

この三つである。以下、この順に考察する。

第一節　取調べの場および取調官への反発の緩和

自白も言葉で語られるものである以上、一つのコミュニケーションである。つまり自白を聴取する者と自白を行う者とが同じ土俵の上に立ってはじめて成り立つ。このことは真の自白についても、虚偽の自白についても同じである。いや、否認でさえ、それが言葉でもって取調官に伝えられるかぎりではコミュニケーションである。自白と否認とは、特定の犯罪についてプラスの表明であるかマイナスの表明であるかというレベルでは対立するが、取調べという同一のコミュニケーションの土俵に立つという意味では同列に並ぶ。その点で自白に真に対立するのは黙秘である。黙秘とは、そもそもコミュニケーションの土俵に乗ることへの拒否なのである。相手と同じ土俵に乗ることを拒否し、コミュニケーション自体を拒むかぎり、自白への道へ向かうことはありえないからである。

ここで再び思い起こすのが、ブルーノ・ベッテルハイムが自らの収容所体験を振り返って述べたことである（第四章一六一頁でも触れた）。それによれば、最初のショックに耐えることがもっとも難しかったのは中産階級の非政治犯、つまりナチスの所業に対して批判的な視点をもてなかった人々だった。ベッテルハイムは次のように書いている。(1)

彼らは自分に何が起ったのか、何故起ったのかまったく理解できなかった。彼らはそれまで自尊心のもとになっていたものにいっそう強くしがみついた。ひどい虐待をされても、それまで一度だってナチズムに反対したことはないと親衛隊員に申し立てるのだった。また法律には文句なしに従ってきたのに、なぜ迫害されるのか理解できなかった。そして不当に拘禁された今となっても、自分を迫害するものに心中ひそかに反対することさえしなかった。彼らは自尊心を極度に必要としていたが、もし心の中であろうと、圧制者に反対すれば、自尊心を回復できるはずだった。だが彼らにできることといったら、ただ哀願するのみで、平身低頭するものが大部分だった。彼らにとっては法と警察は絶対だったので、ゲシュタポのすることは何でも正しいと認めた。彼らがたった一つ反対する点は、ほかならぬ自分自身が迫害の対象となった点で、それとても当局がすることであれば、正しいはずであった。そこで彼らは、これはすべて「間違い」なのだといって、その苦しい立場を説明するのだった。

ベッテルハイムの話を私たちの文脈に置きなおして言えば、相手の土俵に乗っかって反対するのではなく、まさに土俵が違うのだというかたちで対決することによってはじめて自分を十全に守ることができるということになる。しかしこのことが取調べの場ではいかに困難なことかは、すでに何度か触れた。わが国では法の上で黙秘権がはっきり認められながら、事実上被疑者には取調べ受忍義務があるかのように見なされているからである。私たちの用語で言えば黙秘権とはコミュニケーション拒否の権利であり、取調べ受忍義務とはコミュニケーション受容の義務であるから、これは明らかに矛盾する。しかし、少なくとも今日の法解釈の上ではこれが矛盾しないかのごとくに考えられ、いかに黙秘を申し立てても、取調べの場には引き出される。それゆえわが国にあっては黙秘権は事実上なきに等しい。取調官の側から言えば、相手の陣地の第一関門は最初から開かれているのである。

さてそこで問題は、そのようにして取調べの土俵の上に被疑者が乗った上での話である。被疑者は否認する。その心的力動のなかには取調べの場や取調官への反発がある。被疑者の立場からすれば、取調官によって否応なくその場に引き出されたものである以上、そうした心的力動が働くのは当然であろう。取調官にとってはこの反発にどう対処するかが問題となる。大雑把に言えば、そこには二つの方法がある。一つは被疑者の反発を和らげる方向に働きかけるもの、もう一つはその反発を押しつぶす方向に働きかけるものである。

1 被疑者の反発を和らげる人間関係

前章でみたアメリカのインボーらの方法は被疑者の反発を最小限にするべく、相手の気持ちを尊重し、人間関係を最重視するかたちで取調べをすすめる典型例である。彼らのあげた例にこういうものがある(2)。

六〇歳くらいの女が、その営む下宿で下宿の男を殺した、という嫌疑をかけられた。彼女は男が死んでいることを警察に届けた。死因は一見自然死のようであったが、解剖の結果、男は背中に小さな弾丸を撃ち込まれて殺されていることが明らかになった。女に嫌疑がかけられた理由はいくつかあったが、その一つは、被害者としばしばベッドをともにしていた、という事実であった。著者が女を尋問することになった。尋問の予定時間になると、二〇年以上警察官の経験のある警部が、被疑者を連れてきた。警部は、被疑者を別室に待たせたまま、著者に事件のあらましを語った。尋問の準備ができたとき、警部は大声で尋問室に入るように言った。被疑者が近づいたとき、尋問室を指さして「おい年増の淫売、そこに入れ、この方が話をしたいそうだよ」と言った。彼女は、むっとした表情で警部をにらみつけながら部屋に入った。

この警部のように被疑者を扱ったのでは、被疑者が心を開くはずはない。尋問者は被疑者がたとえ身持ちの悪い女でも、あるいは売春婦であっても、尋問に乗じてひどい扱いをすることは許されないとインボーらは言う。そんなふうに扱ってしまえば、尋問はそれだけでだいなしになる。右の件では　インボーらは次のように扱ったという。(3)

警部が去った後、著者は、「〇〇〇さん」と呼びかけ、腰をかけるように言った。さらに、逮捕されてから、また警察官から尋問をされたときに何か食物を与えられたかと尋ねたところ、彼女は「ノー」と答えた。彼女は、尋問室に運ばれてきたコーヒーとサンドイッチを勧められるままよろこんで食べた。その後も著者は、被疑者を〝淫売〟としてではなく、〝レディ〟として扱い続けた。まもなく、被疑者は下宿人を殺したことを自白し、有罪を決定的にする供述をした。そのうえ数年前に謎の死を遂げた夫の殺害まで自白した。

こうした方法はもちろんわが国でも重視されている。第五章で見たように、わが国の第一線刑事は取調べに臨んで「人間関係」を重視している。また被疑者から自白を得たとき、何が効を奏したかを現場刑事から報告させた諸事例からも、そのことは確認される。科学警察研究所心理研究室の渡辺昭一と鈴木昭弘は、その報告をまとめて次のように述べている。(4)

被疑者を価値ある人と認め、よき理解者としての態度を保つ等、取調官の被疑者に対する人間的かかわりを基本として、その上で被疑者の言い分を十分に聴きながら取調べを進めることにより、被疑者の内面にある種の心理的な準備状態が形成される。

これは有罪の被疑者を前提にしての話である。そしてここに言う「ある種の心理的な準備状態」と言うのは、もちろん自白へ向けての準備状態のことである。しかし、同じ働きかけが無実の被疑者に向けても行われ、またそれが虚偽自白への準備状態にもなりうることに私たちは注目せねばならない。

土田・日石事件で逮捕されたEも、逮捕当初は非常にソフトな雰囲気で取調べを受けている。彼の手記から引こう。(5)

三月一九日午前一一時頃、僕の会社から警視庁差し回しの車に乗せられ、途中でワッパをはめられて警視庁へ向った。警視庁で簡単な調書をとられ、指紋、足紋、写真などをとられた。……刑事の態度は予想に反して、びっくりするほど親切だった（翌二〇日は取調べを受け、主犯と目されていたMらのことは知らないと嘘をついたが、その夜のうちに何も隠さずしゃべった方がよいと思いなおす）。……中略……

二一日はやはり朝一〇時頃から調べが始まった。そして僕はM氏の事、自動車を修理したこと……などを話した。刑事は当然という顔をして調書を作った。しかし、刑事はあくまでやさしい。H君（同事件で主犯格と目された一人）から以前聞かされていたのと大分違う。常盤部長は「心配するなよ、こんな事じゃ普通、犯人隠避じゃ引っ張らないいんだよ。MやHがあんなとんでもない事やっちまったんだからEも運が悪いんだよ。大丈夫だよ、大した罪じゃないいんだから。保釈だって効くよ。安心してみな話しちゃった方がかえっていいよ」

と言う。こうした事からだんだん警察に対する警戒心が薄れてゆく。

これが一一日間にわたる代用監獄生活、そして保釈実現までの四年間の出発点であった。運動歴も、まして党派歴も持たず、ただMらと知人だというだけで事件に巻き込まれたEに取調官は当初、きわめて紳士的に接し、E自身も早々に警察への警戒を解いて、知っていることを隠さず話そうと思いなおしている。無実である以上、隠さず話すことがそのまま否認となるのだが、そうして取調べの土俵に乗っかることで、結果的には自白への道を一歩踏み出すことになるとは、彼自身そのとき気づいていない。

Eのばあい、少なくとも逮捕当初は従犯の立場にいた。最初の逮捕も、主犯と目されたMをかくまったとの容疑であった。またE自身、元赤軍の活動家であったMがこの種の爆弾事件に関与していないとは確言できない状況にあった。自分がやっていないことは確かでも他人がどうだったかは不明である。だからこそ彼は逮捕の不当性に怒ることも、その怒りをバネに警察に対して対抗していく姿勢を持つこともできなかった。早々に「知っていることを隠さず話そう」と思ったのは、彼の状況からしてある程度やむをえないことであった。

その点対比的なのは、Eより一ヵ月前に逮捕されているN子のばあいである。彼女は当時、Mと同棲中で、子どもを身ごもっていた。にもかかわらず警察は容赦なく逮捕に踏み切っている。N子の場合、Mと近い関係にあっただけに、自分たちが巻き込まれつつある事件について、当初からその冤罪性を明確に認識しえていた。それに自身の父親が元警察官ということもあって、警察に対する畏怖の感情もなかった。取調官に対して一歩下がって弁明するのではなく、あくまで対等な位置を堅持しえたし、警察のやり方に怒りをぶつけ、侮辱的な仕打ちにはきっぱり拒絶の姿勢をとることができた。彼女はこう語っている。(6)

ピース缶事件というのは、それまで全く知らなくて、M君が逮捕された時、図書館に行って新聞の縮刷版を見て初めて知ったんです。こんな事件で逮捕されたら、このままでっち上げられて、留置場に閉じ込められてしまうかもしれないという不安と、怒りでいっぱいでした。ところが、翌日には土田・日石事件で逮捕です。

土田事件というと、土田夫人が死んでいる大きな事件で、私も新聞報道の記憶が残っていました。そんな事件で犯人でもない人間を逮捕するのは、正気の沙汰ではない。しかも、妊娠している女性を逮捕するというのは、警察の信用を失うものだと思いました。そこで、警視総監に直接訴えれば、捜査をちゃんとやってもらえるのではないかと思ったので、「警視総監を呼んでらっしゃい」と怒鳴ったんです。もっとも、ちょうどその時、警視総監は犯人逮捕の記者会見をやっていたということを、後に新聞報道で知ったのですが……。

このように取調べに対して距離をとり、相手のペースに巻き込まれない姿勢をもてたN子は最後まで否認を貫徹している。取調べの場への反発、批判を最後まで保持できたがゆえに、彼女はその否認力動を殺がれることのないまま、自分の真実をまっとうできたのである。しかし、彼女のように取調官に対してきっぱり距離をおいて対決できる人は多くない。また取調官自身、何とか被疑者を自分たちのペースに巻き込もうと努める。彼らにとっても、それが被疑者を自白へ導く第一歩なのである。

甲山事件のYも、逮捕初日こそ高圧的に厳しく言われたけれども、翌日から取調官は「Yちゃん」と親しく語りかけ、Y自身も心を開いて、無実の弁明につとめ、アリバイを思い起すことに必死になる。取調官はそんなYのアリバイ想起に協力するかたちで、結果的にぬきさしならぬアリバイ強迫に追い込み、「空白の一五分」を作り出すことで、Yを自白の方向に大きく突き出していく。そこには奇妙な信頼関係が成立している。Yは「警察は絶対白を黒なんかにしない」という取調官の言葉を信じ、「あんたが逮捕されたのはアリバイが一番あやふやな説明してたんや。他の職員は皆びしっとして説明できてたから逮捕されなかった。あんただけがちゃんとできてなかったんや。だからアリバイが証明できたら明日にでも釈放やから」という言葉を信じた。つまり逮捕したのは警察が悪いからではなく、自分の側に疑われるような落度があるからだと思わされたのである。そこには警戒心のかけらもない。ベッテルハイムが言うように、「相手が悪いのではない、ただ相手が自分を捕えたことが間違いだっただけだ」との姿勢が一番抵抗力に欠ける。現にYは、この姿勢のゆえに完全に取調官の土俵の上で自縄自縛の罠に陥って、自白せざるをえなくなる。

ただYのばあい、この奇妙な信頼関係から脱け出し、自ら落ち込んだ自白を撤回する時が来る。その過程がここでの否認力動を考えるうえできわめて興味深い。すでに紹介したようにYの逮捕は四月七日。その一週間後の四月一四日に「空白の一五分」が埋められないまま、無意識のうちに殺したのかもしれないと言い、それから三日後四月一七日、最愛の父からも見捨てられたと思い込まされて「私がマンホールに投げ込んだ」と自白した。その後の五日間、断片的、曖昧な形ではあるが自白を維持している。ただ、その自白の間にすら彼女はこんな否認的供述を残している。これは四月一九日のものである。

> 私は昨日、一五分間の行動についてどうしても思い出せないことを何回も申し上げました。そして私のこの胸の中にある判らないものを引きずり出して下さい、と何回もお願いしました。(一昨晩、昨晩と話した自白を)別に取り消そうとは思っておりません。(動機について)やったことはありませんので……喋れるはずはありません。判りません。思い出せません。……真心のこもった捜査をしていただいたことを大変うれしく思います。全然恨んではおりません。……全部私に不利です。だからもういいです。……私がいままで考えていたような警察ではなく、心の暖い人達だということはよく判りました。すごくみんなに大切にされて幸せだと思っております。

アリバイさえはっきりできれば無実が証明できると言われて取調官の土俵に乗せられ、そこに作り出された「空白の一五分」によって自白に陥ったにもかかわらず、なお彼女はその取調べが「真心のこもった捜査」だったと言い、取調官は「心の暖い人達」だったと言う。まだ完全に相手の土俵の上にあって、思い悩み、ひょっとして自分がやったのではないかとの惑いに悶々としている様が、右の供述からは如実に読みとれる。しかしそうした惑乱のなかから、Yはようやく自分を取り戻す。そこには二つのきっかけがあった。

一つは、二人目の男児が行方不明となった事件当夜のことを懸命に記憶喚起するなかで、行方不明との報せを聞いてから自分が必死で周辺の山林のなかを探したことを思い起こしたことである。彼女は法廷でこう述べている。

いくら考えてもやったということ（男児を連れ出してマンホールに落とすという犯行）が思い出せないばかりか、O（同僚保母）からS（行方不明の男児）の行方不明を知らされて本当にビックリし、真剣に甲山周辺を捜しまわった時の自分の気持ちを考えるにつけて、自分がやっていないからあんなに真剣に捜せたんだ、自分はやっていないという確信を取り戻すに至った。

これはむしろ否認力動のなかの第三、つまり自分の真実を守りたいという衝動に関わるものと言ってよい。私たちがここで問題としたいのは、次の二つ目の契機である。

男児を「マンホールに投げ込んで殺したことは間違いないと思います」などという、犯人の自白とはとても思えない自白をなお繰り返しているなかで、Yは弁護士の接見を受けて、「警察は六法全書なんかを見せて、本当は殺人でも死刑にならないんだよって、うその自白をさせるために説明する」ものだと聞かされる。ところが折も折、その弁護士接見を受けた日の夜、担当の取調官はまさに弁護士の言うとおりのことをYに対してやったのである。

その晩でした。山崎さん（担当取調官）が六法全書を持って来て、わたしに説明したわけです。Yちゃんは本当はやってるんだけど、死刑になるのが恐くてやったって言わないんだろうということを言われました。六法全書には殺人をしたって死刑にはならないんだと、懲役三年からというようなことが確か書いてあったと思うんですね、（山崎が）説明したとき。そういうことを山崎さんがしたわけです。それでそのときに、弁護士さんの言ってた六法全書のことと、山崎さんの示した態度が一緒だったわけですね。それでそのとき、ああこの人はわたしのうその自白を取るためにやってるんだな。もう山崎さんの取調べは受けたくないって思って、山崎さんの取調べはもう受けたくありませんということを山崎さんに言いました。

それまで弁護人のアドバイスにも耳をかさず、ひたすら相手の土俵でアリバイを喚起することが身の証を立てることになると思い込んできたYが、ここでやっと取調べというものへの警戒心をよみがえらせる。それは警察のデッチ上げの意図に気づいたというほど明確な敵対意識ではなかったかもしれない。また取調官自身、これまで引用してきた曖昧な自白や陰影に富む否認をそのまま供述調書にとどめているところからして、明らさまなデッチ上げの意図をもって彼女に迫っていたとも思えない。しかし、弁護士の忠告どおり取調官が手練手管を尽して自分を自白に追い込もうとしていることだけは明確に意識できた。そうして、それまで自分が巻き込まれていた取調べの土俵から身を離して、これを相対化して見ることができるようになったとき、彼女ははっきりと否認の意志をかためることができたのである。ここに否認力動の第一要因を見出すことができる。このような相対化の意識を堅持して取調官に対峙するかぎり、被疑者が虚偽の自白に傾くことはない。

しかし無実の被疑者がそうした意識を堅持して取調官から距離をとることは至難である。むしろ逆に取調官と良い人間関係を作って何とか理解してもらおうとする。そしてそのことが虚偽自白への第一歩となる。

狭山事件のIが否認から自白へと転回した契機にも、否認力動についての同様の事情が読みとれる。Iが最初逮捕された容疑は、脅迫状の筆跡が似ているということから、おどして金をとろうとしたという点のみがとりあげられ、殺人の件については直接の容疑からはずされていた。また金をおどしとろうとしたというこの恐喝容疑に加えて、暴行と窃盗の二件をかぶせての逮捕であった。もっとも暴行というのは車の接触事故で相手方を一発殴ったというもの（あとで酒二本で詫びを入れて終っていた）、また窃盗は友達の上着を無断で借用していたもので、本来逮捕に及ぶような事件ではない。つまり半ば別件との抱き合わせによる逮捕で、警察の狙いはもちろん女子高生殺し事件の解明であった。

Iは逮捕後、別件についてはすぐに認め、それ以外に軽微な別件をさらに七件自白している。その点で彼は、別件取調べには従順に応じたと言ってよい。問題は本件の誘拐・脅迫・殺人である。彼は直接の容疑となった脅迫状作成に関して、ほぼ一ヵ月近く否認した。実際、被差別部落に育ち、小学校五、六年まではどうにか学校に通ったものの、勉学の意欲は薄く、文字は仮名と簡単な漢字が書けるくらいのもので、脅迫状に書かれていた漢字のなかにはおよそ彼の能力では書けないものも含まれていた。それに脅迫状の文字は筆勢のある書きなれたもので、Iのただたどしい文字の書き方からはおよそかけ離れたものであった。取調べのなかでI自身、脅迫状のなかには自分にとても書けない文字があると主張し、取調官もまたその事実を認めないわけにはいかなかった。

ここまでのところIは、取調べに対してとりわけ反抗的な態度をとっているとは見えない。別件は素直に認め、余罪についても自分のほうから自白しているし、脅迫状作成についても素直に調べに応じて、弁明につとめている。取調官の方も最初はむしろ人間関係を作るところから取調べをすすめて行ったようにも見られる。ところが五月二三日に逮捕されて最大の勾留期限の切れる前日の六月一三日、検察は別件の暴行・窃盗など九件だけでIを起訴し、それ以降、様相が一変する。

軽微な別件にからめて本件の脅迫状作成部分を容疑に逮捕して、これでもってIを自白に追い込めると考えていた警察・検察の目論見ははずれた。しかし、それで諦めるというわけにはいかず、起訴後の勾留延長手続きをとって取調べの継続をはかった。この手続きをめぐって、それ以降の検察と弁護人との間で複雑なかけひきが行われる。これについては、法律に無知な一般の人びとにはおよそ見当のつかないもので、当のIにこれが理解できなかったとしても何の不思議もない。検察の起訴後勾留の手続きに対して、弁護人は翌一四日に保釈の請求をしたが、検察は「不相当」としてこれを認めず、対立のまま裁判所の判断を待つことになった。弁護人は、同時に起訴後勾留についてその理由の開示を請求していた。刑事訴訟法第八二条には「勾留されている被告人は、裁判所に勾留の理由の開示を請求できる」となっていて、その開示は公判廷で行われることになっている。マスコミや一般の人々の傍聴の可能な、言わば〝裁判〟である。弁護人の勾留理由開示請求に対して裁判所は一八日にこの理由開示を行うむね決定した。そこで弁護人はIに接見して、「一八日に裁判が行われる」と伝えた。Iは別件九件についてすでに自白しており、これを潔く認めたうえで、「女子高生殺し事件」については関係していないと訴えるつもりでいた。もっともこの〝裁判〟は実際のところ別件九件起訴後の勾留が不当かどうかが論じられるもので、本件での無実を訴えようとのIの期待は誤解にもとづくものであったのだが、事実上は本件の殺しで責められているIがこの〝裁判〟にそうした期待をもったとしてもやむをえないところであったろう。しかし一七日に裁判所はIに保釈決定を下した。この決定によって一八日の勾留理由開示の〝裁判〟は自動的に取り止めになる。もちろん、それでIの身柄が文字通り釈放されれば何の問題もなかった。また保釈決定の通知を受けた周囲の人々もそう思った。ところが、この保釈決定の出される前日、警察・検察はIに対して「女子高生殺し」の本件で逮捕状を請求して、すでに裁判官の署名を得ていたのである。そんなことなど知るよしもない家族は必死で保釈金を調達して裁判所に納入した。そうして検察官は釈放指揮書に署名、それによってIは留置場から釈放された。しかしその留置場から署内の廊下に出たところで、本件での逮捕状が執行されたのである。

保釈と決まって留置場から出たところを再逮捕されたIは、いったいどういうことになったのか分からぬまま、それまでの狭山署から川越署へ移送され、そこで本格的に厳しい取調べがはじめられることになる。この再逮捕がIにもたらした動揺は大きかった。おまけに期待をかけていた「一八日の裁判」も行われないことになった。ただ、Iにはどうしてそんなことになったのか理解できなかった。Iは控訴審において裁判所あての上申書のなかで次のように書いている。

私は自分が逮捕され、警察に勾留させられている時に、自分のために弁護人がついてくれたことがどういう意味であるのか、本当にわかっていなかったのです。どういう仕事をする人で、極端ないい方をするならば、自分にとって敵なのか、味方なのかさえしばらくはわからなかったような状態にいたのであります。さてそのようなバク然とした気持のなかで、はじめに別件逮捕された容疑について、中田弁護人が昭和三八年六月一三日頃、狭山署に訪ねて来て、同年六月一八日に裁判が開かれるということを教えて下さったのであります。私の乏しい知識のなかにも裁判所という所は、正しい人のために味方になってくれ、力になってくれる所だという印象がありましたので、私が警察にいた時に申し上げた窃盗などの件について、ありのまま話し、また常に責められ通しであったYさん殺しの容疑についても、はっきりと私でないことを申し上げ、そのことで受けていた警察での責められ方を申し上げようと、心に期待していたのでしたが、その裁判が開かれる前日の六月一七日に、あろうことか、こんどは本当にYさん殺しとしての容疑で逮捕状が出て、再逮捕され、狭山署から川越署に移されてしまったのです。そして、つぎの六月一八日が来ても、開かれる予定だった裁判は、ついに開かれずじまいに終ってしまったのでした。私はその裁判に於て、自分のしてきたこと（窃盗）を詫びて、身も心もきれいに裁いていただきたいと願っていただけに、とても失望し、どうしてなくなってしまったのか、腹立たしい思いでいたのです。……私がなぜ裁判がないのか、と警察官に、いえ長谷部課長に聞いても、「俺たちはそんなことは知らん、弁護人がいったことではないか」といってとり合ってくれないのであります。その裁判に私は期待していただけに、弁護人のいい加減な言葉を恨めしくさえ思っていたのです。

Ｉは法廷でも弁護人の尋問に答えて「弁護士さんは嘘つきだと長谷部さんに言ったわけです。長谷部さんは、弁護士さんとわれわれは違うと、嘘を言ったら、われわれはすぐ首になると。だから、今度は長谷部さんなんかを信用したわけです」と述べている。

Ｉの再逮捕、川越署への移送という異例の処置に弁護士も、とにかく川越署に出向いて彼に接見しようと試みている。ところが警察はこれを拒否、やむなく裁判所に準抗告して、やっと接見できたのは翌日一八日のことだった。しかしわずか二〇分間の接見では十分な話もできない。前日は夜の十時頃まで女子高生殺しの件で、証拠は全部そろっているのだから、黙っていてもダメだといって、猛烈に調べられたということだけは、Ｉのポツリポツリした話から分かったという。Ｉはすでにこの時弁護士への信頼を失っていたのである。狭山署にいたときには弁護士に家族の様子を聞いたり、差し入れの注文をしたりしたが、この時の接見では弁護士にもはや何も頼もうとしなかったという。当時の主任弁護人中田直人は控訴審において次のように証言している。

――川越警察の、ものものしさといい、それから、Ｉくんの態度といい、警察官のわれわれに接する態度といい、何か、狭山署時代とはすべてにおいて掌をかえしたということをひしひしと感ぜられました。で私は石田さん橋本さん（弁護人）と、いわば、恐喝未遂さえ起訴しえなかった警察、警察官が、再逮捕に踏み切った以上、相当苛酷な取調べが始まるだろう、これまでも違法だと言ってきたような捜査が更に続けられるだろうから、ともかくわれわれとしては、まず監視すると同時に、足しげく川越署分室に通ってＩくんに接見し、元気づけることだというふうに考え、相談しました。それで十九日の日に、橋本さんに行っていただいたわけです。ところが橋本さんは、接見はできたんですけれども、五分間というふうに、非常に厳格に時間を限られ、いわば、けんもほろろな扱いをされたと、ただその接見の間に、Iくんが、めしを食っていないということを言っているというふうに報告を受けましたので、何をおいても翌日会わなければならないと思って、二十日に石田さんと行ったわけです。(昭和四十七年六月十五日、東京高裁第六十一回公判における、中田直人の証言)

一方で弁護人への信頼を失い、取調官に頼らざるをえない心境におかれて、他方でその取調官に猛烈な取調べを受ける。しかも、右の弁護人の証言にもあるように、Iは絶食をはじめている。絶食するようになったきっかけは、川越署に移ってから食事が狭山署のときに比べてまずいと言ったところ、「じゃあ食うな」と言われて「ああ食わないよ」ということになったというささいなものであったが、そうした反発がおのずと出てくるところに、当時のIのおかれた厳しい状況があったことは間違いない。外界から遮断されたところで、唯一のパイプたる弁護士への信頼を失い、猛烈な取調べに反発しつつ、取調べの場には否も応もなく引き出され、女子高生殺しを追及される。こうした苛酷な状況で、Iはどこに救いを見出せばよかったのか。

Iは控訴審で、長谷部警視から自白すれば一〇年で出してやると約束されて自白する気になったのだと主張する。事実、法廷で長谷部と対決したIは、自ら証言台の長谷部にこう尋問している。

問　その前に証人が、I君何時まで強情張っているんだ、もうYちゃんを殺したことにきまっているんだ、ここらで話したらどうだい、話さなくたって、どっちみち九件もやっているんだから一〇年はつとめるんだ、殺したと言えば一〇年で出してやると言うので、俺が真実に一〇年もつとめるのかと言ったら、証人は、I君だってうちにいる頃、単車を盗んだ人が八年もつとめていると言ったではないか、一〇年は当り前だろうと言ったことを覚えているか。

答　そんなことを言った覚えはありません。
問　一〇年で出してやると言ったことはないというのか。
答　ありません。

この「一〇年の約束」については密室でのこと、いずれの主張が正しいにせよ、水かけ論に終るしかない。ただ、長谷部らとのあいだにある種の信頼関係が芽生えていたことは間違いない。さきにも引用したように、弁護士に裏切られたと思ったIは、われわれは嘘をつかないという言葉を信じて「だから今度は長谷部さんなんかを信用したわけです」と述べているし、その後Iは長谷部との間で手紙のやりとりさえしているのである。

Iが自白に落ちていった背景には、一方で再逮捕後の苛酷な取調べがあったが、他方で無視できないのが取調官への奇妙な信頼関係であった。当時、取調べを指揮する立場にあり、I自身の話にしばしば登場する長谷部梅吉は、退職後警察学校に勤務し、警察官向けの小冊子で被疑者取調べについて、こんなことを書いている(7)。

黙秘している被疑者に、いかにして任意にしかも真実の供述をさせるかといえば、何よりも被疑者に話しやすい気持ちを起こさせることである。その方法には種々あろう。取調官の態度が寛容で温情味があることも必要だが、相手の性別、年令、境遇等に応じて、その取扱いや発問の仕方なども必要である。
また、冷静に調べを進めていくことも大切なことであって、相手と理論闘争等しては決して調べは成功するものではない。被疑者の「この人なら何を話しても安心だ」という気持ちは、常に相手の心情に立ち入ることによって得られる。こうした意味で、ときには一時調べを中止して、相手の共感を持つような話をしたり、相手によってはノロケ話の一つも聞いてやり、固くなっている相手の心をもみほぐしてやる。そうした空気に持ち込めば取調べは半ば成功だ。

長谷部がここで念頭においている「被疑者」は、他の捜査官のばあいと同様、有罪の被疑者でしかない。無実の可能性をもったものとして被疑者を見るという視点が、わが国の取調べには決定的に欠けている。この長谷部の目には、被疑者Iもまた否認をつづける頑固な犯人以外のものではなかった。そこで取調べを指揮する立場にいた彼は、Iの調べに対してどういう方針をとったのか。Iは否認をつづけ、絶食さえしている。長期間の取調べから、彼が相当の頑固者だということも把握していた。逮捕されて警察ではじめて出会った取調官に対して簡単に心を開くとも思えない。そこで長谷部が考えたのは、ずっと以前からIと交流のある警察官を投入することであった。その意味で適格な人物が狭山署の関源三巡査部長であった。

Iはさきにも述べたように、狭山市の駅近くの被差別部落に生まれ育った。大きくなって青年団に所属し、地域の小・中学生を集めて野球チームを作ったおり、所轄の駐在所に勤務していた関が、この野球チームの指導者として入ったというのが、Iと関との結びつきのきっかけであった。Iは手記にその頃のことをこう書いている。(8)

関さんは野球がとても詳しく、私たち青年団の先頭になって常に積極的に指導の役割を引受けてくれるのでした。日曜ごとに出向いてきてくれる関さんを青年団の中から三、四人が応援し、手助けをし、入間川や入曽の小学校の校庭を一日中貸してもらっては練習に練習を重ね、子どもたちとともにそれは実に楽しい思い出でありました。

そして事件発生にいたるまで、Iは関に対して「良き指導者としての関さんを尊敬し、親しみを覚える」という信頼関係をつづけていた。その関が、再逮捕で苦しい状況のなかにいたIの前に登場したのである。Iの手記には、その時のことが次のように綴られている。(9)

絶食を始めて三、四日経ったとき、長谷部らが〝いま関さんがくると電話がかかってきた。女子高生を殺したと、関さんかどっちでもいいから話せ、一〇年ということは約束するから〟といった。関さんが〝署長さんから、三人でやったことを聞きに行ってこいといわれて来た〟といって入ってきた。長谷部は〝いま（他の取調官を）出してしまうから話しづらかったら関さんに話してくれ〃といった。少したったら、関さんが私の手を握って泣いてしまった。〝話さなければ帰るぞ。女子高生を殺したことを話さなければ帰るぞ〃と泣いた。それから長谷部が〝さっきの約束は間違いない〃といって出て行った。関はまた、〝話さないのか〃と泣き、それでおれも泣き〝三人でやった〃ということを話した。

上司の命を受けてIの前に現れた関は、明らかに彼から自白をとるべく使命を帯びていたのであって、無実の可能性も含めて彼の弁明を聞こうとしたのではなかった。もし関が警察組織員の一人であるとの使命を捨てて、真に人間対人間としてIに白紙で臨んでいたならば、Iはここで自白に落ちることはなかった。信頼関係のゆえに素直にその真実が吐露されたはずである。しかし、その信頼関係が、まったく反対の方向にも動きうることを、この事例は示している。Iは手記の中でこう書いている(10)。

たとえその目的が私をうまくだますための警察の手段であったとは申せ、私にとっては（関さんは）地獄で仏の顔を見たようになつかしいものとして映ったのでした。責めるだけ責められ、だれ一人としてやさしい言葉一つかけてくれるわけでないなかで、たった一人の関さんが私の身を案じ、家族のことを伝えてくれたりして私を励ましてくれるのでした。しかもその人が私と一緒に野球をしていた人ですから、どうして疑ったりできましょうか。私にはそれほど考える余裕も知恵も当時はありませんでした。

さて狭山事件のIが自白に落ちたその経緯を追ってみたわけだが、他の資料ぬきにここでの記述だけを読んだ読者のなかには、I側の言い分を代弁しているだけで、裏づけの証拠がない、実のところ警察・検察（そして裁判所）が認定しているとおりIは真犯人で、取調官たちはまさにその信頼関係を有効に生かして、Iから真の自白を得ることに成功したのではないかとの反論も予想される。たしかに私のここでの記述のかぎりでは、その反論をただちには排除できない。Iが無実で、彼の自白が虚偽自白以外の何ものでもないことについては、ここでの私のテーマを越えているので、他の論にゆずる以外にない。その意味で私の論は、別のところで証明ずみのI自白＝虚偽との前提に立っていることを断っておかねばなるまい(11)。

しかし、ともあれ、本来、被疑者の真実をそのままに表出させるべき人間関係が、逆に岐路に立った無実の被疑者を虚偽の自白の方向に突き落としてしまう要因ともなる。そのことを、私たちは知っておかねばならない。たしかに虚偽自白はつねに、取調官の強引な取調べに押し切られるかたちで生まれるものではある。しかし、一方でその背後に被疑者・取調官の奇妙な人間関係、信頼関係があることを認識しておかねばならない。本章の冒頭でも述べたように、取調べとはコミュニケーションであり、その結果たる自白は、やはりコミュニケーションの所産なのである。従来の虚偽自白論のなかでは、こうした見方が表立って取り上げられることがなかった。しかし、私はこの視点こそが虚偽自白の現実を捉えるための必須の視点であるように思う。

最初に述べたように、取調べの場そのものを完全に相対化し、客観視して、その土俵に自ら乗らないという、厳密な意味での黙秘の姿勢を貫徹しないかぎり、被疑者は結局のところ取調官の土俵に乗せられ、追いつめられて、最後は自白に落とされていく。もとより、欧米諸国でのように取調官の手持ち時間が数時間からせいぜい二、三日までというのではそれも不可能であろうが、わが国の場合にはこの手持ち時間が恐るべく長期にわたる。取調べの場におかれた被疑者にとっては、ほとんど無限にさえ思われる。そのなかで築かれる人間関係がいかにして被疑者の否認力動を殺ぎ、被疑者をして自白方向に押し出していくものかは、以上の論述から明らかであろう。

このことは、被疑者の反発、敵対を暴圧的におさえこむ取調べについてもあてはまる。以下、今度はその種の取調べに目を移してみよう。

2　被疑者に屈従を強いる方法

人間関係のなかで被疑者を自分のペースに巻き込んでその否認力動の一角を奪っていく方法の対極にあるのが、強引に相手を屈服させてしまうという方法である。「強引」と言っても、別に暴力的な強圧手段を使う必要はない。逮捕・勾留によって圧倒的上位に立つのは取調官であり、取調べの場のなかで進行するものごとのほとんどの決定権は彼の手に握られていると言ってよい。弁護士をはじめ外部の者が入ることを許されない事実上の密室のなかでのこと、他から批判の入る余地のないぶん、その決定権は往々被疑者に対して横暴になる。もちろん強圧的な取調べがあってはならない等の精神訓は終始耳にしているであろう。しかし、外的な歯止めのないところで、人がまま安易にながれることは何人も認めるところである。まして取調官は被疑者から自白をとることを取調べの第一目標としている。その職務への熱意の発露が強引な調べにつながることは、ほとんど避けがたい。そしてそれが時に、前章で見たような被疑者への侮辱的、全生活支配的な振るまいにまで到ることは、冤罪事件の被告人たちからしばしば聞くことである。

土田・日石・ピース缶爆弾事件で主犯格として逮捕されたMは、かつて赤軍派の活動にも関与したことがあって、連座したEらとはずいぶんと違った扱いを受けている。取調官としても公安事件で逮捕した活動家が相手ならば、まずは警察に対して敵対的な態度をとるであろうと構えている。その点で初心な市民を相手にしたときとは違った方針で臨むというのは、取調官からすると自然的なことかもしれない。

Mは、警察が本命事件とする土田・日石・ピース缶爆弾関係で逮捕される四ヵ月ほど前から三度にわたって逮捕され、そのつど保釈ないし釈放されている。あとから振り返ってみればいずれも本命に焦点をあてた別件的意味のものであったが、いよいよ本命の爆弾事件の調べに入ってからは、とりわけ厳しい取調べがはじまる。全生活を支配しての侮蔑的なやり方がどういうものであったかは、前章ですでに彼自身の手記を引用して紹介した（三六八―三六九頁）。とにかく被疑者の弁解の一切を拒絶し、他方で被疑者が記憶喚起できない空白部分を突く。取調べの対象となった事件は一九六九年一〇月（二つのピース缶爆弾未遂事件）、一九七一年一〇月（日石事件）、同年一二月（土田邸事件）で、Mが取調べを受けたのはそれから一年以上後の一九七三年の一月下旬からである。それだけ前のことになれば、アリバイを立証しようにも、前後の日々のことを一つ一つ記憶喚起できるわけがない。おのずと事件前後についていくつもの空白期間が出てくる。そのとき自分がいったいどうしたのか、思い出せない。そこを突かれたときには弁明のしようがなくなる。もちろん相手のそうした追及に乗らずに、敵対的に黙秘を貫徹できればよい。しかし、くりかえし述べてきたようにそれがどれほど難しいことか。

そういう（ひどい喘息発作で夜も寝られない）状態で怒鳴られ続けるわけです。午後の班は、怒鳴る一方ではなく、ガンガン怒鳴ったかと思うと、耳元で「おまえが犯人だ、おまえが犯人だ、おまえが犯人だ……」と、永遠に続くのではないかと思われるような囁きを続ける。すると、それまで極度に緊張していたのが、フッと弛緩して、眠くなってくるような、頭の中に霧がかかったような状態になる。心身とも消耗している時などは、ああもういいや、認めてしまおうという気にさせられます。……中略……

ひとつ反論すると百になって返ってきて、黙るしかなくなる。そういうことが長い間続くと、もう刑務所に行くのは仕方ないんだ、それ以外は考える余裕はないんだ、勝手になれという心理状況に追いつめられていきます。それでも、フッと我に返って「いや、そうじゃないんだ」と思うけれども、言えば怒鳴り声が津波のように襲いかかってくると考えると、気分は萎えてしまう。残されているのは、何を訊かれても一切答えないことだけです。[12]

Mはしばしば黙秘するのだが、その黙秘はもはや敵対的黙秘ではない。相手の土俵でいくら抗弁してもどうしようもないという諦めに[13]立っての沈黙にすぎない。この沈黙は、ほとんど屈従と迎合の一歩手前なのである。彼の手記からさらに引用しよう。


結局、黙るしかないから黙る。「黙っているとは、まったく反省していない。爆弾事件は極刑なんだ。それなのに反省していないんじゃ、このまま刑務所へ叩き込んでやる、親兄弟も一緒に叩き込んでやるッ」

一日中、延々と続く……。とにかく「やった」ということしか言わせようとしないんです。

外界から切断されて、接触する人間はすべて警官なわけだし、四六時中その監視下に置かれている。そういう状況の中で、面倒見とか、苦痛を与えられるとかいった直接「生活」に関わるようなことがあると、しだいに警察官の目の色を窺うようになる。フッと正気に戻ることがあって、そんな自分が見えたりすると、あ、こんなことではいけないんだと思うのだけれども、もうその頃には迎合するほうにどんどん傾斜していっている。警察官の顔色を窺って、取調べがゆるい方がいいとか、認めちゃって少しでも和らげてもらおうとか、そういうことも知らないうちに考えているわけです。

この種の方法は、さきの「被疑者の反発を和らげる人間関係」を作って、相手を取調べの土俵の上にのせることからはじめる方法とは対極的に、強引に被疑者の反抗をねじふせるものだが、結局はそのようにして被疑者を取調べの土俵に乗せる点では同じである。被疑者は、否も応もなく相手の土俵に乗る以外にないとの心境に陥る。それまでの一切の人間関係を断たれ、身の回りには自分を責めたてる警察官しかいない孤立状況で、その当の警察官の意のままに自分の生活が左右されるという状況におかれたとき、結局はこの取調官とやっていくしかないのだとの思いに駆られる。

もちろんこれがほんの一時的な状況で、あと何日かすればこの状況から逃れられると思っていれば、そんな心境に追いやられることはないかもしれない。しかし被疑者はすでにそこでそうした時間的展望を失ってしまっている。長期勾留の問題は、単にその期間の長さそのものにあるのではない。むしろそのなかでいつこの場から逃れられるかという見通しを失ってしまうことが最大の問題なのである。いつまでつづくかわからぬこの孤立無援状況で、不断に相手の恣意によって身も心も翻弄されるとき、もはや相手に身をまかす以外にないと思ったとて何の不思議もない。人はどのような場におかれても何らかの「救い」を求める。

被疑者を取調べるのは通常一人ではない。少なくとも二人、多いときには五、六人で交替ということもある。そのように複数の人間が取調べにあたるとき、全員がまったく同様の一律的な責め方をすることはない。それぞれに個性的なやり方になるし、当然主任官と部下という地位によっても対応の仕方は異なる。そこに、よく言われる「おどし役となだめ役」という役割分担が出てくる。

これは取調官の方で意図的に仕組んだやり方だと言われる向きもあるが、私は、かならずしも意図的とは言えないのではないかと思っている。むしろ人の悪事を追及するときの、自然な、それゆえ普遍的なパターンではないかとも思う。たとえば子どものいたずらを父と母が一緒に責める場面を考えてみても、二人とも同じように声を荒らげて責めることは少ない。父が大声で怒れば、母は静かにさとす。母が感情的に叱りつければ父がまあまあとなだめる。一方が強く出すぎると他方がその均衡をとるかのごとく少し引いてみるというのは、人間が自然にもっている対人関係のある種のゲシタルトであるようにも思える。一人で相手を責めるときもやはり同じで、ある時強く出たと思うと、次には少し気持ちを静めて説得的に出るというふうに、押す―引く、怒る―なだめるというリズムが一人の追及のなかに、おのずとはめこまれる。

意図的か否かにかかわらず、取調べの場においても同様の対人関係パターンが生じる。すると被疑者は、当然、相対的に穏やかで、自分を理解してくれる方の人になびく。そこに救いを求める。あるいは一人の人間のリズムの高低のなかで、穏やかで和らいだところにすがる。孤立をもっとも恐れる人間の本性が被疑者をしてそうさせても、誰もそれを責めることはできまい。

アルバート・ソミットは洗脳の心理メカニズムの筆頭に「同一化」というメカニズムをあげて、こう書いている。(14)

囚人は、人間的接触から孤立させられたなかで、しばしば自らの主任尋問官に同一化する。主任尋問官はその部下に比べて、囚人に対して同情的であることが多く、また残酷な仕打ちをすることも少ないからである。主体(囚人)と尋問者がともに情緒的にこの同一化メカニズムに巻き込まれると、これがしばしば主体(囚人)を屈服させる重要な要因となる。

プラハ事件のアルトゥール・ロンドンが検察官に対して抱いた両価感情はまさにこれにあたる(一六〇―一六三頁)。一方でひどく嫌悪しつつ、他方で彼にすがり、同一化するあの感情である。プラハ事件に連座した被告たちがいよいよ裁判において死刑・無期刑の重罪の判決を受けたとき、全員がまず相談したいと思ったのが弁護士などではなく、自分の尋問を担当した検察官であったという、あの悲劇的なエピソードを、私たちは想起する。

私たちがここで考察しているのは、もちろん洗脳ではない。しかし洗脳に見られたのと同様なメカニズムが、長期勾留下の取調べにも働く。ロンドンらほどには敵対―同一化の両価性の深みに入り込むことはないにしても、無実の被疑者が類似の構図のなかに陥ることは間違いない。無実の自分を捕えて追及するということは明らかに間違いだし、そのようなことをする人間に好意を持つことはない。しかし、孤立無援の取調べの場ですがる相手は、その取調官しかいないのである。そこでは「自分はやっていない」との真実をいくら言い募っても、そのままには聞き取ってもらえない。相手を説得するためには、相手の視点からみてもこれは無実だと思う以外にない証拠を突きつけなければいけない、そう思う。そこのところで被疑者は、皮肉にも取調官の視点に立たざるをえなくなる。甲山事件のYのように取調官から「アリバイがないのが問題だ」「アリバイが証明できないかぎり疑われても仕方がない」、そう言われて、そう思い込んでしまうところに、取調官の視点への同一化がある。そのようにして取調官の視点に立ち、取調官の論理に立つかぎりで、自分の無実が証明できないことに気づく。

そもそも無実の証明は容易ではない。いや実のところ取調べの場で問題なのは、有罪性の証明であって、無実の証明ではない。無実の被疑者が自分自身の視点にこだわり続けるなら、むしろ取調官に向かって「どうぞ私が有罪だという証拠を見せて下さい」と言うことであって、自ら無実の証明に精出すことではないはずである。ところが被疑者の多くは、結局のところ、有罪推定のうえで「できるなら無実の証明をやってみろ」と言ってくる取調官の視点に同一化して、その土俵に乗ってしまう。そうして無実の証明がしきれず、どうしようもなくなって、とうとう「自分がやった」と自白して泣き崩れるとき、身を寄せ、すがるのが当のその取調官なのである。甲山事件のYがもう誰も自分のことを信じてくれていないと思って泣き崩れて自白したとき、逮捕後やさしく接し、親身に感じていた補佐役の刑事にすがり、その当の刑事も涙を落としていたという。また狭山事件のIは、旧知の関源三の取調べにとうとう自白したとき、二人して手を握り合って泣いた。第三者的に見れば奇妙な光景かもしれない。しかしそれが事実なのである。

ひどい拷問があったと被疑者の訴える事件においてさえ、同様の奇妙な場面が見られる。仁保事件にその例をとってみよう。(15)

一九五四年一〇月二五日、山口県吉敷郡大内町仁保で農業Y（四九）、その妻（四二）、母（七七）、三男（一五）、四男（一三）、五男（一一）の一家六人が就寝中を襲われて殺された。六人とも布団の中で、鈍器様の物で頭部を殴られ、鋭利な刃物で頸部などを何カ所も刺されていた。一家六人が惨殺されたこの事件は、その様態からして怨恨以外に考えられないとしてその線での捜査が進められた。しかし捜査は難航する。やがて怨恨の線を越えて物盗りの線もさぐられる。そうして警察の取調べの対象となった者は九〇〇人にのぼると言われる。約一年後、仁保出身で窃盗の前科があるというだけでOが容疑者とされ、住居侵入窃盗未遂（食料品雑貨店に入って物色中、家人に発見されて何もとらずに逃げた）という軽微な別件で全国指名手配となり、大阪で逮捕された。それが一九五五年一〇月一九日であった。Oはただちに護送されて取調べを受けることになる。しかし取調べの主眼はもちろん窃盗未遂などという軽微な別件ではなく、一家六人殺しであった。別件の方は一〇日後に起訴され、公判期日も決まったが、弁護人も選任されないまま本件での取調べがつづいて、結局、逮捕から一カ月余り後の一一月二二日、最初の自白調書がとられ、自白は変遷を重ねながら精細になり、翌年四月四日本件起訴にいたった。

Oは裁判で無実を主張したが、取調べ段階の自白が任意で信用できるとして第一審（山口地裁）、第二審（広島高裁）とも死刑の判決を受けることになる。しかし最高裁では自白の任意性、信用性に疑いがあるとして破棄差戻しの判決、差戻し審で無罪となって確定した。それが一九七二年一二月一四日、逮捕からまる一七年後のことである。

この仁保事件で注目すべきことは、被疑者取調べの様子を示す録音テープ三〇巻が開示され、証拠として採用されたことである。このテープは検察側が、Oの自白に任意性があることを示すべく提出したものであった。しかし、これは被疑者Oの全取調べを収録したものではなく、収録にあたって係官の取捨選択があったことが明らかにされている。このテープを分析した青木英五郎弁護士は、これを「いわば、羽織ハカマを着用した録音であり、……これならば裁判官に聴かせてもよい、このような取調べであれば任意性が認めてもらえる、という評価にもとづく録音である」と言う。実際、三〇巻のテープには拷問や脅迫などの場面はうかがわれず、自白に至るまでひたすら説得的、説教的な尋問が延々とつづく。そこから第一審、第二審の裁判官は、自白が任意になされたものとの判断を下すのだが、被疑者Oの側に身に引き寄せて、このテープを聞けば、およそこれを任意のものとは言えない。延々と続く説得と説教、その間にまじる溜息、呻き声、舌打ち、沈黙そして泣き声。ひとつひとつ追ってみれば、それがきわめて執拗で強圧的な取調べであることが歴然としている。青木英五郎は詳細なテープ分析からこれを明らかにし、最高裁もこれを認めざるをえなかった。いや実際のところOは取調べの間ひどい拷問を受けたと法廷で主張している。青木はそれを次のようにまとめている。[16]

㈠取調時間中、正座させておいて、足がしびれて動けなくしたうえで髪・肩をひっぱったり、ひざの上に乗ったりする。

㈡両側からひざをけりつける。

㈢竹刀・竹ぼうきを正座している足の間に入れる。

㈣鉛筆を指の間に入れてねじる。

㈤頭に柔道の帯をしばりつけ、その端をズボンの後にくくりつけて、体をひきそらしておく。

㈥座敷ぼうきで顔を逆さにすり上げたり、鼻を指ではじき、また、両耳を両側から二人の刑事が声をかけあいながら反対方向にねじあげる。

㈦寒い時に、シャツを頭まで上げさせて、やかんで首すじに水をたらし、うちわ・扇風機であおいで冷やしたり、金属製の盆をおしつけたりする。


こうした拷問に加えて、深夜、あるいは朝方まで続く取調べが連日のように繰り返されたという。取調べのこの強圧と執拗さは、録音担当の係官の取捨選択の結果たるテープにも明らかにその陰影を落している。長い長いテープのなかから、ほんの一部を引用しよう。まさに拷問的な取調べが連日、深夜の三時、四時ごろまでやられていた一一月一一日のものである。この日午後二時ごろ、O本人から「進んで真実を述べたいから取調べをしてもらいたい旨申出た」(第二審の認定)とされているのだが、その日の録音テープに収められた取調べの様子からは自発的な自白の気配はほとんどうかがえない。[17](A、Bと記したのは取調官である)

B　もう落着いたか、うん？　のう、ちょっと話そうで、の、話してしまおうで、のう、そうしたら楽になる。

A　じいっと落着いてね、腹に力を入れてと、の、腹に力を入れて、力が入らんにゃ、これ腰に手をもってってじゃね、そして話をしてごらん。ずーっと精神統一をやってやると、すーっと話ができる。僕らはこの前もちょっと君と話したように座禅をする。実際のところがそうまでして僕は修養する。現代においても僕はまだ修養がたらないと思うとる。ね、人間には完成というものはないんだね。どこまでいったからいうて完成はない。

A
B　未完成だからね。

B　それをじゃね、人からいろいろおそわり、人から聞いてみな完成に近い人間になってくる。完成しつつある人間ができてくる。ね、そいじゃからね、O君のつらい気持はようわかるけど、これを脱さにゃならんのじゃからね。君は今言う気になっとんだから、お話する気持になっとる。美しい気持になっちょる。ね、ほいじゃからなんで、お話してしまおうで、うん？

A　どんな極悪人にしたところで。

B　の、お話しようで。

A　人間とその動物というものは違うわね、ね。人間は人間らしいその良心とか、真心とか、誠とか、徳とか、道徳とかね、いろいろあるだろう。その心をみな持っておって、それをその人の道によってじゃね、実行することによってね、人間そのものというものが、他の動物より違うということになるね。社会というものは一人では成り立たない。

B　の、話そうで、あれだけ言うてもろうたらわかったの。

A　孤独な人間になってはいけないということはそこなんだ。ええかね、今われわれが言うこともだ、君が今思っとること、そのもの事実を話してくれりゃ僕らとしてもだ、一歩一歩君が完成するでね、人格者になってくるその日を一日も早く祈っとる。ね、早くいつ時期は、いつくるか、ね、それは今くる。未完成な人間が完成する人格者になる。ね、人間対人間のそれは、自分の心の、精神というものを入れ替えなくちゃいけない。今日、この場において入れ替える、そのものというものは、ね、今迄自分が過去において犯したことについては、何もかも話をして、そしてきれいさっぱりした精神になってくることによってだ。ね、君という人間が人格的な人間になってくる。そうだろう、わかるかね。

B　わかったかな、ようわかるの、そいじゃ話しようで。

A　そいじゃ続きやってみい。

B　続きをしようで、のうや。

A　続きをしなさい。大阪へいつ頃出たの、秋に出たと言うたの、うんで。

B　邪念を捨てようで、邪念をの。素直に真実を話さにゃいけんで。（三〇秒位沈黙、鼻すすり）どうか。

O　やっぱり子供の顔と親父の顔が一番さきに浮かぶなあ（——自分の子供と父の）。

B　うん、浮かぶけど話をしてしまわにゃ、の、そりゃ人間じゃからの、君の気持ちはようわかる、ね。

A　今迄犯した不孝というものの償いはじゃね、君がしなくちゃいけないで、君が話すことによってだね、いいか、君が話すことによってだ、今迄の不孝の万分の一でも、ええかね、事実を話すことによってだ、今迄君が不孝の数々をやったことそのものがで、の、万分の一でもそれが報いることができる。うん？　そうだろう？　それじゃったら君がせんないけれど自分の心のうちをさらけ出して話さなくちゃいけない。ね、赤裸々な気持ちにならなくちゃいけない、な。

O　話します。主任さんと部長さんがおられるから、手間はとらせません。（二〇秒位沈黙、鼻すすり）

B　うん、つらいつらいつらいけど話さにゃあで、のう、の、力や元気を出して、の、すがれ、こっちへのう、うん、うん、話をせにゃあねえ、あんた一時も早う楽になるんじゃからのう（鼻すすり）どうか？

A　僕の手でもね、すがりついて話しなさい。話しなさい。そうしたら力が入るだろう。うん、さっき言った、いよいよ純真無垢な精神にならなくちゃいけない。（三〇秒位沈黙、鼻すすり、ため息）

Ｏが犯行を行うためには、少なくとも彼がその当時生活していた大阪から現場である故郷の仁保に帰らねばならない。そこのところを供述させるのに、取調官は説教をくりかえし、Ｏの気持ちをなだめ、励まし、それでも喋れないＯの手を握って「すがりついて話しなさい」と促す。拷問をした手が、今度は自白のためにすがる手になっていくという構図はいかにも奇妙だが、現実である。取調官はもちろんテープ録音を意識してはいるのだろうが、Ｏを無実と知っての演技ではあるまい。ここまで熱意を込めて取調べてきた被疑者を、とにかく落としたい、その一心で、被疑者に感情移入しつつ執拗に迫っている。もちろんその感情移入は、被疑者からすればおよそおかど違いのものではある。しかし、そのすれ違いの上で被疑者と取調官とが手を握り、互いに別々の意味合いで感きわまっている。(18)

ＡＢ　思い切って話しなさい。

Ａ　思い切って話しなさい。

Ｂ　うん？　ね、手間かけたら、またあの感慨がそれるからの、今の気持ちの上で話してしまえ、うん？　の。

Ｏ　意気地がないのう、おれは。

Ｂ　意気地がないから、こういうことになるのぅ。意気地を出して話をせにゃあ、のぅ。うん？　のう、かい、いい、いい、いい、いい、いい、のうや、血が通うとるんじゃ。せいやから君が言うこともようわかる。わしの手の温もりがわかろうが、のう、のうや、血が通うとるんじゃ。せいやから君が言うこともようわかる。

このやりとりの交わされている光景を思い浮かべて見るにつけ、何とも奇妙で、悲劇的な光景ではないか。被疑者と取調官はさきからずっと手をとり合っているのである。もう少しあとになると、おそらく緊張のためであろう、寒さを訴えるＯを取調官が抱きすくめる場面までてくる。(19)

Ａ　心の動揺を静めにゃいけんで。

Ｂ　静めにゃいけんのう。
Ａ　静めて話をせんにゃあのう。
（二二秒間、沈黙、水を飲む）
Ｏ　寒うなった。
Ｂ　寒うなったや、ちょっと待て。
（二〇秒間、毛布を出すような音）
Ｂ　下、敷いちゃろうか、うう、ええよ。うう、ええよ。抱いとっちゃろう、のう、のう。わしが抱いとっちゃろう。のうや、こうやってきょうは抱いて寝ちゃるで、わしがのう。よし、のう、話してしまおうで。わしがこうやって抱いとっちゃるからのう。どうや、安心して話をせいのう、心を落着けてのう、ずっと。
（四〇秒間、沈黙）
Ｂ　うう、何が。
Ｏ　ようなったのう。
（五秒間、沈黙）
Ａ　だんだん神の心になって来るわい、のう、だんだんと、のう。
Ｂ　落着いて来るのう、気が。気は落着けんにゃあ、のう。
（二三秒間、沈黙）

長々と引用してきたが、私がここで注目したいのは、実に執拗に、また押しつけがましく自白を迫るその取調官たちが、少なくともこの場面では決して被疑者に敵対的にではなく、むしろ友好的・保護的な人間関係を強要していることである。一方で被疑者に対して厳しい拷問が行われ、侮蔑的言葉が投げかけられながら、他方では人間的（と彼らが思う）関係が押しつけられていく。この両面性は、おそらく見かけほど矛盾したものではない。むしろ犯人と思い込んだ相手を、脅したり、なだめたりして自白、謝罪へと追い込んでいくというのは、人が人を責めるときの普遍的スタイルではないか。そして被疑者は、すでにその関係の土俵から逃れられないところに引きずり上げられているのである。ここまで追い込められたとき、被疑者はもはや否認への力動をほとんど押しつぶされていると言わざるをえない。

さて無実の被疑者は、当初、取調べの場に対して、また取調官に対してなにがしかの拒否感情を抱く。取調官はその拒否感情を和らげるべく働きかけ人間関係をつけて被疑者を自分の土俵に乗せるか、あるいは逆に被疑者の反発を強硬に押しつぶして自分の土俵に引きずり上げる。いずれにせよ、そのようにしてある種の人間関係を強要して、同じ土俵に乗せることで、取調べは自白への道を一歩踏み出す。

第二節　やっていない犯行を認めることの非現実感

否認力動について考えるべき二点目は、自白から予期される結果の問題である。つまり自白して自分の罪だと認めてしまえば、その結果、懲役などの刑罰が科せられ、場合によっては死刑に処せられることすらありうる。また法的な刑罰だけでなく、社会的制裁もおそろしい。それまで自分の生活を支えてきた職場から追放され、社会的地位を喪失し、周辺の人々の冷たい目にさらされ、恥しい思いをせねばならない。自分の罪だと認めることで当然そうした事態が予想される。とすれば何としてもこれを避ける方向で考えるのが人間ではないか。無実の人間ならば、そうした否認力動は真犯人よりもさらに強力に働くはずだ。――一般にはこう考えられている。私もこのことの一定の真実性を認めないわけではない。しかし、ごく自明に見えるこの主張についても、いくつか検討しておかねばならないことがある。以下、自白の結果予想される刑罰の側面と、社会的地位の喪失や羞恥の側面とに分けてみていこう。

1　予想されるべき刑罰の非現実感

まず、自白の結果予想される刑罰の側面から考えてみる。刑罰を受けたくないというのは誰もがもつ思いである。それゆえこれが否認力動の大きな部分をになうことは確かである。とくに殺人のからむ重罪事件においてはそうであろう。だからこそ、ひとは「死刑になるやもしれない重大事件では、何か特別な事情でもないかぎり、嘘の自白をするはずがない」と考える。これはおそらく世間的な通念となっている。いや一般の人々の通念であるにとどまらず、裁判官たちの意識をも大きく支配していると言ってよい。狭山事件第一審はIの自白について「死刑になるかも知れない重大犯罪であることを認識しながら自白していることが窺われ、特段の事情なき限り措信し得る」との判断を示し、彼に死刑を宣告している。Iのばあい取調官から肉体的拷問を受けたとの訴えはない。控訴審では「一〇年で出してやる」との約束で自白したとの主張がなされたが、裁判所はこれを荒唐無稽な話として受けつけなかった。常識的に考えて、これだけのことをやれば死刑になることは覚悟するはずだというわけである。

この事件は第二審で「無期懲役」となるが、その判決文にも同様の認定が見られる。Iは前項で見たように旧知の警察官関源三の取調べによって自白に陥ったのであるが、その時の自白内容は「三人犯行」で、自分は脅迫状を書いて被疑者宅に投げ込んだだけだ、殺人、強姦は他の二人の犯行だというものであった。そしてその自白の三日後に、単独犯行の自白をするのだが、第二審判決はこの点をとらえて、こう認定している。

したがって、(被告人は)犯行の重大さから死刑になるかもしれないことを十分意識しており、それならばこそ、最初は頑強に犯行を否認していたところ、再逮捕後の六月二〇日には事態やむなしと観念して員(注・司法警察職員)関源三に嘘の三人犯行を自供するに至ったのであるが、これも何とかして死刑だけは免がれたいと考えたからであるとみることができる。

こうした判決文をただ抽象的に読めば、なるほどと思えてくる。ましてIのばあい、ひどい拷問もなかった。死刑というもっとも恐るべき刑罰を知っている被疑者は、よほどの事情がないかぎり、嘘で自分を死に追いやるような自白をするはずがないというわけである。

あるいは被告人から拷問を受けて自白したとの訴えがあっても裁判所はそれを容易には認めない。財田川事件で被告Tの無実を確信して、裁判官をやめ、Tの弁護人となった矢野伊吉ですら、当初この事件に関わった頃のことを回想して、こう書いている。[20]

当初、私は、犯人が後になって犯行を否認し、善を装い同情を求めることはよくある常套手段であって、しかも拷問によって自白を強要されたなどというのも、殺人犯が命惜しさからよく使ういいがかりだろうと判断した。Tがあまり強情を張るので、少し位は手荒なことをされたかも知れない。だが、まったく無実なのに死刑になる強盗殺人を自白することがあり得ようか、と思った。

このたぐいの考え方は、多くの人たちのなかにしっかり根を下ろしている。もう一つだけ、松川事件から例をあげよう。松川事件は一九四九年八月一七日深夜、東北線福島駅を定時に出発した旅客列車が松川駅近くのカーブで脱線転覆し、機関士ほか二名が死亡した事件である。折しも国鉄では大規模な人員整理が進められており、捜査陣はこれに反対している国鉄労組・日本共産党関係者が犯人であるとの予断のもとに捜査を進めた。そうして二〇人の無実の人々が次々と逮捕されて大冤罪に発展していくことになる。その後、第一審、第二審と多数の「死刑」を含む有罪判決が下されるが、これを批判する全国規模の大運動が巻きおこって一九六三年全員の無罪が確定する。戦後最大の冤罪と言われる事件である。この大冤罪事件の出発点となったのが元線路工夫Aの自白であった。この自白について第一次控訴審は次のように判示している。

Aが検挙後自白まで、約八日しかたっていない。このことも自白の任意性を認めるべき一資料として看過できない。Aが本件の如き事件で有罪になれば死刑無期又は相当長期の懲役刑に処せられるであろうことは警察官から教えられるまでもなく知っていたがそれでもなお自白したものであることは……（A被告が供述していることで）明らかであるが、いかに、年少（注・当時一九歳）にして浅慮なAだといっても自分一人だけでなく、他の七、八名に及ぶ人までがそのようなことになる事柄を、仮りに強制があったとしても、短時日内に、虚構の自白をするとは考えられない。やはり、それを自白したことは、強制に因ると見るよりは、真実そのことがあったから任意に述べたと見るのが相当である。

刑罰への恐れが否認の力動として働くということ自体には、何人も異論はない。しかし、自白すれば刑罰を科せられることを知っていながらあえて嘘の自白をすることは特段の事情がないかぎりありえぬことだという右のような考え方のなかには、いくつかの錯覚が入り込んでいる。

一つは、この考え方のなかでは時間のファクターがすっぽり考慮から外されてしまっているという点である。わかりやすいように、死刑が予想される重大事件での自白を例に考えてみる。これまで用いてきた天秤の図を用いて、ここでは「予想される死刑」と「取調べの圧力」の二要因に限定して図示してみる（図21）。この図から考えれば、否認力動の方は「死刑をまぬがれたい」という思いが働き、自白力動の方は「取調べの圧力に耐えがたい」という思いが働いていることになる。そこで人は単純に、死刑を覚悟しての嘘の自白となるとよほど強力な取調べ圧力がかけられなければならないと考える。たとえば何人も耐えられないような苛酷な拷問があったなら、無実の人が嘘の自白をしてもやむをえない、というふうに思う。逆に言うとそれくらい強い取調べ圧力がかけられないかぎりは、無実の人が虚偽自白に陥れられることはあるまいということになる。虚偽自白が拷問説で説明されやすいのはそのためである。しかし、この考え方には明らかな錯覚が入り込んでいる。

図21

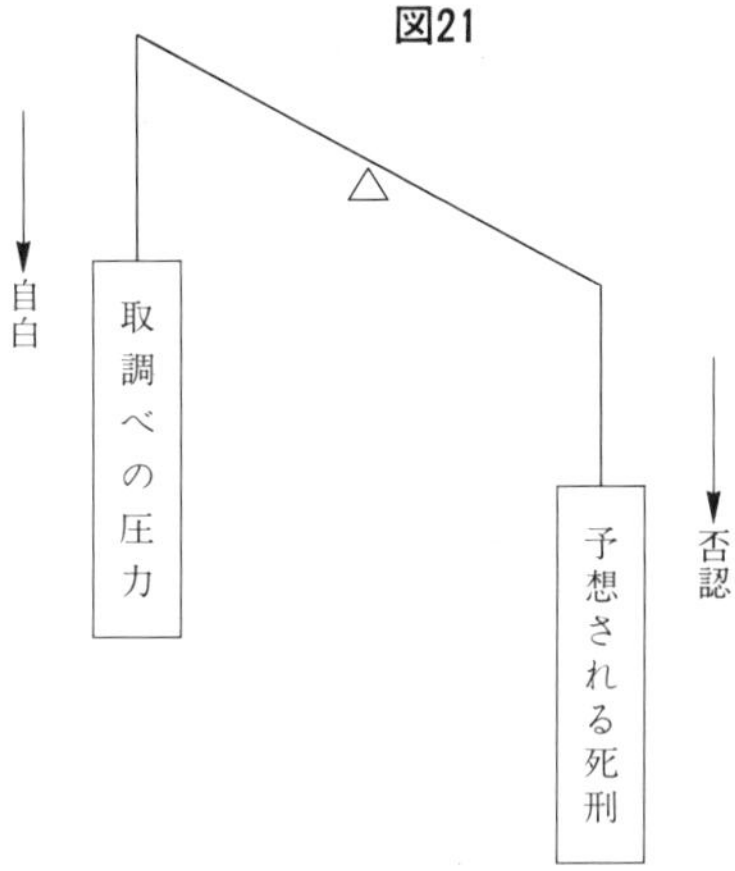

というのも、取調べ圧力は被疑者に対してまさにいま現在かけられている力であるのに対して、他方刑罰のほうはずっと先に予想されたものにすぎないからである。図示してしまうとそのあたりの区別が見失われてしまう。本当のところ取調べによる現在の苦痛と刑罰という将来に予

想される苦痛を同じ天秤にかけて測るということ自体が大変な間違いなのである。もし取調べの場で自白すればその場で直ちに処刑するということになっていれば、誰も簡単には自白することはあるまい。

人間は観念の生物であると言われるが、もちろん観念のみで生きているのではない。観念はむしろ、いま現在わが肉体が傷つくことなく、精神が平静でいられる限りにおいて人の意識世界を動かすのであって、肉体が痛み、精神が苦しんでいる状況下では人の意識はその苦痛や苦悶に集中してしまい、予期だの予想だのが健全に働く観念世界はしぼんでしまうものである。いまの苦痛を避けるためには人は、明日の死をいとわない。いや明日の死をいとうだけの観念世界をもちえないのである。魔女裁判で火刑にかけられる人たちが、生身で焼かれる苦痛を避けるために、殺してから焼いてくれるように願ったという話（一三一頁）は、そのことを極限的な形で示している。

私たち第三者は、被疑者がまるで取調べの苦痛と自白の結果予想される刑罰を同じ一つの秤にかけて測っているように考えやすいが、取調べのただなかにいる被疑者は、そんなふうに両者を対等に比べることなどできない。松川事件のAは、自白したときのことを第一次控訴審で次のように語っている。

　一週間以上の脅迫、誘導、拷問が朝の九時から夜の十二時、一時頃までもされ、夢中に眠く、すっかり疲れて、死の恐怖の取調べはもう堪えられなく苦しくなってしまいました。そして頭が痛いから休ませて下さいと頼みましたが、武田部長から夜通し調べると言われるのです。私は死ぬよりも辛いことでしたこの脅迫や拷問の取調べから救われるために、明日言うから寝せて下さいと頼んでしまったのです。そして次ぎの日調室に入ると、直ぐ玉川警視から、明日言うと言ったから、「早く言え、言え」とせめられて、もう弁解する事は出来ませんでした、そしてとうとう最後まで真実を守りぬくことが出来ず、ついに嘘の自白をさせられたのです。

こうした現実の取調べの場に身をおいて考えれば「予想される刑罰」という観念がいかに空虚なものかが分かるであろう。Aの頭にあるのは、たったいま自分がさらされている「死の恐怖の取調べ」であり、「死ぬよりも辛いことでしたこの脅迫や拷問の取調べ」であって、それ以外のものではないのである。

同時に、私たちはここで先の主張の二つ目の錯覚に気づく。それは「予想される刑罰」と言うときの「予想」に関わる問題である。同じく「自白によって予想される結果」と言っても、実際に犯行を犯した犯人が予想するところと、無実の人間が予想するところとは当然異なってくる。強盗殺人で三人も四人も人を殺したということになれば、誰が予想しようと、いまの日本では死刑だろうという、その予想自体については大差ないかもしれない。しかし、その「予想される死刑」についての現実感はまったく異なる。実際の犯人ならば、まさに自分の行った犯行から予想されるものであるがゆえに、その「死刑」には実体的な感覚が伴う。これだけのことをしたんだから自分の犯行だとばれれば死刑だろうと実感的に予想せざるをえない。しかし無実の人間ならばどうであろうか。無実の人にとっては逮捕・勾留されて取調べられているということ自体が、非現実的なこととしか受けとめられない。第三者的な観念のレベルでは、自分に容疑をかける何らかの事情があって逮捕・勾留され、取調べられているのだと理解しているだろうし、またここで自白して自分の犯行だと言って、裁判でもそう認定されれば「死刑」だろうということも認識できるであろう。しかしそこに真犯人のような現実感が湧いてくるであろうか。無実の被疑者の視点に身を寄せて考えてみれば、「予想される刑罰」はただ単に論理的・観念的なレベルのことであって、実感的に身に迫ってこないことがわかるはずである。

先の図21に再び戻って言えば、自白へと駆り立てるべく取調官からかけられる圧力は、無実の被疑者にとってもまさに現実のものであり、そればかりかその理不尽さのゆえになおさら苦しい。それに対して「予想される刑罰」の方は、「予想される」という未来の次元の話であり、かつ論理的・観念的なものであって現実感覚的に受けとめられない。少なくともその限りでは、「予想される刑罰」を実感的に考えられる真犯人のほうが否認力動は強いとさえ言える。「死刑になるやもしれない重大事件で嘘の自白をするのは、よほどの事情がなければありえない」という世間の通念は、このことをあきらかに見逃している。

私たちが実際に冤罪に巻き込まれた人の話を聞いて、ハッと気づかされるのが、この非現実感である。土田・日石のEは逮捕・勾留下で取調べられていた頃のことを回想してこう書いている。(21)

今からちょうど一〇年前の今ごろ自分の身に何が起きているのか理解できませんでした。事の重大さにようやく気づいたのは起訴されて裁判が始まってからでした。拘置所から裁判所への鉄格子のついたバスの窓から見える街並や、楽しそうに集う人達の姿を見る時、いつも奇妙な感じにおそわれました。僕の身には信じられないような恐ろしい出来事が起きているのに、世界はまったくそれ以前と変わっていない、それが何とも不思議に思えたものでした。

実際、彼の長い手記はいつ果てるともしれぬ取調べの苦痛の記述で満たされているが、自白の結果予想される刑罰への恐怖について書いたところがほとんど見られない。「証拠があるのに本人が認めなければ反省していないと言うことで裁判では極刑と言い渡されるぞ」という脅しはしばしばかけられたが、それは自白の結果予想される刑罰でなく、まったく逆に否認の結果予想される刑罰なのである。犯行体験のないものにとっては、犯行に結びついた形で刑罰を実感できないのは当然と言うべきであろう。

甲山事件のYのばあいも、自白に落ちていく過程で身に迫って感じていたのは、アリバイ強迫にとらわれ懸命に思い出そうとして思い出せない苦悩であり、「思い出せないのはあなたがやっているからだ」と責められる苦痛であり、そして「もうあなたのことを信じている人は誰もいない」と言われてそう思い込んでしまった絶望感であって、自白をすれば「〜の刑罰」が科せられるとの恐れが脳裏に浮かぶなどということは一度もなかったという。真犯人ならともかく、無実の人間のばあいには、自白の結果としての刑罰が現実感をもって迫ってくることがない。この単純な事実に、第三者たる私たちも、そして取調べに当たる警察官も検察官も、そして裁判官も、さらには弁護人も案外に気づかない。そこに虚偽自白についての大きな誤解が生まれる。

狭山事件のIは、さきに触れたように取調べに当たった長谷部警視から「自白すれば一〇年で出してやる」と言われて自白したと主張している。この時までに彼は別件を九件自白していた。それらはまことに軽微なものではあるが、現に彼がやった悪事ではあった。取調べで、それらの別件が一件につき懲役一年、九件で九年、女子高生殺しを自白しても合わせて一〇年で出してやると言われたという。第三者がそのまま聞けば、なんと馬鹿げたことかと思うかもしれない。軽微な窃盗や単純な暴行と殺人とが同等の重みではかられるなどありえない。そんな馬鹿げた約束を誰が信じるものかと思う人も多いであろう。

実際には、この「一〇年の約束」についてはIが主張しているのみで、当の長谷部は否定しているし、「約束」があったとの客観的証拠はない。それゆえ、私自身もここで、それが本当だったと言いたいわけではない。ただ当時のIの立場に身を寄せて考えれば、この「約束」が十分にありえたものだということだけは指摘しておかねばならない。狭山事件の弁護人たちは、そこにIの無知があり、またその無知の背後には被差別部落で生きてきた彼の生活史があると言う。そのことも一つの大きな要因であったろう。しかし、その点に加えて私がここで指摘しておきたいのが、右に述べてきた「非現実感」である。

Iが最初に自白に落ちたとき、彼が追及されていたのは殺人そのものではなく、脅迫状の作成であった。そのことは彼自身の最初の自白にも現われている。その自白調書の冒頭はこうなっている（一九六三年六月二〇日付員面調書）。

俺は、関さん、Yちゃんは殺さないんだ。手紙を書いたのは俺で、持って行ったのも俺なんだ。シャベルを盗んだのは俺なんだ。おまんこをしたのは入間川の友達で、殺したのは入曽の友達なんだ。俺は穴を掘って埋めるのは見て居ないんだ。縄で縛ってあったろうなんか知らないんだ。

つまりIが「約束」によって自白した罪というのが、少なくともこの時点では、脅迫状に関する部分だけであった。とすると、別件九件と対等に合算して「一〇年」というのもあながち不自然ではない。むしろ逆に、Iが真犯人で、その後の自白において認めたように脅迫状作成から強盗・強姦・殺人までの一切を単独でやったというのが事実であるとすれば、その一部のみを切り離して「一〇年の約束」に乗っかることこそ非現実な話と言わねばならない。実際にこの犯行を犯した犯人ならば、脅迫状作成を認めることが直ちに、殺人行為にまでつながる一連の犯行への追及につながっていくのを恐れるはずだからである。

思考実験的にIが無実であるばあいと犯人であるばあいの二つそれぞれを想定して、I自身の立場から自白時の心境を描いてみればこのことはよく分かる。

まずIが犯人であるとすれば、彼の脳裡には脅迫状を書いて被害者を誘拐し、強姦・殺人したという記憶が生々しくある。そのなかで逮捕されて、別件九件については簡単に認め、起訴された。そして本件たる「女子高生殺し」についてまずは脅迫状作成の部分を中心に追及されている。そのなかで別件一件が一年として九年、あと本件の部分を認めても合わせて一〇年で出してやると言われる。殺人行為の体験記憶を生々しくもち、そこまで自白させられることを現実感覚的に恐れている被疑者ならば、どうして安易にこの約束に乗れるであろうか。これはおよそ考えられないことである。

反対にIが無実であるとすればどうであろうか。そのとき彼の頭のなかにはもちろん生々しい犯行の記憶はなく、ただ近所に起った殺人事件としてそれを知識として知っているだけである。しかし彼はその事件の被疑者として逮捕される。別件の九件は実際にあったことだから隠しようもなく自白する。ところが本件の方はまったく身に覚えがない。しかし取調官は脅迫状の筆跡が同じだと言って責めてくる。あわせて複数で組んでやったのではないかとの追及をしてくる（現実に、捜査側が当時三人犯行の可能性を考えていたことは証拠上明らかである）。そこのところで、もし自白すれば（つまり脅迫状作成部分のみを自分がやったと自白すれば）合わせて一〇年で出してやるという約束はIにとってそれほど突飛なものではない。もちろん論理的には一部加担を認めただけでも、それが突破口になって犯行全体への追及につながり、結果的に「死刑」まで至るかもしれないという想像は可能である。しかし、無実の人間ならば現実にその犯行をやっていないだけに、そのことを現実感覚を伴って考えることは難しい。追及されていることはあくまで自分にとっては非現実的な話なのである。そのとき「死刑」という刑罰を生々しく感じることはほとんど不可能と言ってよい。

実際、Iは三人犯行自白の三日後には単独犯行自白をしているのだが、そこでもなお彼は自分の自白が「死刑」につながるとは感じていない。いや起訴されて半年間の裁判の結果、現に「死刑」の判決が下されても、なおそこでおびえを見せていない。彼自身はそのときなお「一〇年の約束」を信じていたからだという。しかし、もしIが真犯人だったらどうであろうか。彼が犯人ならば、右に見てきたように、三人犯行自白以前にその約束を信じること自体が考えにくいことであるし、たとえその時点では甘言に乗せられて信じたとしても、殺人の記憶が頭にあり、死刑だけは免れたいと恐怖している被告ならば、現になされた「死刑」の判決に、当の「約束」への信頼が揺らいで怯えるのが当然であろう。ところが彼は「死刑」の判決にも平然としていた。判決当時Iと拘置所で同房であった人物はこう証言している。

問（弁護人）　死刑の判決が出たあとで、あなたI君と接触しているんだけれどもI君の態度はどんなようだったか。
答　ええ……、まあ一口でこういうんだということは言いあらわせないですけれども、何か普通の人だったみたいです。
問　普通の人みたい。
答　ええ。
問　死刑の判決で、時々ふさぎ込んだり、大変なやんでいたというようなことはなかったですか。
答　まあ、そういうことはなかったですねえ。
問　率直にいってどういう気持を持ちましたか、I君に対して。
答　自分もその本人からまあいろいろなことを聞いたりしていたし又自分としても態度なんかみるとその……。こういう罪を犯したという感じがなかったです。

また第一審の主任弁護人中田直人が弁論の直後、Iに接見して、このままでは「死刑」の判決になるだろうと伝えたときの様子も、普通ではちょっと理解できないものだったという。弁護人は無罪弁論をやったのだが、I自身は公判廷で自白を維持していたのであるから、弁護人としても死刑を予期せざるをえなかったのである。この時のIの様子を中田は次のように証言している。

私は、やむなく大変言いにくいことだったんですが、私どもとしては、一生懸命努力したつもりだけど、十一日（注・昭和三九年九月一一日）の判決は死刑の判決になるだろうということを言いました。いつ、そういう話をしようかと思い乍ら、迷い乍ら、言いにくいことを言った時に、I君のとった態度が、おそらくこれは、生涯忘れることのできないことだろうと思うのですが、今までうつむいたり、横を向いたりしていたのが、ひょっと、私のほうを見まして、にやりと笑いまして、いいんです、いいんです、と言ったんです。そのときの、その笑い方というのは、不敵といいますか、或いは屈託のないといいますか、私としては何とも説明のできないような笑いなのですけれどもともかく、きみは死刑の判決を受けるだろうということを、弁護人が言っているのに、にやりと笑って、いいんです、いいんです、というのは一体どういうことなんだろうと思いまして、大変異様な感じを受けました。

これは現実に殺人を犯して死刑をおそれている被告人の態度ではない。第一審、第二審判決もIが真犯人として何よりも「死刑だけはまぬがれたい」との思いをもっていたことを前提している。ところがこの前提はそもそも成り立たない。

何人も死刑は恐れるものと裁判官は考えたのであろう。しかし実際に残忍な事件を自らの手でやってしまった人間が死刑を恐れるのと、無実の人間がこれを恐れるのと、その現実感においては雲泥の差がある。Iが真犯人であるならそもそも「一〇年の約束」など信じられなかったであろうし、まして「死刑」の判決に恐怖しないことはありえないと言うべきであろう。

無実の人間がもつこの刑罰への非現実感は、また別の様相をとって現われてくることもある。これは冤罪事件の自白にかなり一般的に見られるものである。ここでも実例でもって示すことにしよう。

一九七九年大阪府貝塚市で、深夜帰宅途中の二七歳の女性が畑のビニールハウスに連れ込まれて、強姦され殺された事件である。(22) 被害者の女性と同棲していた男が独自に調べをすすめ、以前から知っていた少年に疑いをかけた。男は少年を捕まえ暴行を加えナイフでおどして自白させ、「あの女性を殺《や》ったのは僕たちです」との血判書を書かせたうえ、少年を警察に突き出したのである。警察は少年の自白によってさらに四人を逮捕、全員を自白に追い込んで起訴、第一審では主犯に懲役一八年、他四人に一〇年の判決が下された。五人はいずれも公判廷では自白を撤回、無実を主張していた。判決に対して四人は控訴、一人はこれ以上続けても見込みがないとして服役した。しかし、被害者の身体に付着していた体液がいずれも被告五人の血液型と一致しなかったし、さらに事件当夜のアリバイもあった。四人の控訴審では、この血液型不一致、アリバイ証明が明確化されて無罪の判決が下され、結局これで確定する。その結果、服役した一人も再審請求して「無罪」となった。控訴審段階で被告人の訴えを受けて取材に乗り出した読売新聞大阪社会部は、被告たちから何故自白することになったのかの手記を求めた。そのなかで一人は取調べの様子を次のように書いている。(23)

貝塚署で連れて行かれた部屋は四畳半くらいで、机二つとロッカーがひとつあり、壁に時計がかかっていました。部屋に入ると、机を窓際に寄せ、部屋の中央に立たされました。正面に時計を見て、主任は私の横に座り、車を運転していた刑事Aは、私の正面に立ち、もう一人の刑事Bが私の左側に立ちました。

Aが「お前がやったんやろうが」と大声で怒鳴ったので、私が「本当に何のことですか」と答えると、いきなりAが軍手をはめた右手拳で、私の左側の耳の上部あたりを一発殴って来ました。その後、直ぐにBが私の左足、ひざあたりをひざ蹴《げ》りして来ました。

殴られた痛さに驚くと同時に、私は何の事か、さっぱり、思いあたりませんし、そのまま、ずっと黙っていると、さらに、AやBは何回も私を殴ったり、髪の毛を引っ張って、むしるような事をしたり、さらには、私の後頭部を壁にぶつけたりしました。

私は寝込みを起こされたために下着のシャツ、薄いトックリセーター、ジャンパーの三枚しか着ていませんでしたので、真冬の夜明け前の冷え込みが、身にこたえ、取り調べの恐ろしさとで身体が震えっ放しでした。

この間、Aは何度か「お前がやったんだろう」とか「お前等《ら》がやっている事は分かっているんだから」、さらには「お前が首を絞めて殺したんだな」と、言って迫って来ました。私は、何度かにわたる暴力に耐えながら、そのつど「知りません」と答えたり、時にはバカバカしいと思ったりして、無言で黙っていました。

取り調べの途中でも、刑事は事件の中身には一切、触れないままでしたので、私には、何が何だか分からないまま「えらい事件に巻き込まれているんだな」と思い、とても不安でした。

そういった取り調べが一時間半ほど続いたころ、主任が「いい加減に吐いてしまえ」とか、「強情張っても、お前らがやった事は分かっとるんやぞ」等と、言ったりしました。

それでも、なお、私が認めないのを見て、主任は、私に向かって「お前はちょっと強情だな。それぐらいじゃ、吐きそうもないな」と言った後、主任は「こいつに一度、手錠をはめてやれや」と、Aに指示しました。

Aは言われた通り、私に手錠をはめ、さらに私はその場に正座をさせられました。

床はセメントでしたので、正座はとても苦しいものでしたが、その状態でAとBの二人から殴られたり、蹴られたりの暴行を受けました。

Aは手錠を意識的に強くはめたので、手錠が私の手首に食い込み、その痛さにも耐えられないぐらいでした。

二〇—三〇分、正座させられた後、又、立たされて殴られたり、蹴られたりして、その後、又、正座をさせられるという繰り返しでした。

そういう状態が一時間強も続きました。

そうすると、主任が「他の連中はもう吐いているぞ。お前一人、いつまでも強情を張っとってもしょうがないだろう。認めてしまえよ」と言い始めました。

この間、手錠はずっとはめられたままで、どんどん手首に食い込み、痛くてたまらず、何度も「緩めて下さい」と、頼みましたが、聞いてくれませんでした。

疲れ果てていた私は、だれの事かはわからないが、他の連中が認めてしまった話を聞かされているし、私がいくら知らないと言っても聞き入れてくれないので、自分でも一体、どうしていいか分からず、その場の苦しさから逃れたい一心で、訳のわからないまま警察のペースに乗って、仕方なしに認めてしまいました。七時四〇分ごろだったと、はっきり覚えています。

警察でこのような取り調べを受けるのも初めてですし、本当にどうしていいのかわからないままに、前後の見境《みさかい》もなく、思わず認めるという形でうなずいてしまったのです。

「どうせ、私は無関係なのだから、今、認めてもあとで直《す》ぐに、わかってもらえるだろう」ぐらいの気持ちで軽く考えていました。

この被疑者は署に連行されても当初、自分がどうして逮捕されたのか分からない。しかしそのなかで取調官からさんざん暴行を受け、いたぶられて数時間で、事件そのものの中身すら十分に分からぬまま「どうせ、私は無関係なのだから、今、認めてもあとで直ぐに、わかってもらえるだろう」と自白する。このとき事件への現実感覚もなければ、ましてその結果としての刑罰の現実感覚もない。もしこれが真犯人ならばただちに逮捕・取調べの理由も察知し、これを認めたとき予想される刑罰への恐れも現実味をもって感じられたであろう。しかし無実の被疑者はかえってその非現実感のゆえに身が守れないのである。

被疑者の側に身を寄せて考えれば、すぐにわかるこのことが、第三者、とりわけ警察官、検察官には容易に分からない。例によって検察官は、その論告において次のように決めつけている。まず、被害者の内縁の夫に責められ脅された少年について、

暴行、脅迫があったとしても、本件のような凶悪、重大犯行について虚偽の自白をせざるを得ないほどのものとは認められない。自白したのは、それが真実であったからにほかならない。

また最年長ゆえにリーダー格と見なされた被告については、

死刑に処せられるかも知れないと思いながら自白したもので、そのため、自白は極力、自己の罪責を軽減し

ようとする点は見受けられるものの犯行の大筋において、ほぼ他の共犯者四名の自白と合致しており、任意性はもとより、信用性についても全体としてこれを認めることができる。

この種の認定が無実の被告からみたとき、どれほど現実から遠いものであるかは明らかであろう。犯行自体への現実感もなく、予想される刑罰への現実感もないがゆえに、被疑者はもっぱら取調べの苦しさに耐えかねて「ともかくここは認めて、あとで無実を証せばよい」と思ってしまう。これは、冤罪事件の自白にかなり一般的にみられるものと言ってよい。先の天秤の図が、無実の被疑者にはそのままあてはまらぬことを、私たちはこうした事例から知ることができるし、「死刑になるかも知れない重大犯罪であることを認識しながら自白していることが窺われ、特段の事情なき限り措信し得る」といった認定がいかに現実から離れた認定であるかを十分に承知しておかねばなるまい。

2　予想されるべき社会的制裁の非現実感

犯罪行為は当の犯人への法的刑罰をもたらすだけでなく、事実上社会的地位を喪失せしめ、社会的評価を低下せしめるという形で犯人への制裁をもたらす。それゆえに被疑者が取調べの場で何とか否認しようとする心性には、前項の刑罰への恐れだけでなく、その社会的制裁への恐れが存在する。人は直接自分が懲役に服し、あるいは死刑に処せられることを恐れるのはもちろんとして、そうした刑罰に相当する犯罪を犯した犯罪者として周囲から見られることを恐れるのである。いや時には刑罰への恐れとはまったく別に、ひたすら周囲の目に対する羞恥にとらわれて自白へと踏みきれない例（もちろん真犯人についての例だが）がある。たとえば、殺人を犯した犯人がその結果として重い刑罰を予期しつつも自白し、なおかつその犯行の前段階に行われた軽微なわいせつ行為を否認するといったことがある。それは刑罰への恐れのゆえではない。殺人犯であることは認めえても、わいせつ犯とされることへの羞恥が強く、それゆえにこれを認められないのである。こうした例のなかに象徴的に見られるように、刑罰への恐れとは別に、社会的制裁への恐れもまた否認力動の一つとして大きな役割を果たす。

このこと自身は一般論として間違いない。しかしここでもまた、いくつか指摘しておかねばならないことがある。一つは、前項で法的刑罰への受けとめ方について述べたように、この社会的制裁についても真犯人と無実の人とでは、その受けとめ方がおのずと異なるということである。そしてそれに加えて、もう一点、ここには法的刑罰とはまったく別の要素が働くことにも触れておかねばならない。まず後者の点から見ていくことにしよう。

法的な刑罰は、当然のことだが、法的手続きを経てはじめて科せられる。つまり捜査、逮捕、勾留下の取調べを経て起訴、裁判ののちに有罪―無罪が、そして有罪のばあいその刑の軽重が決まる。被疑者・被告人がその過程で自白するかしないかが一つの重要なポイントにはなるが、いずれにせよその自白・否認の時点から見ても刑罰はずっと先のことである。ところが社会的な制裁の方はどうであろうか。被疑者が警察に逮捕されたとき、もし周囲の人たちが法の理念のとおり、推定無罪の思いを持ちつづけられたなら、被疑者がその時点でむやみな社会的制裁を受けることはない。また被疑者自身、自らが無実であるかぎりは、社会的制裁を予期して羞恥に身を縮めることもなかろう。しかしながら現実はそうなっていない。少なくともわが国においては、法的決定のはるか以前、逮捕の時点で社会的制裁が被疑者を襲う。逮捕されたというだけで、世間の多くの人々は、その被疑者を犯人と思い込み、現実に被疑者のそれまでの社会的地位は脅かされる。勾留が長びき、起訴されたりすれば、まず逮捕前の職は解かれ、元に復することはほとんど不可能と言ってよい。また新聞・テレビなどのマスコミは被疑者を犯人のごとくに実名報道し、重大事件になれば、被疑者の過去と現在について、あることないこと織り混ぜて誇大に書き立てる。被疑者の身内は家に逼塞して、ほとんど外に出られないような事態となり、時に自殺者を出すことすらある。そしてもっとも手ひどい打撃を受けるのはもちろん被疑者自身である。彼は裁判以前に報道によって裁かれ、過重な刑罰を課せられる。

こうしたことは被疑者が真犯人であっても許されることではない。しかし無実の人間の誤認逮捕となると問題はさらに深刻である。残念ながらこの点できわめて貧しい精神状況にあるわが国では、その種の深刻な事例は枚挙にいとまがない。ここでは有名な一例だけをあげよう。

一九六八年一二月一〇日、東京都府中市で、現金輸送車が白バイ警官を装った若い男に襲われ、現金約三億円が奪われた。その大胆な手口に世間はあっと驚いた。今日でも「三億円事件」として多くの人々の記憶に名をとどめている大事件である。[24] 捜査当局は府中市に捜査本部をおいて大捜査網を敷き、大がかりな捜査に乗り出したが、捜査は難航した。そしてちょうど一年後の六九年一二月一二日、捜査当局はK氏に任意同行を求め、その日の夜、軽微な別件で逮捕、三億円事件を追及した。K氏の任意同行以前に警察の動きを察知した毎日新聞は一二日の朝刊で他社をぬいて「三億円事件に重要参考人、極秘の捜査始める」と大々的に報じ、それを追って他社もその日の夕刊から大きく取り上げ、テレビ・ラジオも報道合戦に参入した。任意同行段階からすでに犯人扱いで、別件逮捕後は各社とも実名報道に踏み切っている。「次々くずれるアリバイ」「供述はいぜん二転三転」「なぜウソをつくK（実名）」。別件逮捕翌日の夕刊ですでにこうした記事が載せられ、例によって被疑者のアラを書き立てた。「カッコよさ夢みて、孤独で気弱な現代型」という見出しの下「二重人格」「図々しい男」「ホラ吹き」「ずぼら」という侮蔑的表現が職場の上司や同僚の言葉として並べ立てられている。

　ところがマスコミがK氏を犯人と決めつけてあくどい報道をするなか、別件逮捕からわずか二四時間後（任意同行からでも四一時間後）、K氏は一年前の事件の日ちょうどある会社の就職試験を受けていたことが判明して釈放されることになったのである。犯人としての報道そのものは一二日と一三日の二日だけ、一四日にはK氏は無関係だとの記事が大きく載せられることになる。しかし、わずか二日間ではあれ、全国を席捲した報道の波を浴びてK氏とその家族が受けた衝撃と屈辱は大変なものであった。K氏の父親は「家族や親類は大きな恥辱を受けた。これを報道した関係者をうらみたい気持である」と語っている。いやそればかりではない。事件が事件であっただけに、K氏はその後も週刊誌の記者に追われ、ことあるごとにテレビで逮捕時の映像が放映され、十数年間取材の対象にされつづけてきた。

　マスコミの膨大化にともなってK氏のような報道被害者の数も増えつづけている。一九八〇年代には、ロス疑惑などのように警察が動く以前に週刊誌・新聞・テレビが自主取材と称して犯罪物語を作り上げ、犯人を仕立て上げて、その人格を徹底的に貶しめてしまう例も出てくる。[25] 法的な手続き以前のところで、まるで私刑《リンチ》まがいの報道が行われ、容赦のない社会的制裁が加えられるのである。

この問題は私たちのテーマに直接かかわらないので深入りできないが、ともあれこうしたきわめて貧困な精神状況にある私たちの社会では、逮捕でもってすでに社会的制裁のほとんどが自動的に被疑者のうえにのしかかってしまう。その意味で、自白以前のところで事は結着している。被疑者が自白したとの報道がなされたとき、大多数の人々の反応は「やはり」でしかない。それまでのところで被疑者の人格は十分にいやしめられているのである。社会的制裁を何とか避けるために否認を貫くということ自体が、現実的に有効性をほとんどもたない。

このことを念頭においたうえで、逮捕・勾留下で自白して自分の罪だと認めたとき被疑者は逮捕時に加えてさらにどれほどの社会的制裁の加重を予期することになるのか、あるいはまたその予期によって被疑者の否認力動がいかほど高まるものかを検討せねばならない。

この点も、被疑者が真犯人か無実かによってまったく異なってくる。真犯人のばあい、逮捕がどれほど不意で、ショッキングであったとしても、彼の心のうちでは自分の犯行の必然的な結果である。それゆえ逮捕から結果する自らの社会的地位の喪失や社会的評価の低下は事の道理として一定覚悟せざるをえない。これももちろん回避できるならば回避したいのが当然であるから、逮捕はすでにやむをえないにしても、自白にまでは追い込まれないようがんばりたいと思うのは自然であるし、目の前の取調官に向かって、私はそのような罪人ではありませんという体面を保ちたい気持ちも強く働くであろう。その意味で真犯人にとって、社会的制裁を恐れる気持ちが否認力動を支える現実的な力となることはたしかである。

では、無実の人のばあいはどうであろうか。彼らにとっても同様の側面があるにはある。しかし、ここでも真犯人とは異なる様相が入り込む。無実の者にとって逮捕は理不尽そのものである。しかし一方でそれは否定しがたい現実でもある。これによって自分が社会的にどういう位置におかれ、世間からどう見られるのかを考えないわけにはいかない。だからこそ余計に「私はやっていない」と大声で叫びたい気持ちにもなる。そうした思いが否認力動の大きな支えとなることはまちがいない。ただ、それは刑罰、制裁あるいは羞恥への恐れのゆえではない。それはむしろ、そうした恐れをはなれてひたすら自らの真実を守りたいという、被疑者の内から湧き上がってくる衝動と言うべきであろう。

ではこの理不尽な逮捕・勾留のうえで、無実の者が自白を迫られたとき、その自白の結果、刑罰以外にどのような社会的制裁をどれほど予期するものであろうか。ここではそれを個々具体的に取りあげるゆとりはないが、ただ指摘しておかなければならないのは、前項の刑罰について指摘したのと同様、無実の被疑者につきまとう非現実感である。たとえば殺人事件で逮捕され自白を求められたとき、被疑者は頭のなかで、自白して自らを殺人者と認めてしまうことで、逮捕前の自分の地位も評価も失い、周囲から冷たい目で見られることになるだろうと考えることはできる。また現にそう考えるであろう。もちろんそうした事態を避けたいと思うかぎりで、それは否認力動となる。しかし、真の殺人者とは違って、そこには現実感が欠ける。どんなふうに言っても自分は殺人者ではないのである。そこに現実味を帯びたかたちで制裁や羞恥への恐れが湧きあがることは少ない。他者には偽って自白しても、自分自身を偽って殺人者になりきることはできない以上、そこから来るどのような結果に対しても非現実感がつきまとうのである。ついさきほども触れたように、彼らが「私はやっていない」と叫ぶとき、その叫びを支えているのは刑罰や制裁、羞恥への恐れではなく、むしろ理不尽な逮捕・取調べへの抵抗であり、自分の中の無実を周囲の人にも知ってほしいという真実への衝動なのである。

自白から予想される社会的制裁が、無実の者にとっては現実味をもちにくいだけではない。外界から遮断された取調べの場のなかではこの社会的制裁への恐れが、容易に取調官によって操作されうることにも注目しておかねばならない。実際、逮捕されたというだけで周囲の人々はマスコミ報道にもあおられて、被疑者に対して冷たい視線を向けるけれども、獄中の被疑者はそれを直接的に知ることはできない。大事件ではマスコミがこれを大きく取りあげて報道し、あることないことを含めて誇大な非難を投げつける。しかし、逮捕によって完全に外界の情報を遮断された被疑者の耳にそれは届かない。もしそうした露骨な非難や冷たい視線がそのつど被疑者に伝えられたとすれば、無実の被疑者は心当たるところがないだけに、それに反発して取調べから心を閉ざすことになろう。取調官も被疑者の心を逆なでするような行動をとることはまずない。

甲山事件は福祉施設のなかでの〝殺人事件〟だっただけに世間の関心は強く、マスコミでも大きく取り上げられ、Y保母の逮捕もトップニュースとしてマスコミをにぎわした。ところが「暗い青春時代を送った、ひどい女」と書き立てられたY本人には、そのニュースは一つもとどいていない。そして逮捕から二二日目に釈放され、そこではじめてYは自分のことを書き立てた記事のひどさに啞然とする。彼女は手記のなかでこう書いている。(26)

四月二八日、処分保留のまま釈放になりました。警察から出てきて始めて知ったのです。こんなに大きく新聞に連日報道されていたことを。私は、全く知らなかったのです。新聞になど出ていないという刑事の言葉を信じていたのです。新聞を読んだ時、あの刑事のやさしい言葉、態度の全てが嘘であり、犯人におとし入れようとする罠であったとわかったのです。私の二十二年間の人生は、たった二十一日間でズタズタに切りさかれてしまったのです。決してすばらしい二十二年間であったとは思いません。しかし、自分なりに大事に築き守ってきた二十二年間です。それを、警察の汚ない手でメチャメチャにされてしまったのです。その上、犯人であるとレッテルをはり社会に放り出したのです。そして、生きて行けと言うのです。殺人犯の汚名をきたまま生きろと言うのです。人間にとってこれだけのひどい屈辱、卑劣な仕打ちはありません。何もしていない潔白なものがどうしてこのようなひどい目にあわなくてはならないのでしょう。怒りに耐えません。

警察は逮捕と同時にY以外に犯人はいないと公言し、マスコミはそれをそのままニュースとして流し、いつ自白が出るかと待ち構え、警察から自白をとったとの発表があると再びそれをそのまま大きく書き立てる。新聞を読み、テレビニュースを見た人たちはみな一様に、彼女を犯人と思い込んだ。そのなかにはもちろん被害園児の親たちもいた。しかし、勾留中のYはそのことを知るよしもなかったのである。

Yが処分保留で釈放され、一年後不起訴処分になったとき、被害園児の親たちはこれに承服できなかった。自分の息子、娘を殺したのはY以外にないと、マスコミの力で信じ込まされていたからである。そのため彼らは不起訴処分を不当として、検察審査会にもち込み、結果的に再捜査、Yの再逮捕、起訴と、問題を十数年にわたって引きずることとなる。右の手記を書いたとき(一九七四年)、彼女はまだそのことを知らない。二二年間の人生をズタズタに切りさかれたどころか、その後、いまもなお冤罪者の汚名をかぶせられたままなのである。

しかし、彼女が受けた「ひどい屈辱、卑劣な仕打ち」も、獄から出てはじめて知ったものであった。つまり彼女は勾留下で完全に情報コントロールされ、そのなかで自白させられていったのである。Yがもし、自分の供述がそのつど警察官の口を通してマスコミに流され、自分のことをあることないこと手酷く書き立てられていることを知っていたなら、また釈放後はじめて知ったその屈辱を、取調べの時点で実感的に予測しえていたなら、まず自白に陥ることはなかったはずである。

無実の被疑者たちも、それまで見聞きした体験から、逮捕や自白のもたらす社会的制裁の大きさを頭では知っている。しかし、いざ自分が不当にもそのなかに巻き込まれたとき、それを実感的に捉え、予測することはできない。彼らは完全に情報をコントロールされ、自白が自分たちにどういう結果をもたらすかを知らされない。

いやそれだけではない。むしろ逆に、自白しないで否認しつづけることがどういう制裁をもたらすかを誇大に吹き込まれることで、自白を誘われることすらある。実際、たとえばさきの三億円事件報道でも見られたように、自白しなければ「供述はいぜん二転三転」とか「なぜウソをつく○○」というふうにマスコミからあからさまな非難が投げつけられる。被疑者＝有罪と思い込んだマスコミやそれを真に受ける世間では、自白しないことがさらに社会的制裁の対象となるのである。そして警察もまたそのようなマスコミの騒ぎかたを逆利用して、「否認しつづけるとおまえも、おまえの家族も周囲からどう思われるか」と脅すことがある。そこでは予期される社会的制裁が被疑者の自白力動を高める方向に機能することになる。

一例をあげよう。大森勧銀事件で逮捕されたKは、取調べのなかで自白して起訴され、第一審では死刑となったが、第二審で逆転無罪、上告審で無罪確定した。そのKが、第一審死刑判決の最大証拠となった自白に落ちたのは、強圧的取調べに加えて「このまま否認していれば田舎の母親が村八分になる」との脅しによってだったという。(27)

この事件は一九七〇年一〇月一七日深夜から未明にかけて、日本勧業銀行大森支店内で宿直中の行員が電気掃除機のコードで首を絞められて殺されていたという事件である。Kはそのころまったくの住所不定で無職。友人の車を盗んで、車を寝ぐらに、友人たちの家に押しかけては借金したり、時に金目のものをくすねて質屋で金にしたりして、グータラな生活をしていた。大森勧銀の事件のニュースをテレビで見て翌日、彼はある友人宅に押しかけて喋っているうちに、口から出まかせで「大森勧銀の殺しは俺たちがやったんだ」と言う。単なるハッタリだったのだが、その友人から預金通帳と印鑑をくすねて引き出したことで警察に通報されて、殺人容疑で追われることになる。おまけに彼は、金にしようと以前からねらっていた友人のライフル銃をこっそり持ち出したものだから、「ライフル銃をもって逃走」と報じられ、警察の緊急手配を受ける。友人のものをくすねて金にする小悪党が警察の緊急配備のなか、どんどん凶悪犯のイメージをふくらませていくことになる。しかし彼は実際のところ、ちょっとワルの無軌道な若者でしかなかった。都内に張りめぐらされた検問の網をくぐりぬけて逃走、食料を買う金もなく疲労困憊して、たどりついたのが故郷の実家であった。母の作ったあたたかいウドンを食べ、ぐっすり眠って起きたとき、家の周辺には非常警戒の警察官が取り囲んでいた。そこで彼はアッケなく逮捕される。ライフル銃はもともと金にかえるつもりで持ち出しただけで、結局引き金に指をかけることはなかった。

しかし警察にとっては、「大森勧銀は俺たちがやった」と公言し、ライフルをもって逃走した凶悪犯であった。逮捕後、厳しい取調べを加えることになる。これに対して、Kはただハッタリで「俺たちがやった」と言っただけのこと。彼は執拗な取調べにも否認をつづける。そこでKが期待するのは、警察の捜査でもって早く真犯人が捕まってくれないかということであった。ところが取調官からすれば目の前の彼こそが犯人である。「お前が黙っていれば田舎の家族は村八分になり、町の商店から何も売ってもらえなくなる。それでもお前はいいのか」と突きつける。Kは早くに父を失い、兄姉とともに母親ひとりの手で育てられた。彼にとって小さな田舎の商店街で周囲の冷たい目を浴びる母の姿を思い描くのは耐えがたいことであった。Kが取調官に向かって自白しはじめるのはその時点からであったという。

実際のところ、Kが緊急手配され、逮捕されるなかでマスコミはすでに大騒ぎして、身内は十分にいたたまれない思いをしていた。逮捕そのものが実家を多数の機動隊員が囲んでの大捕物だったのである。母や家族は、それだけで「村八分」以上の立場に立たされたはずである。そこではもはや自白しようと自白すまいと大差はない。しかし取調官たちは、自白して謝罪しなければ家族はもっとひどい思いをすると脅す。鉄壁の情報コントロールの下で、取調官たちは世間のイメージを代弁し、ゆえなき羞恥心をくすぐり、被疑者の親に対する思いを逆手にとる。ただ、これまで何度もくりかえしてきたように、彼らには被疑者を無実と知ってデッチ上げようとのたくらみはない。第五章で見たようにわが国の取調べが、有罪推定の下に謝罪要求に走ってしまう傾向を強くもっていることからすれば、こうした責め方は彼らの発想の自らなる結果であると言ってよい。現に取調官が被疑者に対してこうした迫り方をする例は、じつに枚挙にいとまがないのである。

さて、無実の人が逮捕されて自白を迫られるとき、その自白の結果もたらされる法的刑罰や社会的制裁を、もちろん予想しなくはなかろう。しかし、以上みてきたように、無実の者のその予想は真犯人の場合にくらべると圧倒的に切迫感が乏しい。取調べの圧力が強く迫ってくるとき、人によってはもはやそうした結果を予想してそれを考慮するだけのゆとりすら失っている。そのように追い込まれた立場に身をおいた経験をもたない私たちは、とかく私たちの日常判断から類推して、「死刑になるかも知れない」事件、「これまで築きあげてきた社会的地位・評価を一挙に失ってしまうかもしれない」事件、「世間から人殺しと言われて見捨てられ、家族をもそこに巻き込んでしまうかもしれない」事件で、どうして無実の人が自白するなどということがありえようかと思ってしまう。しかし、こうした予想が、まさに無実の人間ゆえに現実感をもって受けとめられないものだということを、私たちは重々承知しておかねばならない。ここでもまた、無実の被疑者の否認力動は力を失ってしまう。そればかりか、逮捕され、取調べられているという現実のなかで、否認しつづけることがいかに身内の者たちを傷つけるかというかたちで追及されると、逆に否認維持のもたらすマイナスの結果の予測の方がはるかに現実味をもって迫り、自白力動を高めることになるのである。

第三節　自己の真実を守りたいという衝動の希薄化

獄の孤独のなか、取調べの場に引き出されて取調官に敵対しきれないまま、その人間関係に巻き込まれる。そして自分がやりもしない罪への非現実感のなかで、自白の結果予想されるべき法的刑罰にも社会的制裁にも切迫感はもてない。逆に逮捕されているこの現実のなかで自分が、また身内の者たちが周囲からどう思われているかという被害感情のみは高まり、また取調官からそれをあおられる。こういう状況で、無実の被疑者が否認の力動を保持しつづけることは難しい。ここで崩れそうになるこの否認力動を支える最後の力があるとすれば、それはやはり「自分はやっていないのだ」という自分のなかの真実である。これは、衝動とも言えるほど力強い否認力動である。前二項で述べてきた側面において否認力動が大きく殺がれても、この真実衝動が崩されなければ、虚偽の自白に陥ることはない。実際、無実の被疑者は理不尽な逮捕に抗議し、取調官に分かってもらうべく必死に弁明する。ところがこの強い真実衝動でさえも、これを正しく受けとめてくれる相手のいないところでは空しく、やがてくじけ、力を失う。その要因をここでは三つ指摘しておきたい。

1、いくら弁明してもまともに受けとめてもらえない無力感

2、弁明しきれない空白の存在

3、客観的責任意識の追及

以下、この三つについて、これまで同様、事例をまじえながら考察する。

1　弁明の無力

いかなる真実も、それを認めてくれる人がいなければ空しい。誰も認めてくれなくても自分の中の真実は守るべきだというのは、あくまでキレイ事にすぎない。取調官に向かって、あなた方が信じてくれなくても私の真実はこうなのだと、頑張り通せる人は多くない。

取調官が頭の中をまっ白な白紙にして取調べに臨んでくれるならば、被疑者は懸命に弁明することで、自分の真実を聞き入れてくれるはずだとの期待をもつこともできようが、現実には被疑者＝有罪との強固な思い込みの壁を前にして、無実の被疑者はやがて無力感に陥って、自分の中の真実を語りつづける気持を失う。このことはすでにこれまで紹介してきた各事例のなかにも表われていたことであるが、重複を恐れず、以下いくつか冤罪被害者の手記や供述から、実例を引いておく。

まず土田・日石・ピース缶爆弾事件のMは、否認の気分が徐々に失せていく様子をこう書いている。(28)

ひとつ反論すると百になって返ってきて、黙るしかなくなる。そういうことが長い間続くと、もう刑務所に行くのは仕方ないんだ、それ以外は考える余裕はないんだ、勝手になれという心理状況に追いつめられていきます。それでも、フッと我に返って「いや、そうじゃないんだ」と思うけれど、言えばまた怒鳴り声が津波のように襲いかかってくると考えると、気力が萎えてしまう。

直接的な暴力はなくとも、被疑者の弁明に耳を貸さないというだけで、被疑者にはひどくこたえる。相手の土俵に強引に引きずり込まれたうえで、全生活を支配した相手から問いつめられ、弁明には一顧だにしてもらえない。そういう状況でなお、対決的に否認力動を維持して、相手につきつけていける人はまれであろう。

一九八五年四月、東京都内のお茶の水女子大大山寮に男が忍び込んで、入学したばかりの女子学生が襲われるという事件が起った。(29) それから三ヵ月後、たまたま窃盗罪で捕まっていた近所の会社員に嫌疑がかけられ、窃盗罪に執行猶予判決が出た直後、強姦未遂で逮捕された。男はこの容疑をはっきりと否定したが、取調官はなまなかなことでは引きさがらない。接見禁止のなかで厳しい取調べをくりかえし、やがて本格化した取調べが深夜まで及ぶ。そのうえ欺計まで用いている。現場に犯人が残したデッキシューズを見せて、取調官は「この靴から検出された分泌物がお前のものと一致した」と追及したのである。ところがのちに、靴の底に残った足指跡は、被疑者とはまったく一致しないことが判明している。しかし被疑者の男は欺計まで用いての手ひどい調べに、やがて耐えられなくなって自白する。この事件は、裁判所で自白の任意性を否定したため、検察が求刑放棄で、無罪判決に終わっているのだが、(30) この事件に巻き込まれたことで被疑者は妻子と別れざるをえなくなる。彼は自白したときのことをこう述懐している。

とにかく調べから解放されたい。もう何度も何度も言っても信用してくれないし、もう死ねば何もかも忘れられて、楽だろうと思いました。

現に彼は自殺をはかり、取調べの場では机に頭を打ちつける自傷行為をくりかえした。いくら自分の無実を弁明しても信じて貰えず、調べから解放されないことを死ぬほど苦痛に思う人もいるのである。

この事件や、先の土田・日石・ピース缶爆弾事件のばあい、直接的な形での暴力は用いられていない。強圧によって相手の弁明を封殺することが被疑者に対して心理的な拷問として十分機能するのである。いや、直接的な暴力を被疑者が訴えるばあいでも、その暴力そのもののつらさにならんで、何と言っても真面目に受けとめてくれないつらさが否認力動を殺ぐ大きな要因となっていることを見のがすことはできない。たとえば、「昼夜連続の拷問の取調……の苦しみに負けて」自白した仁保事件のOは、法廷で次のように供述している。

問　その拷問に耐えずしてと言うが、どんなふうの責められ方をしたのか。
答　一番その中でえらかったのが、日本座敷だからというんで、かしこまったままで、昼夜連続に続けられ、初めには相当抵抗もして、どやされても、たたかれても抵抗しよったんです。わしは、こうこうじゃから、やっちゃおらんから、こういう事態じゃから大阪のほうを調べてくれと、調べてくれたらわかることじゃと、仁保に帰ったら、親や子供や妻にも会うちょるし、友達にも、知人にも会うちょるし、そうして、酒の好きなわしじゃから酒屋に行って酒ぐらい飲んじょると、よく大阪のことと、こっちのことと調べてくれ、そうしたらわかるんだと言うたけれども、結局警察は一切それを、おちょくって、私の言うことを聞いてくれないんです。
問　おちょくってと言ったが、おちょくるとはどういう意味かね。
答　全然、相手にしてくれんのであります。
問　このへんで言う、おちょくるというのは、からかうことを言うんだがね。
答　相手にもせず、結局、猫をからかうようなふうに鼻をはじいたり、頭をびしゃびしゃたたいたり、てんで聞こうともせず、拷問をかけるんであります。
（このあと、四〇三頁で紹介したような具体的な拷問の様子を供述したあと）
問　そのために君の体に何か異常があったかね。
答　大変、衰弱して自分でも頭の中が、ぼうっとしちょったような気がします、それから一つには、びっちゃびっちゃ、ほほびんちゃくをたたかれる時には、気が立っておるから何を、と思っておりましたけれども、三日以上過ぎてからというものは、体があたりまえのようじゃないように思っておりますが、いっしょうけんめいになって申し開きを、あねえじゃから、こうじゃからと、アリバイのことを、いつも説明しました、体がとっても弱っちょったのは自分で、はっきり、わかります。

暴力そのものもさることながら、「いっしょうけんめいになって申し開きを」しても、「全然、相手にしてくれん」ことが、Oには耐えられなかった。そして最初は叩かれても「何を、と思っておりましたけれども、三日以上過ぎてからというもの」抵抗力を失ってしまう。Oが「体がとっても弱っちょったのは、自分で、はっきり、わかります」と言うとき、それが肉体的な疲労感であると同時に、精神的な無力感であるのを見るのはたやすい。こうした拷問の訴えのある事例では、とかくその拷問の部分に目が行きやすいけれども、虚偽の自白にとってそれはむしろ付随的な問題であって、本質的な問題ではないとさえ言えるケースが少なくない。拷問的手段をとらずとも、被疑者の弁明を頑として受けつけず、「お前が犯人だ」と言い募り、責め募るだけで、被疑者がやがて否認力動を失う例は、先の土田・日石のMの例をはじめ、いくつもある。直接的な拷問がないだけに、その状況を生の体験としてもたない人たちは、「それくらいのことで……」と思いやすいが、現実の体験者の話を聞けば、この弁明不能感が、自白への転向過程でどれほど大きな役割を果たしているかに、おのずと気づく。実際、それは数時間ですむような話ではなく、朝から晩まで連日、まるまる数日間、いや十数日間、数十日間とつづく。否認をつづけるかぎりいつ終るという保証のないこの無力感にさいなまれなければならないとすれば、いったい、この試練に誰が耐えられるであろうか。

第五章、第六章でとりあげた豊橋母子殺人放火事件のMは、任意捜査の段階で、犯行時間帯には自分は下宿にいたと主張したが、Mを犯人と決めつけた取調官はこれに一切耳を貸さず責め立てた。そして結局耐えきれなくなったMが、取調官の言うがままに犯行現場の勤め先に立ち寄ったと認めたことで、逮捕されることになる。いくら自分の真実を言いつのっても聞いてもらえない苦しさから逃れようとして、それでもって逮捕されるとも知らずに自らのアリバイを放棄したのである。その彼は逮捕後、再び先のアリバイを主張したが、元に戻りようもなく、さらに「私がやりました」という自白調書を取られていく。そのときのことをMは手記のなかでこう書いている(31)。

しかし私は頑張った。夜どこにいた、下宿にいたと押問答がつづいた。

「これだけ言ってやってもお前はわからんのか。わからしてやるからこっちを向け」

と両刑事にいわれ、刑事が左右から私のひざを挟み込むようにして相対した。そして

「お前のいう時間には、下宿にいなかったことはわかっているのだ。どこに居たか、いえんのか」

といって私の太腿を殴る。私も夢中であった。本当に下宿にいたんです。もう一度よく調べ直してみてほしいと頼んだ。

「エラそうな事をいうな。お前の指図を受けんでも、間違いないかと何度も調べたわ。そんないいかげんな事でお前を逮捕したと思っているのか。こっちには、お前の知らない証拠もあるんだぞ……。それもこれから一つ一つ聞いていく。正直に答えろよ。なめた事をいうと承知せんぞ」という、それでも下宿にいた、というと、

「まだそんな寝ごとを言っとるか……お前のほかには犯人はおらん。お前が犯人だ。断定してやる。お前は、悪うございましたと頭を下げる気にならんのか。……あんなひどいことをして、何とも思わんのか……思わんなら思うようにしてやろうか」

といって、すねを蹴る。首を押えつける。頭を壁に押しつける。

……中略……

狭い取調べ室という密室の中。刑事らに囲まれ、大声で怒鳴られ、身体をこずかれたりして脅し責められ、何をされるかわからない恐怖心でいっぱいでした。

今から思うと、こずくにしても外からはわからない所、たとえばズボンに隠れた太腿、向こうずね、首すじ等をこずくのです。

そんな中でも、頑張りつづけたのですが、夜も次第に遅くなり、責められつづけて心身ともにクタクタになってしまい、調べを受けるのが、我慢できず、耐えられなくなってしまうのでした。そんな時に本田春男一課長が入って来ました。

「本当の話をしないから、みんなに怒られるのだ。自分が苦しいだけだろう。早く本当のことを言って、楽な気持になりなさい。もう、ここまで来てしまったものは、どうしようもないではないか。諦めなさい。諦めるしかないではないか。……もう夜も遅い。早く本当の話をして、やすむようにしなさい。君がいつまでも本当のことをいわないから、ここに居るおじさん達（刑事のこと）も家に帰れないんだよ」

といった。

私は、完全に駄目だと思った。ここまで一生懸命に頑張ってきた。しかし、刑事らの上に立つ人までが、私を犯人と決めつけているのだ。上に立つ人までが私のいうことを聞いてくれんのでは、一体、誰に聞いてもらえるというのか。私一人の力では、もうどうにもならないと思った。絶望して、もうどうにでも勝手にしてくれ、という投げやりな気持になってしまいました。

ここでも暴力の訴えはあるが、自白への転回を決定づけたのは、やはり何と言っても聞いてもらえない無力感であった。

この豊橋事件のMに典型的に見られるように、多くの冤罪事件で被疑者が無実の弁明に努めるとき、その焦点となるのはアリバイである。アリバイさえ認められれば無実は証明されるからである。本当のところはアリバイがないからといって犯人であるということにはならないし、被疑者が自らのアリバイを証明しなければならないいわれはない。アリバイの不在は、被疑者が犯人であるための必要条件の一つにすぎないのであって、およそ十分条件ではありえない。ところが現実の取調べにおいてはそこのところが逆転する。

大森勧銀事件で被疑者Kを取調べた河西常春は、法廷で弁護人の尋問に対して、次のように証言している。

（Kは一九七〇年一〇月二七日に逮捕され翌月一二日までは否認していたが、一三日から共犯自白をはじめる）

問　一一月一二日までは少なくとも黙秘か否認していたわけで、一三日の共犯の段階ではそれが最早続けられない状態だったのですか。

答　その間は、取調べには説得ということがありますから、説得して真実はどうかと、真実の追及ということでやっていましたから。

問　説得とは、例えばやったことはやったとはっきり言えというわけですか。

答　それももちろんですが、やらなければアリバイをはっきりしろと当然聞いていると思います。

図22

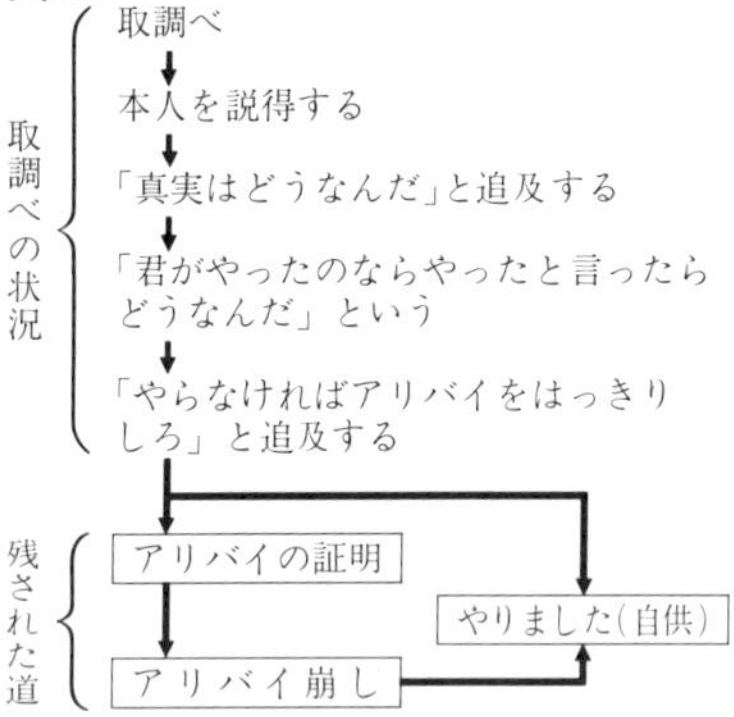
取調べ
本人を説得する
「真実はどうなんだ」と追及する
「君がやったのならやったと言ったらどうなんだ」という
「やらなければアリバイをはっきりしろ」と追及する
取調べの状況
アリバイの証明
アリバイ崩し
やりました（自供）
残された道

問　やったかということを強く追及をしたわけですか。

答　説得して追及することは当然あります。君がやったのならやったと言ったらどうなんだ、ということは、真実の追及として当然と思います。

この証言自体、取調べの仕方として別におかしいところはないように見える。しかし、じつはここに無実の被疑者を弁明不能の無力感に陥れる取調べの構図がかくれている。これを大森勧銀事件弁護団は図22のように図解している。[32]右の弁護人と河西とのやりとりで、河西は「真実はどうか」を知るために、被疑者が「やった」ばあいと「やらなかった」ばあいの両方を目配りして取調べているかのように供述している。しかし、よくみると「やったのならやったと言え」と迫る一方で、「やらなければアリバイをはっきりしろ」と迫ることで、被疑者にアリバイ証明を求めている。シロ－クロの両方を目配りしているようでいて、アリバイ証明ができないかぎりはクロなのだという決めつけが、そこにはひそんでいる。もちろん、警察が被疑者のアリバイ主張に耳を傾けて、真剣に捜査してくれるのならばよい。ところが被疑者＝有罪の推定に立つ警察は、往々まったく逆に、被疑者のアリバイ主張に対して、そのアリバイを崩すことに奔走する。そうしてみれば、図22に示されたとおり、どちらの流れをたどっても結論は自白しかないことになる。魔女裁判と同様、ここでは結論が最初から決まっているのである。

アリバイ潰しと言えば有名なところで、免田事件では事件当日一夜をともにした女性のアリバイ供述を崩してそれを一日後に繰り下げさせ、八海事件では主謀者と目されたAの内縁の妻を偽証罪で逮捕してまでアリバイ潰しを行ったという例がある。また豊橋事件のMについてもそのアリバイ崩しの過程を第五章で詳しく見た（二一九－二二三頁）。

そのように被疑者にアリバイ証明を求め、被疑者がアリバイを主張できなければ犯人だと責め立て、被疑者が懸命に思い出してアリバイを主張すればそれを崩して責める。そういうふうに取調べられたのでは、被疑者はいずれ弁明の余地を失ってしまう。敢然と「私はやっていないのだから」と開きなおって黙秘し、取調官とのコミュニケーションを断たないかぎり、無力感のなかで自白に陥るのは時間の問題である。そして取調官にはその時間が十分すぎるほどに保証されているし、その時間の重さに耐えられる被疑者は少ない。

2　弁明しきれない空白の存在

このようにして無実の主張が取調官の厚い思い込みの壁にぶつかってはねかえされ、否認力動が殺がれて自白に陥っても、通常は、もちろん被疑者自身の無実の確信まで揺らぐわけではない。「おまえがやったのだ」という取調官の強圧にねじふせられて、自らの内なる真実をやむなく押し殺すだけである。虚偽自白は基本的にそうしたものである。ただ、なかには、この点について「ひょっとして自分がやったのかもしれない……」という微妙な揺らぎ

い)。

取調官が追及してくる事件について、その日その時自分がこれこれのことをしていたという明確な記憶をもっていれば、どんなに強引に、あるいは巧みに追及されてもその記憶そのものまで消し去られることはない。しかし、そんなふうに事件のあったその日その時の記憶を明確にもっていないばあいはどうであろうか。とくに事件についてまったく知らなかったり、非常に漠然としか知らなかったりして、しかも事件からずいぶん日時を経て取調べられたようなばあい、当の事件の日に自分が何をしていたのかほとんど思い出せないということは、決してめずらしいことではない。そのようなばあい、被疑者はどのようにして自分の無実を主張すればよいのか。

さきの豊橋事件は被疑者が事件当日の出来事を明確に記憶していたのにもかかわらず、取調官の厚い壁にねじふせられた典型例であった。この事件の被疑者となったMは、被害者宅の雇用人として事件翌日から事情聴取を受け、犯行推定時刻には下宿にいてテレビを見ていたと申し立てていた。彼の記憶のなかではそのことは間違いようのない明らかな事実であったし、当初事情聴取した捜査班は彼の事情説明に何らの不審点も見出さなかった。ところが捜査が難航しはじめてから彼が怪しいと主張する捜査員が現われて、担当の捜査班が入れ替わってから俄然取調べが厳しくなる。Mの一貫したアリバイ主張にも耳をかさず、ひたすら「おまえが犯人だ」と決めつけた取調べが執拗に反復された。それでも、もちろん彼にとってきわめて衝撃的な事件の起こった当夜のことを忘れるはずもない。彼がそのアリバイを放棄するにいたったのは、「ひょっとして自分が……」などという思いに揺れたためではない。それは、いくら自分のなかの明らかな記憶を供述しても、聞き入れてくれないその無力感のゆえ以外のものではなかった。

これだけ明確な記憶があっても、強圧的な追及の前には自分を曲げざるをえない。とすれば問題となる事件当日についてこれといった記憶がないばあいはどうであろうか。追及されているその事件に自分が関与していないことは記憶のなかで間違いないのだが、それじゃあその時のアリバイを示せと言われても、右のMのようにはっきりした記憶がない。Mのばあい自分の勤め先の女主人とその子どもたちが殺された事件は衝撃的で忘れようがないうえに、直後の事情聴取から当夜の記憶を何度も反復再生していた。しかし、他の冤罪事件のなかには、巻き込まれた被疑者が事件そのものにまったく無縁であるために事件の明確な記憶をもたず、また事件から取調べまでの期間が長く、事件の当日に自分が何をしていたかを思い出すことが困難なものが少なくない。このばあい、取調官の追及に対して「やっていない」とは言えても、そこからさらに「その日、その時、私は○○で○○をしていました」と反撃できない。つまり弁明すべき自分の過去に記憶の空白がある。取調官から記憶の空白をつかれれば、これといった明確なかたちで抵抗することができない。

人間の記憶はまことにはかないものである。ビデオ装置のように体験した出来事のすべてを空白なく保存するものではおよそない。ところが取調官は、往々、被疑者にビデオ装置たることを要求し、曖昧さを許さない。そのために記憶の空白に取調官の追及に沿った虚構が描かれていくことになる。

典型例の一つは土田・日石・ピース缶爆弾事件である。

たったいま私は、記憶の空白に虚構が描かれていくと言ったが、ここで注意しておかねばならないことは、おおくのばあい、まったくの空白部分にまったくの虚構が描かれるのではないということである。冤罪の虚構は、映画のスクリーンのように何もないところに真新しい映像が浮かび上がらせられるようなものではなく、被疑者のなかに残っている記憶と記憶の間に浸み込むようにして組み込まれていくものである。被疑者のなかの真実の記憶の断片が、思いもよらない虚構の文脈のなかに組み替えられていくのだと言ってもよい。その点についてはプラハ事件のように政治的なデッチ上げ事件においてすら、部分部分は真実なのに、その部分でもって構成された全体がまったくの虚偽でしかないという構図をなすということを想起すればよい(一六九―一七一頁)。

たとえば土田・日石事件に連座したEのばあいを例にとってみよう。彼が最初に逮捕されたのは、この事件で主犯と目されたMを指名手配中と知ってかくまったのではないかという容疑であったが、逮捕後の取調べの過程で彼は、取調官たちのもたらす情報を信じて、この爆弾事件はMや旧知のHらの起こしたものだと思い込むことになる。以前から彼らが過激な運動に関わっていることを知っていたからである。そうしてEは、彼らとは友人なのだから、この事件を何か知っているのではないかと追及され、彼自身、とくにHとは親友と言っていい間柄であったから何かを知っていておかしくないという気持ちにさせられていく。

こうした下地のうえで、Eは逮捕の前年のおおみそかの日のことを思い出すように言われる。逮捕が一九七三年三月一九日であるから、およそ三ヵ月前のことである。日石事件、土田邸事件自身は一九七一年一〇月と一二月で、それから勘定すると約一年後のおおみそかということになる。取調官がここで問題にしたいのは、事件を起こしたあと、事がばれないよう、このころ犯行グループ内の意志統一をはかったのではないかとの疑いであった。

さてその日のことを思い出せと言われて、三ヵ月前のことではあったが、Eはこれをすぐに思い出す。というのもその年の元旦には、自分の母校でもあり、以前一時職員として勤務した日大二高のK（土田邸事件に連座する）に頼まれて学校関係者三〇名をマイクロバスに乗せて、S（日石事件に連座）と交代で運転して志賀高原にスキーに行っており、前日のおおみそかにはバスを借りてきて日大二高の校庭でS、Kなどとバスの整備をしていたからである。それにその場にHも遊びに来ていた。

この記憶は真実である。それに取調官の話では、その場にいたHもSもKもそのことをちゃんと記憶していた。しかしEには、その日の出来事が何かしらおどろおどろおどろしい事件にかかわっているとはとても思えない。ただ、一九七二年一二月三一日に日大二高に行き、Hらと出会った事実は自分の記憶に照らして否定しようがない。そこでEは、取調官に聞かれるままに思い出したとおりを答えていく。以下は、その取調べの様子をしるしたものである。(33)


僕は聞かれるままに思い出した事を話した。しかし石崎警部は満足しない。「本当にそれだけか？ 一番大事な所を隠してるんじゃないか。いいな。他からもどんどん出てくるんだから君だけが隠しててもすぐ解るんだよ」。

しかし他にどんな事があっただろう。どう考えても、何も思い当る事がない。石崎警部はどんどん聞いてくる。「バスの整備を終った後どうした？」僕「職員室に行って休みました」警部「食事はどうした？」そうだこの時みんなで（S君、Kさん、H君、僕）中華そば屋へ行って食事をしたっけ。この事を言うと警部は「そうだろう。他の者は君がこの時何を食べていたかまで詳しく言っている者もいるんだよ。それからどうした？

忘れもしない出来事があっただろう」。

何があったんだろう。どう考えても思い出せない。僕だけ何かとんでもない事を忘れているんだろうか。ひどく不安になる。ともかく覚えている事を言った。「その後、職員室で休んでからS君を送って帰りました」。警部は「バスの整備をしている時他に誰か見ていただろう」と聞いた。そう言えば次の日一緒に行く予定のOという数学の先生がそばに居たのを思い出したのでそう答えた。

更に警部は「職員室に行った後、Eは何をやった？ どこかに電話しただろう？」と聞いた。そうだ、確かに僕は電話をした。元旦に会社の人と初詣に行く約束をしていたのでその連絡で会社に電話した。R君にも電話した様な気がする。

なるほど僕が忘れている事はたくさんある。警部が言うように何かまだ重要な事を忘れているのだろうか。石崎警部は「職員室へは誰から入ったんだ？」と聞く。僕「最初KさんとH君が入って、後から僕とS君が入りました」警部「その時、KとHは何をやっていたんだ？ Hは何を持っていたんだ？ いくら何でもまだ三カ月ぐらいしかたっていないんだから覚えているだろう」。しかしどう考えても雑談した事ぐらいしか思い出せない。そう答えると「君は大事な出来事はみな忘れているんだな」と皮肉を言うが、実際何も思い出せないんだからしようがない。

警部は「Hはスキーに行かないのにこの日は何しに来たんだ？」と聞く。この日僕が日大二高へ来る事はH君にも話してあったからたぶん遊びに来たんでしょうと答えると、警部はしびれを切らしたように怒鳴った。「それではどうしてKはHにおどかされたりしたんだ？ Hはこの日皆に何かの口止めをしに来たんだろう？」そんな事があっただろうか。いくら考えても覚えていない。

僕は「僕が職員室に入る前の出来事ではないんですか、僕はそんな事見ていません」と言うと警部は「君はさっきどこかへ電話していたと言ったな。その電話の後でHがみんなに口止めしたんだから知っているはずだぞ。Sなんか実にはっきり言っているぞ。Hは何の口止めに来たんだ？」と言う。

僕はまるでキツネにつままれたような気分だ。みんながそう言っているんだから僕だけが忘れているのかも知れない。

Eの記憶のなかでは、その日、翌日元旦のスキー旅行のためにバスを借り、母校で整備したということでしかない。通常は、それだけで十分な記憶と言っていいのだが、三カ月も前の話である。ビデオで再生するように一刻一刻を隙間なく思い出すというふうにならない。その記憶にはいくつもの空白が含まれている。取調官から「大事な出来事」を忘れていないかと言われたとき、そんなことはないと反撃しきれず、不安になる。実際、他の人たちはHから口止めのために、おどされさえしたと供述しているのだというのである。記憶の空隙のなかに、およそ自分の原記憶にはない出来事がはめ込まれる。彼は言う[34]。

僕は恐ろしくなってきた。自分の記憶が信じられなくなってきた。刑事はガンガン怒鳴りながら、早く言え早く言えと怒るし、僕は自分の忘れている事でこんなに追及されてつらい思いをするんだったら適当に答えていればあっている事だってあるだろうと思い始めた。そしてついに「そう言えばそんな事があったような気がする」と言ってしまった。

こうした追及のくりかえしのなかで、Eは結局、土田邸事件でHから口止めされて、この日、誓約書を作ったことまで認めてしまう。奇妙なことだが、この取調べの時点ではEはまだ爆弾事件への関与を一切認めていない。それどころか直接的な追及を受けていないし、Eは土田邸事件や日石事件そのものをよく知らなかった。ところが、主犯の一人と目され、E自身それを信じてしまった友人Hと一緒にいたある場面を想起させられ、「口止め」の事実だけをそこにはめ込んで認めさせられた。そして次には「口止め」された以上、事件のことを何か知っているはずだというかたちで追及が展開していく。まったく順序が逆転しているのだが、ともかくこれがEの自白の第一歩となっていくのである（ここで周辺から認めさせていくという、魔女狩りや洗脳で見られたのと同様の手順がとられていることは興味深い。一八二頁参照）。

豊橋事件のMのように明確な記憶をねじふせられるのではなく、事件とは関係のないある場面の想起からはじまって、その記憶の空白に事件の断片が忍び込まされていく。そこでは否認力動が正面から直接的に打ちのめされていくのではなく、否認力動が発動しにくい記憶の間隙をぬって自白への歩みが用意されていくのである。

取調官がこうした取調べ方法をどこまで意図的にとったのかはよく分からない。ただ、彼らは目の前の被疑者が無実であるかもしれないという不安を、たとえ抱いたとしても、そのことを真剣にとりあげることはなかった。彼らの役割はとにかく自白させることにあった。そして自白をとる手段として、本命の事件を最初から正面きってとりあげるのではなく、むしろ周辺から攻めた。とりわけEらのばあいは、従犯的な位置にいるものと見なされていたのである。いずれにせよ取調官たちが犯行グループと見た被疑者たちは、もともと友人、知人関係にあるのだから、いろいろな場面で一緒に集まったり、遊んだりしている。そうした場面を被疑者たちに想起させ、供述させると、今度はそれが事件に関係があるのではないかという目で追及をすすめていく。それは取調べがおのずと進む道筋とも言える。被疑者たちは、もちろん想起した場面が爆弾事件などとおよそ無関係のものだと知っている。しかし、そう主張しても、取調官はそれをおいそれとは信じないし、追及していけばいくほど、被疑者たちの記憶の曖昧な部分、食いちがう部分がふくれあがってくる。そこを突いて、そこに事件の断片を押し込むことは容易である。

もとより被疑者たち全員が一堂に会して互いに情報交換したならば、いくら空白の多い記憶場面であっても、そこに事件のニュアンスが入り込むことはあるまいが、現実の取調べにおいては各被疑者はバラバラに孤立させられ、その間を取調官の都合のよい情報操作によってつながれていくのである。ある被疑者がある場面を思い出して供述すれば、取調官を媒介することによってそこに事件のニュアンスが込められて、それが別の被疑者に突きつけられていく。そうした状況のなかで、被疑者たちはたがいに容易に疑心暗鬼に陥り、もともとの自分の記憶にさえ自信がもてなくなる。

この事件の主犯格のMでさえ、最初のピース缶爆弾事件の追及で、同様の心境をもらしている。(35)

そうして、S（この事件の共犯者と見なされていた）は何月何日に、どこでどういうことをやった、他の連中はこういうことを言っている、といったことを言われるんです。爆弾には関係ないし、他のことをやっていたという確信があるといっても、全部の行動は記憶にない。一日なり二日の空白はどうしても出てくる。その空白の時間を、他の者が言っていることとダブらせる形で追及されていくと、何となく、そうか、この時こういうことがあっても不思議はなかったという気にさせられていく。ぼくの知らないところで彼らがやっていたのかな、そうするとぼくも何らかの形で関わっていたのかな、そこで何か記憶が欠落してしまったのではないか、というふうに思えてきてしまうんです。

またこれは土田・日石・ピース缶爆弾事件に特殊なことではない。同時期の別の爆弾事件である警視総監公舎爆破未遂事件にも、まったく同じ構図の自白展開の過程を見出すことができる。この事件の被告の一人は自白におちていく心理状態を尋ねられて次のように答えている[36]。

（あの当時の心理状態は……）もう、さまざまなものが出てくるのですね。それの一つとして、僕の知っていた人が、犯人じゃないかというふうに、まず外にいるときにマスコミを通じて知らされていたわけです。そういうふうにほぼ断定的な報道をされていたということ。そのことを読み、そういうふうにまた思い込む自分があったということなのですね。それが一つありました。それで、自分がまさかやられるとは思ってなかったのです。自分が逮捕されるまでは、その知人について友達だからとか知り合いだから、参考人程度のことは聞かれるのかな、というふうに思っていたのですね。要するに、逮捕されるということが、全く信じられなかったのです。そして、逮捕された後の取調べでは細かい日常的な些細な、先に逮捕された知人と自分がお互いに共通で経験したようなことをぶつけてくる。恐らく先に入った人は、唐突に自分のやったことではないことを、ぽんとぶつけられると、「いや、おれはやっていないのだ。この時は、こういうふうにやっていたのだ」みたいなことの言い訳をする。そういうところから集められた情報のなかで、ぼくとその知人とが共通するような経験というものね、それをぶつけてくる。ぶつけてくるというか、さりげなく言ってくるのですね。「ここまで知っているのだ」というふうに。そうすると、それは確かに自分でも経験したこともあることなんですね。ただし、それは事件と関係なく、共通体験をもっていることを言ってくる。要するに相手がしゃべっているのだということを教えてくれるわけですよ。そのなかに、今度は徐々に事件を織り込んでくる。そうすると、こちらはそんなはずはないと思っていても、共犯者とされた人がしゃべっているということが分かってくるのですね。

こうして「自分の記憶がすごくあいまいになってくる」なかで、「もしかしたら、僕の当時の記憶がないなかで、何か夢のような状態のなかでやっていたのではないかなあ」と思いはじめるという。それはEらの自白の転回過程とまったく同じである。

また、前章で見た甲山事件のYが「無意識のうちにやってしまったのかもしれない」との奇妙な自白をした過程にも、これと相似の構図を見出すことは容易である（三五四頁）。外形的な条件だけからみれば、Yにとって園児が溺死体で発見されたという事件はきわめて衝撃的なこととして明確に記憶に刻まれていたし、その当夜の出来事について翌日から事情聴取を受けて反復再生していたのだから、その点では豊橋事件のMのばあいと同じように見える。ところがYのばあい、同じくアリバイ主張したといっても、Mのように犯行現場からかなり離れたところにいたというのとはちがって、犯行現場のすぐ近くの事務室にいたのであって、問題は推定犯行時間帯にその部屋を出なかったかどうかということのみである。実際、その距離では論理的に言って五分間あれば犯行自体は可能なのである（もっとも、それは文字通り純粋に論理的な話であって、現実には問題となった夜八時前後というのは、小学生以下の子どもたちの就寝準備で子どもも職員もバタバタしている時間帯であって、そこから子どもを連れ出してマンホールに投げ込むなどということは、およそ荒唐無稽なストーリーと言う以外にない）。そこで取調官が被疑者Yに「分刻みのアリバイ」を要求することになる。

推理小説ならともかく、通常の事件でアリバイが問題となるのは、せいぜいが一時間刻みのことである。そもそも犯行時間帯が厳格に分単位できまるなどということはほとんどありえない。甲山事件でも、アリバイ問題以前のところで、園児の死亡時刻がおよそ確定的ではない。ところがYに対するアリバイのみが分刻みで要求された。となるといくら衝撃的なことのあった夜だと言っても、また記憶喚起の機会が直後から何度もあったとしても、一つ一つ詰められれば容易に何分かの空白は出てくる。たとえば私たちが、いまから六時間前から五時間前までの一時間何をやっていただろうかと考えたとする。その一時間を分刻みで一分一分を完全に埋めることのできる者がいるだろうか。人間はビデオ装置ではない。自分のやったことを細かく思い出して、一つ一つにかかった時間をどれほど正確に計算したとしても、それらを積算したあと確実に何分か、あるいは十何分かの空白は残る。Yが攻められたのはその空白の時間であった。「その時間、おまえはどうしたのだ」「部屋を出たのではないか」「そう言っている人がいるぞ」と追及されたとき、どこまで抵抗できるであろうか。園児が行方不明になったとの知らせが入るまで事務室を一歩も出ていないというのが原記憶だったとしても、「絶対に出ていないのか」という保証はない。執拗な追及のなかで記憶が揺らぐのは自然であろう。記憶に残っていないだけで、部屋を出たことがないとは断言できなくなる。分刻みのアリバイ追及の結果「空白」ができてしまえば、そこに言わば他者からの誘導的な虚構を許す無重力状態が生じるのは、土田・日石事件の被告らとまったく同じである。実際、Yはアリバイの空白をうまくつめられないまま、事務室から出たのかもしれないと思わされ、出たとすればトイレに行ったのかもしれない、トイレとすれば園児たちの居室のある寮の保母室のトイレを使ったのかもしれない……というように犯行現場に引き寄せられていったのである。

このようにアリバイの空白を突いて追及がなされるとき、被疑者はその追及の土俵を敢然と下りて黙秘で対峙しないかぎり、結局は蟻地獄のようなものである。もがけばもがくほど深みに入っていく。明確なアリバイ記憶があっても捩じ伏せられるのである。自分が何をやったか不明な空白をつきつけられて抵抗することは至難である。

Yのばあい、こうして「無意識のうちにやったのかもしれない」というところまで追いつめられるのだが、それはまだ「自分がやった」という自白ではない。その後、父親との面会のあと、取調官からもはや父親も信じていないと思い込まされて絶望して、いったん自白、自殺まではかる。死にきれないまま朝を迎えてYは再び否認する。それにそこのところで取調官はまたしてもYの記憶の空白を突く。しかし、それはそれまでの反復ではなかった。それに加えて取調官は、Yの実母が彼女を出産したあと健忘症的な症状を来たして、父の顔さえ分からなくなったことがあるとの調査結果を聞かせたのである。母から健忘症の血を受けついでいるとの話に、彼女はさらに打ちのめされる。「空白の一五分」を思い出せないうえに、この話でさらに自分の記憶に自信をもてなくなって、自分の記憶のないところで犯行を犯したのかもしれないとの奇妙な思いに囚えられ、再び自白するのである。Yのばあい、このようにいくつものファクターが重層的にからむなかで、自白と否認との間を揺れるという、きわめて興味深い展開を見せる。

被疑者の記憶の曖昧さを突いて自白に追い込むという手法は、さらに他の事件でもみられる。一九七三年九月下旬から一〇月末にかけて東京都立富士高校で三回にわたって不審火があった。放火事件と見た警察は捜査を開始して、約一ヵ月後同校定時制一年のKを逮捕する。(37) 取調べのなかで取調官はKがたまたま同性愛的傾向をもっていて、社会的に相当高い地位にあったある人物との関係がつづいていたことを利用する。取調官はKを異常者として扱い、「おかま野郎」とののしり、相手の家族を調べて、二人の関係をマスコミにばらすと言っておどした。これに加えて取調官はKの記憶の混乱をも突いている。彼らの追及の仕方は、こうである。「人間は酒を飲むと、やったことを全部忘れてしまうのだから、お前も自分では放火など絶対にしていないと言っているが、無意識のうちにフラフラ起き出して知らない間に放火し、アパートに帰って寝てしまったのだ。……お前は酒を飲んでいたんだ。だから寝たあとの記憶もないんだ。だから起き出して学校へ行ったことも忘れているんだ。(38)」こうした追及を執拗にやられると、それに真面目に応じているかぎり、泥沼である。「知らないうちにやったんじゃないか」という追及には論理的に抵抗しても無駄だからである。Kは、こうした追及をくりかえされるうちに、自分の記憶への信頼を失って、そうかも知れないと思いはじめたと言う（結局、彼は自白に追いやられるが、一九七五年三月東京地裁で無罪をかちとることになる）。

アリバイの空白、記憶の混乱に乗じて、否認力動が無化されて、そこに取調官の思い込みにもとづく虚構が忍び込むというのも、このように虚偽自白への転回の大きなファクターである。

3　客観的責任意識の追及

無実の人の真実衝動を殺ぐ要因として最後にあげるのは、やや特異なものである。プラハ事件のアルトゥール・ロンドンの話をここで想起しよう。彼は尋問者から完全に情報をコントロールされ、彼のかつての仲間たちがスパイ行為を自白したと聞かされ、最初はこれを信じないが、やがて仲間たちへの疑念が湧き上がってくる。彼自身の主観のなかでは、どこからどう考えても自分がスパイ行為を働いたとは認めがたい。しかしかつての同志たちがそれを認めているとすれば、彼らとともに行ったかつての活動はどういうことになるのか。自分自身のつもりとしてはスパイ行為をやったことはないとしても、自らをスパイと認めた連中と行動をともにしたということになれば、それは客観的に見てスパイ行為を働いたと言う以外にないではないか。ロンドンはそのように巧みな情報操作のなかで、「客観的有罪性」を自認せざるをえなくなる。

主観的に犯罪行為のつもりはなくとも客観的には犯罪行為を犯しているというこうした追及は、洗脳の過程ではむしろ常套的な手段である。ロンドンのように特定のスパイ行為を問題にするばあいだけでなく、もう少し一般的に思想的な洗脳をはかるばあいにも、罪責感情をかき立てることが洗脳をすすめる有効な手立てとされる。アルバート・ソミットは、洗脳の心理メカニズムとしてこれをとり上げて次のように書いている。(39)

囚人は、自らの過去の生活を、政治的活動の側面も、また個人的活動の側面も含めて振り返り、それについて是非を申し開くよう求められる。そうして自分の過去を振り返ってみれば、よほどの聖者でもないかぎり、まず間違いなく何らかの罪責感情をかきたてられるものである。……そしてこの感情がひとたび喚起されれば、しばしば抵抗の気持ちも抵抗の力も殺がれてしまう。

刑事事件の場合、そのような漠然とした罪責感情が問題となることはないのだが、事件にからんでどこかで責任感や負い目をくすぐられて、否認しようとの抵抗力を奪われることがある。第五章で見たように、わが国の取調べではとかく被疑者の謝罪を求める傾向が強い。それがために取調官は、事件にからめて被疑者に何かと責任を求めやすい。ときにそれはひどくお門違いでも、被疑者には十分こたえる。

たとえば土田・日石事件のMは、この事件の主謀者として指導的位置にいたと目されていたがために、連座した友人たちへの責任を追及されている。彼は手記にこのことを次のようにしるしている。(40)

「何もわからない連中がこういう形で引っ張られたことに対する責任をどう思っているんだ。彼らだけじゃなく、彼らの親兄弟もえらい被害を蒙っている。それに対する責任は全然自覚していないのか」と追及されると、冷静に考えてみれば、そういう状況を作ったのは警察自身のはずなんだけれど、一種倒錯した心理に陥って自責の念が湧いてくるわけです。

彼らが逮捕されて取調べをうけていることで、親たちはひどく心配しているにちがいない、迷惑をかけてしまった。ぼくにとって、そのことはやはりひどく負担にはなっていたわけですから、ますます増幅されていく。警察官への迎合心理が、ますますそれに拍車をかける。

それで、「みんながぼくの指示でやったと言っているんだから、ぼくがやらせたんだ、もうそういうことでいい、全責任はぼくにある。ただ、ぼくには記憶がないからあとのことはわからない」としか言いようがなくなったんです。投げやりで捨て鉢な気持でした。

あるいは甲山事件のYのばあいは、最初女児T子が行方不明になったときの当直勤務であったために、その責任を強く感じていたし、取調官からそこのところを突かれている。彼女は否認している段階から、このことを次のように供述していた。

この当直中、私がもう少しこまやかな態度で子どもたちに接していれば、このようなことは防げたかもしれません。……私はこのことについて直接的に手を下さなくっても、間接的に死においやったことになります。……子どもの行動を十分に把握しておかなかったことが原因であり、この過失は十分責任を感じております。

自分が当直中にT子が行方不明になったばかりか、のちに園内の浄化槽で溺死していたのであるから、Yはその責任感にさいなまれていたし、そのうえ行方不明になった当日のことを思い起こしてみれば、仕事中に「Tちゃん（被害者）がよってきて私にさわろうとしたので『あっちいき』と声をかけた」ということもあった。それがTちゃんの生前の最後の姿の記憶であってみれば、Yの思いはさらに沈まざるをえない。そうして責任感にさいなまれるなかで、彼女はとうとう自白する。その最初の自白調書には次のような供述がとどめられている（一九七四年四月一七日員面調書）。

Tちゃんと S くんがあのマンホールのつめたい中でどんなに苦しんだか、こわかったか、その苦しみを考えるときに、私の苦しみなどはそれにくらべるとなんでもありません。……田中部長さん（取調官の一人）に、Tちゃんが死んでちょうど一ヵ月になると教えてもらいました。忘れてはならないことを忘れていました。Tちゃんに悪いことをしたと思います。

「TちゃんとSくんをやったのは私に間違いありません」と自白した、そのときにYはこのように言うのである。ここで彼女が「私の苦しみ」と言うのは、厳しい取調べで無実の罪をかぶっていく苦しさにほかならない。しかし彼女を犯人と決めつけた取調官には、その思いが届かない。そもそも冷たいマンホールで溺死していった子どもたちの苦しみにここまで思い入れることのできる人間が、その子どもたちをマンホールに投げ込んだ人間でありうるかどうか。ごく普通の感性をもっていさえすれば容易に見抜けるはずのところ、取調官にはそれが分からない。

自白へと転回したときのYの思いのなかでは、死んだ子どもたちへの責任感が強く働いていた。その責任感は、けっして自分が直接手を下したという責任感ではない。しかし客観的な状況からして自分がもう少しちゃんと子どもを見ていればこんなことにならなかったのではないかという気持ちを拭えない。その客観的責任を思うとき「自分はやっていない」という否認の弁明は萎えてくる。「Tちゃんに悪いことをした」という供述は、その意味でまさに彼女の真実の思いなのである。彼女のなかでは、自分がTちゃんを殺したに等しいという思いがつのる。これが否認力動を殺ぎ、彼女を自白へと追いやる大きな動機となったことは容易に想像できることであろう。

客観的な責任の意識が否認力動を殺ぐというのは、冤罪事件に一般に見られる様相というわけではない。むしろどちらかというと特定の限られた事件にのみみられる特殊なものと言ったほうがよいかもしれない。しかし、自分の無実を積極的に押し出し、取調官に対してしっかり対峙していかなければ耐えることのできない取調べ場面では、自らのなかに何がしかでも負い目をもてば、そこから崩れていく危険性が高いことは、他の冤罪事件にも一般的にあてはまることであろう。

さて以上のようにみてくると、無実の人の否認力動も、強力な取調べの圧力の前ではきわめて脆いものでしかないことが分かるであろう。お互いに対等な立場に立つ日常世界の場面でならば、実際にやっていないことを「やっていない」と言うのは何でもない。しかし相手に自分の全生活を管理され、支配されている非対等の場面で、相手の有罪推定の思い込みをどこまではねのけることができるか。私たちがつねに肝に銘じておかねばならないのは、私たちが何気なく生きているこの日常世界からの類推でもって、取調べ場面の人間の行動を判断してはならないということである。冤罪事件の大半に自白があるという事実を真摯に受けとめるならば、対等性の保証されない場のなかで、自らの真実を守ることがいかに困難なことであるか、十分わかるはずである。

第九章　自白力動を高める要因

代用監獄に囚われて、その全生活を支配されたなかで取調べられるとき、無実の人でもその否認力動を堅持することは難しい。最後の砦たるべき「自分はやっていない」という内なる真実の衝動も、それをまともに受けとめてくれる相手のないとき、真空に向かって矢を射るごとくに空しい。いや真空ならまだしも、取調官の有罪推定が厚い思い込みの壁となって迫ってくるとき、真実の記憶は抵抗のすべもなく捩じふせられ、記憶の空白には虚構が染み込まされていく。

こうして否認力動はかぎりなく無化され、もうどうしようもないという諦めの境地に達したときが「魔の時間」つまり自白への転回の一瞬である。実際、無実の被疑者の否認の力を殺ぐ取調べの圧力は、同時に自白を促す力でもある。たとえば被疑者の弁明に耳を貸さず、その否認力動を押し潰していく力は、取調官の有罪推定に発するものであって、その力に屈して否認の力を失うことは、ただちに自白の方向に天秤が傾くということにほかならない。ただ理論上は、否認力動が無化しても、それでもってただちに自白が出るということにはならない。否認しないということと自白するということとは、理屈のうえでは同じことではないからである。そこでここでは、自白力動が高まって、被疑者が自白へと歩み出す契機について論じなければならない。その契機を次のように整理して、その一つ一つを順次みていくことにする。

1　取調べの苦しさの回避

(1)　取調べ自体の苦しさから逃れるために

(2)　留置場（代用監獄）生活の苦しさから逃れるために

2　否認から予期される不利の回避、自白から予期される利益の希求

(1)　直接的利害——アメとムチ

(2)　自分の身に及ぶと予期される利害

(3)　他者（自分の身内）の身に及ぶと予期される利害

第一節　取調べの苦しさの回避

取調べの場は、本来、真実究明の場である。したがってその建前からすれば、その場に働くベクトルは被疑者＝有罪に向けられることもあれば、被疑者＝無罪に向けられることもあるはずである。刑事取調べについて説いた書物にも、表向きそう書かれている。しかし現実のところ、取調べの場では被疑者＝有罪へと向かう大きく太いベクトルが被疑者を圧倒する。被疑者＝無罪へ向けられるベクトルはきわめて微小なものでしかない。あるいは被疑者＝有罪のベクトルがどうしようもない壁にぶつかったとき、結果としてやむなく動きはじめるにとどまる。

被疑者＝有罪の圧倒的ベクトルにさらされて、被疑者の弁明は簡単にはねかえされ、あるいは吸い込まれて無化する。そして苦しい無力感を抱いて取調室を出て帰る場が、多くのばあい代用監獄であり、そこでも対等な人間としてではなく有罪の獄人として処遇され、自らの立居振舞を自己決定して生きていく日常生活からはとうてい思いも及ばぬ非人格的生活を強いられる。この苦しさは日常的感覚からの想像を絶する。そして人がそこから逃れようとすれば、その道はおのずと大きく自白の方向に開く。わが国の刑事捜査における取調べは、事実上「自白奪取の装置」たるべく仕組まれていると言わざるをえない現状にあるのである。

ここでは無実の者がこの「装置」の渦中におかれて苦悩し、そこから逃れようとして自白へと踏み出す心理を、取調べ自体の苦しさ、取調べが行われる代用監獄生活の苦しさの二側面に分けてみていくことにする。

1　取調べ自体の苦しさから逃れるために

取調べ自体が被疑者に苦痛を与えるケースの、もっとも直接的で過激なものは、もちろん拷問である。第一章にあげた拷問事例をみても、これほどの苦痛を加えて自白を迫られたならば、普通の人間はひとたまりもなかろうと思わざるをえない。生身の人間には耐えられる苦痛の限度というものがある。そしてそれは苦痛の激しさそのものの問題であるというより、それがいつまで続くか分からぬという「果てしなさ」の問題である。そのことは第三章で単なる暴力との相違点として指摘した点に関わる。どんなに激しい苦痛でも、一時を耐えれば免れることができると分かっていれば、どうにかしのげる。もとよりいかなる拷問も、結果からみれば一定の期間に限られたものではある。しかし拷問の渦中にいる人間にとっては、その終りを見通すことはできない。自白しないかぎり無限につづくかのように思う。結果的にはわずか一日の拷問でも、そのさなかにいる被拷問者には一瞬一瞬が無限に思える。そして次の瞬間にも、またその次の瞬間にもこの苦痛がつづいているであろうという想像のゆえに、被拷問者はやがて屈する。苦痛そのものの激しさに屈するという以上に、その持続への想像力に屈すると言った方が正確であろう。

この拷問的取調べに屈して、とにかくそこから逃れるために自白するという心理は、贅言をついやすまでもなく、誰にも理解可能であろう。ただ、ここで念のために、よくある誤解を一つだけあげて、ただしておきたい。

かつての魔女への拷問や戦時中の政治犯への拷問ならともかく、通常の刑事事件であれば、どれほど苛酷な拷問でも被疑者の生命まで危うくするようなことはない。殴る、蹴る、熱い火箸を押しあてる、鉄砲手錠でしめあげる、鉛筆を指の間にはさんでぐいぐい押しつける……よく訴えられるこれらの拷問は、どれをとっても直接生命の危機をもたらすようなものではない。拷問の目的は自白をとることであって、生命を奪うことではない以上、当然であろう。また、法的に拷問が禁じられている今日では、拷問の証拠を残すような傷痕をつけないという配慮も加えられる。とすれば、生命の危険を感じることはもとより、傷痕すら残さぬような拷問でもって、結果的には死刑にさえなりかねない自白を、無実の人間がどうしてやるだろうか。そういう疑問をもつ人が出てくる。一方に生命をおびやかすことのない拷問の苦痛、他方にその生命自体を奪う死刑、この両者を天秤にかけて、どうして無実の者が後者を選ぶだろうかというわけである。拷問によって真実の自白がえられるはずだとした昔の取調べは、こうした論理に依拠していたのであろう。

しかしこの論理がまったくの錯覚でしかないことについては、すでに前章で述べた。つまり被疑者の天秤に載せられるのは、拷問の苦痛と死刑の苦痛ではない。正確に言えば、いままさに被疑者自身の生身の肉体を痛めつけている苦痛と、将来自白によってもたらされるかもしれない死刑の可能性とが天秤のうえに載せられている。そのうえ死刑の可能性は、無実の人間にとってはまさにその無実性のゆえに現実味をもって迫ってこない。とすれば、この両天秤がどちらに傾くかは明らかである。

このごく単純な錯覚に人は往々ごまかされて、死刑になるやもしれない重罪事件で、たとえ多少の拷問的取調べがあったとて、どうして無実の人間が自白するであろうか、などと考えてしまう。人間はいかに想像力が豊かになっても、なお生身の肉体をもっていまを生きている事実にかわりはない。人間は観念の動物である以前に、やはり具体的な生身をたずさえた動物である。今の苦痛を避けるためには明日の死を選ぶことも、十分にありうることは、まさに人間が生き物の一つである証拠であろう。

さて肉体的拷問の苦痛にあてはまることは、精神的苦痛にもそのままあてはまる。肉体的な拷問にかけられたのならいざ知らず単に精神的苦痛だけで自白するなどということは無実の人間にはありえないと言うものがいるとすれば、それは精神的苦痛の何たるかについて無知であることを暴露するものにほかならない。ここで私たちはもはやくり返すまでもあるまい。前二章でとりあげた事例はすべて、取調べが無実の被疑者にとっていかに苦痛なものであったかを如実に示している。無実であるにもかかわらず、無実であるとの弁明が相手にまったく通じない。いくら言ってもまともに取り上げられることはなく、「おまえが犯人だ」「おまえ以外に犯人はない」と追及される、それが一日や二日ではない。朝から晩まで一日も欠かさず、いつまで続くか予想もつかないかたちで追及されるとき、その苦痛にまいらないものはいない。

しかも取調べは単に狭義の取調べにとどまらない。それは被疑者の全生活行動を支配し、侮蔑的な域にまで及ぶ。

日常生活のなかでは通常ありえぬあからさまな罵倒、トイレに行きたいという生理的な欲求さえも自由にならぬ屈辱、深夜に及ぶ取調べゆえの睡眠不足と疲労の蓄積、はては不衛生な留置場で病気になっても医療さえ十分に受けられない苦痛……これだけ人権を無視した処遇がまかりとおるなかで、どれだけの人が耐えて否認をつらぬけるであろうか。これまでくり返し引用した土田・日石事件で苛酷な取調べにさらされたMやEの手記などからは、彼らが自白の方向に引き寄せられていく心理の流れが、手にとるように読みとれる。虚偽自白に必須なのは、暴力的な拷問ではなく、被疑者＝有罪として一歩も引かない取調官の決意と、被疑者に犯人として謝罪させるべく迫る熱意、そしてそこから派生する種々の手練手管であって、暴力的な拷問はその手管の一つにすぎないのである。

無実の被疑者が虚偽自白へと吸い寄せられていく過程を描いた手記は、それを真摯に読むものには十分に説得的である。しかし、それは被疑者が自分の受けた取調べを回想して要約的に述べたものであって、生の取調べ過程そのものではない。その点で、被疑者側の視点から多分に主観的に書かれたものではないかとの批判もありうる（もっとも虚偽自白の心理においてはまさにその体験者の主観こそが問題なのだが）。幸い、それを補う意味で、私たちは数少いけれども生の取調べを収めた録音テープの事例をもっている。それらは取調官によって収録・編集されている点で限界はあるが、そのうえでなおそこには手記を越える生々しさをうかがうことができる。

その一つは、第八章で見た仁保事件のOの取調べテープである（四〇二頁）。全三〇巻のテープから抜粋したほんの一部の引用を読んだだけでも、取調べがいかに執拗に行われるものか、まずそのしつこさに驚かされる。

そこに引用したのはOが自白に陥る直前の場面であった。Oが訴えるところによれば、それまでの段階で拷問的な責めがくり返され、もはや自白する以外にないとの心境に追い込まれていた。しかし、それでもなお自白の言葉が容易には出ない。取調官は「仏の心になって本当のことを言え」と促す。もちろんここで言う「本当のこと」というのは、彼が犯人であるという以外のことではない。取調官の頭の中では、彼がひょっとして無実かも知れないなとどいう可能性は一切無視されている。彼が犯人だとの決めつけのうえで、熱を込め、「苦しかろうが一気に自白した方が楽になる」などと勝手な感情移入をさしはさみながら、説教口調で尋問をくり返す。人生訓を垂れ、坐禅をすすめ、心を落ち着かせて、「もうあと少しだ」と責める。そしてその尋問の合い間、合い間に、Oの口から洩れ出る深い嘆息、呻き声、そして泣き声。それこそ無実の被疑者が嘘の自白に落ちていく苦悩そのものの表出である。任意の取調べがなされた証拠として検察が提出したこの録音テープが、逆に取調べの重圧を如実に語り、その重圧に押しひしがれる被疑者の苦痛を語っているのである。この苦痛から逃れる道は、取調官の説得に身をまかせて、自白の言葉をくり出していく以外にない。

生の取調べ場面を収録したこの仁保事件の録音テープは、いまなお取調べの実態をあばく貴重な資料と言える。ここでもう一つ、裁判過程で取調べの時の録音テープが開示された事件を紹介しておこう(1)。知恵遅れの被疑者の巻き込まれたやや特異な事例ではあるが、その取調べの様相は基本的に他と変わらない。

一九七九年九月一一日、千葉県野田市で学校帰りの小学一年生の女の子が行方不明となり、その夜下校路脇の竹林内の古井戸跡に全裸で埋められているのを発見された(五三頁)。口にハンカチとパンティを捩じ込まれて窒息死し、性器に単三電池二個が押し込まれていた。むごいわいせつ殺人事件である。事件発生直後から、死体の埋められた竹林に隣接する家に住んでいた知恵遅れの三一歳の男性Aが犯人だとの噂が立ち、この噂に乗っかるかたちで警察は内偵をすすめ、事件から一八日後の九月二九日に逮捕に踏み切った。Aは知能指数で言えば四〇にも満たない重い知恵遅れであった。その意味では、子どもの取調べと同様、立会人をつけて調べなければならないところだったが、警察はそうした手立てをとらず、強引に取調べをすすめた。Aには、黙秘権や弁護人選任権がおよそ理解できるとも思えなかったが、取調官はただ形式だけととのえて、彼に自白を迫ったのである。幸か不幸か、警察はこの取調べの一部を録音テープに収め、これを法廷に提出した。取調べが強制や拷問によるものではないということを示す担保のつもりだったのであろう。それは仁保事件における録音テープとまったく同様の趣旨で法廷に提出されたものと言ってよい。しかし、これまた仁保事件においてと同様、自白の任意性を証明すべく提出された当の録音テープそのもののなかから、被疑者の弱みにつけ込んだ強圧的取調べの様子が浮かび上がってきたのである。詳しくは別著にゆずることにして、取調官の決めつけにAの困惑がはしなくも正直に露出した場面を、録音テープから引用しよう。逮捕から四日目のことである。取調べは表向きなごやかで被疑者Aを、家で家族から呼ばれていたとおりに「お兄ちゃん」と呼びかけている。しかしその言葉面のやさしさとは裏腹に、取調官の有罪推定は確固

としている。(2)


それじゃもう一回聞くけれども、お兄ちゃんが犯人なんだね。

どうしてよ。

どうしてよって言ったって、お兄ちゃんが犯人だし、お兄ちゃんは内職やめてどこへ行ってたか説明できないんだから（犯行時間帯のアリバイを説明できないじゃないかとの趣旨）。

かまわないよ。犯人でもなんでも………。俺、やったんでねえんだから本当は。


取調官の追及に否認しながらも、Aは「かまわないよ、犯人でもなんでも」と、開きなおっているし、このもう少し後では「どうして俺が犯人になっちゃったのかな」と慨嘆する。こうした物言いだけでも、これを素直に聞くものには、無実の人間の言葉であることが分かるはずなのだが、取調官は知ってか知らずか、なお執拗に追及する。(3)


はっきりするまで毎日聞くんだよ。

いいよいくら言っても同じ。いくら言っても同じですよ。

何が同じなんだ。何が同じだか言ってみろよ。

このとおり。いくら言っても毎日毎日同じ。

……中略……

いいかげんに嘘をついているとごはんもまんまも食べられなくなる。

（沈黙）

それは神様がそういうふうにするんだから。

死んだほうがましだな、これは。

ん？

死んだほうがよっぽどいいわ。

死んだほうがましか？

うん。

人好きで、取調官に対してすらなごやかなAが、いくら自分がやったのではないと主張しても、まともに聞いてくれない辛さを素朴に口にしたのが、右のやりとりである。この否認を最後に、Aは自白に転じていく。ただ、その自白転回の瞬間は録音テープに収められていない。そもそも捜査側の開示する録音テープは全取調べの数分の一を編集したものなのである。カットされた取調べ部分に何があったかについては、不明である。それにまた、彼は第一審法廷の最終段階になってやっとこの自白を撤回することになるが、他の冤罪者のように自分が自白に落ちたときの状況を回想して訴えることができない。しかし、右に引用した取調官とのやりとりのほんの断片からでも、彼が押し込まれた取調べの苦痛を物語るには十分であろう。彼もまた、この苦痛をさけるために自白に落ちたのである。それは知的なハンディがあろうとなかろうと変わりはしない。

これまで何度も言及した豊橋母子殺人放火事件のMは、調査に乗り出した新聞記者の質問状に答えて、自白に落ちるときの心境を次のように語っている[4]。

なぜ自白をしたのか、とのご質問ですが、私はそれまで、人と争いなどしたことはなかったし、ましてや警察官に叱られるという事もありません。それが、最初から怒鳴られ、脅かされて縮み上がってしまいました。取調べ室の異様な雰囲気が、言葉で表わせないほど無気味でした。外の人と顔を合わすことのできない密室であり、初めこそ手は出さなかったが、しまいにはこずかれたり、すねを蹴られたりしておどされ、刑事たちに取り囲まれて怒鳴り散らされ、何をされるかわからない恐怖心でたまらない気持ちでありました。

今の警察官は、おどしたりこずいたりしないと思っていただけに、余計でした。逮捕直後などは、朝になるのが怖くて、房に戻されてからも心身ともにくたくたになっているにもかかわらず、眠るまい、眠るまい、と思っておりました。ずーっと夜がつづけばいい、と願っていたのです。

……（中略）……

私は、逮捕前から逮捕されてからの取調べにかけて、目のキズ、靴下、下宿へ帰った時間（車の位置とからめて）の三点を追及されました。残念なことに、私にはどうしても、刑事を納得させる証拠を出しての説明ができませんでした。それに対して刑事たちは、偉い人までいっしょになって「それが説明できないのなら、お前が犯人だ」とおどし、責めるのです。何といっても聞いてくれない刑事たちを相手に「もうどうにでもしてくれ」という、やけっぱちななげやりの気持ちになってしまいました。

それに、取調べで、朝から晩までガンガンやられるのに、どうにも耐えられなくなったのです。こんなに苦しめられるのなら、相手の言うとおりになったほうがましだ、と思ってしまいました。一日も早くこの取調べから解放されたい、という気持ちでいっぱいだったのです。そして、相手のいわそうとしているままに、なすがままになろうと逆転した心理になってしまったのです。

結果的に見れば取調べ官に協力したことになるかも知れません。しかし、手数をかけないようにとかまして罪を悔いてという気持ちでは絶対になかった。ただ、私自身、一日も早くこの調べから解放されたい、楽になりたい、そのためなら、ほかのことはどうでもよい、という気持ちに追い込まれたからなのです。


母子三人を殺して放火するという重罪事件であることからして、有罪となれば死刑を免れない。そのことはMにも十分予想できたところであろう。にもかかわらず、「一日も早くこの調べから解放されたい、楽になりたい、そのためなら、ほかのことはどうでもよい」とまで思わされる。そうしてみれば、この取調べの苦痛に、先の野田事件のAが「死んだほうがましだ」と言ったのは、決して彼の精神力の脆弱性によるのでも、また単なる言葉の誇張によるのでもない。将来に予想される死刑など、ここまで追い込まれた被疑者の眼中にはない。まさに「死の苦痛」にも等しいと思えるいまの責め苦からどう逃れるかこそが、彼らには問題なのである。さきの仁保事件のO、そしてここでのMやAと同じ状況におかれたならば、誰しも「何を言っても聞いてもらえない。自分の味方はどこにもいない。刑事たちのいうようになるしか、この取調べの責め苦を逃れる道はない」との心境に陥って何の不思議もない。

現にほとんどの冤罪事件の虚偽自白転回過程には、取調べの苦痛から逃れたいという被疑者の気持ちが何らかの形で働いている。仁保事件、豊橋事件、野田事件など殺人のからむ重罪事件においてすら、被疑者は取調べから解放されれば「ほかのことはどうでもよい」という心境に陥るとすれば、もう少し軽い事件ではまして容易に諦めに陥りやすい。重罪事件では、自白して罪を認めても、そこで保釈されるとか、あるいは裁判で執行猶予になることなど期待できないが、軽い事件のばあいは、そうした将来の処遇の問題が、重罪事件などよりずっと具体的、現実的な意味合いをもつ。それゆえ、そこに取調官とのかけひきの要因が入り込みやすい。この点は、自己の利害にからむ次節の第2項に関連してくるので詳しくはそこで取り上げることになるが、ここで比較的軽い事件での自白転回を一つだけ見ておこう。

一九七七年一〇月一六日、東京都足立区の椿南公園前で暴走族四〇名ほどが集結、通りがかりのオートバイに丸太や空缶、石を投げつけ、最高八週間のケガを負わせるという事件が起こった。(5) 暴走族の少年らの行動に統制がとれていたことから年長の主謀者がいたとの推測に立って、警察は当時マークされていたW（二〇歳）ら三名にねらいをつけ、少年たちから嘘の自白を引き出して、事件から二カ月後に三人を逮捕した。ところが実は、その少年たちとWらはまったく面識がなく、彼が主謀者として少年らを統制するなど、ありえないことであった。しかし逮捕後、強引な取調べにWはいったん自白する。そのときのことを、彼は冤罪者の集まりで次のように語っている。(6)

自白してしまう過程というのは、皆さんおっしゃっているふうに、全く同じだと思うのですね。やはり、捕まって「認めろ」「はい、認めます」と言う人はいないと思うのです。その間にいろいろな捜査官とのやりとりがあって、だいたいがまず思い出せないし、思い出せないから「やったのだろう」と言うふうなことで責めてくるわけですよね。僕の場合は、……（中略）……関係ない人を逮捕するというようなことで「もう、どうでもいいや」と自分はそこで自分の魂を売ってしまうのですけれども、それによって得るものというのは、その苦しい取調べから逃れられること、そこなんですよね。「この苦しさから逃れられるのだったら、いいじゃないか」と。ここがその現実的な社会というか、自由がある人と中に閉じ込められている人の違いだと思うのですけれども、こういう（公開の場の）中で取調べられていれば、そういうことにはならないと思います。朝から晩まで狭い部屋で刑事とのやりとりのなかで、「認めない」、「認めろ」ということで、いろいろな取引条件を出してきて、そういう積み重ねのなかで、逮捕されている被疑者のいちばん弱いところを捜査官というのはしつこく探し回って、見つけてくるんですね。どこがこいつにいちばんの泣きどころなのだろうと。僕の場合はその唯一のアリバイである女性ですね。アリバイ工作として逮捕するという、これによって逮捕されてしまう、不当な取調べが行われる、そしてアリバイが覆されると。そのところがいちばん苦しかったし、そういうことを言ってもいちばんの自白してしまった過程というのは、やはり早く出たいし、この取調べから、一秒でもいいから早く逃れたいと、そして表へ早く出たいということですね。……（中略）……取引条件として「認めればうまく取りはからってやる」とか、「不起訴かもしくは悪くても執行猶予だ」と。実刑にいくことはないということを自分で計算するわけですね。「いつまでも頑張って、果たしてアリバイが認められなかった場合、実刑にいっちゃうんじゃないか。でも認めれば執行猶予ですぐ出られるのではないか。こんな取調べからすぐ逃れられるのだったら、認めて出ちゃったほうがいいのじゃないか。頑張って何年も刑務所に行って、あとで出ても何が得になるのだ」と。その時はですよ、その取調室のなかで考えると、そういう考え方になってしまうのですね。

天秤の比喩を使えば、一方の皿に取調べの重圧があり、弁明しても聞いてもらえない無力感があって、その苦痛に一瞬でも早くここから逃れて表に出たいという気持ちがあり、他方の皿には自白の結果予想される刑罰が載っかっている。後者の危険性を避けるためには、前者の重圧に耐えなければならないというところを、取調官は否認すればかえって刑罰は重くなり、認めれば不起訴になる可能性もあるし、悪くても執行猶予がつくだろうと示唆することで、天秤は一気に自白の方向に傾く。

本来ならば、無実であるかぎり否認を通すことでより早く取調べから解放されなければならないのに、現実の場では否認するかぎり取調べは続き、厳しさも増す。被疑者自身そう思い込まされるし、実際にも多くのばあいその通りになる。また刑罰の方も、他に証拠がない以上、自白しなければ本来無罪になるはずだし、それ以前に起訴に持ち込むこと自体が危なくなるはずである。にもかかわらず、取調べの場では逆に、否認するかぎり（つまり自分が悪かったと謝罪しないかぎり）、情状を酌量して不起訴にしたり執行猶予をつけたりできなくなって、最大限の刑が科せられると脅される。また今の裁判の現状では現にそうなってしまう可能性が十分にあって、被疑者も取調官のその脅しに現実味を感じとる。

この逆立した論理が取調べの場を支配しているかぎり、無実の被疑者の天秤が自白の方向に傾いていくのはむしろ自然なことと言わねばならない。足立暴走族事件のWも、いったんは取調官の甘言に乗っかって自白する。しかし弁護士との接見で思いなおして、自白を撤回、それ以降は否認を通した。結果は、一審有罪（懲役一年執行猶予三年）、二審で破棄差し戻しになり、差し戻し審で無罪を得て確定する。事件から三年半ののちのことである。

第六章でみたアメリカのインボーらの取調べ技術の理念からすれば、取調べが無実の者にとって脅威となることなど、けっしてあってはならないことである。ところがわが国においては、誰もが取調べの場に引っぱり出されるということは恐ろしいことだと思っている。少なくとも犯罪を犯していない人間にとって警察は恐いところであってはならないはずだが、わが国の捜査関係者は多少こわいぐらいでなければ犯罪者を自白させることはできないという通念から一歩も出ていない。こうした現実の下では、取調べの場からとにかく逃れたい一心で虚偽の自白へ落ちていく者があとを断つことはないだろう。取調べの脅威によって無実の者を自白に追いやってはならないというのが、先進諸外国では取調べのもっとも基本的な理念であるところから見たとき、わが国の取調べ技術の後進性は、まことに目をおおうばかりである。

2　留置場（代用監獄）生活の苦しさから逃れるために

前項でみたような、無実の被疑者にとってさえ脅威である取調べは、じつはそれ単独では成り立たない。その取調べが脅威であるのは、それが単発的でなく、文字通りの意味で絶え間ないからである。たとえ毎日のようにくり返されるにしても、通常ひとが会社で働くように朝九時から昼の休憩をおいて夕方五時まで取調べがあって、それ以外の生活時間にまったく余韻を残さないならば、取調べそのものが多少厳しくても、これに耐えることは可能かもしれない。人は多少苦しくとも、その苦しさを支える拠点をどこか別のところに構えることができれば、それをしのぐことができるものである。自分の時間をもち、自分の居場所を持ち、自分で自分の行動を決定して生活できるならば、その自分の時間、場所、行動こそが生活の拠点になる。逆に、その拠点を奪われたとき、平常ならば耐えられるはずの苦痛も、耐えがたい脅威となる。

留置場（代用監獄）は、まさに被疑者からその生活の拠点を奪う装置にほかならない。土田・日石事件に連座させられたRは代用監獄の生活をふりかえってこう述べている(7)。

代用監獄で坂本警部というのが、独特の説教をするわけなのですけれども、再現は難しくてうまくやりにくいのだけれども、三〇〇日いた間は、連日それを、一日のうち何時間かやられるわけですよ。代用監獄のなかにいれられていて、そこから警視庁に調べに連れていかれている間というのは、自分の考えというのはないのです。自分はこういう考えでどういうふうにやっていこうということを冷静に考える精神的な余裕というのがいっさい放擲させられてしまうと。だからぼくは東京拘置所に移監になったのは、翌年の三月なのですけれども、移ったときは東京拘置所というのはこんなにいいところかと思いましたけれどもね。（その一番いいところだなあと思ったのは）、やはり一定の規則の範囲内ということになりますけども、やはり一日の大半の時間が自分の思考をもてる時間であるということが一番大きなことだと思います。

「自分の思考の時間」さえもてないというのはおそるべきことである。代用監獄勾留下では生活のすべてが取調べを軸にしてまわる。そこに被疑者自身の意思の入る余地はほとんどない。

もちろん一日のうち何時間かは、監視されつつも自分一人の時間がある。そしてそこで何かを思考し想像することはあろう。しかし、そこでの思考や想像は、私たちが日常的な場面で思考し想像することとおよそ異なる。だいいち、故なき罪を追及され、弁明を聞き入れてもらえない苦悩と不安が、心の大部分を占め、自由にものを考えるゆとりはない。それにたとえ自由にものを考えたとしても、その考えを行動に移し、自分のおかれた状況を自らの力で変える自由は奪われている。思考が行動につながる道を断たれたとき、その思考はほとんど自分の思考たる資格を失うものである。それゆえ連日の取調べから解放され、取調べそのものが間遠になったとしても、与えられたその時間を自分の時間として「自分でものを考える」のに使うことは難しい。警視総監公舎爆破未遂事件(8)のTは、一〇〇日間留置場に勾留されたが、そのうちの半分近く取調べなしに房内にとどまっていた。形のうえではそれだけ自由になる時間があったことになる。ところが房の内では、本や雑誌を読むこともラジオを聞くことも、何もない。雑居房であれば、他の被疑者と話すこともできようが、独居房となるとまったくの孤独である。それこそ第七章でみた感覚遮断実験に似た状況におかれるのである。しかも、房内での姿勢や立居振舞を制限する留置場がかなりある。Tは留置場の房内に座り続けることの苦痛をこう述べている(9)。

これはもうとにかくしんどいですね。やってみられるとわかるのですけれども、留置場は朝から、とにかく横になれないということが一つありますね。横になると看守が怒るということと、それから毛布が一枚、ぼくらは冬だったのですが、毛布が一枚で、それを座布団代わりに敷いて、その下にござが一枚という状態ですね。背中は、コンクリートですから、それが冷たい状態がかなりじっとしていると暖かくなるというので耐えているということで、時間が進まないわけですね。コチコチと柱時計だけが動いているという状態で、とにかく一般的な代用監獄云々というようなことはね、頭でということはもちろんそうなのだろうけれども、一日でもやられればわかるという気持ちです。そういうふうにしないと、恐らく実感がまずできないということですね。そこからでられないということをまず前提に、何か一つ自分の部屋で、コンクリートの壁があったらそのところでじっと座っているということをやられると「ああ、こういうものなのか」ということがわかると思います。要するに思考ができないということも含めて。

取調べ室に引き出されたときは事件のことでガンガンやられ、房に帰っても余韻を引きずっていて容易に気持ちがおさまらないし、他方取調べに引き出されないときはまるまる一日を房内に座り続けねばならない。およそ自分のことを自分で決めてやるという自由を奪われたとき、人は自分の思考さえもできない。こうした代用監獄状況で連日、あるいは断続的に取調べが行われるがゆえに、前項で見たように、とにかくこの取調べの苦痛から逃れるためなら、あとはどうなってもいいというような気持ちにさせられてしまうのである。

そのうえに代用監獄生活そのものが被疑者には拷問に等しい苦痛となる。取調べの場での肉体的、精神的拷問に加えて、代用監獄では看守から罪人同様の扱いをうける。警視総監公舎爆破未遂事件に連座したIは、[10]

警察の捕虜というのが正しい。食べ物を与えること（官弁、自弁とも）、運動、入浴など留置場生活の衣・食・住のすべてが、取調警察官の意思で決定される。彼らの機嫌を損ねる（屈服しないこと）と、最低の生活が続く。長期、長時間の取調べによる睡眠不足（朝六時起床、取調べ終了夜一〇時～一一時）。休けいもなく、食事は取調室でとる。屈服（自白）すると、ガラリと待遇が変わる。代用監獄とは、拷問の延長である。不自由な生活による精神への圧迫、肉体の磨耗を狙ったものでしかない。

と言う。衣食住の基本的生活の部分で縛られてしまうことの苦痛は耐えがたい。抵抗し、自分を主張して生活改善をはかれるのならそうもしようが、およそその見込みのないところでは服従しか道は残されていない。それは単に不自由ということではない。問題は、被疑者にとってその生活がどれほど屈辱的なことであるかということである。

看守―囚人という非対等関係が固定し、しかもその関係に外部からチェックが働かないとき、そこでは人としての対等な人権感覚は麻痺する。そのことはジンバルドの模擬刑務所実験が客観的にも証明していることであるのだが、代用監獄はまさにそれを地でいっている。代用監獄の実態については本題ではないので別著にゆずるとして、この人権無視の屈辱的生活から一刻も早く出たいと願うのは人として当然の欲求であろう。

実際、留置場から拘置所に移ると、囚われの身であることには変わりはないのに、そこには大きな差があると言う人が多い。たとえば食事ひとつとりあげても、(11)留置場では、「警察によって味は違うのですが、ある署では本当に臭いっていう感じで、臭くて口に持っていけないのです。」「あの量は、三食で普通の人間の一食分に足りないですね。だから、差し入れを食えなかった日、そういう出前が取れなかった日は、もう夜は、寝られないですね、腹減って。昼のご飯なんか飯だけでるのです。おかずが何もないのです。それをインスタントみそ汁で食うのです。」「ご飯は白いご飯です。だけど薩摩揚げを一枚で半分に切ってまったく薄くて、しょうががチョロチョロとある。これがおかずですよ。食費は一日二三〇円ですが、だから弁当屋が引き受けてくれるところがないということを看守あたりが話していました。」

こういうような状態から拘置所に行くと「食べるものはもう月とスッポンぐらい違いますよ。非常に豪華という印象でした。」「警察で食べられる食事と拘置所が出してくれる物とは、量的にも内容的にも五倍も十倍も違うという状態です。」

まったく「月とスッポン」の差だと言うのである。土田・日石事件のMもその差についてこう言う。(12)

もう、全く雲泥の差だったですね。ただ、ぼくの場合は、拘置所に移っても、約一年、接見禁止がついていたので、接見禁止の問題を別にしたら、取調官がきても、それを受けたとしても、起訴後の場合は、三時か四時に切られちゃって、あとはもう終わりということだったし、房の前でもって、取調べを拒否するということを言えば、看守のほうはああだこうだ言ってきますけれども、取調べを受けなくてもすんだし、あと、いちばんぼくにとって助かったのは、定期検診があった。外来の検診日が、当時は月・水・金だったですか三日間あったのです。その三日間の午前中に診察予約というのができまして、どこそこが悪いということで予約をとると、あとで外来に呼び出されて、医者が診察をしてくれて薬をくれたわけです。……（中略）……体が突然悪くなったり何かしたときも、特別診察という制度があって、形の上では医者が診るということをやってくれましたし、誤解しないで欲しいのだけれども、拘置所の医療というのはとにかく医者はいたわけですからね。

あと、そのほかに、自弁とか、週二回、食糧は週二回、日用品、雑品に関しては週一回、本に関しては週三冊まで、そういう形でもって具体的にこちらの権利として認められていたわけです。それがどんな状況であれ、懲罰でそれが禁止されるまでは、権利だから、取調べ中でも、予約はちゃんととれるわけです。きょうの予約はこういうものだということでとってくれるし、公判に行く者に対しては、公判に行く前に、自弁の予約なり翌日の診察の予約もとれるわけですから、形式的な権利は認められましたね。そういう意味では警察の留置場とは雲泥の差でした。

（それに差入れや自弁で購入したものは）自分のところに置いておけるわけですね。ところが代用監獄のほうでは、差入れも、たとえばぼくの場合、週二回に制限されて、一回で食べ切れる量ということで言ってくるわけです。取調べが終わったあととか、昼食のときとかというふうに言われるから、食べ切れない場合もあるし、自分で食べたいという欲求は許されないわけです。拘置所のほうでは、極論すれば、夜中目が覚めても食べられるわけですが、その違いは大きいですね。

まことにささやかな自由ではある。しかしこれだけの自由を与えられただけでもかなり気持ちは救われる。ある殺人事件で被疑者にされた人は、「拘置所はあくまでお金さえあれば、だいたいのものは買えますし、食べるものも買えますのでね。警察ではほとんど私たちの意見は聞いてくれませんでしたから、全部、向こうの指定のものしかもらえなかったのですけれども、拘置所のほうは、あくまで自分で、自分の意思で買えました。非常に、普通の生活に近い状態に戻りましたから[13]」とまで言う。逆に言えばこれは代用監獄がどれほど「普通の生活」から遠い異常なものであるかを示していると言ってよい。

留置場と拘置所のこの違いを知っている者のなかには、留置場生活の苦しさを逃れて拘置所へ移りたいことを動機にして虚偽自白する者もいる。別の事件でかつて二カ月近い代用監獄生活を送ったことがあったある人は、殺人事件に巻き込まれて逮捕されたとき、「留置場での辛さが身にしみていて、嘘でもいい、早く取調べを終え、拘置所の方に行きたいと思った[14]」と言う。

冤罪に巻き込まれる人の多くはそれまで逮捕経験をもっていない。それゆえ留置場と拘置所の違いを知っているわけではない。しかし、人権無視もはなはだしい代用監獄生活を送らされるなかで、とにかくここを抜け出したい、別の所に移してもらいたいと望むようになることはやむをえざるところである。そしてそれを可能にするものが自白だと知ったとき、おのずと自白力動が高まるのも、また自然であろう。

わが国で再審無罪で死刑台から生還した三人目、松山事件のSが一九五五年一二月一日別件で逮捕され、それから五日目、本件の一家四人殺人放火事件で自白したのも、同房の前科五犯の男から警察や拘置所、刑務所の処遇の話を聞き、「やらないことでもやったことにすればよい。裁判のとき本当のことを言えばよい」との示唆を受けたためであるという。(15) 取調べでは「頭ごなしにどなりつけられ、ひたいを強く小突かれ……知らないと言っても一切取り上げてくれず、やったと言わない限り何時までも出さぬと言われた」。調べは深夜までつづく。そうして五日目、

その日は確か午後の一一時頃まで調べられたが、……心身ともに疲れはてて、私を待っているものはうす暗い留置場だけです。暖かいところにゆきたい、甘いものを食べたい、外に行ってみたいとも思いました。そんなことを考えていましたら……。

……こんなことを毎日やられたんでは頭が狂ってしまうんでないかと、それより自分がやったことにしようかと思いました。(16)

否認に転じてからの手記である。この時、Sは取調べの苦痛のなかで、ひたすらそこから逃れることを考えた。そこのところで「いったんここは認めて未決（拘置所）に行った方が楽だ」という同房者の経験にもとづく唆しが、Sを自白の方向へとドンと押しやる決定的な力となったのである。

第二節　否認から予期される不利の回避、自白から予期される利益の追求

被疑者から自白をとることを目標にした取調べの場、そしてその背景としての代用監獄は、無実の被疑者にとって耐えがたい苦痛である。それゆえ取調官が「このまま否認していれば～なる」とか「ここで自白すれば～なる」というふうに、あえてその言動でもって示唆せずとも、被疑者はこの苦痛を避けるべく自ずと自白へと傾いていく。取調べの場ないし代用監獄はそもそも装置としてそうしたベクトルを内蔵したものである。しかし、一般にはもちろんその域でとどまらない。取調べの場が自白聴取の装置として機能するものであるかぎり、その装置の構成要素たる取調官がその言動でもって、被疑者の自白力動を唆すことは、これまた自然の流れである。平たく言えば、取調官は被疑者に向かって「本当のことを言え」とか「犯人であるかぎり自白し、謝罪しろ」とか「もし犯人じゃないというのならちゃんと納得させてみろ」と言うふうに迫るだけでなく、「否認しつづければ～なる」と脅したり、「自白すれば～なる」と利益誘導したりする。法的に言えば、それは供述の任意性を侵す言動であるから慎まねばならないはずだが、自白をとろうとする熱意に駆られた取調官は、おのずとその方向に踏み出してしまう。

たとえば、私たちが子どものいたずらや小悪事を責めるときでも、「怒らないからちゃんと言いなさい」とか、「このまま黙って謝らないなら、もうお小遣いをあげませんよ」とか言ってしまう。子どもがやったことだと確信していればいるほど、黙り込み、あるいは否認している子どもが憎らしく、何とか認めさせようとして、そう言ってしまうものである。事柄の大きさはまったく違うが、取調官が被疑者を責めるときにも同様の心情に駆られることはまちがいない。インボーらはこれを厳に慎むべきだと言うが、はたしてこの自然な心情をどこまで理性的に抑えることができるか。こうした抑制がうまく働くためには、まず安易に有罪推定につかぬこと、また最初怪しいと思っていても捜査の進展次第でいつでも引き返す覚悟が必須だが、わが国の刑事捜査においてはこの必須要件がしばしば欠ける。それにまた被告人がのちに法廷で取調官から利益誘導や脅迫を受けたと主張しても、当の取調官が

「そんなことはありません」と言えば裁判官は取調官の証言の方を簡単に信じてしまうために、ここのところで裁判によるチェックがうまく機能しない。取調べの場には弁護人の立会いは認められず、そのために取調官による脅迫や利益誘導は「密室内の完全犯罪」として簡単に成立する。問題は、取調官の心がけや倫理感にあるのではない。[17]被疑者から自白を採ることが重要だとされ、しかもその取調べの場が完全な密室であれば、よほど聖人のように高潔な人でもないかぎり、安易な手段をとりがちになるのは当然であろう。まして被疑者=有罪と確信していれば、そこに何の罪責感も感じることはない。罪の意識もなく、公にばれる危険性も少ない罪ならば、誰だって簡単にやってのけてしまう。

東京三弁護士会合同代用監獄調査委員会が行った冤罪者三〇人のアンケート[18]では取調官の脅迫的な言動として

認めないなら重い罪にしてやると言われた……………25人
認めないと家族などに迷惑が及ぶと言われた…………23人
その他認めないとこうなるとおどされた………………23人

という回答を得ている。全体の八割もの人が何らかの形の脅迫を受けたと言うのである。また、利益誘導的な言動は次のようになっている。

ここで認めて裁判で否認すればよいと言われた………13人
認めても大したことないと言われた……………………16人
捜査官の思い通り自白すれば以下の点で有利になると言って自白をすすめられた
早く出られる…………………………………………24人
軽くすむ………………………………………………8人
情状がよくなる………………………………………4人
執行猶予になる………………………………………4人
差入……………………………………………………5人

面会……………………………………………………1人

その他留置場での取扱上……………………………3人

これまた相当の頻度である。なかでも「自白すれば早く出られる」という形の利益誘導は八割に及んでいる。

ここでも具体的な事例によりながら、脅迫・利益誘導による自白力動の高まりを検討する。最初取調べや勾留生活上の直接的利害にからむものをとりあげ、そのあともう少し間接的で、将来予期に関わるものを、自己の利害にからむもの、他者（特に身内）の利害に及ぶものに分けてみていく。

1 直接的利害——アメとムチ

動物実験で、実験者が動物にある行動を身につけさせようとするとき、その目標行動に近い行動をすれば報酬を与え、逆に目標行動からはずれた行動をすれば罰を与えるという古典的な方法がある。心理学ではこれをオペラント条件づけと言う。日常的な表現で言いかえれば「アメとムチ」である。ずいぶん下等な動物からこの種の条件づけは可能であるところからして、動物にかなり普遍的な学習形態だと考えられている。人間については、単純に賞と罰で行動が左右されるとはいえないが、それでも基本的な生活レベルでこれが無視できない力をもつことはまちがいない。

自白をしたかしないかでかなり露骨な差別待遇を受けることが、逮捕・勾留の体験者からしばしば報告されている。土田・日石事件で否認を通したY子は、アンケートに答えて次のように言う[19]。

（自弁は）取調官の便宜のいかんによってどこからでも注文できたり（同房者から聞いた）、全くできなかったり、まちまち。否認が続くと「規則が今度変わり、取調室へ他から食事を持ち込んではいけないことになった」と禁止されてしまった。ところが、他の同房者に尋ねたら、何も変更されていず、今まで通り、外部へ注文して食事ができるという話だった。

チリ紙・ナプキン・くつ下・かぜ薬等、取調官に買ってきてもらったことがある。しかし、これも、あくまで取調官の便宜いかんによってなされるため、黙秘していたり、否認のため取調官と対決状態を維持していれば、「買って来てほしい」と頼むことも難しくなる。さらには、取調べを拒否すれば、差入れの物以外は何も手に入らなくなることを、覚悟しなければならなかった。

警視総監公舎爆破未遂事件で否認を貫いたFも同様の差別的処遇にあっている。(20)

毎週土曜日、自弁でパンあるいは、おにぎりを少し買えた。差入れは取調べと関係があり、否認していると食べさせてくれなかった。

差入れはいやがらせと、留置規則でほんの時たましか届かなかった。コーヒーの差入れは「規則」で拒否されたが、自白者は別扱いだった。自弁の弁当は、午後三時頃留置場に届くが、取調べが外なので夜、帰房してからしか食べられなかった。別件逮捕勾留時は、いやがらせで自弁購入もすべて拒否された。家族に対しても、業者が決まっていない、などの名目で拒否していた。差入れは愚劣ないやみをふんだんに聞かされながらとることになる。

自白すればとは断わらずに、食いたい物は出前でなんでもとってやるなどと空約束を乱発する。あとはリクエストが出る機会を待っている。

取調室の待遇に「自白者」と大きな差があることが、「共犯者」が使っていた取調室を使った際に判明した。そこにはマンガ本、インスタントコーヒーのびんが置いてあった。

ずいぶんささいなことであるようにもみえる。しかし、このささいなことにも人は心を動かされることがある。右のY子やFはその動揺に最後までまどわされずにすんだ。しかし取調べに打ちひしがれ、身体的、精神的疲労が蓄積していくなかで、ひたすら救いを求める気持ちに陥ったものにとっては、どんなささいなことでもすがりたいと思うものである。現に同じ留置場にも、自白してしっかり「面倒見」を受けているものがいる。それを羨まず平然としていられる人間は多くない。ある代用監獄体験者はこう言う(21)。

〝面倒見〟とは、調べ以外に調べ室に出して、好きなものを飲んだり食ったりさせるとか、そういうことです。タバコを吸わしたり、原則としては調べ以外に出してやるわけです。それを〝面倒見〟といっているわけです。それはもうハッキリ言ってますね、捜査の人間も。全面否認しているような人間が調べが終わって調べ官と喧嘩なんかして帰ってくると〔取調官は〕看守にハッキリ言うのですよ。みんなの目の前で、「この人間はしゃべらないんだから、〝面倒見〟なんてしないでいいから」とハッキリ言いますね。そうすると、現実に〝面倒見〟しないわけです。運動にも出さないでぶち込んだままです。

この〝面倒見〟を自白追及の手段として取調官がどこまで意図的に使っているかは不明である。おそらくは、これによって無実の人間の心をも揺すぶって、自白に追い込もうとまでは考えていない。第一線刑事の意識と行動を調査した宮沢節生が、ある刑事の言葉として、「人間関係が円満になれば、取調べしやすくなる。また釈放後の情報提供も得られる。刑事自身のカネでメンドウみてやる。釈放後も立ち寄ってくれるとうれしい」という話を聞きとっている。これは刑事と累犯者がある種の共同意識でつながっていることの表われであるが、初犯者のばあいにも同様の気持ちはあろう。私たちが子どものいたずらを詰問するときでも、素直に謝られると気をよくして、急にやさしくなったりするではないか。〝面倒見〟も自白をとるための意図的手段というより、被疑者とのやりとりから自ずと生まれる自然的結果とみた方が現実により近いのではなかろうか。ただ、たとえそのように取調官の熱意と善意（被疑者との人間関係を保とうとする欲求）によるものだとしても、これによってまた結果的に無実の被疑者がまどわされることも事実である。

松川事件のAは、自白調書が出来あがってからというもの、身柄を別の署に移され非常に優遇されたという。広津和郎はこんなにふうに書いている(22)。

弁当は二人前食べさせられ、ピンポン、将棋もやらされ、また酒さえも飲ませられている。そして朝から檻房から出され、署の中を自由に歩かせられた。そして殊に驚くべきことには、署長が一緒に風呂に入って背中を流してくれたりしている。「警察がこんな楽しいところとは思わなかった」と彼は警官たちに述べている。彼は「赤」退治の勇者とまでおだてられ、公判廷に行ってから、その自供を取り消させまいとして、保原署ではあらゆる方法で機嫌を取られていたのである。

Ａへの優遇の背後には、ここで広津の言うとおり、自白撤回をさせまいとする意図が働いていたことは間違いない。しかし優遇し、面倒見していた当の警察官の主観的な意識はどうであったろうか。無実のＡをたぶらかして、何とか虚偽自白を維持させようとまで意図したとは思えない。松川事件という国家的大事件の発端となるこのＡの自白を守ることが、警察組織にとって最大の関心事であった。その自白の真偽はおそらく彼らの問うべき問題ではなかったのであろう。警察にとって重要なのは真実ではなく、むしろ被疑者を逮捕して自白させたという事実なのである。そしてその後は、これが法廷に持ち出されて守れるかどうかに関心が注がれることになる。

いずれにせよ、否認している者への差別的待遇、自白した者への面倒見が、被疑者の心を少なからず動かすことはまちがいない。とくにいったん自白して、再び否認に戻って、さらにまた自白する……というように自白と否認との間を揺れ動くようなケースについては、そのつど取調官の対応が変わることで、被疑者の気持ちはゆすぶられる。大森勧銀事件のＫは「ウソの自白をしたが、本当のことを言おうと考えなおし、否認すると拷問、脅迫され、また自白するということをくり返した」[23]と言うし、豊橋事件のＭも「警察官数人に、取調室の中で取り囲まれ、脅され、寝かしてもらえず、やったと言ったら解放される。しかし、一人になって、やはり頑張らなければと思うが、翌日、また同じことがくり返され、言うままになってしまう」[24]と言う。東京三弁護士会合同代用監獄調査委員会による冤罪調査でも本件で自白した二五名のうち、なんと二四名までが捜査段階で自白・否認をくり返し、そのうちの大半が取調べの最終段階では結局自白に落ちついている[25]。

被疑者を犯人と決めつけた取調官は、否認者に厳しく、また冷たく当たり、自白者にはやさしく、また暖かく接する。それは彼らの主観においてはきわめて自然なことなのだが、それゆえに無実の被疑者の心的力動もまた自白の方向に導かれていくことを避けられない。意図せずともアメとムチが被疑者を自白に引き寄せるようになっているのである。

2 自己の身に及ぶと予期される利害

「アメとムチ」は、その言葉に表われているとおり、きわめて直接的な賞罰である。これが取調べにおいて一定の力をもつことはたしかであるが、人間のばあい、そこから動物の条件づけのように法則的な結果を得ることは難しい。人間は〈ここのいま〉に与えられる直接的な賞罰より、もう少し間接的な、〈先の見通し〉のようなものに強く左右されることの方が多いからである。先にあげた表（四七二頁）でも、直接的な「アメ」と「ムチ」に相当するものは「差入れ」「面会」「その他留置場での取扱い」の、のべ九名でしかない。もっとも拷問のような極端な「ムチ」を使えば、ほぼ法則的に人間を左右できるであろうが、そうした条件は私たちの論の射程外である。

さて条件づけ的な「アメ」と「ムチ」に対して、もう少し間接的な形での利益誘導が、ここでは問題となる。アルバート・ソミットの言葉で言えば「恐怖と希望の交替」(26)である。アメやムチと違って、恐怖も希望も時間軸上の未来の次元に属する。ソミットの言うところはこうである。

> 囚人を管理する者は囚人にどれほど苛酷な扱いを加えても、囚人が要求を呑みさえすれば前途によりよき生活が広がり、おそらく釈放さえありうるとの希望をもたせるよう配慮せねばならない。

絶望的な恐怖を与えても絶望させてしまってはいけない。絶望的な苦痛のあわいにかすかに光る希望を与え、それにすがらせることで洗脳は行われるというのである。問題は恐怖か希望かという二者択一ではなく、この両者の交替と落差ということになろうか。もちろん私たちの問題は洗脳ではない。しかし、ここにもまた共通の構図がある。

さて「恐怖と希望」を問題にするさい、ここでそれが自己自身の将来に関わるばあいと、自己の周辺の他者の将来に関わるばあいの両方をともに対象にせねばならない。脅迫による恐怖にせよ、利益誘導による希望にせよ、一般にこれを自白論のなかでとりあげるとき、自分の利害に限定して考えやすい。人間というのは自己中心的なもので、極限状態になれば結局自分自身を優先して守るようにできているのだという通念があるためであろう。しかし人間の現実は、一方でたしかに自己中心的で自己防衛を大事にするが、他方でどうしようもなく他者と共同的、共生的であって、時に自己を犠牲にしてまで他者を守ろうとすることがある。この両面とも人間の現実なのである。

無実の人を虚偽自白に陥らせる心理的要因のなかにも、自己の将来に関わる利害（恐怖と希望）と同時に、他者（自己の身内）に関わる利害への配慮が根深くあることに気づく。先の四七二頁の表を見れば、そこには「認めないと家族などに迷惑が及ぶと言われた」という人が三〇人中の二三人もいることが分かる。また別の結果によれば現にこの脅しに対して「家族のことが心配だった」ことを自白の要因にあげている人が一三人に及んでいる。三〇人中自白したものは二六人であったから、半数が家族への心配で自白力動を高められたということになる。

そこで、まず自己の将来に及ぶ利害の要因、そののち他者（とくに家族）の将来に及ぶ要因と、両者を分けて検討することにする。

さて逮捕・勾留されて取調べられるというだけで、無実の被疑者には「地獄の苦しみ」である。その苦しみから逃れようという気持ちが自白力動を高めるという話は、すでに前項で取り上げた。それに加えてここでさらに取り上げて検討しようとしているのは、被疑者が現に受けている苦しみから逃れたいという要因ではなく、これから受けると予期される苦しみを回避したいという要因である。

たとえば、戦前のことだが、ある地方裁判所検事局の書記が収賄の噂に巻き込まれ、自白したが後にそれがまったくの嘘だと判明したという小さな冤罪事件がある。三宅正太郎の『裁判の書』からそのまま抜粋する。(27)

その裁判所の門前に性質《たち》のよくない代書人が居た。或る日刑事事件で検挙されようとしてゐる男がその店に来て、何とかして免《のが》れる方法がないかと相談をかけたのがもとで、彼はその男に地獄の沙汰も金次第だといふことを吹きこみ、自分の手で係官にそれ〲賄賂をとり次いでやらうと説いて、結局多額の金をその男から受けとつたが、その実彼はその金を着服して係官の誰にも提供しなかつた。そのため、彼は詐欺だとして告訴され、検事の調《しらべ》をうけることになつたが、さうなると彼は不敵になつて、渡された金はそれ〲の係官に交付したのだと申立て、係官に手渡ししたときの有様などを誠しやかに供述した。不幸、当時の係官の中に遊興の稍度《ど》にすぎる人があつたことが禍《わざは》ひして、検事は漸次代書人の供述に耳を傾けるやうになり、そこでまづ、代書人から三百円を受けとつたといはれる検事局の書記から取調を行ふこととなつた。書記は昨日まで上司として仕へた人の前に呼び出されて、被疑者として連日厳重な訊問を受けたが、もとよりそんな金を受けとつた覚えがないので陳弁に努めたけれど、検事の諒承を得ることが出来ず、数日の後には、あくまで否認しつゞけるなら、身柄《みがら》を拘束して取調べてゆく外はないといはれるまでに立ち到つてしまつた。いよ〱明日《あす》は拘束されると覚悟した前夜、書記は老母と妻を前に、始めて彼の現在陥つてゐる災難を告げ、明日は刑務所に送られて、帰宅の出来ない身になることを語つた。老母も妻も暫くのあひだは言葉もなかつたが、何とかして刑務所にゆかないですむ道はないかと彼に質《たゞ》した。それに対して彼は、この際こゝに三百円の金があればそれを貰つた金だといつて検事に差出し事情を訴へて憐憫を願つたら、刑務所に送られずに済むかも知れないが、と半ば投げ出すやうにいつた。それを聴いた老母は立つて戸棚から自分の手函を出し、その中から三百円をとりだし、これはお前の知るとほり永年細々《ながねんほそ〲》と内職を稼いで蓄めた金だが、これでお前が刑務所にゆかずにすむなら、蓄《た》めた甲斐があつたわけで本望だから、明朝之を持つていつて検事さんに差上げ、よくあやまるがよいと、我が子の前に手のきれるやうな新しい十円紙幣を三十枚並べた。その新しい紙幣は、老母の癖で、伜《せがれ》の頂《いただ》いてきた俸給の中に新しい紙幣があると必ず自分の貯蓄と両替しておいた、その紙幣なのである。かくして書記はその翌日検事の前に出て、いままで頑強に否認したことの心得違ひであつたことを陳謝し、まことは代書人から三百円を貰つたので、その金はそのまゝ手許に置いてゐたがこゝに差出しますといつて、十円紙幣三十枚を提出した。この虚偽の自白と三百円の提出とによつて、彼は刑務所に拘置されることを免れたけれど、彼の考へたやうに直に不起訴になるやうな模様はなかつた。しかし幸ひにも彼の受けとつたと主張する紙幣の新しいことが、代書人の供述するところと明らかに齟齬したために、この紙幣の調《しらべ》から、書記の一家の内情が知れ、遂に代書人の虚偽《いつはり》が見あらはされて辛うじて事件は危機を脱することが出来たが、検事局の書記のやうな裁判検察の事務に通じてゐる人にして猶虚偽の自白をするといふことは更にわれ／＼に考へしめるものがある。

贈収賄事件では証拠が残りにくいために、一方が「贈った」とか「もらった」と言うと、これに反論し申し開くことが難しい。右の事件でも「金を贈った」と言う代書人の言い分に心証をとった上司の検事から取調べられて、書記は抗弁するが分かってもらえない。いよいよ逮捕・拘束のきわに及んで、これだけは避けたいとの思いが当人ばかりか妻や母にも切実につのる。そうして嘘の自白が家族の合作として生まれる。これが虚偽だということが後に判明したのはむしろ偶然とも言うべきで、その偶然がなければ冤罪とも知られぬまま終わった可能性も高い。

それはともかくとして、この書記の自白は、予期された「恐怖」を回避し、示唆された「希望」にすがるという虚偽自白の典型的パタンと言ってよい。それ以前の取調べも厳しく、彼にとって苦痛ではあったろうが、自白はその苦痛から逃れるためのものではない。このままいけば確実に逮捕され刑務所に拘置されることになると予測されたし、その窮地から抜け出す手立ては、謝罪し、収賄したとされる額を返すことしかないと思わされた。そうして前者の恐怖を回避し、後者の希望にすがるために彼は自白したのである。

無実であるかぎり否認するのが当たり前だし、結果的にもその方が有利になるはずだ、そう考えるのが第三者からみた正論なのだが、当事者の主観的現実においてはそう見えないことがある。自分の地位・立場を決定するだけの権力をもった相手（取調官）から疑われ、その疑いを晴らしきれない現実に直面したとき、たとえその現実が間違ったものであれ、それに現実的に対処せざるをえない。書記にとって逮捕され刑務所に入れられるかもしれないという恐れは、明らかに検事の誤解に基づいているのだが、それを自分の力でただせないかぎり、それが文字通り身に迫った現実であることに変わりはない。

取調官の思い込みが被疑者に、誤謬に基づいた、しかし圧倒的な現実の恐怖を生み出すという事例は検挙にいとまがない。右の事件の書記のように虚偽自白には至らなかったものの、任意の取調べ段階から、被疑者をおどして自白させようとしたケースを紹介しよう。これは被疑者自身の回想によるものではなく、被疑者が隠しマイクで録音テープに収録したきわめて珍しい資料である。

事件は一九八二年に東京狛江市で起こった集団暴走行為事件である。[28] 交通機動隊が現場で検挙した八人の少年をしぼりあげて一緒に走っていたメンバーを言わせようとしたところから、何十名もの嘘の共犯者が次々と逮捕され、大規模な少年冤罪事件に発展した。取調べの様子を録音テープに収めたのは、そうしてデッチ上げられた少年の一人である。彼は最初取調べを受けたとき、本件の暴走行為には関係していないと否認し、当日は友人たちと明け方まで一緒にいたとアリバイを主張したが、取調官はまったく耳を貸そうとせず、主張したアリバイについてもその裏づけ捜査をしてくれた形跡がなかったところから、二度目に呼び出されたときには録音テープに収録しようと考えて、これを実行したのである。以下はその一部である。[29]

少年「でも僕は知りません」
取調官「Kが言ってんだよ、ハッキリ」
少年「知りません」
取調官「まだ否認するのか」
少年「はい」
取調官「よし、いいな。これで鑑別所から少年院だぞ。逮捕されればだよ。送るよ、いいか。仕様がないよ。これは送るよ。私んとこホントおどかしじゃないよ。今回だけは、俺はちゃんと暴走族の本部作って、いいかやってるんだ。留置する四人ははっきり言ってんだよ、今。真実だとしょうがない。令状とるしかない。あんたも令状とるのは簡単なんだよ。名前はっきりあげてんだから、調書もってさ、令状請求すりゃ、検事が、じゃない裁判官だな、渋谷の簡裁でもいいんだよ、家裁でも、ハンコもらってくりゃあんたの令状できちゃう。それ持ってきゃあ、あんた留置場直行だよ。それでいいんだったらいいよ、俺は。そのかわりお前、鑑別所か少年院間違いないからな。……（中略）……

それでいいんだったらいいよ。お前な、あとで後悔するからな、必ずな、逮捕されりゃあ、一生お前つくんだよ。わかる？　今ねえ警察で警察官にこれから何年たったっていいさ、警察官や交番のまわりウロウロしていてだよ、ま、ホラ職務質問っていうんだよな。職務質問されて、あんたが氏名を言ったとするわな。何々と氏名を言って生年月日を言えばさ、それでおまわりさんが照会すりゃあ、それでコンピューターに全部はいっちゃうんだよ。それであんたがね、第二交通機動隊に昭和何年何月に暴走族で共同危険行為ってな。一生もうこれ消えないんだよ。ついてまわるんだよ、これは。で指紋とってあるから今度悪いことすりゃ、お前すぐ……（不明）……照合すりゃ全部でちゃうんだよ。あんた一生これは自分にとっては不利だよ。これははっきり言えるよ。

こういう調子で延々とつづく。しかもおだやかな口調ではない。大声をあげ、まるでヤクザのように脅しあげる。取調べの場所も、通常の取調室ではなく警察の道場なのである。そんなことがあるとはおよそ信じたくない取調べのやり方だが、事実である。

この取調べのなかで取調官が言っていることは、単なる脅しではない。単なる脅しであれば、それを見破った者にとってそれはおよそ恐れるに足りない。問題は、この脅しが脅しに終らず現実のものとなる可能性を十分にもっているということである。現にこの事件で何人かが無実であるにもかかわらず逮捕され、少年院に送致されている。

一九五四年熊本で起きた強姦致傷事件に巻き込まれたMのばあいは、事件直後の取調べで犯人と決めつけられ、脅されて自白している。(30)事件は、夜映画を見て川の堤防の道を歩いて帰っていた二人の娘が男におそわれ、一人がつかまって強姦されたというものである。難をのがれたもう一人は八百メートルほど先の駄菓子屋に逃げ込んで、警察に通報した。しばらくしてその店の前を通ったMが呼びとめられ、娘から犯人に似ていると言われ、やってきた巡査に取調べられたのである。この事件、結局、裁判では懲役三年の実刑となり、控訴も棄却されて、Mは服役した。しかし彼は裁判では一貫して否認していたし、出所後再審請求をくりかえした。そして再審開始が認められたのが事件から三四年後、判決を得たのは彼の死んだのちであった。あとから振り返ってみるとこの事件の証拠はまことに脆弱なものであった。被害者の娘の下着に付着した精液はMのものと不一致、現場の堤防あたりの明るさで犯人を目撃して人物を特定するのは困難。これでどうして有罪判決が出されるようなことになったのか。結局、問題はやはり自白であった。ではなぜMはそんな重大な自白をしてしまったのか。

駄菓子屋で呼びとめられたMは、そこで娘に犯人と似ていると言われ、もちろん自分ではないと否認したが、やってきた巡査は娘の言葉を信じて署に連行、そこで三、四人の刑事がMを取り囲んで責めることになる。生来おとなしく争いを好まないMが「やった」「やらない」の押し問答に疲れたところを、刑事たちは、「家じゃカアちゃんが待っとるぞ。やったと言うたら、すぐ帰してやるたい」「認めんなら、何年でん懲役にぶち込んでやるけんね」と脅されたのである。このまま否認していると何をされるか分からないと思って恐かったし、何も知らずに待っている妻のことも心配だったという。とにかくこの場から脱出して家へ帰りたいとの一心で「ハイ」と認めたのである。しかし、それで調書がとられたあと、家に帰してもらえるどころか、緊急逮捕され、留置場にぶち込まれ、結局、有罪判決をくらい、死ぬまでの三四年間冤罪者として生きることを強いられることになる。

第三者的に見れば、強姦事件をやったと認めているその場で釈放されるなどと思うのが間違っているということになるかもしれない。しかし当のMの立場に立って考えてみればどうであろうか。自分は強姦など犯していないがゆえに、それでもって逮捕されるなどという理不尽が現実にあるとは思えない。前章で指摘した「無実者が刑罰に対してもつ非現実感」を想起してもらえばよい。悪夢のような非現実感のゆえに、無実の被疑者は「自白すれば帰してやる」という甘言に乗り、他方「このまま否認すれば何年でも懲役にぶち込む」という脅しに怯えてしまうのである。取調べという現実の苦痛のうえに「何年もぶち込む」という恐怖をかざし、「自白すれば釈放する」との希望を抱かせるというのは、冤罪での取調べのまさに典型なのである。

取調官の思い込み、決めつけ、そしてそれにもとづく脅迫が、気の弱い被疑者を自白に追い込む。そのことで脅迫は脅迫にとどまらず、現実のものとなる。なんともいたたまれない現実である。

逮捕されて以降の取調べとなると、そこでの脅迫はさらに現実味を帯びてくる。逮捕される以前であれば、まだしも取調官の疑惑は疑惑にすぎないとうちやることもできるが、逮捕されればまさにその疑惑が「逮捕」という具体的な形をとって現実のものとなったと認めざるをえないからである。そして逮捕・勾留後は、さらにそれを上まわる悪い結果の予期をかきたてて、自白を迫ることになる。

『起訴後真犯人の現われた事件の研究』と題した検察研究叢書が一九五四〜五年に出されている。[31] そこで検討された事例に「現職郵便局員による進行郵便車内書留窃盗事件」と名づけられたものがある。一九四七年、横浜郵便局から静岡県清水市富士合板株式会社に送った書留郵便が途中で紛失し、中に入っていた小切手約八万円が静岡銀行清水支店で引き出されていたという事件である。右の事例タイトルからも分かるように、真犯人は当時東京鉄道郵便局に勤務していた郵便車乗務員Yであった。Yは、郵便車輛に乗務中、振動で床におちた書留郵便を拾いあげ、ふと盗み心をおこして、これをポケットに入れ、勤務があけてから、静岡市内の印判屋に赴き会社印と認印を作らせて、銀行で金を引き出して逃走した。事件が発覚して捜査がはじまってから、当然Yも容疑線上に上がった。彼は書留を入手できる位置にあったし、なにしろ事件後、行方をくらましていた。ところが捜査でさぐりあてた印判屋の注文記録の日付によると、問題の判こを注文し、これを受けとった日時にYは勤務で東京にいることが明らかになって、Yにはアリバイがあるということで、容疑から外された。実は、印判屋の控えの日付が間違っていたのである。

そうしてY以外に、書留を入手しうる位置にあり、印判屋に判こを注文し受け取った日時のアリバイがなく、小切手の裏書きの署名の筆跡が同じものという三つの手がかりで捜査が進められた。その結果、容疑の線上に上がったのが、当時清水郵便局につとめていたKである。右の三条件をいずれも満たしていたし（筆跡も酷似していたという）、印判屋の店員や店主に面通ししたところ「似ている」と言う。こうしてKは警察に逮捕される。

警察では例によって被疑者を犯人と決めうっての強硬な取調べが行われた。毎日厳しい取調べがくり返され、Kが自白したのは逮捕から六日目のことである。彼はそのときのことを上申書にこう書いている。[32]

警察で筆蹟を鑑定したところ、同一人の書いた筆蹟であると来たからお前より外に犯人はない。お前に絶対に間違いはない。お前が百万べん知らない書かないと言っても、お前の行くところは刑務所の暗い部屋より外にない。軽くて十年、重ければ十五年位だ、それよりも私がやりましたと言えば、警察から寛大な処置をとってもらうから、刑務所にも入らず親兄弟にも恥をかかせずにすむから等と、たびたび今にも警察より帰してくれる様に思える程に言うので、刑法等全然知らない私はそうかなあと自分でも何と言って良いのかジレンマに落ち入ってしまったのです。鑑定が同じであり、私にははっきりした当日の行動も思い出せないし、してみると刑事さんの言う様に、やりましたと言わなくとも罪になって十年も十五年も刑務所に行かなければならないのかと悲観してしまい、親兄弟の後の生活等考えると、全然知らないことだが、やりましたと言った方が結局は良い結果になりはしないかという気持ちになってしまったのです。

多少でも刑事事件での刑罰の実際を知っているものなら、この種の事件で「一〇年〜一五年」というのはどう考えても法外だと分かるであろうが、法の世界と無縁に生きてきた一般の人にしてみれば、刑事たちにそう言われればそうかと思ってしまう。実際にはKが有罪判決を受けて言い渡された刑が「懲役一年六月」、のちにYが有罪判決を受けたのが「懲役一年」であった。

Kが、この「一〇年〜一五年」の脅しに乗ったのは彼の法的無知もあったが、まさに無実の自分がこうして逮捕され逃げられないところに立たされているという現実があったからである。逮捕前には「私は全然知らないことだから、……警察でもどこでも行って調べてもらいましょう」と堂々と断言していたけれども、その無実の自分がこうして現に逮捕され、犯人として追及され、申し開きしきれない理不尽を現実として味わうと、刑事たちの言う（まさに理不尽であるはずの）刑罰の脅しも単なる脅しには見えないのである。

そしてその恐怖にひきかえ、刑事たちは「私がやりましたと言えば、警察から寛大な処置をとってもらうから、刑務所にも入らず親兄弟にも恥をかかせずにすむ」とか「今にも警察から帰してくれる様に思える」言い方をする。まさに恐怖の脅しを背景に希望をちらつかせるというやり方である。

Kはこうして自白し、裁判ではこれを撤回するが、第一審、第二審の裁判官はこの自白の嘘を見抜けないまま有罪判決を下した。しかも上告審段階になって真犯人Yの犯行であることが判明したのも、結局、K本人の独自調査の結果であった。Yの有罪が確定してはじめて最高裁はKに無罪判決を言いわたしたのである。

もう一例だけ引こう。土田・日石事件のEのケースである。周辺から攻めていた取調官がいよいよ実行為自体を取り上げて自白を迫ってきた頃の話である。これまでにEは、事件後主犯格のHから口止めの誓約をさせられたことを自白するかたちで、事件への漠然とした関与を認めさせられていた（四四〇―四四四頁）。爆弾作りやその運搬に関わる追及が、このあたりから入ってくる。以下はそのからみでの話である[33]。

神崎検事は「どうだ、HやMに頼まれて部品を手にいれてやった事があるんだろう？　たとえばアルミ板、マイクロスイッチ、バッテリースナップ、弁当箱、ガムテープ、針金、ビニールテープ、電池、ガスヒーター、電池ホルダー、ソケット、配線なんて物、彼らに渡した事あるんじゃないのか？」とか「MやHに頼まれてN子やY子と神田や新橋へ行った事あるんだろう」とか「MかHからビックリ箱という言葉を聞いた事があるだろう？」と追及された。始めて部品について聞かれた。それにビックリ箱とは何の事だろう。見当がつかなかった。これらの言葉が後に自白する時（させられた時）に役に立った。その他毎日警察で追及されている事をしつこく聞かれた。頭がおかしくなりそうだ。僕もバカの一つ覚えみたいに「知りません」と繰り返した。すると検事はMら四人がこの事件の犯人である事はたくさんの証拠上はっきりしているんだと言い、しまいに「君もたいした者だな。ずいぶんがんばるじゃないか。いいか、君がそうやって隠していると我々はいやでも君も主犯の一人だと判断するぞ。そんなに言いたくないという事は、本当は事件の重要な位置にいたんじゃないのか？」と言った。この言葉は僕にとってショックだった。知らない事を知らないと言っていれば主犯にされるなんて、そんな恐ろしい事があるんだろうか。

Eは、知り合いのMやHがやったのかもしれないと思わされていた。そして取調官のEへの追及はあくまで付随的な共犯者という位置づけであった。ところが、否認しているかぎり「主犯の一人」と見なすぞと脅す。さらにはこのままでは極刑すら覚悟せねばならないという[34]。

石崎警部はこんな事を言った。「いいなEよく聞け、RはEが神田へMと郵便局へ行ったり、薬品を運んだのを知っているとはっきり言っているんだ。これはもう調書にもなっているんだ。こうした他人の調書はな、れっきとした証拠になるんだ。そうした点ではよっぽど本人の調書よりは重視されるんだ。事実の認定は証拠によると言ってな、本人がどんなにやってないと言ってもこうした証拠がある以上だめなんだ。そればかりじゃないぞ、証拠があるのに本人が認めなければ反省してないと言うことで裁判では極刑を言い渡されるぞ。そういう所をよく考えてみろよ」と言った（この言葉は、この後も何度ももち出しておどかした。このころの恐ろしさは口では言いあらわせない）。

警部のこの言葉は、昨日まで知らないと言っていた僕の心に致命傷を与えた。特に検事から「認めなければ主犯とみなす」と言われた事と一緒になって、もうこれ以上持ちこたえられなくなった。

しかし一方で、従犯として自白するかぎり、たいした罪にならないとなだめもする。

更に他の刑事は「Eなあ、何もみんなEが先頭に立ってあんな事件起こしたなんて思っていないよ。Eはちょこっとに利用されただけなんだよ。早く認めて申し訳ないって言っちゃえばたいした罪じゃないよ。執行猶予だってなるさ」と言い、警部は「Eは知らないでやったり、おどかされてやったりした事もあるんだろう。意思なき行為はこれを罰せずと言ってな、そういう事は罪にはならないんだよ」と言った。これは僕に、知らないでやったり、おどかされてやったという事にすればいいじゃないか、と言っているような気がした。

警部は更に「警察は裁判所に情状意見というのを言う事ができるんだ。これだけ証拠があるのに知らないと言っていれば、警察は本人は全然反省していないと書くぞ。そうなればどんな重い刑が言い渡されるか判らないぞ。すなおに認めて酌量の余地があると書いてもらえば刑はずっと軽くなるんだよ」と言った。

厳しい取調べでなし崩しに周辺から一つ一つ認めさせられてきた流れのなかで、否認すれば主犯として極刑になるぞと脅され、自白すれば従犯と認められて情状酌量で執行猶予になるかもしれないと唆される。すでに自白の方向に一歩も二歩も踏み出してしまっているEには、この「恐怖と希望」の交替に抵抗するすべはなく、さらに自白の歩を進めることになる。

こうしてみると逮捕前の任意の取調べ、逮捕後の取調べ、そしてその取調べの各進行段階それぞれで、取調官が被疑者に提示する「恐怖と希望」はほとんど定型なパタンをなしている。戦後最大の冤罪と言われる松川事件などでも、その捜査当局の取調べの進め方は、これとまったく同じだと言ってよい。二〇名もの被告が連座する大事件の発端となったAの自白もその結果だった。彼はつき合っていた女性を強姦したなどという事件をデッチ上げられたうえで、自白しなければ「皆の前で（強姦の）実演させる」と言われ、「お前が嘘ばかり言っていると一生刑務所にブチ込んでやる」と脅されたし、一方で「大物は別にいるのだから自白さえすればお前は軽く出られる」と唆されたという。(35) この恐怖と希望を交互に突きつけるやり方が、Aにはどれほどこたえたことか。

もとより、こうした露骨な取調べ方法は「強制・拷問又は脅迫による」不法なものとして断ぜられるべきである。しかし、この取調べ方法がなされたとの主張が法廷で被告側からなされても、捜査当局がそれを認めることはない。冤罪事件の自白事例をみてみると、実に枚挙にいとまがないほど頻々と、このパタンの取調べに出会う。してみると、これを取調べられた被疑者・被告人たちの単なる被害妄想とも、あるいは裁判の勝利のための「ためにする議論」とも言えない。思うにそれは、不法の域に及ぶかどうかはともかくとして、取調官が頑固に否認する被疑者を相手にしたとき、おのずとはまりこむ一つの行動パタンではないのだろうか。

直接的な「アメ」と「ムチ」を用いずとも、想像力に富む人間に対しては「恐怖と希望」の予期を与えるだけで、その行動をコントロールすることが可能である。そのことは誰もが知っているし、日常的に誰もがこの方法をなんらかのかたちで用いている。取調べの場においてもそれは同じである。たとえば、いま取調べの場で次の前提条件を満たす取調官—被疑者関係があるとする。

(a) 被疑者は無実である。
(b) 取調官は被疑者を犯人と見なしている。
(c) 取調官は被疑者から自白をとることを自分の役割と考えている。

(d)取調官は被疑者の身柄を左右する事実上の力を有している。

理想的な取調べを思い描けば、この(a)〜(d)はいずれも適正なものとは言えない。そもそも無実のものを被疑者とすることは最大限避けなければならないし、被疑者に対しては有罪―無実の両方の可能性を目配りした仮説的態度が望ましい。また取調べの目的は自白をとることでなく真実の究明でなければならないし、取調官―被疑者の関係は非権力的な対等関係が理想である。しかし事実上は(a)〜(d)の条件が満たされるケースがしばしばある。(b)〜(d)の三条件は、第五章でみたように、わが国の刑事捜査に深く根を下ろした構図をなしているし、そうであるかぎり、その構図のなかに無実の被疑者が投げ込まれれば、ただちにこの四条件は満たされてしまう。

図23

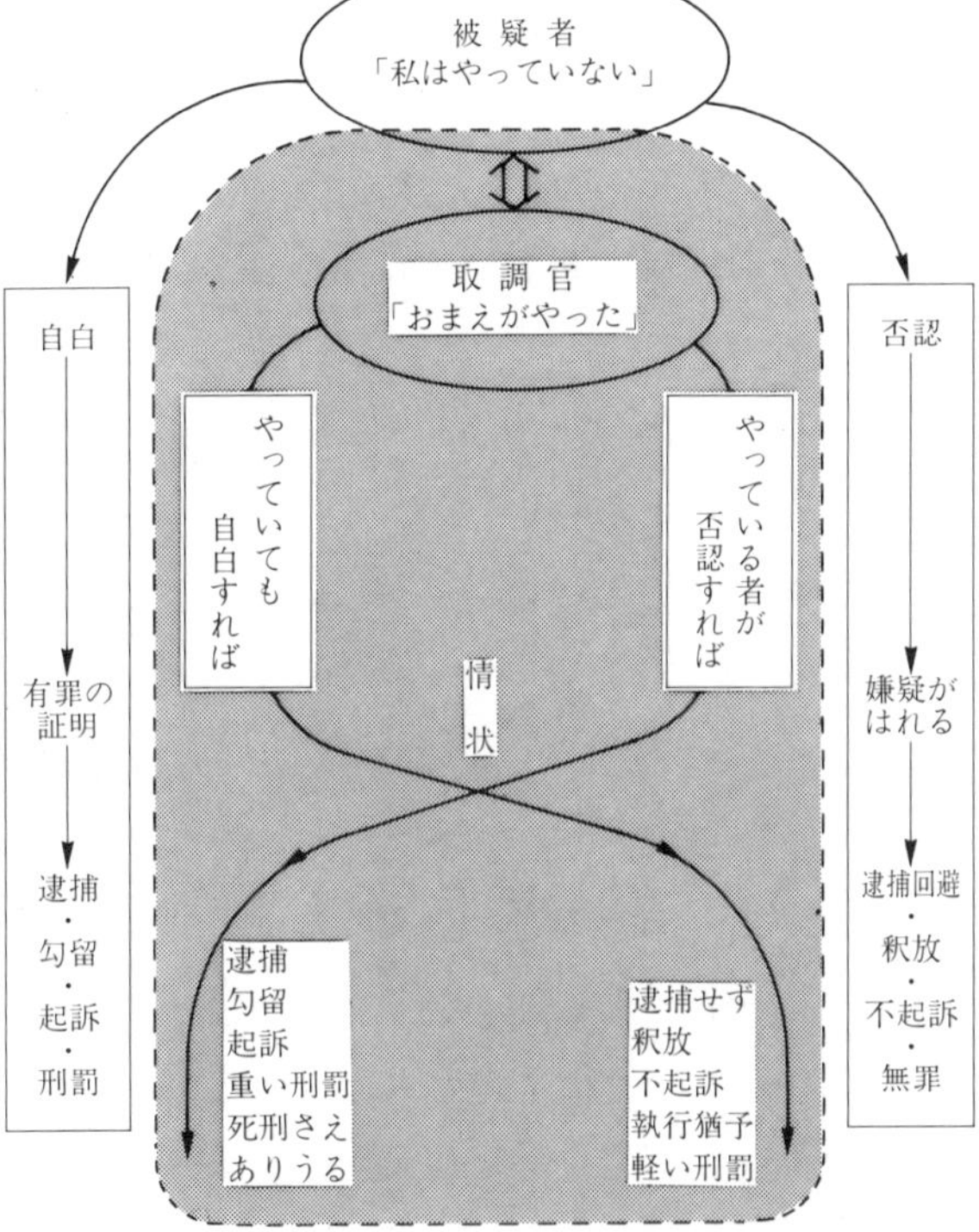

さてそうして(a)〜(d)の四条件が満たされたところではどういうことが起こるだろうか。これを模式化してみると図23のようになる。

取調べの場の現実をよこにおいて、他からなんらの圧力がかかっていない白紙の場面を思い描いてみれば、無実の被疑者は当然のこととして否認する。否認することで自らの嫌疑を晴らし、逮捕を免がれ、逮捕されていれば釈放され、また不起訴の処分を得、あるいは無罪の判決を得る。他方、無実であるにもかかわらずもし自白してしまえば、たとえ法的には自白だけでは有罪にならないにしても、自ら罪を認めたかぎりは真犯人だろうと周囲から思われるし、他のなんらかの証拠がつけば、逮捕・勾留を経て起訴され、有罪と認定されて刑罰を受けることになる。否認の結果と自白の結果とがこれだけ歴然と異なることが予測されれば、無実の人が自白するなどということはありえない。取調べの場に働く力のベクトルを無視して考えれば、当然そうなる。

ところが先の四条件を満たす取調べの場ではどうなるだろうか。取調べの場の一切を取りしきる取調官は被疑者を犯人と見なして、自白をとろうとする。被疑者がよほど決定的な反証を提示できないかぎり、被疑者の弁明に取調官が耳を貸すことはない。実際、取調官は否認する被疑者を前に、心の中では、「こいつ、自白すれば大変な刑罰があると思って自白できないでいるんだ」と思う。取調官はあくまで目の前のこの被疑者が犯人だという枠から外れることがない。そこで、やっているのに否認して、自分の犯した罪を反省しないというのは許せないと思う。反省悔悟した被疑者は、取調官の目からみて、真面目で真摯にみえるし、同情を誘い、かわいいとさえ見えるが、否認し自己弁護する被疑者は、図々しく、許しがたく見える。つまり情状酌量の余地がないように見える。だからこそ、取調官はこのまま否認しつづければ、逮捕され、勾留が続き、あげくに起訴されて、重い刑罰になるぞと言う。取調官の気持ちのなかではそれは単なる脅しというより、彼らなりの事実の予測なのである。

また一方で、やっているなら自白して、素直に謝りなさい、そうすればその反省悔悟の情を汲んで悪いようにはしない。場合によっては逮捕しないですむかもしれないし、逮捕していても釈放し、不起訴になるかもしれない、起訴されても情状酌量で執行猶予がつくかもしれないし、刑も軽くなる、そう論す。これまた取調官の気持ちのなかでは不誠実な利益誘導というより、彼らなりの事実の予測なのである。

まったくの白紙で考えたときには、無実の被疑者は否認するかぎり有利に、自白するかぎり不利になるはずなのだが、その被疑者を犯人と見なしてすすめられる取調べの場ではその有利・不利が完全に逆転する。「私はやっていない」ということを自分のなかでしっかり知っている被疑者と、「こいつがやったに違いない」と思い込んでいる取調官とでは、その認知のあり方がそっくり逆さまになるのである。それゆえ被疑者から見るかぎり、「否認をつづければ極刑さえありうる」という取調官の言葉は脅迫以外のものではないし、「自白すれば釈放されるかもしれないし、刑も軽くなる」という言葉は単なる利益誘導に見える。しかし取調官の認知世界のなかでは、それは経験からくる事実予測であって、そこに何らの罪の意識を感じることもない。

問題は、被疑者と取調官の間の、この認知世界のギャップなのである。そして取調官が圧倒的な力を持つ取調べの場では、被疑者の認知世界は取調官の認知世界に圧倒され、やがてこれに呑み込まれる。図23で言えば、点線で囲まれ網かけされた取調官の認知世界のなかに、被疑者もまた取り込まれていくのである。そこでは否認＝有利、自白＝不利の天秤が、否認＝不利、自白＝有利へと逆転している。

日向康は、松川事件の被告たちの追いつめられた心境を次のようにまとめている。[36]

無実であることを最後まで主張して、死刑に処せられるか、あるいは一生を獄中に幽閉されたままに送るか（事実、「自白」した彼らはそうなると信じた）、それとも虚偽の自白を敢えてする恥辱を忍んで生き延びようと図るかという岐路に……立たされた……。

自分はこの事件に関与していないことを自分のなかでどれほど確固として認識していても、現実を動かすのは自分を犯人として決めつける取調官の側の認識なのである。厳しい取調べのなかでそのことを思い知らされた被疑者たちが、右のように思うことはやむをえないことである。いや現に二〇名の被告のうち求刑では一〇人に死刑、三人に無期、第一審の判決で五人に死刑、五人に無期、第二審の判決でも四人に死刑、二人に無期が宣告された。取調官たちの脅しは単なる脅しではなく、少なくとも第二審判決までの時点では現実の正確な予測でもあったのである。

これまで何度もくり返してきたことだが、ここでもあえて重ねて断っておきたい。私は、取調官たちが悪意の手練手管として「恐怖と希望」の交替という手法を用いているのではなく、むしろそれは被疑者＝犯人の思い込みから必然的に生まれてくる結果だと説いてきた。しかし、だからといって、私はそのことで彼らの免罪をはかろうとしているのではない。脅迫や利益誘導は法的に許されないことを知ったうえで、結果的にはそちらの方に傾いていく取調官にもちろん問題はある。しかしそれ以上に問題なのは、取調官が職務に熱心であろうとすればするほど、脅迫・利益誘導へと傾いていく、その取調べの構図そのものではないのか。私が言いたいのはそのことである。
さて取調べのなかで、否認すれば自分に不利、自白すれば有利と思い込まされてしまえば、否認力動が殺がれ、自白力動が高まるのはもはや必然である。

3 他者（自分の身内）の身に及ぶと予期される利害

前項では、否認・自白が被疑者自身の将来の処遇にどういう結果をもたらすか、その利害に関する認識についてみた。しかし、そのはじめにすでに述べたように、被疑者は否認―自白の岐路に立たされたとき、自身の利害だけでなく、これが他者とくに家族にどういう影響を及ぼすことになるのかをおのずと考えてしまう。そこで問題になるのも、さきの図23と同じ構図である。外界からの情報を断たれた被疑者はその点線に囲まれた取調官の認知世界に呑み込まれている。したがって、そこで自分が否認をつづけたらどうなるのか、自白をすればどうなるのかの予測は、私たちが第三者的に眺めて考えたものとは逆転する。家族の者たち自身は、自白しないで頑張ってほしい、それが自分たちのためでもあると思っていたとしても、そのことは被疑者には伝わらない。被疑者たちはあくまで囚われの檻の中から考えるしかない。

松川事件が起こったのは一九四九年。敗戦後の混乱がなおつづき、経済的困窮のなか国鉄は大量馘首を断行。多くの労働者が路頭に迷った。そうした時代にこの事件は起り、共産党による破壊活動の一環との想定の下に捜査がすすめられ、二〇名もの被告たちが連座したのである。警察に引っぱられた者たちにとって、逮捕は自分だけの問題ではない。逮捕はただちに家族の生活に響く。被告の一人Oは事件当時三三歳、妻と子どもをかかえた一家の担い手であった。逮捕された当初の数日はすぐ釈放されるものと思って、家族のことを心配することもなかったが、おまえが犯人だと決めつけて無実の弁明を許さぬ取調べに、このぶんではすぐに帰してもらえそうにないと思いはじめてから、ひどく不安になる。[37]

私の家族は毎日火の車のような生活をしてきたのであります。従って生活の余裕はないのでありますから、私は私の妻が私のいないところに子供三人抱えてどんな生活をしているだろうとか、商業新聞やデマ新聞が、どんなに妻や子供の肩身をせまくさせていることだろうかとか、また二人の学校へ行っている子供は学校でどんな思いをさせられているだろうとか言うことが常に頭から離れなかったのであります。それで私は非常に元気がなくなってしまったのです。それで取調官はここだと思って私に集中攻撃を加えてきたものと思います。

否認しているかぎり一生出られない、自白すればそれだけ早く出られるという脅しと唆しのなかにも、家族への心情をくすぐる言葉がはさまる。

又、「今ならまだ参謀格か副議長格であるが、自白が遅くなると死刑か一生刑務所から出られなくなるぞ、早く言ってさえ仕舞えば執行猶予位になってすぐ出られるぞ、一人ならよいが子供が待っているのだ、一日も早く帰るようにしなくてはならないではないか、夕方になるとお前の家内や子供は今晩こそ父ちゃんが帰ってくるぞとお膳を囲んで待っているだろう、どんなにお前を心配していることか、早く帰って安心させる様にしなければならんではないか」と言うのである。こうした子供の話を夕方されると、全くとび出して帰りたくなるものであります。

松川事件の被告たちの多くが、家族の話を引き合いに出され、弱気になったところを責められている。おばあちゃん子だったAはその祖母や親兄弟のことで、Kは自分が居候していた実姉の家族の話にからめられて、あるいは唯一の女性被告S子は母親の話で泣き落としにかけられた。そういったふうにして、被疑者の家族への心情が利用されたのである(38)。

家族の話をもち出して責める。あるいはそうして責められなくとも一人獄に囚われた被疑者の思いはおのずと残された家族に向かう。これが被疑者の自白力動に拍車をかけるというのも、また虚偽自白の典型的な流れである。

松川事件の一ヵ月前に起きた三鷹事件（列車暴走事故）で、これまた共産党員の仕業として逮捕されたIは国鉄を解雇され、妻と子二人をかかえての生活苦のなかで、脱党して妻子ともに田舎に帰れという検事のすすめに唆かされて自白に陥り[39]、一九五二年の花巻事件（放火未遂事件）のSは、病父と妻子、幼姉妹八人を抱えた一家の支柱であったがゆえに「白状しなければ五年でも十年でも留置してやる」との脅しに屈服した[40]。

これは別に敗戦後の混乱と生活困窮の時代に特有のものではない。それから二〇年以上たった一九七〇年代の一連の爆弾事件で逮捕された人たちもまた、家族への心情を揺すぶられている。警視総監公舎爆破未遂事件のFはこう語っている[41]。

ぼくらの事件で、それぞれみんな家族をだしに脅迫されていると思うのですが、ぼくは、当時は、ちょうど二歳になったばかりの子どもが一人と、それから女房が、小さい子どもがいたために主婦専業だったわけですけれども、子どもというのは、すごくひっきりなしにだしに使うのですね。つまり女房、子どもが稼ぎ手を失って、置き去りにされているという状態は、それをなんとかしなくてはお前さん、駄目じゃないかという形で、お前さんが責任をとって、事件を解決して早く帰らないといかんという形での脅迫は始終ありました。

これは松川事件での責め方とそっくりである。それに加えてこの一九七〇年代の爆弾事件で頻繁に使われた手は、自白しないと家族を逮捕するという脅しである。Fはこう言う[42]。

爆取―爆発物取締罰則というやつには、私は、当時は知らなかったのですが、告知義務違反という条項がありまして、爆弾を使った犯罪が行われることを知っている者は、警察官に告知をしなければ罪になるということで、なぜかストーリー上、私の家に爆弾を一晩置いていたということになっているらしくて、置いているから、当然家族は見ているはずだということで、「女房をパクる材料ができた」というわけですね。しかも爆取の場合は、これも私は当時、さっぱりわからなかったのですが、逮捕状がなくても緊急逮捕ができるというふうなことを言いまして、「今からパクりに行く」。「上司にいちいち相談しているとそこまでやるなというふうに言われてしまうかも知らんから、俺、直接これから行ってパクってきちゃうのだ」というふうな脅しはあるわけですね。

Sは F と同じ事件で逮捕された。別件の自動車窃盗(これもデッチ上げ)で逮捕されたのち彼も同様の脅迫を受けている。彼は取調べの様子を次のように言う。(43)

ぼくの場合は、親父と二人で仕事をしているわけで、ぼくがパクられて、親父が一人で家業をやっていたわけで、そういう状態のなかで、前にも言いましたけれども、松永という奴が「お前がいつまでも否認しているなら、親をパクる」。そのパクる理由としては、別件自動車窃盗なんですけれども、その盗難車をうちの車庫においていたのを親父が見ているはずだ、「そういうことで親を逮捕することができるのだ」というふうに言われたわけですね。最初の頃は、そんなの単なる脅かしだろうというふうに思っていましたけれども、そのうち、逮捕状請求書というのを持ち出してきて、そこに名前を書き込んで、それを裁判所に持っていこうとするのですよね。

現実に、ぼくが何もやっていないことで逮捕されているという、すでにそういう基盤があるし、そういう恐怖があったわけですね。警察は、やはりいざそういうことを持ち出したら、やはりそうするのだろうというね、してしまうのだろうという、そちらのほうに自分の心理状態が陥って行ったということなのですよ。親を逮捕されたら、どういう目にあうかというのは、ぼくの家の仕事は、その時点で破産ですよね。破産だし、家族の生活はそれ以降は保障がなくなってしまう。だから親を逮捕させないためには、しようがなくてもやはり認めざるを得ない状態まで追い込まれてしまう。

無実である自分が現にこうして逮捕されているのだから、親父だってやられかねないという不安は深刻である。Sのばあい、親父の話に加えて、結婚前の妹の会社にも調べに行くという脅しがかけられている。四七二頁に紹介したアンケート結果で「認めないと家族などに迷惑が及ぶと言われた」被疑者が、三〇人中二三人もいたことの恐ろしさが、あらためて実感されるであろう。しかもここに言う「迷惑」は生活上の困難や世間の非難といったレベルにとどまらず、家族の逮捕までちらつかせるというのだから恐ろしい。

土田・日石事件のMの話もあげておこう(44)。

爆発物取締罰則の条項を何回か見せられているわけですけれども、刑法でいえば、親族は犯人隠避とかなんとかいうのですか、そういうので罰せられることを得るとかという項目がありますね。だから親族は、お前が逃げている――指名手配が三年間あって逃げていたわけですけれども、その逃げていた間に親たちから援助してもらっていると。「お前の親は、お前の逃走を助けたのだから、お前の親を逮捕する」ということを言われたわけですね。それは、その親族特権とかなんとかいうのは爆取にはないから、これは有罪にできると。「お前のお袋が留置場の中でもって、ぽつねんとしている姿を思い浮かべろ」なんていうことを言われていたわけです。それが実感としてすごい恐怖だったのが、二月の一四日にN子さん（逮捕前同棲していた）が面会にきたわけですね。逮捕と逮捕の間を縫って面会したわけですけれども、そのときに妊娠したということの報告を面会室で受けたわけです。警察官も立ち会っていたし、妊娠しているということを警察が知ったわけなのですね。その一週間後に彼女は別件で逮捕されたわけです、妊娠しているものでも逮捕したという、それまでは家族を逮捕するなんていうのは脅しだろうと半分は思っていたし、「N子を逮捕する、N子を逮捕する」ということを言われていても、逮捕するかもわからんし、脅しじゃないかという気があったのだけれども、現実に逮捕されたと。今度は親を逮捕するというのは、これはもう嘘じゃないわけですよね。物凄い恐怖を感じましたね。

妊娠中の内妻を、脅しだけでなく現実に逮捕されたという事態を体験して、さらに今度は親を逮捕すると言われれば誰だって恐怖する。

爆弾事件というものにはやや特殊な感じがつきまとうが、一般の刑事事件でも同様のことが無実の被疑者を自白に導くことがある。さきに「取調べの苦しさから逃れる」という事例で紹介した（四六二頁）足立暴走族事件のWのばあい、すでにその引用でも触れられていたとおり、アリバイを証明してくれるはずの女性を逮捕するという脅しが「いちばんの泣きどころ」だったと述懐している。彼の言うところはこうである。[45]

ぼくはなぜ自白したかというと、唯一のアリバイであるというその日の行動は思い出せませんでしたが、二か月前に、当時ぼくはある女性とよく一緒にいたのですね。「その人と一緒にいたはずだから、その人に聞いてもらえばわかる」というようなことしかアリバイを主張できなかったのです。その女性を、……（中略）……刑事は「よし、お前がそんなことを言うのだったら、これからその女をパクってやる」というわけです。つまり逮捕してやる、ということなのですけれども「お前にアリバイがあるわけがない。お前は犯罪者なのだ。お前は事件の首謀者なのだ」というふうに決めつけて、「それはアリバイ工作なのだから、その女をこれから逮捕してやる」と。そのときは、さすがにこんな取調べを受けているのは、ぼくだけで十分だ。関係のない女性まで、このような酷い取調べを受けさせたくないと言う一心（でした。）

常識的に考えれば、事件とは関係のない人がアリバイ主張してくれるというだけで逮捕されるわけはない。しかしWにしてみれば現に無実の自分が逮捕されているのである。それに八海事件などでは主犯と目されたA被告の内妻が、法廷でAのアリバイ証言をしたために偽証罪で逮捕されている。そうした現実に照らせば、刑事の脅しを単なる脅しと笑ってすませられない。

第二章で見た横浜の妻殺し容疑の事件でも、疑いをかけられた夫は、「お前じゃなければ息子か」と言われて、やむなく自白した（七六頁）。もちろん彼はほんとうに息子がやったかもしれないと思ってかばったのではなかった。中学生の息子が警察にひどく責められるかと思うと、それだけで耐えられなかったのである。家族の者に嫌疑が及ぶことを避けるために自白していくというのも、人としてごく自然な心情であろう。

生活難のなか逮捕されて残された家族の苦労を思うにせよ、自分にかけられた嫌疑が家族や身近な人にまで及ぶことを恐れるにせよ、あるいは家族の誰かが真犯人だと言われて自分が罪を引き受けてしまうにせよ、人はそうして往々、自己以外の他者への慮りのゆえに虚偽の自白をしてしまう。取調官も人間のそうした弱味を十分に知っているからこそ、自白をとるためにこれを利用する。ただ、これも何回かくり返してきたように、彼らが被疑者を無実と知ってのことでは、おそらくない。取調官にとって被疑者はまず犯人でなければならない。それは疑うべからざる前提である。そのうえで頑固に否認する被疑者に出会うと、何とか自白させる手立てを考える。その手立ての一つが、前項にみたように、否認が不利な結果をもたらし、自白がかえって有利な結果をもたらすことになると説得することであり、だからこそ家族のことを思えば自白して早く帰った方が良いとすすめ、あるいは否認している と家族の者までひどい目にあうぞといって脅す。そこに図23に表わした取調べの場の錯覚の構図が大いに力をもつ。そしてこの錯覚の恐しいことは、まさに錯覚と気づかれることなく現実のものとなる危険性を十二分に有していることなのである。

第三節　強いられた選択——第四部のまとめ

さて無実の被疑者が虚偽の自白へと転回していくさいの心理力動の動きを長々と論じてきたが、この第四部を閉じるにあたって、ごく簡単にこれを要約しておこう。

被疑者が否認するか自白するかを、私たちは比喩的に、左右それぞれに否認力動と自白力動の重みが載った天秤にたとえて考えてきた。この比喩のうえでまず考察されねばならなかったのは、この天秤のおかれた場そのものの問題である（第七章）。というのも、現実の取調べの場におかれた被疑者たちが否認への重りと自白への重りの両天秤の間で揺れる様は、私たちがごく日常的な場面のなかに身をおいたまま、ただ頭の中で否認から予期される利害の重みと自白から予期される利害の重みとを空想して、両者を比較するのとまったく異なるからである。

日常の生活空間から引き離され、日々の生活の流れを断たれて、ポッコリと取調べの場に放り込まれた被疑者の非現実感がまず最初にある。そのうえであらたにバラエティに富んだ新しい日常生活が始まるのであれば、当初の非現実感から現実感覚を取り戻すこともできよう。累犯者たちのばあいは、逮捕・勾留生活をくり返すにつれてこれが次第に日常化しうるのかもしれない。しかし、初犯者、まして無実の被疑者ということになれば、そのようなことは望むべくもない。無実の被疑者は、まるでカフカの小説の主人公のように、不意に非現実の世界に放り込まれ、自分の身におぼえのない罪を追及され、あるいはふだんならおよそ細密に思い出すはずのない過去の一点を、くり返し想起することを要求される。その反復は被疑者の非現実感を増幅させずにはおかない。それに自分は「やっていない」という彼の弁明に「そうか」と言ってうなずき、あるいは「そうだそうだ」と言って励ましてくれる人は、もちろんいない。多少やさしくしてくれる人がいたとしても、少なくとも被疑者が問題の事件に関与したか否かというもっとも肝心な点に関するかぎり、誰一人として彼の主張を信じるものはなく、彼は孤立している。取調官との対人関係のなかで、彼は孤立無援のまま、完全に宙に浮いてしまう。無実の被疑者にとって取調べの場は、そのようにどうしようもなく非現実的な場なのである。

しかもこれにとどまらない。代用監獄での生活を余儀なくされ、全生活を支配されたところでは、取調官（ないし看守）との非対等的関係のゆえに、ゆえなき侮蔑に、反抗するすべもなく甘んじざるをえないことさえ往々にしてある。そしてまた代用監獄内の処遇は「犯罪者にはこれで十分」といわんばかりのひどさ。衣食住のもっとも基本的なレベルの生活にさえ欠け、生理的、身体的な疲労が過重され、蓄積される。これは決して誇張ではない。被疑者はどこからどうみても取調官と対等ではない。その徹底した非対等空間のなかで取調べが進められ、そのなかで被疑者は否認—自白の間を揺すぶられるのである。

このように無実の被疑者にとって取調べの場は、私たちが日常的にかかわる種々の場とはおよそ違って、非現実的、非対等的なものである。そのなかで人はどこまで将来を見通した客観的な判断が可能であろうか。法の手続きの流れを全体的に理解し、取調官の役割とその意識、行動形態を正確に把握している者ならば、自己のおかれたこの非現実的状況にとまどわずに正しく対処できるかもしれない。しかしそのような被疑者がいったいどれほどいるであろうか。

無実の被疑者にとって取調べの場がこういうものであることを確認したところで、次に私たちはその場の中での否認力動と自白力動の動きについて考察することになる。

まず「自分はやっていない」という否認の気持ちをどこまで維持して、取調官に向けて突き出していけるか（第八章）。無実の私が逮捕されたという理不尽に対してしっかり怒り、取調官に敵対できれば、否認力動は衰えることなく堅持できる。ところが無実の被疑者の多くはこの間違った逮捕に抗議すると同時に、取調官に分かってもらおうと弁明する。取調官の方も人間関係（ラポール）をつけるなかで被疑者を自分の土俵に巻き込んでいくことを考える。またたとえ敵対的に対抗し、黙秘を主張しても、そうした被疑者に対しては、非対等的な侮蔑と強圧がむき出しの形でぶつけられる。黙秘し敵対しても、取調べ自体の拒絶ができない被疑者に、取調官は屈辱的な言動をぶつけ、屈従を強いる。そこにかならずしも暴力はいらない。言葉と振るまいで人を傷つけ、屈服させることは十分可能だからである。なにしろ被疑者には逃げ場がないのである。こうして被疑者は、自ら取調官との人間関係にはまり込んでいくか、あるいは強引にそこに引き込まれていくかの違いはあれ、とにかく取調べの土俵に乗るというかたちで、まず否認力動の一角は崩れる。

否認を支える力動として次に問題となるのは、自分の罪だということになったとき予想される刑罰や社会制裁への恐れである。最悪のばあい死刑にさえなりかねない事件なら、誰しもそれをおそれて、間違っても無実の者が自白をすることはあるまい、そう一般には思われている。ところが現実の冤罪事件での虚偽自白をみれば、これがとんでもない錯覚だとわかる。無実の被疑者は、まさに無実であるがゆえに、自白の結果予期すべき刑罰を現実的なものとして把握できないのである。この非現実感を理解することが、虚偽自白を正しく捉えるための一つの鍵ではないかと私は考える。無実なのにどうして死刑になったりするだろうか、いま取調官は分かってくれないにしても、裁判になればきっと分かってもらえるにちがいない……そうした思い方に陥るのは無実の者にすればきわめて自然なのである。

社会的制裁についても同様である。逮捕されたというだけですでに周囲からどう思われているだろうかという不安はある。それゆえ無実を証したいという気持ちは当然である。しかし、現実に犯行をおかした者が周囲からの社会的制裁を恐れる気持ちと、無実の者のそれとを比べてみたとき、後者においてその現実味が薄くなるのは、法的刑罰のばあいと同じである。それに逮捕されて外界と一切遮断されてしまうと、周囲の人たちがどう思い、マスコミがどう報道しているかは、すべて取調官を通してしか耳に入らない。そこに取調官からの情報コントロールが入ることは避けられない。かくして、法的刑罰を恐れ、社会的制裁を恐れるというこの第二の否認力動も簡単に操作され、崩れる。

最後に残るのは「やはり私はやっていない」という真実の衝動である。しかしこれも被疑者＝犯人と思い込んだ取調官の前では脆い。いくら自分の無実を弁明しても耳を貸してもらえず、相手にしてもらえない辛さを、私たちは冤罪者たちの多くの手記や証言から教えられる。自由な場での対等な人間関係でならば、そういう理不尽な相手は無視すればよい。しかし自らの身を拘束された非対等な人間関係のなかでは、とても無視などできず、やはり弁明しつづけるしかない。弁明が取調官の思い込みの厚い壁にぶつかってはねかえされ、あるいはそこに呑み込まれていくとき、その無力感に否認の気持ちも萎えてしまう。さらには自分の記憶の空白を突かれ、意識の隙間を突かれれば、弁明すら不可能になる。ビデオ装置でもないかぎり、人は自分の過去の一切合切をくまなく説明することなどできない。さらに、実際に手は下さずとも、客観的に事件に責任があると追及されたとき、そのことがひどくこたえることもままある。そこのところで否認することが罪責感をかきたてさえする。こうして自己の真実を守ろうとする第三の否認力動もその力を失う。天秤の否認の側の皿に載せられた重りは、ここでほとんど零に等しくなる。もちろん被疑者は「自分はやっていない」という自分の真実を見失うわけではない。ただその真実を主張する力を失うのである。

そして、自らのものではない罪を認めてしまう自白力動の方は取調べのなかでどう動くのか（第九章）。取調べには被疑者を自白の方向にさし向ける圧倒的なベクトルが働いている。そのなかで耐えて否認を守ること自体が苦しい。しかも取調べ以外の獄中生活が取調べと切り離されてはいない。代用監獄のなかでは自分の生活を自分で決定するということがほとんど不可能である。被疑者には自分の身を落ちつける居場所すら奪われているのである。否認を貫き、自分の身を守ろうとするかぎりは、この苦しみの場に身をおきつづけねばならない。このジレンマの中で、苦しみを耐えていける人は多くない。取調べの苦しさ、獄中生活の苦しさから逃れようとする気持ちの動きが、まず自白力動を高める要因となる。

さらに取調べの中身自体が、被疑者の自白を唆す方向にすすむ。わが国の取調官の多くは、残念ながら科学者ではない。被疑者＝犯人という仮説と被疑者＝無実という仮説の両方を対等に目配りしつつ真実を究明しようとの姿勢に著しく欠ける。彼らの職務は、その意味の真実究明ではなく、ひたすら被疑者＝犯人の仮説を確認することでしかないかのごとくである。取調官は、自らの仮説に合う被疑者の応答にはプラスの、合わない応答にはマイナスのフィードバックを返す。彼らには悪意で無実の人間を犯人にデッチ上げるつもりはないのかもしれない。しかし被疑者＝犯人の仮説を確認することが自分たちの職務だと思うかぎり、その職務に忠実たらんとする取調官は被疑者の応答におのずと、このアメとムチのフィードバックを返すことになる。極端に走れば、自分たちの仮説に合致しない否認の応答に肉体的拷問でもって応じるというケースさえ、今日なお例を断たない。そしていまの苦痛から逃れるためなら明日の死を受容するという気持ちに駆られるのが生身の人間の弱さなのである。

ここのいまの直接的な利害によって自白力動が高められるだけでなく、将来の予期についても「恐怖と希望」の交替とその落差が自白力動を高める。否認によって将来何が結果し、自白によって将来何が結果するかについて、被疑者と取調官とではその認知が大きくすれちがう。白紙で考えれば被疑者にとって当初は否認＝有利、自白＝不利と見える。ところが被疑者＝犯人と決めつけた取調官の視点からは、「真犯人が否認するのは許せない、厳罰に処すべきである」「真犯人でも自白して謝罪すれば許せる、寛大な処置がありうる」との見方が自然に出てくる。そこでは否認＝不利、自白＝有利という説得（脅迫）がなされる。そしてそこで勝ちを占めるのは、圧倒的に上位にある取調官の認識なのである。そこには第三者が外から見たのとは逆転した認知世界が現出する。そこに巻き込まれた被疑者は、まさに自白することでおのが身が救われると錯覚する。いやしばしば、この錯覚が裁判にいたるまで貫徹されて、現実に転化する。

有罪推定に立つ取調官が被疑者に対して圧倒的優位に立ち、彼を代用監獄に勾留して取調べを続けるかぎり、以上三章にわたって長々と述べてきた自白転回の構図はほとんど必然である。もちろんこの構図にはめ込まれて耐え、否認を貫いた人々も少なくない。しかし、それが大変な強さを要するものであることを、私たちはここまできて再認識せざるをえない。従来法曹の世界で論じられてきた「自白の任意性」の議論は、この構図に囚われた被疑者の心理的世界に照らしてみたとき、空々しくさえ見える。いったいこういう状況下で取調べられたとき、たとえ外見上現行の法に触れるような取調べ方法がまったくないとしても、そこでの被疑者の供述をどういう意味で「任意」と見なしていいのであろうか。

「私がやりました」と、無実の被疑者が自白するとき、それは被疑者なりの認識にもとづく、被疑者なりの主体的選択である。それはすでに何度か主張してきたことである。しかしその選択は、まさに被疑者を囲む取調べの構図そのものが彼に強制した選択なのである。

日向康は、松川事件の被疑者Oの追いつめられた状況に身を寄せてこう書いている。(46)

安全、自由の場に生きながら、自分を獄中にいるものと仮定して、無実を訴え続ける姿を空想することはたやすいが、現実に、投獄された場合はどのようにするであろうか。おそらく、獄中の私は『自白』することによって、とにかく生き延びる道を選ぶか、あるいは死を覚悟した上で、どこまでも無実を主張し通すか、と思い悩むであろう。『自白』の拒否が即座に死を覚悟しなければならないという考えは早急にすぎるだろうが、飽くまでも、そのように思い込まされてしまった場合であることは先にも述べた。こんなふうに考えているうちに、私は虚偽の自白をするということが、結局、彼ら自身の選択にかかっていたことに気づいたのである。選択というよりも、自分との取引と言い直した方が正確であるかも知れない。そして、私に『自白』した被告たちを責める資格はないという結論に達した。なぜならば、Oなどの立場に私が立たされたとき、果たして最後まで『自白』を退けることができるかと、ひどく不安を覚えるからである。

状況によって強いられた選択として虚偽の自白は生じる。その状況の苛酷さに想像力を及ぼすことができる者ならば、日向に限らず誰しも、自分はこの嘘を選ばず真実を守り通せるとは断言できまい。

第五部　自白の内容展開過程

——犯行筋書の舞台に上がって

真犯人が「私がやりました」と認めたとき、自白はもはやその過程の半ばを越したものといってよい。そのあと彼はただ自分のうちに刻まれた犯行の記憶を事の流れに沿ってくり出すだけだからである。もちろん真犯人の自白がそっくりその記憶をありのままに語ったものだという保証はない。不都合なところをなお隠蔽し適当に扮飾して、実際より多少ともキレイなかたちで語るかもしれない。しかしそれは多くのばあい枝葉の潤色にとどまる。いったん否認の緊張がほぐれてしまえば、それまで何とか押しとどめていた犯行の記憶が一気にあふれる。真犯人が真の自白をしようというかぎりは、あふれるこの記憶をただ言葉にかえるだけでよい。

しかし無実の被疑者のばあいはどうであろうか。自分がやった犯行でない以上、「私がやりました」と言っても、いざどうやったのかと問われて即座に語り出すことができない。彼の「やりました」という言葉は、まだ自白のまったくの第一歩でしかないのである。いや自分を押し殺してなんとか一歩を踏み出したあとも、再び「自分はやっていない」という真実衝動が湧き上がって引き返すことすらある。前章でも見たように、いったん自白したあと否認に戻り、自白―否認を何度も往復する被疑者がずいぶんいる（四七六頁）。

無実の被疑者にとっては、自白はまさに「私がやりました」と言ってからはじまると言って過言ではない。自白への転回後にはじまるこの過程を、私たちは自白の内容展開過程と呼んできた。第五部で取り上げるのは、この過程である。

無実の人が自白に陥っていくその転回過程を考えていくとき、そこにいろいろの誤解がつきまといやすいことを、これまで指摘してきたが、この内容展開過程についても、自白する当人の心的状況を無視した種々の誤解がつきまとっている。私たちはまずこの点を十分にただすところからはじめたい（第十章）。そのうえで犯行筋書が語られていくさいの被疑者の心的過程の種々相を個別にとりあげて論じ（第十一章）、最後に自白完成後、その自白の維持と撤回の心理についても一章をあてて考察する（第十二章）。

第十章　犯人に扮するということ

否認していた無実の被疑者がとうとう「私がやりました」と言うとき、その背後には当然ながら、彼をしてそうさせる状況の強い力が働いている。つまり自白は強いられたものである。しかし、ただ強制的に、そう言えと言われて、「私がやりました」と言っただけのことではない。もし単にそう言わされただけなら、被疑者がそこからさらに「どうやったのか」の自白内容を自分から展開していくなどということはありえない。被疑者がそこで犯行筋書を自白するとすれば、取調官に当の筋書を考えてもらって、これを口移しに呑み込むしかないことになる。これがいかに非現実的なことであるかは、これまで事あるごとに指摘してきた。取調官にとって被疑者は犯人である可能性の濃い人物である。その人物が自白した以上は、犯行筋書も語り出してもらわねばならない。そこのところで取調官が筋書を考え出して教えたということになれば、取調官自身が、この被疑者は真犯人ではありませんということを自分から表白しているようなものである。それは取調官の心理からして、明らかに自己矛盾である。現にまた、そのように取調官のほうで一方的に犯行ストーリーを構成して被疑者に教えて言わせたという虚偽自白例を、私は知らない。

ところが、虚偽自白の心理過程については、いまだに取調官の一方的なデッチ上げだとの誤解が払拭されずにいる。本章では、とくにこの点をとりあげて、虚偽自白の「悲しい嘘」たるゆえんをまず明確にしておきたい。

第一節　悲しい嘘の悲しさ

前章の終りに私は、無実の被疑者の自白展開を「強いられた選択」と呼んだ。そこで「選択」という言い方を用いた真意は、被疑者が自白の言葉をただ鵜呑みにしたのではないとの含みにある。あるいはこう言ってもよい。被疑者はそこで単に「私がやりました」と言うだけでなく、そう言うことで「犯人になる」ことを選択するのである。このことは虚偽自白を考えるうえで非常に重要な論点である。というのも虚偽自白についてはとかく取調官から「強いられた」という側面のみが強調されがちだからである。この側面があまりに強調されると、被疑者は取調官の思いのままにまるで操り人形のように操作されるのみで、被疑者の側に一切の主体性がないかのごとくに考えられてしまう。しかし虚偽自白の実際はそういうものではない。無実の被疑者は取調官から強いられつつも、やはり「犯人になる」ことを主体的に選んでいるのである。

繰り返し断っておかねばならないが、私は虚偽自白の責任の一端が無実の被疑者の側にもあるなどと言いたいのではない。責任論として言えば、それは当然のことながら犯人でない被疑者を「犯人」の立場に追い込んでしまう取調べの場の構造、そしてその場をとりしきる取調官を責めねばならない。しかし私がいま論じているのは責任論ではなく事実論である。事実として虚偽自白を見るとき、そこに強制力を用い、取調べを導いていく取調官の主体性と同時に、その強いられた場のなかで一定の選択を行い、その選択を引き受けていく被疑者の主体性を見ないわけにはいかない。この相互の主体性のぶつかり合いの結果として虚偽自白が生まれてくる。ただし、ここで言う「相互の主体性」が対等関係にある相互主体性でないことだけは、つねに念頭においておかねばならない。非対等的関係の場の中の相互の主体性の絡み合い――その所産として虚偽自白を見ていくという視点が私たちにはどうしても必要なのである。

1　仁保事件の例から

具体的な例を引いて説明しよう。虚偽自白とは無実の被疑者が「犯人になる」ことだということをもっとも端的に表わす例は、何と言っても仁保事件のOの録音テープである。第八章で引用したのは（四〇四―四〇七頁）、Oが自白に転回する直前の場面であった。それが一九五五年の一一月一一日。この日に、彼は自白へ転回する。事件当時住んでいた大阪から故郷の仁保に帰って、被害者Y宅に侵入、一家六人の強盗殺人をやったことを認めるのである。ところが彼の自白が調書にとどめられた最初は一一月二二日。この間、何と一一日ものギャップがある。Oが真犯人であれば、「私がやりました」と言ってから犯行筋書を語った自白がとられるまで、どうしてこれほどの日数がかかるのであろうか（しかも調書化された最初の自白筋書は犯行現場の様子とあまりに食い違い、その後大きく修正されていく）。私がここで注目したいのは、この一一日のギャップの間にとられた録音テープの一本、一一月一四日、自白しはじめたとされる日から四日目の録音テープである。以下に引用するテープ部分までのところでOは、大阪から仁保に帰って被害者Y宅近くの山まで行ったことになっている。次にはいよいよY宅への侵入の話がこなければならない。ところがテープには不意に、これまでのトーンとはまったくちがうOの訴えが入っている。方言も混って少々わかりにくいが、ゆっくり読んでほしい(1)。

O　ほいから、その今、Yの家のかんじんなとこの話になってくるんですが、ほいで嘘っていうことがいかに、言い辛いかということをまあ、自分としては、その話のしようがないようになって、それがあんまりにも皆さんから期待かけられて情ようしてもろうたので、そこがはしから、はしからつろうなったんですが、まあ私は、これを翻すちゅうその意志の元ちゅうこともないんですけど、Yの家を後から入って前へ出た、前へ入って横から入ってまた裏へ出たと、ほいから朝何時に、結局出ていったと、ほいでどういう物をもって出た、どういうもので殺害していったかと、まあこれが一番大事なことだろうと思いますけど、それをこりゃまあどうしても言わにゃあならん事だから話さにゃならん事になっとる。ほで、今まで刑事さんから追いつめられて一人の立場になってきとるんですが、それでこれを結局どういうふうにまあ期待にそおうと思って非常にまあ苦労してきたわけなんですが、そりゃ私がまあつべんこべん言う事はないじゃけど、まあ犯罪捜査も、これは捜査される以上に非常におかしい事をしたと思うて、これは叱られるのを覚悟の前で、今言いよるんじゃが、そりゃこないだからその気になってもう相当みましたです。その気になって、ぐっと考えてみて、一等役者みたいなこともやってみたら、まあこれを否認する、要するに隠すというわけではないんだけど、あの家を結局浅地の牧川ですか、牧川の家を、Yのうちを、まあ上から下からかと言われたんですが、事実をいうたら、私にはその家そのものがわからん、ほいで裏から入って持って行った言うたら、またどういうふうになるじゃろか違いはすまあか、表から入ったらえかろうか。しかし家の内に表から入る者はない、必ず裏から入るじゃろう。裏から入って裏へ出るか。で指紋とられる時に開き戸を引っぱるような格好をなんべんも指紋をとられたから、開き戸があったに違いないというようなことも、まあ自分でいろいろこう考えてみたんだが、よし、おりゃ犯人になったろ、犯人になったろ、犯人だ、犯人になったんや、おれがやったんや思うて、ものすごい自分で犯人になりすましてこう、とってみたんですけど、いよいよ最後になって、

Oがここまでしゃべったところで、おかしいと気づいた取調官が「おかしいど、そりゃどうも話がおかしいがな」と言って割って入っている。

おわかりだろうか、Oはここで自白を取り下げて、再び否認しているのである。しかもそのうえで自白しようとしてきた自分の心境まで語っている。「嘘っていうことがいかに言い辛いか」と彼が言うときの「嘘」というのはもちろん「嘘の自白」のことである。「皆さんから期待かけられて」自分が知りもしない犯行を語ろうとしたのだけれども、いよいよ犯行現場にやって来たことになって、彼には「その家そのものがわからん」。それゆえ、その家にどこから入って、どこから出たかも分かりはしない。どういうもので殺害したかも、家を出るとき何を持って出たかも分からない。「期待にそおうと思って非常にまあ苦労してきた」けれどもダメだというのである。「その気になって、ぐっと考えてみて、一等役者みたいなこともやって」みた。「開き戸を引っぱるような格好をなんべんも指紋をとられたから、開き戸があったに違いないというようなことも、まあ自分でいろいろこう考えてみた」という。

そして右の引用の最後は圧巻である。「よし、おりゃ犯人になったろ、犯人になったろ、犯人だ、犯人になったんや、おれがやったんや思うて、ものすごい自分で犯人になりすましてこう、とってみたんですけど……」。これほど見事に、無実の被疑者の自白の心境を語ったセリフを私は他に知らない。しかも、これは自白をのちに回想しての述懐ではない。取調べの場で、まさに自分を自白に陥れようとしている取調官を前にしての抗議なのである。

Oのこの切実な訴えに表われているとおり、無実の被疑者が自白をするということは、単に言葉面で「私がやりました」と言うにとどまるものではない。それはまさに「犯人になる」ことなのである。そして無実の者が「犯人になる」ことはどれほど難しいことか。Oはその辛さを切々と訴えている。

しかしOがここまで自分の心境を正直に語っても、彼を犯人と決めつけた取調官には通じない。これまた恐ろしいことである。彼のこの訴えのあとの取調官とのやりとりを、いくらかつづけて引用しよう(2)。

（先の引用のあと、取調官がOに「嘘は言っちゃいかん」と諭すやりとりがあって、なおOは訴えつづける）。

O　それで今話したようなふうで、そのかんじんなとこへ入ってきた時に、そりゃその心理になっていよいよそのYさんのところへ入って行って、そのどういう、まあ入って行った時に結局裏から入って行って、それからまあ話をしようるうちに、やっちゃれいうちゅう気になって、やったと、無我夢中じゃったと言うて、まあそのところになってどっちから入って行ったか、よう覚えんというて、言おうと思うけれども、話そうと思って、もしそれがこちらに調べられたことと合わだったら、またあと何ぼでもどんどん、どんどん、追及される、ほいでどっち、上へ向いて逃げたか、上へ向いて駅の裏越して逃げたと言うて、へて、宮野の橋の所まで出て、バスに乗ったということにまあ自分が白夢に試みました話をまあ大体したのが今度逆にもっていこうか、それじゃもう、二へんも三べんも話がこじれる、ほいで嘘言うのに、まあ早い話が作り話をするのに、その物凄いそこがつろうなって、ひんちがたつに従って、これがつろうなってくる。ほいでまあ腹減るし、食いとうはあるし、ええくそ、何でもかんでも、一つ言われるだけ言うてみたろうか思うても、それがその詰って言われんようになる。ほいでとにかく一日も早うこれを話さにゃいけん。あれはみんな間違いじゃったと、嘘じゃったということを、とにかく心のうちに、その方がはしから、はしから身にしみてきて、あそこへ坐っちょっても、寝ちょっても、はしから、はしからやれんようになってくる。まあこれを一応一口はこりゃ言いにくいことじゃけれど、早うこれは係長さんでも誰でもええ、言わにゃいけん。

C （笑い声）そりゃあ聞えんよ、そりゃあ、君はそういうことを言うちゃあいけんよ、そりゃま、今迄こないだは成程ほんとを話す気になっておった。ぼくらは、皆から聞いてようわかっておる。（アクビ）またこないだの晩にああして話しますと言うた、そりゃ本当の話をしてくれたけれども、しかし今の話はそりゃ聞えんよ、そういうことを言うちゃあ、そういうそのお前さんの精神状態のないことはようわかっておる。現在の精神状態こそ、お前さんそりゃあ間違うておる。大きな大間違い、考え方が中で、そういうふうな考えを持った、しかしそりゃさっきわしが言うたように、ああも思うてみい、こうも思うてみる、そのうちにゃ、つい、そういう心理状態が起ることがあるんだからね、そりゃもうあんたばっかりじゃない。誰しもある。しかしそういうことじゃ到底こりゃあんたもまともな人生を送ることはできないんだから、そりゃもう、もっともそういう嘘いうたことは、一番悪いことなんだから。

O 今、主任さん、話しましたことは、O結局間違うたことなんですか？ 今話したことは。

B 今話しておることは違うね、そりゃ。

O 違いますか。

B あんたそういうなんじゃいけんど、こりゃ考え方がまるで変わってきた。あんたその間に邪念が入っとる。邪心が入っとる。うんよーく考えなさい。気を落着けてね。決して私は無理は言わんから、気を落着けてよーく考えて一つ今度は、本当を話せると、話せるという気持ちになるまで待ってもいいし、またあんたがその気持ちにならなければ。

O 主任さんも。

B 僕もよう話して聞かしてあげようか、よし、そういうことじゃいけないよ。そういうふうじゃ世の中というものは、特に人間の社会というものは、人間というものは、それじゃ通らない。本当の、まっしんの、真人間はそれじゃ通らないんだから、こないだも言うたでしょう。真人間になろう、真心のある人間になるということをこないだも再三私が、説いたつもりだ。またほかの刑事さん達からも聞いたじゃろう。ね、真の人間になる人間性のある人間になるということについては、これはまあ、簡単にはなれないかもわからん。精神の修養もせにゃいけんかもわからん。これは、まあいよいよ、簡単に誰しも、そういう状態にはなれないもんだけど、それをどうしても、気を落着けて、ようく考えて、また考えに考えて、自分が言うことが間違っておるかどうか、自分が言うことが正しいかどうかということをよーく考えて、本当の人間にならなくちゃいけないよ。ええか、今すぐという。

O　ほいじゃ係長、係長さん、係長さんもほいから主任さんも、部長さんも、あの今、まあ自分が話したことが間違うちょると、ま、こういうふうに言われるわけです?

B　思うね。(一五秒位沈黙)

Oの真剣な訴えに、三人の取調官は笑って取りあわず、「邪念が入っとる」ととがめ、「人間というものは、それじゃ通らない」と諭し、「真人間になろう」と言いきかせる。恐るべきすれちがいである。Oの言葉をそのありのままに聞いてくれる者が誰もいない。とすると、彼にはやはり「犯人になる」しか道はない。実際、その後の彼のテープには否認の言はなく、前述したようにこの日から八日後の一一月二二日からは詳しい自白調書がとられていく。

犯行筋書の自白が調書に固められていく前段階で、自白の辛さに耐えかねて、その辛さをありのままに露呈したOの表白は、虚偽自白の心理を考えるうえでこのうえない貴重な生資料である。それは決して仁保事件に特異なものではない。第九章で紹介した野田事件のAも、取調べ録音テープのなかで、取調官の追及に耐えかねて「犯人でもなんでもいいよ」と開き直り、「どうして俺が犯人になっちゃったのかな」と慨嘆している(四五九頁)。Aは、仁保事件のOのように巧みに自分の心境を語ることはできない。しかし、Aの短い言葉の断片に盛り込まれている心情に変わりはない。彼らの言葉は、取調官の手を経た調書ではなく、取調べの場の生のやりとりを収録したものであるだけに迫真的である。

「ほいで嘘を言うのに、まあ早い話が作り話をするのに、その物凄いそこがつろうなって、ひんちがたつに従って、これがつろうなってくる。ほいでまあ腹は減るし、食いとうはあるし、ええくそ、何でもかんでも、一つ言われるだけ言うてみたろうか思うても、それが詰って言われんようになる」。自分を罪に落とす嘘の自白を考え出して、なんとか犯人になろうというこの逆説的な心情に私たちは、しっかり目を据えねばならない。

2 犯人に扮して筋書を考え出す辛さ

無実の被疑者が「犯人になる」ということは、「犯人に扮して、犯行のストーリーを自ら考え、組み立てて自白する」ということである。しかし、それは生易しいことではない。O自身、犯人になって嘘で犯行の様子を想像して語ろうとするのだが、それがどれほど難しいことかということに気づく。前項の最後に抜き出したOの言葉はその辛さを如実に表わしている。「嘘っていうことが、いかに言い辛いか」「自分としては話のしょうがないようになって……」、彼は結局もう一度否認を訴えるのだが、取調官は彼の苦悩の言葉に耳をかさない。

彼は前項の引用部分でも「言おうと思うけれども、話そうと思って、もしそれがこちら（警察のこと）に調べられたことと合わだったら（合わなかったら）、またあと何ぼでもどんどん、どんどん追及される……」と語る。自分がやってもいない犯行を語るということはおそろしく難しいことなのである。

大森勧銀事件のKが厳しい追及に負けて「ジローとカズの三人でやりました」と自白したときもそうであった（四二八頁）。彼が共犯者二人と一緒にやったと言ったのは、取調官たちが当時共犯説に立って彼を追及していたからである。「ジローとカズ」という名は、友人の通称を借りて適当に言ったものだった。しかし「やった」と言うだけならいいが「どうやったか」言わなければならないとなると、新聞やテレビのニュースで知っている以上のイメージが湧いてこない。Kの述懐にもとづいて構成したドキュメントには、最初のころの取調官とのやりとりが次のように描かれている(3)（〈　〉内はKが頭の中で考えたことである）。

事件当時、彼は靴をHのゲタ箱に預けたままであり、はいていたのはサンダルだったので、

「銀行へはサンダルをはいて行きました」

と供述した。

「おい、サンダルじゃあ、もし見つかったとき、逃げるのに不便じゃないのか」

〈……それもそうだな。靴は車に置いてきた。靴でもサンダルでも、どっちでも同じだ……〉

「靴をはいて入りました」

「じゃ銀行の図面を書いてみろ」

〈大森の勧銀は知らない。大塚の銀行なら知っているから、その図を書こう。あそこの銀行の入口は建物に向かって左側だ……〉

刑事は、その図を見た。大森勧銀とはちょうど逆の位置に書かれた入口をみて何度も首をかしげていたが、何も言わなかった。この時の図面は、裁判記録の中に現存する。

しかし、彼にとって「自白」してはじめて知ったことは〝自白というものはこれほど難しいものか〟ということであった。別件の窃盗のときのように簡単にいくものと思っていたのだ。ところが、共犯者について、やれ髪型はどうの、服装は何を着ていた、背丈は、どこに住んでいるのかと、こと細かに聞いてくる。これら執拗な尋問に答えるには、まるっきりウソをつきつづけるのはとてもできないと彼は言う。


よほど小説家的な創造能力がないと架空で嘘の人物を動かして嘘のストーリーを描けるものではない。どうしても自分の知っている範囲の現実の記憶を手がかりに、それを犯行の流れに組み込んでいかざるをえない。それは被疑者自身の体験と記憶にもとづく想像ということになる。

豊橋事件のMは手記のなかで自白内容展開の過程を次のように書いている。彼は被害者の経営する店につとめていたし、そこでは家人同様に扱われていたのだから現場の様子はよく知っていた。それでも犯行ストーリーを描く

ことは容易でない。(4)

結局は犯人だと自白させられ、それからは事件の前、いつも行って知っていた店の夜の様子、事件後の新聞で知ったこと、店に出入りする人たちの話から知った事件に対する知識などで、想像しながら話をしました。話の途中や調書を作ったあとからおかしな所があると聞き直されるのです。また、事件現場の様子など刑事の思っていることと私がいったことがちがうと、

「それは君の思いちがいではないか」

「そんなことはないんだがなー」

「それはちょっと苦しいぞ」

などといって、別の答えを求めるのです。私が答えられないことがあると、

「そこはこうではないか……こうではなかったか。普通はこうだが」

などというのです。私がそのとおり答えますと、

「何も私がいったからといって、同じことをいうことはない」

といいますが、最後には、刑事がいったとおりになるのです。

どうにか自分の体験や記憶に照らして答えられるものはよいが、現場から盗んできたとされる物(金と免許証入れと指輪)の処分となると簡単でない。どこそこに隠したと言っても、捨てたと言っても、そこを捜索されれば嘘だとばれて、追及が厳しくなる。そこで「捜しても嘘とばれない、うまい場所」はないかと考える。Mのばあい、自分の住んでいたアパートの便所が汲取り式だったので、「便所に捨てた」と供述した。しかも事件から自白したこの時点までにすでに三カ月余りたっていた。その間に汲取りが来ているだろうから捜して出てこなくても大丈夫だと思ったという。ところが調べてみるとこの三カ月余りの間一度も汲取りが行われていなかったのである。Mの自白のあと、この便所の大捜索が行われて、彼の捜査主任官が便壺にまで下りて捜したという。もちろん盗品は出て

来ない。その後、Mは捨て場所を転々と変える。彼の手記を再び引用しよう。(5)

盗ってきた物をどうした、ときかれるのには本当に困ってしまいました。使ったといえば使い先、隠したといえばその場所を追及されます。しかし初めから何もないのですから、捜しても出て来るわけがありません。すると、また一段と厳しい追及になるのです。ですから、捜しても、なるべくわからないような場所に捨てたことにしようと苦心しました。はじめは下宿の大便所へ、つぎにはキャンプの下見に行った豊川の上流へ、大崎の海岸へ……とあっちこっちまるで逃げ回るようなふうでした。しかし、結局ウソとバレてしまうのでした。終いには指輪は盗らなかったことになり、金と免許証入れは、伊古部のゴミ捨て場へ捨てたとなりました。ゴミ捨て場ならわからないし、またさがすこともせんだろうと思ったのです。ところが警察は大捜索をしたのです。「出てこんな。本当にここに捨てたのか」といわれましたが、もうほかにいいのがれる場所も考えられませんので、いい通しました。

犯人である以上、犯行の一つ一つの場面を自白できなければならない。しかし無実の被疑者には分からない。想像でいろいろ答え、その答えがうまく証拠と合わなければ追及され、物の隠し場所、捨て場所など、思いつきで言うと、それに応じて捜査官たちが徹底的に捜査する。捜査側からすると「ふてえ被疑者（犯人）に振りまわされた」ということになるのであろうが、被疑者のほうはもっとつらい。

大森勧銀事件のKは凶器に使った小刀と金庫を開けるのに使った工具を自白させられたあと、それをどこに捨てたか追及され、適当に「奥湯河原」だと答えて、以前行ったことがあってよく知っている場所を地図に書いた。捜査官はこれによって捜索に乗り出す。その様子を新聞は次のように伝えている。(6)

東京・大井署の勧銀大森支店宿直員Mさん（二七）殺し事件の捜査本部は二日、さきに犯行を自供した新潟県生れ、K（二一）を神奈川県下の十国峠や小田原海岸に連行、自供に基づいて二点の凶器さがしをしたが、ムダ足に終わってしまった。Kははじめ「共犯二人がいる」と自供したが、その後「単独でやった」と変り、いまだにキメ手となる物証なしの状態。このままでは地検が起訴にふみ切るかどうかも疑問とされ、このところ、捜査本部は逆に追い込まれた形。ところが、拘置期限の切れる六日を前に、Kは二日朝、Mさんを刺した小刀と金庫室のこじあけに使った工具「プライヤー」について、犯行後、車に積んで湯河原、熱海方面へ逃げる途中、「プライヤー」は小田原市内の国道1号に面した国府津海岸に、小刀は湯河原町宮上の箱根十国峠に向かう途中の山林に捨てた、と細かい地図まで書いて凶器類の捨て場所をはじめて自供した。この供述を待ちに待っていた捜査本部は、午前九時すぎKの案内で警視庁をスタート。車四台、総勢十八人で〝現場〟に急行。まず、湯河原付近の山林で刃わたり十七センチという小刀をさがし、車の助手席から山林に捨てたというので、現場で、似たような木切れをKに投げさせたりして、二時間近くも捜したが、どうしてもみつからない。つづいて昼すぎ、小田原市国府津海岸へ。国道1号に面したこの海岸めがけて長さ三十センチくらいの「プライヤー」を投げ捨てたというのだが、この日の海岸は強風が吹きまくり、歩き回る捜査員の足あとさえ、あっという間に砂に消される。「これじゃ砂に埋まっているか、波にさらわれているぞ」と捜査員はいいながらも、夕方近くまでスコップでほじくり返したが、期待の物証は出なかった。Kに対する取調べで、捜査本部はさんざん手こずらされているが、同本部としてはまだ〝クロ〟の心証を捨てておらず、期限切れの六日まであと四日間に『最後の勝負』をしたい、とあくまで強気だ（'70・12・3『朝日』）。

捜査官たちは大変な苦労をしたのに、見つからず、おまけに新聞にはこんなふうに書き立てられて面子がまるつぶれである。当然、被疑者への追及はきつくなる。結局Kはその後「品川ふ頭に捨てた」と自供する。そこならば見つからなくてもあきらめざるをえない場所だからである。

無実の被疑者が追いつめられてやむなくついた嘘に、今度は警察が翻弄される。この奇妙な情景が、数々の冤罪事件で幾度となくくり返された。そこから、被疑者の自白が単に取調官のデッチ上げたストーリーを鵜呑みにした結果ではなく、被疑者なりの主体的な想像の所産でもあるという先の私たちの主張がふたたび確認される。

悲しい嘘が悲しいのは、自らをおとしいれる嘘を自分から考え出し、しかもそれが取調官にばれないように苦労せねばならないという、その逆説のなかにある。私たちの日常のなかではまずありえぬこの屈折した嘘の心理が、取調べの場という非日常のなかでは十分に可能なのである。ここまで読み進んでこられた読者諸氏には、この点についてもはや贅言を弄するまでもあるまい。

第二節　悲しい嘘の、嘘としての特異性

自らをおとしいれる嘘をつくという、嘘の悲しさにのみ、悲しい嘘の特異性があるのではない。それは嘘としての特性そのものにおいても、他の嘘にない特異性をもっている。この点についても、従来、十分理解されることがなかった。

1　嘘でもって説明すべき現実自体を知らない不思議な嘘

虚偽自白とはすでに出来上がってしまったストーリーをただ呑み込んだものではなく、そこにはかならず被疑者の側の想像の働きが少くともいくぶんかは入り込んでいる。ただし、この想像は決して私たちが日常のなかで空想するときのような、まったく自由な想像ではない。それは、まず自分を犯人としたうえで、事件の状況や証拠をうまく組み込んだものでなければならない。そうした制約条件下での想像である。

ただ、一般に嘘と呼ばれるものも、空想やほら話と違って、現実と接点をもって、与えられた現実の条件のうえで、その現実を現実とは違った形で説明するという制約を帯びている(7)。その意味ではやはり制約条件下での想像ではある。たとえば子どもが親のサイフから千円札を一枚抜いて、こっそりプラモデルを買ったとする。ところがその新しいプラモデルが親に見つかってしまったとき、子どもは現に自分の部屋に、それまでなかったプラモデルがあるという現実自体は認めざるをえない。しかし、親の金を盗んだという事実の発覚をおそれて子どもは「友だち

図24　犯行現場の状況

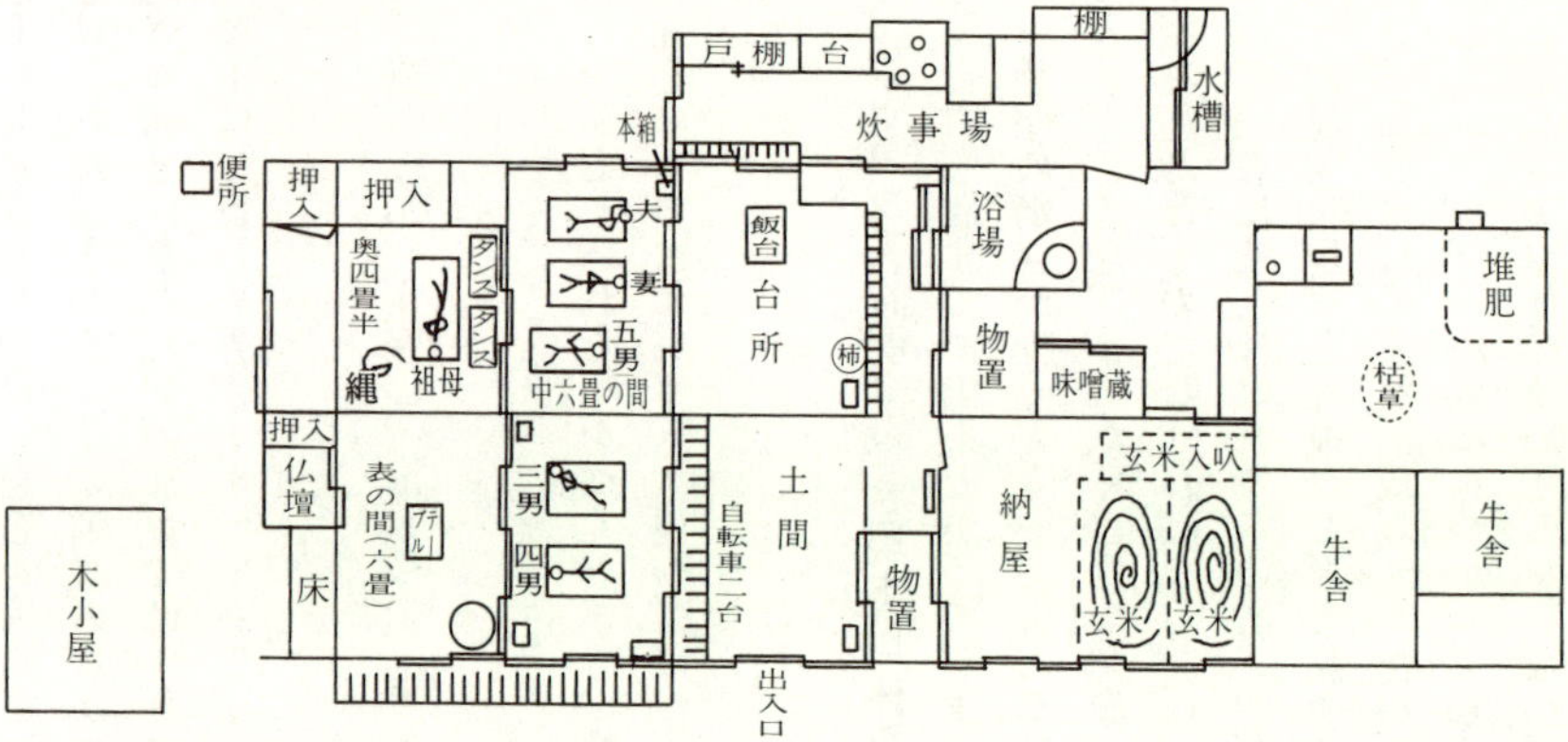

にもらった」と嘘をつく。現実は盗んだ親の金で買ったのだが、その現実を友だちにもらったという嘘で説明してごまかす。嘘とは、そのように与えられた現実に制約されて、そこから現実を別様に説明するストーリーを組み立てることなのである。その意味では、虚偽自白も同じと言ってよい。しかし、虚偽自白にはこの通常の嘘（あるいは取調べの場にあてはめて言えば、真犯人の否認にみられる嘘）と決定的に違った点がある。

右の子どものばあい、説明すべきは自分の部屋に新しいプラモデルがあるという現実である。彼の嘘は、その現実を自分に有利な形で説明するために作られる。あるいは真犯人が犯行現場のドアに指紋がついていることを突きつけられたならば、彼はこの現実を、何とか犯罪にかかわらぬ形で説明しようとする。いずれにせよ、真犯人は説明すべき現実を十分に承知している。ところが無実の人間には、そもそも何を説明してよいかが十分には分からない。無実の人は、犯行の現場がどうであったか、被害者の様子がどうであったか、現場にどういうものが遺留されていたか……などを知らない。とすると説明すべき現実そのものを、取調官に追及されるなかで察知する以外にない。嘘は現実を説明する想像なのだが、無実の人の悲しい嘘は、その説明の仕方そのものが想像であるにとどまらず、説明の対象までも、取調官の尋問に触発されたかたちで想像する以外にない。

ここで再び仁保事件のOの例に戻ってみる。この事件は一家六人皆殺しの事件であった。六人は三つの部屋に分かれて寝ていたが、いずれも布団の中に正位置で寝た状態で死んでいた[8]（図24）。頭部や顔部を鈍器様のもので殴られ、首や胸には鋭利な刃物の刺し傷、切り傷がある。警察の発表によれば「凶器はまず唐鍬の峰で強打、ついで出刃でとどめを刺した」ものと考えられた。一家六人が布団の中で見事に殺されているところから警察は当初、怨恨の線で捜査を進めていたが行きづまって、やがて物盗りの線にまで広げた。そして一年後Oを大阪で捕まえたのである。

真犯人ならば、たとえばいかなる凶器をもっていかなる様態で兇行に及んだのかを忘れるはずもなく、否認から自白に転じた時点でこれを記憶にもとづいて簡単に語り出せるはずである。ところがOは無実であるかぎり、凶器が何かも、あるいは死体の状況がどうであったかも知りようがない。事件当時、仁保にいたなら噂で聞いたり、新聞で読んである程度イメージをふくらませることもできたかもしれない。ところが彼は長く故郷を離れ大阪に住みついて、逮捕されたとき事件のことすらほとんど知らなかったのである。

そのOがたとえ「犯人になった」つもりになっても、その犯行をどのようにして語り出すことができるだろうか。取調官が事件のことを教えず、手がかりを一切与えなければ、彼にはおよそ何一つ語れないはずである。一般に被疑者が、取調官からのヒントなしに、噂やマスコミなどで知られていない証拠状況を組み込んで犯行筋書を自白できたなら、それこそ真の自白と言われる。実際、取調官が作成する自白調書は、多くのばあい、そうした体裁をとって、被疑者が一人で独白的に語ったように書き下している。しかし、現実の取調べでは取調官の方でヒントも確認も一切与えず、もっぱら被疑者が語り出すものをそのまま録取するなどということはまずない。第一章の前提的考察で見たとおり、供述とはつねに尋問に対する応答なのであって、供述者のみの要因で一方的になされるものではない。そうした視点からOの最初の自白調書（一一月二二日付）を検討してみよう。そこでは犯行場面が次のように記載されている。[9]

夜中の十二時頃Yさんの家に下から上がっていき、牛小屋の所から屋敷の裏側に廻って見て引返し、表に出て西側から裏側に廻ってき様子を見て家人が寝ていることをたしかめ、忍びこんでやろうかと考えたが、どっちみち思い切ってやらんにゃならんと思い、何か手物をと思って東側の牛小屋にはいって手さぐりで藁切りにしようかと思ったが、そこらにあったちょうの鍬（唐鍬）に手が触れたので、それを担げて出て裏に廻り、納屋の引戸をあけて中にはいった。本家との間に戸があったようにも思いますが、簡単にあいたので台所の庭（土間のこと）に出て、米でも盗ろうと思って物置を開けて缶に手を突っこんでみましたが大したこともないので、金や品物の方がよい気が起きたので、土足のまま台所の上にあがりました。その時、もし見付けられたら機先を制せんにゃあいけんと思っていました。それから障子を開けて台所の次の間にはいりかけたら、奥さんらしいのが女の声で、

誰ですか

と言ったように思いますから私は

俺やわい

と言ったか

金を出せ

と言ったか忘れましたが、とにかく何か言って部屋にはいると、奥さんが声を上げて起き上がりかけたので、思い切りちょうの鍬の刃の方であったか頭の方であったか覚えませんが、無茶苦茶に頭のあたりを殴りつけると、今度は主人が起きかかったのでやって来られちゃあたまらんので、その頭のあたりを力いっぱい殴りつけましたが、その時奥さんが私の足を捉えたように感じましたので、これはたまらんと思い、つづけざまに主人も奥さんも無茶苦茶に殴りつけて、奥さんの横に寝ていた子供にも気がつきましたのでそれも殴りつけ、その隣の部屋にも人がいるように思ったので、障子をあけて行くと子供が二人いて起き、私の方を見ているように感じましたので、それも鍬で殴り上げ、こうなりゃあ他に人が残っていてもいけんと思い、主人らの部屋の奥の部屋も引きあけてゆくと婆さんが立上ったように思いましたので、これも殴りつけて倒しました。それがすんで、主人らの部屋に戻ると、またぴくぴく動くようにありましたから、とにかく完全に殺して仕舞わにゃあならんと思いましたから、出刃包丁のようなものを持ってきて動きそうなのを誰かれなしに刺したように思います。それからタンスを探したやら、そこらにあった箱を探したかとも思いますが、どこをどう探したか、そ

の時は夢中でありました。死体につまづいたりしたこともあったように思います。

六人とも布団から起き上がりかけたり、立ち上がったところを鍬で殴りつけ、その後出刃包丁で誰かれなく刺したという。〈鍬で殴る→出刃包丁で刺す〉という犯行の順序そのものは、警察が当初死体状況から推定したところと一致している。しかしこの調書に述べたようなやり方で、現場の死体状況を説明できるだろうか。先にあげた図24をもう一度見ていただきたい。六人の死体はいずれも布団の中、掛け布団もかけられていた。右の調書に言うように、起き上がり、立ち上がった者を殴り倒し、その後動いているところを刺したのだとすれば、この図のような死体状況になることはありえない。なぜ、このように現場状況に合わない自白ができてしまうのか。もし取調官が現場の状況や他の証拠から一定の犯行筋書を描き、それに合うよう被疑者の自白を一方的に誘導したものなら、ここに見られるような現場状況との大幅なずれなどありえない。

しかし他方で取調官が事件のこと、現場の状況、死体の状況について一切語らず、無実の被疑者にまったくの白紙で語らせたとすれば、凶器に鍬と出刃包丁を用いたこととか、現場の部屋の配置、六人の就寝状況などを正しく説明することはありえない。

このようにOの自白調書は、一方で現場状況と大枠で一致し、他方で現場状況と決定的に一致しない、その両面が混在しているのである。どうしてこんなことになるのか。そこに、虚偽自白という悲しい嘘の特異性が非常によく表われている。

取調官はOを仁保事件の犯人として逮捕した。犯人である以上、「私がやりました」と言わせたあとは、自分から犯行筋書を語れるはずだと考える。ところが、先にも見たように否認から自白に転じて、右の自白調書まで一一日もの日数がかかっている。この間に取調官―被疑者でどういうやりとりがなされていったのか。前項で私たちはその一部を録音テープから分析してみたが、ここでいま少し犯行内容にかかわって録音テープの分析をすすめてみよう。録音テープは取調官の主観で取捨選択をされたもので、おそらく取調べ全体の数分の一にも満たない。それゆえ全体としてどういう取調べがなされたのかをここから読みとることはできない。しかし、それでもそこには無実の被疑者の自白内容展開の過程を考えるうえで興味深いやりとりがいくつも収められている。

当然のことながら録音テープに収められた取調べは、仁保事件の調べであることが前提で話がすすめられている。現に、最初の方のテープ（一一月一一日のもの）には、まだはっきり「私がやりました」と言えず、取調官から説教され、彼自身、うめいているその前後の文脈のなかで、「あの話聞いてみればちょっとやそっとでは（自白）できまへんで」と言っている。つまり何らかの形で事件のことを取調官から聞かされたことがうかがわれる。もちろん、どの程度のことを聞かされたのかは不明である。前項の最初のテープの引用部分（五一〇頁）でも、被害者Y宅にどこからどう入ったのかを言おうとして「私にはその家そのものがわからん」と洩らしているところを見れば、少なくとも一一日時点ではさして詳しいところまで聞かされていないはずである。また録音テープに収録されているかぎりで言えば、取調官の方で露骨に現場状況を教えようとしている気配はうかがわれない。つまり取調官は、あくまでOを犯人とし、犯人である以上は当然現場を知っているとの前提で話をすすめている。ところがOの方は「家そのものがわからん」などと言うところから明らかなように、現場のイメージも犯行のイメージもない。この取調官―被疑者のすれ違いこそが、虚偽自白のまず出発点である。そこからいかにして一定の犯行筋書を述べた自白調書にまでいたるのか。Oは第一審公判で裁判長に尋問されて次のように答えている。(10)

問（裁判長）この時に使った刃物、出刃包丁それから、丁能鍬、こういうようなものについても言っておるし、また、だれをたたいて、それから、だれを殴ったというような、一応の順序も述べてあるわけだが、そういうことは君がやっていない、ということになれば、そういうふうなことは、どういうことから考え出して言ったのかね。

答　とにかく調書になるまでには、何回と言って、同じことを、一昨日もちょっと申しましたが、取調官が三組ありまして、それで前の組の者がヒントを与えておくんであります。そして、次の組の者が、「大体お前あれらに話したじゃないか、さあ次を話せ」と言って、前に教えたヒントを与えてくれるわけです。そういうことを、三日も四日も同じことをくり返し言って、大体、警察の思うつぼに行った時に、初めて調書を取るぞというふうな調書のとり方でありましたです。それで、様子がわからないから、ああいうふうに何日も何日も、手間がかかったわけであります。……（中略）……

問　今の、警察がヒントを与えたということは、たとえば、丁能鍬を使ったということについては、ヒントを与えるというのは、どういうふうなことを言うのかね。

答　「お前、何で殺したか」と、それで毒とピストルと出刃包丁と、こういうふうな、今までに小説とか犯罪があったことで知っておるようなものを、全部言うていったわけなんです。そしたら、違えば「しっちょって、うそを言うか」とくらわされるんです。それで、次から次へと言って、最後に言ったのは「百姓家にあって毎日使うちょるじゃないか、牛のだやの廻りにあるじゃないか」と言うので、牛のだやにあるものを全部「草刈鎌と、どうがね、鎌とまき割り、なた」というふうにかけちゃるものをみな言うていったわけでありま す。それで「つるはし鍬」と言ったら、「それみい、言ったじゃないか」と、それで鍬で人間を殺すようなことがあるじゃろうかと、自分もたまげたわけであります。それも、いっぺんじゃなしに、二日も三日もかかるわけです。それを一つ当てるのに、ひどい苦労をするわけです。……（中略）……

問　そうすると、ヒントを与えたというのは、これじゃないか、何じゃないか、と言って、それで君が甲なら甲と言うと、そんなものでやれるか、そんなことがあるか、と言って怒られると、それで丙もそうやられる、丁もそうやられると、そんで残った乙でやったと言えばいいと思って言うたと、そういう意味かね。

答　合ったら「そらみい、そうじゃったろうが」と、こうなるわけです。それまではどうしても責めてくる……。

Oのこの説明を聞くと、取調官の方は最初から正解を知っていて、あれこれヒントを言いながらその正解にたどりつくまで追及したようにみえる。つまり最初から誘導の意図がはっきりあって、意識的に被疑者を導いているかのようである。たしかにOにはそのように思えたのであろう。しかし、そこまで意図的、意識的ならば取調官はOを無実と知ったうえでデッチ上げる確信犯ということになる。私自身、そうした悪意に基づくデッチ上げがありうるとは思う。しかし、そこまで悪意をもてる人間は多くないのではないか。むしろ取調官が被疑者を犯人と決めつけ、犯行そのものについても現場の証拠状況から一定の犯行筋書のイメージをもって、強引に自白を迫るとき、あじゃないかこうじゃないかと問い質しながら、最終的に自分たちの描いた犯行筋書イメージに落ちつく――そういうものではなかろうか。その間、「犯人のこいつがどうして言えないのか」と不審に思うことがあるかもしれない。しかし、それでも「こいつは知っていてまだ正直に言おうとしない、太えやつだ」という思いの方が優勢に働く結果、犯人との決めつけの上でさらに追及を強めていく――そういう過程として考えた方が現実により近いのではなかろうか。実際、取調官が意図的に誘導しようというのなら、「三日も四日も同じことをくり返して」やらなくても、もっともっと手早く誘導できるはずである。

取調官の方は被疑者＝犯人の前提のうえで「犯人だから言えるはずだ、にもかかわらず本当のことをなかなか言わない」と思いつつ、あれやこれや言う被疑者に対して自分たちの犯行イメージに沿ってフィードバックを返し、時間はかかるが最終的に現場や証拠に大枠で合う自白になっていく。しかし被疑者の方は、よく分からないところから想像力を働かしてあれこれ言い、取調官がそれに何らかの反応を返してくれる。被疑者にはそれがヒントに見える。すると取調官は最初から知っていて、ヒントを小出しにして苦しめながら、最終的には自分たちが思っているように言わせる――被疑者の側からすると、悪意のデッチ上げにみえる。

Oの録音テープを読めば、むしろこうした両者のすれ違いの様相が浮かびあがってくる。一つだけ例を引用する。最初の自白調書のとられる前日、兇行場面を語った箇所である。(11)

C　どこから、入ったところからずっと言いなさい。ああ、O君、O、話す気になったときちゃっと話さにゃあ話はできんて。(五秒間沈黙)

C　ああ、O君よう、ああ、話す、うう、うう、(五秒間、沈黙) O君よう。(一二秒間、沈黙) 言わねえか、Oうう、うう、台所から、どうな、うう、O君。

O　入って開けてガンガンガンと、

A　うう、何、うう、
C　台所からくらみであけた、何あけた、ああ、うう、台所から、台所から、ああ、O　上の間へ、
O　台所から上の間へ、うう。
C　寝とるところへ上がって行って、
O　うう、
C　寝とるところへ上がって行って、
O　何しよるとこ、
C　寝とるところへ上がって行って、
O　うん、寝とるところへ上がって行ってうん、それで、(六秒間、沈黙)
C　それから、それでねえ、(一〇秒間、沈黙)、(聴取不能)、逃げられんようになって、
O　何、何だって、
C　包丁を持って、
O　何を持って?
A　包丁を持って、
O　包丁をもって、
C　桑切り包丁を持って、
O　桑切り包丁、何、桑切り包丁というのは何か、うう、O君、ほんとうの話をせんにゃあいけんちゃあ、そんなあんた、わけのわからんような話じゃあいけんわなあ、ああ、
C　桑切り包丁でガンガンとやって、
O　ええ、ねえO、
A　ガンガンとやるっちゅうて何か、
C　ガンガンとやるっちゅうのは何か、

C　桑切り包丁でガンガンとやってちゅうてお前。

A　桑切り包丁でガンガンとやって、

C　桑切り包丁、ちゅうてどげいなんか、お前、うん、もう話す気になりなさい、もうなあ、今台所から入ったちゅうたのう。

A　今それを話しよるのに、ほんとうの話をしなさいや。

先に述べたように死体状況から警察はまず唐鍬で殴り、ついで出刃包丁でとどめを刺したものと考えていた。ところが右のやりとりでOが言っているところをつないでみると「(台所から) 入って (障子) を開けて (上の間の) 寝とるところへ上がって行って、桑切り包丁を持って、ガンガンとやった」ということになる。Oは「包丁で殴る」という場面を思い描いたのである。明らかに鈍器で殴った痕のある死体の状況を知っている取調官は「鍬で殴る」ことを想定して聞いているのに、Oの答はまったくずれている。そこでOに「わけのわからんような話じゃいけんわなあ」ととがめることになる。

しかし一方で、取調官が最初にイメージしたものでなくとも、被疑者が言い出したことで現場や証拠と必ずしも矛盾しないならば、すぐにこれをただすことなく、一応話を聞きとどけている場面も少なくない。たとえば死体の切り傷や刺し傷について警察は出刃包丁をイメージしていたのだが、Oは一度それを「メス」だったと供述している。同じく最初の自白調書の前日である。(12)

B　うん？　突いたいうて何で突いた？　何でか？　突いたいうて何でや？　うん？

O　包丁やったか、

B　何処へ、

O　メスやったか、

B　何処でや、どこやそりあ、

O　台所へあったやら、自分が持っとったやら、そこへあったやら、

B　そこへお前、そいな切れるものがあるわけがないぜ、うん？

O　とにかく殺しとかんにゃいけんと思うてものや頭が一杯じゃったです。殺そう思うて。

B　うん。そりゃ一杯じゃったから、それはええんじゃがね。そうすりゃ今叩いてその後どないしたんや。

O　そのあと突いたことはねえし（この所ちょっと不明）無我夢中じゃった。

B　うん。そりゃ無我夢中じゃったろうけれども、そこの状況をずっと思い出したらわかるはずで。どっからどう持って来て、どげんしたいうのが分かるはずで。

O　叩いて、持ってたのは、ポケットの中へ、ポケットの中へメスが海軍メスを入れとったんやから、あとのは、あん時にやったから（考えながら話す様子）あれは風呂敷包みをちょっといって腰につっとったと思うんです。腰につっとったんやから（やや考える様子）ちょっとみて（この付近バスの警笛の音がする）とに角後から、後から、包丁みたいな物は始めにゃ持っちゃおらんです。

B　うん。始めに持っちゃおらん？　うん。始めは丁能鍬だけ持っとったんじゃな、うん、ほいで叩いたんあと？

O　あと……（小声で聴取困難）。そしたらとにかくもうびくびくしちゃやれんから、帰ったら顔を知られたらつまらんから、一生懸命やったんです。あとメスでやったように思うんやけど、そのメスが何処へいったやら、置いて来たかも分からんけど、何処捨てたか確かに捨てたように思うんですけど、藪じゃったと思うが、畑じゃったか？

B　何処の藪？

O　川通りのよし通りの新屋出る迄のところじゃったと思うんです。お寺（考える様子）あの川土手をしまいに走って出たのは、一とき走ったのはよう知っとる。

B　うん。そして何処にメスを捨てたか、

O　どの辺じゃったやら今迄思うんですけども、とにかく川土手じゃったと思います。

B　川の中へ投げたんか？　それとも藪の中に投げたんか？
O　川へ捨てる勘定で投げたと思うんですけど。
B　うん。

最終的にはこの「メス」の話は調書化されることなく消える。そもそもどこから入手してどこへ捨てたか、何一つ明らかにできなかったからであろう。

取調官の側からすれば現場や証拠の状況に照らしながら適宜フィードバックを返し、被疑者の正しい記憶を引き出し、真の自白をさせているつもりかもしれない。そして無実の被疑者は「私がやりました」と言った以上、なんとか犯人として自白せざるをえない。しかし現場も証拠も知らない。となると取調官から教えてもらうしかない。といって取調官は、こうこうだとははっきり教えてくれない。被疑者を犯人と思っている以上当然である。そこで被疑者は取調官の尋問のなかに、また自分の応答への取調官の反応のなかに事件についてのヒントを見つけ、そのヒントによって犯行の筋書をあれこれと想像していく。犯人でもない者が、犯人に扮して、知りもしない事件を、ヒントに沿いつつ想像していく、これこそが虚偽自白のもっとも典型的なパターンなのである。このことはこの仁保事件にかぎらず、その他の冤罪事件を一つ一つ精査していけば、おのずと明らかになってくる虚偽自白の普遍的構図である。

2　「強いられた想像」の嘘

ところが、虚偽自白がこのように被疑者の、ある種主体的な想像によるものだということが一般的にはあまり認識されていない。冤罪事件を糾弾する立場にある人たちは、弁護士も含めて、とかく虚偽自白を警察・検察のデッチ上げと見なし、そこに被疑者の悲しい主体的選択を見ない。それに虚偽自白を搾りとる当の警察官・検察官、そしてその真偽を判定する裁判官の多くもまた、虚偽自白のなかで大きな役割を果す被疑者のこの主体的な想像力の意味に気づいていない。

狭山事件から例を引く（事件概要については三〇二頁）。被疑者のＩの最終段階の自白は、死体の処分の仕方について、要約すれば次のようになっている[13]。

桑畑のすぐ脇の雑木林で女子高生を強姦殺害したあと、脅迫状を被害者宅に持っていくあいだ死体を隠しておこうと考え、雑木林から近くの畑にまで死体を運び、荒縄を捜して来て、死体の足首に結びつけて、畑の中の芋穴（芋を保存するための穴）に逆さ吊りにして蓋を閉め隠した。その後、脅迫状を被害者宅に投げ込んだのち、芋穴に戻り、近くの農道を掘って、穴から引き上げた死体を埋めた。

この自白のなかで証拠上確実なのは、被害者宅に脅迫状が投げ込まれたという事実と、死体が農道に埋められていたという事実のみである。それ以外の点、たとえば犯行現場が桑畑脇の雑木林であったかどうか（自白に言う犯行時間帯には桑畑で農薬散布している人がいたことが後に判明し、この点おおいに疑問視されている）、また畑の中の芋穴に本当に死体を逆さ吊りしていったん隠したのかどうかについては、物的証拠が存在しない。

ここでとりあげたいのは死体の逆さ吊りの問題である。死体をいったん隠すために芋穴に吊るしておいたという自白はきわめて特異なものである。こんな特異な自白を自分からしたとすれば、やはり真犯人ではないか。そんなふうに即断しやすい。現に控訴審の段階で弁護人は、Ｉの無実を主張せんがために、この自白は取調官が考えたストーリーをＩに押し付けたものだと主張し、他方、裁判官はこれに対して判決で次のように反論している。

（弁護人の）所論は、取調官らは捜査の結果判明した関連性のない事実を勝手に結び付けて芋穴に死体を吊り下げたという想定をし、これを被告人に押し付けて自白させたというのである。

しかし、被告人は当審（第二六回）において、弁護人の「どういうことから死体を芋穴に吊るしたというようになったのか。」との質問に対して、「死体の足に縄が縛ってあったらしいんですね。最初にそれを車で運んだろう。それでずって傷になったんだろうといわれました。それから多分一人でやったといってからだと思いますが、その縄について答えられなくて、穴蔵に吊るしたといいました。そうしたら、穴蔵に吊るせば、死んでいても生きていても鼻血が出るわけだから、そんなことはないといわれました。これは何回もいわれたです。だけどほかに縄が入用なところはないので、ただ穴蔵に吊るしたと頑張りました。」と答え、また、弁護人の「見せられた縄はかなり長い縄だから、何に使ったのかといろいろきかれて、結局穴蔵に吊るすのに使ったと自分で考え出していったわけか。」との質問に対して、「そうです。子供のころ遊んでいて穴蔵があるということは知っていました。それから今思い出しましたが、ビニールが穴蔵に入れてあったと警察がいいました。それで穴蔵に下ろしたといったと思います。」と答えており、これをみると、被告人自身取調官から不当な誘導がなされたために、死体を芋穴に隠したと供述せざるを得なかったとは言っていないのである。そして、荒縄を用いて死体を芋穴に隠し、その一端を芋穴の近くの桑の木に結び付けたというような手順などは取調官において誘導のしようもない事柄であり、また、その下で死体を一たん芋穴に隠そうと考えたという檜が存在することなどは取調官において被告人が言い出さない限り知る由もない事柄である。それればかりでなく、被告人は原審（第一〇回）において、犯行の概要を述べている中で芋穴に死体を隠したと自供しているのである。その他、員青木一夫、同長谷部梅吉の当審各証言に徴しても、不当な誘導がなされたことを窺わせる状況は見いだせない。

弁護人は取調官からの押しつけだというが、当の取調官の法廷証言からは「不当な誘導」をうかがわせる状況はないし、現に被告人自身が自分から言ったことだと認めている、だからこれは真実だと認めていいと判決は示唆している。つまり裁判官は、押しつけや直接的誘導でさえなければ、その自白は信用していいと言うのである。

しかし、その点こそが問題である。仁保事件の〇の例にも見たように、虚偽自白とは取調官の完全主導の下に被疑者がストーリーを押しつけられたり、文字通りの意味で誘導されたりしてできたものではない。取調官がその尋問のなかで洩らす現場や証拠の状況を汲みとって、多分に被疑者の方で想像をめぐらして、内容展開していくものなのである。いまの「死体の逆さ吊り」の自白については、その自白のなされる以前、いやそれよりはるか前、死

体発見の直後から、警察には次のことが分かっていた。(14)
・埋められていた死体の足首に細引き紐と幾重ものかなり長い荒縄がくくりつけられていたこと
・死体の埋められていた場所から二〇メートルほどのところに芋穴があって、そこに一本の棒とビニール風呂敷一枚が落ちていたこと
・右ビニール風呂敷の四角のうち対角線の二角がちぎれ、その破片が死体足首の細引き紐にからみついていたこと
・ビニール風呂敷は、被害者が自転車の荷かごに敷いていたものと認められること

この四点は、Iの自白時点より一カ月半以上も前から警察が十分承知していたことである。とすれば「私がやりました」と認めたIに対して犯行筋書の自白を求めるさい、当然ここはどうだったのだという形で、右四点を突きつけた可能性がある。実際、判決のいま引用した部分には、Iが「足に縄が縛ってあったこと」「芋穴にビニール風呂敷があったこと」を取調官から言われた旨供述したと述べられているではないか。

たしかに「死体の逆さ吊り」ということ自体は取調官から示唆も誘導もされてはいない。しかし死体の足首についた長い荒縄は何だと問われ、芋穴に被害者のビニール風呂敷があるのは何故だと問われて、「犯人になった」Iが想像をめぐらしたとき、そこに「死体を隠そうとして芋穴に逆さ吊りにした」という話が出てきても不思議はない。ただ取調官にとってはそれが意外だったし、信じられなかった。そんなことをすれば死体から鼻血など何らかの痕跡が残るだろうと考えたのであろう。Iは取調官からそう反論されたけれども、他に死体の縄の用途を思いつかなかったので「頑張りました」と言う。無実の被疑者の自白は言わば「強いられた想像」の産物なのである。

犯人であることを引き受けた被疑者が、説明すべき現場状況を与えられたとき、それを説明すべく、いろいろと思いをめぐらして、各証拠を一つのストーリーに組み立てる。強いられたものであれ「犯人になる」ことを決意した被疑者は、その強いられた選択の延長で犯行筋書を想像し、組み立て、それを自分の口から語り出すことまで強いられるのである。そうしなければ自白以前の、あの否認の辛さにもう一度舞い戻らねばならない。その意味で「強いられた想像」という言い方がピタリとはまる。

この「強いられた想像」という悲しい嘘の心的過程に思いいたらぬ裁判官は、取調官から向けて誘導されたのでもないことを自分の方から言ったのだから信用できるといった短絡に陥る。

もちろん被疑者が供述した筋書が他の証拠と決定的に合わなければ、取調官はそれを指摘して、さらに追及するであろう。先の仁保事件のOが「包丁で殴った」と言ったとき、取調官がこれを受け入れるわけにはいかなかったのはその一例である。しかし食い違いがどうにか許容範囲にあって、また取調官の方で明確な代案イメージを描けなければ、多少奇妙な自白内容でも受け入れざるをえない。Iの「死体の逆さ吊り」の自白はまさにそういうものであった。

ついでに言えば右引用の判決文中、荒縄を「近くの桑の木に結びつけた」こととか、芋穴に死体を隠すことを考えたのが「檜」の下であったと供述した点をとらえて、これは取調官には知りえないことだから真実であるかのように言うのも明らかに誤解である。この現場付近に住み、雑木林周辺のこともよく知っていたIが、想像をめぐらせてこうしたことを語り出すことはいくらでも可能なのである。

狭山事件の控訴審判決は、この「逆さ吊り」自白以外に、まだいくつか同種の過ちをおかしている。無実の被疑者が自白するとすれば、それは取調官から完全に押しつけられたものに違いないという固定観念は実に強固である。豊橋事件のMが現場から盗み出した物の処分を追及されて、思いつくままにいろんなところを言い、結局、探しても見つからない可能性の高いゴミ捨て場に落ち着き、大森勧銀事件のKが金庫を開けるのに使ったとされる工具の処分について追及されて、これまた思いつくまま いろいろ言って、警察もこれに翻弄されたあげく、探しようのない品川ふ頭に捨てたことに落ち着いたのも、これとまったく同じことであった。実のところ彼らは、「犯人に扮する」ことをまっとうし、それが嘘であることが取調官に知られるのを恐れるかのごとくにふるまう。いかにも逆説的にみえるが、少なくとも取調べのその段階で、自分の自白が嘘だとばれることの方が彼らには不都合に思えるのである。彼らは「犯人に扮し」、その嘘をまっとうすべく想像力を働かす。この悲しい心情が理解できなければ、虚偽自白の虚偽性の本態を見破ることはできない。

持病の心臓病で急死した妻を「殺した」と間違われた夫は、その妻の死のその日の取調べで自白した（七六頁）。

暴力的拷問にかけられたわけでもなければ、彼自身の精神力が極端に脆弱だったわけでもない。彼は無罪判決を得たのち、そのときのことをこう述懐している。(15)

とにかく「やった」「やってない」のやりとりしかないわけですよね。本当に殺人事件であれば、内部犯行ということになってしまうわけですよね。内部犯行となれば、私と息子と。お前がやってなけりゃ息子かと。お前はひとり息子に罪をきせるのかと。そんな強情張ってるなら息子を強く取調べるぞ、今夜はもう誰も帰さない、葬式もお通夜もやらせないというふうな強い口調でね。これではいかんということで息子をかばうために、息子がもし自白させられたあとだったら困ると思いましてね。

女房が死んだというだけでもショックですのにね、殺人事件にされてね、しかも、自分か息子かと二者択一に追いつめられたときの精神状態というのは、言い表わせないような感じですね。ま、これが自白した大きな理由なんですよね。

動機とかね、なにもないから、今度は私の方が刑事を信用させなきゃいかんという、調べ官になるべく逆らわないように、調書に書いてる間に、ありもしないことを空想しながら調べを進めていったという感じですね。

自ら「嘘の自白」をしておいて、それでもってなんとか「刑事を信用させなきゃいかん」、そう思う心情は、一見逆立ちしてみえるかもしれない。しかし、少なくともこの時点では彼らは、嘘をつき通すしか自分の身を守り、自分の大事な身内の身を守るすべはないと信じている。強いられたものでありながら、引き受け、かつつき通すしかない嘘、それが虚偽自白なのである。

3　虚偽自白がばれないわけ——共同的な嘘

虚偽自白をするということは、無実の人間が犯人に扮することである。周囲の他者と基本的なところで対等に、また自由に生きている（と思っている）私たちからみると、この「犯人に扮する」という心境がいかにも奇妙なことであるように見える。しかし、対等性を決定的に奪われた取調べの場では往々この倒錯的な関係が成立し、被疑者はそこで犯人に扮し、嘘の自白をすることではじめてその身を処すことができるかのように思い込まされる。しかし、ここで一つ問題なのは、この虚偽自白がどうしてばれないのかということである。

犯人に扮して、犯行筋書を語る。犯人であるかぎり残された証拠をすべてそれなりに筋書のなかに組み込み、犯人しか知らないはずの動機も、犯行時の自分の心の動きも、被害者の応じ方も、そして現場からなくなったものの行方も……、実におおくのものを矛盾なく説明できなければならない。もちろん真犯人ならば苦労はいらない。自己の内の体験の記憶をそのままに語ればよい。しかし無実の人がこれだけのことをすべて組み合わせ矛盾なく語り出すことは至難と言わねばならない。よほど小説的創造力にたけた人でも、すでに与えられた現場状況、証拠状況をすべて組み込んで全体の筋書を構成せよと言われて、即座にできるものではない。逆に言えば被疑者が語った犯行筋書のすべてに耳を傾け、どこかにアラはないか、矛盾はないか、欠如はないかと、虎視眈々にらみをきかせる人がいたとすれば、虚偽自白の嘘を見抜くことはさして難しくないはずである。

このように虚偽自白をするのが難しく、逆に見破るのが簡単だとすれば、虚偽自白のために有罪になってしまうようなことは稀有のことということになりそうなものである。ところが現実はどうか。本書で紹介してきたものだけでもその例はずいぶんの数に上る。なぜなのか。そこには虚偽自白に特有のある事情がある。

嘘をつき通すというのは、冤罪事件の虚偽自白にかぎらず、難しいものである。たとえば、親のサイフからこっそり千円札を一枚盗んださきの子どものたとえを敷衍させてみよう。サイフのお金が足りないことに気づいた親が子どもに問い質す。子どもは「とらない」と言う。このことを言いつのるだけならば別に難しくはない。親の方も何の証拠もなしに「とっただろう」と問いつめただけでは、子どもの嘘を見破ることはできない。そこで、さきの話のように、子ども部屋にそれまで見たことのない新しいプラモデルを見つけたとする。そこで親は「これはどうしたのだ?」ときく。子どもはこれを説明せねばならない。子どもが「もらった」と答える。親は「誰に」ときく。子ども「○○くん」。親「ほんと? ○○くんにきくよ」。わざわざ友だちに聞きにいくことはあるまいとタカをくくって子どもは「いいよ」と開きなおる。子どもがとったとの確信のない親はそこでもう追及しないかもしれない。

しかしよく見ると机の横のゴミ箱におもちゃ屋の包装紙が捨てられている。親はこれをネタに再び追及する。ここで降参する子どももいる。とくに「○○くんにもらった」と嘘をついた場面で、弁解がましく「○○くんのところで遊んでいたら、○○くんがこれもういらないからあげると言った」などと話をふくらませていると、包装紙の説明ができなくなって、アウトである。しかし、そこまで話をふくらませていなければ、子どもは「○○くんと一緒に買ってきて、ぼくの部屋で作ったんだから……」と答えることもできる。これくらいの嘘なら即興でつける。さらに親は「どこで買ったの」と聞く。「○○屋」。「いくらだった」「六〇〇円」……。そこには子どもの現実の記憶が入っている。その気なら親はそのおもちゃ屋に聞きに行くこともできる。しかし普通はまずそういうことはしない。ところが今度は子どもの机の引き出しから百円玉四ヶと六〇〇円のレシートが出てきたりする。「これは何だ」となると、子どもの方も万事窮す。

つまらぬ例をあげたが、これからも分かるように一つ嘘をつけば、次々嘘を重ねなければならない。その嘘が親のつかんだ証拠と矛盾しなければ言い抜けられるのだが、次々出てくる証拠をあらかじめ予想して嘘をつくことまではできないので、突きつめていくとどこかでばれる。それに子どもの話を一つ一つ確かめていけば、嘘は容易に見破ることができる。「○○君にもらった」と言った時点でその友だちに聞いてもよかっただろうし、「○○屋」へ買いに行ったという時点でその店に確かめに行ってもよい。親ならば、そんな子どもの恥さらしのために他人を巻き込むことに躊躇するかもしれないが、これが警察官ならばこれを調べないなどということはない。とすると嘘はただちに暴露される。

嘘とは、与えられたある現実の断片を、現実のものではない虚構でもって説明することである。虚構の構成そのものはそれほど難しいことではない。しかし嘘という虚構は、小説的な架空の話ではなく、現実を説明するものとして提示される以上、現実と照合して矛盾を来たすようなことがあってはならない。これが困難のもとである。嘘をついているのではないかと疑っている相手が嘘の一つ一つを現実と照合しようと努めれば、たいていの嘘は見破られる。私たちが互いに結構嘘をついて、ばれないでいるのは、相手のことをいつもいつも疑ってかかるということをしないからだし、また疑うことはあってもとことんそれを他の現実と照合して暴露しようとまではしないからにすぎない。その点、取調官の目でもって徹底して捜査すれば、よほど巧妙な嘘でも仕組まないかぎり、見破られること必定というべきであろう。まして現実の犯罪事件となれば、残された証拠や情報は大変な量におよぶ。それらをすべて組み込んだ嘘が現実と照合して矛盾を来たさないということは、ほとんどありえないと言ってよい。

それならば、冤罪事件の虚偽自白の嘘が簡単にばれないのはなぜなのだろうか。

通常、嘘というものは、疑惑をかける人と疑惑をかけられる人との対立的な緊張関係のなかで、この緊張を解くべく後者の口から発せられるものである。いまあげた親と子の関係はその一例である。あるいは警察がある事件で真犯人をつかまえたが、最初自白せず、嘘の否認をくりかえしているという場面を考えてみてもよい。そこで取調官は被疑者に疑いをかけ、被疑者はかけられた疑惑を晴らすべく何とか嘘をついて否認する。このばあい取調官は被疑者の否認の供述に目を光らせ、現実と齟齬するところがあればそこを鋭く突く。そのことで嘘があばかれる。私たちが「嘘」について抱くイメージは、

図25

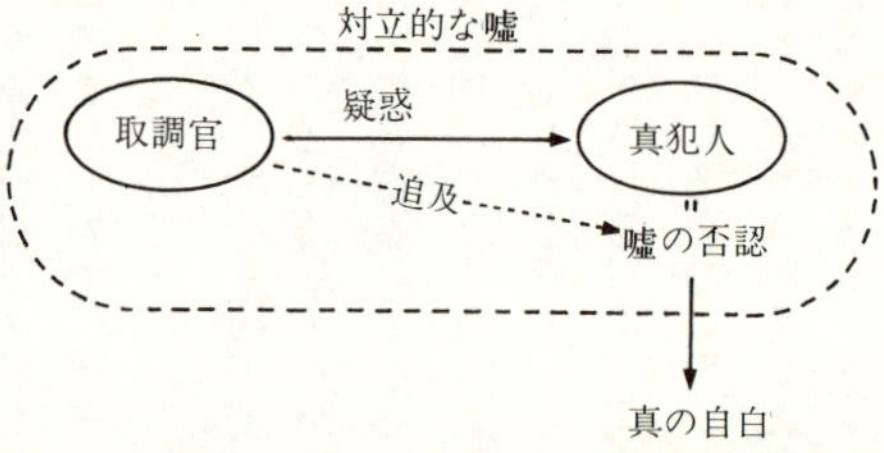

たいていがこのたぐいの嘘である。しかし、無実の人の虚偽自白に見られる嘘は、これとはまったく異なる。

取調官は目の前の被疑者を見てもそれだけでは真犯人なのか無実の人なのかは分からない。ただ彼らの職業意識からすれば、逮捕までした被疑者は犯人でなければならないし、犯人として自白してもらわねば職務をまっとうできないかのごとく考えやすい。そこで真実の否認のなかにもみかけの矛盾を見つけ、アラを見つけて追及する。真の否認でも、人間の記憶によるものであるかぎり間違いもあるし欠落もある。そこを追及することで被疑者が行きづまることもあるし、何より非対等関係のなか下から上への弁解は往々無力である。そのことは第八章でしつこく述べたところである。ともあれ無実の被疑者が結局、嘘の自白に陥ったとき、そこでできあがる嘘関係は、真犯人の嘘の否認とはまったく異なる。

図25に書き表わしたように真犯人の嘘の否認では取調官はまさにその嘘を疑う「対立的関係」にある。ところが図26の無実の人の嘘のばあいは、その嘘は当の取調官の追及が生み出したものであって、取調官はこれに対して

「支持的関係」をとることになる。被疑者は突きつけられた証拠、情報を組み込んで、想像力をめぐらし、嘘の犯行筋書を描くが、取調官は、この嘘に疑惑の目を向けるのではなく、矛盾を見つけ、アラを見つけ、欠落を見つけても、逆にこれを取り繕う方向で、再考を促し、訂正をすすめる。そこでは取調官は嘘をあばくどころか、嘘を補完し、共同的に支えるのである。

同じく嘘と言っても、先の「対立的な嘘」とこの「共同的な嘘」とでは性格がまったく異なる。一方は相手の嘘をあばこうと虎視眈々とねらっているのに、他方は嘘のほころびに目を光らせるどころか、それを取り繕わせることに必死になる。そうだとすると、よほどひどい自白でないかぎり虚偽自白の嘘があばかれない道理である。

ほんとうのところを言えば、対立的か共同的かは、ただ立場上の差異にすぎない。第三者的にみれば、どちらの嘘にせよ、嘘は嘘である、立場性を離れて被疑者の言葉をそれ自体として捉え、理解しようとすれば、それが嘘であるか真実であるかの判定は必ずしも難しくない。ところがその立場性に規定されて、被疑者の言葉をそのなまの形で分析、検討する以前に、結論を先取りして「こいつが犯人なんだから」と思ってしまうと、見抜けるはずの嘘も見抜けない。それは取調官に限らず、裁判官にしても同じである。「重罰を科せられるかもしれない事件で無実の被疑者が嘘の自白などするはずがない」などという固定観念に囚われてしまえば、自白があるというだけで、その内容の矛盾、変遷に深く立ち入ることはなく、被告は犯人であるとの心証を抱きがちになる。

図26

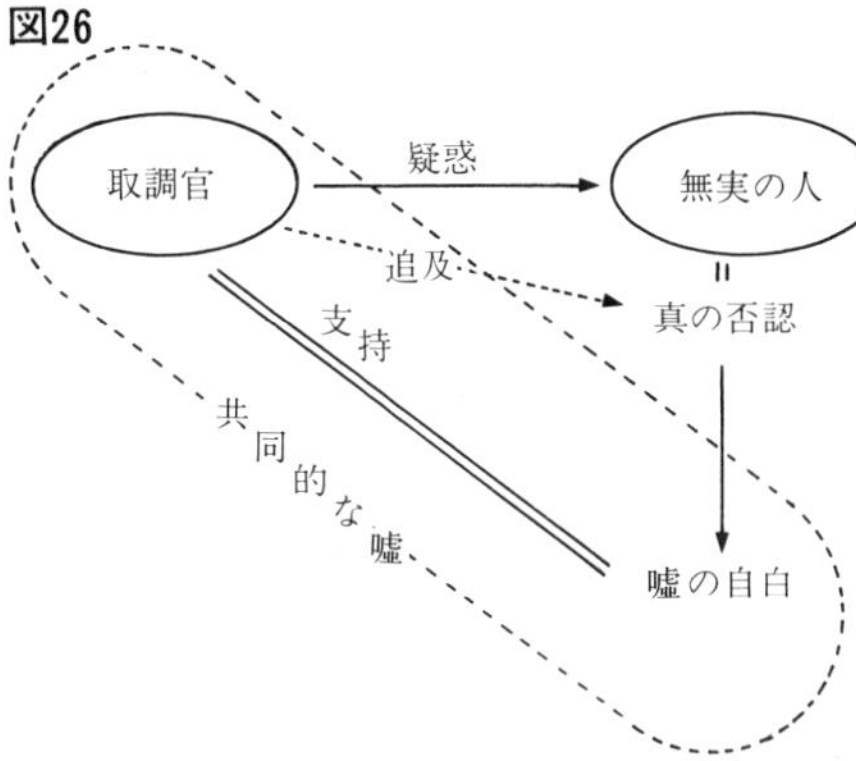

被疑者を犯人と決めつけた取調官が強引な取調べで自白させる。いったん自白へ転回した被疑者は想像的に犯人を演じ、自白を展開させる。その自白内容のほころびは無実の人の嘘の表われとしてではなく、真犯人の間違いとして、あるいは真犯人の未練たらしいこだわりとして指摘され、取り繕われ、共同的なかたちで嘘が進行する。そうして最後に登場する裁判官まで、この共同的な嘘の輪に参与すれば、結局虚偽自白は最後まで見破られることはない。

仁保事件のOの虚偽自白にしても、第一審、第二審の裁判官はこれを真実としてOに「死刑」の判決を下した。Oは公判廷で犯行をはっきりと否定し、虚偽自白のできあがった経緯を詳細に供述した。おまけに裁判官は取調べの録音テープまで提出されてこれを聞く機会をもった。にもかかわらず裁判官たちは虚偽自白の嘘を見抜けなかった。虚偽自白のほころびは取調官のみならず裁判官によっても繕われたのである。

無実の人が「犯人に扮する」などということは、本来、それを見抜こうとする人がいるかぎり、不可能に近いことである。しかし、その嘘が対立的な嘘でなく共同的な嘘として、嘘を見抜くべき当の相手から逆に支持されているのだとすれば、あばかれる恐れはない。

取調べの場で被疑者が「犯人に扮する」、取調官はこれを支え、唆す。この共同的な嘘の構図のうえに「悲しい嘘」は展開される。よく考えてみればじつに他愛ないこの嘘の構図が、取調官たちにも裁判官たちにもなかなか見抜けない。ひとたび被疑者の立場に身をおき、彼が巻き込まれた心的過程に思いをはせれば、容易に見抜けるはずなのだが……。

ともあれ、ここでは虚偽自白が被疑者自身の参与した共同的な嘘であるということを確認し、従来の自白論の誤解を拭い去ったところで、次章ではさらに具体的に虚偽自白の展開過程に踏み込んで見ることにしよう。

第十一章　虚偽自白の内容展開過程の諸相

虚偽自白は、無実の人があえて「犯人に扮して」作り出す悲しい嘘である。この嘘は、小説のようにまったくの架空世界を設定して作り出す物語と違って、あくまでこの現実世界を舞台に、そのうえで現実の話らしく構成せねばならない。そこには現実と虚構との重なり合いがあり、せめぎ合いがある。

たとえば、前章でたとえとしてあげた子どもの嘘で言えば、彼は親から「新しいプラモデル」があることを指摘され、ついで「ゴミ箱のなかの包装紙」を指摘され、さらに「机の中のお金」を指摘される。この指摘された物の現実性は否定できない。こうして相手も知り、自分も認めざるをえないその現実を説明することが子どもには求められている。ただし彼は「親の金をくすねて買った」という自分の内の真実を打ち明ける気はない。そこで相手から指摘された現実を組み込み、かつこれを真実とは違うかたちで説明しなければならない。しかもその説明は、「○○くんと遊んだ」とか、「○○屋に一緒に買いに行った」というふうに十分ありうる話に織り込み、現実味をもった形で、問いつめる相手の前に差し出さねばならない。「プラモデルを猫が食わえてきた」だの「手品のように包装紙が湧いて出た」だの、非現実のお伽話をするわけにはいかない。嘘というのは現実と虚構との間にあって、その両者の境目を相手に錯覚させることにその本質があるものなのである。

虚偽自白を行うばあいにも、当然、同じことが言える。与えられた現実（現場の状況や証拠）をただ架空のかたちでストーリーにして自由に語り出すだけではすまない。そのストーリーをまさに自分が主人公として演じなければならない。とすれば自分自身が実際にたどってきた現実と私が「犯人に扮して」演じる虚構とをどう重ね合わせ、織り合わせるのかが問題となる。言葉にして言えばたいそうに聞こえるが、虚偽自白にかぎらず嘘というものは、そもそもそういうものなのである。

第一節　無実者の現実のなかに虚構の入る空白をこじ開けること

無実の被疑者が犯行を自白するとき、まず問題となるのが、犯行に要する時間帯を、被疑者の現実の日常生活のなかにどう組み込むのかという点である。もし推定された犯行時間帯に被疑者が別の現実の行動の流れのなかにいたことが確認されれば、取調官にとっても被疑者の無実を信じないわけにはいかない。そこで被疑者が否認を崩して自白へと転じ、犯行筋書を語り出す前にまずクリアしなければならないのが、このアリバイ問題である。被疑者の現実のなかに、犯行筋書を描き込む空白をこじ開けなければ、事ははじまらない。

無実の人は、問題の犯行が行われていた時間帯に、どこか別のところで何か別のことをしている。ただ、人間の行為は過ぎ去ってみれば多くは夢のようなもの、物的な形でほとんど痕跡を残さない。そこでアリバイを示そうとすれば、多くのばあい、問題の時間帯における自分の行動を他者の記憶によって証明をしてもらうか、自分の内の記憶から問題日時の行動を思い出し、現実との照応を示してアリバイ主張をするか以外にない。ところが人間の記憶は不確かなものであるし、また本当にそうだったかと疑ってかかれば証明のしようのないことも多い。それゆえ被疑者を犯人として決めてかかる取調べの場のなかでは、被疑者が犯行を行ったと見なせるだけの空白の時間帯が案外簡単に作り出されてしまう。もとより対等な人間どうしの間では難しいことだとしても、非対等の強圧的な場で、被疑者は支えてくれる味方もなく、自分の現実を確かめる情報さえコントロールされている。そうした場のなかで犯行に要する空白がこじ開けられる。

たとえば前章で詳しく見た仁保事件のOのばあい、事件の一年半ほど前の一九五三年に故郷を出奔し、五四年九月（つまり事件の一年ほど前）から大阪の天王寺公園に仮小屋を建ててバタ屋の生活をしていた。出奔以来この事件で逮捕される五五年一〇月まで一度も故郷の仁保に帰ったことがないと彼は言う。彼が、その言うとおり事件当時大阪でバタ屋生活をしていたとすれば、山口で事件をおこすことは不可能である。警察がOの主張に少しでも耳を傾け、大阪での彼のアリバイを真剣に確かめようとしていたならば、アリバイ立証はさして難しいことではなかったかもしれない。ところが警察はOを犯人と決めつけたまま、彼のアリバイ主張を裏づけようとの努力を払わなかった。してみると、逮捕時点で事件からすでに一年近い、会社勤めでもしていたのなら別だが、いわゆるバタ屋生活をしていたOについて、一年も前の事件前後数日間の空白を作り出すことはいとも簡単なことである。そしてその空白の数日間、彼が「大阪から山口の仁保に帰った」ということを認めさせれば、犯行筋書の舞台はととのう。大阪での生活からすっぽり数日間を抜き出して山口に身を移すのであるから、そこには大阪での現実とは一切かかわらないまっ白な空白が用意されたことになる。あとはOが、このまっ白な紙の上に、現場の状況と諸証拠を組み込んで一通りの犯行物語を描きさえすればよい。

白紙の上に絵を描くほど自由なことはない。しかし当のOの身になってみれば、何を描いていいか分からぬまま、手がかりも与えられず、相手の思い描いた絵を想像しながら白紙の上に絵を描かなければならないのである。それは彼自身も言うように、じつにつらい作業であった。仁保に帰ったことを認め、否認から自白へと転じて以降、それなりの自白調書（これさえまったく未完成であったが）にするまでに一一日間の日数を要したことは、その問題がいかに困難なものだったかを物語っている。

ところで、このOのケースのように、大阪での生活からスッポリ数日間を抜き取って場所を遠く山口にまで移し、そこに犯行筋書を作るというような例は、あまり多くない。通常、人が事件の容疑者として疑われるのは、現場付近に立ち廻る可能性をもっているからである。豊橋事件のMのばあい現場は自分の勤めていたお店だったし、甲山事件のYのばあいも勤務していた施設であった。狭山事件のIのばあいは、死体発見現場がまさに彼の生活圏の一角であったし、野田事件のAのばあいも死体発見現場が彼の自宅の裏の竹林であった。死刑確定後再審無罪となった免田事件のM、財田川事件のT、松山事件のS、島田事件のA、いずれも現場は彼らの生活圏の内にあった（ただ島田事件のAのばあいは、事件の頃、仕事を求めて東京に出かけ、東京から事件のあった島田方面に向けて放浪の生活をしていた点で、多少仁保事件の状況に近い。しかしそれでも彼のばあい、Oと違って少なくとも日単位のアリバイが問題となり、それが反証のための武器の一つとなった)。

このように現場が被疑者の生活圏のなかにあるばあい、白紙の上に嘘の物語を展開するというぐあいにはいかない。当然ながら、実際の犯行の流れと被疑者の実際の行動のからみ合いが多くなる。そこで虚偽の犯行筋書を描こうとするとき、今度は現実との重なりのなかで、いろいろ複雑な絡みが出てくる。

豊橋事件のMのばあいは、下宿への帰宅時間をずらして、そこに犯行筋書を書き込む空白を作った(二一九頁)。つまりその時間帯に彼は犯行現場となるお店に出かけ、被害者とテレビを見たのち犯行に及ぶことになる。ここで一つ注目したいのは「テレビを見た」という部分である。これはMがアリバイ主張として「下宿に帰ってテレビを見た。その番組は……」というかたちで弁明していたなかにすでに入っていたものであった。つまりこれはMの現実の行動の一コマだった。「テレビを見た」という同一の行動が「下宿で」という現実の文脈から、「お店で」という虚構の犯行筋書の文脈にすりかえられたのである。こうして現実と虚構が絡み合う。仁保事件のOのように、まったく白紙の上に絵を描くというのではなく、作られた虚構の空白のなかに被疑者自身の現実の行動が組み込まれて筋書が描かれる。

白紙の上に絵を描くのとはちがって、同じ場面が現実と虚構とでからみ合うとき、そこで矛盾をきたすこともしばしばある。たとえばMがどこで「テレビを見た」かは、彼のアリバイを証明するうえで重要なポイントであった(1)。豊橋事件は一九七〇年の事件で、当時テレビが白黒からカラーへと切り換えられて行く過渡期であった。Mの下宿のテレビはまだ白黒、被害者宅はカラーテレビだった。そこでMの見たものがカラーだったか白黒だったかが重要となる。それはまだMを逮捕する以前、参考人として取調べている段階であった。Mを犯人と見なし、アリバイ崩しにやっきになっていた取調官は彼が下宿でなく被害者宅でテレビを見ていたとの確証をとろうとした。そしてMの口から当の番組を「カラーで見た」との供述を引き出すことに成功するのである。取調官たちからすれば、これはMが問題の時間にテレビを被害者宅で見たと言ったに等しい供述であった。当然彼らは喜んだ。ところが、のちにこの時のテレビ放送は、四国からの生放送でカラー中継ができず、白黒で放送されたことが明らかになったのである。何とも皮肉な結果であった。Mからとった「テレビをカラーで見た」との供述は明らかに嘘であった。そしてMが自分の方からそうした嘘をつく必要性はまったくない。「Mは被害者宅でテレビを見たはずだ。とすればカラーで見たはずだ」という取調官の思い込みが、強圧的な取調べを通してMの供述の嘘となってそこに表われたものにほかならない。

被疑者の現実のなかに空白の時間を押し込んでその上に虚構を描くとき、そこにはこのように繕いようのない矛盾を来たす例も出てくる。あるいはそこまでいかなくとも、現実の行動の流れとしておよそ無理だと言わねばならないようなストーリーが組み込まれることもある。

甲山事件のYのケースを見よう。Yは二人目の被害児が行方不明になったとき、たしかに学園内にいた。問題の日、Yは一人目の行方不明園児の捜索ビラをまくために駅ターミナルに出かけ、夜の七時半ごろ学園に帰ったのである。そして八時すぎ、二人目の園児が行方不明になったと聞くまで、園長や同僚二人と事務室で今後の捜索対策について話していたという。その間に、捜索にかかわる電話などをあちこちにかけ、また外からの電話をいくつか受けたことも確認されている。ところが、七時半から八時すぎまでの間にやった行動を分刻みで想起されることを要求され、それらを積算した結果として、そのあとに「一五分の空白」が作り出された。一つ一つの行動に要した時間を足し合わせても、その行動と行動の間の時間を勘定に入れなければ、そこに「空白」が生まれてくるのは当然である。このことはすでに第七章で述べた（三四九―三五一頁）。この「空白の時間」がYの心に重くのしかかって、最後に彼女は「私がやりました」と言うことになる。彼女の現実の行動の流れのなかに「空白の時間」がこじ開けられて、そこに犯行筋書が描き込まれることになったのである。純粋論理的には、これだけの時間があれば園児を連れ出して裏のマンホールに投げ込むことも可能である。しかし、現実の人間の行動としてはどうであろうか。それは誰もいない真夜中の一五分ではない。夜の八時前後は、小学生までの子どもが就寝準備し、保母と指導員が就寝の介助に忙しく立ち廻る時間であるし、中学生以上の子どもたちは起きてテレビを見、あるいはまだ遊んでいる時間である。つまり寮内は皆が居室で寝しずまった状態ではおよそなく、子どもたちや保母・指導員が寮内をウロウロしている時間である。Yの行動のなかに「一五分の空白」をこじあけても、それはY一人だけのこと、世の中のすべてが真空になったわけではない。そこにどのようにしてYの犯行を織り込むことができるであろうか。寮内の現実の生活の流れのなかに、Yの自白の虚構を押し込むことはおよそ不可能である。現実と虚構がぶつかって、いかんともしようがないのである。

しかし恐ろしいのは、Yの虚構の自白を文字面だけで読んで、そこに学園の現実の流れを重ねて見ようとしない人々には、この矛盾が見えないということである。いやY本人からして、寮の現実は知悉している。その現実を思いうかべれば、自分の自白がいかに非現実的であるか、おのずと気づかざるをえないはずである。しかし、彼女は自分にとってありえぬ逮捕のなか、分刻みのアリバイを要求され、それさえ証明できればと錯覚するなかで、現実感覚を喪失していた。それ以上に自分が「犯人になる」ということ自体が非現実的なことである。そうした非現実意識に囚われたYには、学園の現実と照らし合わせて犯行筋書を考えることができなかった。

ただYのばあい、これも先に見たように、自分が殺したと言われている園児が行方不明になったとき、それこそ懸命に探したこと、暗い園外に出て甲山の山中を探したこと、そして石油ショックの折、ネオンがまばらでさみしい街を見下ろしたことを生々しく思い起した。そのことによって、自分の現実感を取り戻し、彼女は否認する。一度は自分が知らないところでやってしまったのではないかと思わされてしまった彼女も、園児捜索のときの必死の思いをよみがえらせることで、「空白の時間」のなかで自分がやったとされる行為が、その直後の園児捜索の懸命の行為と決してつながらないことに、いまさらながら気づいて虚構の自白を撤回することになる。

虚構の犯行筋書を描くためには、それを描くための空白が必要である。この空白を作り出すこと自体に成功しても、今度はそこに描き込んだ虚構が、前後の現実そのものと衝突して、うまくおさまらない。本来、虚構と現実は水と油、うまく溶け合うはずがない。それでも何とか「犯人に扮する」ことをまっとうしようとして、取調官からヒントももらい、矛盾を繕う。しかし、それでもうまくいかないことがあるのである。

仁保事件のOのように、真っ白な白紙に筋書を描き込むことの難しさに辛くなって、いったん否認に転じることもあるが、考え出した自白がどうしても現実とぶつかって、その矛盾を繕えず、自白を諦めるというケースもある。第九章で見た清水局事件のKのばあいがそうである（四八四頁）。

この事件のばあい、こっそり抜きとった書留の小切手を換金するための行動が問題となる。そのなかでもとくに小切手に裏書きするための会社印と個人印の偽造のために印判屋をおとずれた日時がポイントとなった。印判屋の控えに記録された日時は、Ｋの勤務の非番にあたっていた。その控えそのものが一日間違っていたことはずっとのちに判明するのだが、逮捕当時のＫはそのことを知るよしもなく、その日時のアリバイを思いだそうと懸命になる。しかし、結局、それに失敗して、「空白」を埋められず、弁明に窮したＫは諦めて自白をはじめる。そして、その自白にも彼は失敗する。その間の経緯を彼は次のように語っている。(2)

山下さん（刑事）は、金、印鑑、印判店に行った日等調べました。私は事実でない事を自白するのですから、すらすら言えません。それで日時に間違いない様、当時の勤務表を書いて、事件に合せて答えました。

印判店に行った日時を問われて私は困ってしまい、まさか一日で二個の印鑑が出来るとは思わなかったので、八日に注文した事はわかったから、八日に注文して十日に取りに行ったと答えました。

金、印鑑等の所在を聞かれた時も困ってしまい、盗らない金を有るとは言えないから何とか使った事にしなければならないので考えたところ、いつか一寸見た事のある街頭でやっている賭博を思い出し、それをやって五万円位負けてしまい、残りは清水や静岡で飲食費に使ってしまったと答え、印鑑も有るとは言えないから羽衣橋より川へ投げてしまったと答えました。今度は別の刑事さんに代って、山下さんより詳しく言えと言われたが、今まで調べられている間にわかった程度しか言えないので、その程度の事を申して、刑事さんがこうしたろうと言うのへ相槌を打つより答える方法がありませんでした。印判の代金を問われて又困ってしまい、想像して両方で三百円でしたと答えましたが、正確に当るはずがなく、又、印判店に判を取りに行った日と違うこともわかり、私は矢張り事実知らない事を言ってもだめだ、結局罪になろうとなるまいと事実を述べ私でない事を表明するより外にないと思い、今まで自白した事は虚偽であり、私は犯人でないと否認を始めたのです。

Kのばあい、このあと否認を貫く。ただ、これが仁保事件のような重罪事件であったならば、はたしてこの自白撤回をそのまま維持できたかどうか、また取調官がそれを許容したかどうか疑問である。しかし、いずれにしてもこの事件では、被疑者が途中で自白を撤回しているにもかかわらず、さきに見たように第一審、第二審で有罪判決を受け、K本人の独自調査で真犯人が明らかになってはじめて無罪となった。なんとも言い難い思いになる。

現実のうえに虚構を重ねて矛盾のない筋書ができることは、本来ありえないはずである。しかしその矛盾をなんとか取りつくろって虚偽自白はできる。その取りつくろい方は時にきわめて強引なものとなる。その強引さ、そしてその無理かげんは被疑者本人が一番よく知っている。しかし、その被疑者の辛さが取調官や裁判官にはなかなか見抜けない。その根元にあるのが、なまなかなことでは抜きがたい有罪確定の思い込みであることは明らかなのだが……。

ともあれ、次に進もう。

第二節　現実の読み換え——タテの誘導

無実の被疑者の現実に空白がこじ開けられ、そこに犯行筋書が描き込まれる。しかし、それだけでは描き込まれた虚構と、その前後の現実とがうまくなじまない。「犯人になった」という虚構を組み込もうとするかぎりは、前後の現実も「犯人らしく」書きかえられなければならない。

1　甲山事件の例から

たとえば甲山事件のYは、園児の死体が発見されたとき鎮静剤を注射せねばならぬほど取り乱した。それに園児の葬儀には亡骸に顔を寄せて泣き出した。これは彼女の現実の行動であった。それは、行方不明になった園児を必死になって探して不安を募らせていたさなか、その園児たちが死んでいたと聞かされたショックであり、自分が宿直担当していたときに死なせてしまった責任と慚愧の思いに耐えかねての、おのずからなる感情の発露であった。

ところが、Yを犯人と見なす人たちの目からは、これこそが〝怪しい〟行動であった。警察はこれを、犯人が犯行後に洩らす「後発現象」と呼んでいる。このようにして事件後のYの現実の行動が、彼女を犯人とする虚構のなかに読み換えられていく。

しかし、この読み換えは往々恣意的である。物語り的な〝らしさ〟が、勝手な読み込みを正当化する。あれだけ目立った取り乱し方をしたのだから、やはり〝怪しい〟というわけであろうが、もし逆に彼女が死体発見後も冷静で、葬儀でも落ちついていたなら、死んで見つかって皆が驚き悲しんでいたのに冷静だったのが〝怪しい〟となっていたであろうし、葬儀でも〝図々しく平静を装っていた〟ということになろう。その手の読み換えはいかようにも可能なのである。

ほんとうのところは、物事を事の流れに即して見れば、もう少し素直に現実の意味が見えてくるはずである。園児が死体で発見されたときYが取り乱したことも、素直に考えれば、それが彼女にとって予期しえないことだったからにほかならない。最初の子が行方不明になってすでにまる二日が過ぎていた。三月中旬で寒い夜が続いたなかでのことである。ひょっとして山中で凍死しているかもしれないとの不安を抱きつつ捜索をつづけていた。そのさなかに二人目の子どもが行方不明になって、暗闇の山中に捜索に出かけて帰ってきたとき、彼女は二人が園内のマンホールで死んでいたことを知らされたのである。もしYが犯人ならば、この死は当然知っていたことになるし、いずれそこから発見されることも予期していたはずである。とすれば死体発見の報に、彼女がショックを受けて取り乱すなどということがありえようか。警察が犯人の〝後発現象〟と呼ぶ彼女の感情錯乱が、実は彼女の無実の証しなのである。これが情理に適った理解というものであろう。

ただ、こんなふうに説明すると、今度は、それならその感情錯乱は彼女の演技なのだという者が出てくる。屁理屈というのは、どこまで行ってもついてくるものである。

いずれにせよ、こうして被疑者の現実を犯行ストーリーのなかに組み込むことで冤罪というものは出来あがってくる。そしてそのストーリーが外から押しつけられるだけでなく、被疑者の側がこれを内から引き受けていくのが虚偽自白ということになる。そしてその被疑者自身の引き受けて演じる虚構にも、現実の虚構的な読み換えが行われていく。Ｙの自白には次のようなくだりがある。自白への転回後四日目のものである（一九七四年四月二〇日員面）。

（捜索のビラまきから学園に帰って、園長か同僚と事務室で今後のことなど話し合っているとき）私の不注意でたくさんの人に迷惑をかけたという自責の念でいっぱいになり、そのことが終始脳裏からはなれないまま……（事務室からグラウンドに出て向かいの青葉寮へ向かった）……どこから入ったかよく思い出せないのですが……これもよく思い出せないのですが、クツのまま入ったと思います……早苗（仮名）ちゃんの部屋で遊んでいたと思うＳ君（被害児）を見て、「Ｓ」と呼びました。Ｓを見た瞬間、カモフラージュするためにはこの子をマンホールに投げ込み殺そうと思ったのです。……出て来たＳの手を引いて長い廊下を通ったことは憶えております。このことから考えて、確かに女子棟の非常口へ行き、持っていたマスターキーで戸を開けて、外へ出たのです。……

「よく思い出せないのですが」とか「……と思います」とか「このことから考えて」といった言葉が、あいだあいだに入って何とも煮えきらない自白になっている。彼女もまた仁保事件のＯと同様、こじ開けられた空白に絵を描きあぐねていることが、調書の文面のうえにすら表われていることが分かる。しかしＹのばあいは、現場はまさに自分が二年間つとめてきた職場である。想像をめぐらそうとすれば、十分可能である。それでもこのような曖昧な言い方しかできない。それはともかくとして、この自白の引用の冒頭を見ていただきたい。「私の不注意でたくさんの人に迷惑をかけたという自責の念でいっぱいになり……」とあるのは、この自白の文面上はＳ殺害の動機につながるものとして述べられている。Ｙはその前日はじめて犯行動機を語り、そこでは「三月一七日、Ｔ子ちゃん（一人目の行方不明園児）を青葉寮裏に捜しに行ったとき、浄化槽の上で遊んでいたので声をかけると、よろめいてたまたまフタの開いていたマンホールに落ちた。大変なことになったと思って、誰にも告げず、フタを閉めて、その場を去った。しかし職員全員がかり出されて捜索をはじめて一日二日とたって、このまま行けば当日の宿直にあたっていた自分が殺したと思われはしないかと思い、別の人の当直中に同様の事件が起れば、嫌疑がそれるかと思って、カムフラージュでこの日に犯行を決意した」といった趣旨のことを自白していた。この動機の自白がいかに非現実的かは別として、私たちがここで注目したいのはこの日の自白で右に引いたように「私の不注意……」とあるのは、実は彼女の当時の現実の気持ちそのものであったということである。三月一七日、彼女の当直勤務中にT子ちゃんが行方不明になったことは事実であるし、そのことに彼女がひどく責任を感じていたこと、そしてその日のお昼、仕事をしている最中にT子ちゃんが自分のところにやって来たのに「あっち行き」とじゃけんにしてしまったことが、Yのなかでは負い目としてあった。その現実の思いがここでそのまま語られている。ところが、この自白の文脈上はこの「自責の念」のゆえに今度はS君を連れ出して殺すという話になっている。自分の責任だと強く思ったがゆえに、別の人の当直のときに同じ事故が起これば自分の責任がカムフラージュされるという、なんとも奇妙な動機自白に、現実の彼女の思いが読み換えられ、組み込まれているのである。

現実の読み換えの結果が、この動機部分以外にもあちこちに影を落としている。その一つは第二章で触れた園児供述に関わる部分である（九八頁）。それはいまの動機自白のように、Yが自分自身の現実を読み換えたものではない。第三者たる園児の供述のなかで、ある供述の断片が犯行文脈に読み換えられて、目撃供述として確定され、それがY逮捕の最大のきっかけとなり、また彼女の自白のなかにも織り込まれた、そういう間接的なものではある。しかし、これさえなければ甲山事件という冤罪事件はなかったという意味できわめて重要な、現実の読み換えであった。

右に引用したYの自白のなかに「早苗ちゃんの部屋で遊んでいたと思うS君を見て……」というふうに、S君（被害児）を見つけたのが早苗の部屋であり、そこから呼び出して女子棟廊下づたいに非常口から外に連れ出した筋書が描かれている。どうしてこういう自白が出てきたのか。これはYがまったくの想像で思い描いたものでない。彼女は自白以前、取調官から「連れ出すところを見た子どもがいるんだ」と言って追及されていた。それにS君が一緒によく遊ぶ相手と言えば早苗であるというのは、職員も子どもたちもよく知っている周知の現実であった。それゆえ「犯行のこの日、S君が早苗の部屋で遊んでいるところを連れ出した」という自白の筋書は周知の日常的現実の読み換えでもあった。しかし問題はそれだけでない。早苗は障害の度合が重く、言葉がない。それゆえ目撃者たる条件を欠いている。その点、早苗と同室のM子は学園のなかではもっとも障害の軽い部類に属し、他の園児に比べればしっかりしていた。それゆえ「連れ出すところを見た」と言った園児がいたとすれば、このM子以外にない。Yは別の調書で「見ているとすればM子ちゃんしかいないと思います」と供述している。そしてこのM子の目撃供述こそが、まさにここで言う典型的な読み換えであったことは前に述べたとおりである。つまり、事件との関係を意識することなく日常的な文脈で「Y先生がSくんを連れて行った」と述べた供述が、のちに強引に事件の文脈に組み込まれ、事件の意味の下に読み換えられていったのである。これを私は「タテの誘導」と名づけた。

甲山事件で検察が組み立てた犯行筋書は、最後の「マンホールに投げこんだ」という直接犯行行為の部分を除けば、すべて学園の日常的情景、学園内の日常的行為を組み合わせて出来上がるものである。そこには職員であるY、園児である子どもたちの現実の行為がモザイクの断片として組み入れられ、事件文脈の下に読み換えられているのである。

2　松川事件の例から

このような現実の読み換えによって偽の目撃供述や偽の自白が出来上ってくる、その典型として私たちは、やはり松川事件のAの自白について触れないわけにはいかない。事件についてはすでに第八章で簡単に紹介したが、ここではAの自白の経緯を中心にみておきたい(3)。

列車転覆の事件が起こったのは、一九四九年八月一七日午前三時九分のことである。下山事件、三鷹事件につづいて起こった国鉄関連の大事件に、警察・検察は捜査の最初からこの事件の背後に「思想的底流」として共産党がからんでいるとの想定の下、大規模な捜査をはじめた。そのなかで同年の七月、国鉄第一次整理のさい馘首されたA（当時一九歳）が捜査網にかかる。彼は別に共産党に関わりのある人間でもなかった。むしろ仲間に町のチンピラも多く、よくケンカなどもする若者にすぎなかった。このAが網にかかったのは、周辺地域の事情聴取にまわっていた警察官が、Aの友だちであったIとSから、彼が列車転覆の話をしていたとの話を聞き込んだからだとされている。もちろんそれだけであれば別に問題にはならない。すぐ近くで列車が転覆して三人の乗務員が死んだという大事件である。当然町の噂にもなった。知り合いが会うたびに寄るたびその話になってもおかしくない。ところが、警察が二人から聞き出したところでは、Aの「列車転覆」の話は事件後の噂ではなく、事件前の予告だったというのである。もしそれがほんとうならば、これは大問題である。事件前に予告したとすれば、Aはまさにその事件を起したグループに何らかの形で関与していたと考える以外にない。この点が松川事件という大冤罪事件の最初の分岐点であった。

問題は、Aの「列車転覆」の話が事故前の予告だったか、事故後の噂だったかということに集約される。この問題を解く手がかりはいくつかある。一つは、Aのこの「列車転覆」の話がいつなされたのかという問題である。事件は八月一七日午前三時九分発生した。その前の一六日夜以前にこの話がなされたのなら予告となるし、一七日の朝以降なら単なる伝聞ということになる。Aからこの話を聞いたとされる友だちの一人Iは、法廷で検察官の主尋問に答えてこう述べている(4)。

　私は警察に行った時は、その時A君から列車転覆があるんじゃないかという話があったと言いました。それはA君が僕とS君の前で言ったのですから、そう言った事ははっきり断言できます。しかしその夜(一六日)言ったのか翌朝言ったのかはっきりしないから、はっきりしたことは申し上げられません。

Iはその話を聞いたのが一六日夜か、一七日朝かよく分からないというのである。ただ反対尋問では、警察に呼ばれたとき取調官からはしきりに一六日夜(つまり事件前)ではないかと脅されたという。また右の法廷証言では「列車転覆があるんじゃないか」という話があったとの未来形で聞いたように述べられているが、反対尋問では「引っくり返ったんじゃないか」という過去形の表現で聞いたというふうになっている。

Aから話を聞いたとされるもう一人の友だちSは法廷で八月一六日の晩には列車の「脱線という話は聞きませんでした」と断言し、事件後「脱線があった」という形でAからその話を聞いたという。そのSもまた警察では「一六日の夜ではなかったか」としきりに聞かれ、そう言わなければ警察から帰してもらえないような雰囲気で、その場はやむなくそれを認めてしまったと証言している。(5)

二人のこの法廷証言を聞くかぎりは、予告の線は薄い。それぱかりか警察での事情聴取では「一六日夜に聞いた」と言わざるをえないような強圧的な誘導があったことが示唆されている。

もう一点、話を聞いた時点がいつだったかという論点のほかに、その話が未来形で語られたか、過去形で語られたかという論点もある。さきに引用したIの法廷証言では検察官に答えて、最初未来形で（つまり予言的な形で）言うのを聞いたとなっていたが、反対尋問では過去形になっているし、Sの証言では一貫して過去形で（つまり事件後聞いた噂の形で）言うのを聞いたということになっている。とするとこの論点でも予告の線は薄い。

二つの論点のいずれにおいても、Aの「列車転覆」の話は事件後、過去形で語った伝聞であった可能性が高いと言える。ただ、I証言にはなお曖昧さが残っていることからみると、まだこれでもって決定的とは言えない。いや現実に第一審、第二審は、事件の出発点たるこの「A予言」を事実と認めて大量死刑・重罪の判決を下した。少なくとも警察の事情聴取では二人ともAが「一六日夜、未来形で」予言的に言うのを聞いたということになっているし、これを認めようとしないAに対して、警察はIとSを連れてきて対決させている。A自身、このことを控訴趣意書のなかでこう書いている。(6)

全然身に憶えのない八月十六日の晩、SやIに今晩列車の転覆があると言ったろうと、私に恐ろしい眼をして言って来たのです。私は全然言った事はないので、言った事はありませんと答えました。すると武田部長は、「なに、言わない……嘘を言うな、SやIがお前が今晩列車転覆があると言ったのを聞いているのだ」と声が大きくなって、「誰にその話を聞いたか」といじめられるので、私は誰にも聞かないし、又そのような事は全く言った憶えがないので、本当にそのような事は言いませんと言うと、武田部長は「お前が言わないというのは嘘だ、SやIが言っているから嘘だ」と言って、今度はSやIを私の眼の前に連れて来て、私が言った事がないのに、八月十六日の晩列車転覆があると言ったと言わせるのです。そして武田部長は「SやIがこの通り言っているから、言わないというのは嘘だ、嘘だ」といじめられるので、私は全く困ってしまいました……

上告審に持ち込まれたさいの最高裁調査官報告書には、このようにAをIとSに対決させたことをとらえて、もし伝聞的に「過去形で聞いたのであったとしたならば警察官は恐らくAと対質させることもしなかったと考えられるから」Aの発言は八月一六日の晩になされたものと考えてよいと述べられている。ただの噂として伝聞的に聞いただけのものなら、どうして警察がわざわざそれをとりあげてAと対決などさせるだろうかというのである。しかしこの論法は、警察での事情聴取自体が何らの圧力もなく、ありのままに聞きとられたものだということを無前提に主張しているだけのことである。Sは第一審法廷で、かつてあった喧嘩のことを持ち出されて、これでもって留置場に留めてやるとのおどしを受けたと証言している。彼は朝五時に呼ばれて夜一〇時まで調べられたという。以下は弁護人の尋問にこたえた彼の証言の一部である。

問　警察の人は証人に何と言って聞きましたか。

答　警察ではAが言ったのは十六日の夜でないかと聞きますので、私は昼であったか夜であったか断言できないと答えたのです。それでも警察の人は「夜でないか、夜でないか」と何度も念を押しますので、夜だったかな、と言ったのです。すると刑事は夜という事に調書に書いてしまったのであります。

問　この時証人は自分の喧嘩か何かの事も聞かれませんでしたか。

答　聞かれました。

問　それに対して係官は証人に何とか言いませんでしたか。

答　この時この事件で種々述べたから喧嘩の事は済まして留めないで帰すと言われました。

問　それでは留めるとか留めないとか言って居ったのですか。

答　はい、調べに入る前に、今日は留って行くか、とおどかされました。

問　この調べの時、十六日の夜かなと言った時は本当にそう思ったのですか。

答　そうは思いませんでした。
問　何故思いもしない事を言ったのですか。
答　夜か夜かと訊きますので、夜と言わぬと留められるのではないかと考えてそう言ったのです。
問　この日帰り際に証人は警察から何かもらいませんでしたか。
答　百円貰いました。
問　何と言ってもらったのです。
答　煙草でも買えと言う事で貰ったのです。
問　この時警察の人から何か言われなかったか。
答　この事は絶対にしゃべらぬようにと言われました。
問　検事の取調べにはどう答えましたか。
答　やはり警察で申し上げた事と同じ事を答えました。
問　するとAが言ったとか言わないとかいう事ですか。
答　そうです。
問　この時は警察で述べた通り言ったというのですね。
答　そうです。
問　検事に取調べを受けた時も同じように答えたと言われたが、それは警察で言われた時と同じような事を心配したからそのように答えたのですか。
答　そうです。
問　証人として判事の前で調べられた時はどうでしたか。
答　前に述べたと同じくしゃべらないと悪いのではないかと思い、恐ろしくなって、同じように述べたのです。

第一審判決、第二審判決、そして最高裁調査官報告も、Sのこの証言を一切無視している。もちろんこの証言が正しいか否かについては議論がありうる。宣誓にもとづく証言だからといって、信用してよいとはならないのが現実かもしれない。しかし、それを言うのなら警察での事情聴取が公正であったとの根拠もまた、どこにもないという話になる。警察の取調べについては外部からこれをチェックする者がいないために、その証言が正しいのかどうかという論争は、しばしば不毛な水掛論に終る。

さて長々と前置き的な話をしてきたが、右のような事情を前提に、話を〈現実と虚構〉の絡み合いという私たちの論脈にもどして考えてみよう。

A、I、Sというちょっとワルの仲間がいて、彼らは時に警察のやっかいになりかねないケンカの事件をときどき起こしていた。この三人の、一九四九年八月一七日前後の現実がいま問題になっている。ここでかりにAが、警察・検察の筋立てどおり、実際に松川での列車転覆の事件に実行者として関与しており、「A予言」と呼ばれる事態が、AとI、Sとの間で生じたとしよう。もっとも警察・検察の筋立てでも、Aは別に二人を犯行グループに誘うとか何とかいった意図をもっていたことにはなっていないから、これは「予言」というより「失言」ということになる。先の調査官報告自体、それまでの「A予言」という言い方を「A失言」と言うべきだとしている。[9] つまり「口の軽いAがうっかり口をすべらしたというのが真相ではないか」というのである。ともあれ予言にせよ失言にせよ、Aが事件前夜、二人に列車転覆の話をしたとしよう。とすれば、二人はこれに対してどのように反応するであろうか。事件が起こることなど思いもよらない二人は、おそらく「えっ!」と思ったあと、「冗談だろう?」と言って受け流すか、あるいは真に受ければ「それはいったいどういうことか」と問いつめるか……そういう応答を返すはずである。そしてまたAの方でも、うっかり喋ったものとすれば、「これは内緒だ。秘密にしといてくれ」くらいは言うであろう。そして、そのうえで翌日に、本当に列車転覆の事件が起る。これを知れば二人はそのときいったいどう思うであろうか。その驚きようは大変なものであったはずである。前日のAの言ったとおりのことが起こった。とすれば、Aはどこからその情報を入手したのだ。Aはこの事件の犯人グループに関係しているんじゃないか。そう思わないわけにはいかない。Aの予言(失言)を聞いた二人は、こうしてその予言(失言)そのものを聞いた時と、実際の列車転覆事件を聞いた時の二度にわたって、それぞれ違った意味での感情の揺れを感じないわけにはいかない。とりわけ後の方のショックは大きいはずである。そしてもしそうなれば、Aの発言が予言、予告的意味をもったことは明らかで、それが一六日の晩になされたことは動かしようのない記憶となるはずである。Iの法廷証言のように、「一六日か一七日か分からない」（I証人）といった話でありえぬことは明らかである。

広津和郎はその『松川裁判』の冒頭、このA予言問題をとりあげ、実に見事にこのことを見抜いている。話を聞いた日時やその話の文法的な形式についての供述にこだわらず、そもそもの事の流れにおいてこれを位置づけているところに、広津のリアリズムの真骨頂はある。内容的には重複するが、彼の一文を引く(10)。

> それは「今夜雨が降る」とか「月が出る」とか言ったのではない。「列車が顚覆する」と言ったのである。列車顚覆とは大変なことである。しかも数時間後にあの悽惨な顚覆事故が実際に発生したのである。それも遠いところではなく、すぐ地元に発生したのである。
>
> 　A被告がそれを予言しているとすれば、たとえどのように暢気に聞き捨てていたにしても、顚覆があったということを知った瞬間、それを聞いた人間の耳に、聞いた時の何倍かの強さをもってその予言は再現される。「おお、Aが顚覆すると言っていたぞ」と。そしてそれははっきり記憶に刻みつけられる。その記憶に刻みつけられ方は、決してアイマイなものではない。二十日か一カ月後に、Aが言っていたのが事故の前であったか後であったか解らなくなるなどという、そんなアイマイなものではあり得ない。はっきり予言だとして記憶に刻み込まれるのである。これが人間の心理現象である。

人間の記憶は、本質的に意味の記憶である。それゆえ何月何日の何時ころに聞いたという記憶や、聞いた話が未来形だったか過去形だったかなどという細部の記憶は曖昧でも、それがどういう意味のものであったかは記憶から逃れようがない。A発言について言えば、それがいつ、どのような形で言われたかというより、まさにそれが予言であったか、伝聞であったかという意味づけによって記憶のなかに刻まれるものなのである。その点、警察・検察、そして第一審、第二審裁判官および最高裁調査官の判断の仕方は逆立ちしたものであると言わざるをえない。つまりA発言は一六日の晩に未来形の形でなされた。したがって予言（ないし失言）であった、というのであるが、そもそもそういう記憶の仕方はない。Aから「列車転覆」の話を聞いた二人の頭のなかでは、まずこれらが予言であるか、伝聞であるかという意味づけを帯びたかたちで刻み込まれる。そしてもし「予言」として聞いたのなら、警察の聞き込みでも、まずそのことが告げられねばならないはずであろう。ところが、警察はI、Sから「Aが列車転覆を予言するのを聞いた」との供述を得たのではない。「Aが列車転覆の話をするのを聞いた」との供述を得、それがいつなのかを問いつめた結果、事件前夜だということになったのである。

こうしてみると事の流れは明らかである。事件前日一六日の夜は地元の虚空蔵菩薩の祭礼があって、三人は境内で出会ったという事実がある。そして翌一七日三時九分に列車転覆事件が起る。それがラジオニュース等で人々に伝わる。Aもそれを耳にする。Aはその年の七月五日に第一次整理で馘首されるまで国鉄福島保線区で線路工夫として四年間働いていた。事件現場付近のことも知っているし、列車転覆という事件に他の一般の人々よりずっと情報量も多いはずである。そのAが遊び仲間のI、Sに出会う。そこで、他の人より事情に詳しいだけに得意になって、この事件のことを話すというのは自然である。IとSはAのこの話に何の不審も抱くことなく、耳を傾ける。これまた自然である（これが先に述べたようにもし事件前夜に聞いたのであれば、その時の不審感、疑惑が深く残らないはずはない）。ところが、これは国鉄の人員整理問題にからんだ謀略事件だとして警察が大捜査をはじめる。つい一カ月余り前の第一次整理で馘首された人々の周辺に警察の聞き込みが集中したのも当然の捜査の流れであったろう。そうしてAの周辺のチンピラ仲間にも事情聴取は及ぶ。そこで捜査員は、IとSの二人から「Aが列車転覆の話をした」という情報を聞き込む。ここまでは別に間違いではないし、虚構の網はかぶせられていない。ところが、それを聞いたのはいつだと警察が問うところから、虚構のストーリーが忍び込みはじめる。二人はAに会って話を聞いたのだから、Aに会った日を手がかりにして、いつ聞いたのかを考える。二人に聞き込みが入ったのは九月以降、事件からすでに二週間以上もたった後のことであるから、Aにいつ会ったかと考えて、すぐ思いうかべられるのは虚空蔵の祭礼の夜であった。二人は、警察にその日Aに会ったと言う。もっとも三人はしょっちゅう集まっていたツレであるから、会ったのはこの日に限ったことではない。ただ、ともかく祭礼の夜に会ったことははっきり記憶していた。「Aに会って列車転覆の話を聞いた」という事実と、「Aに一六日祭礼の夜に会った」という事実の二つが並べられると、どうであろうか。警察官の頭の中でこの二つが重なる可能性は十二分にあったと言わねばならないだろう。そこから浮かび上ってくるのが「A予言」という虚構である。この虚構の下で、Aは犯人グループの一角として位置づけられる。第一次整理で国鉄の職を失った元線路工夫Aは、一六日夜祭礼に出かけてIとSの二人に「列車転覆」の話をし、ついでその足で犯行実行グループに合流して現場におもむく……。そういう筋立てが組まれることになる。

冤罪の虚構は無から生み出され、白紙の上に描かれるのではない。この虚構は現実の断片から素材を得て、その素材の配置を換え、意味づけを換えて、現実とは異なるストーリーのなかに組み込んでできあがってくるのである。この虚構が最初誰の頭に思い浮かんだのか、今となっては分からない。ただそれが、IやS、そしてもちろんAでないことは明らかである。彼らには彼らの確たる現実認識が記憶としてあった。しかし、この現実を問い質そうとした捜査員の頭のなかで、「一六日夜の三人の出会い」と「Aが列車転覆の話をした」という二つの事実の断片が結びつき、この虚構の結びつきが、多少ともスネに傷のあるチンピラの三人の上に強圧的におっかぶせられたとき、松川大冤罪の虚構が生き物のように蠢きはじめたのである。

虚構は、その文字通り「虚」なものであるがゆえにそれ自体は脆弱なものでしかない。しかし、これが権力の構図のなかで取調官の強力な後楯を得たときには大変な力を帯びて、本来強固なはずの現実をも別様に読み換え、組み換える。

3　土田・日石事件の例から

第八章で引いた土田・日石事件のEの例（四四一頁）も、ここで言う現実の読み換え（タテの誘導）にピタリとあてはまる。これを図示すると図27のようになる。ここに示したように、一連の爆弾事件の流れとEの現実の流れとはまったく別々のものである。ところが警察はこの二つの流れを重ねて見る。言いかえればEの現実の流れのなかに日石事件、土田事件をはめ込んで見る。するとその前後の、彼の現実の流れ全体が、それまでとはまったくちがう意味を帯びはじめる。その一例が逮捕の前の年の大晦日の話である。Eの現実の流れのなかでは、翌日元旦のスキー旅行の運転手をするにあたってマイクロバスの整備をするために母校に出かけ、そこに同窓の友人たちが集まって、食事を共にし、行く年のあの独特の雰囲気をともに味わう、そうしたまさに彼の日常の延長でしかなかった。しかし、取調官にそのように供述すると、その供述が取調官の思い描いた〈事件の流れ〉にねじ込まれて、すっかり違った意味の集まりに変わってしまう。つまり、主犯格と目されたMが別の件で逮捕を繰り返されているさなか、周辺から話が洩れることを恐れたHが、Eらに口止めをするための集まりであったというふうに……。そして現にEは、取調官によるこの〈タテの誘導〉に乗っかってこう自白する。(11)

図27

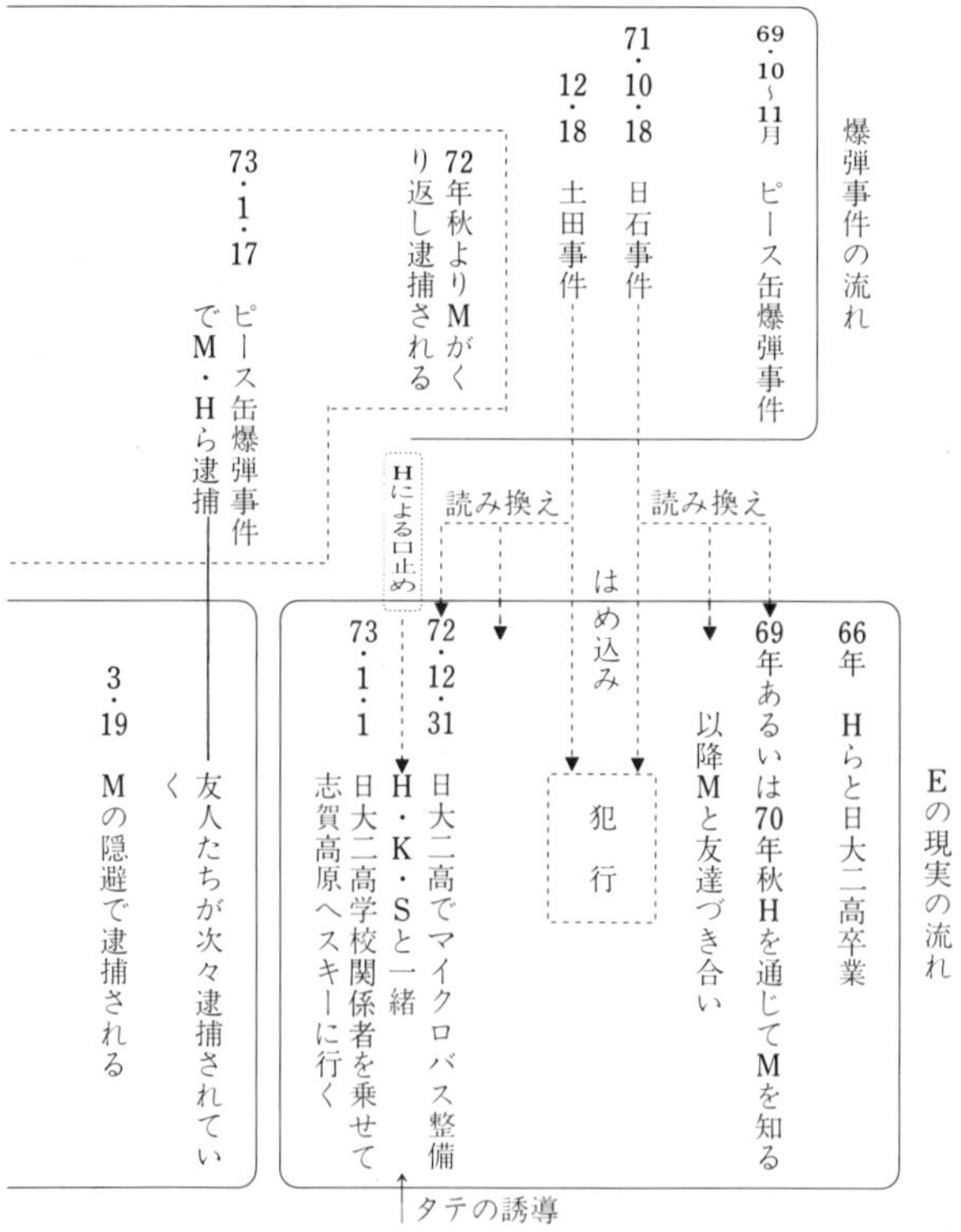

昭和四七年一二月三一日、元旦からスキーへマイクロバスで出かける予定だったので日大二高でバスの整備をした。その後僕とSで職員室へ入っていくと、Hが僕とKに目白事件（土田事件のこと）の口止めをして、Hの要求で誓約書を作りました。それは罫紙に青いボールペンでH、K、E、Sの順に名前を連記したもので、それに青スタンプで全員が指印しました。

虚偽自白には、このようなかたちでの

であろう。

しかし現実の読み換えだけで犯行筋書が出来上がることはない。それに加えて、これまた当然のことながら、事件のあとに残された諸証拠を犯罪筋書に組み込んで説明せねばならない。以下、今度はこの点をとりあげることにしよう。

第三節　諸証拠を自白のなかに組み込む

被疑者の現実を読み換えたうえで、取調官から突きつけられた事件の諸証拠を犯行ストーリーのなかに組み込んで説明する。それはもちろん、実際に犯行を犯したものにとってはたやすい作業だが、無実の被疑者にはたいへんに困難で、苦痛な作業である。

仁保事件Oが凶器を必死で想像して供述した、あの苦悩を想起すればよい（五二四頁）。犯行現場を見たことも、死体の状況も見たことがない彼が、ただ取調官の断片的なヒントだけから適切な凶器を思い描くことは至難のことであった。適当に供述しては間違いを指摘され、厳しい追及を受けてはまた苦しい供述を強いられる。

あるいは前章の狭山事件Iが、死体発見現場近くの芋穴で見つかったビニール風呂敷や、死体の足にしばりつけられた長い縄などの証拠を結びつけて、芋穴への死体の逆さ吊りを考えてストーリーに組み込んだというのも、大変な苦心作と言ってよい。ただこれも現実の証拠状況を十分なかたちで説明するものとはならず、そこには種々の矛盾を持ち込むことになる。

また豊橋事件のMや大森勧銀事件のKが、それぞれ盗品の処分（五一六頁）、犯行に用いた道具の処分（五一七頁）についての供述に苦労して、結局、探しても見つかりようのないところを自白してすませたというのも、やはり証拠合わせの苦しさを示すものであった。そして、清水局事件Kなどは想像をめぐらして諸証拠を組み込んだ自白ストーリーを作ろうとして、それが絶望的に困難であることに気づいて、結局は自白を撤回する。最後のKのばあいのように自白を諦めてしまうのでないかぎり、またそのことを取調官から容認されるのでないかぎり、被疑者はとにかく証拠をなんらかのかたちで説明せねばならない。取調べの場で「犯人になる」以外になくなった被疑者は、そうしてもともと自分のあずかり知らぬ事件の諸証拠を犯行筋書に組み込もうとして、文字通り四苦八苦する。自分を罪に落とすためのストーリーを考え出すのに苦しむという、この倒錯した苦悩こそが、まさに虚偽自白を特徴づける苦悩なのである。

しかしどれほど苦労して考えても、所詮犯人ならぬ人間が犯人として事件を再構成しようというのであるから、すべての証拠を矛盾なく織り込んだ筋書がすっきりスマートに出来上がるというわけにはいかない。そこで取調官の側でも、なんとか自白が真犯人の自白らしくなるように配慮し、工夫することになる。こんなふうに言うと、取調官が被疑者の無実を知ってデッチ上げているというニュアンスで受けとられるかもしれないが、これまでくり返し述べてきたように、私はそうした意図的デッチ上げをむしろ例外的なものと考えている。ここで私が言う取調官の「配慮や工夫」も、犯人と思い込んだ被疑者をより犯人らしくする配慮であり、工夫であって、無実と知った被疑者を犯人にする配慮や工夫ではない。被疑者は無実かもしれないという可能性を彼らがチラッとでも脳裏に描いて被疑者の自白を聞いたならば、その自白のおかしさに気づくことは容易かもしれない。しかし、その無実の可能性を押し殺してひたすら自白を求めるところに虚偽自白の元凶はある。取調官にとって自白は真犯人の自白でしかない。それゆえ、できるかぎり真犯人の自白らしくしていくことが彼らの疑うべからざる課題なのである。

そして取調官が自白をできるだけ真犯人の自白らしくする配慮や工夫に、「犯人になった」被疑者もまた同調する。嘘は本当らしく語られねばならない。それは無実の人が自白するという悲しい嘘についても同じである。「犯人になった」以上はより「犯人らしく」ふるまう以外にないのである。

さて自白がより真犯人の自白らしくなるためには、いくつかの条件がある。それはおおよそ次の四つにまとめることができる。

◉自白の犯行筋書をなす各犯行要素が、事件の諸証拠と合致しなければならない。

◉右の犯行要素のうちに真犯人しか知りえないものが含まれている。いわゆる「秘密の暴露」である。

◉各犯行要素を組み立てた筋書全体に矛盾や不自然さがない。

◉共犯者がいるばあい、各共犯者の自白が相互に矛盾せず、互いに支え合う関係にある。

以下、この四条件について各々一節をあてて、事例をあげながら見ていくことにしよう。

この節ではまず最初の「自白の各要素が事件の諸証拠と一致する」という側面について触れるが、この点については、これまでのところで多くの事例を用いて紹介してきたことと多分に重複するので、それらを要約的に整理したうえで、虚偽自白の特異点を一つ指摘するにとどめる。

真犯人ならば犯行現場の状態を知っており、犯行に用いた凶器や道具、犯行の結果生じた状況、現場に残された種々の証拠を知っていなければならないし、真犯人の自白の各要素は当然これらの状況や証拠と合致していなければならない。これは自白が真実であるためのもっとも基本的な条件である。それゆえ取調官が被疑者をして否認から自白に転回せしめたとき、被疑者にはこの条件を満たす自白を期待する。

しかし無実の被疑者は、事件の状況や証拠を、一切自分自身の体験記憶として知らない。そこで間接的に知りうる情報源によるしかない。一つは事件を目撃したり、現場を何らかの形で見た人たちからの情報。事件が起こればそこに言わば噂の渦が生じるのがつねである。そのなかには間違った情報や単なる憶測的な情報も混じっているが、これが事件イメージを形成するうえで果たす役割は小さくない。それからもう一つはマスコミ情報。そこには現場やその近隣への独自取材にもとづくもの、また警察の公式発表によるもの、あるいは個々の捜査員からのリークなどがある。これも情報源として大きい。

被疑者の多くが取調べを受ける以前に入手しうる情報は、まずこの二つの情報源による。しかしこれらの情報源からの情報だけでは、虚偽自白の要素として限界がある。というのもそれらはしばしば正確さを欠き、またおよそ全体を網羅したものとはならないからである。その点で、虚偽自白の構成する情報の最大のものは、やはり取調官自身の把握している情報である。警察の把握している情報をぬきに、噂やマスコミ情報だけで自白を構成しうるような事件はきわめて少ないと言ってよい。

実際、警察は検証や捜査から得た情報のすべてを公開することはない。それゆえ被疑者を取調べるとき、多少でも被疑者がほんとうに犯人かどうかを確かめようという仮説検証的な姿勢をもっていれば、公表しなかった現場状況や諸証拠を明かさず、被疑者がどこまで自発的に犯行筋書を語れるかを見ることで、自白の真偽をかなり正確に判定できるはずである。公表せず、また取調べのなかでも明かさなかった事実を、被疑者がなんのヒントもなく自白したならば、取調官としてもこの被疑者こそが真の犯人だという確証をつかむことができるはずである。しかし残念ながら、わが国の刑事捜査にはそうした仮説検証的態度が決定的に欠如している。逮捕した被疑者を犯人と決めつけてオトスことを至上の目的にしてしまう取調べでは、尋問は仮説検証の手立てではなく、ひたすら自白を求める手段となる。取調官は手持ちの証拠や情報を被疑者につきつけて、これはどうしたのだ、あれはどうしたのだという追及になってしまう。そうなると、当該事件においていかなる証拠や情報が問題になっているかを結果的に被疑者に教えてしまうことになる。

ちょっとその気になれば、自白の真偽を見きわめる検証の手がかりはいくらもある。それなのに、取調官はそれを簡単に捨て去ってしまう。殺人事件で「私がやりました」と認めた犯人が「凶器は何だ」と問われて、まったく間違った答えをしたならば、本来、取調官はその自白の真偽を疑わねばならないはずである。仁保事件のOが凶器の自白を迫られて苦悩している場面のテープを再度読み直してみればよい（五二六—五三〇頁）。死体状況を熟知している取調官の目からして、およそありえぬ凶器をもち出してくる被疑者に対して、冷静に物を考える心構えをもっていさえすれば、「こいつは犯人ではない」との疑惑を抱くのが自然であろう。ところが「こいつが犯人である」というところは一切手を触れず、それを大前提にして取調べをすすめるために、取調官は結局、明らかに間違った自白にも立ちどまることなく、逆にこれをただすべく、ヒントを与えることになる。

八海事件で共犯者に仕立て上げられたMは拷問によってとうとう「私がやりました」と言わされたあげくに、現場に合致した犯行筋書を一向語り出せない。そのことに苛立った取調官は「お前は自白していながら、なぜほんとうのことが言えないのか」と言っては殴り、さらに苛酷な取調べを行ったと言う(12)。「やった」と言いながら「どうやったか」が言えないというのがまさに無実の被疑者の自白なのである。

真犯人ならば知っているはずのことを、自白したのちになお供述できないとき、あるいはまったく事実に合わない供述をしたとき、取調官はそこで立ちどまって考えねばならない。そしてそれを供述できない理由、間違ってしまう理由が見つからないかぎりは、取調べ全体をいったん白紙に戻して考えなおしてみるのでなければなるまい。そこのところで逆に、事実との相違を指摘し、ヒントを与えて訂正を求めるとき、それによって無実の被疑者が徐々に犯行状況の詳細を知って、よりよく「犯人に扮する」ことができるようになる。そしてその試行錯誤の過程を端折って供述調書に確定してしまうと、第三者の目には一見いかにも真犯人の自白らしく見えてくるからおそろしい。無実の人の虚偽自白は、こうして逮捕前の巷の事件情報、マスコミ情報にくわえて、取調官から突きつけられた情報を素材として組み込んで、それらしく語られる。

このように虚偽自白には取調官の掌握している事件情報が浸透する。その結果、自白のなかに奇妙な要素が入りこむことがある。この点は自白の真偽を判定するうえで非常に興味深いものである。

図28

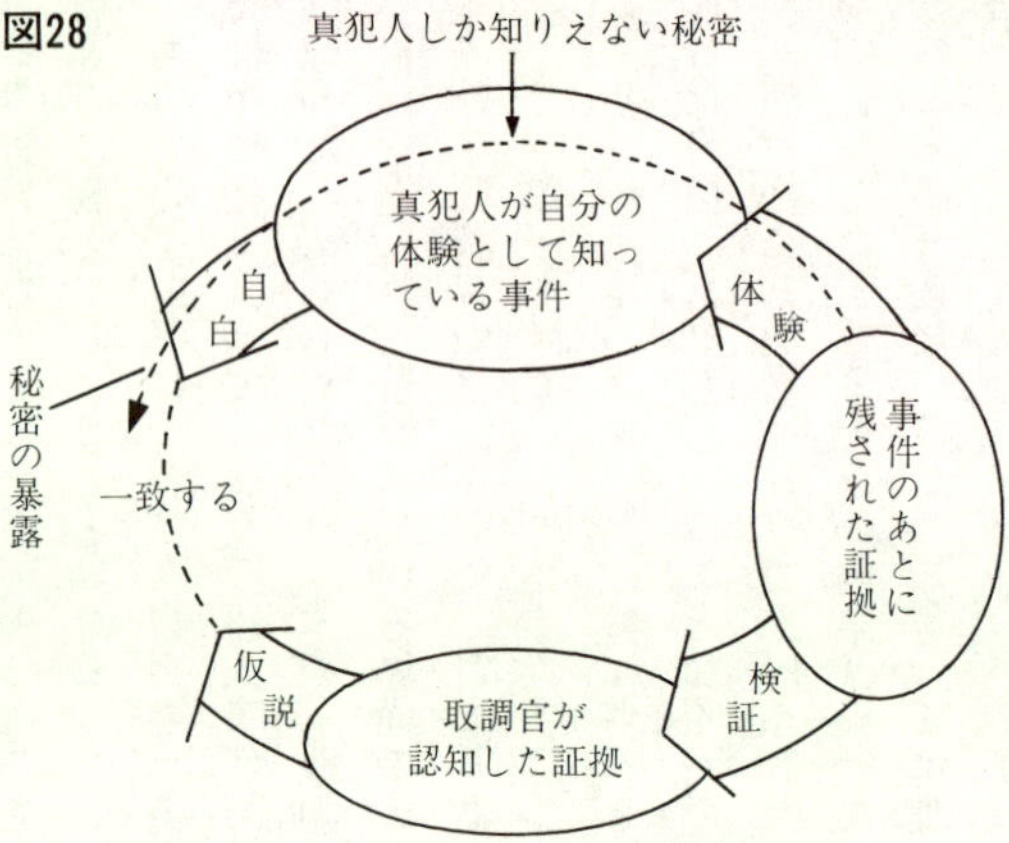

図28を見ていただきたい。この図は、対照として被疑者が真犯人のばあいを示したものである。まずここから説明しよう。犯人は「私がやりました」と認めてしまったあと、自分自身の生の犯行体験にもとづいて、犯行の様子を語る。捜査官が検証などによって把握した諸証拠、そこから推認した事件仮説と、この犯人の自白とが一致すれば、取調べは成功裡に終わる。もっとも理想的なのは、捜査官が捜査の過程で把握しえなかった事実が犯人の自白によって暴露されることである。図中では、これが「秘密の暴露」として自白のなかに表われることを点線で描き込んでいる。ただ真犯人の自白であっても、そのような秘密の暴露があるとはかぎらないし、また自白はまま捜査結果と一致しない。その不一致の原因は、被疑者側の間違いや嘘であることもあれば、捜査側の検証や鑑定のミス、

あるいは事件仮説の錯誤によることもある。しかし被疑者が犯人であることに間違いがなければ、この不一致はやがて解消するはずのものである。

問題は図29に示した、被疑者が無実のばあいである。無実であるかぎりその自白は被疑者の体験によるものではありえず、自白情報源は近隣の噂、マスコミ情報、そして取調官の尋問に含まれる情報に求められねばならない。もちろん繰り返し述べてきたように、虚偽自白には被疑者自身が考えた事件イメージも一定の役割を果たすのだが、自白筋書自体をリードするのはやはり取調官の側である。なにしろ被疑者は自分がほんとうのところは何も知らないことを知っているからである。そこでその自白のなかにはおのずと捜査側の認知した事件イメージが色濃く反映し、そこに深く浸透することになる。それゆえ捜査側が誤って認知した事件情報を気づかず流してしまえば、それが被疑者の自白にそのまま入り込むことがありうる。採証、検証、仮説構成の過程に忍び込んだ誤謬が、気づかれないまま自白のなかに組み込まれるのである。そして取調べの段階ではそれと気づかれず、のちにそれが間違いだと判明した場合、そこに自白と証拠との不一致が表面化する。この不一致は先の真犯人のばあいの不一致のように被疑者の側の見間違い、記憶間違い、表現間違い、あるいは嘘の結果とは言えないのだが、被疑者を犯人と思い込んでいる捜査側は、それでもなおその不一致を被疑者の間違いないし嘘のせいだと主張しつづけることが往々にしてある。また現実には被疑者、被告人が有罪とも無罪とも決しがたい段階では、自白と証拠との不一致が真犯人の誤謬なのか、それとも無実の人の自白に捜査側の誤謬情報が混入したのかを判別できないこともある。ところが、どのように考えても誤謬の源を捜査側に求めざるをえないケースがある。ちょうど体内に注入した同位元素のたどる流れを追跡することで体内の物質の流れを確認できるように、捜査のなかに胚胎した誤謬は、情報の流れが取調官を通

図29

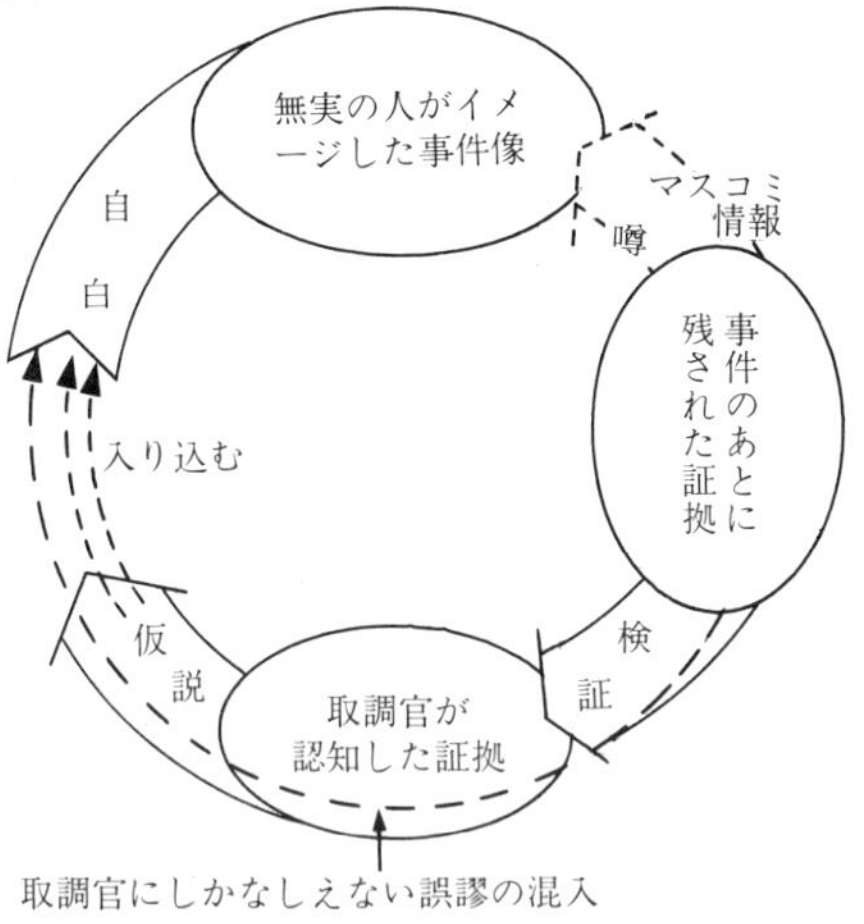

して被疑者の側に向かったことをはっきり証明することがあるのである。

抽象的な言い方になったが、一つ具体例をあげよう(13)。狭山事件では、被害者宅に投げ込まれた脅迫状が最も重要な証拠であった。Iが逮捕されたのもこの脅迫状の筆跡が彼のものと似ているとの判定によるものであったし、逮捕後自白に追い落とされていったのもこの脅迫状の追及によってであった。Iがもし犯人ならば、取調官からこれを示されずとも、その文面、形状はもとより、使った筆記用具、その他の特徴をはっきり記憶しているはずである。またこの脅迫状を書き、犯行を犯したことを認めてしまえば、もはやこの脅迫状の特徴について偽る理由はない。ところで問題の脅迫状には、きわめて特異な特徴があった。つまり文面がいったん書きおろされたうえで、金の受け取りの日付と受け取り場所が訂正され、封筒もいったん「少時様」と書かれたものが被害者の父親の名前に訂正されていたのである。このことはマスコミに流されていないが、真犯人ならば忘れることも間違えることもない事実である。

Iはこの脅迫状作成を認め、さらに強姦・殺人の事実も認めた。その自白のなかで彼は、脅迫状をボールペンで書き、訂正についても同じボールペンであったと自白している。捜査側もまた、本文、訂正箇所いずれもボールペンであったと認定していた。つまりその点で被疑者と捜査側は一致していた。この点だけを見れば、真犯人の体験にもとづく自白が捜査側の認定にもとづく情報におのずと一致したともとれるが、他方で捜査側の認定による情報が取調べを通して被疑者に流れ込んだ可能性も否定できない。ところがIが起訴され一審で死刑判決を受けた後の控訴審になって、訂正箇所はボールペンでなく、万年筆あるいはペンのインクであることが判明した。つまりIの自白と事実とが食い違っていたのである。Iの自白した脅迫状作成の過程からして彼がこれを間違える可能性はない。彼はふだん字とは縁遠い生活を送っており、筆記具を持ち歩く人間ではないし、身のまわりに万年筆やペンなど持ち合わせてもいない。この彼が脅迫状を書いたのだとすればその体験は彼にとってきわめて特異な珍しい体験であって筆記具を憶え間違うことはありえない。またすでに自白して犯行のすべてを認めてしまった段階で彼には、この些細な点について嘘をつく理由もない。とすればこの誤謬の源は、被疑者Iの側には求められない。誤謬の源は、訂正箇所も本文と同様ボールペンで書いたものと即断した取調官の側にあったとしか考えられないのである。

取調官は取調べの場では脅迫状の現物でなく、その写真を用いて被疑者を追及した。そのために当初の即断をチェックする機会をもたぬまま、何の疑いもなく「訂正もボールペンでやったのだろう」との思い込みのまま取調べた。それが被疑者Iの自白のなかにそのまま流れ込んだのである。

もう一点、これよりさらに決定的な点がある。それは日付の訂正である。脅迫状現物は金の受け取りを「五月2日」としているが、それはもとの日付をペンで消したその下にあらためて訂正したものであった。そこで最初に書いてあった日付がいつであるかが問題であった。捜査側は最初これを「4月28日」と読んだ。肉眼ではそう読める。そして自白のなかでは、この「四月二八日」の日にどこに出すあてもなく脅迫状を作成して、それをズボンのポケットに入れてもっていて、女子高生を強姦、殺害したのち、宛名などとともにこれを訂正して被害者宅に投げ込んだのだと、犯行筋書に組み込んでいく。ところが、これもまた上告審段階になって顕微鏡写真で撮影したところ、見まがう余地なく「4月29日」であることが判明したのである。

真犯人ならば、全面自白した時点で、このような末梢部分について嘘をつく理由はなく、といって脅迫状を作成した日を記憶しまちがう可能性もない。この誤謬の源は、明らかに捜査側の誤った判定にあったのである。ここでたとえば逆に、捜査側は「4月28日」と誤読したにもかかわらず、真犯人が自ら「4月29日」として自白していたならば、体験者＝犯人しか知りえない事実を暴露したことになり、それこそ「秘密の暴露」となるべきところである。ここではそれとはまったく逆に、無実の被疑者の知りえない事実について、取調官の誤謬がそのまま自白のなかに忍び込んでいるのであって、この言わば「取調官にしかなしえない誤謬の混入」は、「秘密の暴露」が真犯人たることの証明になるのと反対に、その自白の虚偽の明白な証明となるはずである。

取調官が捜査段階でおかした誤りが被疑者の自白のなかに混入しているという事実は、捜査側の把握した証拠と被疑者の自白とが一致することを、真犯人のばあいとまったく逆の側面から説明する。たとえばいまの狭山事件の例でも訂正筆記用具や訂正前日付の真相が判明する以前は、捜査側の把握した証拠事実とIの自白とは一致して、問題なしとして処理されてきたのである。つまり誤謬が誤謬として分からなければ、自白と証拠とはあくまで一致するのである（いや誤謬が誤謬と分かったうえで、それを被疑者側の誤謬とするごり押し的解釈がなされ、Iの冤罪はまだ晴らされていない)。

ここで再び図29を見ていただきたい。この図に示したように「取調官にしかなしえない誤謬の混入」が検出されたとき、それは情報が取調官の側から被疑者に向けて流れたことを証明する。しかし同時に、無実の被疑者の自白に含まれる情報のすべてが取調官の情報に起源をもつものではないことを、ここでも再度確認しておかねばならない。取調官が把握している情報(誤情報も含め、あるいは取調官の思い描いた事件仮説も含めて)のみで事件全体が構成されるわけでもなければ、もちろん事件の筋書をすべて取調官が構成して呑み込ませるのでもない。取調官の情報を含め、種々の情報源からの情報をもとにして、被疑者が犯行筋書を組立て、語り出すについては、そこに被疑者自身が独自に考え出す主体性の側面を無視してはならない。このことは前章で執拗に説いてきたところである。くり返し述べてきたように自白は、取調官―被疑者両主体の相互的やりとりの所産なのである。

「私がやりました」と自白転回した被疑者は、逮捕前に入手していた事件情報、取調べのなかで突きつけられた証拠や情報、事件イメージを組み込んで、犯行筋書を自白していく。犯人でなくとも「犯人を演じる」以外にないところまで追いやられた被疑者は、捜査側の把握した主要証拠を組み込んでまさに「犯人らしく」自白する。そしてそこに証拠との齟齬を来たしたとき、取調官の指摘によって自白は修正されていく。とすれば、その自白が大筋のところで事件の証拠と一致するのは当然のことなのである。

第四節　秘密の暴露

事件の証拠が犯行筋書に組み込まれているというだけでは、真犯人の自白としては不十分である。自白に真犯人らしい臨場感があり、また犯行時の主観的感情が語られていることが望ましいし、できれば真犯人しか知りえない事実(つまり取調官が把握しえていない事実)が暴露されることがさらに望ましい。このことは取調官自身、重々承知している。それゆえ自白聴取にあたって取調官は、当然これらのことに留意する。

ところで供述調書に録取された自白は被疑者の言葉をそのまま文字化したものではない。取調官が聴取した内容を要約し、文章化して筆記者に書きとらせたものである。それゆえ調書から読みとられる犯行ストーリーの迫真性は、大なり小なりこの調書作成者の構成力、文章力に依存する。真犯人の自白ならば、その記憶から犯行体験を言葉に紡ぎ出すだけでおのずと十分に迫真性を帯びるものだが、無実の被疑者の自白となるとそうはいかない。突きつけられた証拠をつないで犯行ストーリーを組み立てるだけでも大変で、迫真性をもたせるところまで「犯人になりきる」ことはむずかしいからである。先に私は、虚偽の自白をするというのは「犯人に扮する」ことだと述べたが、そうは言っても自らすすんでそうしているわけではない以上、真犯人らしい自白を求められても、小説家のように迫真性をもたせようと積極的に想像力をふくらませることはまずない。その点を取調官が文章力でカバーしようとしても限度がある。虚偽自白の迫真性は、おのずと限界をもつゆえんである。

そこで取調官が苦慮するのが「秘密の暴露」である。文章上の迫真性はなくとも、「秘密の暴露」さえあれば被疑者の有罪性を決定づけることができる。取調官が被疑者を自白させてのち、その自白のなかにこれを盛り込もうとするのも当然である。しかし、もとより無実の被疑者には、与えられたヒントから想像力をめぐらすことはできても、真の「秘密の暴露」はありえない。ところが、被疑者を犯人と決めつけた取調べのなかでは、往々、擬似的なかたちで「秘密の暴露」がたくみにはめこまれる。この点は、私たちが虚偽自白論の下で論じておかねばならないテーマの一つである。

さて自白供述が真に「秘密の暴露」たる資格をもつためには次の二つの要件を満たさねばならないとされている。つまり、一つはその供述内容があらかじめ捜査官の知りえなかった事項であること（供述内容の秘密性）、もう一つはその供述内容が、当の供述後捜査官によって客観的な事実と合致すると確認されていること（供述内容の確認）である。犯行時の心情の吐露や犯行体験の細部の自白には、第三者たる取調官には知りえない秘密性があるとは言えるが、それ自身、第三者によって客観的に確認できないし、またその供述内容は取調官や被疑者の想像力でもってカバーできなくはない。つまり、第一の「秘密性」の要件のみでもっては真の「秘密の暴露」とは言えないのである。主観的な内容の秘密ではなく、あくまで自白後客観的に確認できる秘密の暴露でなければならない。この厳密な意味での「秘密の暴露」となれば無実の被疑者にはなしえないはずなのだが、ときに虚偽の自白のなかに、いかにも真の「秘密の暴露」らしい供述が組み込まれていることがある。具体例から見てみる。

1 秘密性の偽装

まず最初にとりあげるのは、秘密の暴露の原則を適用したリーディング・ケースとも言われる二俣事件の自白である。[15] 事件が起ったのは一九五〇年一月七日、静岡県二俣町でのこと。四七年の大火で焼失したあとに急造したバラックの小さな家で、O（四六歳）、妻（三三歳）、幼い二人の娘（二歳と生後一一ヵ月）の四人がいずれも匕首様のもので突き刺されて殺されていた。同じ部屋で寝ていた息子（一二歳）が朝になってこの異変に気づき、近所の伯父に知らせて、警察に届け出たという。この息子と弟二人そして隣室の祖母は無事だった。一家八人がぐっすり寝入ったあと、夫婦と幼子二人が惨殺され、残りの四人は朝までそれに気づかなかったという不思議な事件である。押し入れのなかは荒らされ、散乱していたが被害品は判明しなかった。被害者のOは温厚で人の恨みを受けるような人柄ではないところから、警察は強盗殺人の線で捜査をすすめることになる。しかし、この大事件に一週間たっても一ヵ月たっても犯人らしき人物があがってこない。焦った警察は近隣の素行不良者を手あたりしだいに取調べ、その数は三四〇名に及んだという。S（一八歳）が被疑者として浮かび上がってきたのは、そうした捜査のなかであった。二月二三日窃盗容疑で逮捕、二七日にこの事件の犯行を自白することになった。

別件で逮捕してわずか四日後に自白したという背景には手酷い肉体的拷問があった。捜査を担当したのは前年の幸浦事件（五八〇頁）の裁判で拷問的取調べが問題となった紅林麻雄警部補。幸浦事件では被疑者Kの火傷痕が焼け火箸による拷問の証拠として取り上げられたため、Sに対しては検察に送る前に警察は医師に嘱託して身体に傷痕がないかどうか、異例の身体検査を行っていた。Sは裁判で、警察のむごい拷問によって嘘の自白をせざるをえなかったのだと訴えたが、警察側の担当捜査官は当然これを否定した。ところが二俣署に勤務する山崎兵八巡査が本件の取調べに拷問があったとの投書を新聞に送り、のちにこれを法廷でも証言した。これに対して検察は山崎巡査を偽証罪で追及し、彼は警察の職を追われることになる。

さてこの拷問捜査の内容は別として、ここで問題なのは、Ｓの自白のなかにあらわれた「秘密の暴露」である。犯行現場となった六畳間の北側中央の柱には柱時計がかけられていた。検証によればその柱時計が右に十度ほど傾き、針は一一時二分を指してとまっていた。殺された四人の死亡推定時刻からは、とまった時計の指した午後一一時前後の犯行とも推測されたが、この時刻には被疑者Ｓに明確なアリバイがあった。Ｓは父親のやっていた夜鳴きそばの手伝いで、その頃近くのマージャン屋へラーメンを二つ出前していることが確認されていたのである。そのためか、Ｓの自白のなかでは犯行時刻は午後九時頃だったと言うことになる。この犯行時間帯のすりかえにはいかにも不明朗な捜査経緯をうかがわせる。それはともあれ、自白がはじまってから一〇日ほどしてほぼ固まった犯行ストーリーのなかで、Ｓは犯行後のことを次のように自白している(16)。

先程見たたんすの上のタナの上に、四角な古いようなラジオが放送劇のようなものをやっておったので真中のダイヤルを廻してラジオを止めて、ラジオのすぐ東側の柱にかけてあった丸い型で下に大体一寸五分から二寸位角ばったように出ている柱時計を見ると、午後九時半を指しておったようでしたので、この時私は前に探偵小説を見た時に、時計の針を動かして、悪いことをした時間をごまかして警察に見つからないようにしたという擬装を思い出したので、私も警察の目をごまかしてやろうと思い、右手の人差指で時計の下の角ばってるところを、向って左側から右側へ二、三寸動かして時計を止めましたが、その時私ははっきり時計を見ていないので何時のところに針をやったか判らないが、最初に時計を見た時の時間が九時半頃であり、私、それで長針を二廻り位廻したと思いますから大体十一時を少し過ぎた位で時計は止まっているものと思います。

Ｓがこれだけ現場の詳しい状況をまったく自発的に述べたのならば、彼を真犯人と言う以外にない。しかし、ここに述べられたことはみな、すでに検証時に警察が把握していたことばかりである。現場検証のさい、たんすの棚の上のラジオはスウィッチが切られておらず、ダイヤルを廻すと放送が聞こえてきたことも、時計が一一時過ぎを指して止まっていたことも、すでに確認ずみのことであった。それに事件を報道した新聞は「被害者方の時計は格闘したか何かぶつかったかして止まっていた」ことを報じ、他方で「故意に止めた」可能性もあると示唆していた。これをS自身、逮捕以前に読んで知っていたというのであるから、これらの新聞情報や、取調官の掌握していた情報から右供述を行うことは十分可能であった。時計の「長針を二廻り位廻した」という点も、取調官の推測した犯行時刻が九時頃というのであってみれば、そこから当然演繹される結果ということになる。つまり、ラジオの件も止まった時計の時刻の件も、あらかじめ取調官の承知していた事実であるがゆえに「秘密の暴露」にはあたらない。問題となったのは、時計の長針を廻して時刻を偽装したさい、その時計の文字盤の蓋のガラスが割れていて、なかったという点であった。Sは、三月五日の自白でこう述べている。(17)

その時私はラジオのすぐ横の柱にかかっていた丸型の柱時計を右の手の人差指で長針を二回廻して時計を止めましたが、その時計には文字盤の覆いの硝子がはまって居らなかったと思いますが、それは私がその時に硝子のはまっている文字盤の覆いを外した覚えがないからであります。

この点について取調べにあたった紅林警部補は第一審法廷で「被告人は現場の時計の針をアリバイ偽装の為廻した際、蓋をあけた覚えがないからガラスははまっていなかったと思うと自供したので、その自供に基いて捜査した結果、右時計のガラスは去年八月頃から割れてなくなっていた事実が判った」と証言していた。またこのことを裏づけるべく検察側は、問題の自白から一一日後の三月一六日付で「被害者方現場の柱時計の蓋にはガラスがない」との実況見分調書を作成し、法廷に提出していた。時計の文字盤の蓋がなかったという事実がSの自白によって明らかにされ、その後の実況見分によってその事実が客観的に確認されたというわけである。もしこれがそのとおりなら、先の「秘密の暴露」の二要件をともに満たすことになる。つまり、警察がそれまでの捜査で知りえなかった事実が被疑者の自白によって明かされ（第一の要件）、その自白にもとづいてその事実が客観的に確認された（第二の要件）ことになる。二俣事件第一審、第二審とも裁判官は、検察側のこの主張を認め、「秘密の暴露」と認定して、Sに死刑判決を下した。

しかし、時計の文字盤の蓋がなかったなどという歴然たる事実が、事件直後の検証によって気づかれず、被疑者の自白ではじめて判明するなどということがあるだろうか。第一の秘密性の要件に重大な疑問があるというべきところである。上告審においてこの点が争点となり、最高裁はこの秘密性の要件を否定して、Sの自白の真実性に疑問を投げかけて、事件を第一審に差し戻した。実際、事件翌日一月七日付の検証調書には、図を添付したうえで「前記中央柱の上方部には即ち第四図の如く丸型柱時計が向って右へ約一〇度位傾いて懸って居り、一一時二分を指針して停まり、下部の振子のあるところの蓋が下方に開放されたままであった。此時検事は右柱時計を正常位に復したところ振子の振動を始めた」との記載があるし、さらに二〇日後一月二八日付検証調書にも、時計に付着した血痕について詳細に調べた記載があり、写真まで添付されている。Sが逮捕されて自白するのは、それから一ヵ月余り後のことなのである。その取調べ時に取調官が時計文字盤の蓋がなかったことを知らなかったとはおよそ考えられない。

とすれば、どういうことになるのか。取調官たちは、犯行現場のラジオのスウィッチが切られていなかったこと、時計が一一時二分を指してとまっていたこと、そして時計文字盤の蓋がなかったことも知ったうえでSを責めて自白させた。「私がやりました」と認めた彼は、新聞報道や取調官の尋問に含まれたこれらの情報をつないで犯行筋書を語る。その自白内容は現場の状況や残された諸証拠とおおよそ合致する。そこまでは、これまでに何度も述べてきた虚偽自白の経過と同一である。そのうえで、自白に盛り込まれた諸情報の一つが、実は捜査官の掌握していない事実であったと申し立て、そのような形で記録を作成する。そうして、ここのところで「秘密の暴露」が偽装されたのである。事の流れを素直に見るかぎりそう考える以外にない。残念ながらそれが事実である。

取調官のこのような偽装は、もちろん許されることではない。ただここで注意しておきたいことは、これが必ずしも取調官が被疑者を無実と知ったうえで悪意でデッチ上げたものとは言えないことである。実際のところ現実の「秘密の暴露」の偽装はもう少し屈折している。この二俣事件で拷問があったことを法廷で証言した山崎巡査は、こう述べている(18)。

「Sについては十八日に紅林主任と沢口警部補の二人がSを二階で取調べた際、紅林主任の思っている犯人とSとがぴったり合ったとのことで、正しくこれは犯人である、これは決定的なものである、しかし確証はない、正しく犯人であるが決め手となる証拠はない、だから慎重に捜査をやらなくてはならないとのことで沢口警部補か紅林警部補が県へ連絡に行きました。」

問「連絡に行ったのはいつか。」

答「二十日過ぎです。」

問「連絡から帰っての話はどうか。」

答「また捜査会議を開き、その席上紅林主任は、犯人には間違いないが、しかしそうかといってなかなか正直にいう人間ではなく白状するようなこともないから相当やらなければならない、それについては後日間違いがあっても諸君には迷惑をかけないからとの言明を県へいって捜査課長から得ているから徹底的にやれといいました。そしてその時の言葉としては、相当のやきを入れなければいけないとのことで、それは拷問を意味していると思います。そして取調べに当る人を二人一組にして指名し、他の者については、Sから任意に聞いた点についての聞込み捜査をやれとの話でした。それから後におけるSに対する取調べは土蔵において行われたのです。」

「こいつが犯人に間違いない。しかし決め手がない」というところからはじまって、一方で「慎重な捜査をやらなくてはならない」と言い、他方で「拷問も辞さず」の覚悟を見せる。これは第五章で見た「積極的捜査への熱意」のあらわれそのものである。そしてこの熱意の発露の一つとして「秘密の暴露」という決め手の偽装が出てくることは容易に想像できるところである。「この残酷な犯罪の犯人であることは分かっているのに決め手がない」と思い込んだ取調官は、その犯人への誤った憎悪と捜査への見当違いの熱意、あるいは過度の功名心から偽装に踏み込む。無実と知って被疑者を自白に追い込んだと思っていないだけに、彼らに罪責感はない。酷い犯罪者に決定的な断を下すためなら、多少の偽装も許されるというところなのであろう。

こうした偽装は決して例外的なものではない。冤罪史のなかには同種の例をいくつも見出すことができる。再審無罪で死刑台から生還した二人目、財田川事件のTについても、偽の「秘密の暴露」が問題になった[19]。

財田川事件もまた二俣事件と同じ一九五〇年の二月二八日のことである。香川県三豊郡財田村のヤミ米ブローカーK（六一歳）が自宅の四畳間で就寝中のところを刺殺された。顔面をはじめ、上半身メッタ突きで、部屋は文字通り血の海だったという。致命傷は「創傷による多量出血」。被害者の仕事柄ヤミ米に関わる複雑な人間関係もあって捜査は難航した。そうして事件から一カ月余りして隣村の農協で起った強盗傷人でTが逮捕され、当の事件とは別にヤミ米ブローカー殺しの件の追及を受けて、一一〇余日後の七月二六日に自白。この自白によって八月一日本件逮捕、八月二三日勾留延長期限のギリギリに起訴された。以来、一九五二年に第一審死刑判決、一九五六年第二審控訴棄却、一九五七年には最高裁で上告棄却となり死刑が確定、一九八四年再審で無罪判決を得るまで三十余年をTは無実の死刑囚として獄に暮してきた。物証と言えるほどのものはなかった。わずかにTの着衣とされたズボンに微量の血液がついていたと鑑定されたのみ。それも一人の鑑定人は微量のため血液型判定不能としたものを東大教授古畑種基によって被害者と同じO型と判定されたものであった。三十数ヵ所メッタ突きにされ、一面血の海のなか出血多量で死んだという事件で、きわめて微量の血しかつかないということ自体がおかしい。しかも、そのズボンはT本人のものでなく弟のものだったという。上衣は洗ったので血がついていなかったのだと警察・検察は言うが、これも信じ難い。そうしてみると結局のところ、Tは当時素行不良で、前科もあり、その彼が自白したというところにしか、彼を有罪とする徴表はなかったということになる。ともあれ、裁判ではこの自白が最大の争点となった。そしてそのなかに、いわゆる「二度突き」の事実が供述されていた点が、秘密の暴露にあたると、検察は主張したのである。

Tが「二度突き」を自白したのは自白をはじめて三日後の七月二九日員面からである。のちに死刑判決の証拠として採用された八月四日検面によれば、次のように供述されている[20]。

（K宅に忍び込んで、寝ているKののどをねらって刺したが手許がくるってあごを刺したので、Kが起き上がり「うわあ」と声をあげた。近所に聞こえてはまずいと思って、あとは手当り次第に突いて、最後首のあたりを三、四回突いたところ、倒れて、身体をぶるぶるふるわせ、もう声を立てなかった）。そして私はKが生き返ると困るので、心臓を突いておこうかと考え、Kのへその上あたりをまたぎ、チョッキや襦袢を上にまくり上げて胸部を出し、包丁を刃を下向けに右手に持ち、あばらの骨に当ると通らんので、刃の部分を自分から向って斜め左下方に向けて左胸部の、心臓と思われるところを大体五寸位突きさしましたが、血が出ないので包丁を二、三寸抜き（全部抜かぬ）、更に同じ深さ程度突き込み、一寸の間、Kの様子を見ましたが、Kは全然動かんので、もう大丈夫Kは死んだ、と思って包丁を引き抜いたのであります。

詳細に語られた兇行の一つ一つが、Kの死体の傷の一つ一つに相当する。とりわけ、右に引用した供述部分は、「胸部の刺切傷は外部所見では一個しかないのに、内景においては深さ五センチと七センチの二個の刺傷が存在する」との解剖所見と一致する。こうした事実に相応する犯行態様を、被疑者がマスコミ情報や取調官のヒントなしにまったく自発的に自白したならば、その自白は真実のものと言う以外にない。しかし問題は「マスコミ情報や取調官のヒントなしにまったく自発的に自白した」のかどうかである。「二度突き」の事実が自白前に報道されていなかったという点はよいとして、取調べに当たった警察官がこれを知らなかったかどうか。被害者Kの解剖鑑定書は八月二七日に捜査官に手渡されている。これはたしかにTの自白後である。しかし、その鑑定書の内容を捜査官があらかじめ知る機会はなかったのかというと、決してそんなことはない。

解剖が行われたのは事件の翌日である三月一日、つまりTの自白の五カ月も前である。執刀した鑑定医は、当然のことながら、「二度突き」の事実をこのとき知ったはずであるし、解剖にはかならず警察官が立ち会う。現に本件でも三名の警察官が立ち会い、鑑識課技術吏員が鑑定医の口授するところを筆記した。さらに捜査の責任者の位置にいた田中警部は三月九日付で本件の「強盗殺人事件発生並びに捜査状況報告案（第一報）」を起草し、そのなかで「二度突き」の事実を記載していた。とすればTから直接に自白を聴取した宮脇警部補が、これを知らなかったというのは不自然と言うべきであろう。実際、この宮脇警部補以外の主たる捜査官がこの事実を知っていたことは明らかである。とすると直接の取調べ担当者のみがこれを知らなかったということになる。ありうべからざることである。

宮脇警部補は法廷で、当初捜査にあたっていた三谷警部補が色々なことを秘密にして自分に話してくれなかったと主張し、事件の起こった所轄の三豊地区署の藤野署長もまた法廷で、自分は死体解剖に立ち会っていたので「二度突き」の事実を知っていたが、宮脇警部補には先入観を与えることになるので話していないと証言した。捜査の常識からして考えられないことである。一九七六年最高裁はTの再審請求を棄却した高松地裁、高松高裁の決定を覆し、地裁に差し戻した。再審への道が大きく開かれたこの差し戻し決定は、そのなかで「右の事情からすると、捜査官らのうち重要な役割をになっていた宮脇警部補ひとりが二度突きのことを知らなかったということは甚だ訝しいことと言わざるをえず、二度突きの事実が犯人しか知りえない秘密性をもつ事実であったことをたやすく肯定することはできない」と判示している。

二俣事件の時計文字盤の蓋がなかったことと同様、財田川事件の二度突きも、客観的に確認された事実ではあった。しかしその事実が自白以前、取調官に把握されていなかったという「秘密性」に重大な疑問がある。担当取調官が当然承知していてよいことを知らなかったと主張して「秘密性」を偽装するなどということが、公正たるべき刑事捜査のなかにあるというのは、一見信じがたいことのように見える。しかし犯人と決め込んだ被疑者に「有罪の決め手」を付けることは、捜査官にとってはむしろ捜査熱心の結果なのである。財田川事件を担当した田中警部はTの第一審死刑判決を得たのち、県警本部発行の冊子にこう書いている。(21)

そこで我々が感じるのは、これは白でなからうかと言ふ気で調べれば自然に調べが緩《ゆる》やかになり被疑者も逃《のが》れられると思えば自白はしないものですから、疑心を抱かず、信念を持つて調べに当る事が大切であります。しかしその強い気持ちというのは何等かの裏付けのあるものでなければなりません。

また、調べに当つては黒だと言ふ見込みがあれば例え嘘の自白でも得て置けば、白黒の判定に役立つものです。

文中「嘘の自白」とあるのは、無実者の自白ではなく、むしろ真犯人の「嘘の自白」という趣旨である。被疑者は無実かもしれないなどという「疑心を抱かず、信念を持って調べに当れ」ば、自白は得られる。その自白がたとえ嘘でもそこに「犯人でなければ分からない様なうがった点もある」から、そこに着目すれば白黒を判定する決め手が得られる。田中は右の文章でこう主張しているのである。この主張から「秘密性」の偽装までは、もはやわずかである。

犯人だと決め打った被疑者になかなか有罪の決め手が上がらないとき、本来ならば被疑者=犯人との思い込み自体を考えなおすのが正当な道であるべきところ、その思い込みのまま、むしろ決め手づくりに苦心する。そうした捜査にさらされれば無実の被疑者もたまったものでない。しかも、以上に見てきた「秘密性」の偽装を越えて、捜査官がさらにあくどい偽装に走る可能性すらある。

2　秘密の事実の発見の偽装

二俣事件と同じく紅林警部補の関与した幸浦事件は一九四八年の一一月末ころ、何者かが一家四人を殺して金品を強奪し、松林の砂地に死体を埋めたという事件であった(22)。この事件では死体が当初発見されず、翌年二月になって別件で逮捕された被疑者Kが自白し、その指示によって四人の死体が発見されたものだと主張された。なかなか見つからなかった死体が、「ここに埋めた」という被疑者の指示によって見つかったとすれば、これほど劇的な「秘密の暴露」はない。しかし裁判になって、死体はほんとうにKの指示によって見つかったのかという、まさにこの点が問題となった。第一審、第二審はともに死体発見をKの指示によるものと認めて死刑判決を下したが、最高裁はこれに疑問を呈して差し戻した。実際、一家四人が姿をくらましてのち殺人事件として捜査を開始した警察は、被害者の一人であった赤ちゃんのおむつが砂地に落ちていたことから、そこを中心に延べ二〇〇〇人を越える捜索員を繰り出して死体埋没箇所の捜索をしていた。それに死体は砂の下一メートルほどのところに埋められていたが、砂地は柔らかく、鉄棒をさし込むだけで突き当てることも可能であった。警察があらかじめ死体埋没現場を知っていたことも十分ありえた。それに被疑者Kがほんとうに死体埋没場所を指示したのかという点についても、紅林警部補らによる証言があるのみで確たる証拠は存在しない。

Kは、一九四九年の二月一三日に本件を自白し、死体を埋めた場所を供述して、地図も描いた。ところが実際に現場に行ってそこを掘ったところ松の細い根が出てきて、およそ死体を埋められるような場所ではなかった。「埋めた場所が違う」というのでいったん署に帰り、再度の追及によって、その夜、ほんとうに埋めた場所を自白した、そこで翌朝現場へ行ったところKは正しい場所を指示して、そこから死体が出てきたのだと、捜査官は主張した。ところが、松林からいったん戻ってきて、その夜あらためて死体埋没地点を自白したというその供述調書は作成していないし、またそのとき作成したという地図を捜査官たちは「紛失した」と言うのである。これではKがほんとうに正しい死体埋没地点を指示したとの確認がとれない。

この事件についても物証はいっさいなく、取調べでは拷問がなされたとして、Kの身体に残された火傷の痕が焼け火箸によるものだとの訴えもなされた。このことはすでに前に触れたが（五七二頁）、右の「秘密の暴露」についても重大な疑念が提示されて、最終的に無罪が確定した。裁判所は「秘密の暴露」の偽装がなされたとまで断定はしなかったが、少くともその可能性を示唆したのである。この偽装は、先の二俣、財田川事件よりもう一歩すすんだものである。つまり自白された内容のなかに取調官が知らなかった事実が含まれていたと偽って主張するにとどまらず、当のその自白によって捜査官が知らなかった事実が発見されたように偽装していることになるからである。先のものを「秘密性の偽装」だとすれば、これは「秘密の事実の発見の偽装」である。

幸浦事件の死体発見ほど劇的ではないが、狭山事件についても同種の偽装が疑われるところがある。被疑者Iは、逮捕から一カ月近くたって三人犯行の一部自白をする。つまり、強姦・殺人については二人の友人がやり、自分は脅迫状を書いて被害者宅に持って行っただけだと自白した。そして同時にIは被害者宅へ脅迫状を持って行くさい、被害者の自転車に乗り、途中自転車にくくりつけていた被害者の鞄を捨てたと供述した。実は鞄をくくりつけたゴム紐と、鞄の中に入っていた教科書、ノート類は、Iが自白するよりはるか以前に発見されており、残りの鞄の本体だけがIの自白時点でまだ発見されていなかった。その鞄本体の捨て場所を、Iは自白とともに供述したのである。そしてその供述によって捜索した警察は、その鞄を発見する。その経緯を外形的に見るかぎり、この自白も「秘密の暴露」であり、これをなしえた以上はIが犯人であるように見える。ところがここにもいろいろ不明朗な状況がつきまとっている。[23] 一つは、最初に鞄を捨てたと供述して、図を描いてその場所を指示したとき、その図の場所からは鞄が発見されなかったということである。その図は、すでに発見されていた教科書、ノート類の捨て場所に近い所ではあったが、鞄はそこから見つからなかった。そこでさらに取調官が追及したところ、「おまわりさんが探したところ見つからないといわれましたので、なおよく考えてみたら私の思い違いであったと思います」と述べて、また違うところを供述して、あわせてあらたな図面も描いて捨て場所を示し、捜査官がこれによって捜索したところ、鞄が出てきたという。この経緯は、幸浦事件の死体発見と奇妙に似ている。どうして一度の自白で発見されなかったのか。

二つ目の問題は、二回目の供述と図面によって鞄は発見されたというのに、その供述や図面と現実の鞄発見状況がずいぶん異なるという点である。そもそも発見された地点さえ一致しない。距離のずれがあるのはともかく、供述は「山と畑の間の低い所（畔を切ったところ）」と言うのに、発見現場は「水の流れる溝」であるし、供述では鞄と中味の教科書・ノート類はほぼ同地点に捨てたとなっているのに、現実には両者は一三五メートルも離れたところに別々に捨てられていた。Iの供述を信じ、その作成した図を信じて捜索したのでは、およそ鞄は見つかりっこないとさえ思えるのである。しかも鞄が発見されたのちの供述で、ようやく鞄と中味は一緒に捨てたのではなく、バラバラに捨てたことになって、現実の状況に近づいていく。そうした様子を見ていくと、そもそも被疑者の自白にもとづいて鞄が発見されたという捜査側の主張はきわめて怪しく見えてくる。むしろ鞄は捜査官の手ですでに発見されていたのではないか。それを「秘密の暴露」に見せかけるために、自白におちた被疑者を誘導したのではないか。そうした疑念を払拭できない。

捜査の壁の向う側で行われることゆえ、第三者にはこれを証明する手立てはない。しかし、きわめて合理的な疑いをもって、そこに「秘密の暴露」の偽装がうかがわれると言ってよい。ここで一点、触れておかねばならないことは、こうした疑念についての捜査側の次のような反論である。つまり、もし問題の物があらかじめ発見されていて、それによって被疑者を誘導したというのなら、どうして最初から現場に一致した供述をさせなかったのかという点である。幸浦事件でも、最高裁が死体発見の「秘密の暴露」性に疑問を提示して差し戻されたのち、検察の側が強調したのはこの点である。被告たちが無罪判決を得てのちの上告趣意書で検察は、「(警察で)最初から死体発見箇所が判明しておれば、敢えて異った地点を自供させて、その図面を画かせたり、死体発掘後慌てて第二回供述調書を作成する等の手数を煩わすまでもなく、直ちに本件地点を自供させるのが一般的手法であろう」と主張した。

この主張は、虚偽自白における誘導の本態を知らないものの言である。ここで検察官が主張するところは、取調官が現実の死体埋没地点を知っていたのなら、どうしてこれを被疑者に教えて言わせなかったのかというに等しい。しかし、もし被疑者に教えて言わせるということがあるとすれば、そのとき取調官は、被疑者はその地点を知らないと思っているのでなければならない。言いかえれば、被疑者がじつは無実だということを知っているということになる。これもまた繰り返し述べてきたことだが、そうした形の意識的なデッチ上げはむしろ例外的なことである。取調官にとって被疑者は犯人でなければならない。犯人だとすれば、多少の記憶間違いはあっても、死体埋没現場を知っているはずだ。取調官はそう思って追及する。そのとき別の捜査ルートから死体埋没地点を確認しえているならば、それをヒントとして与えることはあっても、教え込むという心理になることはまずない。だからこそ、被疑者が想像をめぐらして実際とは違う所を自白しても、いったんはこれをそのまま聴取する姿勢をとる。死体埋没地点として推測、確認したところが間違っていないという保証も実際にはない。したがって、犯人と思い込んだ当の被疑者の自白をいったんは信じ、現場に赴いて確かめるということがあっても、決しておかしくない。冤罪事件での誘導とは、無実の者を取調官が無実と知って犯行状況等を教え込み意識的に犯人にデッチ上げることではない。無実の者がいて、取調官がその者を犯人と思い込み、決めつける。犯人である以上、犯行の種々の状況を知っているはずだと思って責めるが、なかなか肝心な部分が自白されない。そんななかで取調官がすでに入手している捜査情報を突きつける。その結果、被疑者は現場を知り、犯行の諸証拠を知り、推測された犯行ストーリーを知って、そこから自分なりの想像力をめぐらして自白していく。誘導とはそういう過程をさすのである。そして犯人しか知りえない事実を別ルートから入手して、それを被疑者に犯人として語らせたとき、「秘密の事実の発見」であるかのごとき偽装ができあがってしまうというわけである。取調官が捜査情報をそのまま教え込んでできあがるような形ですっきり「秘密の暴露」が進行しないのは、そのためである。

3 証拠物自体の偽装

さて最後にもう一つ、別の流れでできあがる「秘密の暴露」の偽装をあげておかねばならない。これまで述べてきた「秘密性の偽装」「秘密の事実の発見の偽装」からみると、さらに悪質と言わねばならないものである。つまり、秘密の暴露によって発見されるべき物自体の偽装である。これは先の二つ以上に証明することが難しく、またそれゆえに裁判所によってそれとはっきり認められることのほとんどないものである。ただ、この種の偽装がなされたと疑われる事例は少なくない。取調官の心理としても、先の二つの偽装の延長上をもう一歩踏み出すだけで十分この偽装にいたる。物自体を工作して偽装するなどということになれば、もはや意図的なデッチ上げ以外のなにものでもないのだが、主観的な意識のうえでは、被疑者が犯人なのに、その犯人たる決め手が見つからない苛立ちのなかで、決め手を作り出してしまおうとまで思うようになる心理状況はさして不自然なものではない。警察官がそんなことをするはずがないと考える人も多かろうが、言うまでもなく警察官も人間である。なかにはそのような心理状況になって、不公正なごまかしをする人間がいないと誰が断言できるであろうか。人間の世界に犯罪があるなら、犯罪を取り締る人間の世界にも犯罪はある。しかも、その不公正なごまかしが、憎むべき犯人を裁くためだという口実によってカバーされるなら、人はさして罪責感なく、これをやってのけることができるというものである。裁判所のお墨付きを得たものではないが、いくつか疑いの濃厚な事例をあげよう。

一九七四年夏、首都圏の周辺地域で女性への強姦殺人事件が多発した。その年の五月に網走刑務所を出所して東京の妹宅にいたOが窃盗容疑で逮捕されたのが九月、そしてそののち彼は婦女暴行容疑で再逮捕される。しかしこの二件はあくまで別件で、警察のねらいは一連の強姦殺人事件にあった。マスコミもOの逮捕以来、彼を「首都圏連続女性殺人事件」の容疑者として大々的に報じ、合計一〇件一二人の殺人魔と書き立てた。しかしその容疑はほとんど根も葉もないもので、報道はどんどんエスカレートするのに捜査の方は一向に進展しないという状況がつづいた。結局、警察は四苦八苦のあげく一件のみに焦点をあてて、他の一切を放棄せざるをえなくなる。その一件というのが、千葉県松戸市のOL殺しであった(24)。この一件にねらいを定めてOを自白に追い込んだのが、別件逮捕からすでに二ヵ月余を経た一一月下旬のことであった。この自白によってようやく本件逮捕に到達したのだが、その後も捜査ははかばかしく進展せず、検察はその年の暮れ、起訴を見送ることになる。この事件で検察が起訴に踏み切ったのは、やっと翌年三月。別件逮捕から本件起訴までにじつに半年を要したことになる。このことだけからみてもOを本件に結びつけることがいかに困難であったか分かる。しかも、起訴に踏み切るにあたって決定的な証拠が上がったわけでもなかった。

さてこのOL殺し事件というのは、一九七四年七月三日松戸市で行方不明になったOLのMさんが八月八日、自宅近くの宅地造成地に埋められたのが発見されたという事件である。強姦・絞殺されて全裸であった。長期間にわたる拷問的な取調べに屈してOはこのMさん殺しを認めることになるのだが、そののちも、自白は転々とし、決め手となる物証もあがらなかった。そこで問題となったのがMさんの衣類や所持品の始末である。もしOが犯人ならば、それをどこにどう処分したかを供述できるはずだし、O本人の供述によって被害者の衣類・所持品が発見されれば、それこそ決め手になる。Mさんの死体発見の八月八日以降、警察は現場の造成地一帯を大々的に捜索したが、何一つめぼしいものは発見されていなかった。ところがOが一一月下旬に自白をはじめてのち、すでに捜索を繰り返したはずの場所から次々と衣類・所持品が出てくる。まず最初がカサ（一一月三〇日）、次いで定期入れとサイフ（一二月四日）、そして絞殺に用いたと目される被害者自身のサロペットスカートの吊り紐（翌年一月二一日）、最後にそのサロペットスカートの本体とパンティストッキングや靴など（二月一〇日）。警察はこの四回のいずれについても、被疑者Oの供述ないし指示によって右の物が発見されたかのように主張した。しかし、すでに大々的に捜索が繰り返されていた場所から発見されたこと、被疑者Oの指示・供述状況が証拠上日付のはっきりした調書や図面によって裏づけられていないこと、さらには発見時にはO本人も検察官に立ち会っていないことから考えて、これが真正の「秘密の暴露」であったとするにはあまりに問題が多すぎた。Oの容疑を認めて無期懲役判決を下した第一審は「秘密の暴露」を認定していたが、これを逆転した第二審判決（確定判決）は、この点に正面から疑義を提している。その判決要旨には「被害者の所持品や着衣が被告の指示により発見されたというにしては、いずれもその指示状況が確たる供述調書などで裏づけられていないのみならず、四回も機会があったいずれの場合も、発見されたときには、被告が立ち会い、目撃していないという事実は、単に偶然の一致だとして看過できないと思われる」と、偽装の可能性が示唆されている。現実に法廷では検証調書の虚偽記載の事実が明らかにされたり、当時の検察官が警察の捜査に不審を抱いて現場付近を見廻ったという事実も法廷で暴露されていたのである。

このように偽装の可能性は示唆されても、いかなる偽装がなされたかは明らかでないのだが、ただこれが先の第二の「秘密の事実の発見の偽装」を越えて、発見物そのものの偽装である可能性を指摘しておかねばならない。たとえば、被害者のカサとして発見されたものが、ほんとうに被害者のカサであったのかどうかも、十分に確認されたとは言いがたい。あるいは絞殺に使われたとされる被害者本人のサロペットスカートの吊り紐もまた、はたして被害者自身が身につけていたものかどうか疑問がある。警察は、Oの逮捕以前から被害者が着ていたとされる衣類について捜査するなかで、同種同型のサロペットスカートを別ルートから入手していた。排水溝から発見され、被害者本人のものとされるサロペットスカート以外に、まったく同種同型のものがさらに二枚入手されていたことが法廷で明らかになったのである。とすれば、被害者本人のものとされた当の証拠品自身もまた偽物である可能性を否定できないではないか。

これらの疑いは、もちろん〝疑い〟のレベルを越えるものではない。ただ、何度も繰り返し捜索された場所から、四回にもわたって次々被害者の所持品・衣類が出てきたというその不明朗な事実経過を素朴に見れば、そこに偽装の疑いが浮かび上がることは避けがたいことではなかろうか。

狭山事件で「三物証」と呼びならわされてきた秘密の暴露にも、これとよく似た経過が認められる(25)。それは被害者の持っていたカバン、万年筆、時計の三つである。カバンについては、一部自白の段階で被疑者Iの供述と地図によって発見されたとされていたが、その供述や地図の指示内容が現実の発見場所、発見状況とあまりに食い違っていたことから、「秘密の事実の発見の偽装」があるのではないかということを先に指摘した。ここではあとの万年筆と時計について触れておこう。というのも、そこには発見経過の偽装を越えて、物自体の偽装が十分に疑われるからである。

死体発見時、その衣類などから万年筆は見つかっていないので、それは被害者のカバンの中の筆箱に入れられていたものと考えられる。事件当時、万年筆は貴重品で、場合によっては入質されている可能性もあった。そこで警察は腕時計などとともに品触れを出して、その行方を求めていた。I逮捕後、否認段階に教科書、ノート類が発見され、一部自白段階でカバン本体が発見されたが、筆箱も万年筆も発見されなかった。この時点ですでに自白をはじめていたIに、取調官は当然、万年筆をどうしたのかと追及したはずである。そしてIが「万年筆は自宅の勝手口の鴨居の上にある」と供述したのはカバン発見から三日後（六月二四日）のことである。警察はこれによって翌日裁判官から捜索差押許可状を得て、さらに翌日の二六日捜査員がI宅に赴いて、Iの供述した場所から万年筆を発見したというのである。

被疑者自身の供述によって被害者の所持品が発見されたという「秘密の暴露」の外形は、どうにかととのっていた。ところが、その発見経過には無視できない疑問がいくつもからまっている。第一は発見場所が、すでに二度にわたって大々的に捜索されていた被疑者宅の屋内であったこと。しかも、当然のこととして捜索の範囲に入っていたであろう鴨居のうえから発見されたというのである。その鴨居は床からわずか一七五・九センチの高さにあって、少し離れれば背の低い人でも十分目に入る位置にあった。さらに言えば、万年筆の発見された場所のすぐ横にはネズミ穴があってそこにはボロ布が突っ込んであった。捜索のさい、捜査員がこのボロ布を取り除いて見たことは間違いない。いかように考えてみてもそれまでの捜索で発見されないとは思えない場所であった。第一審判決などは「人目に触れるところであり、そのため却って捜査の盲点となり看過されたのではないかと考えられる」と言葉の上でごまかしてすましてしまっている。

第二の問題は、万年筆発見のさい、警察が被疑者Iの兄に立ち会いを求めたのは当然として、それにとどまらず、兄にその万年筆をとらせていることである。重要証拠品であってみれば、立ち会い人に見てもらいながら、捜査員自身が手袋をつけて慎重に取り出すべきところ、兄に素手でとらせたというのである。これはまさに不思議というべきことである。捜査員たちは、当然にして前に二回十分に捜索したことを知っているのであり、たとえ被疑者が万年筆を当の鴨居の上に置いたと供述したとしても、そんなことはなかろうと訝るべきところを、彼らはまるでそこに万年筆があるのを確信しているかのごとくに、立会人である兄自らに取らせているのである。

そして第三に決定的なことは、発見された万年筆に入っていたインクはブルーブラックであったのに、被害者がその万年筆で書いた日記や手帳の文字はすべてライトブルーであり、所持していたインクびんのインクもライトブルーであったことである。とすれば発見された万年筆は、被害者本人のものではなかったという以外にないではないか。

これだけ状況証拠がそろってしまえば、物自体が偽装されたと考えるしかない。それが常識というものであろう。ところが裁判所は警察のこの偽装を認定しようとはしない。裁判官は警察や検察の不正を認定することにどうしてそこまで臆病なのであろうか。本来、被疑者に対して行うべき「疑わしきは罰せず」の原則が、捜査に対してはきわめて安易に適用されてしまう。

その点はともかくとして、この万年筆の発見は「秘密の暴露」であるどころか、「物自体の偽装」を強く疑わせることは、十分おわかりいただけるであろう。ただここで偽装があったとして、そこには二つの可能性がある。つまり、万年筆を偽装的に被疑者宅に置いた上で、被疑者にその場所を供述させたのか（狭山裁判で弁護側はこの可能性を強調している）、あるいは全面自白後の被疑者に万年筆の行方を追及した結果として、答に窮した被疑者が適当に供述したのに合わせて、その供述した場所に万年筆を偽装したのか、いずれかである。いずれであるかを判断する根拠は十分でない。ただいずれにせよ、この万年筆のばあいには、事件前から地域の野球チームを通して知っていた関源三巡査部長が、逮捕後被疑者宅に何かと出入し、差し入れ等の便宜をはかっていたところから、その際に偽装のチャンスがあったことが指摘されている。

狭山事件の三番目の物証の時計についても同様に不明朗な発見経過がある。被害者が身につけていた腕時計も事件後の品触れに含まれていた。しかもその品触れには、同型の時計の写真が掲載され、「シチズン・コニー十七石、金色、三針」であることが指示されたうえで、側番号も記されていた。つまり品触れは、この側番号によって被害者の時計であるかいなかが特定できる内容になっていたのである。この時計もIの自白にいたるまで発見されていなかった。Iがこの時計について「五月十一日頃の夜七時頃に狭山市田中あたりで捨ててしまいました」と供述したのが六月二四日、つまり万年筆供述と同日、ただその場所を実際に捜索したのは五日後の二九日と三〇日であった。しかしこの時は目当ての時計は発見されなかった。そして、警察捜索から一日をおいて七月二日朝、散歩で茶畑を見廻っていた老人が、茶株の根元に女物の腕時計を発見する。これが被害者の家族の者によって被害者のものと認知されたのである。これもまた外形的には「秘密の暴露」の体裁をととのえている。しかし、ここにもまた問題がいくつもある。

一つは路上に捨てるという不自然さである。自白によれば事件から一〇日ほどのちに捨てたというのだが、犯人が証拠隠滅のつもりで処分するのなら、路上に捨てる、しかもその中央に捨てるというのはほとんど考えられないことであろう。それに、その捨てたという日から発見の日まで五〇日以上たっている。この間、雨ざらしにされたとすれば、時計はよほど汚れていなければならないし、まず故障していると考えてよい。ところが老人が見つけたとき時計の汚れはさほどでなく、手にとると秒針が動いたというのである。二つ目の問題は、多数の警察官が二日にわたって捜索したのに見つからなかったものが、散歩の老人に見つかったという不思議さである。大々的に捜索した場所から後になって発見されるというこの不自然さは、先の万年筆にも、また松戸OL殺人事件にも共通のものである。しかしここでも最大の問題は、見つかった時計が被害者本人のものであるかどうかに重大な疑問のあることである。事件後警察が発表した時計の側番号が、発見された時計の側番号とまったく異なっていたのである。とすれば、これは、別物という以外にない。警察はのちに法廷で品触れを出すときに転記ミスをしたのだと弁明する。つまり、時計の品触れについては、被害者の家族の協力で当の時計を買った店に捜査員が出かけ、被害者に買い与えたのと同種の時計を指示してもらい、その指示された時計を見本として、その写真をとり、側番号を控えておいたところ、品触れ作成時に写真のみならず側番号まで転記してしまったのだと言うのである。しかしこれは考えられないミスという以外にない。それにその品触れはテレビでも流されたもので、数日後にその誤りに気づいたが訂正しなかったという。これまた信じられないことである。

万年筆のばあいと同様、そこに物自体の偽装を疑う状況証拠は十分にあると言ってよい。そしてもしこれが偽装であるとすれば、今度は万年筆の偽装とはちがって、警察があらかじめ偽装の時計を道路脇茶株の根元に置いてから被疑者Ｉにその地点を供述させたとは考えにくい。というのも多数の警察官が自白にもとづいて捜したが見つからなかったという経緯があったのち民間人によって発見されたのであるから、もっとも自然な流れとしては、捜索の後にはじめて偽装したと考えるのが順当だからである。つまり、自白して犯人になってしまった被疑者Ｉは、追及されるままに適当に時計の捨て場所を供述する。それによって警察は捜索するが発見できない。そこで偽の時計を被疑者が供述した地点に捨てるというわけである。

これはあくまで推測であって、証拠はない。しかし十分に考えうることである。被疑者を全面自白に追い込んだものの決定的な証拠をあげられないとき、捜査官が決め手を見つけようと努め、さらに決め手を作り出そうとする気持ちに駆られる。もちろんそれは許されることではない。しかし被疑者を犯人と決めつけ、しかも全面自白を得て犯人との確信を高めた段階で、さしたる罪責感をもつことなくこの決め手作りに踏みきってしまう人間が出てもおかしくはない。第五章で見たわが国の刑事捜査体制のなかには、個々の捜査官をしてそうした誘惑に乗せてしまいかねない心的ムードがうごめいていることを否定できない。

同種の例をもう一例だけあげよう。これまで何度か触れた野田事件である。この事件で被疑者として逮捕されたAは、逮捕の四日目から自白をはじめ、断片的な自白から徐々に犯行筋書が組み立てられて行き、自白開始後五日たってようやく粗筋が出来上がった。その経緯はまた後述することになるが、この自白の粗筋がほぼ出来上がったところで取調官にとってはどうしても気がかりなことがあった。つまりAから大雑把な自白はとれても、彼がかなり重い知恵遅れであることからすれば、この自白がどこまで証拠能力をもちうるのかという点である。自白以外に、何か決め手が出てこなければ、彼を犯人と決定づけるのが困難であることは明らかだったのである。

この事件でもっとも特徴的で、かつ重要性の高い証拠は被害者が所持していた手提カバンの名前記載部分が八×一六センチメートル切り抜かれていたことであった[26]。いかなる目的で切り抜かれたものかは不明だが、これが犯人の手になるものであることは明らかであった。警察は当然、この布片の行方を追うことになる。被疑者Aを逮捕したときA宅の家宅捜索の第一日目標がこの布片だった。しかしこのとき布片は見つからなかった。Aは自白後、布片の行方を問われて、最初「川に捨てた」と言い、ついで「はいていたズボンのポケットに入れていた」と言う。しかし取調官はこのいずれについてもまともには受けとめていない。「川に捨てた」という供述に対しては、どの川のどのあたりかを詰めもせず、聞き流した。また「ズボンのポケット」などは逮捕時に調べずみで、およそ信用できるものではない。しかしAには言い出したことを固執する傾向があった。Aは布片追及にこの「ズボンのポケット」という供述を五日間維持する。そしてその五日目の日のことである。

その日の様子を録音テープから再現すると次のようになる。最初は前日までと同様、「ズボンのポケット」と言っていたのだが、取調官がこれに対して順を追って、そこにはないのだと教え諭した。そうしたところ不意にAは「あのよう、黒いのでよ、このテープみたいなやつ、こんなちっちゃいのないかい。……このなかに入ってんだもんな」と言いはじめた。それは彼がいつもズボンのポケットに入れてもっていた「定期入れ」のことであった。彼には収集癖があって、拾ったりもらったりしたものを大事に持ち歩いていた。この「定期入れ」もその一つで、それをビニールテープでグルグル巻きにしたうえで、愛用のトランジスターラジオと紐で結びつけてポケットに入れていた。Aは、布片をそこに入れたと言い出したのである。「黒いのでよう、このテープみたいなやつ……」という曖昧な供述から取調官は、それが「定期入れ」であることをただちに理解している。この「定期入れ」は逮捕時点でAのはいていたズボンのポケットから押収したものであることを、取調官は熟知していたのである。

古い定期入れを黒いテープでグルグル巻きにしたこの異様な押収物は、当然捜査官の目をひいていたはずである。捜索の第一目標となった布片を隠せるものとなると、多数の押収物中、この定期入れと、同じくポケットに入れて持ち歩いていた財布ぐらいしかなかった。押収と同時にこの「定期入れ」を調べたであろうことは、まず間違いない。ところがAは、問題の布片をそこに入れたと言う。これに対して取調官はまた良い加減なことを言っているという調子で対応するが、そのうち「じゃ持ってくる」と言って取調室から出かける。やがて帰って来た取調官はAに詰問する。「これは何と何入ってんだ? どんなもの入ってんだ?……そっちに(押収品保管係のこと)何かあるって言ったら、あるって。どんなのがあるって言ったら、……紐がついていてよ、紐のところにね、ビニールの袋みたいなのがあるって。その中、全部あけて見せてくれって、開けて見たらよ、なにもなかったって」。要するに押収品を保管しているところに「定期入れ」を見に行って、見てもらったら中には布片は入ってなかったと言うのである。最初「川に捨てた」、次に「ズボンのポケット」、そして今度は「定期入れ」と言うのだが、確かめに行ったうえでこれも嘘じゃないか、と取調官はAを追及しているのである。

ところがいったん言いはじめると固執するところのあるAは、取調官の詰問にもめげず「定期入れに入れた」と繰り返す。いや実際、その前の「ズボンのポケット」という明らかに不合理な供述すら、彼は五日間言い張ったのである。ひとたび自白しはじめた被疑者は「犯人に扮して」自白しつづけるしかない。そのなかで犯行筋書を問われ、凶器などの証拠品の行方を追及されると、「犯人になったつもりで」懸命に考える。それはもう真剣である。豊橋事件のM、大森勧銀事件のKのあの苦悩を再度思い出してみられたい(五一六―五一八頁)。重い知恵遅れの障害をもつAにしても事態は変わらない。

問題は、このあとである。Aが「定期入れ」に入れたと供述したのは午前中の取調べでのこと。「持ってきたらわかる」と言うAに取調官は「あとで持って来る」と約束して、昼休みに入った。そしてその午後、取調官は午前中、実際に見に行ってなかったことを確認していたにもかかわらず、どういうわけかAから「布片を定期入れに入れた」との供述を調書にとっている。しかも調書上はその供述の直後に、「定期入れ」を取調室に持って来て、A本人に開けさせたところ、そこから「布片」が出て来たと記載されているのである。これはどういうことなのだろうか。その定期入れを開けた様子は録音テープに収められておらず、調書しかない。そして調書の記載が間違いないことを示すため、「定期入れ」を開けて「布片」を取り出す場面を六枚の連続写真に収めた報告書が作成されているのである。

実を言うと右に紹介してきた午前中の取調べの様子を収めた録音テープは、控訴審の最終段階になってはじめてその内容が明らかになったものである。というのは、録音テープそのものは第一審で検察側から提出されていたが、非常に聞きとりづらいもので、内容不明のまま聞き流されていた。したがって、この録音テープが解読されるまでの段階で、少なくとも表向き証拠として確認されていたのは、Aが自白後七日にして「布片」のありかを供述し、その供述によってそれが発見されたということであった。つまり外形的には明らかな「秘密の暴露」が成立していたのである。ところが、その背後では、実はAが供述したのち取調官が見に行ったところ、当の「布片」は彼が言う「定期入れ」のなかにはなかったことが確認されていたのである。とすれば、どういうことになるのか。そこでは「布片」そのものの偽装を疑わないわけにはいかない。つまり被疑者本人が言い出した「布片」供述に乗っかるかたちで、「布片」をあとから偽装工作した、そう考える以外にない。そしてつい最近、この「布片」の本体たる手提カバンが証拠物として警察に保管されている間にすりかえられていたという事実が明らかになった。つまり現在裁判所にある証拠カバンが偽物であることが明白になったのである。現在、弁護団はこの事実をつきつけて、最高裁での審理を待っている段階である。

因みにこの野田事件のAを調べた主任取調官は千葉県警の宮崎四郎警部補なのだが、この警部補は先の松戸OL殺人事件で被疑者Oを調べた人物でもある。宮崎警部補はOの自白からサロペットスカートの吊り紐やサロペットスカート本体などの衣類を発見したとの「秘密の暴露」の偽装を疑われてもいる。犯罪に犯罪手口があるように、偽装にも偽装の手口がある。もちろんこれはまだ確証を得た話ではない。しかしこの物自体の偽装という犯罪が行われた可能性はきわめて高く、容易なことではその疑念を払拭できないこともたしかである。

さて「秘密の暴露」の偽装について、その三つの種類に分けて長々と述べて来た。この偽装は警察内部でまさに秘密裡に行われるために、明確な証拠をもって証明するというところまで攻め入ることは難しい。ただ、「秘密の暴露」があれば被疑者を犯人とする決定打となるとの認識が捜査官の間に強くあって、そこに強い誘惑が働くことは間違いない。そして強い誘惑の働く場には、また不正なごまかしの入る可能性が高いことも、一般論として否定できないところである。

無実の人間には「秘密の暴露」などありえない。しかし、無実の人間を犯人と決め込んで行う取調べのなかでは偽装的なかたちでの「秘密の暴露」が往々見られること、少なくともその可能性がつねにひそんでいることを私たちは肝に銘じておく必要がある。被疑者があきらめて犯人を演じはじめたとき、そこに「秘密の暴露」を組み込むことは、取調官にとってその気になればむしろ容易なことである。しかも自白して犯人となった被疑者を真の犯人と信じていれば、その偽装に罪責感をおぼえることもないというものである。

第五節　犯行筋書の無矛盾性

自白が真犯人の自白らしく見えるための第三の条件として、語られた犯行筋書に矛盾が含まれないということがある。先の条件と重ねて言えば、捜査官によって把握された諸証拠・諸情報を筋書に組み込みかつ、そこに矛盾がないということでなければならない。

ヘーゲルの古い格言をまつまでもなく現実的なものは理性的である。つまり現実に起ったものである以上、そこには矛盾を含まぬ合理性が貫かれていなければならない。それは当然のことである。それゆえ現実に体験したことを語るとき、多少の間違いはあるにせよ、一つの矛盾のない出来事の流れがスムーズに語られることになる。ところが突きつけられた証拠と情報から、無実の人が筋書を組み立てるとき、そこに最初から矛盾のない流れを作り出すことは至難である。他方、取調官の方も、犯人と決めうった被疑者がすでに「私がやりました」と言って犯行筋書を語ろうとしているのである。よほど歴然とした証拠との不一致や矛盾でもないかぎり、一応被疑者の言うところを真実として尊重し、それを調書に取っていく。取調官も犯罪行為そのものについては第三者でしかなく、真実を直接に知りえない立場にある以上、真実は犯人と目した被疑者に聞くよりほかないのである。

そこで無実の人の自白は、一通や二通の供述調書で確定することは少ない。自白の過程を調書の上に忠実に反映しようとすればするほど、そこには試行錯誤の痕が歴然と刻まれることになる。そして実は、その試行錯誤の痕を一つ一つ追っていけば、それが真犯人の自白でありえないことも明らかになる。実際、真犯人が自らの体験の記憶を言葉に紡ぎ出していく過程と、無実の人が与えられた証拠・情報から犯行筋書を組み立てていく過程とはまったく異なるものであって、そこに両者を弁別できるだけの指標を見つけることはさして難しいことではないはずである。ところがこの弁別指標を見すごし、無実の人の虚偽自白を虚偽と見抜くことのできない裁判があとを絶たない。

その原因の一つはおそらく、被疑者の最終自白に重きをおいて、そこにいたるまでの供述変遷をあとづける作業を怠ったことにある。供述変遷のあとを被疑者の視点からたどってみるだけで、ほんとうはそこに無実の被疑者が苦しみながら嘘の自白筋書を生み出していく姿が浮かび上がってくることが少なくない。

ここでは私自身の関与した野田事件と狭山事件からその例を引こう。まず野田事件のAの自白から。(27)

1　野田事件の例から

この事件は、小学一年生の女の子が下校途中行方不明となり、その夜下校路脇の竹林内古井戸跡（深さ一・五メートル）の底に埋められていたというものである。しかしその具体的な犯行の流れは不明である。証拠上確認された主要な部分を列挙すれば、

・被害者は下校時に犯人につかまって比較的短時間に殺されている。
・死因は口腔内に押し込まれたハンカチとパンティによる窒息死である。
・頭には直径三センチの陥没骨折があったが脳内損傷はなかった。
・膣と肛門に裂傷があり多量の出血が認められる。
・膣および子宮から単三電池二個が出てきた。
・被害者は全裸で、手は後手に木綿紐で、足は使いふるしのビニール紐で縛られていた。
・死体の顔の上には三〇×二三センチの大きな石がのせられていた。
・死体の足もとに二〇ccほどの食用油の入ったオロナミンCの空ビンがころがっていた。
・衣類・所持品は死体発見の翌々日、現場から約一八メートルの草むらで発見された。

詳細は別にして、目ぼしい証拠・情報を並べればこのようになる。これらをつないで一つのストーリーに組み立てねばならないのだが、それは簡単なことではない。どの証拠・情報も、バラバラに与えられているのみで、それそのものには時刻の指標も、行為の順番や文脈の指標も刻まれてはいない。これを矛盾なく一つの筋書に組み立てなければならないのである。

Ａは「犯人になっちゃった」あと、まず既得の証拠・情報から予想される犯行要素を一つ一つ認めていくところから自白をはじめている。彼のばあい、自分の方から筋書を組み立てるのはおよそ無理で、取調官とのやりとりのなかでどうにか流れらしきものができていくというふうであった。そして警察の取調べで最初に組み立てられた流れはおよそこうである。

自宅の脇で下校してきた女の子を見つけて、その女の子のハンカチで口をおおい、後から押して自宅の前庭に連れ込み、庭から裏の竹林に抜けて、古井戸跡のところまで連れて行った。ゲンコツで女の子の頭を殴って、服を脱がせ、古井戸跡の穴の中に女の子を入れ、股の間に電池や指を入れるといういたずらをして、手足を縛り、女の子を埋めたのち、女の子の服やカバンを草むらに投げ捨てた。（この段階では、女の子の口のなかにハンカチとパンティを捩じ込んだという直接死因につながる行為が、まだ供述されていない）

Ａは自分からこのような筋書を一つの流れとして語ったわけではない。自宅脇で女の子をつかまえたこと、口をハンカチで縛ったこと、後を押して庭から竹林に連れ込んだこと、ゲンコツで殴ったこと、服を脱がせたこと、井戸穴に入れたこと、電池を股間に入れたこと、手足を縛ったこと、土をかけて埋めたこと、服とカバンとを投げ捨てたこと、というふうに各犯行要素を、取調官の尋問にそって認めていったにすぎない。そして各要素の順序は取調官の問う順序に従っているだけで、自分で「～してから～する」という形で供述したところはない。つまり筋書はあきらかに取調官の主導で組み立てられていった。そのことは、供述調書や録音テープから読みとれる。そうしてどうにか右のようにまとめられるような筋書が出来上がったのである。これを初期自白と名づけておこう。この概括的な自白が出来あがるだけでも、自白転回の日から四日を要している。

この初期自白の筋書を図式的に要約すると、〈おそう――連れ込む――殴る――裸にする――穴の中に入れる――いたずらをする――手足を縛る――埋める――服・カバンを捨てる〉というふうになる。〈殺す〉という行為がどこに入るかすら不明であるのはともかく、外形だけを抽象的に見れば、十分ありうる犯行の流れであるように見える。ところが個々の供述を具体的場面のなかに入れて考えてみると、いくつも矛盾が出てくる。そこで警察の取調べについで検察官が取調べたところでは、その矛盾の訂正が行われて、その結果、筋書自体大きく組みかえられることになる。

一つは、女の子をおそったとき、その女の子のハンカチで口を縛ったという点である。発見されたとき女の子の口に本人のハンカチが押し込まれていたとの証拠状況が念頭にあったために、こうした供述が出てきたのだろうが、考えてみるとこれはおかしい。女の子をつかまえるとき声を上げられてはこまるだろうから口をふさぐというのはいいとして、そこで女の子からハンカチを奪ってそれを使うというのは、まるで泥棒をつかまえて縄をなうに等しいやり方である。それに死体の口に押し込まれていたハンカチは八つに折り畳んだ状態であった。このハンカチをおそうとき広げて口を縛るに使ったのだとすれば、のちにこれを口に押し込むとき再びていねいに畳んだことにならねばならない。これまたありえぬ不自然さである。検察官はそこでこの矛盾をつくろうべく、自宅からタオルをあらかじめ用意して行ったということにする。小さな変更点だが、これは無視できるものではない。もし検察官がとった自白どおりに、「タオルを用意していて、それでもって口を縛った」というのなら、Aはなぜ最初からそのことを言わず、「ハンカチで縛った」などということにしたのか、およそ理由がない。

しかしもっと大きな変更点がある。それは「ゲンコツで殴った」とする部分である。警察では被害者の女の子の頭頂部に陥没骨折があったことを問いつめられて、Aは「ゲンコツで殴った」と答え、取調官はこれをそのまま調書にした。ただゲンコツで殴ったくらいで陥没骨折ができるものかどうか、取調官は当然疑問に思ったはずである。そこで取調官はゲンコツでどれくらいの力が入るものかを見るために、机の上に粘土をおいてAに力一杯殴らせて型をとるという実験まで行っている。警察の取調官としては「ゲンコツ」と陥没骨折とが結びつくとは考えなかったであろうが、それでも女の子をおそってわいせつ行為をしようとする犯人が、まず何らかの暴行を加えておくことは常套的な手段である。暴力的に脅さなければ女の子を暗い竹林に連れ込んだり、服を脱がすことはできない。取調官がそう考えて、「ゲンコツで殴った」ことをひとまず受け入れたことはそれなりにわかる。ところがあらたに取調べに入った検察官は、陥没骨折と関連づけてみて「ゲンコツで殴った」という点がどうにも納得できず、それをAに突っ込んで問いただし、結果として初期自白の筋書を大きく組みかえることになる。

頭頂部の陥没骨折にかかわって検察が着目したのが死体の顔の上にのせられていた大きな石である。これが陥没骨折の原因ではないかと想定したのである。しかしこの石は凶器にしてはいささか大きすぎた。知恵遅れとあわせて下肢にも障害をもっていて機敏に歩いたり走ったりできないAが、一五キロもある石を振り上げて、じっとしているはずのない女の子の頭頂部を殴るとは考えにくい。そこで女の子を裸にして穴の中に入れてのち、穴の上から被疑者がこの石を落として頭に命中させたという話にしていく。つまり陥没骨折に対応する犯行要素を「ゲンコツで殴る」から「穴の中の女の子に石を命中させる」に入れ換えたのである。ところが、この要素の入れ換えが筋書全体の変更をもたらすことになる。というのも変更以前の初期自白では〈おそう――連れ込む〉ところで〈ゲンコツで殴る〉という要素が入って、暴行を加えてのち〈裸にする――穴の中に入れる――いたずらをする〉とつながっていくのに対して、「ゲンコツ」を削って代わりに「穴の中の女の子に石を当てる」を入れると、〈おそう――連れ込む――裸にする――穴の中に入れる〉ところまでやってから〈石をとってきて、穴の中の女の子めがけて落とす〉ことになる。つまり裸にしてのちはじめて暴行が入ることになる。もちろんそれ以前のところで脅したり殴ったりする過程が入っていてもいいはずなのだが、Aの行った自白には一切それがなく、女の子を穴の中に入れてはじめて暴力をふるうという筋書になっている。これは初期自白からの大きな筋書変更である。検察官が聴取したこの筋書は、そのあと再度引きついだ警察官の取調べでも受けつがれていく。後述のようにこの自白の筋書も多くの矛盾をかかえているのだが、警察官としては検察官の下で作られた検面調書を尊重しないわけにはいかなかったのであろう。この検察官がとった自白を中期自白と呼んでおこう。

初期自白からこの中期自白への転換をどう考えればいいのだろうか。現実に犯行を犯した人間が「私がやりました」と言いはじめてから、このように自白内容を変更するとすれば当然、そこには何らかの理由がなければならない。たとえば最初の自白は被疑者にとって決定的に不利なことを隠していて、それがばれて自白内容が変わったというようなことであれば分かる。ところがAのこの初期から中期への自白変更には、そのような被疑者自身の側からの理由が見当たらない。口を押さえたのが実際には「タオル」であったとして、それを最初隠して「ハンカチ」

と言う理由はない。また「ゲンコツ」で殴ったのではなく、「石を落とした」というのは行為としては後者の方が残酷に見えるかもしれないが、「殺した」ことを認めたうえで、その手段をごまかす理由はないし、Aの自白経過をみるとそうしたごまかしの痕跡は認められない。

供述変更の理由は、明らかに初期自白の矛盾の修正にあった。言いかえればそれは被疑者本人の側の理由ではなく、矛盾のない自白を取らねばならないとの問題意識に駆られた取調官の側の理由によるのである。しかもそれは取調官が警察から検察に移って事件への見方が変わったために生じた結果であった。被疑者A自身は初期自白の矛盾に気づくことなく、ただ取調官の側の見方の変更につき従っただけであった。なにしろ頭の陥没骨折の原因を問われて「ゲンコツで殴った」と答えるような彼なのである。

本来、真犯人が真摯に自白をしたものならば、そこに多少の間違いはあっても決定的な矛盾が出てくることはありえない。また真犯人が何らかの理由で一部の犯行要素について嘘をついたとするならば、その嘘を撤回し供述を変更した時点で、最初嘘をついた理由が明らかにされるはずである。つまり真犯人の自白変遷は嘘のばれていく過程として理解できるはずなのである。他方、無実の人の自白変遷は、それとはまったく異なる過程をたどる。「私がやりました」と言ったあと、なんとか犯行筋書を語るべく、自分の知っている証拠・情報をつないでいく。ところが最初からうまく筋書構成ができるわけもなく、いろいろ矛盾を来たす。その矛盾を取調官から指摘されて修正する。そういう過程なのである。しかもそこには各犯行要素それぞれのなかでの矛盾修正(たとえばいまの「ハンカチ」から「タオル」)のみならず、犯行要素を組み合わせた筋書構成全体の修正(たとえば「襲撃—連行—暴行—脱衣」から「襲撃—連行—脱衣—暴行」)もある。後者のような筋書構成全体の変更となれば、もはや単純な思い違いというわけにはいかない。そこには何らかの意図的修正を見ざるをえない。しかもそれは被疑者の側の発意ではなく、取調官の側のイニシアティブでもって進行する。

この矛盾修正の過程を取調官たちはどう考えているのであろうか。ここでも彼らは、おそらく、被疑者を無実と気づいたうえでなおかつ犯人にデッチ上げようとしているのではない。「犯罪者は嘘をつくものだ」という彼らなりの経験則を、無実の人の供述変更にまで適用して、「こいつはまた嘘をついて」という思いで矛盾をついていく。

それは彼らにとってあくまで嘘をただし、真実に迫っていく過程なのである。しかし、本来の意味での経験則で言うならば「犯罪者の嘘であれ誰の嘘であれ、嘘にはかならず理由がある」。この経験則をあてはめれば嘘の理由の見当らない供述変更には、被疑者の無実の可能性を見てしかるべきなのだが、被疑者を犯人と決め込んだ取調官たちはその可能性に目を配ることなく、「また嘘をついて！」ですませてしまう。さらに野田事件のAのばあいは、加えて彼の「精神薄弱」という障害の問題があった。およそ理屈のとおらぬ自白にも、また理由の見えないその変更にも、「こいつは精神薄弱だから」ですませて、そこに無実の可能性を見ない。取調官たちが自らAの自白をアメ細工のように自在にねじまげておきながら、それに気づかないのはそのためである。

それにしても、こうして修正されて出て来たAの中期自白にも、なおおいがたい矛盾がつきまとっていた。検察官の取調べののち再び警察での取調べにもどったとき、警察官は検察官のとった自白への疑問を禁じえなかったらしく、調書上はそのまま中期自白をひきつぐ形を守りつつ、生の取調べ場面を収めた録音テープにはAに対して疑念がいくつもぶつけられている。一例をあげよう。

中期自白では、前述のように被疑者Aが穴中の女の子の頭の上に石を落としたことになっている。それは女の子の抵抗を防ぐためということなのだろう。しかし、女の子を裸にして穴の中に入れるまでの段階で女の子が抵抗したとの状況が自白中にはまったく語られていない。これ自体ありえぬ筋書と言わねばならない。よく知らない男の人に突然おそわれて、暗い竹林内に連れ込まれ、服を脱がされて、穴に入れられるというのである。いかに小学校一年の女児とは言え、なんの抵抗もなく相手のなすがままにされることはありえない。その意味では初期自白のように、おそって連れ込む時点で陥没骨折をおこすような暴行を加えたと考えた方が、筋書として自然であろう。それにもし石を落としたのだとすれば、その石をどこかから取ってこなければならないが、井戸穴の近くには石はなかった。少し離れたところからその石を持ってくるとすれば（実際は穴から一二メートルのところからもってきたことになっている）、そのあいだ裸で穴の中に入れられた女の子がどうしてじっと待っているだろうか。古井戸穴は浅く這い上がって逃げることも十分可能である。それに穴の上から石を落としたとして女の子はそれに対して逃げようともせず、頭のてっぺんで受けるなどということが考えられるのか。またこの大きな石が頭頂部に落ちてきたなら直径三センチメートルの陥没骨折でとどまるだろうか。こうした疑問を警察官自身がその尋問のなかで吐露しているのである。

その後、警察の取調べと検察の取調べが交互しながら、大きな矛盾をなんとか解消しようとの努力がなされて、最終的に六八ページにわたる書き下ろしの自白調書として完成する。最初の自白調書から数えて計一三通の調書がとられたのだが、その間の変遷は激しい。一つの矛盾をただすべく筋書を変更すれば、その結果またあらたな矛盾が出てくる。それはまるでモグラ叩きのようなものである。そうした自白変遷の過程を真犯人の記憶喚起の過程とはおよそ言えない。被疑者が無実である可能性を少しでも考えてみれば、そのことはただちに見抜けたはずである。しかし有罪推定の強固な思い込みの下にある取調官たちは、「犯罪者は嘘をつく」という勝手な経験則と、「精神薄弱者はわけのわからないことを言う」という根拠のない偏見にとらえられて、被疑者の自白過程の真実を見ようとしない。

他方、すでに「犯人になっちゃった」被疑者にも、もはや否認へと引き返す道はとざされている。たとえ思いなおして「やはりやっていない」と言ったとしても、無実の弁明を聞く耳をもたぬ取調官の前では、空に向かって矢を射るにひとしい。いやそれどころか、そんなことをすれば自白へ落ちるまでの、あの苦しみが再びおそってくることを覚悟せざるをえない。とすれば、取調官のモグラ叩きに付き合うしかない。

Aの自白は最終段階のものにさえ、とりつくろえないままの矛盾が数多く残っている。しかし検察はそれらをすべてAの「精神薄弱」のせいにしてしまい、裁判所もその偏見に満ちた主張をそのままに呑み込んで、自白の矛盾のよって来たる源を見ようとはしなかった。「精神薄弱なのに」これだけのことを自白しているとか、「精神薄弱だから」多少矛盾のある自白でもやむをえないとか、こういう論理を持ち出されるかぎり、「精神薄弱」という障害をもつ人の供述は、どのようにでも判定者の好き勝手に解釈されてしまう。

同種の例はいわゆる「足跡事件[28]」に見られる。また甲山事件では目撃証人として登場した「精神薄弱児」たちの供述が、同様の運命にさらされることになった。

2　狭山事件の例から

もう一つ、今度は障害の問題がかかわらない例として狭山事件のIの自白をとりあげよう[29]。彼が自白に追いやられた経緯については第八章で紹介したし（三八八—三九六頁）、「秘密の暴露」にかかわって被害者の所持品（カバン、万年筆、時計）の処分を自白した経過については本章で紹介している（五八一、五八六—五九〇頁）。ここでは犯行筋書全体の変遷について見る。

Iが最初に自白したのは逮捕から四週間たった六月二〇日のことである。警察が女子高生殺しの本件でIに容疑をかけた直接の証拠は、脅迫状であった。その筆跡がIの筆跡と似ているというのである[30]。それゆえ否認段階の取調べで警察がもっとも力を入れたのは「脅迫状を書いただろう」という点であった。そしてIが自白へと落ちていったのも、その「脅迫状」からであった。つまり当初の三人犯行自白では、「脅迫状を書いた」という部分のみを自分の犯行として認め、ほかの強姦・殺人部分については二人の友人たちがやったのだと自白したのである（ただし、この友人たちの名をあげるようなことはしていない）。その筋書を要約すると次のようになる。

（事件の日）朝から所沢のパチンコ店に行ったところ、友人のAとBに出会った。そのうちのAが、Y（被害者の女子高生）と知り合いで、この日は彼女の誕生日なのでやらせてくれると言うので、午後の二時頃パチンコ屋を出て電車で入間川駅（現狭山市駅）に帰り、そこから待ち合わせ場所にしていた場所まで三人で行ってYと落ち合った。そこからずっと山の中に入って山寺の裏で話をした。輪姦をするつもりだったが、一番にやらせろとも言えないので自分はYの自転車であたりを一廻りして一時間くらいして戻ったところ、Yが死んでいた。Aがやってから、Bがやろうとしたところ、さわいだので殺してしまったという。それで三人で逃げようということになって、誘拐に見せかけて逃げるための金を脅しとることを思いつき、自分がBに教えてもらって脅迫状を書いた。それからYの自転車に乗って脅迫状をY宅に届け、その間に二人は死体を埋める場所に運んだ。脅迫状を届けたのち、以前働いていた養豚場でスコップを盗み、死体を埋める予定の場所に行って、スコップを二人にわたして、自分は家に帰った。

このようにIは実質的には「脅迫状作成」の部分のみを認めて三人犯行の自白を行ったのである。こうした筋書の自白を見せられただけでは、被疑者Iが真の犯行体験を隠して、肝心の強姦・殺人を認めず、他者になすりつける嘘をついたのだと読めなくはない。しかし、この三人犯行自白がその後たどっていく経緯を見ると、やはりIは無実でしかありえぬことが見えてくる。警察は脅迫状を書いたのはIだとの追及を重ねてきた一方で、Iの周辺の友人たちを逮捕して共犯の線でも捜査を進めていた。つまり当時、捜査側は犯行筋書の一つとして、三人共犯でそのうちの脅迫状作成者はIだとする筋書を描いていた。無実のIが自白に落ちたとき、その筋書に乗ることは十分ありうることだったのである。

問題はこの三人犯行自白から単独犯行自白への展開である。Iは六月二〇日に三人犯行の自白をしたのち、これを維持したのはわずか三日。六月二三日にはとうとう単独犯行の自白に落ちる。Iが真の犯人ならば、長い間否認で頑張り、とうとう認めざるをえなくなってなお一部自白にとどまったものの、結局のところここで全面自白に至ったのだということになる。それは言わば全面敗北の瞬間であり、ここでもはや守るべきものもなくなったことになる。警察用語で言えば「半落ち」から「本落ち」に到達したのである。通常、そこではなお部分的な嘘は残るとしても本筋においては真実の自白がなされるものである。ところがI自白はこの単独犯行に移ったのちになお奇妙な変遷を経る。

単独犯行に移った最初の自白調書はごく短いものなので、そのまま全文を引用しよう。

私は今までYちゃんを殺したりおまんこをしたり埋《い》けたりしたのは、私と入間川の男と入曽の男と三人でやったと言って居りましたが、それは嘘で、実は私が一人でやったのです。詳しいことは後で話しますが、大ざっぱに云うとこうです。

私は五月一日の午後四時頃かと思いますが入間川の山学校のところでYちゃんに話かけて山の中につれこみました。つれ込んだ場所や、どんな風にしてつれこんだかは後で話しますが、場所は倉さんが首っつりをした山です。それから無理に両手を後ろにしばっておまんこをしました。その時さわいだのでYちゃんの首をしめ殺してしまいました。それから手紙を書いて五月一日の夜Yちゃんの家へ自転車といっしょに届けました。その帰りにI豚屋の豚小舎からシャベルを盗んで来て、穴を掘ってYちゃんの死体を埋めました。今まで私は本当のことを言えなかったのは、おとっつあんや家の者に心配をかけるから言えなかったのです。細かいことは後で話します。(傍点は筆者)

先の三人犯行自白と読みくらべると分かるように、これは三人犯行の筋書をそっくり単独犯行に置きかえただけのものである。中心部分だけを図式的にまとめれば〈強姦—殺害—脅迫状作成・投入—死体埋棄〉ということになる。先の三人犯行ではこのうちの脅迫状作成・投入のみを自分の行為として認めていたのである。こうした変遷は、一般的に言えば、真犯人の一部自白から全面自白への展開として理解できなくはない。ところが、本件のIのばあい、そうではありえない事情があった。

端的に言えば、全面自白であるはずのこの単独犯行の筋書のような犯行を、Iが実行するのは不可能なのである。それはIの書字能力の問題にかかわる。捜査側は脅迫状をIの書いたものだとしながらも、彼自身の書字能力からして彼にはおよそ書けそうにない漢字が、脅迫状のなかに多数あることを認めざるをえなかった。Iの否認段階において脅迫状作成を追及するなかで、取調官自身そのことを認めていたことが、その調書文面から読みとれる。だからこそ、三人犯行自白の筋書でIは友人のBに「字を教えてもらって」脅迫状を書いたことになっていたのである。ところが単独犯行になればどうであろうか。当然、「字を教えてくれる」はずの友人が筋書から消え、Iは単独で脅迫状を作成せねばならなくなる。文字を書くなどという機会のほとんどないIにとって、これはおよそありえぬことであるし、また現に彼が知っているはずのない漢字の入った脅迫状を、どうして書けるであろうか。

六月二三日の単独犯行自白はIには不可能な筋書を語ったものであった。これは取調官にとっても決定的矛盾であった。しかし当初取調官はこの矛盾に気づかなかったのであろう。気づいていれば、調書にする以前に当然ながらその点を問いただしたはずである。被疑者はとうとう全面自白に陥った苦悶と興奮で、そして取調官もまたやっと全面自白に落とした感激と興奮で、じっくり考えるゆとりのないまま、とにかく単独犯行自白の粗筋だけでもまず書きとどめておきたいとの一心だったのかもしれない。

この最初の簡単に粗筋だけを語った単独犯行自白ののち、同じその日に、この粗筋を肉づけする自白を調書に録取している。要約すればこうである。

朝、所沢のパチンコ屋に行って昼すぎまで遊び、二時前後に入間川駅に帰ってきた。それからぶらぶら山学校のあたり（三人犯行自白での待ち合わせ地点）に行ったとき、女子高生が自転車に乗ってやってくるのに出会った。むらっとなって（性的衝動にかられて）その女子高生をとめ、山の中に連れ込んだ。そのときに彼女がN家の娘Yであることを聞いた。山の中で強姦しようとしたが抵抗されたので、押したおしてタオルで首をしめて姦した。気がつくとYは死んでいた。

この犯行の流れに続いて、次には脅迫状作成の場面がこなければならない。ところが、この日の調書はそこで終わっているのである。それもそのはず、このままではIは脅迫状を書けない。取調官も被疑者Iも、この地点に来てようやくこの決定的矛盾に気づいたのである。

思えば奇妙な情景ではないか。いよいよ全面自白せねばならなくなった被疑者が単独で犯行をおかしたのだということを語りはじめ、途中で自分の語った自白の決定的矛盾に気づく。またとうとう本落ちに追い込んだと喜々として自白を調書化していった取調官も、自白の肉づけを聴取しつつ、はたとこの決定的矛盾に気づく。両者とも、ここでもうこれ以上調書を書きすすめることはできない。そこのところでどういうやりとりがなされたのかは、もちろん調書にはとどめられていない。

翌日の二四日、Iの自白は脅迫状作成をめぐって大きな変更を余儀なくされる。この日も調書は二通あり、一通目では前日中断した犯行筋書を引きついで脅迫状作成の部分を自白するべきところを、「手紙を書いた時のことはこの後で話します」と断って、金を取りに行く五月二日夜の場面に話を転じ、二通目の調書でようやく脅迫状作成の話に戻る。それを要約すれば次のようになる。

当時全国を騒がせていた吉展ちゃん誘拐事件にヒントを得て、四月二八日（事件の三日前）に、妹のもっていた雑誌『りぼん』から漢字を抜き出して脅迫状を書いた。まだ誰を誘拐しようとは考えておらず、宛名は適当に「少時様」と書き、封筒に入れて、ジーパンの尻のポケットに入れて持ち歩いていた。この脅迫状で誰かを誘拐して金をとろうと思っていた。事件の五月一日も脅迫状をポケットに入れたまま、朝、所沢へパチンコに行き、二時すぎ入間川に戻り、ぶらぶら山学校の方へ行ったところ、自転車に乗った女子高生に会った。自転車の荷台をおさえて止め、山の中に連れ込み、松の木に女学生を後手に縛って、N家の娘Yであることを聞き出した。それからやおら性的衝動にとらわれ、松の木からいったん解いて、再び後手に縛り、押したおして強姦した。抵抗したので手で首をおさえながらやった。気がつくとYは死んでいた。死体を近くの畑の芋穴まで運んで、いったん隠し、それから脅迫状の文面の、お金の受け取り日時と場所を訂正し、宛名もなおして、N家まで自転車で行き、脅迫状を投げ込んだ。そのあと現場にとって返し、近くの農道に穴を掘り、芋穴から死体を引き上げて、穴に埋めた。

ここでは前日の自白とまったく筋書構成が変わってしまっている。脅迫状は強姦・殺害のあとではなく、三日以前からあらかじめ用意していたことになるのである。その結果、犯行の流れも、先のように〈強姦―殺害〉を主体とし、殺してしまったので逃走資金を得るために金を脅しとろうというのではなく、むしろ金ほしさの〈誘拐―脅迫〉の動機が先にあって、たまたま五月一日の日、女子高生と出会ってこいつをつかまえて金をとろうとした。そして誘拐したのが若い女の子であったがために、結果的に強姦・殺害することになったというのである。〈強姦―殺害〉の結果として〈脅迫〉に至ったのか、〈誘拐―脅迫〉の結果として〈強姦―殺害〉に至ったのか。この両者は犯行のトーンがまったく異なる。単独犯行の全面自白に落ちてのちに、このように自白が大きく変遷して犯行トーンがすっかり変わってしまうというのは、真犯人の自白としてありうることであろうか。

この自白変遷は、単独犯行を全面自白したのち被疑者がなお嘘をついていて、それがばれた結果だというふうに言うことはできない。全面自白したその時点でまだ嘘を言わねばならぬ理由はどこにもない。Iの自白が変遷した理由は、最初に述べた単独犯行自白の筋書を彼は実行できないという決定的矛盾があったからに他ならない。Iが単独犯の犯人なら脅迫状は強姦―殺害ののちその現場で書くというのは不可能である。とすれば何かを参考にして、あらかじめ書いておく以外にない。それはIが単独犯行の犯人であるための論理的要請である。矛盾解消のためにはこの論理的要請に従って自白の大修正をする以外になかったのである。こうした自白の変遷が真犯人のものでありえぬことは、もはや論をまたない。

無実の人が犯行を矛盾なく語ることは至難である。そして大きな矛盾にぶちあたったとき、なお犯人に扮し、犯人を演じる以外にない被疑者は、取調官とともにこの矛盾をただすべく、あらたな筋書を再構成しようと想像をめぐらすことになる。Iの自白変遷もそうした例の一つと言ってよい。もし真犯人が嘘の自白をやって、のちにこの嘘がばれて、本当のことを言わざるをえなくなったのなら、どうしてそのような嘘をつくことになったのかが究明されねばならないし、真の自白をすると同時にそれまでの嘘の理由も語られねばならない。しかし被疑者Iの自白のなかには、そのような点に触れた供述は一切ない。

Iが三人犯行自白をやりはじめてから起訴にいたるまでの間、四二通の自白調書がある。その自白過程は真犯人の記憶喚起過程と考えることはできない。それは反対に、無実の人間が取調官との間で作り上げた「犯人演出過程」であり、犯人であるための「矛盾解消過程」であった。最初は捜査側の共犯仮説に乗っかって脅迫状作成を認め、〈輪姦―殺害―脅迫〉という筋書を自白し、そのうえで捜査側から単独犯行の線で責められて自白したときには、この筋書をそのまま使って〈強姦―殺害―脅迫〉の自白を行う。これは、捜査側の追及とのからみで見るとごく自然な流れであった。そして、この後者の筋書にIに不可能な行為が含まれることになったことで、〈脅迫状作成―誘拐―強姦―殺害〉という筋書の大転換が論理的に要請されたのである。Iの供述変遷の過程を素直に読みすすめれば、以上のような自白内容の展開過程がおのずと浮かび上がってくる。

被疑者が犯人であるかぎりは、犯行の流れを矛盾なく語れるはずだ、そういう前提に立つ取調官は被疑者の語った自白に矛盾を見つけては、その矛盾を追及し、ただしていく。彼らの主観のなかでそれは被疑者を真実に近づけていく過程なのかもしれない。そして「犯人になった」被疑者も、犯人である以上、犯行の流れに矛盾があってはならないと考え、筋書を修正して矛盾をなくそうと努める。無実の人の自白の変遷過程の背後には取調官—被疑者のこの相互作用的過程が働いている。それは被疑者の記憶喚起でも、嘘の暴露でもなく、すぐれて論理的な矛盾修正の過程なのである。

第六節　共犯自白の相互一致

真の自白は、犯行後に残された諸証拠・情報を矛盾なくつなぎ、自然な犯行の流れを語っていなければならない。そのことは前項で詳細に見たとおりだが、この点でさらに複雑な問題をかかえるのが共犯での犯行である。複数で一つの犯罪をおかしたとき、真の自白ならばそこでの相互の役割が互いに矛盾なくかみ合って、おのずと一つの犯行筋書が組み上がるのでなければならない。それゆえ共犯事件のばあいもっとも理想的なのは、各共犯者に対して別々の取調官がつき、取調官どうしは連絡を取り合うことなく相互に独立に取調べを進め、そこで聴取された自白が、結果として互いに矛盾なく、相補って有機的に一つの事件像を浮かび上がらせるという形である。そうなればその共犯者たちの自白は虚偽のものではありえない。しかしそれはあくまで理想論であって、現実の取調べではそういうふうに事が運ばれることはまずない。

取調官が問題の被疑者についてその有罪性を多少でも疑っていれば、たとえ共犯者からの自白が聴取されても、その中身を直接他の被疑者に向けてきくことをせず、被疑者の自発的な自白を促し、それが共犯者の自白と一致するかどうかチェックするという方法をとらねばならない。そうすることによって自白の真偽を検証することも可能である。これは単独犯行の事件で被疑者が自白したとき、一般に知られていない捜査上の証拠・情報を伏せて取調べを進め、被疑者が自発的に自分の方からそれを語り出すかどうかで自白の真偽を確かめることができるのと同じである。そのように仮説検証的な方法意識をもって取調べに臨むならば、取調べのなかにいくらでも供述の真偽検証の機会を求めることが可能である。ところがわが国の被疑者取調べはこれまで繰り返し述べてきたように、被疑者を犯人と決めうったところから取調べをはじめるために、真偽検証の機会をみずから放棄していることがあまりに多い。たとえばひとたび共犯説に立って捜査が進みはじめ、複数の容疑者を逮捕してしまえば、遮二無二その共犯筋書を被疑者たちの自白のなかに実現しようとする。そして権力あるものの強固な仮説はおのずと自己実現する。

1　八海事件の例から

一例としてまず八海事件をとりあげよう[31]。すでに紹介したように(三五頁)、この事件では真犯人であるYがいったん逮捕直後に単独犯行の自白を行っていたのに、現場検証を担当した一警部補が「本件は数人が共同してかかる犯行をなしたもので、一人の者の行為とは思料されず、一人にてかかる状態をなすことは不可能である」と断定したところから、捜査がおかしな方向に転回していく。現場に複数の人間の足跡や指紋が残されていたとかいった明確な共犯の根拠があればともかく、この警部補の判断は明確な根拠のない直観的印象にすぎなかった。もとよりそうした直観的印象に意味がないとは言えないが、そこから出てくるのはせいぜい共犯の可能性であって、共犯の断定ではないはずである。警部補はそこで言わば勇み足をやってしまったのである。

ただ事件発覚から一日もおかずに逮捕されたYが犯人であることは疑えないことであった。実際、Yが遊郭で逮捕されたときマツ毛に血痕がこびりつき、太股にも、また足裏にも多量の血が付着していたし、着衣にも大変な量の血痕が染み込んでいた。そのうえYは即日、詳細な単独犯行の自白を行ったし、その自白内容は現場状況とほとんど矛盾なく合致した。この段階で単独犯行自白によって説明できないよほど重大な事実が発見されないかぎりは、共犯説はただちに退けられるべきところであった。警察が当初の直観的印象にこだわりさえしなければ、この事件は早々に全面解決を見たはずである。しかしやはり恐ろしいのは権力を持つ者たちの妄念とも言うべき思い込みである。

警察は単独犯行自白をしたYに対して頭から共犯の可能性をぶつけた。Yにしても観念して自白をしたとは言え、無辜の老夫婦を惨殺したうえ金を奪って逃げたとなれば、これが単独犯であるかぎり（あるいは共犯でも主犯ならば）死刑を覚悟しないわけにはいかない。そうしたところに、取調官の側から共犯がいたのではないか、主犯は別にいるのではないかと向けられれば、それについ乗っかってしまう気持ちになるのは、自然なことであろう。Yの口から五人の知人、友人の名が共犯者としてあげられ、警察はこれによってこの五人をただちに逮捕して、拷問でもってしめあげた。その後、五人のうちの一人は嫌疑が晴れて釈放されたが、あとの四人は警察の共犯説にのっとった自白をとられていく。

それにしても真犯人Yを含む五人の自白を矛盾なく一つの流れに収約することは、およそ無理なことであった。五人共犯が真実ならば、もちろんおのおのからとった自白は、互いに多少の食い違いを含むにしても、自然に一つのストーリーをなすはずである。しかしこの共犯説が架空のものでしかないとすれば、いかに苛酷な拷問に訴えたとしても、五人の自白の筋を一つに織り合わせることは不可能に近い。実際、五人の自白は相互に照らし合わせると無数の矛盾をかかえ、それがまた変遷している。

五人の共犯であるかぎりあらかじめ何らかの謀議がなければならないだろうし、実際の犯行についても相互に各々の役割を演じて、それが一つの犯行の流れにならなければならないのだが、出来上がった五人の自白には互いに相いれない矛盾がいくつも残っている。ただ、そうした矛盾はともかく、少なくとも「五人でやりました」という点については当然五人の自白が一致せねばならない。それは、共犯自白であるかぎりどうしても譲れない最低の基本条件である。そしてこの基本条件を満たすためには少なくとも五人が一緒に犯行を犯しうる時間帯が設定されていなければならない。それが設定されないかぎり、共犯での犯行は不可能である。しかしこの点にさえ実は非常に大きな問題があったのである。

表15を見ていただきたい。逮捕直後にYが供述した単独犯行自白では、ヤミ焼酎を売っていたS方で焼酎を飲み、八時ごろそこを出て、H方（被害者宅）に強盗に入ろうかどうか迷いつつ行き、九時ごろ侵入、老夫婦を殺害、金を探して盗ったあと心中にみせかける擬装をして、一一時ごろ出た。それから八海橋近くの草原で三〇分ほど休んでから、一二時ごろN自動車店へ行き叩き起して、車で柳井の遊郭へ行った。ごく簡略にまとめるとこういう流れ

表15

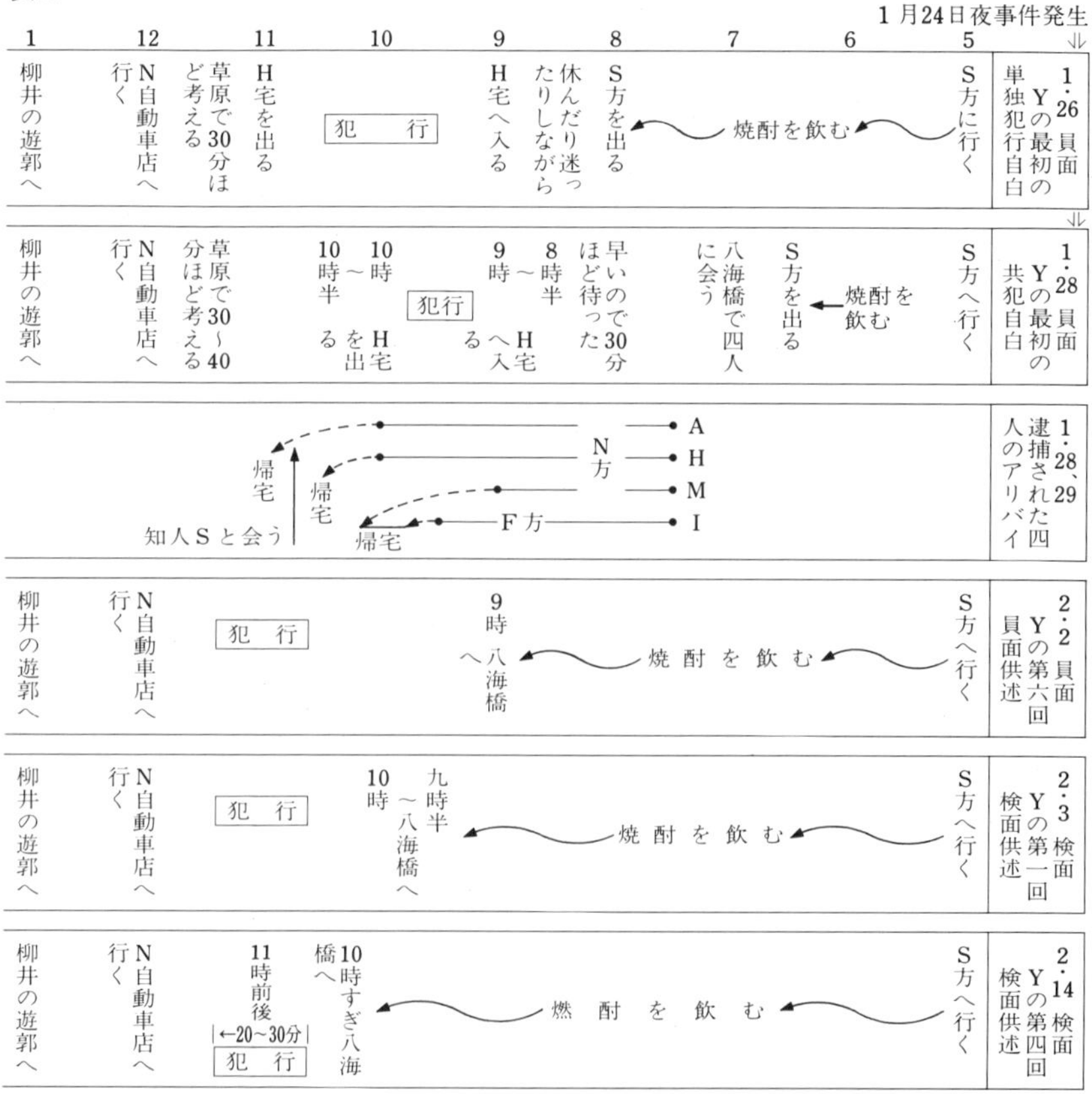

になる。このうち夜中の一二時N自動車店に行って車を頼んだことは、叩き起された店の人の証言からして動かせない。

この単独犯行自白の翌々日、Yが共犯自白に転じたとき、S方を出た時刻が六時半に繰り上がり、そののちたまたま八海橋のところで共犯の四人と出会ってH宅を襲う話になる。そしてH宅に侵入するのが八時半から九時、犯行を終えて出るのが一〇時から一〇時半とこれも少し繰り上がるが、犯行の流れは前々日の単独犯行筋書をそのまま共犯にしただけで大筋は変らない。単独犯行を偽って共犯自白をするにせよ、逆に共犯犯行を偽って単独犯行自白をしていたにせよ（一八年の裁判ののち結局Yの単独犯行であると確定したことからすると、実際は真の単独犯行自白を偽って共犯自白を供述したことになる)、問題は「謀議→犯行」の具体的態様をいかにごまかすかであって、犯行の流れの外形やその時刻の点まで大きく偽る必要はない。その意味でYの最初の単独犯行自白と、最初の共犯自白がほぼ同じ外形と時刻を保っていることは興味深い。

ところが、である。Yの共犯自白に従って四人を逮捕した結果、Yが述べた犯行時間帯では四人のアリバイが成り立ってしまうことが分かったのである。A、H、Mの三人は土工仲間で、請負人N方に未払賃金をもらいに出かけたが、当のNがいなかったため、Mは九時ごろまで、AとHは一〇時まで待っていたことが確認されている。N方から八海橋まで約六キロの道のりである。どんなに急いでも一〇時半までに八海橋にたどりつくことは不可能である。またN方を早く出たMもIに用件があって、Iのよく出かけていたFを九時四〇分ごろ訪れたが、Iはそれより一〇分ほど前にすでにF方を出ていた。Mはあとを追うようにしてIの自宅に赴き、そこで用件を伝えたと言う。この時点ですでに一〇時ごろということになる。共犯とされた四人とも、どう考えてみても一〇時までにはYと出会うことができないのである。

Yが一月二八日に行った最初の共犯自白の筋書は、共犯者たちの確認されたアリバイと相いれない。これはどうしようもない決定的な矛盾であった。こうした矛盾に逢着したとき、通常ならば、当初描いた共犯説が間違っていたのではないかと考えるものである。ところが警察という組織は引き返すというのがまことに苦手で、なまなかなことでは自説を改めることがない。四人のアリバイが動かないとなると、Yの自白を動かすよりない。共犯説においてはYを含む五人が八海橋で集結したうえでH宅へ赴くことになるのだが、その集結時間がYの自白では最初「七時ごろ」であったものが、「九時」(二月二日員面)、「九時半から一〇時」(二月三日検面)、「一〇時すぎ」(二月一四日検面)というように後に後にずれて行って、最後に四人のアリバイとどうにか折り合うかなという線にまでたどりつく。いや「一〇時すぎ」ですら、その「すぎ」のはばをよほど大きくとらないと、Aのアリバイとは合わない。というのもAはN方からHとともに自転車二人乗りで帰ってくる途中チェーンが切れて、自転車を押して帰ることになるのだが、Hの家の前で別れてから、この自転車を押して歩いているとき知人Sと出会っているからである。それが一〇時半よりもあとであることも確認されている。

それに八海橋での集結時間をあとにずらせば、今度は犯行時間の方にシワ寄せがくる。というのもYがN自動車店に行って家の人を叩き起した「一二時」という時刻はほぼ確定していて、これを動かすことは難しいからである。結果的に二月一四日の検面では一一時前後の二〇～三〇分を犯行時間帯に設定することになる。しかし実際のところそのような短時間でやれる事件であるかどうか、きわめてあやしい。たとえば弁護人正木ひろしの試算ではこの犯行に二時間は要するという。

常識的に考えるかぎり五人の共犯はありえない。しかし警察・検察は、少くとも理屈のうえではなんとか五人共犯の線がありえなくはないというところにまでもってきた。だからこそ第一審、第二審の裁判官は五人共犯で有罪判決を書くことができたのである。ただそこにたどりつくまでの自白経過をたどってみると、五人それぞれについて独立に取調べを行って、その結果がおのずと一つの共犯犯行筋書としてまとまったというものでは、およそない。むしろ逆に、五人共犯の強固な仮説をもつ取調官が、一方にYの当初の共犯自白をおき、他方に他の四人の確認されたアリバイをおいて、両者を比べ合わせながら両立可能な線を模索し、それによってY自白を動かしていったことが、歴然とみえてくる。

真の共犯自白は、第三者の媒介がなくともおのずと一つの犯行筋書を語る。ところが八海事件の五人の自白は、取調官という媒介者なくしては成り立たない。共犯自白の相互一致が「おのずからなるもの」であるのか、あるいは「媒介なくしては考えられないもの」であるのか、ここに真偽のわかれ目がある。恐ろしいのは、強力な力をもつ取調官の犯行筋書のなかに吸い込まれるようにして、自白が出来上り、共犯自白が一見の相互一致を見せることである。

2　青梅事件の例から

八海事件のように共犯と目された被疑者たちのうち一人はまちがいなく犯人であるケースに対して、共犯被疑者の全員が事件とはまったく無関係であったケースも少なくない。一九五一年から五二年にかけて国鉄青梅線で続発した列車妨害事件、いわゆる青梅事件はその典型例である。[32] 五一年の九月から一二月に四度にわたり転轍器に工作して電車を脱線させるとか、線路上に警標柱を横たえるとか、鉄道通信用の電柱を切り倒すとか、悪質なイタズラが続いたところに、五二年二月一九日貨物列車四両が同線小作駅から緩い勾配のある線路に沿って流出、次第に勢いを増して羽村駅を通過、福生駅で脱線損壊するという事件が起った。幸い通過地点の羽村駅の駅員が気づいて福生駅に急報、すでに出発しかけていた客車を引き返させ客を避難させ、ポイント切り換えが間に合ったため大事故にいたらずにはすんだ。しかしまさに秒の単位の違いで大惨事になりかねない状況であった。直後の調査で国鉄当局は、駅員がサイドブレーキをかけ忘れたために貨車がレールの勾配に乗って自然流出した事故として処理した。ところが前年の四回にわたる事故はあきらかに人為的なもので、すでに捜査に乗り出していた警察当局はこの貨車流出事故をも人為的なものと見なして捜査を開始したのである。そしてほぼ一年がすぎ翌年一月、青梅市で清掃人夫をしていた青年Uが窃盗と強盗予備の容疑で逮捕されたところから、冤罪としての青梅事件ははじまる。

Uは逮捕容疑には含まれていなかった五一年の列車妨害について追及され、拷問的取調べのすえに自白。そして当時彼が働いていた石材工場の人夫仲間五人の名を共犯者としてあげた。そのうちの一人は、問題とされた日にたまたま酔っぱらって暴れたために青梅警察に留置されていたことが分かって釈放された。それはまさに不幸が転じての僥倖であった。しかし他の四人はそうした官製のアリバイもなく、拷問的取調べによって自白に追いやられて起訴された。またこの起訴と前後してU ら五人の首謀者として、ヤクザ仲間とのつき合いもあって近在で有名だったIも、Uらの自白によって共犯者に引きずり込まれることになる。ここまでのところは、親分肌のIがUらチンピラたちとともに列車妨害のイタズラをしたとの筋書であった。もとよりこの六人を犯人とする物証は何一つなく、六人を犯行に結びつけるのは相互の自白だけであった。そしてこの芋づる式の共犯者作りはこれにとどまらず、起訴後の取調べでさらに四人が事件に巻き込まれることになる。ただその四人は、それまでの六人とはまったく筋の異なる人たちであった。青梅市在住の共産党員Nをはじめ四人の政治活動家、組合活動家が事件に連座することになったのである。ここで青梅事件はそれまでのチンピラ仲間の悪質なイタズラという筋書から、政治的・計画的な謀略という筋書に転じて、結局、計十人の人びとが被告席に坐ることになった。ところがこの十人のなかには、互いに顔を知らず、名も知らない者どうしが含まれていた。最初の六人ですら互いに面識のない者があり、後の四人のうちの一人は他の三人をまったく知らず、逮捕後勾留開示の場ではじめて名乗り合ったと言う。そうした人間どうしがいったいどのようにして列車妨害事件を共謀できるのか。今日ふりかえって見ても恐るべき荒唐無稽としか言いようがないが、これが一審、二審で有罪、最高裁でようやく破棄差し戻しとなり、差し戻し審（東京高裁）で無罪判決を得て確定したのは一九六八年三月三〇日、起訴から一五年後のことであった。

こうした事件をみると、つくづく自白のもつ魔力を思い知らされる気がする。物証が一つもなく、共犯者たちの自白によってのみこの事件の犯行筋書が主張された。そしてその自白の中身を分け入って見れば、同一被疑者の自白内にも変転があり、被疑者相互間にも無数の矛盾がある。にもかかわらず、この自白を見る第三者の目には被疑者たちは重刑を科せられると分かって自白している以上、それは真実にちがいないという短絡的な思い込みが働く。たとえば第二審の判決は自白の変転矛盾について次のように判示する。[33]

（被告人たちは）事件捜査の当初から全部の事実について自供したわけでなく、前後数回の犯行について、きわめて小出しにぽつぽつ供述したものであるが、かかる事案にあっては、同一人の前後の供述内容や、相互の供述内容にかなりのくいちがいのあることはもとよりありうべきことということができるのであって、それらの供述内容が終始一貫し、相互にまったくくいちがいがないというがごときはむしろ期待しうべきことではなく、もし各自の供述の内容がそういうものであるならば、かえってその任意性を疑わしめるものがあるといわなくてはならない。

この判決の論理の背後には、自白のなかに変転があり、自白間に矛盾があるゆえに、かえってそこには任意性が認められるのだという考え方が含意されている。逆に言えば、虚偽の自白ならそれは取調官の押しつけによってしか成り立たないから、そこには変転や矛盾がないはずだとの思い込みが働いている。さらに言いかえれば、「変転矛盾があるがゆえに任意性は疑えない」、そして「任意な自白であるから真実である」という論法である。しかし、本書で私が繰り返し述べてきたように「虚偽自白は無実の被疑者が逃げ道を失って、あえて犯人に扮し、自ら犯人として想像をめぐらしてつく悲しい嘘である」。そのことを知れば、この論法がいかに現実離れした謬見であるかがただちに判るはずである。

取調べの場のなかで強引に「犯人にされてしまった」被疑者は、取調官の追及に応じてめいめいその犯行筋書を構想し、それを語り出す。それは与えられた情報を組み込んでの試行錯誤でしかありえない。それゆえそこには変転も矛盾も避けられない。ただしその変転矛盾を含む自白は取調官の側の追及に応じて展開していくものであるがゆえに、その大枠は捜査側の描いた犯行筋書に沿い、またその変転に沿う。本件の差し戻し審判決はこのことを見事に言い当てている(34)。

被告人U、N、Ik、Iwの各自白について、その供述の推移を検討すると、本件五つの列車妨害事件について、最初の自白から最後に一審判決の判示にそう自白に到達するまで、共犯関係、連絡謀議、集合経過、実行行為の手順、犯行の動機等につき、およそ異常と思われるほどいくたびか相互に矛盾する供述の変転を重ねており、とくに共犯関係や十月三日事件に関係があるとされている鋸、バールの出所などについてのそれは人の目をみはらせるものがあるばかりでなく、そのような供述の変化が、おおむねUを先導にして、ほぼ同じころに同じような内容を伴って各被告人に一様に現われているのも奇異である。しかも、この供述の変更の理由については、単に「今までは嘘を言って申訳ない、今度こそは正直に述べる」といいながら、次にはいつしかまた「それは嘘であった」ということになるだけで、供述者から首肯するに足る説明は全くなされていない。

このようにして、二月九日の起訴前の自白によれば犯行は二件、共犯者も五人ないし六人ぐらいのものであったのが、右起訴後二十日ないし一ヶ月以上にわたる調書作成の空白期間を経過するや、自白にかかる事件数も新たに三つを加え、共犯者も最後には多いのは十人にもふくれ上り、犯行の動機も首謀者も一変し、町の不良による悪戯と思われていたものが、ついには共産党による計画的犯行らしきものにまで変貌するのである。

各被疑者・被告人の自白が変遷しているだけではない。各自白変遷が相互に連動しあっている。おまけにそれは細部の変遷にとどまらず、「町の不良による悪戯」か「共産党による計画的犯行」かという大きな事件の枠組み全体にまで及ぶ自白の大変遷を伴っているのである。各被疑者・被告人は、当然、分散留置されており、互いに相談する機会はない。この共犯被疑者たちを別々の取調官が相互に連絡しあうことなく取調べたとすれば、この判決のいうような自白の連動や、自白変遷の連動は、偶然的にもありえぬことだと言わねばならない。つまり自白の連動をもたらし、自白変遷の連動をもたらす媒介者が、そこにはいると考えざるをえない。この媒介者はかならずしも犯行筋書を最初から決めうって被疑者に呑み込ませるような働きをするものではない。ただ各被疑者から出てくる自白を一つの犯行筋書につなぐべく、一定の仮説に従って問い質し、相互の自白をつき合わせる。そして時には被疑者たちがまだ隠していることがあるとの猜疑のもとに、新たな、そしてより重大な自白を誘い出すべく努める。そしてすでに「犯人になってしまっている」被疑者たちは、こうした媒介者の努力に乗せられて、迎合的に新たな自白を紡ぎ出す。そうして一人から出た重大自白は媒介者を通じ、おのずと他の被疑者の自白にも波及する。こうした媒介者の働きを、後藤昌次郎は、伝染病を媒介する細菌に喩えて「バチルス」と呼び、この「バチルスとは取調官である」と弾劾する[35]。

3　松川事件の例から

このバチルスの働きをはっきり示すもう一つの例として松川事件の謝礼金問題をみておく[36]。

松川事件でAが逮捕され、列車転覆を自白、これによって一連の共犯被疑者が芋づる式に逮捕されはじめたのが事件から一ヵ月余りの後の一九四九年九月下旬であった。最終的に連座したのは計二〇名。そのうち半数の一〇名が国鉄労組関係、残り一〇名が東芝労組関係であった。国鉄労組関係の被疑者は、発端となったAを除いて、自白者は一人だけであった。一方東芝労組関係の多くは一〇月に入ってから逮捕されているが、そのうち五名は一〇月中旬に自白に転回しはじめ、詳細な自白調書を作られた。そしてやがて自白内容のなかに「転覆謝礼金」なるものが盛り込まれることになる。その過程がきわめて興味深い。一番最初にこれを自白したのはOtである。一〇月一七日の第一回検面調書で、事件後の八月一七日夜のことを次のように供述している[37]。

表16　検面調書に録取された謝礼金自白

								11															10	月	被告人名
9	8	7	6	5	4	3	2	1	31	30	29	28	27	26	25	24	23	22	21	20	19	18	17	日	
				(0.1)							(0.1)							⑩ 10		⑩ 3		3	3	Ha	
①												①								④		④	④	Ot	
					(ウソ)													⑤ 5 (返した)		⑮ 3		3	3	Ko	
				(0.1)							0.1以下						⑤	5 ⑤		15 3	5	3	3	Ou	
			(ウソ)	0.1							0.1以下				(返した)			④ 5		15 3	④	⑤ 3	3	Ki	
				0							0							15-20		5	厚さ7ミリ	5	5	○○	
																		2-3		1		1	1	○○	
																				1		1	1	○○	
																		2-3		0.5		0.5	0.5	○○	
																				15-6		15-6	15-6	○○	

※○で囲んだ数字は自白の金額、囲んでない数字は当の自白者が他の被疑者の貰った額として供述したもの(単位：万円)

午後六時頃、○○と私が組合事務所に来ますと、丁度その頃スト宣伝に行って居た○○、○○、Ha、Ou、Ki、Ko、○○、○○が組合事務所に帰って参りましたので、○○、私等と合計十名が○○の家に行きました。○○の家で同人は私達九名に対し、「滞りなく成功した、今後ともその事については絶対に死んでも喋ってはならない、一層アリバイを確実にしておけ」と申しました。それから更に大変であったと言って、謝礼金としてHa、Ki、Ou、Koに対し各三万円宛、○○、○○に対し各一万円宛、○○に対し五千円、○○に対し五万円、私に対し四万円を夫々現金で呉れました。そして残り約十二万円位を○○が取って居りました。其金をくれる時、○○が各人に其受取る金額を言い乍らくれましたので、右の金額を覚えているのです。午後七時頃私達は○○から貰った金を持ってお互に絶対に他に口外しない事を約束して、○○の家を出て夫々帰りました。

このOt自白を皮切りに、すでに自白に転じていたKi、Ha、Ko、Ouが次々と謝礼金をもらったと自白しはじめる。これだけであれば、実際に犯行を犯しその謝礼金もらった共犯者たちが、一人の自白を突破口にして、取調官の追及に次々と崩れて自白していったのだと解釈できなくはない。ところがこのようにOt自白白からはじまった謝礼金自白は、その金の入手経路および各人の使途経路について肉付けする段階になって行きづまってしまう。

表16を見ていただきたい[38]。一〇月一七日のOt自白にはじまって「謝礼金をもらった」との自白は一週間のうちに自白者全体にワッと拡がり、金額の方も一部では一〇万を越すまでにセリ上がっている。ところがそのあと一〇月二四日ころからはこの点の自白がぐんと減って、ときに自白されることがあっても金額が一万円以下に落ち込む。Ha、Ouなどはわずか千円にまで減り、KoとKiは最後にとうとう「謝礼金の話はウソだった」というところにまでいってしまう。これはいったいどういうことなのだろうか。

当初自白者から「謝礼金をもらった」との自白を得たとき、当然捜査側はこの事件の黒幕の存在を想定していたはずである。謝礼金の流れをたどれば共産党中央にまで及ぶかもしれないとの見込みもあったようである。捜査陣がワッと活気づいた証拠に謝礼金自白は取調官の追及を通してワッと拡がり、額もつり上った。Otがのちに法廷で語ったところによると「(Otがもらったという)四万円では彼らにとって不満でならなかったらしく、……国鉄あたりでは三〇万ずつ分けている。……お前は三〇万位は貰っているとチンピラ共が言っている。チンピラ共でさえ十のケタのつくものを貰っているではないか」と責められたという。しかし一人あたり一〇万円前後として共犯者二〇名に均等に配ったとしても二〇〇万円にはなる。戦後数年の二〇〇万円といえば今日の貨幣価値になおして数億円になる。これだけの金を当時の共産党の地区委員会が動かすことは考えられなかった。中央が動いたにしても額が大きすぎるし、その流れも確認できなかった。そしてそれ以上に困難だったのが各共犯被疑者たちの金の使途であった。公務員の給与が六〇〇〇円代であったこの時代に四万円にせよ一〇万円にせよ大変な額であった。使途を追及されて、被疑者たちは各人各様に自白はした。飲み食いしたり、賭博に使ったり、芸者に入れあげたり、借金の返済にあてたり……しかしいずれも裏づけは得られなかった。たとえばKoは答えに窮して「家の畳の下に入れた」と言ったところ検事は早速自宅に急行した。しかし、当時は百円札が最高であったから貰ったという一五万円は、札で一五〇〇枚にもなる。Koの家は畳がなく板間に薄縁を敷いただけの粗末な家だった。およそそれだけの金をかくせるものではなく、たちまちにして嘘はばれ、帰ってきた検事から気絶するまで責められたという[39]。

取調官たちが当初謝礼金を貰ったはずだとの仮説を真剣にまた強固に追及したことは確かである。すでに自白に転回し、屈服してしまっていた東芝労組の五人はその追及に抵抗できず、金を貰ったとのストーリーを相手の向けるがままに作り上げる以外になかった。犯行の大筋を認めてしまった彼らにはもはや踏んばるだけの気力はなかったのであろう。そうして取調官の追及のままにてんでんバラバラの額を供述し、しかもその額自体が取調官の思い込み次第でつり上がる。ところが結局のところ、この金の流れは入る方についても出る方についてもまったく裏づけられることなく、取調官としても収拾がつかなくなってしまったのである。そこから謝礼金自白の機会は減り、額もぐんと低下し、やがて取調官自身この仮説を放棄していった。直接連絡を取り合うことのできない共犯者どうしの間にみられたこの奇妙な集団自白の過程は、取調官たちの犯行仮説の消長をはっきりと表わしている。後藤氏の比喩を用いれば、まさに媒介者たるバチルスの盛衰如何によって虚偽自白の内容展開が左右されるのである。

4 土田・日石事件の例から

この流行性のバチルス感染の事例は、敗戦後の混乱期に特殊なものではなかった。そのことは一九七〇年代の一連の爆弾事件であらためて証明されることになる。本書で何回も見てきた土田・日石・ピース缶爆弾事件や警視総監公舎爆破未遂事件など、青梅事件や松川事件とその冤罪の構図がまったく変らない。政治的な事件と見られた事件は、一般刑事事件よりバチルスの感染力は強いものらしい。それはおそらく警察・検察が組織として臨むその熱意に比例する。七〇年代のこれら爆弾事件はその照準が直接警察組織の幹部に向けられていたがゆえに、事件解決には警察のまさに面子がかかっていた。捜査はおのずと熱を帯びる。そしてこの熱こそが感染バチルスのはびこる土壌となる。

しかしこのバチルスに媒介された共犯自白は、その相互一致性のゆえに強固な見かけをもちながら、他方で大変な脆さをかかえている。相支えあって一つの犯行筋書をなしているがゆえに、相互の真実性を担保しているようでいて、実際にはその共犯自白の一部が崩れることで全体が崩れてしまう危険性をかかえているからである。日石事件の実行当日の爆弾搬送の自白はその典型である(40)。

一九七一年一〇月一八日、午前一〇時三五分ころ日本石油ビル地下郵便局に二人の事務員風の女性が小包二個を窓口に差し出し、その約五分後局内でその小包が爆発して局員一人が重傷を負った。小包は当時の警察庁長官後藤田正晴、新東京国際空港公団総裁今井栄文に宛てられていた。これが日石事件として客観的に確認された事実である。

事件から一年五ヵ月後、別の事件ですでに逮捕されていたMが本件追及で自白に落ち、H、Y子、N子が主犯グループとして浮かび上がった。日石事件当日、Y子とN子がたまたま仕事を休んでいたことから、警察は小包爆弾を郵便局に持って行った人物としてこの二人を想定する。Hは当日役所に出勤していることが判ったため、爆弾の搬送にはリーダーとしてMが付き添ったことになる。問題はこの搬送の手段であった。ここで、この四人に加えてHを通じてMらと知り合ったE、R、Sが日石事件のストーリーに組み込まれていく。まずEが小包爆弾らしきものをHからあずかって勤め先のS自動車においていたことを認め、事件の日、MとY子がこれを取りに来て、Eが爆弾をもった二人を車で運ぶことになる。N子は日石ビル近くで待機合流して、Y子とN子の二人が窓口に小包を差し出してから、車で逃走する。こういうストーリーである。ところがこの日、仕事を休んでアリバイがないと思っていたN子は習志野の陸運事務所に軽自動車の名義変更手続きに行っていたことが判明、またY子もこの日大阪で開かれていた学会に出席していたことが分かったのである。そこで二人は郵便局を出て待機の車で逃走したのち、Y子はすぐに新橋から電車で東京に出、そこから新幹線に乗って大阪に向かい、N子は車で習志野に向かうことにされていく。また車を運転してMらを運んだとされるEにしても、この日はS自動車に出勤していたことが確認されていた。そのEがN子を習志野まで車で運んだのでは一日仕事の穴をあけることになるし、日石ビルまで行くだけでも午前中まるまるつぶしてしまうことになる。これはちょっと考えにくい。そこで「リレー搬送」というストーリーが仕組まれることになる。つまり第一走車運転のEはMとY子を乗せて新宿まで行き、そこで第二走車にバトンタッチする。Eはこの第二走車の運転者は誰かを追及されて、知らない人だったと言うが認められず、結局、親友のRの名前をあげてしまう。この自白によって追及されたRは、当初否認するが、結局、これを認め、新宿でEから引きついで日石ビルまでMとY子を運び、付近に待機して、差し出しをおえたY子とN子を拾い、新橋

図30

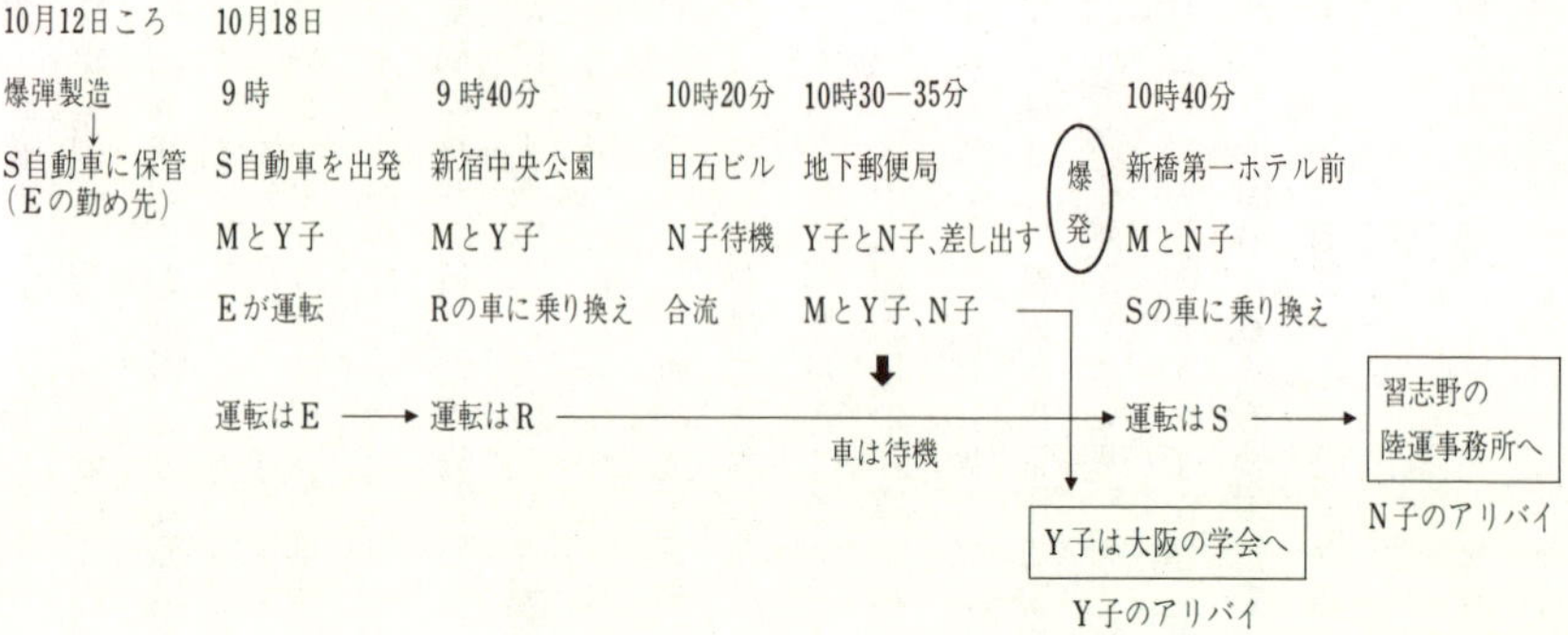

でY子を下ろし、N子とMを習志野まで送ったと認めさせられてしまう。ところが日石ビル近くまで運んだ車でそのまま逃走するというのは犯人心理として考えにくいとなったのであろう、そののちRがN子とMを新橋第一ホテルまで乗せ、そのあとを第三走車のSに引きついだことになる。そしてこの容疑で逮捕されたSもこのことを認めることになる。

こうして最終的に出来上った搬送ストーリーは図30のとおりである[41]。こうした手順を事件の三日前にMとH、そして運転役のEとR、Sで謀議し、それによって犯行を実行したというのである。いくつもの紆余曲折を経つつも、この五人の最終自白は互いに相支えてこの搬送ストーリーの流れをつくり上げていく(N子とY子に自白はない)。五人が互いに独立に取調べを受けて、任意にこれだけ相互一致する自白をしたとすれば、たとえ物証がまったくなくとも、十分信用できるということになろう。ところがこの五人の自白の相互一致の背後には明らかに取調官の媒介があった。すでに「犯人になって犯行を演じる」以外にない心境に陥った被疑者は、演出家たる取調官たちの尋問に沿って、自らを同じ一つの犯行ストーリーのなかに押し込めていく。

しかし虚構はやはり虚構である。一点のほころびが致命傷となる。Mの第一回公判の後のことである。小包爆弾搬走の第二走車を運転したとされるRがその事件当日のまさに搬走の時間帯に、警視庁小金井試験場で自動車運転免許の試験を受けていたことが判明したのである。このアリバイは動かしがたい。Rは取調べのなかで、一年半も以前の自分のこの決定的アリバイを思い出せないまま、「まだそのころは免許を取れていなかったのではないか」と反論するにとどまり、「免許はなくとも車は運転できる」との取調官の強引な詰めに押し切られるかたちで自白に陥ったのであった。しかし思いがけなく明確なかたちで証明されたアリバイの出現とともに、この自白の虚偽性も証明されることになる。そして「リレー搬走」の第二走車運転者の自白が虚偽となると、そのストーリーに埋めがたい空白ができて、ストーリー全体が崩れる。「リレー搬走」のストーリーが被疑者本人の自白以外の物証や人証によって固められていたのなら、その一部の虚偽が判明しても全体の崩壊にまでいたらないかもしれない。しかし、本件の「リレー搬走」は共犯被疑者たちの自白のみによって支えられていたのである。とすれば、一点の自白の虚偽が、それを支えていた他の自白に及ばないわけにはいかない。オセロゲームで一点の黒が裏返されて白になるだけで、周辺の黒もまた大きく白へと転じてしまうようなものである。

しかしそれにしても社会生活を平常に送り、けっして意志薄弱とは見えない複数の人間が、いかにバチルスの働きが強力とはいえ、どうして諸々と一つの虚構のストーリーに流し込まれてしまうのか、まだ腑に落ちないと思う人もいるかもしれない。ここでこの点について一つだけ補っておきたいことがある。

共犯にされた被疑者たちはおのおの自分はやっていないということを知っている。しかし他の被疑者たちはやっているのかもしれない、そういう猜疑心が働くことである。ここで第四章でみたプラハ裁判のアルトゥール・ロンドンのことを想起してほしい。彼のばあいも、危険をおして共に行動してきたかつての盟友たちとともにスパイ共犯者とされ、最初はとても信じられなかったが、取調官からその友の一人一人がああ言っている、こう言っていると告げられて、やがて猜疑心にとらえられ、かつての友に敵意すらおぼえて自白に落ちていくという経過があった。

土田・日石事件で逮捕されたEも当初はMやHがこの事件をやったのかもしれないと疑った。なにしろ彼らが少なくとも言葉の上では爆弾闘争を否定しない過激派の活動家だと認識していたのである。だからこそ謀議らしき会合、爆弾らしき荷物の保管や搬走などの追及を、ありうることとして受け容れる心理が働く。そうして結局、気づいてみれば自分自身もそのストーリーのなかに巻き込まれている。逮捕勾留のなかでは共犯者たちの自白の様子も含めてすべての情報が取調官を介してしか入らない。その状況のなかで、バチルスの感染を受けやすい心理が作られていく。そしてEのばあい、自分が作り出した虚構を、MやHが認めたと聞いてはじめて、彼らも無実で、自分同様この虚構のストーリーに巻き込まれた犠牲者なのだと気づくことになる。(42)

松川事件のAも、青梅事件のUも政治活動とは遠いところに生きていたが、この大事件に巻き込まれたとき、取調官からこれは共産党がらみの政治的謀略事件であるとのイメージを吹き込まれて、自分をここにまで追い込んだ張本人である「主犯」への恨みをつのらせて、共犯自白にはまり込んでいった。七〇年代の土田事件で共犯者を演じさせられたMaもその状況は酷似している。彼はこの事件でMから爆弾をあずかり、MとN子がこれを神田南神保町郵便局に差し出すさい車の運転をやったことにされた。しかし彼は日大闘争のさい全共闘の占拠を解除するために大学側のガードマンにアルバイトとして雇われたというくらいで、思想的にはおよそ爆弾闘争に与するような人物ではない。その彼がたまたま高校同窓のHを通じてMと知り合ったというだけの縁から、この事件に巻き込まれたのである。彼も逮捕されたとき「やっぱりM君たちが事件をやったのかなという感じ」におそわれる。彼はこう言う(43)。

騙されたというか、自分とつき合っていた頃、M君が指名手配されていることや、名前が実は偽名だとなぜぼくに言わなかったのか、すごく疑問だったし、しょっちゅうM君のアパートに遊びに来ていたN君やH君たちが、ある時期を境に来なくなり、私だけが遊びに行くという状況があったので、みんなが事件をやっていて自分はその中に引きずり込まれたんだと、取り調べられていくうちに思い始めたんです。(そして土田事件の爆弾を運搬したとの件で、殺人等の容疑で逮捕されてから)M君たちに事件に引きずり込まれたという悔しさでいっぱいでした。それと、やっぱり殺人ということで目の前が真っ暗になり、早く自白しなきゃという気持に駆られてしまった。それで中島勝昇という補佐の刑事部長に、ヒントを下さいと頼んだわけです。

自分は、明日自白しなければ死刑になってしまう。土田事件の運び役だといっても、どこからどこまで運んだかは犯人でなければわからないわけで、それを私が知るわけもない。刑事はみんな知っているという口ぶりだったので、ヒントを下さいと泣いて頼んだわけです。ところが、教えてくれといっても教えてくれない。知らないというと教えてくれる。結局、当時の自分の状況に合わせて自供した。刑事の言うことを聞いていると、どうもE君あたりからぼくのことは出ているんだとわかってきた。だから、E君やH君のグループに対しては、出たらオトシマエをつけてやるみたいな、はらわたが煮えくり返る思いがありました。

こういう思いのなかで、だれそれがこう言った、ああ言ったとの取調官のヒントに基づいて他の被疑者と合致するストーリーを作りあげていく。ただ彼自身は、この嘘はみんな他の人から先に出たことで、「自分からは絶対に嘘を言わないんだということに自己満足していたという。そして「(他の人たちが)自白したということで、やつらに自分は巻き込まれたんだから法廷に出たら嘘でもいいから認めて、やつらを死刑にしてやるんだという気持ちになっていた」。彼は起訴直前になるまでMたちの犯行であると確信していたのである。

他方、Mが「土田の搬送はMaだ」と自白した経緯を見てみると、これがまた奇妙である。Maが全共闘排除のガードマンをやったこともあると知っていたMは、いくらなんでも彼がこの事件に関係していることはありえないと主張する。ところが取調官は「いや、Maは認めている」と言う。Mは手記にこう書いている。(44)

(Maは)逮捕経験もないから、捜査官の言いなりに調書なども作られてしまう可能性もある。そこで「もう一度、Maの調べ室に行って聞いてきてほしい」と言ったら、高橋警部補は出て行って、しばらくして戻り、「MaもEと同じようなことを言っている。真剣に言っているからまちがいないんだ」と確固とした口調なんです。

実は、Ma君が調べられていたのは神田署だったんですが、ぼくはぼくと同様に警視庁で調べられているものだと思い込まされていた。だから、そう聞いて、ああMa君も認めてしまったのか、とガックリ肩の力が抜けて、諦めてしまったんです。

取調官は自分たちの想定した筋書にもとづいて、これを両者に差し向け、「相手がこう言っているから」「相手は認めているから」と言ってお互いを諦めさせて自白に追い込んだのである。いわゆる「切り違え尋問」である。これは詐術であって許されない。しかし、たとえこの詐術がなされても、それを証明することは難しい。結局、取調官の良心を信じるしか仕方がない。ところが、この取調官の良心も、犯人を挙げ、犯人を自白させねばならないとの主観的正義感や職業的熱意の前には脆くも取り下げられる。バチルスの感染を防ぐ抗体が、そもそもこの取調べの密室では十分機能しない。

無実の者どうしのあいだに「共犯自白の相互一致」の見せかけが出来上がるという事実ほど、虚偽自白の根深さ、恐ろしさを露骨に見せてくれるものはない。それは取調官たちが空に描いた事件筋書の、壮大なる自己実現である。この「デッチ上げ」に対して、取調官が自ら「デッチ上げ」と気づかなければ、虚偽自白というこの恐怖すべき「事件」が終焉することはあるまい。「デッチ上げ」の自覚さえ欠いた小権力者たちの媒介の下で、無実の被疑者たちが苦悩のうちに虚偽自白に陥っていく、その心理過程はけっして異常なものではない。彼らのおかれた状況に対して正確な想像力を及ぼすことができさえすれば、それは誰にも容易に理解できることではあるまいか。

さて、無実の被疑者がすべての逃げ場を失って、結局、虚偽自白に逃げこむしかないと思い込んで「犯人になった」のち、彼らが自白を展開していく過程をみてきた。彼らの自白は、取調官の追及に沿うて、事件の諸証拠・情報と合致するものとなり、ときに「秘密の暴露」らしきものまで組み込み、さらに筋書全体としても矛盾なく一定の整合性を確保し、共犯自白のばあいには互いに支え合う相互一致を実現する。そうしてすっかり「真犯人のものらしき自白」が生まれるのである。

しかし嘘は嘘である。「被疑者、被告人は犯人である」という捜査官たちの思い込みを、裁判官たちが引きつぐことなく、これを排して、有罪―無罪の両可能性にともに目配りしつつ、仮説検証的な姿勢を貫くことができさえすれば、この嘘を嘘と見抜くことはさして困難なはずはない。ところが、自白の魔力に囚われたまま、安易にこれを信じてしまう裁判官たちの、なんと多いことであろうか。この裁判の判断過程もまた重要な課題であるが、もはや膨大にすぎるほどになった本書では、これを論じるゆとりはない。それについては、またの機会を待つことにして、本章を終え、次章で最後に自白維持とその撤回の問題を論じることにしよう。

第十二章　自白の維持と撤回
——犯人演技の舞台を下りる

人は取調べの圧力を受けて自白する。しかし圧力だけで自白するのではない。その圧力に屈して、これを迎え入れる心理メカニズムが働くことではじめて自白する。それは語弊を恐れずに言えば、主体的に「犯人になる」心理であり、「犯人を演じる」心理である。そしてこの心理は、また、自白を維持する心理にもつながる。

ゴムボールを手に持って力を加えればそれは歪み、力を抜けばボールはもとの球にもどる。これと同じように、虚偽自白が取調べの圧力のみによって生じた歪みだとすれば、圧力がなくなったその時点でそれはただちに撤回され、歪みのない状態に戻ることになるはずである。ところが現実には取調べの場から解放されてからも元に復さず、虚偽の撤回までにかなりの時間を要する例が少なくない。もちろん圧力がなくなることは撤回への大きな要因である。しかし、圧力がなくなったことは撤回への必要条件ではあっても十分条件ではない。自白が完成して、直接事件にかかわる取調べから解放され、起訴されていよいよ公判に臨む段になっても、あるいは法廷で撤回する機会を与えられてもなお、自白を維持する例が少なからずある。私たちが最後に論じなければならないのは、この自白の維持と撤回の心理である。

第一節　自白的関係の維持

自白の維持・撤回の心理は、これまで長々と述べてきた取調べ当初の否認・自白の心理と表裏の関係にある。したがって、原則的に言えば、自白に陥り、自白を展開した心理状況が続くかぎり人は自白を維持し、その心理状況が切断したところで自白撤回に転じることができるということになる。言ってしまえばこれだけのことなのだが、ここでいま少し言葉を尽しておかねばならないことがある。というのも、自白の心理について世間に大きな誤解があるように、自白維持についてもそれと表裏の誤解がつきまとっているからである。

たとえば警察で苛酷な取調べによって自白させられたのは仕方がないとして、それではなぜ検察官の前で否認できなかったのか。また裁判の場に出ればもはや圧力などない、最大限に任意性の保証された場である。そこにまで自白を維持して自分の犯行と認めたならば、それを虚偽の自白とは言えないのではないか。そういった誤解である。現実には自白を検察官の前でも維持するという例は、かつての冤罪事件に無数にあるし[1]、起訴後公判廷に出てなお一定期間自白を維持した冤罪事例もけっして数少くはない。このうち検察官の前での虚偽自白維持の方は頻繁でもあり、世間からあまり不思議とは思われていないかもしれない。なにしろ一般の人々にとっても検察官は捜査官・取調官として警察官と一体というイメージがあって、本来検察官に求められているはずの警察捜査へのチェック機能への期待はあまり強くないからである。しかし公判廷で嘘の自白を維持するなどということは常人にはありえぬことと思われやすい。それは一般の人々にとっては理解しえぬ謎である。

しかしこれが謎に見えるということは、自白につきまとう誤解の裏返しである。つまり虚偽自白は、物理的・心理的なものも含めて直接的な圧力に屈して出てくるものであるという単純な自白論に立てば、直接的圧力の去ったところでは自動的に自白は撤回されるということになる。さきのゴムボールの比喩のように、加えた圧力がなくなるともとの丸いボールに戻る。そういうイメージで考えるかぎり、公判廷の虚偽自白などありえない。しかし私たちは公判廷にいたってなお、虚偽の自白を撤回できなかった例をいくつも知っている。この自白維持の心理をどう考えればいいのだろうか。

このことを考えるためには「自白維持」というより「自白的関係の維持」として捉えたほうが分かりやすい。というのも、自白を維持するか撤回するかというのは単に結果の問題であって、むしろ私たちにとって重要なのは、そうした結果をもたらす〈他者との関係〉だからである。否認―自白が取調官との対人関係的な相互作用によって決まったように、自白の維持―撤回も被疑者・被告人が取調べの場で、また拘置の場、裁判の場で他者とどういう関係に立つかによって決まる。

たとえば無実の被疑者はまだ否認段階にあるとき、文字どおり無実の被疑者として、つまり冤罪の被害者として取調官に対決する。ところが取調官から、かぎりなく真犯人に近い容疑者として遇され、厳しい追及を受け、しかも弁明の余地さえ奪われたとき、被疑者の最後の逃げ場は「犯人になる」ことしかない。そこに〈犯罪を追及し、罪への謝罪を求める取調官〉と〈自白し、悔い改める犯人〉という対人関係が擬似的に生まれ、被疑者はこの関係を生きさせられることになる。これが〈自白的関係〉である。

取調べの圧力は、その直接の結果として被疑者の自白を生み出すのではない。むしろこの圧力によって取調官と被疑者とのあいだに〈自白的関係〉が作り出され、これを介してはじめて自白が生まれ、自白が展開していくのである。そして自白が展開しおえたところで尋問・追及の圧力はゆるむ。しかし取調官と被疑者との〈自白的関係〉は消えない。直接的な圧力はなくなっても、圧力によっていったん形成された関係は維持されていく。そこにはゴムボールの比喩ではなく、あえて言えば粘土の比喩がふさわしいかもしれない。へしゃげた粘土はそのままでは原状に復さない。

比喩的な表現はともかくとして、では取調官とのあいだに自白的関係ができあがってしまったあと、どうしてこの関係を覆すことが難しいのであろうか。いくつか思いつく諸相をあげながら、この点を考えてみよう。

1　引き返す恐さ

一つは、いったん自白的関係ができれば少なくとも表面的には両者の緊張はゆるみ、一見無圧力な状況が出現するけれども、それはまさに自白的関係の確立があってのことであって、これを撤回すれば、ただちにもとの苛酷で緊張に満ちた追及的関係に舞い戻ることは必定だということである。自白的関係は最後の逃げ場だったのである。何か別の要因でも加わらないかぎり、そこから再び飛び出す気持ちにどうしてなれようか。実際、多くの冤罪被害者たちは、自白に落ちるその境い目の自白―否認の揺れのなかで、このことを身をもって知っている（四七六頁）。

あるいは取調官が警察官から検察官に交替したときなどは、それまでの自白的関係を解消する好機かもしれない。しかし、それができるためには警察官と検察官を役柄として明確に区別できていなければならない。でなければ、警察官とのあいだで作り上げた自白的関係がただ検察官に引きつがれるだけに終わることになる。もちろんたいていの人は警察官と検察官がその役務・権限において異なることを、少なくとも形の上では知っている。ところが実際のところ両者の取調べは相互連絡し、警察官の前での供述が検察官に伝えられ、検察官の前での供述が警察官にフィードバックされる。またときによっては検察官の取調べに刑事が付き添うことすらある。

一九八〇年に代用監獄の弊害を避けるために「留置管理制度」が設けられ、被疑者の取調べや捜査を担当する者（刑事）と、留置業務を担当する者とが役務上分離された。それゆえ留置場での処遇や検察庁・裁判所等への護送は後者が担当し、刑事がこれに関与することはないはずである。しかし現実には同じ署内の役務分担にすぎないためこの分離は徹底しない。

一九八七年、詐欺罪で逮捕された元貴金属商は刑事の暴力的な取調べに屈して、逮捕から七日目に自白した。それでも検察官なら分かってくれるとの望みを抱くが、担当刑事から「検事の前で否認するんやったら否認してもええで」とおどされて、結局、検察官の前でも自白を維持する。なにしろその担当刑事が彼を検察庁に護送するばかりか、しばしば取調べの場にも同席していたのである。法廷でこの点が問題になったとき、証言台に立った当の刑事は最初この事実をかたくなに否定していたが、やがて証拠をつきつけられてやむなく認めた。さらに弁護人の追及に、こうしたことが例外ではなく、しばしば行われていることを認める。(2)

弁護士　規則はあってないようなもんですな。
刑事　それについてはよう答えんです。
弁護士　規則どおりでないことはよくあるんですな。
刑事　…………
裁判官　意見を求められてるんじゃないんですよ。規則はそうなっているんでしょう。
刑事　はい。
裁判官　規則どおりの場合と、担当の警察官が直接検事のところへ連れて行く場合と、どっちが多いかわからないほど、あるということですね。
刑事　そうですね。

事の実態はよく分からない。しかし留置や護送の役務を規則上分離しても、警察官がこれを管理するかぎり問題状況そのものはさして変わらない。

被疑者にとって警察と検察とが実質的には一体として受けとめられる可能性はきわめて高い。警察官に自白したのち検察官に対して取調べの実情を訴えて否認しても、まともに取り上げてもらえなかったり、警察に帰って警察官からこっぴどく責められたりして、否認をつづけられない例は、過去の冤罪事例に数多い。八海事件に巻き込まれた人たちも警察での酷い拷問の様子を、手足の腫れや手錠の傷跡を見せて訴えたにもかかわらず検事からまともに受け取られず、刑事たちのさらに苛酷な拷問を呼び込んだだけで、結局、自白を維持するしかなかったという(3)。こうした事態に対して土田・日石事件統一公判組の証拠決定は次のように戒めている(4)。

捜査を指揮するとともにみずからも被疑者の取調べを行う立場にある検察官は、常に司法警察職員による被疑者取調べの状況に注意し、自白の任意性に疑いを招くことのないように指導するとともに、一度そのような疑いを招きかねない状態が生じたと判断したならば、その時期において直ちに指導してそのような状態を除去するとともに、いわば歪められた被疑者の心理状態の回復に適切な措置を講じなければならないものである。

警察官が不法な取調べをすることはもちろん許されない。しかしそうした不法な取調べがあったときには、なによりまずその指揮にあたる検察官がこれをチェックしなければならないというこの指摘は至極まっとうなものである。ところが現実にはこの検察のチェック機能がなかなかうまく働かない。

検察官も含めて取調べにあたる人びとは、少なくとも主観的には真実を求めているはずである。しかし無実の被疑者たちが弁明に努めても一向に耳を傾けてくれないとき、この被疑者の目からは取調官の求めているものは自白であって、決して真実などではないように見える。せめて自白と真実とを区別していればまだしも、自白こそが真実であり、否認は無条件に嘘であるかのような態度で取調べられれば、人は自白に落ちたあと、取調べの圧力が弱くなっても、おいそれと自白を撤回する気にはなれない。かつてのあの苛酷な追及的関係がもはや再来することがないとの保証がえられるまで、無実の人間でも自白撤回に踏みきることは難しい。

被疑者が自白に落ちたその自白的関係のなかにとどまるかぎり、そこから否認へ引き返すことはおよそ不可能に近い。被疑者の内側からこの関係をこわす何らかの契機が芽生えるか、あるいはこの関係に外側から楔を打ち込む別の関係が入り込むか、いずれかの状況が生まれないかぎり、自白は維持される。

2 面倒見と温情

自白撤回の難しいもう一つの理由として、いわゆる「面倒見」ということがある。これについて第九章では自白転回の契機としての「アメとムチ」という文脈で論じた。すでに自白して取調官から面倒見を受けている同房者を見、またその同房者から「自白した方が楽だ」と唆されたとき、これが「アメ」として働くことは自然なことである。また一般にも、面倒見は、取調官が「アメとムチ」によって強引に自白をとり、これを維持させるために意図的に用いる功利的な手段であるように思われやすい。しかしそこにはそうした意図的な功利的手段とは言いきれない側面があることにも注目しておかねばならない。取調官が被疑者を無実と知ってデッチ上げ、自白を搾りとったうえで、何とか自白維持を謀る手段として面倒見を行う例もなくはないかもしれないが、むしろそれはまれなことである。

たしかに大事な被疑者に自白を引っくり返されたら困るという思いが取調官の側にはあろう。しかし、たいていのばあい無実と分かってなおデッチ上げつづけるために手練手管を弄するというのではない。本書で繰り返し述べてきたように、人間はそこまで意識的に悪意に基づいて行動できるものではない。ほとんどの取調官たちにとって被疑者は犯人であり、自白した以上ますます犯人なのであって、この犯人が再び罰を逃れんがために否認に転じるようなことがあってはならない。ましてこれが松川事件のAのような共犯的犯行の重要な位置にあるときは、その自白撤回は他に影響を及ぼさずにおかない。犯人である被疑者の気持ちが後戻りしないように、できるだけの手立てを用意するというのは、取調官の心情として十分了解できる。

しかし、それは単に甘い「エサ」を与えることで自白そのものを維持させようという手段ではない。むしろそれは「自白した犯人への処遇」として、〈取調官―犯人〉の自白的関係を維持しようという手段なのである。また被疑者にとっても甘い「エサ」そのものの魅力もさることながら、面倒見を受けるということはまさに自白的関係のなかに身を持すということにほかならない。言いかえればそれは自分が「犯人である」ことを引き受ける覚悟の確認でもある。単に「エサ」につられて自白を維持するというのではない。

面倒見が単なる自白維持手段にすぎないとすれば、取調官は「エサ」でつり被疑者は「エサ」でつられるという関係しか成立しない。これがいかに脆い関係であるかということは、条件づけの実験心理学で十分確認されていることである。[5] 面倒見において生じているのはそうした「エサ」レベルの問題ではなく、人間どうしの対人関係レベルの問題なのである。先に第五章で見たように、わが国の刑事取調べにおいては何より人間関係が重視される。面倒見はまさにそういう文脈のなかで行われているのである。

取調官は被疑者を犯人と思い込む。個人的には疑念があっても、警察という組織がそういう方向で動くかぎり、個人的疑念は極力おさえて言わば「組織的思い込み」に突っ走る。そうして被疑者を問い質し、責め、また時に論して自白に追い込む。その取調官の姿勢は単に強引なばかりではない、時に真情あふれることすらある。自白の瞬間に取調官と被疑者とが手をとり合って泣いたりする場面は、互いの思いのすれ違いはあれ、そこにある種の真情の交換のあることも事実なのである。それが無実の被疑者についてすら起るということは、微妙にしてかつ恐ろしい事実である。面倒見において、取調官がこれをただ「エサ」として被疑者操作の手段に用いていたなら、被疑者は当然その作為性を察知する。そして作為性を知った被疑者にとって「エサ」は「エサ」以上のものではない。ところが往々、被疑者はこの「エサ」の背後に取調官の真情を見る。自白に追い込まれた無実の被疑者についても同じである。なにしろ取調官は被疑者を犯人に追い込んで追及し、自白をさせたのである。そこに彼らの真情があふれて当然である。被疑者からみてそれは明らかに間違った真情である。しかしいかに間違ったものであれ真情は真情である。無実と分かってデッチ上げられたのだと確信している被疑者でないかぎり、この真情を感じずにはおれない。

このことはこう言いかえてもいいかもしれない。被疑者が面倒見において惹かれるのは「エサ」そのものの甘さより、エサをもらうという「関係」の甘さであり、被疑者が巻き込まれるのは「アメとムチ」的な条件づけの網目である以上に、この関係によってくすぐられる「人情」の網目なのである、と。

相手に悪意が見えるならば、まだ与しやすい。しかしそこに見えるものが善意の真情であるとき、たとえ明らさまな間違いにもとづくものであっても、これを敵とすることは難しい。そしてその善意に巻き込まれ、手厚い面倒見を受けてしまうなかで、その真情にほだされることがあっても自然なことである。

松川事件のAは第一審で「死刑」の求刑を受けたときのことを、最終意見陳述で次のように述べている(6)。

私は、あれほど私を可愛がってくれた、やさしい山本検事から先月の二十六日に死刑の求刑を申しわたされました。もしも一年前の本当に意気地のない臆病な私であったなら、私はきっとびっくりして、大声で泣き出してしまったかもしれません。(しかし)いまは嘘を言わないと誓った以上、この本当のことを飽くまで守るためには殺されてもが仕方ない……。

このAの発言中に「あれほど私を可愛がってくれた、やさしい山本検事……」とあるのは、一見奇異に見えるかもしれない。なにしろ厳しい取調べの場で嘘の自白を強いた当の検事なのである。現にA自身、この第一審法廷の被告人質問においては、山本検事に「恐怖心を抱いておりました」ために自白を撤回できなかったのだと述べている。とするとAは一方で山本検事は「やさしかった」と言い、他方で「怖かった」と言ったことになる。これでは矛盾しているではないか、そう思われる人も多いであろう。現に最高裁に上告されたさい、その調査官を担当した青柳文雄はこの点に触れて次のように解釈する。(7) 被告人質問で「恐怖心を抱いておりました」と述べたのは、真犯人が否認をつづけられなかったことを弁解する常套的な言い訳にすぎず、信用できない。その点、最終意見陳述で「あれほど私を可愛がってくれたやさしい山本検事」と述べたことこそが真実であって、それはまさにA自白が任意の下になされた証左である。Aはこの意見陳述でついうっかりと本当のことを言ってしまったのだ――こういうわけである。

しかしこの青柳の解釈はいかにも浅薄な人間理解によるものである。そもそも右に引用したAの発言を、ついうっかり洩らした「失言」などと読めるであろうか。むしろAはここで明快な論旨の下、自分を可愛がってくれた検事から死刑を求刑されたショックを語り、それでも今は死を賭しても真実を守ると宣言しているのである。それはおよそ「失言」などとは言えない。彼は少なくとも取調べ当時、山本検事に温情を感じていた。そのことを正直に、またはっきりと認めただけなのである。ならば何故そのやさしい検事の前で嘘の自白などすることになるのかと問われるかもしれない。

本書ですでに何度も述べてきたとおり、虚偽自白は単に恐怖をもたらす強圧の下でのみ生まれるのではない。むしろその本質は、仮説検証的姿勢を欠いた、無反省の思い込みにある。とすれば、この思い込みが拷問的な強圧として表われることもあれば、他方で一見温情にあふれ、やさしくて、しかし事件に関わる一点、つまり「君が犯人だ」という点についてのみは一歩も譲らない、そうした取調べとして表われてくることもある。そしてそのいずれにおいても、被疑者が取調べの圧力に屈し、弁解の無力に疲れ果てて自白する点は変わらない。ましてAのばあい、山本検事の前に出る以前に、警察官から強圧的に追及されてすでに屈服していたのである。そのうえでさらに偉い検察官の前に出て、畏怖し、否認の気持ちを盛り返せなくて何の不思議があろうか。自白しているかぎりでは「やさしく、自分を可愛がってくれる」、しかし恐ろしくて撤回などできない。一九歳の少年が偉い検察官の前に出て、こうした心理状態におかれることは十分に考えられるところではないか。

狭山事件のIも、自白に落ちたときの取調官関源三の真情を疑わなかった。(8) 野球チームの指導を通じて旧知の信頼関係にあった二人は、その自白のとき手を握り合って泣いた。Iは関が作為的に自分を詐術にかけているなどとは思わなかった。ただもう自白しかないところにまで追いつめられたとき、そこに不意に現われた旧知の関が、自分を心底思いやってくれた(少なくともIにはそう見えた)。その真情にほだされたとき、Iの緊張の糸は切れたのである。そうしたなかで虚偽の自白に陥れられても、相手を恨む気持ちにはなるまい。その後も関は何かとIの面倒を見、金の差し入れまでしてくれたと言う。組織の人である関の側には、Iが自白を撤回しては困るとの魂胆がなかったとは言えまい。しかし、これをIが関の真情と受けとったとて、何の不思議があろう。現にIは関源三に恩義を感じても、恨み心を見せることはない。虚偽自白の微妙さはこういうところにあるのである。

3　詫び状、詫び文句

自白的関係の維持という文脈のなかで、どうしても論じておかねばならないこととしていわゆる「詫び状」や「詫び文句」の問題がある。被疑者が罪を認めて、動機から犯行の事後処理にいたるまで犯行筋書の全体を語れば自白は完成する。しかし法廷で有罪者について改悛の情が問題となるように、取調べにおいてもその最終段階で被疑者から被害者への詫びの言葉をとって、調書化するのが通例である。わが国の刑事取調べが犯罪事実を追及すると同時に、犯人の謝罪を追求するという性格をもつことからも(二三四頁)、この「詫び」をとるということが、ほとんど必須の過程となっている。

たとえば野田事件の最終自白調書には、問答形式で次のような供述が録取されている(一九七九年一〇月一五日付員面調書)。

おにいちゃん（被疑者Aのこと）は玉子屋のEちゃんを死なせてしまったが、そのことで今どんなことを思っているか。

悪いことをしたなあーと考え、ゆうべはねむれなかった。Eちゃんの家の人にごめんなさいとあやまって、僕はお墓を知らないので、連れていって貰って線香をあげたいと思っている。

こうしたかたちで「詫びる」ことによって、取調官との自白的関係はさらに固定される。無実の被疑者にとって、それは「犯人に扮する」演技の極致というほかない。しかしすでにここまで犯人を演じてきた者にとって、おのずと課せられる演技の延長でもある。

供述調書に録取されたものにとどまらず、この「詫び文句」は手記、上申書、手紙などいろいろな形で表わされる。有名なところでは、仁保事件のOがその手記に「日本全国で、いや世界中で一番悪い事をした者ですけど今日その罪のつぐないをいたそうと思って……。一日も早く仏にすがり懺悔して人としての勤めをかならずはたしてY様の霊に御詫致します」としたためつつ、次のような短歌を書いている。

御仏の袖にすがりて罪を悔い
　　六つの影に手を合わす日々

「六つの影」というのは一家六人殺しの霊を指すものである。取調官の手を経て録取された供述調書に罪を悔いる言葉が残されているのとちがって、手記や短歌となると、それはまさに当の被疑者・被告人の真情が自発的に語られたもののように見える。その点で、これは裁判官の心証に強く訴えかける力をもつ。しかしすでに固定された自白的関係のなかでまさに真情を込めて「犯人を演じる」ことは十分可能なことである。Oが自白に落ちていく過程で「よし、おりゃ犯人になったろ。犯人になったろ。犯人だ。犯人になったんや。……」と語ったところを想起してもらえばよい（五一〇頁）。こうした言葉を吐き出したあと、いよいよ本格的に自白を語り出したあとは、彼は取調官の前ではもはや犯人以外の何ものでもなかった。そこでは取調官のちょっとした促しで手記をしたため、短歌を作ることも難しいことではなかったのである。

もちろんこれらの「詫び文句」はまったく自発的になされるというものではない。いかに繰り返されてきた演技とは言え、虚構で「犯人を演じる」苦しさに変わりはない。改悛の情を示すことで少しでも刑が軽くなるようにとの功利的心情をくすぐられつつ、諦めのなかで取調官の示唆に促されて書くのが一般である。取調官たちはこの種の手記や手紙が自白の任意性、信用性を担保するうえで大きな意味をもつことを十二分に承知しているのである。

豊橋母子殺人放火事件のMは、自白してのち、被害者の夫であり、自分にとっては雇用主であった店の主人（社長）に詫び状を出している。それは起訴三日後のことである。M自身「今更手紙を出しても仕方がない」と思っていたのに、取調官からしきりに促されて書くことになった。その間の経緯を次のように語っている(9)。

「社長や家族の人達に後悔し、反省している、一日も早く更生するといってやれば安心するし、本当にM君は後悔しているんだナと思う。また君の給料のことも社長がどうしたもんかといっておったし、色々、後始末等お願いしなければならないだろうし、そういうことも一緒に含めて、一度手紙を出した方がよいだろう」といわれた。

そうまでいわれて書かないという訳にもいかなくなって、また両刑事が納得しないと、また激しい調べをやられるのではないかと思って、書きました。

刑事が「紙は何枚使ってもよいから、まず下書きを書いてみなさい」というので、はじめ事件のことには触れずに、ただ「色々とご迷惑をかけ、申し訳ありません。家族の皆様にもよろしく」と書き、あと給料の処置、貯金の解約その他細々とした後始末を頼む文面を書いたのです。それを刑事が「ちょっと貸してくれ」といって調べ室の外へ持って行きました。しばらくして帰ってきた刑事が「迷惑をかけたという程度では、何の迷惑をかけたのかわからないし、これでは君が本当に後悔し、反省しているというかんじんのお詫びの気持をわかってもらうことができないだろう。もっと事件の事を書かなくちゃダメだ。また、あんな事件を起こし、罪のない奥さんや子供たちを殺してしまったが、今はこういう気持でいる、ということもわかってもらった方が、君のためにもいいではないか」といいました。それで書き直し、結局は「自分が犯人である。本当に申しわけのないことをした。今は後悔し、反省している。一日も早く更生し、社長のお役に立ちたい」そしてあと細かなことを書き加えました。また刑事がそれを持っていき、帰ってきて「よし、これならよいだろう」といって、それを清書し、出してもらったのです。

土田・日石事件のEが調書作成の最終段階で検事あての上申書を書いた経緯にもまったく同様の状況がみてとれる。彼の手記にはこうある。(10)

この検事調べの時、神崎検事は「君はまさか後でこれを検察庁と警察のデッチアゲだなんて言う事はないんだろうな?」と妙な事を聞いた。むろん僕はそれまでそんな事を言った事はないし、そんな様子すら見せた事はない。そのころは完全に僕は警察の暗示にかけられてあきらめてしまっていた。この時はさらに神崎検事は「君が素直に反省していれば刑については心配するな。検察庁はそうした君の態度も考慮して求刑するんだから、そんな極刑はあり得ないよ。裁判官だって求刑よりも重くする事は常識では考えられないからな。君だってまだ青年と呼ばれるうちに社会復帰できればやり直しだってできるじゃないか。それには公判でも素直に反省している事を示さなきゃだめだよ」と言った。そしてこの後も一〇日に一度位ずつ検事に会ったが、そのたびに同じ事を言っていた。

そしてこの日そんな事を言った後に神崎検事は「君が反省しているならその気持ちを、今僕あての上申書に書きなさい」と言った。そんな事を言い聞かせられた後なので、僕はこんな事で一日でも刑が軽くなるかも知れないと思って一生懸命考えて、創作して反省しているという事をせいいっぱい書いた。それを読んで神崎検事は「君は文章がうまいなあ」等と言って満足そうにしていた。

すでに諦めて「犯人を演じる」しかない心境に追いやられている被疑者・被告人は、もはや警察官や検察官の示唆に抵抗する力はない。自白的関係の確立したところで被害者に謝罪し、その気持ちを検事や裁判官に上申した方がいいのではないかと向けられれば、それに応じなければならない強迫的心性がそこにはすでに根づいている。

こうしてみれば、一見自発的な改悛の吐露にみえる詫び文句が、結局のところ、いやいやながらの演技の最終的な仕上げでしかないことがはっきりしてくる。こういうところから心証をとって、自白の任意性や信用性を認めてしまうことがきわめて危険であることは、もはや繰り返すまでもあるまい。

4 諦めの心情

無実の被疑者が自白的関係を維持してこのままいくしかないと思う要因として、最後に「諦め」の心情をあげておかねばならない。無実の被疑者たちは取調べの当初において、取調官とのあいだで追及―弁明の応酬をさんざん重ねて、結局、最後には自白に逃げ込むしかないと諦めたのである。この諦めから、再び自己の無実の主張を盛り返すのは容易なことではない。先のゴムボールの比喩を持ち出すとすれば、それは単に圧力によって押さえ歪められただけでなく、穴があいて中の空気が抜け、へしゃげて反撥力を失った状態にも等しいのである。その状態から再び空気を吸入し、反撥力をつけるには、逮捕以前の日常世界に戻って、シャバの空気を吸うのが一番であるのだが、残念ながら多くの重大冤罪事件においては、自白後も、起訴後も身柄は留置場や拘置所に囚われたままである。

おまけに状況は、自白以前よりはるかに厳しくなっている。無実であるかぎりは、被疑者を犯行と結びつける真正の証拠は何一つないはずだし、逮捕時点でそれらしきものを突きつけられても、それはあくまで「らしきもの」にとどまる。ところが諦めて自白に陥り、自白を展開した時点では、その「らしきもの」に証拠の価値を与え、その証拠をつなぐ犯行筋書を作り出してしまっている。とすれば、いまさら自白を撤回してもそれを信じてもらえるものだろうか。そういう思いにとらわれるのは当然のことであろう。

豊橋事件のMは、第一回公判で裁判官の罪状認否に「間違いありません」と犯行を全面的に認めた。彼のばあいこの時点でまだ拘置所に移監されておらず、身柄は依然として豊橋署にあった。それで第一回公判に臨んで刑事たちからは「何も心配することはない。私たちに任せておきなさい。今度の公判はすぐ終るさ。検事が起訴状を読み、裁判長が〝間違いないか〟と聞くから〝間違いありません〟と答えれば、それで終わりだ。私たちも後ろで見ているから大丈夫。早くすませて一緒にうまいものでも食べよう」[11]と言われたという。こうしてそれまでの取調官との自白的関係を何度も確認されたうえで法廷に臨んだとき、彼が自白を撤回できずに「間違いありません」と答えるしかなかった気持ちは、痛いほど分かる。ただそれと同時に、もう本当のことを言ってもダメではないかという諦めが背景にあったこともここで指摘しておかねばならない。彼は拘置所移監後の手紙でこう書いている。[12]

裁判に対しての気持ちですが、初めから裁判に期待を持っていたのではありません。詳しい自供の調書を作られ、完全に犯人にされていたので、もう助かる道はないと思っていました。ですから第一回公判でも認めてしまいました。何よりも、私が事件を否認したら、また警察に戻されて、同じ調べを繰り返されると思っていたからです。

自分が無実だということを彼は誰よりもよく知っている。しかし、もう誰にも信じてもらえないという無力感のなかで詳しい自白までとられてしまった以上、そこから息を吹きかえして、反撥力を取り戻すのは容易ではないのである。

土田・日石事件のEも同様の心境を手記に書きつけている。彼もまた起訴後なお警察の留置場に勾留されていた。刑事たちがいろいろ面倒見してくれるあいだにも、検事からの調べのたびに「公判で認めて反省してればたいした求刑はしない」と繰り返されていたために、完全に諦めて公判でも認めるつもりだった。弁護士からそんな甘いものじゃないと言われて動揺もするが、たとえ一〇年以上の刑が出ても「仮出獄を期待すれば一〇年位で出られるだろう。そうすればまだ三五歳ぐらいだ。三五歳ぐらいならまだ若い、と自分に言い聞かせて、事実を主張するつもりにはなれなかった」という。彼はこう書いている。[13]

ほとんどの者が認めてる以上は事実を言った所で裁判には勝てる訳がない。だいいち今までの例のように何十年もの裁判にはとても耐える自信はなかった。まして何十年も裁判をしてそれで有罪になったらそれでもう人生はおしまいだ。争うにはあまりに相手が強すぎる。それにあまりに世間の風当りが強すぎる。警察のPRは強力だ。今さら無実を叫んだところで誰も信じないだろうし、過激派の連中はとんでもない事を言い出すと思われるのが精々だと思った。こんな事を自分で思い込んでとても事実を言う気にはなれなかった。それに警察、検察の暗示はあまりにも強すぎた。

それでも全員が一人残らず足並みをそろえて戦えばあるいは、とも考えた事もあったが、それは不可能な事だと思った。今認めてしまっているうちの何人かが事実を叫んだら僕もそれに従おうとも思った事もあった。しかし僕からは事実を叫ぶ勇気はなかった。

そうしているうちにS君、Kさんの公判が始まり二人とも認めたのでその望みもなくなった。

自分は無実だということを誰よりもよく知っていても、そのことを裁判所が認めてくれなければ何にもならない。無実だったら何が何でも無実と主張すればいいではないかと、第三者は言うかもしれない。それはまさに正論ではある。しかし現実に裁判に巻き込まれた人間は、公判で無実主張する以前のところで、自分の自白を含む諸証拠を前にして、無実主張でやっていけるだろうかと考え込む。つまり被告自身が証拠判断を行う。その証拠判断には、それまでさかんに吹き込まれてきた取調官たちの判断がおのずと染み込んでいる。そこで被告は、無実主張してももう無駄ではないかという思いにとらえられ、やはり検察官たちの言うように、素直に認めて情状で刑を軽くしてもらう方が得策ではないかと思う。それに有名な冤罪事件を思い起してみれば、たとえ最終的に無罪を勝ちえたとしても、ほとんどがそれまでに一〇年以上かかっている。となれば、いまさら否認して頑張って何になろうと、無力感が先に立つ。

土田・日石事件などのばあい一一人に及ぶ被告が、二人を除いて自白し、膨大な自白調書の山が出来上っていた。そのことを突きつけられた被告たちが、公判以前、まだ取調官たちの下に身柄をとられて、外の空気を吸えない段階で、もうだめじゃないかと思うのは自然なことであろう。被告の一人Rはこう言う。[14]

事の重大さに気付いた時には、もうどうにも身動きできない状況になっていた。あまりに多くの自白調書が積み重なると、よほどのキッカケがない限り否認することはかなりの勇気が必要になってくる。

自白の魔力は警察官、検察官、そして裁判官、あるいは弁護人、そうした第三者を捕えるだけではない。それは自白した当の被疑者、被告人をも呪縛して、身動きできなくする。ここまで自白して、どうやって自分の無実を人に信じてもらえるだろうか……。いったん出来上がってしまった自白的関係を崩すきっかけが、いったいどこから開けてくるのか。自白撤回は、ただ圧力が取り去られるだけでなされるものではない。圧力の下で形成された自白的関係の歪みを元に復元する、その力が被疑者・被告人の内側に甦る時をさらに待たねばならないのである。

第二節　自白的関係からの離脱

自白的関係を壊して自白を撤回することは、前節で見たように、取調べ圧力から解放された結果として生じる自動的過程ではない。そこには再び復元の力が要る。しかし、一方でやはり無実の被疑者・被告人が内に抱えた真実の力は強い。どれほどの拷問的強圧、どれほどの幻惑的錯乱にさらされても、彼らの真実の体験、つまり自分はやっていないという体験事実が消え失せてしまうことはない。ではその真実の力は、どこでどう復元して虚偽自白を覆すにいたるのだろうか。

虚偽自白は嘘である。しかも自分にとってありがたくない不利な嘘である。自分にとって不利であることが分かっていながら、取調官の追及に逃げ場を失ってやむなくつかざるをえなかった嘘なのである。それゆえ取調べの場から解放されて、その外に理解者を見出したとき、当然、それまでの嘘を解消して、自分のほんとうを知ってほしいと願う。それはこの嘘の当人にとってごく当然の心の動きである。

ここに嘘にまつわるごく単純な力学がある。図31を見ていただきたい。嘘は、あらためて言うまでもなく、つね

図31

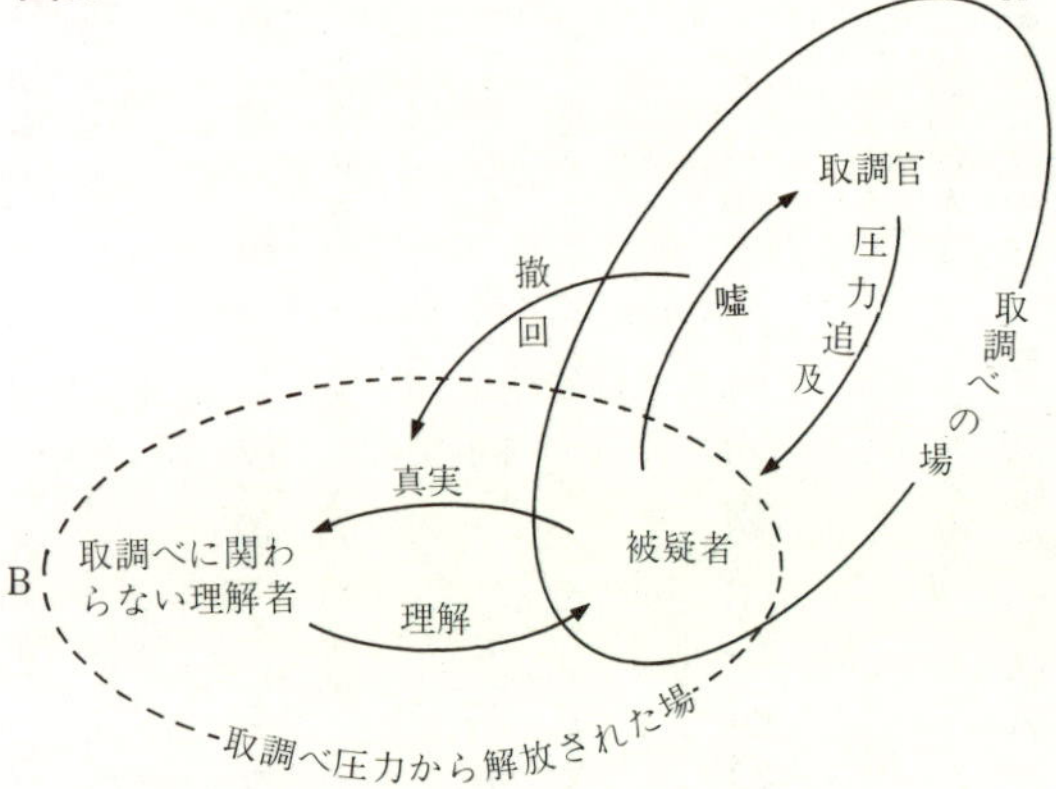

に相手あっての嘘である。言いかえれば特定の相手に向けて特定の必要性があってつくものである。したがって同じ嘘でも相手が違えば、もはや嘘をつく必要はなくなる。たとえば親に対してつく嘘も、友だちのあいだでは簡単にばらしてしまうし、またその逆もある。

虚偽自白は取調官に向けてつく嘘である。図の実線で囲んだAの圏内で被疑者と取調官との間に〈自白的関係〉が生まれると、そこで被疑者は取調官に向けて「私がやりました」と言い、嘘の自白内容を展開する。このAの〈自白的関係〉の圏内にとどまるかぎり自白を撤回することは難しい。しかし、その圏内から一歩出て、取調べと関わらない理解者に出会ったならば、その新たな対人関係圏Bのなかでは、もはや自分にとって不利な嘘をつきつづける理由はない。むしろ、やむなく嘘をつかざるをえなかった事情を訴えて何とか理解を求める方向に心は動く。この対人関係圏AからBへの転回が自白撤回につながる。

ここまではごく単純な嘘の対人力学なのだが、問題は被疑者・被告人自身が、このA圏とB圏のあいだを心理的にどう移り行くのかである。図31のA圏からB圏への転回はかならずしも物理的な場の移動と直結するものではない。それゆえ取調べから解放されたからといってただちに虚偽自白が撤回されるとはかぎらない。そこでの被疑者・被告人の判断は具体的な事例ごとに異なると言ってよいくらいで、とても一律には論じられない。たとえば軽微な事件で逮捕され、弁解に疲れて諦めて自白したようなばあい、身柄を釈放されて、家族・友人・知人の圏内に復帰した時点でたいていはただちにその身内の者たちに真実を告げて、嘘を撤回するであろう。しかし、その後、運悪く起訴されたとき、被告人は釈放後身内に語ったとおり法廷でも真実を主張して争うとはかぎらない。身内には弁明しつつ、どうせ執行猶予くらいはつくだろうからと判断して、ややこしい論争を避け、自白を維持してみせることもありうる。その判断はそれこそ人のパースナリティにもよるし、弁護人の援助の仕方にもよる。あるいはそもそもの事件の性格にもよるし、また被告人が嘘の自白に陥った具体的事情によっても異なる。そうしたさまざまのファクターによって自白撤回の様相は異なることを踏まえたうえで、ここでいくつかの事例を引きつつ、その種々相を整理してみよう。

先の図31で示した力学的構図にそって言えば、〈嘘を生み出した対人関係圏〉つまりA圏から解放されるという側面と、そこから〈真実の回復を促す対人関係圏〉つまりB圏へ移行するという側面とが相互に織り合わさって自白撤回はなされる。この両側面は本来切り離せないものであるのだが、当面、これをそれぞれ別個に考えてみることにする。

まず、〈嘘を生み出した対人関係圏〉からの離脱に関しては、そもそものその対人関係（取調べ関係）の成立事情に応じて、

1、強圧的威迫的な関係からの離脱

2、取調官との奇妙な信頼関係からの離脱

の二つを典型として取り出すことができる。第二章で前提として確認したように、虚偽自白は取調べの圧力下で生じる。この圧力が被疑者にとって耐えられないところまできて自白に陥ったとき、その強圧的威迫的な関係からの離脱が自白撤回の大きなモメントとなることは当然である。しかし他方、強圧のもとであれ何らかのかたちで被疑者が取調官に対してポジティブな感情を抱いて、奇妙な信頼関係に巻き込まれるかたちで自白に陥るという側面が多分にある。それゆえこの奇妙な信頼関係からの離脱を自白撤回のもう一つのモメントとして取り上げねばならない。

他方、〈真実の回復を促す対人関係圏〉への移行に関しては、

3、共犯事件について共同被告人との信義関係への移行

4、被告人にとって「意味ある人々」（significant persons）[15]との信頼関係への移行

の二つについて論じる。このいずれも、取調官との自白的関係を打破する信頼関係である。人は他者から信じられ

ればこそ自らの真実を守り、失った真実を取り戻すことができる。ここで虚偽自白に陥った被疑者・被告人が自らの無実を再び主張するのを支えるこの信頼関係について、大きく二つの種類をあげることができる。一つは、事件に巻き込まれた共同被疑者・被告人どうしの関係、もう一つは当該事件については第三者的立場にいる身近な人々との関係である。前者の関係は共犯被疑事件に限られた特殊なものだが、そこには後者の身近な「意味ある人々」との関係に還元できない興味深い問題が含まれているので、これをあえて別に取り出して論じる。

自白的関係からの離脱の二側面、あらたな信頼関係への移行の二側面について、以下それぞれ一項をあてて考えていくことにしよう。

1　強圧的威迫的な関係からの離脱

取調べの場のなかで取調官とのあいだで〈自白的関係〉ができあがってしまう最大の要因は、被疑者を犯人と決めうって、その弁解を聞かずひたすら自白を求めようとする取調官の強圧と威迫である。それゆえそうした取調べ関係からの離脱が、まず第一に考えねばならない要因であろう。

比較的軽微な事件であれば、身柄の釈放も容易だが、重罪事件のばあいほとんどこれを期待できない。この身柄の拘束─釈放というファクターが自白撤回のメカニズムにおいてはやはり大きな役割を果たす。自白が完成し起訴されてのち拘置所に移監されればまだしも、そのまま留置場（代用監獄）にとどめられるケースなどはとりわけ撤回への機会が見つけにくい。

前節で見た豊橋事件のMの事例は、そのことを典型的に示している。彼は第一回公判にいたるまで代用監獄で刑事たちの支配する圏内にいた。彼は公判開始時点でなお〈自白的関係〉のなかに囚われていたのである。彼が罪状認否で検察官の起訴状内容を「間違いありません」と認めたのも、この嘘の力学のおのずからなる結果である。そして拘置所に移監後、第二回公判で裁判官から何度も「もう一度聞くが、何かいいたいことがあったら、いいなさい」と求められて、彼はやっと否認の言葉を口にした[16]。そこでもってはじめて自白的関係から離脱し、裁判のなかで真実を主張する新たな関係の展望が開かれ、自白撤回へのベクトル転回が促されたのである。

青梅事件のばあい、自白した被告たちに対してその自白を維持させるべく警察・検察が働きかけた、その働きかけ方はさらに露骨だった。そして被告一〇名のうち四名が公判廷でも自白した。(17)被告人たちは起訴後も代用監獄で拘留され、公判廷では私服刑事が被告席をサンドイッチするようにして座り、被告人相互の連絡を遮断した。そこでは長期間にわたる代用監獄での自白的関係がそのまま維持された。つまり自白していた被告たちは、裁判官を聞き手として、そこに目をすえて自らを主張するどころか、隣席の刑事たちにはさまれ、その刑事たちの目を意識しつつ、かつて彼らに向けてついた嘘を言いつづけるしかなかった。しかも弁護人は担当の被告人と面会することしか許されず、弁護人を通じて相互連携をはかることすらできなかった。

共同被告人どうしが完全に分離され、刑事たちに囲まれるかたちで、自白組の四人は現場検証でもストーリーどおりの指示説明をまことしやかに行った。彼が目を向けていたのは裁判官ではなく、周囲を囲む刑事たちだったのである。

そうして公判開始後二ヵ月たって被告人たちはようやく代用監獄から解放された。自白組は八王子医療刑務所へ、否認組は府中刑務所へそれぞれ移監されたのである。それ以降、検察側の要請によって自白組だけの分離裁判が進行し、自白調書を含む書証を証拠とすることと引きかえに、自白組四名の保釈が認められることになる。そして保釈されたこの四人が、そののち否認組被告たちの裁判に証人として立つ。本来、同一事件の被告人であるかぎり、法廷での黙秘が認められねばならないはずだが、裁判を分離したことによって形式的には第三者証人と認められることになって、黙秘は許されない。

自白して保釈を許された者が、否認してなお獄中にいる者たちの公判に証人として立つ。彼らがもしここで自白を撤回すれば保釈を取り消されて獄に舞い戻る可能性がある。とすれば、これは共同犯行の自白を維持せよと暗に脅しているにも等しい。推定無罪の原則からするとおよそ許されないことだが、現実にそのような訴訟指揮が行われたのである。しかも自白組の四人は、保釈後月一回裁判所に出頭し現況報告を求められていた。裁判所に出頭すると検察庁に連れて行かれて検事からあれこれきかれたというから、これは事実上、自白撤回を防ぐための一種の監視体制として機能したと言わざるをえない。こうしたかたちで自白的関係を維持するための最大限の努力が払われたのである。

しかし、シャバに出て自由の空気を吸うということの意味は大きい。自白的関係維持の最大のファクターは何といっても身柄の拘留である。身柄を釈放されて、家族・友人・知人のもとに戻れば、これだけで荒唐無稽の犯行筋書は維持できなくなる。警察で犯行を認め、裁判でもそれを維持したとしても、親兄弟に向い、友人・知人に向けてまで自白を繰り返す心的ベクトルは働かない。おのずと自分の真実を弁明することにもなる。ただし、そのうえで否認組の公判に証人として引き出されたときには、自白しないとどうなるか不安で、自白を維持しなければならないとの気持ちにかられる。また他方、釈放後いったん他者に向けて自白撤回しはじめると、再び嘘をつくことはやはり苦痛である。そうして自白撤回から予想される結果への不安と、すでに自白撤回へと動きはじめた真実欲求との間で、被告人たちの気持ちは揺れる。

自白組四人のうち二人は、自白撤回によって予想される結果（つまり保釈取り消し）を恐れて、自白を維持した。しかしあと二人は自白を撤回した。その一人は証人尋問冒頭からはっきり自白を撤回し、拷問の結果やりもしないことを言わされたのだと主張した。そしてもう一人の被告Ｉは検察官の主尋問では自白を維持し、弁護人からの反対尋問の途中から、これを引っくり返すことになる。この自白撤回の様子は、きわめて興味深いので、そのまま引用しよう(18)。

弁護人（小沢）

問　証人は警察で、警察の言うとおりに答えれば早く出られると言われたことはないか。

答　看守にそういうことを言われたことはちょいちょいある。

問　刑事はどうか。

答　刑事も言ったです。

問　その刑事は誰か。

答　安田です。

問　何回も聞いたか。
答　ええ。
問　回数は判らないか。
答　ええ。
問　証人は大体安田刑事に調べられたのか。
答　ええ、ずっと後、もう一人の若い刑事に調べられました。
問　安田刑事は証人を取調べる度にそういうことを言っていたか。
答　ええ、そうです。
問　警察の言うとおりに言えば刑が軽くなるかもしれんと言ったことはないか。
答　そうです。早く言えばIは無罪にすると言って騙されました。
問　起訴されないと言ったか。
答　はい。
問　証人は騙され言ったのか。
答　ええ。

自白すれば早く出られるとか、起訴もされないとか、刑が軽くなるとかといった利益誘導は、しばしば虚偽自白の要因となる。被告Iは右でそうした誘導があったことを認めた。しかし、利益誘導があったからといって、ただちに自白が虚偽であるとは断定できない。実際、取調官が利益誘導を行うという心理自体は、無実の人を無実と知って虚偽の自白をとろうというものではない。予想される刑罰のことを思えば真犯人でもなかなか自白する気にはなれまい、とすればその点の不安や恐怖を薄めることで自白への抵抗を低下させることが重要だ、そういう考えにもとづいて被疑者に誘いをかけるということは、（許されることではないが）取調官の心理として十分ありうるはなしである。したがって、右引用のやりとりで被告人が利益誘導の事実を認めたことは、ただちにその自白が虚偽であったことまで言うものではない。Iはここでただその取調べの経過を証言しただけである。しかし弁護人にとってのねらいは、もちろん、利益誘導の結果引き出された自白が嘘だったのではないかということである。弁護人は右に続いて次のようにきく。(19)

問　証人が騙され騙されと言ったというのは、こういうことをやっていないのに騙されて返事をしたという意味か。

（この時、証人は答えなかった）

問　証人は警察で言ったことをくつがえしたら保釈が取消されると聞いたか。

（この時、証人は暫く黙していたところ、裁判長は証人に対し、大胆に率直に事実をありのままに証言するよう促した）

答　あのね……じゃ正直に言います。

自分はね……あの全然ね……。

問　証人はこの事件に全然関係はなくて、やったことはないというのか。

（異議の申立）

検察官（藤直通）

唯今の小沢弁護人の尋問は、証人が全然と言ったきりその後何も言っていないのに「全然何もやっていないのか」というのであり、かかる発問は誘導尋問であるから、それを続けることは異議がある。

弁護人（小沢）

唯今の発問は撤回します。

（問を改めて発問）

問　証人は唯今「全然」と言ったきりだがその次は何か。

答　あのね、警察でもって罪のない奴を罪にしたのです。向こうから無理に書かせられたのです。

全然自分は犯していないんです。
全く自分は口惜しくて仕方がないんです。
自分はね、ここにいる人の名はみんな警察で名を教えて貰ったのです。
ほんと言って自分は判らなかったです。
いつそんなことあったか全然知らないです。

問　そうすると、証人がこの前やったように言ったのは嘘か。
答　あのときはどうしても言えというから言ってしまったが、ほんとうはやってないです。
問　この事件全部をか。
答　ええ、自分はこんな人間だからいいようにされました。

ここでIが「こんな人間だから」というのは、彼が子どものころ脳炎を患って、その後遺症で知的なハンディをもっていたことをいう。

この引用部分冒頭でIの見せた逡巡は、自白的関係を脱けだすことへの不安の端的な表われであろう。代用監獄に長期間拘留されたなかで自白を強引に呑み込まされてきた彼らは、この自白と引きかえに保釈をかちとることができた。それを撤回するということは、否認組の人たちと同じように再度拘留されるということになりはしないか。そこまで考えたかどうか、表面にあらわれ出た言葉だけからはわからない。ただ、少なくとも警察官の前で、検察官の前で、そして裁判官の前で繰り返し言ってきた自白を覆すにはやはり勇気が必要である。「あのね……じゃ正直に言います」と切り出し、そこで再び逡巡する。そして検察官の異議をはさんで、泣きながら内なる真実を一気に語ることになったのである。

自白的関係の呪縛を解かれると、あとは自分の心の奥底にたまりたまってきた思いを解き放つだけでよい。自分の真実を主張したのに、一向に耳を傾けてくれない取調官の圧力の前にやがて屈服して、犯人を演じつづけてきた、それが「口惜しくて仕方がないんです」。「警察で名を教えて貰った」ような見ず知らずの人たちと共犯するなんていう嘘は、ふつう考えられない。その考えられない嘘を演じてきた口惜しさが、涙とともに吐き出されたのである。Iを自白的関係から解き放つ直接の契機となったのは弁護人の尋問であった。しかし、もちろんその背後では自白撤回へと動き出す心理ベクトルが高まっていたはずである。彼のなかには人前で嘘を言いつづけなければならぬ悔しさ、しかも自分の嘘で連座させられた人々の前で嘘をくりかえさなければならない辛さが、はちきれんほどに膨れあがっていたのであろう。弁護人の尋問の一言で、最初はためらいがちに、やがて爆発的に真実の思いがほとばしる。その瞬間から彼は弁護人に向けて、共同被告人に向けて、そして裁判官に向けて語り出す。それまでは検察官に向けて、あるいは取調べ時からの警察・検察の影に向けてひたすら嘘を語りつづけてきたのである。

嘘をつかされた当の相手の方を向いたままの姿勢で嘘を撤回することは難しい。そこから身を転じ、真実を語りかける相手を見出したときはじめて嘘は撤回される。右の一場面はそのことを如実に示している。

こうして自白組の二人は自白を撤回することになるのだが、そののちの裁判の経緯についても触れておかねばなるまい。右のIが見せた、腹の底からの口惜しさも、「ほんとうはやってないです」という切なる思いも、被告人＝犯人と思い込み、猜疑の目で彼らの言動を眺める検事や裁判官には、逆に罪を逃れる演技に見える。そこには権力の底知れぬ恐ろしさがある。検事は自白撤回した二人を偽証罪で逮捕。この逮捕令状を発したのは当の裁判の裁判官であった。抽象的な形式論理からすれば、たしかにそれまでの自白が真実なのか、この自白撤回が真実なのか、ここだけからは断定できないかもしれない。しかし少なくとも自白撤回がなされた以上、そこに真実があるかもしれないとの可能性を真摯に検討するのがフェアな態度であろう。本件裁判が最終的に有罪判決で確定してのちに偽証を問うならまだしも、証言の直後に、証人としての自白撤回を虚偽と断定して偽証罪で証人たちを逮捕するなどというのは、およそ信じがたい暴挙である。

二証人が偽証罪で逮捕された直後の公判で、否認組の被告たちは獄中ハンストを宣言し、結束をかためて反撃に転じることになる。そして一審の間、自白を維持した二人も、一審判決で執行猶予を得たにもかかわらず控訴して、二審から自白を撤回、否認で争うことになる。検察の監視の下、偽証罪で再逮捕されることにおびえて、第一審の最後まで自白撤回の機を失した二人も、最後には自白的関係の呪縛から自らを解き放つことができたのである。そして全員がそろって否認へと転回し、自白へと至る過程をつぶさに供述することになる。にもかかわらず第二審も「控訴棄却」、上告審で「破棄差し戻し」となって、一九六八年東京高裁にて「無罪」判決をもってようやく確定。まる一五年にわたる闘いであった。

2　奇妙な信頼関係からの脱出

取調官との間で出来上った自白的関係からの離脱が自白撤回の条件となることは、前項の事例からも明らかなのだが、ここでもう一点、この離脱の条件が自白的関係の成立事情に依存することを論じておかねばならない。

豊橋事件や青梅事件などは、いずれも拷問的ないし強圧的な取調べの下に自白的関係が成立したものであり、その関係の維持には、取調官と一体となってその職務を引きついできた者たちの監視や脅迫、面倒見（総じて権力的関係と言える）が必要であった。それゆえこの権力的関係の網目が切れたとき、虚偽の自白的関係も崩壊し、自白は撤回される。これがいわば自白撤回の典型である。

しかし、ここでこの典型に収まりきらない例があることにも注目しておきたい。それは自白的関係の成立の過程そのもののなかに、これまでのような脅迫的、強圧的権力関係と言いきれないファクターが入り込んでいる事件である。その一例は狭山事件に見ることができる。

狭山事件のIのばあい、たしかに強圧的な取調べがなされはしたが、彼が屈して自白的関係に落ちる直接の契機となったのは、強圧や脅迫ではなかった。Iが落ちたのは、誤解をおそれずに言えば、ある種の「信頼関係」によってであった。Iは取調べの段階ですでに弁護人に対する信頼を失い、まったくの孤立無援のなかで旧知の関源三巡査部長を介して、取調官たちとの自白的関係のなかに落ち込んでいった（三八八―三九五頁）。

しかもI自身の主張によれば、当時の取調官の長たる長谷部警視が「一〇年で出してやる」と約束したので、それを信じて自白したのだという[20]。この主張に証拠はない。なにしろ取調室という密室内でのやりとりである。「約束」があったと一方が主張しても他方がこれを否定すれば、水掛け論におわる。それにIの主張する「約束」が取調官の側からは「約束」とまで認知されていない可能性もある。別件逮捕後二〇日あまりたってなお否認をつづけるＩにいよいよ本件逮捕で本腰を入れて臨んだとき、自白を誘い出すべく、自白して認めれば死刑になることはない、別件九件だけでも一〇年くらいにはなる、ここで自白して一〇年で出られたらまたやりなおすこともできる、……等々と利益誘導的に説得されたであろうことは十分想像できるところであるし、これをＩが「約束」と捉え、取調官がそれを否定せずに受け流したことも考えうる。もっともこれも証拠のない、可能性の話にすぎない。ただ、いずれにせよＩの心的世界のなかには取調官との「約束」が刻み込まれていた。でなければ第一審判決で「死刑」の宣告を受けたとき、彼がまったくこれに衝撃を受けなかったことが理解できない。判決当時彼が拘置されていた浦和刑務所拘置区長は「死刑の判決がありましてもさほど表面上は動揺がありませんでした」と言い、死刑判決直後Ｉと同房になった人物はＩのことを「何かふつうの人みたいだったです」と語っている。[21] それにまた第一審の弁護人は判決前「死刑かもしれない」と告げてもＩは「いいんだいいんだ」と相手にしなかった。その異様な印象を記憶にとどめている（四一八頁）。私はここで現実に両者合意の「約束」があったか否かを問題にしているのではない。そうではなくて、少なくともＩの側に「約束」と感じるだけの信頼感情があったと考えなければ、彼のこれらの言動を理解できないということを強調したいのである。

利益誘導と言えば、一般には、被疑者を「エサ」でつるという露骨な策動であるように聞こえる。それはそのとおりだが、その一方でこの誘導に乗る被疑者の側のある種の信頼感情がこれを裏打ちしていることを看過することはできない。「自白すれば早く出られる」と言われ、あるいは「自白すれば起訴まではいかない」「起訴されても情状酌量で執行猶予がつく」と言われてそれに乗っかるのは、取調官にそれだけの裁量権があり、また取調官がその裁量権を言うとおりに行使してくれるだろうという信頼感情（ほんのかすかなものであれ）が被疑者のなかに働くからである。ただし信頼感情があるということは、逆に結果次第で裏切られたと感じることもあるということである。「出られる」と言われたのに「出られない」、「起訴にはならない」と言われたのに「起訴になった」、「執行猶予になる」と言われたのに「実刑だった」ということになれば　そこで信頼は崩れる。

しかし、Ｉの「約束」のばあいは、一審判決の「死刑」で、そのもとにある信頼感情がそこなわれることはなかった。彼は第二審の自白撤回後の本人質問で次のように答えている。[22]

問（弁護人）　第一審で死刑の判決を受けましたね。
答　ええ、受けました。
問　そのときはどういう気持でしたか。
答　別にどうということでなくて、だから終えてから、裁判所のうしろに休むところがあるんだね、法廷のうしろに、だから担当さんに言ったんです、死刑といっても大丈夫だねと、そうしたら、大丈夫だからとね、だからみんなが笑ってました。
問　あなたは死刑だといわれたときにもまだやっぱり十年ぐらいで出られるんだという気持に変りはなかったんですか。
答　ええ、変りなかったです。

この発言は、一見まるで信じがたいことのように見えるかも知れない。しかし私たちがこれまで述べてきたことを組み込んで考えれば、十分理解可能である。

一つは、無実者の非現実感ということがある（第八章第二節）。実際に強姦・殺人の事件を犯した人間ならば「死刑」の判決は文字通りの実感を帯びて迫ってくる。しかし、無実者にとってはそれはやはり虚構でしかない。もちろんこの虚構によって現に自分が裁かれ「死刑」になるとの恐怖におののく無実者もいる。いやその方が一般的ではあろう。ただ、そういう無実者でさえ、「死刑」になお虚構感がつきまとう。免田事件のMは、第一審で死刑判決を受けてなお「実感はなかった。自分はやっていないと思ってましたから」と言い、[23]またその後も最高裁での死刑確定まで「無実なのだから死刑になるはずがないという確信がどこかにあった」と言う。[24]そして死刑確定後、他の死刑囚を死刑台に見送ったときはじめて、その現実の前におののくことになる。

この非現実感に加えて、Iのばあい、もう一つ大きな問題があった。これまで述べてきた「自白的関係」は通常、取調べ段階で終わる。だからこそ取調官のもとを離れることでただちに自白撤回に転回する例が多いのだし、その時点で撤回させないためには、青梅事件で見られたような保釈取消の脅しを含む監視の継続が必要だった。ところがIのばあいには起訴後拘置所に移監されて裁判がはじまってもなお、取調べ段階で築かれた自白的関係が切れずに、彼の言動を左右した。そこに裁判という場についての彼の認識の問題があったのである。

Iは第一審の裁判のあいだ、その場を構成する裁判官、検事、弁護人をどういうものとして位置づけていたのか。検事が彼を訴追し、その有罪性を立証し、刑罰を求めるのに対して、弁護人が検事の立証に反駁し、その問題点を突いて彼を守り、あいだに立つ裁判官が最終的に彼の有罪―無罪を判断し、その量刑を決定する――こうした三者の関係が分かっていれば、取調べ段階の自白的関係は検事との関係に引きつがれるのみで、裁判の場にまでこれを引きずることはない。

ところがIのばあい、裁判の場におけるこの三者関係がまったく歪められたかたちで理解されていた。何より問題は、取調べ段階から彼が弁護人との信頼関係を失っていたことである(三九一頁)。弁護人は自分を守ってくれるものだと理解できてはじめて、弁護人制度が自白的関係を相対化し、打破する力をもつ。しかしIのばあい、裁判に入ってからも弁護人への信頼感を回復できなかった。そしてそのまま、弁護人の方では自白を維持しつづけるIの態度に不審を感じて精神鑑定の申請まで行った。一方で検察側は、取調べ検事であった原検事が関源三巡査部長を伴って拘置所を訪問したり、また関源三は単独でも接見し、Iが「約束」があったと信じた長谷部警視も手紙のやりとりをしたりして、信頼関係をつなぐべく努力していた。こうしてIは裁判の上で敵対関係に立つべき警察・検察に対して信頼関係をつなぎ、自分を守ってくれるべき弁護人への不信感は払拭できない状態にあった。しかもそのうえに裁判官の決定が最終的に自分の処分を決定することになるとの認識も定かでなかったのである。これを図で表わすとすれば図32のようになる。取調べの場で形成された自白的関係は大きな力を帯びたまま公判廷に引きつがれ、これに対抗すべき弁護人は信用されず、裁判官の位置は不明で定まらない。結局のところ、取調べ段階の自白的関係を打ち崩すべき対抗ベクトルが、Iの心的世界のなかには第一審の最後まで登場しなかったのである。

このIが第二審の第一回公判にいたってようやく自白を撤回する。しかし、これは弁護人への信頼を回復してのことではない。彼は弁護人からの控訴趣意の弁論があったのち、突然発言を求めて「お手数をかけて申し訳ないが、私はYさんを殺していない。このことは弁護士にも話していない」と言ったのである。弁護人にとってもまったく思いがけない自白撤回だった。

彼がこの自白撤回にいたった転回点には、Oという人物の働きがあった[25]。「同胞差別偏見撲滅部落民完全解放自由民主党」を名乗る一人一党の活動家Oは、獄中のIに面会をくりかえし、手紙で説得した。おそらく右翼と言ってよいこの人物は、共産党系の当時の弁護団とは明らかに一線を画し、しかも「警視の約束などウソに決まっている」と断定して、「約束」への信頼を打ち砕いた。

一方、「約束」を信じていたI自身、第一審の死刑判決を当初は聞き流したが、一抹の不安もなかったということはなかろう。判決後拘置所に帰ってから、彼は同房者や看守たちにこの判決のことを問うて「死刑といっても大丈夫だね」と確認しているところにもその不安が一部頭をのぞかせている。第二審で尋問に立った彼はこう言う[26]。

図32

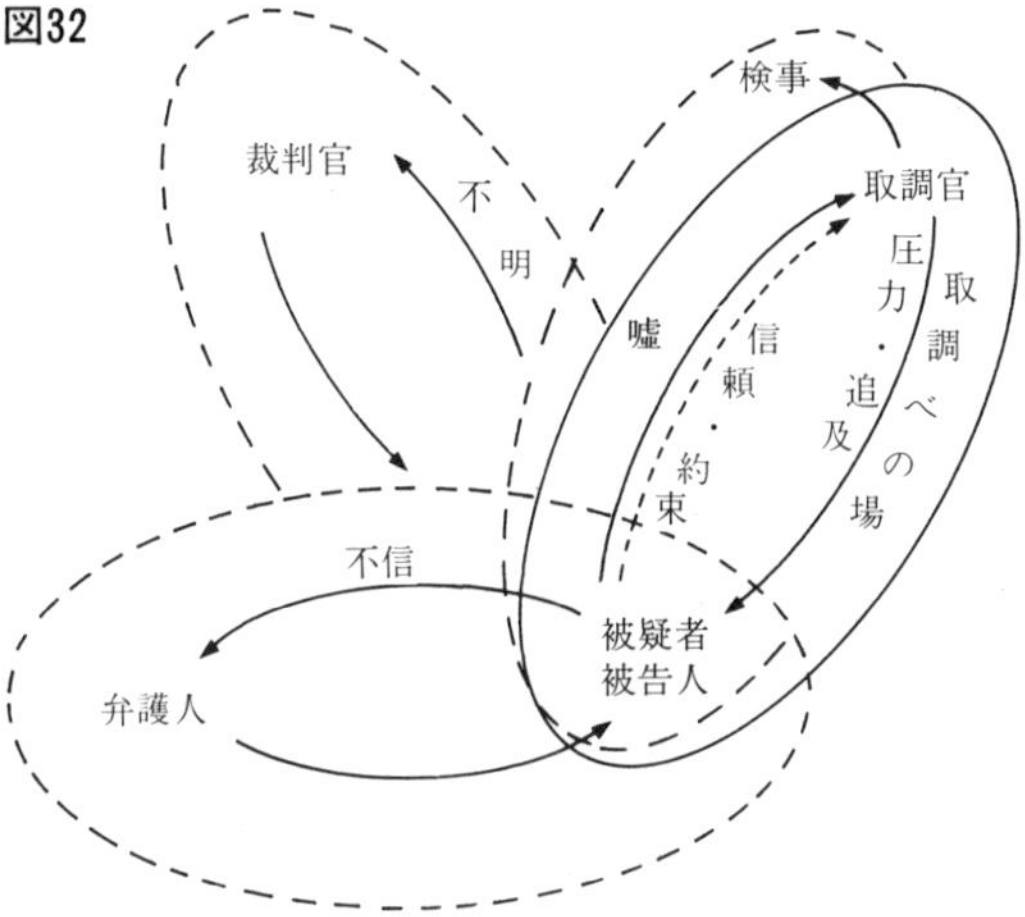

> 俺は死刑の判決を受けてから、房で皆に聞いてみたら、警察で言われたことは嘘だ、死刑になると言うので、そのことを区長（拘置区長）に話したら、区長はそんなことはない、俺も嘆願書を出してやると言ってくれました……。

ここにI自身が「約束」への不安を感じはじめていたことがうかがわれる。そこへOの説得が入ってきたのである。Iは仁侠肌のOに心を開き、また信頼を寄せる。そしてまたOを介して彼は兄の手紙を見せてもらう。そこには「ほんとうのことを言ってくれ」という両親兄弟の切なる思いがしたためられていた。Iが、取調官との自白的関係を抜け出す道を見つけたのは、こうした迂路を経てのことであったが、彼はようやくにしてここで真実を語り出す真の相手を見つけだすことができたのである。

自白を引き出す自白的関係が脅迫と強圧にのみよるときには、被疑者・被告人がその脅迫と強圧の場から物理的また心理的に逃れた時点で、その関係はこわれ、これに支えられていた自白は撤回される。しかし自白的関係の背後に取調官との奇妙な信頼関係が保たれているとき、取調べの場から離れてなお、この関係はしぼむことなく自白を支えつづける。これが崩れるのは、この信頼関係を裏切る決定的な事実に見舞われるか、あるいはこの信頼関係に対抗しうるだけの別ルートの信頼関係の出現による以外にない。Iのばあい、そうして自白的関係が崩れ去るまでに第一審の六ヵ月間を含む約一年の時間を要したのである。

こうした例は多くはないかもしれない。しかし取調べにおいて何より「人間関係」を大事にしようというわが国の捜査体制においては、この種の屈折した信頼関係の成立する土壌が大なり小なり含まれている。人どうしの信頼関係は本来、真実を真実たらしめるものとして意味をもつはずなのだが、権力による支配—被支配の下での信頼関係はとかく真実を隠蔽する方向に機能する。その意味で、警察・検察が被疑者との「人間関係」をつけることを重視している裏面には、非常な危険性が孕まれていることを知っておく必要がある。

3　共同被告人との信義関係への移行

さて、強圧的威迫的なかたちで作り出されたにせよ、奇妙な信頼関係によって生み出されたものにせよ、その〈自白的関係〉からの離脱が自白撤回の第一の契機となる。しかしこの契機が働き出すのは、本当の意味で信ずべき対人関係への移行という第二の契機が働かなければならない。理想的にはこの第二の契機を保証する筆頭は裁判官でなければならない。そして裁判官の公正にひたすら信頼を寄せて、その前で自白を撤回し、真実を主張する被告人も当然いるだろう。しかし、豊橋事件のMのように裁判を期待する気持ちを失っている被告人もいれば、狭山事件のIのように裁判官をどう考えてよいか分からない被告人もいる。さらには青梅事件の四人の被告たちのように当初は刑事たちに監視されて裁判官の方に目を向ける余裕すらもてない被告人もいる。実際、裁判の場で一段高い席に座って被告人を見下す裁判官は、被告人にとっては対等に自分のことを理解してくれる人とは見えず、取調官とは違った意味で威迫的である。それに生身の声で対等に話し合う機会はない。とすれば、裁判官を人間として信頼することはかなり難しいことかもしれない。

とまれ、ここでは裁判官との対人関係の側面については触れない。自白撤回の重要契機になる人々ということになると、被告人にとっての「意味ある人々」、たとえば家族や友人であろうが、これらの人々との関係については次項にゆずることにして、まず共犯事件における共同被告人どうしの関係から考えてみる。共犯自白の撤回については、単独犯事件での自白撤回とは異なる、ある特異なファクターが働くからである。

被疑者・被告人が嘘の自白に追いやられる。しかしその嘘の自白に追いやった当の取調官自身は、それを嘘と知らない（いや知ろうとしない）。また裁判官たちも嘘か真実かをただちには判断できない。そして被疑者・被告人の身近にいる人たちも、通常、その嘘の自白が嘘であることをはっきりとは知らない（もちろん事件当日のアリバイにからんで、犯行時間帯に被疑者・被告人と一緒にいたなどというばあいには、嘘の自白を嘘だと確信できる）。それに対して共犯者としてその嘘の自白のストーリーに故なく巻き込まれた人にとっては、その嘘の自白が嘘であることは自分自身の体験記憶に照らして明々白々たる事実である。また嘘の自白を行った当人も、共犯筋書に巻き込んだ相手がこれを聞けば、嘘であることがただちにばれることを知っている。嘘と知った人の面前で嘘をつくことは容易なことではない。そこに共犯自白の特異性がある。

もっとも共犯を疑われた事件と言っても、八海事件のように共同被疑者のなかに実は真犯人がいて、その被疑者が無実の者を巻き込んで自らの刑罰を軽くしようとした事例と、共同被疑者の全員が無実で、取調官の思い込みに媒介されて一つの犯行筋書に組み込まれ、一部の被告が自白するという事例とでは事情がまったく異なる。そして私がここで特異ファクターの働く例として論じようとしているのが後者である。

ただ、このいずれの事例においても各被疑者は相互に切り離されて別々に取調べられるために、取調べ段階の〈取調官—被疑者〉の自白的関係の外見は似ている。図で示せば図33—aのようになる。取調官の圧力・追及に耐えられず被疑者は自白する。そのさい真犯人である被疑者は自分の罪を軽くするようニセの共犯者をデッチ上げ、その共犯者に主犯の役を与えた形で犯行ストーリーを組み込む。また、全員が無実の共犯冤罪事件で、被疑者が弁明

図33—a

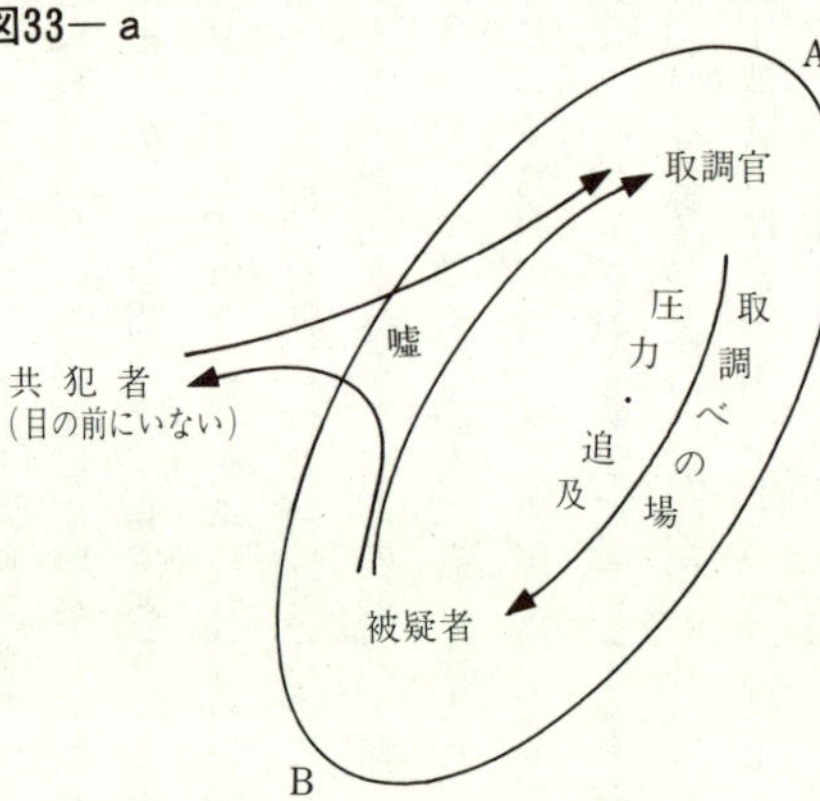

に窮して自白に落ちるとき、取調官の追及のままに共犯ストーリーのなかに知人を巻き込み、それによって追及のつらさをしのぐ。それぞれ嘘の動機は異なるが、自らの嘘のなかに他者を巻き込むという点では同じである。

しかし、そのようにして取調官とのあいだで擬似的な自白的関係を作り出すところまでは似ていても、そののち起訴され、公判廷で共同被告人たちが同席する段階になると状況は変わってくる（図33—b参照）。自らの罪を軽くしようと他者を巻き込んだ真犯人のばあいは、裁判の場に出て、自分が巻き込んだ相手に出会っても、その面前で、今度は裁判官に向けて嘘をつきつづけなければならない。もちろん真犯人である以上、巻き込んだ相手が事件に無関係であることを知っている。しかしそれを承知で自分の虚偽自白をまっとうしなければ、単独犯として重罪を一人で引き受けることになる。これを避けようとするかぎり、真犯人は取調べでつきはじめた嘘を裁判でも維持するほかない。

では、全員が無実の共同被告人たちのばあいはどうであろうか。互いに別々に行われた取調べの場で、取調官の誘導のままに共犯被疑者たちの名をあげ、それを犯行筋書に組み込まざるをえなくなる。そうして嘘の自白を完成させないかぎりは、厳しい追及をしのげなかったのである。しかし法廷の場に出て、お互い顔を合わせたうえで、なお平然と嘘をつけるであろうか。いや、その場に及んでなお嘘をつきつづけなければならない理由があるだろうか。真犯人の被告のばあいは嘘をつきつづけねばならない明確な動機があった。しかし無実の被告たちには法廷に出てなお自分に罪をかぶせつづける必要はないし、ましてや自白の嘘を当然にして知っている共犯被告人を前にしてどうして露骨な嘘をつきつづける気持ちになれようか。

嘘というものは、その嘘を嘘と知らない者に向けてつくものである。真犯人が知人、友人を巻き込んだ嘘をつくのは、それを嘘と知らない取調官に対してであり、また裁判官に対してである。もちろん彼は巻き込んだ相手が無実だということを知っているが、自分を守るためにはこれをおくびにも出さない。彼にとって巻き込んだ相手は犠牲者にすぎない。だからこそのうのうと嘘がつけるのである。

無実の被疑者・被告人のばあいも、取調べ段階では嘘を嘘と知らない（いやそれどころか嘘を本当と思い込んだ）取調官に向けてつく。しかし、その段階での嘘の動機は、通常公判段階では失せている。裁判の場にまで取調官との関係をひきずりつづけているケースは別として、一般に無実の人間が裁判官に嘘をつく理由はない。裁判の場ではもはや共同被告人たちを巻き込まねばならない理由もない。とすれば、その嘘を嘘と知った彼らの前で嘘をつきつづけるなどという破廉恥がどうしてできるであろうか。この点が単独犯行で訴えられた無実の被疑者とは決定的に異なる特異点である。

図33—b

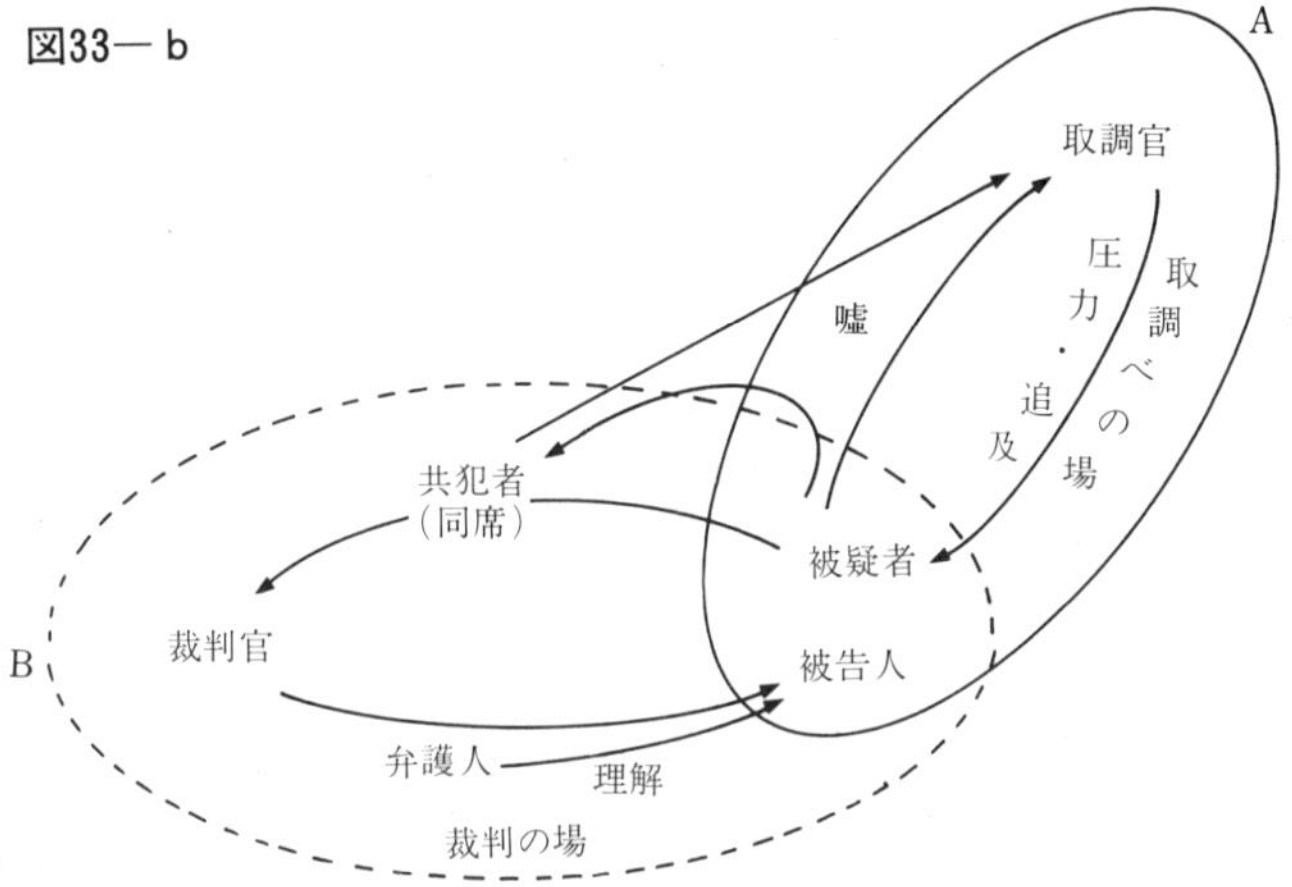

青梅事件の自白組四人のうち、第一審のあいだ自白を通した二人の被告人のばあいは、検事からの監視を受け、自白撤回すると保釈が取消されるかもしれないとの恐れをはねのけることができなかった。それゆえ、否認組の分離公判では、自分たちの嘘を嘘と知った共同被告人の前で嘘をつき通さねばならなかった。この葛藤の苦しさは相当なものだったはずである。しかし前項でみたように、彼らも結局、控訴して第二審では自白を撤回することによってこの葛藤を越えることになる。

土田・日石事件のEもまた、取調官の前での自白を仕上げてしまったあと、共同被告の友人たちの前で嘘をつかねばならない場面の来ることをひどく恐れていた。彼らの事件でも分離裁判が行われていて、友人の公判で証人に立つ可能性もあったのである。彼はこう書いている。(27)

（検事は）また何度も「Eは他の者の証人になってもちゃんと調書の通りに証言する事ができるな？　その点は、大丈夫だな？　他の者の証人に立った時に変な事言うと裁判官に君の人間性についても疑われることになるぞ。大丈夫だな」と念を押した。ところがこの点僕には一番自信がなかったのだ。僕はもう彼らの暗示にかかって公判でも認めてしまうつもりだったので、たとえ事実ではなくても自分の公判はそんなに恐れてはいなかった。しかし他人の証人になるのはいやだった。特に否認している者の証人になるのはつらいことだと思った。

自分の嘘を嘘と知り、しかも否認している友人たちを眼前に嘘を言いつづけるつらさを思い描いて、そうした場面のこないことをEは祈った。幸い彼のばあい、第一回公判前に、父からの手紙ではっきりと自白撤回の意志をかためることができた（後述）。その結果、青梅事件の自白組被告二人のような葛藤を味わわずともすんだのである。

もう一つだけ例をあげよう。松川事件の一ヵ月前、国電中央線の三鷹駅で、七輛連結電車が暴走、車止めを突破して脱線転覆、付近にいた五人が轢死ないし圧死するという事件が起った[28]。松川事件と同様、これも共産党員の陰謀によるものとして、共産党員一〇名が逮捕され、一部被疑者の自白にもとづいて、まさに「全く実体のない空中楼閣」（第一審判決）と言うべき犯行筋書を作りあげてしまう。その虚偽自白の中心をになったのがIであった。

Iは、事件の前月に馘首され、組合から支給されるわずかな金で、妻と子ども二人とのかつかつの生活を送っていた。そしてその組合からの金もとだえ、家には金も食糧もまったくないという困窮のなか、田舎の母からは東京から引きあげて農業を手伝ってくれとの催促を受けて考えあぐねていた。その矢先にこの事件で逮捕されたのである。逮捕された彼にとっては、家に残された妻が二人の子どもをかかえてどうやっているのか不安でならなかった。そのうえ一度は田舎へ引きあげることを決意して党細胞に脱党届を出しており、その点での気持ちも揺れていた。この不安と動揺を検事から突かれて、彼はあえなく自白に落ちた。のみならず、検事の誘導のままに同志たちをも虚偽自白のなかに巻き込んでいくことになる。Iのなかには、なんとかこの難を逃れて、自分一人でも釈放され、脱党して田舎で妻子とともに生活をやりなおしたいという思いが募っていた。それが彼の虚偽自白の動機であったことは間違いない。第一審判決は、彼の自白が「全然事実に反する虚構」であることを指摘したうえで、Iのこの虚偽自白を強く非難している。(29)

Iは、自分の供述によって他の同志がことによれば死刑又は無期懲役に処せられるようになるかもしれないというようなことを顧みるいとまもなく、ただ他人がどうなろうと自分だけ一日も早く釈放されればよいとのみ考えて、検事に迎合して右のような虚構の供述をしたのであると、当公判廷において述べているが、これは自分の利益にさえなれば、他人はどんな迷惑を受けてもかまわぬという、実に驚くべき利己的態度であるといわなければならない。

無罪判決のなかで当の無実の被告をここまで非難する裁判官の心情には、取調べの場におかれた無実者の精神状況への洞察がいささか欠如しているのではないかとも思える。非難すべきは、こうした精神状況に追いやった取調官の方であるはずである。その点は論題からはずれるのでおくとして、Iが取調べの場で「利己的」感情に囚われたことはまちがいない。それは別に彼に限ったことではあるまい。誰しも彼と同様の状況におかれたならば、どこまで利己心を脱していられるかあやしい。取調べの場でひたすら取調官に向き合う位置におかれ、嘘を強いられる。そのとき嘘の筋書に巻き込んだ同志たちにいかなる運命がおそうことになるのか、いや自分自身がこれによってどうなるかさえ正確にはつかめない。そうしたなかで、嘘のなかにのめり込んでいくのである。それを責められるのは本人自身以外にない。

実際、Iも同志たちのいない取調べの場では取調官に向けて、嘘を言うことができたが、いよいよ虚構の筋書が出来上がって起訴され、この嘘を法廷で述べなければならない場面になったとき、彼にはとてもそうするだけの勇気がもてなかった。「驚くべき利己的態度」をとって嘘の自白をしたのだとしても、その態度を法廷でも貫いて、もっぱら「利己」に邁進するほど「利己的」ではありえなかった。嘘で共犯者をデッチ上げる真犯人とは違うのである。

彼は公判前から第一回公判にかけての心境を次のように語っている。(30)

公判が近づくにつれて私がいったことにたいしてメシが食えません。差入れもくるけどもほとんど捨てちゃった。第一回公判はどっちにしようか、このまま虚偽の陳述をしていけば助かるけれども、良心がとがめると考えた。エイほおかむりしようかと考えた。しかしそうしておったところで良心がとがめる、それで第一回公判を迎えたわけです。第一回公判を迎えて真実の同志の話をきいて、真実は強いと思って私は男泣きに泣きました。それは今までの私の陥し入れられてきたこの憤り、口惜しさ、私のこの信念の弱さ、その点がこうじて泣きました。

そして第三回公判、いよいよ彼が語らねばならない場面がやってきたとき、冒頭で彼はこう語り出す。(31)

私はその前に一言、自分の歌をよみたいと思います。

いつの世も白は白なり黒は黒

されど力は　白を黒にし

すなわちこんどの三鷹事件のこれが真相であります。私は真実にたいする良心の呵責から何ゆえ虚偽の道を歩まされてきたかということを率直に申上げます。

取調べの場で取調官に向けて嘘はつけても、否認して無実を主張する同志たち、そして彼の嘘を嘘だと明確に知っている同志たちの前で嘘をつきつづけることはできない。

共犯事件においては取調べ段階で、取調官を媒介に、共犯被疑者を組み込んだ虚偽の自白筋書ができたとしても、これを共同被告人の同席する法廷で維持・貫徹することはきわめて難しい。換言すれば、取調官との間に成立した自白的関係も、その虚偽性を明確に知っている第三者（共同被告人）の前では、塩をかけられたナメクジのように萎えてしまうものなのである。

自分はやっていないという真実を、自分だけでなく共同被告人が知っているということ、また自分がやったという嘘を、自分だけでなく共同被告人も嘘だと知っているということ、その言わば認識の共同性の上で、おたがいをあざむきたくないという信義の関係が成り立つとき、もはや虚偽の自白的関係が生き続ける余地はない。

4 「意味ある人々」との信頼関係への移行

最後にとりあげなければならないのが、被疑者・被告人を心理的に支える「意味ある人々」の信頼を得るという要因である。

無実の者が自白へと落ちていくのは、自分が生きてきたそれまでの生活世界から遮断され、取調官たちと向き合う関係を強いられ、誰一人として信じてくれる者がいないなかでのことである。その圧倒的な孤立無援の意識に襲われて、「やった」と言う以外にないとの諦念に陥るのである。その過程で弁護人がなんとか風穴を開け、外の空気を注ぎ込むことができれば、虚偽自白を押しとどめることも不可能ではない。しかし連日連夜の取調べに対して数日おきに一回一五〜三〇分程度の接見しか望めない状況のなかでは、たとえかすかな風穴を開けることに成功しても、次の取調べでまたその穴が簡単に塞がれてしまう。

そのようにして強引に外界から遮断され、閉じ込められた閉鎖空間のなかで取調官との自白的関係が成立したのだとすれば、この自白的関係の崩壊の最大条件は被疑者・被告人の意識が再び外界に向けて開かれることであろう。とりわけ逮捕以前の生活世界のなかで彼らにとって意味ある重要な位置をになった人々に向けて、再びコミュニケーションルートが開かれれば、ちょうどしぼんだボールに空気が注入されたときのように、彼らの意識も膨れ原型に復して、歪んだ自白的関係はもはや維持できなくなる。

ただ、そうした機会が、取調べ段階で訪れることはまずない。自白が固まって起訴されてのちでもまだ身柄が代用監獄に囚われている間は難しい。一般的には起訴後拘置所に移監されて弁護人をはじめ身内の人や友人、知人の面会や通信がかなり自由になってはじめて外の空気が少しずつ流れ込むようになる。そうして嘘を生み出し嘘を維持してきた閉鎖空間に、外からの情報が自由に流入しはじめたとき、嘘はその存在基盤を奪われる。

これまでしばしば引いてきた土田・日石事件のEの手記をここで引用する。それはまた、これまでの多量の引用のしめくくりともなる。

Eにとって自白撤回の決定的なきっかけになったのは父親の手紙であったという。彼はその手紙を引いて、自白撤回を決意した経緯を次のように書いている[32]。

僕にとっては、絶対に忘れることのできないのは父の存在だった。

僕がウソの自白を認めさせられ、起訴された時、いったい自分自身に何が起こっているのかの判断もできない程の状態にまで追いこまれていた僕に、初公判で罪状をすべて否認し、真実を訴える勇気を与えてくれたのは、父の手紙であった。それは次のような内容のものだった。

Eへ

公判日前に父親としてどうしても言っておきたいことがある。

一、今度の事件に、お前が本当に加わっているのか。また事件全体が「Mグループ」の犯行なのか。家族一同と、S自動車（Eの勤め先）の社長一家は強い疑いを持っている。警察の取り調べは苛酷を極めたであろうから、心ならずも誘導された通りに自白したのではないか（例　弁当箱の件、母は絶対にそのような事実はないと言っている）。

一、もしその通り「ウソの自白をしていて、今になって自白を覆がえすと、大変なことになる」と思っているのではないか、「刑も軽いらしいから、この際はあきらめて検事や刑事の言う通りにして、早く刑を済ませてこよう」などと思っていたら大間違いである。刑は決して軽くないし、今後もMやHの公判に証人として出廷してウソを言いつづければ、友人のためにお前は裏切りを続けることになる。

一、Mは公判、第一日に犯罪事実を否認した。警察は、このことから、続いてお前も否認するのではないかと大変気にしている。

一、お前は、勇気を出して、本当のことを述べよ。警察が何とお前に言おうと、またその後で、どんなに石崎さんたちに扱われようと一切、気にしてはいけない。

一、父母もおばあちゃんも、またFさん（S自動車の社長）も、お前が事実を言ったとして、そのためにいくら費用がかかろうと、年月がかかろうと、徹底的にお前を守り続ける決意をした。（昨夜の相談で）

一、一時の安易な気持を捨てて、真実に立ち向う勇気を持て。過去に父としてこのような強い言葉を言ったことはなかったが、今度だけは一生一度のことだから強く、強く言う。

一、決して、「犯罪をやったのに、やらないと言え」と言っているのではない。そんなことを一時逃れに言ったら後が大変なことになろう。しかし、やっていないのなら、絶対にそのことを法廷で述べなければならぬ。

一、以上は昨夜、F社長と相談してきめたことであり、従って社長の意思でもある。

一、詳しくは中村先生から聞くように。最後にくりかえして言う。「今後どんな辛いことが予想されようと、真実を言う勇気を持て」と。

七月三日　　　　父　金吾

追記　Hは決して自白していないし、Y子は完全黙秘をつづけている。

この短い手紙は、僕が逮捕されてからの一一〇日にものぼる警察・検察の取り調べの中でかけられた呪縛を一瞬のうちに解きほぐしてくれるだけの力をもっていた。僕は父のこの言葉に励まされて、公判の場では真実のみを訴えようと、強く心に誓ったのだ。

（なお、「弁当箱の件」というのは、自白調書の上では爆弾材料のひとつである弁当箱は、当時私の母が営んでいた雑貨店からもらってきたことにされていることを指している。「石崎さん」とは警察での僕の取調べ主任刑事)。

ここにもはや贅言の余地はない。やむなく強制されてきた取調官との自白的関係に対して、父のこの手紙は修復不可能な風穴を開けたのである。ここまで徹底した父の息子への信頼の前では、取調官が脅して積み上げてきた嘘の自白など、脆くも崩れさる以外になかろう。しかし考えてみれば、これだけの信頼関係がありながら、取調官に囲われた代用監獄はその関係の一切を断って、完全な情報操作によって被疑者・被告人を操作してきた。その恐ろしさに警察も検察も気づかないのであろうか。

人はふだんさして意識しないまま、お互いの暗黙の信頼のなかで生きている。もちろん互いに小さな嘘をつくことはある。しかしその嘘さえも日常的な信頼関係のうえにあるからこそ、さしたる破綻を招くことなく、やがて忘れられていく。しかしこの日常の生活世界から突然引き出されて、取調べの閉鎖空間に引き入れられたとき、そこで生み出される嘘はきわめて危険なものとなる。完全な情報操作の下で日常の生活世界とのフィードバックの経路をもたないがゆえに、どれほど荒唐無稽な嘘でも成り立ち、しかもそれが単なる夢物語ではなく、被疑者・被告人の人生そのもの、そして周囲の共同被疑者・被告人の人生そのものを大きく左右する。

なるほど外界との関係を断ち、情報の流れをコントロールすることで真の犯人から真の自白を引き出す効率的な手立てを講ずることができるかもしれない。しかしそのような取調べ環境が虚偽自白製造の効率的手立てでもあることは、本書で縷々述べてきたところからすでに十分に明らかであろう。そしていったん生み出された自白は、ただそれが自白であるというだけで、人々を呪縛する魔力を発揮する。Eのように公判直前になって、父の信頼の言葉で自白の魔力を解かれ、自白を撤回できたとしても、いったん言ってしまった自白が消えてしまうわけではない。それはあいかわらず検察官に向けて、そして裁判官に向けて呪力を及ぼしつづける。土田・日石事件のばあい、自白の任意性が否定されて証拠から排除されたがために、まだしも救われた。しかし、それでもこの事件をめぐって一一人の若者が十数年ものあいだ引きずり廻されたのである。

Eのように父の手紙によって劇的に、断固たる自白撤回がなされる例に加えて、これとは対照的な一例として野田事件のAの自白撤回の例を最後にあげておこう。これもまた、別の意味で被告人にとって「意味ある人物」が自白撤回にかかわっている。

Aが自白したについては、取調官たちが彼の知的ハンディに乗じたという側面を無視できない。彼を犯人と決めつけた取調官たちは彼の弁明を正面からとりあげることなく、彼の言葉をひたすら犯行の流れのなかに読み込んで行き、結局彼は「どうして俺が犯人になっちゃったのかなあ」と嘆息し、「犯人でも何でもいい」と開き直って、自白へと転じた。自白へと転回したのちも、自ら犯行の筋書を語れないまま、彼は突きつけられた犯行各要素を突きつけられたまま認めていく。そうして取調官の誘導にもとづいて犯行各要素をつなぎ、それなりのストーリーが出来たのちも、その矛盾を直すべくストーリーが組み換えられた。自白がはじまって二週間後、当初の自白調書からみると格段に完成度の高い自白が出来上がる。しかし、六八頁に及ぶ見事な書き下ろしのこの自白調書には、彼の知恵遅れという障害はいささかもうかがえない。それだけでも十分に嘘であるうえに、そこに至るまでの自白調書の変遷や矛盾、また録音テープに収録された数々の誘導の痕を素直に見るかぎり、彼の自白はおよそ真犯人の自白とは言えないシロモノである。にもかかわらず「IQ三六」の知恵遅れであることを勘案すれば、これくらいの変遷、矛盾は許されるし、取調官の誘導もやむをえないかのように、検察からは主張され、裁判官もこれに乗っかって有罪判決を下した。Aの自白へのこうした評価がいかに歪曲的で不当なものであるかについては別著(33)を参照していただくことにして、ここでは彼が法廷で行なった奇妙な自白撤回について触れておきたい。

被告人が重い知的障害をもつということでそもそも訴訟が可能であるかどうかについて検察・弁護双方から鑑定がなされたということもあって、起訴状にもとづく罪状認否が行なわれたときにはすでに事件から一年半の月日がたっていた。彼は裁判官に問われるままに曖昧な応答をくりかえすのみで、積極的に否認するにはいたらなかった。そして検察官からの本人質問が行われたのは、それからさらに一年余り後のことであった。

この日の公判で彼は検察官の問いにそれなりに応答するのだが、事件の話に入るところから行きづまってしまう。被害者の女の子のことも、行方不明になったことを「有線放送で聞いた」と言うのみで、会ったことはないという。会ってないかぎり犯行の話にはならない。といって彼には、犯行を否認して無実を主張しようとの様子はうかがわれない。検察官も困惑して、あの手この手の誘導尋問、重複尋問を行ったすえに、女の子を古い井戸に連れていったのは「僕」だと認めさせてようやく犯行筋書への突破口が開かれる。そうしたなんとも奇妙な展開によって、苦心の誘導尋問に彼がどうにか乗るかたちで、犯行のおおよその輪郭が自白される。自白とは言っても、彼自身が語った言葉をつないだだけでは犯行筋書は浮かび上ってこない。検察官の尋問の言葉を間に補い、好意的に読んではじめて、それなりの（といってもきわめて曖昧で、切れ切れの）筋書が読みとれるといったていのものなのである。しかしともあれAは、そこまでのところで一度も否認の言葉を吐くことがなかった。

ところが、検察官が苦心のすえに一通り必要な犯行要素を確認させてからのことである。検察官は通例にならってAに改悛の情を求めた。そのとき、思いがけなく彼の口から否認の言葉が洩れ出たのである。その場面の検察官とAとのやりとりを、尋問調書からそのまま引用する[34]。ここで「玉子屋の女の子」と呼ばれているのが、わいせつ行為のすえ殺された被害者のことである。

Aは、死んじまった玉子屋の女の子のことを今は、どう思っていますか。

（小声で）かわいそうに思う。

「かわいそう」と思う外に、何か思っていることがありますか。

——（右手を額に当てうつむく）。

玉子屋の女の子にはお父さんもお母さんもいることをAは知っていますか。

はい。

Aに、おばあちゃんが居るのと同じように、玉子屋の女の子にも父ちゃん、母ちゃんが居るのだが、それについて何か気持はありませんか。

——本当は僕、殺したんじゃあねえもの。本当は。話せば。

（裁判長）「本当は僕、殺したんじゃない」というのですか。

うん。本当は。

これには検察官も驚いたし、裁判官もそして弁護人も不意をつかれて唖然とするばかりであった。三者ともこの被告人の否認をこれ以上追及せぬまま、この日の尋問は終っている。つまり三者のうちだれも彼のこの突然の自白撤回を真に受けなかったのである。しかしこれこそAの真実の言葉であった。

不思議なのは、この場面の直前まで検察官が問うがままに自白的に答えていた彼が、ここのところでまったく突然に否認したという点である。おまけに次回公判で検察官が本人質問を継続したさいには、まるで何事もなかったかのように、自白的応答を続けたのである。これはいったいどう理解すればよいのか。この奇妙な自白撤回を理解するヒントは、彼自身のその前後の言動のなかに見出すことができる。

一つは、彼のなかには無実を主張したいという切実な思いがほとんど見られないという点である。たいていの人は他者から犯罪者として疑われることに大きな抵抗をもつし、ましてその容疑で捕えられ身柄を拘束されていれば、一日でも早く自由の身になりたいとねがう。ところがAのばあい、自分が犯人と思われていることについて、自分の内なる真実と違うという意味で「どうして俺が犯人になっちゃったのかな」と嘆きはするが、世間に向けて自らの潔白を証したいという強い欲求はない。それに拘置所に身柄を拘束されていることについても、彼は弁護人に「ここは良い所だ。いてもいいと言うなら、ずっといてえなあ」などと言う。知恵遅れの障害者として地域で疎外され、ほとんど母と二人の生活を強いられてきた彼からすれば、不断に身のまわりに人がいて、何かと声をかけられ、やりとりしてくれる拘置所は、「一日でも早く逃れたい」場所などではなく、かえって「ずっといてえ」場所とすら思えたのである。してみると彼には、法廷で積極的に無実を主張しなければならない理由はないことになる。

二つ目のヒントは、彼が「犯人になっちゃった」という点である。逮捕当初は、自己の真実と合致しない自白を強要されて抵抗はした。しかし「どうして俺が犯人になっちゃったのかな」と慨嘆しつつも結局「犯人になる」以外に道は残されていなかったのである。自白に転じて以降、二週間の間、連日犯行筋書を詰められて、犯行のおおよそは呑み込んだ。そののち精神鑑定の医者からも「犯人になっちゃったか」どうかを確かめられ、法廷では裁判長から罪状認否でおなじことを確認された。彼は自白に転じて以降、周囲の人々から事件のことを聞かれては自白的応答をすることを、ひとつのパタンとして自分のなかに刻み込んできたのである。彼は法廷で弁護人から「Aの商売は何か」ときかれて、「やっちゃったの商売」と答える。つまり、留置場や拘置所に生活しつつ、取調室や法廷に出て人から事件のことをきかれれば「やっちゃった」と答えるのが自分の仕事なのだと心得ていたのである。(35)

こうしてみれば検察官からの本人質問において、事件のことをひさびさにきかれたとき、とまどいつつもやがて「やっちゃった」犯行を認める応答をしていったことも十分に了解できる。それは心底彼自身の体験記憶に照らして答えたものではなく、「やっちゃった」という演技の空間に身をおいて、かつて自分のなかに刻み込まれた犯行筋書の知識を、思い出すかぎりで、尋問者の誘導のままに紡ぎ出しているにすぎなかった。彼は犯行筋書をただ「演技」として、あるいは「知識」として頭に刻んでいた。言いかえれば、Aは生身で体験した現実空間から離れて、演技空間ないし知識空間に浮遊していたにすぎない。

この二つのヒントをもとにして、先の突然の自白撤回のやりとりに戻ってみよう。彼は自分のなかに刻印した犯行筋書を、「やっちゃった」の演技空間のなかで答えてきた。そして、死んでしまった女の子のことを「今はどう思っていますか」と改悛の言葉を求められて「かわいそうに思う」というところまで答えた。ところが検察官は「かわいそう」というおざなりな答えでは満足しなかった。前節の「詫び文句」の項で見たように（六三七頁）、犯行に対してしっかりと詫び、謝罪させることで自白を真実のものとして印象づけるというのが、検察官の被告人質問の常套なのである。せめてそこでも引いたように、「お墓に連れて行ってもらって線香をあげたい」というくらいのことは言わせたかったのであろう。そこでAの実感に訴えるべく検察官は「Aに、おばあちゃんが居るのと同じように、玉子屋の女の子にも父ちゃん、母ちゃんが居るのだが……」と問う。「おばあちゃん」というのはAが生まれて以来三一年間、ほとんど離れることなく暮らしてきた彼自身の母親のことである。検察官はAにとっての母親を引き合いに出して、被害者の両親の悲しみを説こうとしたのである。

しかし、母親のことを引き合いに出されたことでAは、一気に現実空間に舞い戻ってしまう。彼の現実空間と接点をもたない架空の犯行筋書を演技空間のなかで演じるかぎりでは、彼は自白的応答を葛藤なくくり返すこともできた。しかし彼の現実空間で最大の要をなす母親がそこに引き出されたとき、彼はもはや演技空間のなかで語るべき言葉を持たなかった。そこで思わず彼の口をついて出た言葉が「ほんとうは僕、殺したんじゃねえもの」であった。あえて自分の方が無実を主張することのないAが、まさに思わず知らず自らの真実を洩らしたのが、この言葉だったのである。

このAの否認は、さきのEの否認とずいぶん異なってはいる。しかし、いずれも自白的関係のなかで作り上げられた演技を法廷で演じるしかないと思っていたところへ、Aのばあいは母の存在が、Eのばあいは父の存在が入り込むことで、演技の舞台から下りることになったという点では共通である。ただEのばあい、かたい決意をもって舞台を下り、二度と再び舞台に上がることはなかったのに対して、Aは思わず舞台を下りたものの、これを見た誰もが啞然としただけで真に受けなかったため、次には再び同じ舞台のうえに上がって「やっちゃったの商売」を演じつづけた。彼が最終的に自白撤回したのは、第一審も事実審理を終えて、あとは判決だけという時点であった。そのときすでに事件から七年もたっていた。母親はすでになく、残された唯一のきょうだいである姉から「ほんとうのことを言って」と強く説得されたのがきっかけであった。

Aの自白撤回は、他に例のないきわめて特殊なものである。しかし特殊ではあっても例外ではない。いやかえって、特殊であるがゆえに虚偽自白の何たるかがより極端なかたちではっきりと現われているとも言える。たいていの人は、逮捕以前の自分の過去の現実、また逮捕中にも獄の外で自分の家族、友人、知人が送っているであろう現実、釈放されれば自分が帰っていくであろう将来の現実に向けて、過度なほどに思いをめぐらす。言葉の上では取調官に対して嘘の自白を語りつづけても、それがまったくかりそめのものにすぎぬことを痛いほど知っているし、折りあらばなんとか自分の本当の現実世界に立ち戻ることをつねに願っている。ところがAのばあい、逮捕直後には自分の過去の現実からもぎ離されることに強く抵抗したが、いったん「犯人になっちゃった」あとは、戻るべき現実への緊張を失い、周囲（警察、検察）からの期待のままに「やっちゃったの商売」を演じつづけた。そこに現実空間からほとんど完全に分離した純粋な「演技空間」が出来上がる。Aにとって現実空間の最大の要石であった「母親」が持ち出されなければ、演技は演技と知られぬまま、彼の現実行為として演じつづけられたはずである。

こうしてみると、Aの自白ほど、虚偽自白の演技性を見事に表わすものはない。現実空間から切り離された取調べの場のなかで、取調官の思い込みに発して、その思い込みどおりに被疑者が犯人になり、犯人を演じる演技空間ができあがる、そしてその演技空間は被疑者・被告人が単独に担うものではなく、その背後に取調官との強いられた共同性があって、これが演技空間を支えている——これこそが虚偽自白という名の悲しい嘘の実態なのである。この嘘が撤回されるのは演技空間に外の現実の空気を送り込む風穴が開いたときである。そのときはじめて、ふくらんだ演技空間はしぼみ、被疑者・被告人はあらためて自らの現実空間に身を据えなおすことができる。自白撤回とは、取調べによって強いられた共同性から、あらたに自分本来の共同世界に立ち戻ることにほかならない。

個々の具体的な事件で無実の人が自白を撤回していく様は、じつのところ個々にそれぞれである。もはや膨大すぎるほどの紙幅をついやしたいま、これ以上事例をあげて説くことは許されない。しかし、この「悲しい嘘」が演じ終えられ、無実の人がやっと犯人演技の舞台から下りるのを見るとき、長い長い時間をかけ、架空の空間にありえぬはずの筋書が描かれ、ときに共犯被疑者を巻き込んでくり広げられていく、そのえんえんたる様に気押されそうな気分におそわれる。しかし、嘘はほんらい脆いものである。強固な思い込みで塗り固められた自白は、その自白を生み出した思い込みの輪（共同性）を離脱したところで、崩れ去る。

ところが実際には、この嘘が見破られることのないまま、数年、十数年、いや数十年にわたって無実の者が理不尽にも獄に縛りつづけられ、死刑台に怯えるという現実がある。取調官が自ら生み出して、自ら囚われてしまった思い込みの輪に、裁判官たちもまた囚われる。この不幸にして残忍な構図が、いまだ解消された気配はない。

おわりに

本書で長々と語り尽してきたあげく、私たちの前で明らかにされてきた事実は、ほんとうのところさして難しいことではない。いや、それはごく単純な人間の事実だと言ってもよい。一言でまとめれば、人は個として生きるのではなく、共同的に生きるものだ、と言うことになろうか。人の真実は、人に支えられてはじめて真実である。自分の真実を真実として受けとめ共同の生活世界を作り上げていく共同空間のなかでこそ、真実は真実でありうる。しかし、その共同空間から一人引き離されて、別の空間で「おまえが犯人だ」と思い込まれ、「おまえ以外に犯人はいない」と言い立てられたとき、人はそこで作られた取調べという名の強いられた共同空間の力に、どこまで抵抗できるだろうか。

人は自分に有利な嘘はついても、自分に不利な嘘をつくことはないと思われている。広義にとれば、これは間違ってはいない。しかし、そこに言う「自分」というものが純粋な個としてあるのではなく、あくまで共同性に支えられた形でしかありえぬものであることを私たちは肝に銘じておかねばならない。従来論じられてきた自白論は、このもっとも基本的なレベルでの認識を欠いていなかったか。自白とは、被疑者・被告人単独の思考の表現ではなく、被疑者・被告人と取調官との関係の所産であること、そしてその関係は対等な二者関係ではなく、権力を背後にもった非対等関係であること、この自明の事実に思いを致すだけで、虚偽自白の悲しい嘘の謎の過半は解明される。

個は共同の支えなしには弱いものである。その個の弱さを知ることなく人を裁くことのこわさを、私たちは多くの冤罪事例に見る。冤罪克服の道は、個に強くなれと諭すことではない。個の弱さを知ったうえで、この弱さを巻き込むことのない刑事手続き、裁判手続きのあらたな形を模索すること、そこにしか悲しい嘘を断ち、冤罪を絶滅する方途はないのではなかろうか。

道はまだ遠い。しかし、ともあれ本書で試みた虚偽自白論が、その道の一歩となることを願わずにはおれない。

注

序

(1) 免田栄『免田栄獄中記』社会思想社、一九八四年、一八—一九頁。

(2) 同書、三一五頁。

(3) 「日弁連第二四回人権擁護大会・シンポジウム基調報告書」一九八一年、九四—九九頁。なおこの日弁連アンケートは二次にわたって行われている。第一次アンケートは全国の弁護士一一、六八七名全員を対象に調査書を送付し、そのうち六八三名から一二七〇件の誤判、誤起訴の報告を得た。第二次アンケートは第一次で回答を得た六八三名に再度、より詳細な調査項目を含めて行ったもので、回答者は三八〇名であった。本文表1に示したものは、その第二次アンケート調査の結果である。ちなみに第一次アンケートによれば、報告事例一二七〇件のうち、

昭和二〇年代発生事件　一二二件
昭和三〇年代発生事件　一六三件
昭和四〇年代発生事件　四五八件
昭和五〇年代発生事件　四九四件
不明　三三件

となっている。またこの報告事例の判決結果は、

一審無罪確定（一部無罪を含む）　四一五件
上級審での破棄無罪確定　三一三件
再審無罪　七件
有罪確定　四三五件
その他　一〇〇件

(4) 渡部保夫『刑事裁判ものがたり』潮出版社、一九八七年、四二頁。

(5) 日弁連前掲報告書九八頁。

(6) 司法研修所はながらく休刊状態にあった「事実認定教材シリーズ」を最近ひさびさに復刊した。その第一号が『自白の信用性—被告人と犯行との結びつきが争われた実例を中心として—』法曹会、一九九一年である。この書物は虚偽自白問題へのとっかかりとして貴重ではあるが、表面的な整理のレベルにとどまっていて、突っ込んだ組織的究明にはまだほど遠いように思われる。

(7) 舟本馨「被疑者の取調べ」『警察の現在』（法学セミナー増刊　総合特集シリーズ36）、日本評論社、一九八七年、二三三頁。

第一部

第一章

(1) 狭山事件第一審（埼玉地裁）判決のなかの一文。

(2) ベッカリーア『犯罪と刑罰』（風早八十二、風早二葉訳）岩波文庫、一九五九年、六六頁。

(3) 大久保泰甫『ボワソナアド』岩波新書、九九—一〇〇頁。

(4) 日弁連前掲報告書、九八頁。

(5) 美作太郎、藤田親昌、渡辺潔『横浜事件』日本エディタースクール出版部、一九七七年、一二八頁。

(6) 青地晨『冤罪の恐怖』社会思想社（現代教養文庫）、一九七五年、二七六頁。

(7) 正木ひろし『裁判官』(正木ひろし著作集Ⅱ、八海事件、三省堂) 八頁。
(8) 青木英五郎『逃げる裁判官』社会思想社、一九七九年、八〇頁より。
(9) 同書、八〇頁。
(10) 日弁連前掲報告書、九九頁。
(11) 藤崎晙『八海事件―裁判官の弁明』一粒社、一九五六年、二二―二三頁。
(12) 上田誠吉、後藤昌次郎『誤まった裁判』岩波新書、一九六〇年。一七頁。
(13) 同書、一頁。
(14) 同書、二五―五一頁。清瀬一郎『拷問捜査』日本評論新社、一九五九年。
(15) 青地晨前掲書、一三二―一七一頁。白砂巌『雪冤島田事件』社会評論社、一九八七年。伊佐千尋『島田事件』潮出版社、一九八九年。日本臨床心理学会編『裁判と心理学』現代書館、一九九〇年。
(16) 青地晨前掲書、四六―一〇五頁。正木ひろし『正木ひろし著作集 第三巻』三省堂、一九八三年。
(17) 浜田寿美男『ほんとうは僕、殺したんじゃねえもの』筑摩書房、一九九一年。日本臨床心理学会前掲書。
(18) 浜田寿美男『証言台の子どもたち』日本評論社、一九八六年。浜田寿美男「精神鑑定の危うさ」『児童青年精神医学とその近接領域』第二巻三号、一九八六年、一四一―一五一頁。
(19) 日本臨床心理学会前掲書、八九頁。
(20) 前坂俊之『冤罪と誤判』田畑書店、一九八二年、九〇―九三頁。
(21) 松下竜一『記憶の闇』河出書房新社、一九八五年。
(22) 青地晨前掲書、七三頁。
(23) 浜田寿美男(一九九一年)前掲書、一二九―二六三頁。
(24) 庭山正一郎「供述の任意性の機能と科学的検討」(土田・日石事件、弁護人意見陳述)一九七五年。庭山正一郎「自白と長期裁判」『自由と正義』一九八一年五号、四四―五四頁。
(25) 東京三弁護士会合同代用監獄調査委員会編『ぬれぎぬ』青峰社、一九八四年、二二三―二二四頁。
(26) 同書、二二四頁。
(27) 小木貞孝「拘禁状況の精神病理」井村ほか編『異常心理学講座第Ⅴ巻』みすず書房、一九六五年。福島章『犯罪心理学研究Ⅱ』金剛出版、一九八四年。
(28) 庭山正一郎(一九八一年)前掲論文、四五頁。
(29) 加賀乙彦、後藤昌次郎「冤罪を生む構造」『法学セミナー増刊、日本の冤罪』日本評論社、一九八三年、二〇頁。
(30) 東京三弁護士会合同代用監獄調査委員会編前掲書、二二五頁。
(31) 松下竜一前掲書、一一二頁。
(32) 一九五五年八月、東京の中華青年会館で起こった殺人放火事件で、当会館に住む寮生が警察の事情聴取を受けて、その日のうちに自白したという事例がある。この寮生は事件のあった時刻の四時間前に実家の長崎に向けて帰省のため出発していた。そうしたアリバイがあったため当初警察も疑ってはいなかったのだが、事件から二ヵ月後帰省先から戻ったとき警察からの呼び出しを受けて、彼はその場で自白することになる。警察はこの自白によって、彼を逮捕し、そののち四時間のアリバイ時間差を埋める奇妙な犯行筋書を自白させている。しかし、この自白の内容が犯行現場や死体の様子といろいろ矛盾する。ところが自白しているさなか、弁護士が接見して問い質したところ、「彼は放心したようなうつろな目をしながら、私はどうもやったような気がする、というようなことを言った」という。実を言うと、彼は原爆症の後遺症で記憶機能の障害があって、非暗示性が異常に昂進していたのである。この事例は結局無罪で確定するが、それにしても、殺人などという重罪事件でこのように誤って自分の犯行ではないかと思ってしまうのは、ほかにほとんど例がないのではなかろうか。ただ、それでも弁護人に対して「私はどうもやったような気がする」というかたちで答えたところを見ると、彼も自分がやったとまで完全に思い込んだわけではない。むしろ「やったような気がする」という表現自身、やっていなかったことの表白と解すべきであったろう。この事件については上田誠吉『裁判と民主主義』大月書店、一九七九年、四二―五〇頁。

(33) フランクル『夜と霧』(フランクル著作集I)みすず書房、一九七一年、九九頁。

第二章

(1) 綱川政雄『被疑者の取調技術』立花書房、一九七七年、一一九頁。

(2) ペータース『誤判の研究』(能勢弘之、吉田敏雄編訳)北海道大学図書刊行会、一九八一年、二頁。この本は一九五一年から一九六四年のあいだに行われた再審事例一一四五件を調査対象に、その誤判原因を整理分析したものである。その冒頭にあげられたのが、尋問、取調べの圧力によって虚偽自白がなされ、これが原因で誤判が生じた一一例である。ペータースはそのほかにも、心理的衝撃や恐怖、不安など感情的要因による虚偽自白(一一例)、無罪を得る見込みがないとの諦めによる虚偽自白(一〇例)などをあげているが、広い意味で言えばこれらの虚偽自白も一定の取調べ圧力を背景にしていると言ってさしつかえない。

(3) 原田明夫「被疑者の取調べ」三井誠ら編『刑事手続上巻』筑摩書房、一九八八年、一七七―一七九頁。

(4) 朝日新聞一九九一年七月一七日朝刊「密室の人権5」より。

(5) 江川紹子『冤罪の構図』社会思想社、一九九一年、八九―一一五頁。佐久間哲夫『恐るべき証人』悠飛社、一九九一年、九―三八頁。「裁く――こうして私は自白した」『放送レポート』一九八八年一一月号、第九五巻、三七―三八頁。

(6) トランケル『証言のなかの真実』(植村秀三訳)金剛出版、一九七六年、二五頁。

(7) ロフタス『目撃者の証言』(西本武彦訳)誠信書房、一九八七年、六二―六三頁。

(8) Leon Eisenberg, "The human nature of human nature" *Science*, 1972, vol. 176, pp. 123-128.

(9) トランケル前掲書、四〇頁。

(10) この事件については一九九一年六月に第一審無罪の判決が出された(検察側が控訴し、なお係争中である)。ただし判決のなかで裁判所は警察官の目撃証言の信用性を否定した一方、後述の部品購入者を目撃したという店員の証言についてはその信用性を認めている。判決のこの認定はおよそ合理的な分析にもとづくものとは言えないが、この点についてはあらためて論じなければならない。

(11) 浜田寿美男『ほんとうは僕、殺したんじゃねえもの』筑摩書房、一九九一年。

(12) トランケル前掲書、一四四頁。

(13) 同書、一四五—一七〇頁。

(14) 浜田寿美男『証言台の子どもたち』日本評論社、一九八六年。

(15) 後にしばしば触れることになる松川事件のA自白(本書五五二—五六〇頁)などは、まったく同種のタテの誘導の典型例である。

(16) 青地晨『冤罪の恐怖』社会思想社、現代教養文庫、二八七—二八九頁。

第二部

第三章

(1) ベッカリーア『犯罪と刑罰』(風早八十二、風早二葉訳)岩波文庫、一九五九年、五九頁の訳注による。

(2) アムネスティ・インターナショナル編『現代の拷問』柘植書房、一九七五年、一五—一九頁。

(3) 同書、四七—四八頁。

(4) 同書、三〇頁。

(5) 同書、四三頁。

(6) 同書、三五頁。

(7) ミルグラム『服従の心理』(岸田秀訳)河田書房新社、一九八〇年。

(8) フロム『破壊』(作田啓一、佐野哲郎訳)紀伊国屋書店、一九七五年、上巻七九—八三頁で、フロムはこの点を正しく指摘している。

(9) ハンナ・アレント『イェルサレムのアイヒマン』(大久保和郎訳)、みすず書房、一九六九年。

(10) ギー・テスタス、ジャン・テスタス『異端審問』(安斎和雄訳)、白水社クセジュ文庫、一九七四年。

(11) 森島恒雄『魔女狩り』岩波新書、一九七〇年、三八—三九頁。

(12) 浜林正夫『魔女の社会史』未来社、一九七八年、二〇—二五頁。これによれば、魔女であること自体が処罰の対象になるのでないのだが、ただその処罰の対象となる魔女的行為については、時代によって変遷があるという。イギリスのばあい、もっとも厳しかった一五四二年法では、魔術を行使すること自体が処罰の対象になり、その内容如何は問われなかったのに対して、その後の一五六三年、一六〇四年の法では、魔術の行使自体ではなく、魔術によってどういう危害を行ったかによって処罰の軽重が決まるというように変わっていった。たとえば一七一二年のある魔女裁判では、ある女性が魔術を使って空を飛んだのを見たとの証言があったが、これに対して裁判官は「空を飛ぶことを禁止する法律はない」として、この女性を無罪にしたという。

(13) 森島恒雄前掲書、七一頁より。
(14) 同書、九四―一三三頁。
(15) 同書、六頁より。
(16) 同書、一二一頁より。
(17) 同書、一一八―一一九頁。
(18) カール・B・レーダーによれば、中世後期の抑圧の強い社会状況のなかで、大衆はその抑圧された衝動を魔女のなかに投影させて、迫害、攻撃を加えたのだという。つまり、自分がやりたくても断念せざるをえなかったことを他人がやったものと考えて、これを嫉妬する気持が魔女狩りの原動力として働いたというわけである。実際、魔女の行為のなかでとりわけ悪魔との淫乱行為が問題とされ、また魔女への拷問自体に性的なサディズムが強くうかがわれるところには、そうした心理メカニズムがあると考えられる。『死刑物語』(西村克彦、保倉和彦訳) 原書房、一九八二年、一五〇―一五六頁。
(19) 森島恒雄前掲書、二頁より。
(20) 同書、一一一頁。
(21) ミシュレ『魔女』(篠田浩一郎訳)、岩波文庫、一九八二年、上巻一五頁。
(22) 安野光雅『わが友、石頭計算機』ダイヤモンド社。野崎昭弘『詭弁論理学』中公新書、一九七六年、三二―四四頁。
(23) フランクル『夜と霧』みすず書房、一九七一年の付録として収録された写真41より。

第四章

(1) アムネスティ・インターナショナル『現代の拷問』柘植書房、一九七五年、四六頁。
(2) アンリ・アレッグ『尋問』(長谷川四郎訳) みすず書房、一九五八年、一九―二一頁。
(3) アルトゥール・ロンドン『自白』(稲田三吉訳) 上下巻、サイマル出版会、一九七二年。
(4) Albert Somit, "Brainwashing", in *International Encyclopedia of the Social Sciences*, 1968. pp. 138-143.
(5) アルトウール・ロンドン前掲書、上巻一四頁。
(6) 同書、上巻一六頁。
(7) 同書、上巻八七頁。
(8) フロム『自由からの逃走』(日高六郎訳) 東京創元社、一九五一年。
(9) アルトゥール・ロンドン前掲書、上巻一六九頁。
(10) P. Zimbardo, "Pathology of imprisonment", *Trans-Action* 1972, vol. 9 (April), pp. 4-8. P. Zimbardo, *Essentials of Psychology and Life*, 10th, ed. Scott, Foresman and Company, 1979.
(11) アルトゥール・ロンドン前掲書、上巻八七頁。
(12) 同書、上巻五一頁。
(13) ベッテルハイム『鍛えられた心』(丸山修吉訳) 法政大学出版会、一九七五年、一二四―一二九頁。
(14) アルトゥール・ロンドン前掲書、下巻四一三頁。
(15) 同書、上巻二七頁。
(16) 同書、上巻二七頁。
(17) 同書、上巻九〇―九一頁。
(18) 同書、上巻九一頁。

(19) 同書、上巻六四頁。
(20) 同書、上巻六五頁。
(21) H・ウェルナー、B・カプラン『シンボルの形成』(鯨岡峻・浜田寿美男訳) ミネルヴァ書房、一九七四年、二頁。
(22) アルトゥール・ロンドン前掲書、上巻五八頁。
(23) 同書、上巻五四—五五頁。
(24) 同書、上巻六三頁。
(25) 同書、上巻六三頁。
(26) 同書、上巻一四〇頁。
(27) 同書、上巻一四二頁。
(28) 同書、上巻一四七頁。
(29) 同書、上巻二一一—二一二頁。
(30) 同書、上巻二一二頁。
(31) 同書、上巻二一四頁。
(32) 同書、上巻二一六頁。
(33) 同書、上巻二一六頁。
(34) 同書、上巻一四三頁。
(35) 森島恒雄『魔女狩り』岩波新書、一九七〇年、四二頁より。
(36) アルトゥール・ロンドン前掲書、上巻二六八頁。
(37) 同書、上巻三三〇—三三一頁。
(38) 同書、上巻三三〇—三三一頁。
(39) 同書、下巻三九一—三九二頁。
(40) 同書、下巻四一四頁。
(41) R・リフトン『思想改造の心理』(小野泰博訳)、誠信書房、一九七九年。
(42) 青地晨『魔の時間』社会思想社、現代教養文庫、一九八〇年。
(43) リフトン前掲書、八一頁。
(44) G・W・オルポート、L・ポストマン『デマの心理学』(南博訳) 岩波現代叢書、一九五二年、四二—四四頁。

第三部

第五章

(1) 椎屋紀芳『自白』風媒社、一九八二年。
(2) 佐伯茂雄『警察官のための心理学教室』日世社、一九八〇年、一〇八頁。
(3) 椎屋紀芳前掲書、一一三—一一四頁。
(4) 同書、一三七—一三八頁。
(5) 鴨良弼『刑事証拠法』日本評論社、一九六二年、二〇〇—二〇一頁。
(6) ベッカリーア『犯罪と刑罰』(風早八十二、風早二葉訳) 岩波文庫、一九五九年、六〇頁には「なん人も、裁判官の判決があるまでは有罪とみなされることはできない。社会がある市民からその公的保護をうばうことは、その市民が彼にこの保護を与えている社会契約を侵害したという宣告を受けたのち、はじめて可能になるのだ」とある。
(7) 広中俊雄『日本の警察』東京大学出版会、一九五五年、八頁。
(8) 土本武司『犯罪捜査』弘文堂、一九七八年、九—一〇頁。
(9) 同書三六頁。

(10) 熊谷弘『別件逮捕の研究』立花書房、一九七二年、一六九―二二三頁。
(11) 舟本馨「被疑者の取調べ」『警察の現在』法学セミナー増刊、日本評論社、一九八七年、二三〇頁。
(12) 清瀬一郎『拷問捜査』日本評論新社、一九五九年。
(13) 広中俊雄『戦後日本の警察』岩波新書、一九六八年、一二四頁より。
(14) 青柳文雄『日本人の犯罪意識』中公文庫、一九八六年、一八六頁。
(15) 河井信太郎『特捜検事ノート』中公文庫、一九八六年、一三二頁。
(16) 出射義夫『犯罪捜査の基礎理論』有斐閣、一九五二年、三四一頁。
(17) 河合信太郎前掲書、一四八頁。
(18) 土本武司(F・E・インボー、J・E・リード、J・P・バックリー『自白』小中信幸、渡部保夫訳、ぎょうせい、一九九〇年)。同書所収の推薦文より。
(19) D・ベイリー『ニッポンの警察』(新田勇、兼元俊徳・平沢勝栄訳)サイマル出版会、一九七七年、一九八頁。
(20) 同書、一八八頁。
(21) 同書、一九八頁。
(22) 同書、一九二―一九三頁。
(23) W・L・エイムズ『日本警察の生態学』(後藤孝典訳)、勁草書房、一九八五年。
(24) 同書、一五六頁。
(25) 宮澤節生『犯罪捜査をめぐる第一線刑事の意識と行動』成文堂、一九八五年、二四五頁。
(26) 同書、二二三頁。
(27) 同書、二九七頁。
(28) 同書、二八九頁。
(29) 同書、二七九頁。
(30) 同書、二六八―二七八頁。
(31) 同書、二八二―二八三頁。
(32) 同書、二八三頁。
(33) 同書、二八四頁。
(34) 同書、二六六頁。
(35) 同書、二六六頁。
(36) 同書、三一三―三一四頁。
(37) 同書、三六二頁。
(38) 同書、三七六頁。
(39) 田宮裕『捜査の構造』有斐閣、一九七一年、三六頁。
(40) 同書、三六頁。
(41) 椎屋紀芳「冤罪捜査本部」『日本の冤罪』法学セミナー増刊、一九八三年、三二―三七頁。
(42) 加賀乙彦『湿原』、朝日新聞、一九八五年。下巻三九六―三九七頁。
(43) D・ベイリー前掲書、一〇三頁。
(44) 宮澤節生前掲書、三〇一―三〇二頁。
(45) 椎屋紀芳『自白』風媒社、一九八二年、二四〇頁。
(46) 浅田和茂、川崎英明、高田昭正「戦後刑事司法の軌跡」『ジュリスト』九三〇号、一九八九年三月、一二九―一四一頁より。
(47) 土本武司前掲書、二九頁。
(48) 同書、一三七頁より。

(49) 同書、一四六頁。

(50) 庭山英雄、五十嵐二葉『代用監獄制度と市民的自由』成文堂、一九八一年、三—四頁。

(51) 東京三弁護士会合同代用監獄調査委員会編『ぬれぎぬ——私はこうして自白させられた』青峰社、一九八四年。

(52) 同書、五二—五七頁。

(53) 同書、一四二—一五五頁。

(54) 同書、一四七頁。

(55) 庭山英雄、五十嵐二葉前掲書、一七三頁。

(56) 田宮裕前掲書、三八五頁。

(57) 同書、三八七頁。

(58) この点について取調受認義務を認める立場からは次のような反論がなされている。「否認しつづけている被疑者に対する取調べは、取調官の呈示する問に任意に答えてくれるように説得する過程に他ならない。逮捕、勾留中の者は、それらの処分を受けるだけの嫌疑のある者である。そのような嫌疑のある者は、彼が犯人であろうとなかろうと真相解明のための最良の情報をもっているのが普通であるから、その者に対して黙秘権や弁護人との接見交通権等を保障するかぎり、嫌疑から生じている疑問に答えるようにとの説得を受ける義務を認めても不合理とはいえないと思われる」(三井誠・中山善房・河上和雄・田邨正義編『刑事手続』筑摩書房、一九八八年、一九六頁の佐藤文哉によるコメント)。文字面だけからみるとこの反論は十分説得的にみえる。しかし過去の冤罪事件の反省に立ってみるかぎり、言うところの「嫌疑」の根拠が薄く、しかも嫌疑への弁明が率直な形で聞き入れられることなく、有罪推定の下で強引に取調べが進められる例があまりに多い。そこでは被疑者の「合理的な弁解」でさえ、単なる言い訳として無視されてしまう。右の反論もつづけて「もっとも、(尋問の)繰り返しの頻度や長時間の度合い、とくに被疑者の年齢、知能程度、健康状態などのいかんによっては、自白の強要にわたることがあるから、取調官としては、当該の具体的事情のもとで強要にわたらないよう留意すべきことは当然である」と言う。しかし取調官の「留意」や「こころがけ」で事がすむものなら、法の規制は不要と言うべきではなかろうか。事実上、現実の取調べにおいて「強要にわたらないよう」するための歯止めが存在しないがゆえに、問題が生じているのである。

(59) 東京三弁護士会合同代用監獄調査委員会編前掲書、一六〇頁。

(60) 「密室の人権6」『朝日新聞』一九九一年七月一八日朝刊。この点について最近、各地の弁護士会に当番弁護士制度が作られつつあることは注目すべきことである。この制度はもともとイギリスに始まるもので、警察に逮捕された被疑者からの請求で待機(ロータ制)または名簿(パネル制)に登録された弁護士が面会や電話によって助言する。一九九一年段階で二五の弁護士会がこの制度を実施している。『法学セミナー』第三六巻九号、一九九一年所載の座談会「刑事裁判は甦るか」による。

(61) 東京三弁護士会合同代用監獄調査委員会編前掲書、一七四—一七五頁。

(62) この引用文の書かれたのは一九七七年で、当時は被疑者の留置業務と捜査とがともに刑事部におかれ、役割として明確に分離していなかった。その後、代用監獄の問題性が大きく取り上げられるようになって、一九八〇年から留置と捜査の業務を異なる部門で担当する留置管理制度が発足した。そのことで一応、警察署のなかで業務分担が行われ、形のうえではここに指摘されるような両業務一体の事態は回避されることになっている。しかし、業務分担が行われるとはいっても、同じ警察署内の、しかも同じ署長の指揮下でのことであるから、留置業務が完全に独立したものとはおよそ言えない。現に、捜査に関わっている警察官が被疑者を検察庁に連れて行き、検事調べに同席したという例がなおあるという(「密室の人権2」『朝日新聞』一九九一年七月一四日朝刊)。この点の問題については『警察の現在』法学セミナー増刊、一九八七年所載の座談会「留置施設問題の現在」二六八—二九〇頁。

(63) 庭山英雄・五十嵐二葉前掲書、二四頁。

(64) 「密室の人権」座談会(五十嵐二葉・小西哲・沢登俊雄・保坂洋彦)『朝日新聞』一九九一年七月二七日朝刊。

第六章

(1) 司法研修所編『供述心理』、一九五九年、三三七頁。

(2) F・E・インボー、J・E・リード、J・P・バックリー『自白』(小中信幸、渡部保夫訳)、ぎょうせい、一九九〇年、四七—七五頁。

(3) 司法研修所前掲書、三八六—三八七頁。

(4) F・E・インボーら前掲書所収の論文「被疑者の尋問の心理学的解明」、三五二頁。

(5) 司法研修所前掲書、三三八—三四八頁。

(6) 同書、三四一頁。

(7) 同書、四一三—四一四頁。

(8) 同書、三九四頁。

(9) 山岡一信「捜査活動と心理学」安香宏、麦島文夫編『犯罪心理学』有斐閣、一九七五年、三七二頁。

(10) F・E・インボーら前掲書、三五四頁。

(11) 綱川政雄『被疑者の取調技術』立花書房、一九七七年、一九—二〇頁。

(12) 同書、三二頁。

(13) 同書、三八頁。

(14) F・E・インボーら前掲書、四頁。

(15) 同書、六頁。

(16) 同書、六—七頁。

(17) 同書、八頁。

(18) 同書、七頁。

(19) サード・ディグリーという用語は、もともとアメリカの警察用語から来たもので、それによれば容疑者を逮捕することを「第一段階」(first degree)、それを留置することを「第二段階」(second degree)、そしてそのうえで尋問することを「第三段階」(third degree)と言う。このように本来、捜査手続の段階を名づけたものでしかないのだが、一般にサード・ディグリーと言えば、単に尋問するだけでなく、脅したりすかしたり机を叩いて行う苛烈な取調べのことを指すようになってきた。またイギリスではさらにサード・ディグリーへの警戒心が強く、サード・ディグリーの噂が立つだけで議会で問題になるほどだと言う。それだけ勾留下の尋問の危険性に対する認識が高いのである。

戒能通孝『自白と裁判』(法律学体系第二部　法学理論篇一三七)、日本評論社、一九五一年、五二頁による。

(20)　F・E・インボーら前掲書、三頁。

(21)　同書、一〇九頁。

(22)　同書、一〇八―一〇九頁。

(23)　同書、一三五―一三六頁。

(24)　浜田寿美男『狭山事件虚偽自白』日本評論社、一九八八年。

(25)　F・E・インボーら前掲書、九頁。

(26)　同書、三二七頁。

(27)　同書、三五九―三六一頁。

(28)　L・フェスティンガー『認知的不協和の理論』(末永俊郎監訳)、誠信書房。

(29)　F・E・インボーら前掲書、三五九頁。

(30)　同書、三七七頁。

(31)　同書、五―八頁。

(32)　同書、七―八頁。

(33)　同書、一四八頁。

(34)　同書、三八〇頁。

(35)　同書、三七〇―三七四頁。

(36)　Reginald Rose *"Twelve angry men"* 英宝社、一九七五年。

(37)　フィル・ストング『サッコ・ヴァンゼッティの最期』(世界ノンフィクション全集15巻所収)筑摩書房、一九六一年。小此木真三郎『フレームアップ』岩波新書、一九八三年。

(38)　クラレンス・ノリス、シビル・D・ワシントン『最後の被告人』(伊佐千尋、伊佐敦訳)文藝春秋社、一九九〇年。

(39)　D・クランプ、W・J・マーテンス『ある強盗事件の軌跡』(井上正仁監訳)、有斐閣、一九八八年、六頁より。

(40)　鴨良弼『刑事証拠法』日本評論社、一九六二年、二〇一頁。

(41)　F・E・インボーら前掲書、冒頭推薦文。

(42)　ベッカリーア『犯罪と刑罰』(風早八十二、風早二葉訳)岩波文庫、一九五九年、六三頁。

第四部

(1)　吉田石松老については青山与平『真実は生きている―日本巌窟王五十年目の無実』ぎょうせい、一九八五年。

(2)　加藤新一老については安村弘『国家よ謝罪を』三一書房、一九八一年。

第七章

(3)　アルトゥール・ロンドン『自白』(稲田三吉訳)サイマル出版会、一九七二年、一四頁。

(4)　O・ボルノウ『人間と空間』(大塚恵一、池川健二、中村浩平訳)せりか書房、一九八八年。

(5)　ヴァーノン『暗室のなかの世界』(大熊輝雄訳)みすず書房、一九六九年。

(6)　同書、七三頁。

(7)　同書、四二頁。

(8)　同書、四四頁。

(9) その後、検察控訴によって第二審にもち込まれ、一九九〇年に「破棄差し戻し」判決が出て、現在最高裁に上告中である。

(10) 甲山事件第一審第六三回公判調書三一丁（被告人尋問）による。

(11) アルトゥール・ロンドン前掲書、二四七—二七〇頁。ヴァーノン前掲書、四五頁にも中国で同種の方法が用いられたことが述べられている。

(12) ヴァーノン前掲書、七五—八六頁。

(13) 東京三弁護士会合同代用監獄調査委員会編『ぬれぎぬ』青峰社、一九八四年、四三—四四頁。

(14) S. E. Asch, 1958, "Effects of group pressure upon the modification and distortion of jndgements. In *Readings in Social Psychology*. E. E. Maccoby, J. M. Newcomb and E. L. Hartley, eds. London; Mathuen.

(15) T. G. R. Bower, 1979, *Human Development*, San Francisco, W. H. Freeman and Company, pp. 283-285. から。

(16) 小出正夫『四日市冤罪事件』主婦の友社、一九八一年。

(17) 同書、一四四—一四五頁。

(18) P. Zimbardo, "Pathology of imprisonment" *Trans-Action*, 1972. vol. 9 (April), pp. 4-8. P. Zimbardo, *Essentials of Psychology and Life*. 10 th ed., Scott, Foresman and Company.

(19) 増淵利行「警視庁を告発する」『文藝春秋』一九八二年一〇月号、一九七—一九八頁。

(20) 同書、一九九—二〇〇頁。

(21) 東京三弁護士会合同代用監獄調査委員会編前掲書、一二九—一三〇頁。

(22) 免田栄『免田栄獄中記』社会思想社、一九八四年。

(23) 庭山英雄、五十嵐二葉『代用監獄制度と市民的自由』成文堂、一九八一年、六二頁。

(24) 同書、六三頁。

(25) 鎌田慧『死刑台からの生還』立風書房、一九八三年。

(26) 増淵利行前掲書、一九六頁。

(27) 東京三弁護士会合同代用監獄調査委員会編前掲書、八三—八五頁。

(28) 庭山英雄、五十嵐二葉前掲書、六七頁。

(29) 青木正芳、岡田忠典、真部勉（座談会）「絞首台からの帰還」『文藝春秋』一九八四年九月号、一一〇頁。

(30) 後藤昌次郎『真実は神様にしかわからない、か』毎日新聞社、一九八九年、一一一頁。

第八章

(1) ブルーノ・ベッテルハイム『鍛えられた心』（丸山修吉訳）法政大学出版会、一九七五年、一二五—一二六頁。

他者との対決の難しさは、いずこにおいても変らないが、とりわけ日本人には顕著ではないかとの指摘がしばしばなされる。たとえば終生、冤罪問題、誤判問題に心血を注ぎつづけた横山晃一郎は、わが国における供述について次のように述べている。「ある事柄に関する供述が、何時でも、何処でも変らない——そういう人ばかりなら、話は頗る簡単である。昔在まし今在まし永遠《とこしえ》に在まし給う神を信じ、その神の前に立つ思いで、人間が一語一語を発するなら、自分の行動、そこから生じた結果、当時の認識についての供述が大きく変化するはずはないからだ。しかし、そんな人間に出会うことは、むしろ少ない。しかも、閉鎖的な、移動性の乏しい社会で、人間関係を損わないことを第一義に、対立回避、感情的融和を目的として言葉が選ばれ、表現の洗練が図られてきた国――そこでの供述、取り調べる者と取り調べられる者しかいない密室での供述である。このような供述を録取した書面から、一体、どのようにして真実を選びとるのか、事実と事実以外のものとを振り分けるのか。そもそも、そんなことができるのか」。この横山の深刻な懐疑は、自白問題を考えるうえでつねに肝に銘じておかねばならない。横山晃一郎『誤判の構造――日本型刑事裁判の光と影』日本評論社、一九八五年、九八頁。

(2) F・E・インボー、J・E・リード、J・P・バックリー『自白』(小中信幸、渡部保夫訳)日本評論社、一九九〇年、七〇―七一頁。

(3) 同書、七一頁。

(4) 渡辺昭一、鈴木昭広「黙秘又は否認した被疑者の自白に至る心理過程」『科学警察研究所報告法科学編』一九八五年、三八巻一号、五一頁。

(5) 榎下一雄『僕は犯人じゃない』筑摩書房、一九八三年、二五―二七頁。

(6) 土田・日石・ピース缶事件被告・元被告座談会「虚構を証明する変則控訴」『日本の冤罪』法学セミナー増刊、日本評論社、一九八三年、六六頁。

(7) 長谷部梅吉「聞き込み捜査と被疑者・参考人の取調べ」『秩父嶺』一九六六年四月、五二頁。

(8) 青木英五郎「狭山裁判批判」『青木英五郎著作集Ⅱ』田畑書店、一九八六年、三七五頁。

(9) 同書、三七六頁。

(10) 同書、三七七頁。

(11) 浜田寿美男『狭山事件虚偽自白』日本評論社、一九八八年。

(12) 増淵利行「警視庁を告発する」『文藝春秋』一九八二年一〇月号、一九八頁。

(13) 同書、二〇〇頁。

(14) Albert Somit, "Brainwashing" in *International Encyclopedia of the Social Sciences*, 1968. p.141.

(15) 青木英五郎「自白過程の研究」『青木英五郎著作集Ⅱ』田畑書店、一九八六年、一八一―三一三頁。

(16) 同書、一九二―一九三頁。

(17) 同書、二〇四―二〇五頁。

(18) 同書、二〇六頁。

(19) 同書、二一七頁。

(20) 矢野伊吉『財田川暗黒裁判』立風書房、一九七五年。

(21) 榎下一雄前掲書、二一〇頁。

(22) 読売新聞大阪社会部『逆転無罪』講談社、一九九〇年。

(23) 同書、七八―八〇頁。

(24) 草野光子「まだ続くマスメディアとの闘い――『三億円事件』誤認逮捕事件」『人権と報道を考える』法学セミナー増刊、一九八八年、一六四―一六九頁。浅野健一『犯罪報道は変えられる』日本評論社、一九八五年。

(25) 梓澤和幸「三浦和義氏逮捕と報道姿勢」『人権と犯罪報道』法学セミナー増刊、一九八六年、二八八―二九一頁。

(26) 沢崎悦子「私は、絶対に殺していません」『辺境』第二次2、一九七四年、一一―一二頁。
(27) 大森勧銀事件弁護団＋松永憲生『逆転無罪』徳間書店、一九七九年、五四―五六頁。
(28) 増淵利行前掲書、一九九頁。
(29) 江川紹子『冤罪の構図』社会思想社、一九九一年、一七五―二〇四頁。
(30) 同書、一八五頁。
(31) 椎屋紀芳『自白』風媒社、一九八二年、一四三―一四六頁。
(32) 大森勧銀事件弁護団＋松永憲生前掲書、一三七頁。
(33) 榎下一雄前掲書、三八―四〇頁。
(34) 同書、四一頁。
(35) 増淵利行前掲書、一九八頁。
(36) 東京三弁護士会合同代用監獄調査委員会『ぬれぎぬ』青峰社、一九八四年、二二〇―二二二頁。
(37) 前坂俊之『冤罪と誤判』田畑書店、一九八二年、九〇―九三頁。
(38) 同書、九一頁。
(39) Albert Somit, *op. cit.*, p.141.
(40) 増淵利行前掲書、二〇〇―二〇一頁。

第九章

(1) 浜田寿美男『ほんとうは僕、殺したんじゃねえもの』筑摩書房、一九九一年。
(2) 同書、一六一頁。
(3) 同書、一六二―一六三頁。
(4) 椎屋紀芳『自白』風媒社、一九八二年、二四四―二四五頁および二五九頁。
(5) 東京三弁護士会合同代用監獄調査委員会編『ぬれぎぬ』青峰社、一九八四年、二二頁。
(6) 同書、二三七―二三九頁。
(7) 同書、一八九頁。
(8) 西垣内堅佑「警視総監公舎爆破未遂等事件」『日本の冤罪』法学セミナー増刊、日本評論社、一九八三年、二四〇―二四三頁。
(9) 東京三弁護士会合同代用監獄調査委員会編前掲書、二〇〇―二〇一頁。
(10) 同書、二〇九―二一〇頁。
(11) 前坂俊之『冤罪と誤判』田畑書店、一九八二年、一〇七―一一三頁。
(12) 東京三弁護士会合同代用監獄調査委員会編前掲書、一九一―一九三頁。
(13) 同書、一九一頁。この人は殺人容疑では不起訴となっている。
(14) 同書、一九〇頁。この人も殺人容疑で不起訴になっている。
(15) 松山事件については、佐藤秀郎『最後の大冤罪――松山事件』徳間書店、一九八四年。この引用文は、日本弁護士連合会編『続・再審』日本評論社、一九八六年、一四七頁。
(16) 日弁連同書、一四七頁。
(17) 第五章の注（58）を参照されたい。
(18) 東京三弁護士会合同代用監獄調査委員会編前掲書、一三〇頁。
(19) 同書、一九七頁。
(20) 同書、一九五―一九六頁。
(21) 前坂俊之前掲書、一一〇頁。
(22) 広津和郎『松川裁判』中公文庫、一九七六年、上巻八〇頁。
(23) 大森勧銀事件弁護団＋松永憲生『逆転無罪』徳間書店、一九七九年、五四―六八頁。
(24) 東京三弁護士会合同代用監獄調査委員会編前掲書、一八八頁。
(25) 同書、一八八頁。
(26) Albert Somit, op. cit., p.142.
(27) 三宅正太郎『裁判の書』創元文庫、一九五二年、一三九―一四一頁。
(28) 吉峯康博、森田健二「集団暴走行為冤罪事件」『日本の冤罪』法学セミナー増刊、日本評論社、一九八三年、二五〇―二五四頁。
(29) 同書、二六四―二七一頁。引用は二六八―二六九頁。
(30) 江川紹子『冤罪の構図』社会思想社、一九九一年、三三―五五頁。
(31) 後藤昌次郎『冤罪』岩波新書、一九七九年、一―六二頁。
(32) 同書、二一頁。
(33) 榎下一雄『僕は犯人じゃない』筑摩書房、一九八三年、五〇―五一頁。
(34) 同書、五二頁。
(35) 広津和郎前掲書、上巻五七―五八頁。
(36) 日向康『謎の累積』毎日新聞社、一九八二年、二五二頁。
(37) 広津和郎前掲書、中巻三一四―三一七頁。
(38) 日向康前掲書、二〇三―二二五頁。
(39) 上田誠吉、後藤昌次郎『誤った裁判』岩波新書、一九六〇年、六六―七一頁。
(40) 同書、一七四頁。
(41) 東京三弁護士会合同代用監獄調査委員会編前掲書、一一二―一一三頁。
(42) 同書、一一三頁。
(43) 同書、一一五―一一六頁。
(44) 同書、一一三―一一五頁。
(45) 同書、一〇三―一〇四頁。
(46) 日向康前掲書、二五一頁。

第五部

第十章

(1) 青木英五郎「自白過程の研究」『青木英五郎著作集Ⅱ』田畑書店、一九八六年、二八三頁。
(2) 同書、二八五―二八七頁。
(3) 大森勧銀事件弁護団＋松永憲生『逆転無罪』徳間書店、一九七九年、三七頁。
(4) 椎屋紀芳『自白』風媒社、一九八二年、二四五頁。
(5) 同書、二五三頁。
(6) 大森勧銀事件弁護団＋松永憲生前掲書、三九―四〇頁。

(7) 浜田寿美男『狭山事件虚偽自白』日本評論社、一九八八年、一〇六―一三〇頁。
(8) 青木英五郎前掲書、一八三頁。
(9) 同書、二二九―二三〇頁。
(10) 同書、二八八―二八九頁。
(11) 同書、二四九―二五〇頁。
(12) 同書、二六一―二六二頁。
(13) 浜田寿美男前掲書、一二四―一二八頁。
(14) 同書、四四―四五頁。
(15) 「裁く」『放送レポート』第九五号、晩聲社、一九八八年、三七頁。

第十一章

(1) 椎屋紀芳『自白』風媒社、一九八二年、一三七―一四〇頁。
(2) 後藤昌次郎『冤罪』岩波新書、一九七九年、二二―二三頁。
(3) 広津和郎『松川事件』中公文庫、一九七六年、二五―八〇頁。
(4) 同書、二九頁。
(5) 同書、三五―三八頁。
(6) 同書、二六―二七頁。
(7) 大塚一男、本田昇編著『松川事件調査官報告書』日本評論社、一九八八年。
(8) 広津和郎前掲、三六―三八頁。
(9) 大塚一男、本田昇前掲書二九四頁、四四七―四四八頁。
(10) 広津和郎前掲書、四六―四七頁。
(11) 榎下一雄『僕は犯人じゃない』筑摩書房、一九八三年、四六頁。
(12) 正木ひろし「八海裁判」『正木ひろし著作集Ⅱ、八海事件』三省堂、一九八三年、三一九頁。
(13) 浜田寿美男『狭山事件虚偽自白』日本評論社、一九八八年、一一五―一一七頁。
(14) 横山晃一郎はこのことについてこう述べている。「公判廷での否認が予想される重大事件の捜査や、否認が行われた事件審理で、捜査機関、裁判所が、当時の捜査結果に見合う自白から更に進んで、それを一歩抜け出た捜査促進的供述、犯人でなければ知りえない事実の供述を追い求めるのは当然といってよい。だが、危険はまた、最大の効果を求める捜査機関、裁判所の心理の中に潜む。捜査機関は、被疑者の自白の片言隻句を捜査機関の当時なお知りえなかった事実、また、取調官の当時知らなかった事実(捜査機関の一部には知られていたが)、と主張し、有罪心証をもつ裁判所は、「秘密の暴露」と断定できないような供述を目して「秘密の暴露」と認定し、それをテコに自白の信用性を認めよう、とする傾向性をもつからだ」。『誤判の構造』日本評論社、一九八五年、一〇四―一〇五頁。
(15) 守屋克彦『自白の分析と評価』勁草書房、一九八八年、一五九―一七九頁。
(16) 清瀬一郎『拷問捜査』日本評論新社、一九五九年、一二九―二四七頁。上田誠吉、後藤昌次郎『誤まった裁判』岩波新書、一九六〇年、一一三―一三四頁。また守屋克彦前掲書、一九三―一九六頁。
(17) 上田誠吉、後藤昌次郎前掲書、一二〇―一二一頁。

(18) 同書、一二九―一三〇頁。
(19) 鎌田慧『死刑台からの生還』立風書房、一九八三年。守屋克彦前掲書、一九九―二〇一頁。
(20) 鎌田慧同書、六三―六五頁。
(21) 同書、五七頁。
(22) 清瀬一郎前掲書、一一―一二七頁。上田誠吉、後藤昌次郎前掲書、二五―五一頁。守屋克彦前掲書、二〇六―二〇八頁。
(23) 浜田寿美男前掲書、二八九―三〇四頁。
(24) 小野悦男『でっちあげ』社会評論社、一九七九年。
(25) 野間宏『狭山裁判』岩波新書、一九七六年。
(26) 浜田寿美男『ほんとうは僕、殺したんじゃねえもの』筑摩書房、一九九一年、三一五―三三六頁。
(27) 同書、一四〇―二六三頁。
(28) 判例時報五三五号五頁および一七頁。藤野英一「重症痴愚程度の精薄者の自白」『証拠法大系Ⅱ自白』日本評論社、一九七〇年、二四七―二五三頁。
(29) 浜田寿美男前掲書（一九八八年）、一三六―二〇六頁。
(30) 逮捕の二日前に警察はIに事件当日のアリバイを「上申書」として書かせ、その筆跡が脅迫状の筆跡と同じであるとして逮捕状を請求した。その後、検察はいくつかの鑑定によって同一筆跡との主張をくりかえすことになるが、これに対して弁護側からは異筆との鑑定、またIの当時の書字能力、国語能力からしてIには脅迫状を能力的に書けないとの鑑定が提出されている。
(31) 正木ひろし『正木ひろし著作集Ⅱ、八海事件』三省堂、一九八三年。この著作集には八海事件をテーマにした正木ひろしの三部作『裁判官』『検察官』『八海裁判』が収められている。
(32) 後藤昌次郎『冤罪』岩波新書、一九七九年、六三―一四一頁。
(33) 同書、一一〇頁。
(34) 同書、九〇頁。
(35) 同書、一一一頁。
(36) 広津和郎前掲書、中巻二一四―二五二頁。
(37) 同書、二二一―二二二頁。
(38) この表は松川事件第一次上告審弁論において岡林弁護人が作成したもの（『青木英五郎著作集Ⅰ』三二三―三二五頁に所収）をもとにしている。
(39) 日向康『謎の累積』毎日新聞社、一九八二年、二三四頁。
(40) 高沢皓司編『フレームアップ』新泉社、一九八三年。
(41) 同書冒頭の図解を参照した。
(42) 榎下一雄前掲書、六九頁。
(43) 土田・日石・ピース缶事件被告・元被告座談会「虚構を証明する変則控訴」『日本の冤罪』法学セミナー増刊、日本評論社、一九八三年、六六―六七頁。
(44) 増渕利行「警視庁を告発する」『文藝春秋』一九八二年一〇月、二〇八頁。

第十二章

(1) 序の表2（二一頁）を参照されたい。冤罪ないし冤罪が疑われる事件で自白のあるもの（計二二七件）のうち検察官に対して自白撤回したものはわずか一五件（七％）にとどまる。撤回の時期は九割以上が公判段階になって以降である。

(2)「密室の人権2」『朝日新聞』一九九一年七月一四日朝刊。

(3) 正木ひろし「裁判官」『正木ひろし著作集Ⅱ、八海事件』三省堂、一九八三年、八—九頁など。

(4) 守屋克彦『自白の分析と評価』勁草書房、一九八八年、一二五頁。

(5) 実験者の望む正の反応にはエサを与えるという条件づけ状況で、その報酬の手続き（これを強化という）が行われている間はその効果が維持されるが、ひとたび報酬の手続が停止されるとすみやかに効果は失せていく。これを消去と名づける。逆に負の反応に対し電気ショックを与えるなどの罰の手続き（負の強化という）については、いったんこの罰を受けた者はその効果がエサにくらべてずっと長く続くことが知られている。

(6) 日向康『謎の累積』毎日新聞社、一九八二年、三四〇—三四一頁。

(7) 大塚一男、本田昇編著『松川事件調査官報告書』日本評論社、一九八八年、二九六頁。

(8) 青木英五郎「狭山裁判批判」『青木英五郎著作集Ⅱ』田畑書店、一九八六年、三七六頁所載の手記より。

(9) 椎屋紀芳『自白』風媒社、一九八二年、二六九頁。

(10) 榎下一雄『僕は犯人じゃない』筑摩書房、一九八三年、一三三—一三四頁。

(11) 椎屋紀芳前掲書、二六二頁。

(12) 同書、二七四頁。

(13) 榎下一雄前掲書、一四三頁。

(14) 高沢皓司編『フレームアップ』新泉社、一九八三年、一四九頁。

(15) 人は人のなかで生きる。しかしそこに「人」と言うのは人一般ではない。赤ちゃんがこの世に生まれ出て育っていく過程で、特定の誰か（多くは母親）へのアタッチメント（愛着）を形成し、その人との関係を核にして世界を広げていく。そのことは幼児になり、児童になり、青年、大人になっても同じである。人にとってその生活世界の核として重要な意味を帯びている特定の人びと、それを「意味ある人々」と言う。

(16) 椎屋紀芳前掲書、二六三頁。

(17) 後藤昌次郎『冤罪』岩波新書、一九七九年。

(18) 同書、九八—九九頁。

(19) 同書、九九—一〇一頁。

(20) 青木英五郎前掲書、三七三—三七五頁。

(21) 野間宏『狭山裁判』岩波新書、一九七六年、上巻七九頁および五八—五九頁。

(22) 青木英五郎「自白維持と部落差別との関連について」前掲書四四四頁。

(23) 熊本日々新聞社編『検証免田事件』一九八四年、一五八頁。

(24) 免田栄『免田栄獄中記』社会思想社、一九八四年、二二六頁。

(25) 佐木隆三『ドキュメント狭山事件』文藝春秋社、一九七七年、一四三—一四五頁。

(26) 青木英五郎前掲書、三七四頁。

(27) 榎下一雄前掲書、一四二頁。
(28) 上田誠吉、後藤昌次郎『誤まった裁判』岩波新書、一九六〇年、五三—七四頁。
(29) 青木英五郎「事実誤認の実証的研究」『青木英五郎著作集I』田畑書店、一九八六年、二九八頁。
(30) 同書、三〇二頁。
(31) 同書、三〇〇頁。
(32) 榎下一雄前掲書、六—八頁。
(33) 浜田寿美男『ほんとうは僕、殺したんじゃねえもの』筑摩書房、一九九一年。
(34) 同書、二八九—二九〇頁。
(35) 同書、二九五頁。

あとがき

「待て、しかして希望せよ」——アレクサンドル・デュマの『モンテ・クリスト伯』はたしかこの言葉で終っている。悪意の謀略に対する怨々たる大復讐譚にふさわしいしめくくりである。血沸き肉躍るこの物語は、じつは私の少青年時代の愛読書の一つ。そしてときにこの言葉に心なぐさめられることもあった。しかし現実は物語のようにはいかない。

私が刑事裁判に首を突っ込むようになったのは、もう十数年も以前のこと、狭山裁判が控訴審で敗訴してのち、上告審に向けて再度の態勢作りがなされはじめたころである。狭山弁護団事務局の主導で「自白研究会」が発足、そこに心理学者として参加してほしいとの要請を受けた。「心理学者」たる自覚もないうえに、そもそも「心理学」に何かなしうることがあるのかといぶかりつつ、なんの成算もないまま、足を踏み込んだのが運のつき。以来、泥沼のような冤罪問題にどっぷりつかり込んで、足抜けできそうな気配はない。十数年間、目につくかぎり冤罪関係の書物を買い集め、気がついてみるともう七段のスティール製本棚一本に収まらぬほどになった。

刑事裁判について素人として第三者的に眺めているうちはまだよかったが、甲山事件で特別弁護人としてその内部に入りこむようになってからというもの、事実認定にかかわる裁判所での諸作業をみるにつけ、前時代的とも言うべきその有様に、正直なところ驚かざるをえなかった。なかでも自白の問題に対する扱い方が、私には気がかりであった。「死刑になるような大事件で嘘の自白するなどということは通常ありえない」と一方が言えば、他方は「強制・脅迫の取調べで、自白を搾り取られた」のだと権力犯罪論をぶち上げる。もちろんいつも、そんな両極論が闘わされるわけではないが、大なり小なりこうした敵—味方の対立図式が大勢を占めた。しかし問題は、もう少し自白する者、させる者の心情に即して具体的に現象を分析していくことにあるのではないか……、そう思いはじめてから、自白、とりわけ虚偽自白について少し組織的に整理しようと心がけてきた。三一書房の林順治さんから、自白論をまとめないかとお誘いがあったのが、ちょうどそのころ、今からもう五年ほども前のことになる。渡りに舟とばかり安請け合いしたものの、まだまだ機が熟しているとは言い難い状態だった。企画を立ててからも、作業は一向にはかどらず、一年、二年そして三年、四年と過ぎ、その間にも本書で紹介した狭山事件や野田事件、自民党本部放火事件などの供述鑑定の仕事が入った。当初立てた企画もほとんど組みなおさねばならなかった。それでもどうにか本書のような形になったのは、泥沼につかりつづけてきたおかげと言う以外にない。

私にとって本書の発想の軸になったのは、やはり甲山事件、狭山事件、野田事件の自白であった。それをどう読み解くかを考えるなかで、おのずと自白者たちの心的世界に入らざるをえない。虚偽自白とは詮ずるところ「悲しい嘘」ではないかと思うにいたったのも、そこでのことであった。そうして松川事件、仁保事件、豊橋事件、土田・日石事件……の自白過程を読み返してみると、ほとんどがこのイメージのなかで読み解けてくることに、あらためて気づく。思えばまことに単純な発想ではある。しかし、この「悲しい嘘」の悲しさに、取調官は目をつむり、裁判官は気づこうともせず、当の被告人たちはふりかえってこれを怒りに読み換えてきた。これではいつまでたっても事の真相には迫れない。初心から事実そのものに立ち戻って、虚偽の自白の生まれてくるその現場に立ち戻ることではじめて「悲しい嘘」の実相を浮かび上がらせることができるのではないか。そう考えたのが、本書の出発点であった。

本書で扱った事件のうち、私が直接関与した甲山、狭山、野田の三事件はいずれもなお係争中である。にもかかわらず、これを虚偽自白の事例として扱うのは危険ではないかとの見方もあるかもしれない。しかし、この三事件を抜いて私の自白論はありえない。また裁判所のこれまでの判決がどうであれ、私のなかではこれら三事件はいずれも無罪以外にありえない(この三事件についてはいずれもその供述分析を本にまとめているので参照して下さるとありがたい)。一般に刑事事件にかかわるこの種の書物では、裁判所で無罪確定したものを事例としてとりあげる。つまり、裁判所のお墨付があってはじめて、安心して資料として使えるということであろう。しかし、こと冤罪問題に関しては、そうした事なかれの姿勢ですますわけにいかないのではないか、というのが私の現実的判断である。自白の信用性の判断については、また別の機会にまとめねばならないと思っているが、本書でも私自身、無実との証明を自分のうちで行ったうえでその自白過程の考察に踏み込んだつもりである。いずれにせよ、無実の人が取調べの場のなかでどうして嘘の自白に追い込まれてしまうのか、その過程が少しでも具体的なかたちで理解できれば、本書の目的は達せられたことになる。

それにしても通読するには長大になりすぎた。具体的な事例に即して話をすすめていくかぎり、ある程度はやむをえないと自ら慰めてもみるが、これでもってなお語りきれぬ数々の「悲しい嘘」がわが国の刑事裁判史には累積している。過去の冤罪事例を、このたびあらためて読み返してみて、今日の刑事裁判が古くからの通弊をなお一向に克服しえていないことを痛感する。

モンテ・クリスト伯は孤島に一四年間幽閉され、脱獄のすえに復讐をなしとげる。「まて、しかして希望せよ」という彼の言葉は、その延々たる苦渋の年月のうえでこそ重みをもつ。しかし年月の長さに関するかぎり、この巌窟王に劣らぬ冤罪者が、不幸にしてわが国には数知れずいる。もとより何事も漫然と待ち、希望するだけで問題が解決するほど甘くはあるまい。それどころかわが国の戦後の冤罪状況の構造的な根深さの前ではモンテ・クリスト伯の言葉さえときに空しく響く。いや、だからこそ私たちはなお再々度、「待て、しかして希望せよ」と繰り返さなければならないのかもしれない。

ともあれ、ここで一段落したい。五年以上にわたる私の遅々たる歩みを、せかさず諦めず促しつづけてくれた林順治氏に、心から感謝したい。また本書では先達の研究はもとより、元被告の人たちの手記をずいぶん活用させていただいたし、また私が関与した事件の現役の被告人・再審請求人の人たちにも、その裁判資料を利用させていただいた。本題にかかわらぬのですべてイニシャルで表記させてもらったが、この紙面をかりて感謝の意を表したい。私にとって冤罪関係の仕事がこれで四冊目となった。最後に、これまでにかかわらず、長大にして執拗な本書に原稿段階からつき合ってくれたきよ子に感謝する。

一九九二年一月一七日

浜田　寿美男

座談会　『自白の研究』を読む
自白研究の到達点と虚偽自白排除の可能性

守屋　克彦
浜田寿美男
村井　敏邦
大出　良知

この座談会は、本書『自白の研究』（一九九二年初版）の出版をもとに、自白をめぐる諸問題について議論されたものである。本書新版（二〇〇五年）にあたり、『法学セミナー』（一九九三年一月号〜三月号）に連載されたものを、日本評論社の許諾を得て収録した。

1　自白問題への関心

大出　浜田さんが今年（一九九二）の五月に『自白の研究』（三一書房）という非常に大部な自白の問題を扱った本を出版されました。これまで必ずしも自白についての研究が十分ではなかったのですが、浜田さんの研究は、自白研究への大きな成果を私たちに与えてくれたと思います。そこで、この機会に自白をめぐる諸問題について、それぞれ研究されてきた方たちにお集まりいただいて、現在までの成果を確認して、今後の課題を議論していただくことにしました。

まず、この研究にいたる経過をごく簡単に確認しておきたいと思います。

誤判問題との関係で考えると、自白についての問題関心は、最近の動きが二つ目の山になると思います。

一つは昭和三〇年前後に、昭和二〇年代後半に多発した冤罪事件をめぐって、実務を中心に自白問題についての検討が行われ、それが一定程度実務に影響を及ぼすことがあった。

ただこの段階では、残念ながらその検討がオープンでなかったことや、材料の蓄積、あるいは理論的な分析についての問題視角が必ずしも十分ではなかったこと、また当事者主義的な刑事訴訟理論がまだ十分な展開をしていなかったために、問題関心は十分な展開を遂げないままになったと思います。

そのようなこととかかわって、昭和四〇年代には、また新たに多くの冤罪が発生することになった。

昭和五〇年代に入って、**白鳥決定**以降、再審問題が新たな展開を示す中で、改めて日本の刑事手続の病理として自白偏重主義が問題になってきたと思います。

その中で、事例の蓄積もあって、本格的な研究を可能にする基盤が整い、二つ目の山を形成することになった。

そして、この二つ目の山の中心的成果である、守屋さんの裁判の分析を中心として自白問題に迫る『自白の分析と評価』（勁草書房）が、一九八八年の一二月に出版されました。これは、規範論的な枠組みから判例分析によって自白問題に迫る仕事だったと思います。しかし、取調べの実状、つまり自白の生み出されている実態については、別の角度からの検討が必要だった。この点について、今回の浜田さんの研究が一つの大きな成果を、

白鳥決定　1975年５月20日の最高裁の決定（最高裁判所刑事判例集29巻５号177頁）。それまで，ラクダが針の穴を通るより難しいと言われていた再審による冤罪事件の救済を容易にする道を開いた。刑事訴訟法435条６号の再審開始要件である「明らか」（明白性）の判断方法として，有罪確定判決の基礎になっていた証拠を再吟味（再評価）することを認め，さらに基準についても，「疑わしいときは被告人の利益に」の原則の適用を認め，有罪判決の認定に「合理的な疑い」があるということになれば再審を開始することにした。この決定以降，再審による救済が相次ぐことになった。

われわれに提供してくれました。

この二つは違った方向からの分析ですから、この二つの成果をどのようにつないでいくのかが、いま課題として問われていると思います。

まず浜田さんから、今回の研究について、その問題関心の所在と要点をお話しいただくことから始めたいと思います。

2 『自白の研究』への道

●きっかけは甲山事件

浜田　私の専門は心理学とくに発達心理学、子どもの心理学で、もともとは刑事問題とは無縁のところでやってきた人間です。

その私が刑事裁判の世界に足を踏み入れるきっかけになったのは甲山事件（→七〇六頁）でした。それ以前にも狭山事件（→七一五頁）では少し弁護団に関係しておりましたが、最初に本格的に取り組んだのは甲山事件です。この事件では知的障害の子どもたちの供述が問題になりました。発達研究にはおのずと障害児の問題も絡んでくるものですから、その専門研究者ということでお声がかかって、特別弁護人として弁護団に入ることになりまして、具体的に彼らの供述を、法廷での証言も含めて分析する作業をやったわけです。これに二、三年かけてこの作業がひと区切りついたあと、今度は被告人の自白が法廷で取り上げられる段階になりまして、自白問題の分析にもかかわるようになりました。これが私にとって自白の心理を考える最初のステップになったように思います。

そののち狭山事件や**野田事件**の自白の分析にもかかわることになります。そこでの問題の焦点は被疑者、被告人の供述の信用性をどう考え、分析していくかにありまして、自白の心理過程そのものは直接の問題ではなかったのですが、こういう仕事をやっていく中で、裁判所の判断の仕方、あるいは検察側の主張の仕方、ときによっては弁護人の反論の仕方の中にも、自白の心理過程についてのある固定観念があるような気がして、これがずいぶん気になりはじめたんですね。

たとえば重大殺人事件などであれば、当然死刑が予想されます。そういう事件で、本人が自白をすれば、死刑になるかもしれないことがわかっていながら自白しているのだから、信用できるという非常に素朴な考え方が出されます。

もちろん正面からそんな単純な論理を持ってく

野田事件　1979年９月11日に，千葉県野田市で小学校１年生の女の子が行方不明になり，数時間後に遺体で発見された。同月29日になって，遺体発見現場に隣接して居住する知的障害者である青山正氏が逮捕され，自白する。この自白は，一審の終盤まで維持されてのち撤回されるが，一審はその信用性を認めて，懲役12年を言い渡した。二審以降は，一貫して否認しているが，控訴・上告を棄却され，確定。刑をつとめて出所後，現在再審請求準備中である。

るわけではありませんが、そういうものが背景にあるような感じがしてならない。とすれば、自白の信用性問題を考えていくためにも、自白にいたる心理過程について少し組織的に整理しておかなければならないのではないか。そういうことで今回の仕事をはじめたわけです。

●取調べ側と被疑者側の心理のからみ合い

私の自白分析の核心を非常に簡単に言ってしまえば、虚偽自白は、それに関与する取調べ側と被疑者側との、両面の心理過程のからみ合いの結果として出てくるものだということになります。

裁判の中では、その点、誘導の問題とか、迎合の問題も念頭に置いて展開されている事例もあるのですが、一般には信用性が問題になる自白調書などについて、調書に書かれた中身そのものは、被疑者、被告人が一方的にしゃべったことで、その結果が書き留められたものだという前提に立っていることが多いように見うけられます。

しかし実際には取調べの場には取調官がいて、被疑者がいて、その両者の関係の中で、ある言葉が交わされて、それが調書の中に記録されていく。こう考えますと、録取された供述調書は、当然のことながら取調官と被疑者の二つのファクターから見ていかなければいけない。

ただ、取調べの実態を見ていこうという場合、どういう資料を使うかが非常に問題です。判決だけを読んでも取調べの様子はほとんどわからない。取調官からの情報は事実上入手できない。そこで、無罪だと裁判上認められたものについて、被疑者側あるいは弁護側が手記やメモというかたちで記録を残しているものを、これが一方的な主張だと言われればそうなるのかもしれませんが、非常に貴重な資料でもあるということで、これは大いに利用しようと思いました。

●被疑者側の心理に対する誤解

それから日本の刑事裁判以外に、こういった取調べは世界のどこにでもあるわけですから、ちょっと極端なところも見てみようということで、魔女裁判とか、粛清裁判なども見ました。

なかでも粛清裁判ではプラハ裁判の被告人の一人になったアルトゥール・ロンドンの自白過程が非常に示唆に富んでいました。

こういう資料を読み込む中で、まず取調べ側の心理状況を考えていきますと、虚偽自白につながる取調べの中核に結局「証拠なき確信」とも言うべきものがあることが浮かび上がってきます。人がこいつが犯人だとか、こいつがスパイだとか、こいつが魔女だとか確信するにあたっては、かならずしもはっきりした証拠がなければならないということではないんですね。

この確信に必要なのは、魔女の場合であれば、魔女の行為に対する憎悪、スパイの場合であれば、国家への反逆に対する憎悪、刑事裁判であれば、犯罪に対する憎悪、ないし職務に対する熱意です。そういうものを一つの原動力にしたときに、完全とは言えない証拠でもって、確信を持ち、その確信でもって突っ走ることができる。まずこのことを確認しておかねばなりません。

それからもう片方で、被疑者の側の心理について、非常に素朴な誤解があるのではないかと思ったのです。

自分が死刑になるやもしれない重大な事件で嘘の自白することは、よほど特別なことではないかと思われておりますが、被疑者の立場に立てば、これが決して特別なことではないことがわかってきます。

一つには、取調べの場の中で取り調べられるということが、通常私たちが思っている以上に大きな圧力として迫ってくるという事実があります。弁解してもなかなか聞き入れてもらえないという苦しさ、あるいは日常付き合ってきて、また自分の生活を支えてくれた周囲の人たちから完全に遮断された状況、しかもそれがいつまで続くかわからないという苦悩——たとえ肉体的な拷問はなくとも、これだけで十分被疑者を押しつぶす圧力となる。ほとんど通例化している代用監獄下での取調べが被疑者にとって心理的に非常に厳しいものであることは、どれだけ強調してもしすぎることはないと思います。人は一人になると弱いものです。

そのうえでなお、この取調べの重みと、自白したときに予想される刑罰の重みとを天秤にかけたとき、通常の常識では自白すれば死刑になるかもしれないというたいへんな重みがあるのだから、これを押しあげるにはよほどのことがなければならないはずだと思われがちです。

しかし、そこにはどうもいくつか錯覚があるのではないか。一つには、無実の人間はそういう場に置かれて、自白すると死刑になるかもしれないということを知っているはずだという言い方がありますが、そこには時間の軸を見逃してしまった錯覚があります。

自白すれば、ただちに十三階段を登って首をくくられるというのであれば、誰も嘘で自白したりはしないでしょう。ところが、苦しいのはいまのこの取調べの現実であって、他方、死刑になるかもしれないというのは、かなり遠い先の可能性であって、現実ではないわけです。

この両方を天秤にかけたときに、人はどのように判断するのか。やはり多くの人はいまの苦しさから逃れたいというところに傾きます。

これは拷問で自白する場合もそうですが、拷問などがなくても、弁解を聞き入れてもらえずに、このままこういう状態が続くのかと思うと、とにかくこのいまの苦しさから逃れたいという気持ちになるのは、被疑者にとって非常に正常な反応です。

将来死刑になるかもしれないと知っていれば嘘で自白するはずがなかろうというのは、時間の流れを生きている人間の現実を無視した大きな錯覚です。しかも、ここで自白してものちに必ずまた弁解の機会があるはずだ、たとえば裁判というものがあるのだからと思えば、天秤は、えてして現在の苦しさを避けるほうに動くものです。

これに加えてもう一つ、見逃しやすい錯覚があります。**甲山事件**の被告の山田さんの自白がどうして出てきたのかを分析したとき、そこで改めて感じたことですが、無実の人間はまさに無実であるがゆえに、自分の置かれた立場に対して極めて非現実的な感覚しか持てないんですね。

真実犯行を犯した者なら、自白によって予想される刑罰の重みはそのとおりに自分の中にずっしりと入り込んできます。

ところが無実の人間は、たとえここで自白したからといって、それが死刑など刑罰につながるとはなかなか思えない。なにしろ自分はやっていないのですから、刑罰そのものも非現実としか見えない。こういうことがある。

この非現実感にとらわれた被疑者が、自分を支えるのは自分しかいないという取調べの場の中で、確信を持って迫ってくる捜査官に対して、弁明をいくら繰り返しても、もう無駄という疲労感の中に落ちていくのは、極めて自然ではないか。

そう考えてきますと、虚偽自白は決して異常な反応ではない。むしろ異常なのは、取調べの場のほうではないか。その中に置かれた人間が自白をするのは極めて正常な反応ではないか。そういうことで、この本の最後では「個の弱さ」を見つめることの必要性を強調したつもりです。

非常に単純化して言えば、権力の構図の中に置かれて、「おまえが犯人だ」というかたちで確信を持った捜査官に責められたときに、丸裸にされ

甲山事件　1974年３月に，兵庫県西宮市にある知的障害児施設甲山学園で園児二人が相次いで行方不明になり，園内浄化槽から遺体で発見された。当時同学園の保母だった沢崎悦子（現姓山田）氏が逮捕され，一旦「自白」したが，他に確たる証拠はなく，75年９月に不起訴になった。ところが，78年２月になって，突然再逮捕。元園児５名の「目撃」供述が，新証拠として用意されていたが，一審は，その信用性を否定し，無罪を言い渡した。しかし，二審は，無罪判決を破棄，地裁に差戻し，最高裁も二審を支持したため，再度一審，二審を重ねて，1999年９月に無罪が確定した。

た弱い個が身を守れなくなるのはごく自然なことではないかということです。

3 『自白の研究』の位置

大出 取調べ過程での自白の実態がなかなか見えてこない。特に裁判の中で証拠として、それを判断することはなかなか難しいところもありました。そこを心理学の立場から解明されたと思います。

すでに実務の立場から、守屋さんが、裁判の実状の中から自白問題について検討をされましたが、浜田さんの分析についての感想からお話をいただければと思います。

●法律家の自白分析を心理的な面から裏づけ

守屋 一九八二年に渡部保夫さんの「自白の信用性の判断基準と注意則について」(『岩田誠先生傘寿祝賀記念論集・刑事裁判の諸問題』判例タイムズ社、一九八二年、のちに『無罪の発見』勁草書房、一九九二年に収録)が出ましたが、これが昭和五〇年代の自白の研究の先駆的な業績になりました。

この論文は、それまで荒川正三郎さんとか、青木英五郎さんなど刑事裁判官出身の方が、折りに触れて明らかにされていた自白の信用性の分析方法を継承するとともに、内外の論文や多くの裁判例を引用して信用性の判断基準をいくつかの注意則としてまとめられたわけですが、捜査段階における自白と公判廷における自白とで注意則が同じでよいのかどうかとか、自白の信用性を積極的に評価する基準と消極的に評価する基準とを同列に扱ってよいのかどうかなど、まだ課題が残されていました。

日本の刑事裁判で問題になるのは、ほとんどが捜査段階における自白の信用性ですが、その自白は、取調べの継続という時間の経過の中で出てくることになるので、信用性も取調べの経過にてらして全体として観察する必要があるということと、しかも供述調書は、問い・答えが混然一体となっている特異な表現形式をとっている場合がほとんどですから、そのような形式を踏まえた分析方法が必要になりますので、私の場合は、そのような点を重視して、何が真実の自白であるのか、何が虚偽の自白であるのかを判断するについて、判例はどういう点を基準としているのかを調べていった。

しかも、裁判官の判断作業はあくまでも疑問排除型の心証形成ということになるものですから、まず疑わしい自白とはどういう自白なのかという判断基準を確立する作業に目的を置いたわけです。

私の本が出た後、刑事裁判官の田崎文夫さんたちの『自白の信用性』（司法研修所編・法曹会）や木谷明さんの「『犯行と被告人のむすびつき』について」（判例タイムズ七四八号・七五〇号・七五一号）が出て、自白の信用性に関する分析の方法や注意則の基準は、ほぼ固まってきているというのが現在の段階です。

私の本と同じ一九八八年に、浜田さんの『狭山事件・虚偽自白』（日本評論社）という本が出ました。浜田さんは、この本の中で、こんどの『自白の研究』の基礎になる分析方法をすでに述べています。私は、この本を自分の本が出た後に見たのか、あるいは原稿を書き上げた段階で見たのか、ちょっと記憶が定かではありませんが、「虚偽自白は、取調官が持っている情報と被疑者の想像から生まれる仮設演繹である」という分析を見て、非常に新鮮な感動を受けたことを覚えています。

判例も、時間の継続の中で得られた自白の信用性の分析については、否認や自白という供述態度の変化や自白内容の変遷の態様を第一の手がかりとしていますが、そのような信用性の分析が当を得ていることの実質的な理由、特に心理的な側面が、浜田さんの分析で裏付けられることになると思います。

法律家、特に裁判官は、経験的に真実が疑わしいとされるための注意則については、従来の判例等から学んできていますが、なぜ疑わしいことになるかという実質的なところまでは、普段説明することも必要ではありませんし、事実がわからない場合もありますので、判断の外に落としておく場合があるのですが、浜田さんの論文はそういうところを埋める理論になるのではないでしょうか。

狭山事件は再審の請求があるようですし、野田事件、甲山事件も、まだ係属中の事件のようですが、私は、浜田さん以外の本や事件の資料を全部見ているわけではありませんので、浜田さんがこれらの事件に対して出しておられる結論については全くコメントする立場にありませんが、方法については、従来の法律家の自白分析の手法を心理学的な面から裏付ける非常に充実した内容を持った本ではないかと、思っております。

大出　いまお二人からお話をいただきましたが、この点について研究者の立場から感想なり、印象をまずお話しいただければと思いますが。

●たいへんなショックを受けた

村井 私自身この『自白の研究』を読ませていただいて、たいへん感動を受けたので、まずそれを正直に告白しておかなければならないと思います。

本来、こういうことは法律家もやらなければならない。法律家がとは言いませんが、法律家もやらなければならない作業を浜田さんがやられたことで、法律家のはしくれである私としては、「やられたな」という感じを受けました。

守屋さんの本を読んだときにも「実務家にやられたな」という感じを受けたのですが、一層たいへんなショックを受けたと言わざるを得ないだろうと思います。

従来、われわれ研究者は、**虚偽排除**か、あるいは**違法排除**かというかたちで、法理論としての自白問題を扱ってきました。

そういった法理論的な面が実務でなかなか浸透しないという焦りを研究者のほうでは持っていたわけです。ところが、実務家のほうでは、着々と判例の分析が集積されていて、守屋さんが、自白調書の分析を通じて、従来は違法排除、虚偽排除と単純に言っていた問題を、具体的な判例の中からそれに関するところの一定の注意則という形で指摘されました。

そして、こんどは、先ほど守屋さんが言われましたが、その実態面について、なぜそうなるんだろうかということについて、法律家としてはなかなかわからないようなところを、浜田さんがまとめられた。これによって、われわれは今後自白問題を法理論のレベルから自白過程という事実問題のレベルで見ることができるようになりました。これをさらに自白の証拠能力、証明力という規範問題として構成していくのが、われわれ法律家の役割ですが、浜田さんのお仕事は、その必読の文献になるだろうと思います。

この本の中でも、裁判過程で証拠として出てきた場合に、その虚偽性をどのように判断するかは今後の問題として残されておりますので、そのあたりについてわれわれが研究をし、また実務の中でも分析をしていただくことに期待がかかっていると思います。

虚偽排除説・違法排除説　自白を証拠から排除する理由についての学説。虚偽排除説によれば，憲法，刑事訴訟法が排除しようとしているのは，虚偽のおそれのある自白であるとする。しかし，虚偽を生む状況の認定は困難であり，自白内容が真実であればよいということになりがちである。これに対して，違法排除説は，主として自白獲得手続の適正・合法を担保するため，強制など違法な手続きによって獲得された自白を排除しようとする。他に，黙秘権等の被告人の人権を保障するために強制自白等を排除するという人権擁護説がある。

4　自白過程の実相から浜田分析の妥当性を考える

大出　いまお三人にお話しいただいて、自白をめぐるいまの到達点がほぼ明らかになったのではないかと思います。自白をめぐってこれから本格的な議論をする基盤が、お二人の仕事によってようやく整った。このような問題状況にあることを踏まえながら、少し具体的な話に入っていきたいと思います。

まず、自白過程についてですが、これまでなかなか見えない中で議論せざるを得ない状況に置かれていたと思います。その中で、心理学の立場からその実態について、これまでとは違った角度での分析を浜田さんがされたのですが、その妥当性について議論したいと思います。

●魔女裁判の事例は適当だったか

守屋　先ほど言ったように、自白の信用性に対する疑問の体系という形で実務家の研究が進んできたという背景には、取調過程がわからない、つまり自白がどうして出てきたかについて的確な事実認定ができにくいという事情があったと思います。そのために、そこの分析をひとまずおいて、出来上がった自白から遡って分析を始めるという方法をとらざるを得なかった。

この点では、取調べの可視化が叫ばれ、裁判所の工夫もあって、最近は審理の仕方も多少変わってきているように思います。たとえば、**取調経過一覧表**などを利用して自白を獲得した取調べの経過を明らかにさせるような訴訟運営も、紆余曲折はありますが、ここ何年かの間に少しずつ進歩しているように思います。

著名な冤罪事件の中には、逮捕から自白に至るまでに別件逮捕・勾留などを経て長時間身柄を拘束され、その結果疲労その他によって自白したというケースもあります。こういう長期間、長時間にわたる取調べを念頭に置きますと、現在の取調経過一覧表の運用にもある程度の意義は認められます。

しかし虚偽の自白が問題になるケースを調べると、逮捕されてから自白するに至る経過が短いものが結構あるのです。裁判所が**勾留質問**手続をするまでの七十二時間ぐらいの間に勝負がついているという事件のほうがむしろ多いような感じもします。

この浜田さんの本を読んで、ちょっと的はずれ

取調経過一覧表　被疑者留置規則は，留置場に留置人出入れ簿，留置人接見簿，留置人診療簿などの簿冊を備え，所定の事項を記録するよう定めている。留置人出入れ簿には，留置場を出た時刻，戻ってきた時刻，出房の理由等が記入される。取調経過一覧表は，被疑者の取調経過が一覧表で把握できるように，出入れ簿やその他の簿冊，捜査報告書等により，取調べの日時，作成された調書の有無，弁護人や家族等の接見状況を記載したもの。この表により，取調べの外形的状況を明確にし，その間に作成された自白調書の任意性や信用性の判断の参考にしようとするもの。

の感想なのかもしれませんが、魔女裁判、洗脳という非常にインパクトの強い事例との対比で、日本の刑事裁判が議論されるものですから、多くの事件について、取調官の圧力が非常に強大で、被疑者の心理的な屈服も非常にたいへんな劇的事態のように受け取れるところがあります。

しかし、現実に虚偽の自白が発生する場面を見ると、普通の人から見たらそんなに極端だとは思えないような取調べで、しかも短い時間の間に、自白への転回過程が起きているので、もう少し場面を短くしたところで見ていく必要もあるのではないでしょうか。

だから、取調経過一覧表に盛り込まれるべき内容についても、逮捕後三日なり四日なり、従来ならまだ拘束期間が短いために任意性には問題がないとして見過ごされやすかったところで、取調官がどういう発問をしたのか、被疑者がどういう印象を受けて、それが自白に結びついたのではないかという点をもう少し明らかにする記載内容を考えて、その辺のところを密度濃く審理できる要請を満たすような形式にする必要があるのではないかということを考えさせられています。

浜田さんが、被疑者の心理に重点を置いて書かれているところから、審理する側としても反省させられ、また有効な審理方法についても気がついてきたところじゃないでしょうか。

村井　私も同様の感想を抱きました。浜田さんの言われるのは、まさにいま守屋さんが言われた後半部分です。決して虚偽自白自体は異常なものではない。場は異常であるが、虚偽自白自体は異常ではない。しかもこの中でも言われていますが、必ずしも長い時間をかけているから、虚偽自白に至るものではないということです。

そういう分析の後半のほうでおっしゃっていることは非常によくわかります。ただ、その前提として魔女裁判や洗脳を持ってくるのは、ちょっと飛躍があるというか、衝撃としては大きいが、むしろ現実の事件、それもあまり有名ではない事件の分析も必要だと思いました。

●明確にしたかった虚偽自白の筋

浜田　魔女裁判とか、粛清裁判は、図式がはっきり見えるという意味で取り出したわけで、書く順番として成功だったかどうかは別問題として、とりあえず虚偽自白はこういう筋で起こるんだと、輪郭のはっきりしたものを出したかった。

法曹界の人たちはどのように理解されているのかよくわかりませんが、一般の人たちには、目に

勾留質問　勾留は，刑事訴訟法が，被疑者と被告人の両方に対して認めた身柄拘束方法である。この勾留は，被疑者の場合には裁判官，被告人の場合には裁判所が，被疑者・被告人に，被疑・被告事件の内容を告知して，その事件について被疑者・被告人の意見（陳述）を聴いた後でなければできないことになっている。この意見を聴く機会を勾留質問という。

触れるのは比較的大きな重罪事件ですから、自白をしたらやっぱり犯人ではないかという非常に素朴な思い方があるのです。

それに対して、誰でも自白し得るんだという筋を一本明確に引いておきたかったということで、少々極端な例から説き起こしたのは執筆上の一種の戦略なんです。それが結果的にまずかったかもしれないとは思います。ただ、私の主張したかった中心は、村井さんのご指摘のとおり、この本の後半で拷問などなくとも取調べの場は被疑者を容易に虚偽自白に追い込む異常性を抱えているものだということを主張することにありました。

それからもう一つ、やはり資料的制約として、私など第三者としては、刑事事件に比較的にタッチしているほうですが、それでも私のところに相談に来られるような事件はほとんど重い事件です。だから日常的に弁護士さんとか、裁判官の人たちが出会うような事件はあまり来ないのです。そういう資料的な制約があると思います。

ただ基本的に虚偽自白に至る流れは変わらないのではないかと思っています。それを実証的に裏付けるためには、やはりそういう比較的軽い事件を改めてやっていく必要があるだろうと思います。

大出　資料の問題はともかくとして、刑事手続の中で一般的に人間が取り込まれ自白していく過程は、魔女裁判などによって明確に示されていたと思いますので、私はそんなに違和感は感じませんでした。

任意性あるいは信用性を肯定している判例などを見ると、その裁判官の意識の中に、いま浜田さんがおっしゃったような意識がまだかなり根強く残っているのではないかと思うことがあります。

その意味で、一般的にどういうかたちで虚偽の自白をすることになるのかを示す必要もあったのではないかという気がします。

それとの関係で、浜田さんがもう一つのポイントとして捜査側と被疑者側の相互関係を、明確なかたちで提起されたことはよかったと思います。

被疑者側に捜査当局がどう対応したかということは、裁判の場では見えにくい。つまり出てきても、紋切り型のことを言うだけです。取調経過一覧表が出てきて、少し変わってきたこともありますが、それに比べて被疑者側からの弁明は法廷ではかなり出てきていた。

相互関係ですから、捜査当局が見えなければ、被疑者の自白についてもなかなか評価しにくいということもあったのかもしれませんが、それがいままでどう扱われてきたかについてはどうですか。

●「でっち上げ論」が全面に

浜田　被疑者自身も虚偽自白をさせられたあと、それを撤回したときには被害者意識が強いでしょう。ですから、どうしてもでっち上げられたんだということが、前面に出てくるように思うんです。いくつかの事件でそういう被疑者・被告人側の主張を見る限りでは、弁護士にせよ、救援会にせよ、結局「でっち上げ論」になりやすいし、被告人もそういうかたちの弁明になりがちです。

そのために、被告人が取調べの場で結局犯人に「扮する」というか、犯人を演じざるを得なかったという、そこのところが自己分析しきれない。また自分がそういうかたちで、ある部分主体的にその虚偽自白を担ってきたということは認めにくいし、言いづらい部分があるだろうと思います。

守屋　たとえば米谷事件、**財田川事件**、島田事件など多くの再審事件の判決では、裁判所は自白の信用性を否定しながら、その虚偽自白の任意性は否定していないのです。

任意性を否定できないという裁判所の判断の背景には、被告人の取調べに対する不満、いま浜田さんが言われたようなでっち上げ的な訴えが、長年の間に被告人の心理の中で拡幅され、拡大されて、客観的な真実かどうかわからないという疑いすら抱かれるかたちで出てくるという、ある程度やむを得ない状況があるために、取調段階で自白に転回した瞬間の取調べ状況に関する被疑者の供述が真実かどうかもわかりにくくなっている。そのために、取調状況と、被疑者の心理の面から供述の信用性を分析するという手法をとることも、非常に難しくなっている。ですから供述調書に残された供述から、虚偽自白の痕跡を客観的に探っていくよりしかたがないということになります。被告人の心理は、被告人が訴えたいと思っている情熱は別として、事実認定の確実な資料といえるかどうか、裁判官には、相当悩みがあるところだと思います。

村井　結局、取調過程がはっきりわからない中で、裁判所では出てきたものから判断するとなると、明確なでっち上げの事実が明らかになっていない限り、任意性についても、信用性についても疑いは持ちにくいというかたちで進められてきた。だから被告人側、弁護側もでっち上げを主張するというかたちになっていたと思います。

ところが、現実の取調過程は必ずしもそういうものではない。そういう場合もあるが、多くの事件は必ずしもそうではない。そのそうではないというところにこそ問題があるんだという指摘は非

財田川事件　免田・松山事件と同様，1940年代末から50年代半ばに発生した強盗殺人事件で，被告人の捜査過程での自白を中心的な証拠として，一旦は死刑が確定した。しかし，無罪を主張して再審を請求。白鳥決定以降，相次いで再審が開始され，再審公判では，免田事件ではアリバイも認められたが，いずれも自白の信用性が否定され，83年7月に免田事件，84年3月に財田川事件，そして同年の7月に松山事件と無罪が言い渡され，確定した。

常に重要なことだと思います。

問題は、取調過程が全然明らかではない状況の中でどうするかということです。これは手法としては、浜田さんはそれぞれの供述過程の中から心理学的に分析することによって、実はそれがあるんだということを明らかにできるのではないかという主張をされていると思いますが、裁判に証拠として出てきた場合に、そこができるかどうかというところですね。

大出 これまでの「でっち上げ」論は実態についての分析が進んでいなかったために、理解してもらうためには「でっち上げ」だと言わないと共感が得られなかったところがあったということでしょうが、実態として見れば、拷問説のところに説明がありましたが、明確なかたちで殴る、蹴るといった捜査方法は影をひそめてきています。

そういう実状の中で殴られた、責められたということだけでは説明がつかない状況が生まれてきていて新たな分析視点が必要になってきた。

●子どもの心理から入る

村井 非常に個人的な話をしますと、私は子どもを持っておりまして、悪さをすると、親としてはどうしても問いつめる。問いつめる気はないけれど問いつめると、見てきたような嘘を言いますが、本人はちゃんとつじつまを合わせて、それほどきゅうきゅうやらなくてもしゃべるんです。

子どもの心理というものは、案外とそうなるんだと思うんです。浜田さんは子どもの心理学の専門家ですから、そういうところから出発して到達された結論ではないかと思うんです。

浜田 いまの心理学が研究している問題はかなり現実離れしているところがあるんです。私なども、こういう刑事裁判に首を突っ込んでしまったもので、現実のところから発想せざるをえないということになっていますが、心理学そのものはやはり実験心理学の流れの中で、要因を特定して、それをコントロールすることでどういう行動が出てくるのかという、法則追求型の科学です。そのために結果的にはかなり現実から離れたところがどうしても出てきます。

私なども、二股をかけたがゆえに、股が裂けないよう一生懸命両方つなげようといった面もあります。

この本では子どもを引き合いに出しての話もいくつか挙げておりますが、確かにいま言われたようなことは、実験的に確かめられたとか、そういう話ではなくて、感覚的にみんな持っていることなのです。

先ほどのでっち上げの話と絡めて言いますと、親が子どもを責めてあやまらせたりするときにも、あとで子どもに弁明させれば、でっち上げと言うかもしれません。そのときおもしろいのは親の側は多少あやふやでも、こいつがこの悪さをやったという可能性が高いというかたちで詰める、そのときに、子どもがそれに乗っかってくるということです。

つまり、親の側も別にでっち上げようとは思っていないわけですよ。結果的にでっち上げになるだけです。

ここのところが非常に大事だと思うんです。取調官も決してでっち上げようと思っているわけではない、こいつは無実だとわかっていてでっち上げているわけではない。ところが、それが虚偽の自白を引き出してしまうというところに恐さがあるわけです。

この恐さというものが、裁判の中で理解されているのかなということが心配でしょうがない。

たとえば、**狭山事件**の高裁判決などでも、死体を逆さ吊りにする話が出てきて、あれも自分から言い出したと石川さんが法廷で認めているわけです。自分から認めているんだったら本当じゃないかという、非常に簡単なところで判断してしまっているわけです。つまり取調官の側の意図的なでっち上げでなければ、真実じゃないかということです。

狭山事件　1963年５月１日に，埼玉県狭山市で，女子高生が誘拐され，殺された。指定した場所に現れた犯人を取り逃がし，大きな社会的批判を浴びた警察は，現場付近の被差別部落を集中的に捜査し，石川一雄氏を別件で逮捕。石川氏は，一ヵ月間否認を続けた後自白し，一審の間その自白を維持したこともあって，一審で死刑。二審になって，「10年で出してやる」という警察の約束を信じて自白を維持していたとして自白を撤回したが，無期懲役を言い渡され，上告も棄却。2005年３月16日第二次再審請求特別抗告を最高裁が棄却し，第三次再審請求を準備している。

そのように考えられてしまうと、これは非常におかしいわけです。無実の人間と知っていてでっち上げるのではないでっち上げがあるんだという、非常に単純なことですが、一つはそれをここで言いたかったんです。

大出　これまでの判例の立場というか。規範論的な枠との関係からいくと、なかなかそのへんは見えてこないというか、どういう前提で議論があったのかが難しいという気もします。

●任意と悔悟・改悛は同義ではない

守屋　大出さんのいわれる規範論的な立場というものの理解が不十分かもしれませんが、一つこういうことは言えるような気がします。つまり、人は、一般に自分の犯罪についてすすんで説明するようなことはしない、するとすれば犯した行為に対する悔悟、改悛の気持ちがある場合だ、悔悟、改悛から出てくる自白であれば、それは真実に違いない、このように考える素朴な常識のようなものがあるかもしれないということです。しかし、任意になされたということと、悔悟、改悛とは同義ではないわけです。まして、法律的に、任意性が否定されないからといって、その自白が、悔悟、改悛の自白であるというわけではない。だから、任意性の問題がクリヤーされたからといって、自白の内容が真実であるとは限らない。このような区別が忘れられるというか、おろそかにされやすいということではないでしょうか。

村井　いま言われたこととの関係で、悔悟、改悛の情にもとづくものは真実ではないかという点についても、実は浜田さんがちょっと疑問を出されていますが、悔悟、改悛がいったいどの点にあるかも問題だと思います。

富山・長野事件で、「男の責任」ということで問題にされて自白に至るという経過があります。人が何か犯罪事実にかかわり、しかも恋人のように近しい者が犯人だと言われると、そういう人間関係の中で犯罪にまで至らせたのは自分の責任だと思わせられることがあります。それもやはり一種の改悛の情ということになる。そこからして自白に至るという過程は、裁判過程で見ると、いかにも改悛の情から出た自白で、真実だろうと間違えられることになります。

これはまさに常識的見方だと思うんです。そのあたりの常識というものをいかにして打ち破るかが問題だろうと思うんです。

悔悟、改悛の情から出た自白というのにも裏があります。だけどその裏のところをどう見るかは、先ほどからの裁判過程での問題になってくるのではないかと思います。

裏もあるんだということを意識しながら認定していくことは、難しいことだとは思いますが。

守屋　悔悟、改悛の自白ならば真実であろうというのは、あくまでも常識論であって、その事件で具体的に真実の悔悟、改悛があったかどうかは、また別の事実認定の問題ですね。その認定を間違えば、虚偽自白を見破れないということにもなるわけです。

浜田　調書上は必ず悔悟、改悛をしたということになっています。

富山・長野事件　1980年2，3月に富山と長野で若い女性の誘拐殺人事件が起きた。この事件で富山市内の贈答品販売店の共同経営者であった男女が，共同正犯として起訴された。一審は，両事件とも女性の単独犯行と認定し，女性に死刑，男性に無罪を言い渡した。控訴審もこれを支持し，男性の無罪が確定した。女性側は上告したが棄却され，死刑が確定した。

●「主体的な嘘」に共感

守屋　それは例文かもしれませんね（笑）。そのへんは、供述調書に記載された自白の分析をする実務家にとっては、最近では、一つの常識になっているとさえ言えると思います。

もう一つ、供述者が、すすんで話したからといって任意性があるとは言えない場合がありますね。

浜田さんの本には、虚偽自白の場合には、供述者の自白の内容が、取調官が持っている資料あるいは情報の内容に収斂されていくということが出ておりますが、浜田さんは、それからすすんで、ただ収斂するだけには終わらないことを明らかにしている。取調官も、自分たちの知らない情報を供述者から引き出さなければ真実の自白を取ったことにならないと思っているし、供述者も、その要請に応えるように、主体的に嘘をついていくという場面が次に出てくるという。この浜田さんの分析に、私も共感します。

このようなことは、裁判官の一般的な常識になっているかどうかはともかく、いままでのケースにも出てきてはいました。たとえば下村幸雄さんが関与された東京高裁のいわゆる下妻事件（東京高判昭五八・六・二二、判例時報一〇八五号三〇頁）の判例の表現の中には、「自白の強要とは、捜査官の想定した事実をそのまま押しつけることに尽きるものではない」、「ある程度までは『自由』な供述を許すほかない」というように、そのような場面に対する注意が必要なことを示唆している部分があります。浜田さんが言われる自白の内容転回過程のところの主体的な嘘というものは、被告人が自ら話したからと言って、また取調官が知らないことを話したからといって、それが任意性があるとも言えないし、もちろん真実であるとも言えないところです。この点に関する裁判官の経験則というか、注意則も、これまでの判例に出ているることは出ているのです。

すこし話が戻るかもしれませんが、浜田さんは、無実なのに虚偽の自白をする人間は、虚偽の自白をした結果についての現実感が乏しい、非現実感が裏にあると言われていますが、これは捜査手続の中での自白という特殊性というか、次に裁判手続があるから、裁判の場で本当のことを言えばいいということで、現実の追及の不利益から逃れたいという心理の特殊性とも考えられないでしょうか。

浜田さんがこの本で引用されている日弁連の「自由と正義」のアンケートでも、虚偽自白の動機として、裁判所で本当のことを言えばいいと思ったというのが、三割近くあるわけです。そこのところは、日本人のあきらめやすい心理と言ってしまうと問題かもしれませんが、わりと理解しやすい心理だと思うのです。それが一旦自白をしてしまうと裁判所に虚偽自白であることを認定させるのは大変だということを、これまでの冤罪事件が教訓として残しているようで、裁判官の一人として責任のようなものは感じますが。

浜田さんが、非現実感と言われる心理的なものの中身は、あとの手続きに対する簡単な期待というか、そういうものとは違うのでしょうか。

大出　実際問題としては、本当に取調べでぎゅうぎゅうやられているとき、その程度問題もあるかもしれませんが、その時点で将来なんとかなるだろうと考えているかどうかについてはどうなんですか。

浜田　そこまでは考えないことも十分あると思います。つまりいまがしんどいから、とにかくこれを逃れたい。

拷問のほうがもう少しはっきりとわかると思います。痛いから、自白をしてその結果死刑になるとかなんとか考える以前に、とにかく痛いからここは言うとおりにしようというのはあるわけです。それに近いようなことは拷問でなくてもあります。

大出　そういう意味では浜田さんがさっきちょっとおっしゃったように、目の前に十三階段があれば違うでしょう。単に裁判官がいるとかいないとかじゃなくて、将来はどうなるかはわからないが、とりあえずその苦痛から逃れられて、まだ先はあるという程度のことのような感じもします。

村井　先があるということについては、ほかの人に訴えればなんとかなるだろうという思いもやはりあるだろうと思います。

具体的な事件の中にもありますが、たとえば勾留質問の中で訴える。しかし訴えても裁判官が全然聞いてくれなかったから、もうがっかりしてしまってというようなこともよく出てきますね。

具体的な公判に至るまでに、裁判官が被疑者と接触する場面は勾留質問の段階です。この段階はかなり重要だと思います。このあたりについて、裁判官としてはどのような対処をされるんですか。

守屋　今までの冤罪事件では、勾留質問手続で裁判官が言い分を聞いてくれなかったと訴えた例はほとんどないと思います。供述の変遷が問題になってきて、勾留質問調書が証拠として出されるケースもありますが、裁判官の場合は陳述録取で取調べではありませんから、むしろそこで否認していたという証拠になる場合が多いと思います。もちろん全部ではありませんが。

村井　訴えを聞いてくれなかったというか、訴えたがそれが生きなかったということです。

守屋　否認したが、結局勾留されてしまったということで、無実の訴えが生きなかったということはありうると思います。勾留質問の段階で、無実なのか単なる否認なのかを的確に判断することは非常に難しいことです。ただ、検察官の場合とは異なって、裁判官の勾留質問手続で無実を訴えていたということは、ほとんどの冤罪事件の特徴として出ているとは思います。それで、もし、勾留質問の前に自白しながら勾留質問手続で否認するケースがあるとすれば、浜田さんの言われる非現実感を手続きの面から裏付けることになるのではないかというのが、私の単純な発想です。

現実の取調べの状況では、勾留質問の段階で否認しても、また警察の代用監獄に戻ってしまえば取調べを受けることになるし、弁護人などの助力がなければ、被疑者の心理として否認をとおしきれるかという問題があるとは思いますが。

浜田　裁判官が言い分を聞いてくれなかったというときに、結果が自分の思うように出なかったというだけではなくて、私はそういう場面にあまり立ち会ったことがないのでわかりませんが、裁判官に聞いてもらったという実感を持つことが心理的に難しいんじゃないかと思います。

つまり、聞いてもらうということは単に一方的にしゃべることではなくて、文字どおり相手に耳を傾けるもらうということでしょう。聞いてくれたなという実感を、被疑者のほうではどこまで持てるのかというのは、ちょっと心配だなという気がします。

これは非常に素朴な実感なのですが、私も証人として呼ばれて、法廷に行ったりします。そうすると裁判官は無表情なんですね（笑）。聞いているのか、聞いていないのか、わからない。

普通の対面場面では、自分がしゃべると相手が表情や仕草などのボディランゲージでそれなりに反応しているわけです。ところが、裁判所ではあの黒い法衣を着たとたんに、能面になるような気がしてしようがない。

あれでは被疑者としては、訴えても非常に頼りない感じがすると思います。

任意性と信用性　自白を証拠として使うためには，それが違法な手続によって得られたものであってはならないし，また誘導等の自由な意志決定を妨げる方法を用いて得られたものであってもならない。誘導等の手段を用いて得られた自白には任意性がなく，およそ証拠として使えない（刑訴法319条1項）。さらに，任意性が認められて一応証拠として使えるような自白であっても，内容的にみて虚偽の疑いがあれば，そのような自白を根拠として有罪を言い渡してはならないことはいうまでもない。これが自白の信用性の問題である。

5　自由の任意性判断と浜田分析

大出　自白過程の実態がある程度見えてきましたので、次に自白を評価するための法的な枠組みについて考えてみましょう。

法的な枠としては、証拠能力―**任意性**と証明力―**信用性**があります。

これらの枠が、自白過程の事態が抱えている問題点を見るときに、はたして有効な枠として機能しているのかどうか。

●「場の異常性」を任意性の判断基準に

守屋　刑訴法三一九条一項が「強制、拷問又は脅迫による自白（中略）その他任意にされたものでない疑いのある自白」という表現をとっていることからして、これまでの自白の任意性論は、取調べの手段方法が、供述者に心理的な強制を加える違法な手段だといえるかどうかという解釈に重点を置いており、浜田さんが言われるように、違法とはいえない通常の取調べ——ちょっと表現がまずいかもしれませんが——要するに違法が特徴的にとらえられないような取調べによって得られた自白については、従来の任意性論は無力であったように思います。

たとえば理詰めの追及であるとか、執拗な取調べであるとか、誘導を含む取調べであるとか——誘導は程度によるでしょうが——、要するに、取調官が取調べで被疑者に対して自白を求めてある程度の圧力をかけても任意性は肯定されるとしていたケースが多いと思います。

これまでに、最高裁が自白の任意性を問題にした例を見ると、強制による自白、偽計による自白、約束による自白、手錠による自白など、いずれも取調べに部分的にもせよ、明らかな違法が認められるケースに限られているわけです。

そのように特別に目立った違法がない、いうならば通常の取調べの中で、被疑者が心理的に追いつめられて虚偽の自白をすることも、本来は自白の任意性の判断の中で大事なことであるはずだと思います。被疑者が、架空の犯罪について取調べを受け、無実の主張を聞き入れて貰えずに虚偽の自白をせざるを得ない心境に追い込まれるということは、考えようによっては、刑事裁判手続で、人間の尊厳が侵される究極の場面であるとすら言えるのではないでしょうか。

虚偽の自白にいたる心理が、取調手段の個々の違法からばかりでなく、通常行われる取調手段の総合から生まれるという、浜田論文にいう「場の異常性」は、いままで自白の任意性の判断基準には登場してきていませんでしたけれども、今後は、何とか任意性の判断基準に組み入れて行けないものかなと、私は考えています。

これまで、最高裁判所が自白の信用性に疑いを抱いて無罪の結論を出した冤罪事件は、大森勧銀事件を始めいくつもあるわけですが、ほとんどの事例については自白の任意性の判断を回避して、直接信用性に立ち入って判断をして、原審の有罪判決を破棄したり、無罪判決を維持したりしてきています。そのため、任意性に対する判断回避が、結果において捜査官の違法な取調べを黙認してきたのではないかという批判も一部にありました。しかし、虚偽の自白について、任意性を肯定した判断をした事例も、これまではほとんどなかったわけです。

ところが、先般の板橋強制わいせつ事件（平元、一〇、二六・判例時報一三一一号一四五頁）の最高裁第一小法廷の判決は、自白の信用性を否定しながら、自白の任意性を肯定した原判決は相当であるとして、理由中で任意性を肯定してます。

本件では、被告人の自白は、被害者の供述から明らかな犯人の着衣や所持品と、被告人の当日の着衣や所持品が違っていて、客観的事実と一致しない内容であり、秘密の暴露もまったくないということで、信用性に疑いのある自白であると認定されました。被告人は、逮捕された後、当初は否認していましたが九日目に自白しました。この自白について、被告人は、当時甲状腺機能こう進症という病気であるのに、留置場ではかかりつけの病院から薬を買えないという状態であり、逮捕翌日の朝、留置場で警察官から平手で頭を殴られたり、取調室で紙を丸めたもので頭を殴られたり首を押さえつけられたりする暴行を受けたとか、自白をすれば再度の執行猶予を受けられるという利益誘導があったことを訴えて任意性を争っていましたが、第一審は、取調官の暴行などがあったという被告人の訴えは信用できないし、留置場でも病気に対する投薬は受けていたし、取調時間の回数や長さも不当であったとはいえないということで任意性を認め、その判断は一審の無罪を覆した高裁判決で維持され、最高裁判所はその原審の任意性に対する判断を肯定することによって結局一審の任意性の判断が確定しました。上告審で主張されていた違憲の主張を回避するための判断だったのかもしれませんが、虚偽自白の任意性を認めた非常に珍しいケースです。

しかし、この判決は、判例集に登載されていないのです。この事件について結論は、事実認定において被告人の自白の信用性を否定し、しかも控訴審の有罪判決を破棄して、控訴棄却をして一審の無罪判決を確定させているわけですから、事例としては、最高裁の刑事判例集に載せてもいいケースと思うのですが、裁判集にしか登載されていません。

このような現象をみると、取調べの結果、虚偽の自白がなされたというケースについて、その自白の任意性を積極的に肯定することについては、最高裁判所においてもなお躊躇するところがあるのではないかという感じが残ります。

事実審の尊重という観点での任意性に対する判断回避と、虚偽自白でも任意性を肯定するという態度とは、やはり別であると思いますし、後のほうについてはまだ最高裁でも慎重だと考えたいところです。

この事件については、私は、被告人の心理に忠実に考えると任意性がないとする判断も成り立つように思っておりまして、このへんは浜田さんの本などによって自白の分析が進むにつれて、任意性の判断基準が動くことも考えられる分野ではないかと思いますし、自分でももう少し研究してみたいと思っています。

大出　いままでは実態が見えていなかったことによって、基準を作ろうにも作りようがなかった。また任意性の問題にかかわるような材料がなかなか裁判の場面に出てこないということもありました。実態の分析が進んでいくことになれば、任意性判断のあり方がもう一度問われてくることにはなると思います。

●任意性をどこで判断するのか

村井　いまの任意性の議論は単に物理的なものというより、いわゆる典型的な任意性論ではないし、しかも精神的なものについてもパターン化したものではないところで任意性について判断をしなければならない状況だと思うんです。

その点について、浜田さんは「場の異常性」ということを指摘されています。取調べの場そのものが異常なのであって、そこで出てきた自白そのものについての判断は、虚偽の自白であれば任意性そのものも否定されるかたちになると思うんです。

このあたりはすでに守屋さんがおっしゃったように、守屋さんの本の中でも少し出てきていて、そういう脈絡の中で考えていくと、逆に従来は任意性はまず証拠能力の問題だから、最初に判断する。そこでは中身をまだ見ないで、任意性を判断して排除してしまおう、そうすべきであるという議論があり、私などもそういう議論なのです。

ところが明確な違法がないことには判断できないではないかということが、守屋さんの本の中で出てきて、それでもできるんだという議論を学者のほうでは立てる。しかし実務上はなかなか難しい。

難しいから、一応証拠として採った上で、やはり虚偽だったら、これはよほどの理由がない限り、浜田さんに言わせると「場の異常性」が解消されるような事情のない限り」は改めて排除していくという手続きになっていくのだろうと思います。

　これもわれわれとしては微妙です。任意性はあくまでも証拠として見ないために、判断の枠組みから排除するための装置です。裁判官が判断の枠組みに入れると、どのように良心的に考えようとしても、ある程度中身にとらわれてしまうからです。

　裁判官から言うと、「裁判官に対する不信だ」ということになるでしょうが、基本的に裁判官は権力の場にいるということから考えると、証拠能力の問題などはそのチェックとしてあるわけです。そうなると、裁判官がそれによって心証を得る前に排除するのが、任意性の本来のあり方だと思います。

　しかし本来のあり方を前提とすると、やっぱり明確に違法なものでなければできないのではないか。ところが本当はそんなに明確なものはないんだということを示されたわけです。

　任意性の有無を常に見ながら、裁判官としては判断する。いつの時点でも任意性がないということになれば、ただちに排除する。それに非常に力を与えた分析であることで、私は評価できるだろうと思いますが、実際の裁判の場では、非常に難しいところですね。

守屋　難しいと思います。従来の任意性論は、先ほどの「でっち上げ」論と一緒で、取調べが違法であるから任意性がないんだということをストレートに言っていたわけです。そして、取調べ過程に、前に述べたような強制、偽計、約束などの違法が認定されれば問題がないわけです。しかし、個々の取調べ方法については特別に違法がないような通常の取調べの過程でも虚偽自白ができる場合がある。個々の取調べの量的な積み重ねが、虚偽の自白をもたらす「場の異常性」まで高まるとしても、一連の手続としては通常の取調べ過程に過ぎないというようなケースを、従来取調べの違法性に着目していた任意性論がどのように説明するのか……。

大出　いまの村井さんの説明に関連して、任意性と信用性の関係をどう見るかということで議論していくと、虚偽排除説（→七〇九頁）がありますね。

　自白を排除するということは本来からいけば、取調べが違法な場合には限らないんですね。違法であれば、虚偽が入り込んでくるだろうという前提はあったかもしれないが、なにも違法でなくても虚偽は入り込んでくるわけですから、本当にそれが徹底されれば、虚偽が入り込んでくる余地というのは、違法であるかどうかにはかかわりがない。

ですから、本当に任意性で虚偽排除を徹底するというのであれば、ひょっとするといまとは違った方向があり得るという話になるのかどうか。

村井　虚偽排除という議論が基本的に言われたのは、やはり違法であっても虚偽でなければ証拠として採用していいというものです。だから、いまこうした虚偽排除説を再評価すべきだという議論ではないんです。そうではなくて、やはり明確に違法なものは排除していく。その上で虚偽なものの中では「場の異常性」もやはり異常なんだ。だからそれは排除すべきだというかたちで、虚偽の中にまさに違法性が紛れ込んでいるというかたちだろうと思うので、それは虚偽排除説ではないと思うんです。

大出　村井さんのほうから、「場の異常性」はまさに違法ではないかと発言されましたが、いままでの実務では、もちろんそこまでは言っていないわけですし、先ほどのお話は異常であろうということはある程度前提とされているかもしれないが、そうは言っても法的に一応は容認されているというかっこうになっている取調べとの関係でのお話だったと思います。

浜田さん自身は任意性が言われることについて、どういう認識の下でいろいろとお考えになったのでしょうか。

●取調べの場には本当に任意性があるのか

浜田　はっきり言ってよくわからないのです。任意性という議論がどのへんの土俵でなされているのかが、第三者には非常に見えにくい。

任意性と言ったって、結局ある場所に囲われて、付き合わされて、黙秘権があっても、対面して黙っているなんて結構難しいことですし、とにかくそこに居なければいけないと言われたら、つまり取調べを受ける義務があるんだと言われたら、それだけですでにこれはたいへんな強制なわけです。

そういうところで、なおかつ任意であるということが不思議でならなかった（笑）。

大出　研究者サイドでは最先端の議論としてはそのように考えてきていると思うんです。ただ裁判実務は必ずしもそう考えていないわけですから。

守屋　裁判実務というか、先ほどの刑訴法三一九条一項の解釈にも関係してきますが、現在の刑訴法は、強制的な捜査手段としての逮捕勾留、あるいはその状態における取調べを認めているわけです。もちろん学説上は取調受忍義務を否定したり、取調べを違法とする考えもありますが、実務では取調べの慣行を肯定した解釈が定着しています。このような立場では、法律的に認められているる手段を使って収集した証拠に証拠能力がないということでは、自己矛盾をきたすことになります。

ですから、取調べについても、ある程度許容限度を定めて、それから逸脱する取調べで得られた自白の証拠能力をチェックしようという理屈になってくると思います。

村井さんがいわれるように、取調べの状態が「異常な場」になったときには取調べを違法とするということは一つの考え方だと思います。

しかし取調べが違法とされるためには、違法性の主観的な要素というか、取調官側にも違法な取調べをすることに対する故意あるいは過失が問題になってくるように考えられますが、結果的に虚偽の自白を得てしまったということから、取調べが違法になるという説明が妥当であるかどうかという問題が一つあると思います。むしろ、虚偽自白に追い込まれるという被疑者の心理を直截に問題にするほうが素直な説明ではないだろうか。

これは、私の考えなのですが、従来自白の任意性に関していわれてきた虚偽排除説、人権擁護説あるいは違法排除説というのは、どちらかといえば、裁判所が任意性がないと判断した自白について、その証拠能力が排除される理由を説明してきた論議であって、それぞれの説、例えば虚偽排除説を取ればどのような自白については任意性が肯定され、どのような自白については任意性が否定されるかというような任意性の判断基準を提供するための研究はすすんでいなかったような感じがします。違法排除説も、取調受忍義務の否定と結びついて主張される場合が多いために、実務の取調べの慣行に立ち入って違法の基準を立てるところまでなかなかいかなかったと思うのです。しかも、違法排除説は、取調べの客観的な側面に着目して証拠能力を判断しようとするわけですが、供述する被疑者の心理に即した観点を違法の観点にどう取り込むか、それを加味した任意性の判断基準を提供できるのか、という点については、まだ未開拓の部分があったのではないでしょうか。

どういう自白の場合に任意性があるとするかは、任意性の基準に関する旧来の学説を無条件に引き写すのではなく、ケース・バイ・ケースで、裁判所の事例の積み重ねが望まれる問題だと思います。

私としては、先ほども言いましたが、虚偽の自白をするに至るような心理状態をも、なんとか任意性の重要な基準として取り込みたい。そのために、従来の任意性に関する学説がどのように有効か、また限界があるのかどうかを考えてみたい。

そのためにも、どういうケースの場合に虚偽の自白がなされることになったのかを、事例を積み重ねてその分析をしていくということが必要だろうと思っています。

ここは、従来の自白の任意性に関する学説と実務が遊離していたというか、お互いに研究不足だったところではないかと思っているのですが。

大出　それは結局実態分析というか、つまりどうなった場合に虚偽自白が出てくるのかということですか。

守屋　任意性の基準を作らなければいけないことは確かなので、その基準を供述者が虚偽の自白をするにいたる心理的な側面に重点を置きながら、取調べの客観的なありかたをにらみ合わせて、類型化ができないかということです。

大出　いまの守屋さんのお話はこれまでの判例の立場というか、これまでの任意性についての理論の立場から出発して、それをより有効に、実態に即したものとして機能させるためにどうするかということとしてお考えになったことと思います。

浜田さんの議論で出てきたところとの関係からいくと、浜田さんの理論ではいわば圧力のかかった場であるいまの取調べの実態は、それ自体違法だというか、任意性をすでに奪う状態になるんだということになるのかどうか。

●真実の自白はどのようにしたらとれるか

浜田　このへんは私もよくわかりませんが、たとえば真犯人で、自白がなければほとんど解明できない事件があることは事実だと思います。

実務のことはよくわかわないのですが、犯罪を犯した者がいて、物証などがほとんど出ないような場合、本来は物証でやらなければいけないが、たとえば贈収賄の事件などではそれがほとんど出ないケースがある。

そういう場合はどうするのかとなれば、素人考えで言うと、やっぱり強制はある程度なければ自白は出ないのではないかとなるわけです。ただその強制が真実の自白を引き出すこともあれば、虚偽の自白を引き出すこともある。ここの境界の部分がよくわからない。

大出　とりあえずは浜田さんのお立場からすると、本の中でも触れられていたように、やっぱりそのときにどちらに振り子を振るかといえば、それこそそれが刑事裁判の原則なんだろうけれども、一人の無辜をも処罰することになってはならないから、そうでない方法を選ぶしかないように読めたのですが。

浜田　私の考え方はそうなんですよ。ただ一般論として人が見るときにはどうかというと、そのとき一定の圧力をかけなければ問題が解決しないんじゃないかという見方があるということなんです。

村井　実際の裁判の場では、真犯人であるかどうかはわからないのが出発点です。

その中で真実の自白を得るには、本当に強制がなければならないのかというと、私は大変に疑問です。具体的に例として挙げると、たとえばイギリスで弁護人立ち会いでやっても、自白率はあまり変わらないんです。これが真実の自白であるかどうかはともかくとして、そういうところはあるわけですよ。

日本の場合だって、仮に取調べの場である程度任意な状況を作りだしたとしても、それほど変わらない可能性はある。そうだとすると、必ず強制的な場を必要とするものでもないだろうと思うんです。

浜田さんの議論からすると、強制の場は虚偽を引き出すという結論になるだろうと思うんです。むしろ真実ならば、強制を使わなくても真実を言うだろうというかたちになるのが図式ではないかと、この本を読んで考えたのですが。

浜田　本の中で、その場の強制の度合いによって、どの程度自白率が変わるかという仮想図を描いていますが、そこでは、全体に無実の人の自白率より真犯人の自白率のほうを高くしています。つまり無実の人間のほうがしにくいだろうということにしています。常識的にはそう考えられているのでしょうが、本当はよくわかりませんね。

いま村井さんが言われたのは、どちらかというと真犯人のほうが自白しやすいのではないかということでしょうか。

村井　真犯人のほうが自白しやすいということではなくて、強制によって本当のことを言わせることになるのかというと、少なくとも浜田さんの本の文脈からいうと逆なんだということが示されているんだろうと思うんです。

だからむしろ任意な状況を確保することによって、真実に迫り得る。それは私などもそういう主張なんです。その点で共感するところがあったということです。

浜田　それはそうだと私も思うのですが、そのことを実態論として根拠づけることになると、まだ何とも言えません。そうであってほしいとは思うし、そういうことを一つの理想として描きながら書いてはいますが、たとえば一定程度の強制がなければ、真犯人が言うものではないという非常に大きな通念があります。これに対してどこまで対処できるのかというのは、私ははっきり言って自信がないんです。

大出　ご本でもインボーの例を出して、そのへんのことをかなり触れておられるし、否認への力動というか、それから自白への力動にどう作用するのかということについては、浜田さんとしてみても、真犯人が自白するような状態で、そういう力動が働くようなやり方があるんじゃないかとされています。

つまり浜田さんが考えるところでの任意の状態というか、そういう方向へ導いていく可能性が十分あり得るとおっしゃってはいるのですが。

浜田　その点「圧力」という言葉の使い方に誤解を招きやすいところがあったのかもしれません。人と人とがであってやりとりする場面は、心理学的な言い方をしますとつねに「力の場」なのです。その意味では無圧力というのは原則的にありえない。インボーらが唱えた取調べにしても、真犯人の可能性の高い被疑者に対しては自白へ向けての促しをするわけで、その促し方のテクニックを説いているわけです。この促しは、心理学の表現では一種の圧力ということになりますが、その促しなしにまったく自発的に真実の自白が出てくるかというと、それは原理的にいって、ないといわざるをえない。とすると問題は被疑者に向けての促し、働きかけ、つまり圧力の質だということになってきます。これが法の上での任意性問題になっていくのでしょうが、この点について私にはまだよくわからない。当面、この本で私がやったのは虚偽自白論なんです。本当はこれに加えて真実自白論をやらなければならない。

守屋　自白の内容が真実であるか虚偽であるかという問題と、強制が適法か違法かという問題が必ず連動するとは限らない。違法な強制だから虚偽自白で、適法な強制だから真実の自白であるというように単純にはいかないということをわきまえたうえで、虚偽自白の排除を考えることが必要になってくるわけです。

大出　しかしその相関がわからない以上は、虚偽自白が出てくる危険性は避けるべきなんだというところで決断するしかないのが、いまの実状との関係で最終的に言い得ることなのかもしれない。とはいっても浜田さんの言うように、取調べがすべてだめだということになるのかどうか任意性の問題はそういう厄介な部分を抱えていることは間違いない。

村井　非常に公式的な言い方をすれば、その相関がわからなくても、あるいはわかっていても、つまり真犯人であることがわかっていても任意性のないものは排除しなければならないということが、任意性の基本原理です。

しかし実際上は真犯人であるかどうかわからないところから、実相はややこしいわけです。

それから先ほど守屋さんが言われたことで、違法排除か虚偽排除かというのが、判例の説明として出されたと言われましたが、理論の場から言うと、必ずしもそうではないと思うんです。

日本で議論されたときに、判例の説明材料になっているということではあるのですが、この理論が形成されていった過程の中では、やはり判例はむしろ虚偽排除でやっているのに対して、違法だったら排除すべきだというかたちで提起された問題ですから、その意味では必ずしも判例分析の過程ではないということを、まず踏まえなければならないだろうと思います。

それから、結果から判断するのではないかという点について、私は結果から判断するのではなく、むしろ取調べの場はそれ自体違法であるということだと思うんです。

だからそれを打ち砕くだけの装置、システムがないことにはだめなんだということに、私の議論を極端に押し進めていくと、なるだろうと思います。

大出　その限りでは、私も基本的には村井さんと同じような立場に立つわけですが、それでいくと浜田さんの実態論はピタッとはまってくるのです。

学説全体がそうだと言うつもりはもちろんありませんし、そういう議論があるんだということだけをとりあえず申し上げておくことになるのですが、先ほど守屋さんから指摘がありましたように、そのへんは法的に容認されていると考えるのが、基本的な判例の立場であり、実務の立場であると思います。

そういう立場から見て、それでもなおかつ、そういう実態分析が出てきた以上、それに配慮した基本づくりが必要なのではないかというご指摘があったということだと思います。

6　自白の信用性判断と浜田分析

大出　自白の問題について、いま任意性の問題を議論してきましたが、信用性の角度からももう少し議論してみる必要があると思います。

特に守屋さんなどのお仕事では、信用性について注意則という観点からの基準づくりもかなり進んできているわけで、これが一定実務においても有効に機能している面があります。

そもそもそういった基準を作ることがいいのかどうなのかという議論もありますので、そちらのほうに話を移していきたいと思います。

●きわめて不完全な証拠を前提にした注意則

守屋　『自白の分析と評価』を出版したときに、ある研究者の方から、良くも悪くも現在の取調べを前提とした研究である、というご指摘をいただきまして、返す言葉がなかったわけです（笑）。

私の本にも書きましたように、現在の自白調書は、江戸時代の口書、あるいは旧刑訴法時代の聴取書きにさかのぼる沿革を持つ形式で、取調官が、取調べの結果を問いと答えを分離せずに供述者の物語風にまとめた、情報の伝達手段としては極めて不正確な、不充分な証拠方法です。したがって、このような供述調書の内容から真実を発見しようとする審理は、不完全な証拠方法が前提になっているための労の多い作業といえるわけで、改善されるにこしたことはありません。判例に表れた自白の信用性に対する評価基準は、あくまでも現在のような証拠収集を前提とした注意則だということです。

ただ、自白の信用性を時間の継続の中で吟味することに始まる虚擬自白の分析の方法は、犯罪とそれに対する取調べという人間の活動が続く限り、供述者の供述が真に体験に基づくものであるかどうかを吟味するための注意則として、有効性を発揮するだろうとは思います。

浜田さんが、取調官が持っている情報あるいは事件仮説と被疑者の体験選択の関数として供述調書の記載が出てくるといわれる指摘は、私が自白調書を分析したときの視点と重なりあっています。だからその点ではまったく同感なんですが、先ほど言いましたように、実務家の方は、あくまでも疑わしい自白を排除するという判断基準に親近感を持つので、供述調書の記載から帰納的に推論して行くための基準を作ることになり、調書が作られる状態を最初から注意則に組み入れることはしていないのだと思います。

つまり、浜田さんが『狭山事件・虚偽自白』（日本評論社）で書かれているように、真犯人が一部否認・一部自白をする場合も、まったくの虚偽自白と同じように、取調官の情報・事件仮説と被疑者の体験選択という過程をとると思うのです。取調官の情報・事件仮説と被疑者の体験選択は、一部否認・一部自白という場合でも同じだし、あるいは真犯人の自白でも同じような過程をとって、最終的に、客観的な事実に合う自白が出てくるのではないでしょうか。取調べという状況を想定すると、取調官の持っている情報・事件仮説と、被疑者の体験選択の結果が最終的な自白調書にいたるという調書の作成過程は共通なところがあるように思います。

浜田さんが、虚偽の自白の場合の供述者の心理として述べられることは、虚偽の自白がなされたことが裁判の結果確定している事件については、本当に納得のいく説明になっていると思うのですが、真実の自白か虚偽の自白か疑わしい事件を審理する立場で、自白の真実性分析のポイントを見つけ出そうということになると、やはり供述に表れたものに一般的な注意則を適用することから始めることになるのではないでしょうか。取調官の情報・事件仮説と被疑者の体験選択という次元では、資料の不足もあって、真実の自白と虚偽の自白を分析するポイントになる被疑者の心理状態を類型的に説明するところまで行きつくのはたいへんなような気がします。

ないものねだりかもしれませんが、浜田さんの方法を、真犯人の自白であることが明らかである事例とか、あるいは一部自白・一部否認の事例とかに対比されて、虚偽自白について特徴的なものを出すことまで応用してみていただけると、実務にとっても大変有効な研究になったのかもしれません。しかしそういう資料がないのが現実だから、やむを得ない感じですが。

浜田　私にはちょっとゆとりがありませんが、それは誰かがやらなければいけないのではないでしょうか。それに資料がなくはないはずです。ですから比較研究は当然やらなければいけない。

私はこの本の中で、それこそ裁判の場では確定していない事件、再審でいま問題になっている事件をかなり扱っています。私自身は無実だということを、自分の中では証拠をあらってみて確信しているつもりですが、単なる確信にすぎないと言われればどうしようもありません。

ただ信用性判断について、単にこういう供述は信用性がないのではないかとか、そういう蓋然性のレベルではなくて、もう少し論理的に信用性判断ができるのではないかと、私は思っているのです。

つまりたくさんの供述が出てきて、時系列に並べると、数十日にわたって数十通の調書が出てくる。実際に私が作業しているときには、それだけたくさんのデータを貰って、真犯人か、無実かがわからないことはないのではないかという、非常に素朴なところから始めているわけです。

これだけたくさんの言葉を言ったことになっていて、ただしそれは本人が言ったというだけではなくて、取調官の尋問との関係の中から出てきたということを前提にして、その供述のあとを追っていけば、真犯人の言葉か無実の人の言葉かが見えるはずだ。仮説検証的に探っていけば、結果的にそれは明らかになるのではないかと、私は思っているのです。

だけど、裁判所の認定の仕方は必ずしもそうではないように見えるんですが（笑）。

大出　いま守屋さんからの課題の提起に答えられたところもありますが、浜田さん自身ある程度材料があれば、真犯人の自白だということもいえるということですか。

浜田　真犯人の真実の自白というものの特徴を比較検討するという作業は置いておいて、それ抜きでもできるのではないか、できるはずじゃないかと思っているということです。

そのときにどういう論理立てをするのかという問題が出てくるわけですか、その点でたとえば注意則と言われているものでは、私はちょっと物足りないなと思っているのです。

つまり人間があることをするには、必ず意味がある。これは供述分析の大前提なのですが、たとえば嘘をつくにしても、必ず嘘には理由がある。つまり人間の行動には、つねに本人にとってのなんらかの意味があるということを前提にして見ていけば、わかるところがあるはずだ。

自白と他の証拠とが合致しないとき真犯人である被疑者が嘘をついたのだという話ですまされてしまうことがあるのですが、実際は嘘だというところでは終わらない。むしろ、嘘から始まる。嘘だというのであれば、どういう理由で嘘をついたのかということまで追って分析しなければならない。もちろんすべてがわかるわけではないけれども、少なくとも無実の人間の嘘なのか、真犯人の真実あるいは嘘なのかといったことを判別できる程度には分析できるのではないかと思っています。

大出　裁判という場面を前提にした場合にそれが可能かどうかという大問題がもう一つあるのではないかという気はします。

そこについては、議論があることを前提にしながら、それでなおかついまの実務で形成されてきている注意則を、浜田さんはどのようにご覧になっているのでしょうか。

●目が粗い注意則

浜田　注意則というのは、いろいろな事例をつみあげることによって、こういう特徴のある供述について、信用性があると判断するのは危険性が大きいという、ある種の帰納法によるものだろうと思うんです。

もちろんそれでもって判断して意味を持つ事例は今後もあると思うんですが、ただそれでもなおまだ判断しきれない部分はあります。注意則は非常に目が粗いという感じを受けます。つまり、こういう特徴を持っているものを信用できると判断するのは危険であるといった注意則からは漏れるものが多い。

逆に私が思っているのは、ある帰納的な法則性を立てて、それでもって供述の信用性を予測するのではなくて、一人の人間がその場の中で語った言葉だということで理解する了解的方法があるんじゃないかということなんです。

どちらかというと、注意則の考え方は帰納的方法によっていると思うんですが、もう少し論理的というか、演繹的な方法はないかと思っているんです。

それで私自身は特に嘘に注目しています。嘘には理由が必ずある。非常に素朴なんですが、たとえば被害者がどこそこの場所でこういう格好で死んでいたといった事実があるとき、通常の取調べの中であれば、取調官がそれを伏せておいて取り調べて、しかもその証拠に合うかたちの供述が出てきたとすれば、信用性が高いと判断できますが、供述調書だけ見ていても、取調べのさいに証拠を伏せて尋問したかどうかがわからない。

取調官が、本当の意味で仮説検証型の取調べを行えば虚偽自白の大半は防げるはずなんです。つまり証拠情報を与えずに言わせてみて、証拠と合致するかどうかをチェックすれば、被疑者が真犯人かどうかが取調官には相当程度わかるはずなのに、どうもその方法をとっていないような感じを受けます。

供述調書に録取された供述が結果的に死体の状況に合っていれば、なんとも言いようがないわけですが、よく検討してみると必ずしも合わないところが出てくることがある。

たとえば袴田事件では、相手を刺した場所を供述しているのですが、それが死体の場所と一致している。それだけを見れば供述と証拠とは合致するように見えます。

ところが、この事件では犯人は被害者を刺したあと、まだ息のある被害者に油をかけて燃やしているのですが、実況検分調書を見てみますと、血痕の状況とか、油の痕からして、どうも刺した位置、油をかけた位置と死体があった位置がずれているわけです。

自白調書上は死体の位置と、刺した位置とが一致していて、いかにも客観的証拠と合っているように見えながら、実はこれはちょっと違うのではないかということが出てくるわけです。

そうなりますと、明らかにこれは嘘だということになりますし、嘘だとすれば理由がなければならない。しかし、真犯人がそのような嘘をつく理由はない。ということになれば、これは虚偽自白だという可能性が浮かび上がってきます。

この一点だけで結論が下せるわけではないのですが、同種の例が何十個も出てきますと、もはや虚偽自白であるとの結論を避けることはできない。こうした形の供述分析があると思うのです。

村井　注意則については、先ほどの守屋さんの手法というか、基本的な姿勢での注意則、いわゆる疑問排除型というものが徹底したかたちでやられる限りにおいては、妥当だと思います。いくつかの疑問点を示しておき、少なくともこの疑問点が排除されなければ、信用性は付加できないという最低限の要請を示しているものとしてです。

けれども、この疑問点が排除されたからといって、ただちに信用性が付加されるわけではないということを、ちゃんと踏まえたかたちであればいいのですが。

司法研修所などでは、最近この基準に従って判断せよというかたちで基準が提示されているようです。そうなると、その基準に合っていれば信用できるというかたちで転化してきます。

最初に渡部さんや、守屋さんが出された研究は現在の判例の中で、少なくともこういう点で排除されているということを整理され、基準化された。ところが、それが実務の中で一人歩きして、この基準さえ踏まえれば信用性が判断できるんだとなる。

しかしそこにやはりそうではないという架け橋が必要なわけです。要するに、ここの注意則で出されている疑問点は、それがある自白は虚偽であるということで排除されなければならないということだけを示すものです。それには当たらなければ、ただちにそれで信用されるかといえばそうではない。

浜田さんのお話は、やはり虚偽排除なんです。虚偽性を排除するポイントであって、信用性を付加する材料ではありません。仮説の提出によって一つの信用性を付加することになるかもしれませんが、その点に関してだけで、総合的判断となると、その総合すべきものは何だろうかとなり、なかなか難しくなります。

その点にまさに研究のポイントを置く必要があるし、もちろん浜田さんだけの作業ではなく、われわれ法律家もやらなければならないことです。

しかしはたしてそこが判断できるだろうか。疑いがあるいくつかのポイントを指摘することは可能だが、これは間違いないと、裁判の資料だけで判断できるものでしょうか。

大出　確かに基準は、両面性を持っていて、自白の信用性を認めるために利用される可能性がありますし、基準を意識した取調べや調書化が行われることにもなると思いますが。

守屋　村井さんが言われたように、私の本が出たのちに、たとえば自白調書の変遷が信用性分析の対象になるから、否認のときにはかえって調書を作らないという運用になったというような噂が、笑い話のなかに出たことがあります。

しかし、実務の方向としては、先ほど取調経過一覧表のところで問題になったように、問題だと思う事例についてはできるだけ取調過程を明らかにし、供述の経過を明確にする方向で審理の工夫が進んでいます。調書を作ったか作らないかということではなく、否認か自白か、その内容がどう変化したかを客観的に分析していかなければいけないという手法が少しずつ定着しているので、調書を作らないという姑息なことでこの動きを止めることはできないのではないでしょうか。

それから、注意則というのは虚偽自白をチェックするためのメルクマール、つまり真犯人としての体験性を疑わせる自白の徴表ということに関する経験の蓄積から生まれたものですので、取調べの中で虚偽の自白が出てくれば、おそらくこのような注意則のどれかに該当することは確実だと考えるのが普通ではないでしょうか。虚偽自白でありながら捜査官がこの注意則の徴表の網をくぐり抜けて、信用できる自白の外観を作り上げるということが可能かどうかが一つの問題だろうと思います。

浜田さんの分析との関係で言えば、従来の実務の注意則と浜田さんの分析とで適用の範囲がどちらが広いか、狭いか、そういう問題はあるかもしれません。

もちろん、実務の基準は疑わしいものは排除するという論理ですから、本来真犯人の自白であっても、排除される場合があるかもしれないが、それはそれでやむを得ないはずです。そうだとすれば、実務の注意則は、浜田さんの分析などで虚偽が明らかになるケースを、あらかじめ大枠で篩い出すような機能を果たすことになるのではないでしょうか。

少し議論がそれるかもしれませんが、裁判官の発想は、疑わしいものを排除するということから出発するために、これはこうに違いないというように明確な判断をすることは、それが被告人の有利な方向についてですらなかなかできないところがあります。

供述調書を素材とする供述分析の方法を考える場合に、私が一番こだわっているところは、取調官の発問と被疑者の答えが分離されていない現在の調書作成が、分析の方法にどのような影響を与えるかと言うことです。


たとえば浜田さんが引用されている仁保事件とか、野田事件では取調べの経過を録音したテープが提出されて分析が可能になったわけですが、一般的な事件の供述調書だけによる分析では、資料的にも差がでてきます。そういうことからいって、取調官のほうにどういう情報ないし資料があって、被疑者の供述がどのように動いていったかということを客観的に認定することがなかなかできない。つまり、仮説検証の過程で、捜査官が持っていた客観的な材料、特に供述調書の記載からだけでは分からない捜査資料を、その他の情報と総合して客観的に分析することは非常に難しいといわざるを得ません。だから、疑いの体系という形でしか注意則を整理できないところがあると思います。

浜田さんの分析方法を普及させ、自白のより正確な分析を期待するためにも、そのへんの資料がなるべく裁判の場に提出されて、自白の真実性の審理が、仮説検証の客観的な経過を踏まえてなされるという方向に行くのが望ましいわけです。

そして、最近では、実務の方向も取調経過一覧表に基づく審理の中で、必要な資料については証拠の提出を求めるとか、極端な場合には証拠の開示を求めるというように、取調過程を法廷の中で客観的に明らかにするという方向で議論が進んでおりますので、これまでの自白論の成果がしだいに現れてきているのではないかと思っています。

7 虚偽性排除の可能性

大出 守屋さんが指摘されたように、裁判所内部で、取調経過一覧表について議論がかなり進んできていますね。最高裁からもかなり具体的なケースについての報告が出てきていますし、裁判官協議会などで、かなり具体的な議論がされているようです。

その持つ意味について、少し話を進めていきたいと思います。

●取調経過一覧表ですべてがわかるのか

村井 取調経過一覧表は、一つの進歩だろうと思っています。ただ問題は先ほど守屋さんに対して現在の取調べを前提としているという批判があったという話ですが、それと同様に、やはり現在の取調官に対して、取調べの現状を報告しなさいということで足るのか、逆に言うと、それに全幅の信頼を置いてしまうと危険なところがあるという問題はあるだろうと思います。

だからその点で取調経過一覧表によって、そこに含まれる虚偽性と問題性を裁判官が明らかに把握できるのかということが、一つの問題だろうと思います。

裁判所の現状を前提とした場合には、こういうことができるんだということで、一つの方法として出されたことだと思いますが、やはり全体的なシステムの問題があるので、全体的なシステムをどうするかという問題も、もはやわれわれの議論の射程に入れておかないといけない。

大出 取調経過一覧表自体が第一歩であることは間違いないという評価は可能だと思います。

しかし、さっきちょっと守屋さんから出たように、たとえば最終的には取調経過一覧表は二次的な資料ですから、第一次的資料によって確認する必要がある場合が出てくるだろうと思います。その場合の証拠開示の問題についてどのように考えられているのか。

●きめ細かい審理のための改善を

守屋 正確かどうかわかりませんが、取調経過一覧表の運用は、最初は弁護人の同意のもとに、検察官から取調経過一覧表を出させて、警察官など取調官の証人尋問の前に取調過程を把握することによって効率的な証人尋問を行うことを可能にし、ひいて任意性判断の資料ともするというように、いわば任意性の審理を訴訟運営の中でやるような発想として出てきたようにも思います。

しかし、弁護人のほうでは取調経過一覧表の記載が正確でないと思えば同意しませんし、記載事項についても事件によって要求水準が違ってくることは当然です。

そこで、弁護人が同意しなかったら取調経過一覧表をどう扱うのか。任意性の審理は自由なる証明で良いという理由から、検察官提出の証拠として採用できるのではないかという議論もありますが、一覧表はあくまでも検察官の主張に過ぎないから、弁護人のほうで同意した部分は同意文書として証拠能力を認めるが、それ以外は検察官の冒頭陳述の補足として内容について立証させるべきだという議論もありまして、私は後の説に賛成しています。そして、記載内容に争いがある以上は、一覧表の記載の根拠となった留置人出入簿とかその他の客観的な資料を提出させるようにしなければならない。出さなければ証拠提出命令あるいは証拠開示の手段が取れるかどうかという方向に、議論自体は進んで来ているように思います。そして検察や警察側も、抵抗というか、申し合わせで一般的に取調経過一覧表を出す運用にすることについては難色を示していますが、任意性が争われて、そこを出さなければ任意性の審理に障害が生じるようなケースについては、一覧表の提出もやむを得ないというところまでは来ています。

だから、取調経過一覧表を審理の中で出させるということは、抽象的には運用として固まったと言ってもいいと思いますが、ただそれを具体的にどういう事件で使うかとなると、まだそれほど多くの事例が報告されているわけではありません。

ただ自白の任意性や信用性が争われるような事件が発生したときに、従来は何からやったらいいか、個々の裁判官がバラバラに工夫していた審理の仕方を、とりあえず取調べの可視化を求める方向から始めるのが有効かもしれないというように、審理の方針の手掛かりが示されることになったというだけでも一つの進歩ではないかと思います。

もっとも、これまで取調経過一覧表が出されたケースについては、任意性が肯定されているケースが多いようです。連日、長時間にわたる密度の濃い取調べがあったとしても、当該事件の内容ではやむを得ないというかたちで、任意性が肯定されている事件が多いようです。そのためにも、前にも言いましたが、今後は、虚偽自白の排除という点からいって、否認から自白に至る過程について、もう少しきめ細かく審理の要請に応えるような一覧表の記載の仕方が要求されてくると思います。それでも明らかにならない取調過程があれば、さらにその部分に審理のスポットを当てて解明を図るというかたちで、従来の議論を細かく詰める工夫が必要な段階に来ているのではないでしょうか。

大出　推測の域を出ない部分がありますが、実態として捜査当局も問題がないという場合には、積極的に出してくるが、そうではないときには渋っている。だから出てきているケースは、むしろ任意性が認められるケースになるんだということもあるかもしれませんね。

守屋　なってしまっているとまでは言えないと思いますがね。

大出　どうも実務の実状としては、弁護側から出せと要求して、紛議が起こっているケースのほうが多いようですね。一般的に出すという状況にはなっていないのが、実状だという感じがします。

●取調べ過程の全面的可視化が必要

浜田　一定の歯止めにはなるのでしょうが、やっぱり中途半端でしょうね。可視化の百のうちの一ぐらいいったかなというぐらいのものでしょうから、そこのところは全面的にはっきり可視化できる状況ができないと、逆利用される危険性をいつも持っているという感じを受けます。

村井　浜田さんの本の中で、最後のところで出されている最大のポイントは、人間関係の中で自白というものが形成されるんだということです。まさにその人間関係から自白的関係を取り除き、さらに新たな人間関係の中に置くということの意味を出されているので、こういうシステムが必要だろうと思うんです。

その点ではたとえば身柄拘束の最初の段階から、必ず弁護人がつくことが必要です。すでに日本国憲法の制定時に議論されていて、日本の立法者、立案者がよくわからなかっただけだが、逮捕の身柄拘束の最初の段階では、「ウィズアウト・インコミュニカード」要するに情報を遮断された、人とのコミュニケーションが遮断された状況に置かないということが身柄拘束の条件になる。

ここは基本だろうと思います。身柄を拘束するということと、情報を遮断する――コミュニケーションを遮断するということは別問題ですから、コミュニケーションは遮断してはならない。ということはできる限り保釈をするということにもなるでしょうし、さらには接見を認める、両親、親族との接見はできる限り自由にすることが、むしろ憲法上要請されている条件だと思います。

それによって取調官だけとの人間関係ではないものが形成され、まさにここで問題にされている自白形成関係ではないかたちが期待できます。

現行法が形成された過程の中で実は考えられているはずのものが、まだ整備されていないという問題があります。それから取調過程の可視化についても、いろいろなことが提案されていますから、それを一つ試みでもいいからやってみたらどうかということです。

大出　確かに最終的に必要なことは、可視化であり、それが被疑者側にとっても意味のあるものとして進められなければいけないということだと思います。そのために必要な要素とは何か、具体的に何が可能かを、現実的に考えていく必要があるということになると思います。

すでに村井さんから提起もありましたが、最終的な到達点としてどこまでを考えたらよいのでしょうか。

●取調べ過程はすべてテープにとる

浜田　とりあえず取調べ過程をテープに全面的にとるということができれば、かなりなところまでいけると思います。

野田事件のテープは取調べ側の編集の跡が明らかにうかがえるものでしたが、それでもあれがあることでずいぶん情況が変わってきました。

一九七九年当時のマイクロテープですから、性能がかなり悪く、非常に聞き取りづらかったのですが、それがラッキーだったんです。はっきり聞きとれていれば、向こうが出してこないでしょうから（笑）。

つまり聞き取れないものが法廷で流されて、一応雰囲気としては「お兄ちゃん、お兄ちゃん」という感じで調べていて、それで任意性の心証を裁判所はとっている。ところがあとで克明に全部起こしてみると、たいへんなものが入っていたんです。

仁保事件などでも編集の跡が明らかにあるのですが、その内容に立ち入って分析することによって、これを自白への反証に使うことができました。取調べを全面的にとることができるようになればずいぶん違うなと思うんです。

大出　テープ録音については渡部さんからも提

起され、議論にはなってきているようですが……。

守屋　議論にはなっているようですが、捜査官が実行するまでは、たいへん途が遠いと思います。審理する側から言えば、否認から自白に移る過程が可視化されれば、自白調書の面倒な読み方をする必要がそれだけ少なくなるわけですから、非常に好ましいわけです。

この前も、テレビでイギリスの捜査ものをやっていましたが、取調べに入る前に、警察官がテープ録音のボタンを押して、自分の官職、氏名を言って、それから録音して取調べに入っているのです。そのへんは、やはり捜査なり、取調べに対する意識の違いというか、制度の問題というか、そういうところがあるようですね。

真実発見ということを重視しますと、取調官の発問と供述者の答えの全部を客観的に録取することが必要であることは、供述心理学においてはすでに当然のこととして考えられています。それを、現実の国の制度としていかに訴訟経済的に運用できるかという問題だろうと思います。

日本の場合、非常に難しいところがあるのは、代用監獄制度と一緒だと思います。私は、制度の問題を言う立場にはありませんから、これ以上申し上げませんが、裁判官としては、裁判の中で何が真実かをなるべく明らかにしたいという気持ちから、できるだけ真実を誤らせないような事実を裁判に反映させる方法を講じたいということに尽きます。そのためにも、否認から自白に至る過程の正確な記録がぜひ必要ではないかと思っているわけです。

ただ私自身も、有罪の認定となった事件で、自白のテープを聞いたことがあるのですが、聞いてみるとなかなか判定は難しいものです（笑）。

大出　日本の場合はシステムとして全部のテープをとることができるのかどうかという問題もありそうですね。

守屋　肝心なところを全部出すかどうかもありますしね。

浜田　全部とらなければ意味がないでしょうね。

大出　イギリスの場合には取調時間が非常に短いわけです。しかもテープをダブルでとっていますから、事後に作為的な改変が行われる可能性はほとんどないという状態が保障されています。ですからそういうことが、はたして現実の実務の運用との関係で可能なのかどうかですね。

●供述調書作成の仕方を変える

村井　現実の実務の運用からいっても、可能でないとは言えないと思います。たくさんテープをとればいいというだけの話です。

ただ最低限、テープ録音に近いかたちで現在の供述調書の作成をやるとすれば、ここからここまでの時間がどのくらいかかったとか、何時何分に取調べを始めて、この供述は何時何分に出てきたとかを記載する必要があるでしょう。

イギリスの場合はテープは別にして、テープを起こしたものを証拠として提出するわけです。もしこれの真実性に疑いがある、争いがある場合にテープが出てくるというかたちになるわけで、その供述書にはこの発問は何時何分に発して、何時何分にこういうかたちになったと、克明に時間が書いてあるのです。

これはいまのシステムの中でもできることだし、これをやればそういう意味での取調経過というか、供述調書の経過もわかるんですよ。

だからこれをやるためには、現在のような作文的な供述調書ではだめだということになる。一問一答式にならざるを得ないということになるわけです。

そうすると、それだけでももちろんまた膨大になる。これを裁判過程の中で読むのがたいへんだということになるのか、そういうものが出れば判断しやすいんだということになるのかです。


大出　システム論というか、制度にかかわる部分まで話を進めたのですが、さらに取調官の問題もあると思います。

私もいろいろとかかわってきた事件を見ていて、おそらく、担当の取調官たちは「こいつが犯人に間違いない」という証拠に基づかない確信によって追及しているところがあると思います。

そのような取調姿勢というか、取調官としての教養というか、そういったことがあまり注意されてこなかった問題としてあるのではないかという気がしますが。


浜田　教養というか、端的に言えば、やはり仮説検証的な姿勢をもてるかどうかだと思うんです。無実の可能性を必ず念頭に置いておくという、これだけでずいぶん違うと思います。

たとえば捜査側が検証などで知った情報を伏せて尋問すれば、被疑者の供述にその部分が出てくるかどうかというかたちで、被疑者が無実かどうかのチェックができるわけです。

それを抜きにして、自分たちの入手した情報、あるいはその情報に基づく仮説に従って尋問していくがゆえに、供述がまさに自己実現的に出てくるのです。こいつが犯人だと思って責めると、そのうちそいつから自白が出てくる。まさに自分の仮説が実現していくわけです。

だからそこのところで、無実の可能性ということを、半分頭に入れておくだけでも全然違ってくる。それがどうしてできないのかということですね。

守屋　客観的に言える立場にはありませんが、浜田さんの分析の基本は、当該警察官の個人としての教養の問題ではなくて、警察といういわば捜査に携わる組織の一員が、有罪を摘発するという使命感から「証拠なき確信」に陥ってしまうということを構造的な問題として提起されたと思うのです。

私も、それには共感するところがあります。ただ私の乏しい経験からの感想ですが、刑事裁判として難しい事件は、政治的あるいは社会的な風土ともいうような地域的な問題、住民の意識、また警察官個人の個性、教養の問題、あるいは弁護人の能力、弁護方針の問題とか、被告人の個性とか、いろいろな要素が絡んで出てくるような感想をもっています。

したがって、教養の問題とかで、一般的にまとめられるかどうかは難しい問題だろうと思います。

当番弁護士制度　イギリスで発足した制度。警察に逮捕された被疑者からの請求で待機（rota）または名簿（panel）に登録されたソリシターが面会や電話による助言をする。わが国でもイギリスの制度に倣い，1990年９月大分県弁護士会が名簿（panel）制を，12月に福岡県弁護士会が待機（rota）制をスタートさせた。92年10月より，全国すべての弁護士会で実施されている。

●重要性が増す刑事弁護

大出　いずれにせよ現実的にはいままでの実務が抱えてきたような閉鎖的な回路を、どこでどのように被疑者の側から断ち切っていくのか、いけるのかということだと思うんです。

その意味で、刑事弁護の充実・強化が不可欠だと思いますが。

守屋　最近は、**当番弁護士制度**の導入も含めて、弁護士会の起訴前弁護の充実には見るべきものがあると思います。特に弁護士会のボランティア的な発想から始まった当番弁護士制度は、各地で着々と実施されてきているようで、ここ二年間ぐらいの発展は、本当にめざましいものがあると思っています。

当番弁護士制度については、最高裁の刑事局や現場の裁判所でも好意的に対応しており、裁判所の勾留質問の段階で、この制度を分かりやすく教示したり、被疑者から弁護士選任の要請があれば弁護士会に直ちに連絡するなど、全面的に協力する姿勢を示しているといって差し支えないと思います。

こういう事態になると、従来の冤罪事件のようなパターンで無実を主張している被告人なら、当然勾留質問の段階で弁護人選任を申し出ることになり、裁判所が弁護士会に連絡をして、当番弁護士が面会に行くということになるでしょう。そして、浜田さんが虚偽自白の原因であると言われた取調官と被疑者との人間関係を、自白に結びつくような特殊な人間関係ではなく、それぞれの立場を前提にした客観的な人間関係にするという点で、非常に大きな役割を果たすことになるだろうと思います。

日本の場合には、先ほど検討された取調過程の録音のような技術的なことよりも、被疑者の弁護権が充実し、弁護人が介入することによって、取調官と被疑者の人間関係が変化して、虚偽自白が生み出される土壌が消滅していくという方向が現実的であり、変化も早いのではないかという気がします。

ただ、それにはやはり弁護人の力と捜査官の力の比較という問題もありまして、代用監獄の中に拘束されている被疑者の防御権を、接見に行く弁護人が全部カバーできるのかという問題があるとは思いますが。

それから、これは聞いた話ですが、東京など当番弁護士制度の運用が進んでいる地域でも、重罪の容疑をかけられている被疑者からはわりあいに当番弁護士の選任の申し出が少ないという現象があるということです。当番弁護士制度が、被疑者ならびに国民一般の権利意識をどこまで正常なものに引き戻す力があるのかということは、法曹のあり方も含めて、日本の裁判機構そのものの問題としてこれからも残って行くように思います。

こういうことを言うのは変かもしれませんが、自白の任意性ともからんで、被疑者の人にも、自分を防御するために真実をとおす権利をきちんと行使して貰い、制度的にもそれを保障するような実効のある弁護人の活動が、できるだけ充実してほしいと思っています。

これまでは、裁判する側で実情を認識することが難しいあまり、被疑者の主体性や自由意思を観念的に捉えて、被疑者の心理を正確に理解しないまま任意性の判断をしていたという批判もあり得たところですが、起訴前弁護が充実してくると、そのあたりのことについても、被疑者が置かれた状況を客観的に押さえて、実際の供述心理に即した実質的な審理をすることが可能になり、幾分でも誤判や冤罪を防ぐ途が開けてくることが期待できるのではないでしょうか。

浜田　ちょっと懸念しているのは、被疑者段階から弁護人がついているケースを見ていると、甲山事件などもそうですが、のちの判断の中で、弁護人がついて、積極的に接見もし、救援活動も盛んに行われた、それにもかかわらずという話が出てくるんです。

実際上は代用監獄の中に置かれて、弁護人がついてもほんのわずかな時間しか接見できないような状況の中で、被疑者にとっての人間関係もまた取調官と弁護人を比べると百対一と言っていいぐらい。

「弁護人をつけたのに……」ということでこれがアリバイ的に使われる危険性を感じてしまいます。

だから事実上接見が自由にできる、弁護人との接見がもっと圧倒的に自由にできるようになるという状況との抱き合わせでなければ、恐いなという感じがあるのです。

村井　いま浜田さんから出された、当番弁護士制度がいわば言い訳に用いられることの危険性ですが、制度というものには常にある程度はそういう危険性があるだろうと思うんです。

それだけでは十分ではないと言われると、まさにそのとおりで、当番弁護士の本来のあり方、当番弁護士を主張する意味がどこにあるかというと、できるだけ早い機会にかつ頻繁に被疑者と接触する機会を与える。さらに取調べそれ自体に立ち会いができるような状況を作るという流れの中での第一歩であろうと思います。

そうでなければ、当番弁護士をつけたんだからいいじゃないかとか、あるいは接見を一回したからいいじゃないかということになってしまいます。

現実に先ほど言いました長野・富山の事件の中で、確かに接見には来てくれたが、ほんの一五分間の接見しか認められないのに、取調官とはもっと長い間付き合っている。そうなると、先ほどの主体的な人間関係の形成がどちらにできるかというと、むしろ取調官のほうにできてしまう。それは不思議なものなんですよと、冤罪の被害者は言っていましたが、そういうもんだろうと思います。だから、基本的にそういった圧倒的な不平等を、システムとしてはなくしていかなければならない。

さらに、先ほど守屋さんが言われたことで、弁護士、あるいは弁護人というものを知らないということがまさに問題です。刑事手続システムがいったいどういうものであるかということを知らない人たちが圧倒的多数であるわけです。

通常の人たち、あるいはそういう情報に疎い人たちが刑事事件の被疑者、被告人になっていくとすると、常日頃からこういった刑事司法システムについての情報を大いに与えていくことが必要ですし、ましては逮捕されたりした人たちに対しては、本当に懇切丁寧にシステムの意味というものを伝えることが必要だろうと思います。

その点については、最近弁護士会が少しやり出しましたが、国は動いていないんです。そのへんがやっぱり重要だろうと思います。

大出　どうもありがとうございました。最後に当番弁護士の話が出ましたが、もちろん浜田さんが指摘されたような危険性があることは間違いないと思います。

しかし他方で守屋さんがおっしゃったように、打開への現実的な第一歩であるとも言えると思います。

いずれにしろ、残念ながら日本の刑事手続きの歴史を考えてみれば、それこそ江戸時代の話まで出ましたが、自白を中心に進められてきたという、過去の重みにはいかんともしがたいところがあるわけです。

それがようやくいま弁護との関係で、少しずつ新たな方向が見えてきたという状況だと思います。

これから大いに議論をしていただく段階だろうと思います。そして、議論は当然システムについても根本的な改革を目指す議論にもなっていくと思います。守屋さん、浜田さんお二人の研究の成果は、そのための基盤になっていくだろうと思います。

お二人の本は非常に大部なものですが多くの貴重な成果を盛り込んだものです。この座談会を読まれた方は、お二人のご本を是非お読み下さるようお願いして終わりにしたいと思います。（了）

▼座談会参加者紹介

守屋克彦　一九三四年宮城県生まれ。東北大学卒。第13期司法修習（一九五八年四月～一九六一年三月）。一九六一年より、宇都宮地家裁をふりだしに、主に東京、東北地方の裁判所で裁判官を勤める。座談時、盛岡地方裁判所刑事部の裁判長。現在は東北学院大学法科大学院教授。著書に『少年の非行と教育』（勁草書房、一九七七年）、『自白の分析と評価』（勁草書房、一九八八年）、『現代の非行と少年審判』（勁草書房、一九九八年）がある。

村井敏邦　一九四一年大阪府生まれ。一橋大学卒。第20期司法修習（一九六六年四月～一九六八年四月）。座談時、一橋大学法学部教授。現在は龍谷大学法科大学院教授。専攻＝刑事法。著書に『公務執行妨害罪の研究』（成文堂、一九八四年）、『現代刑事訴訟法』〔編著〕（三省堂、一九九〇年）、『刑法－現代の「犯罪と刑罰」』（岩波書店、一九九〇年）、『罪と罰のクロスロード』（大蔵省印刷局、二〇〇〇年）、『民衆から見た罪と罰』（花伝社、二〇〇五年）、『刑事司法と心理学』〔編著〕（日本評論社、二〇〇五年）がある。

大出良知　一九四七年宮城県生まれ。一九七二年東京都立大学卒。静岡大学人文学部教授を経て座談時、九州大学法学部教授。現在は九州大学大学院法学研究院教授、九州大学法科大学院長。専攻＝刑事法。著書に『現代刑事訴訟法』〔共著〕（三省堂、一九九〇年）、『刑事弁護』〔共編著〕（日本評論社、一九九三年）、『刑事弁護コンメンタール・刑事訴訟法』〔共編著〕（現代人文社、一九九八年）、『裁判を変えよう――市民がつくる司法改革』（日本評論社、一九九九年）がある。

松戸ＯＬ殺人事件（1974）　584-586
四日市事件（1975）　362-363
足立暴走族事件（1977）　462-464，497
貝塚ビニールハウス殺人事件（1979）　418-422
野田事件（1979）　48，53-54，93-95，273，458-460，590-593，595-601，636-637,668-674
狛江集団暴走行為事件（1982）　481-482
横浜妻殺し事件（1984）　76-77，497，534-535
自民党本部放火事件（1984）　90-93
お茶の水女子大寮強姦未遂事件（1985）　432-433

●本書で触れた事件（発生年順）

ある収賄事件（戦前）　478-480
横浜事件（1942—44）　34-35
八丈島事件（1946）　46-47
清水郵便局事件（1947）　484-485，546-548
幸浦事件（1948）　47，232-233，580-582
免田事件（1948）　13-17，438，655
三鷹事件（1949）　662-664
弘前大学教授夫人殺人事件（1949）　23-25，376
松川事件（1949）　410-412，475-476，488，491-493，503，552-560，617-620，634-636
二俣事件（1950）　230-231，572-576
財田川事件（1950）　374，410，577-580
八海事件（1951）　35-37，41-43，438，565，609-613，631
青梅事件（1951—52）　613-617，647-653，661
花巻事件（1952）　494
島田事件（1954）　47，49-50
熊本強姦致傷事件（1954）　482-483
仁保事件（1954）　401-408，433-434，457-458，509-514，520-530，540，542-543，637
丸正事件（1955）　47，52
松山事件（1955）　470
狭山事件（1963）　302-304，388-396，409，414-418，531-534，568-569，581-582,586-590，602-607，636，653-658
東十条事件（1966）　229
半田風天会事件（1967）　244-248
三億円事件（1968）　423-424，428
土田・日石・ピース缶爆弾事件（1969—71）　56-58，60-61，260-263，355-356，367-369，374，383-385，397-399，413-414，432，433，440-445，450，465，468-469，473-474，486-488，496，560-562,620-626,631-632，639，641-643，661-662，666-668
豊橋事件（1970）　213-214，216-223，225-226，250-253，305-306，435-436，439-440，460-461，476，515-517，544-545，638-639，640-641，646
大森勧銀事件（1970）　428-430，437-438，514-515，517-518
警視総監公舎爆破未遂事件（1971）　374-375，445-446，466-467，474，494-495
富士高放火事件（1973）　50，448
甲山事件（1974）　48，50，61，97-100，348-354，361，367，385-388，401，414，426-428，446-448，450-452，545-546，548-552

[著者紹介]

浜田　寿美男（はまだ・すみお）

1947年　香川県生まれ。
1976年　京都大学大学院博士課程（心理学）修了。
現　在　奈良女子大学文学部教授。
著　書
『証言台の子どもたち』日本評論社，1986年。『狭山事件虚偽自白』日本評論社，1988年。『ほんとうは僕，殺したんじゃねえもの』筑摩書房，1991年。『発達心理学再考のための序説』ミネルヴァ書房，1993年。『ありのままを生きる』岩波書店，1997年。『「私」とは何か』講談社，1999年。『自白の心理学』岩波書店，2001年。『＜うそ＞を見抜く心理学』日本放送出版協会，2002年。『身体から表象へ』ミネルヴァ書房，2002年。『取調室の心理学』平凡社，2004年など。

自白の研究〔新版〕

2005年7月10日　初版第1刷発行
2006年8月20日　初版第3刷発行

定価はカバーに表示してあります

著　者　浜　田　寿美男

印刷所　亜細亜印刷株式会社

発行所　株式会社　北大路書房

〒603-8303　京都市北区紫野十二坊町12-8
電　話　(075) 431-0361(代)
FAX　(075) 431-9393
振　替　01050-4-2083

ISBN4-7628-2450-X　Printed in Japan